예언자 신학자 김용복의

생명 사상과 삶

예언자 신학자 김용복의 생명 사상과 삶

2023년 4월 7일  처음 찍음

엮은이 | 고 김용복 박사 1주기 추모문집 출판편집위원회
지은이 | 김용복 김매련 권진관 이남섭 이윤희 임종한 임희모 홍주형 외
펴낸이 | 김영호
펴낸곳 | 도서출판 동연
등  록 | 제1-1383호(1992년 6월 12일)
주  소 | 서울시 마포구 월드컵로 163-3
전  화 | (02) 335-2630
팩  스 | (02) 335-2640
이메일 | yh4321@gmail.com

ISBN 978-89-6447-844-4 03040

# 예언자 신학자
# 김용복의 생명 사상과 삶

김용복 김매련 권진관 이남섭 이윤희 임종한 임희모 홍주형 외 함께 씀

동연

# 생명生命 지혜智慧,
# 평화 향유平和 饗宴의 길

    모든 생명체는 살아있다. "모든 생명체는 살아있는 주체적 실체이다"
는 말이다. 그리고 모든 생명체는 더불어 살림살이, 삶, 즉 살고 살리면서
산다. 이 더불어 삶은 생명망을 이루어 살기에 가능하다.

    이 생명망은 생명 주체들의 삶의 '상생망'임으로 생명 주체들이 서로
서로 엮어서 형성한다. 우리는 이것을 '생명 공동체' 또는 '생명의 정원'이
라고 흔히 부른다. 이 생명망은 생명 주체가 잉태될 때부터 자생적으로
형성된다.

    바벨론 제국의 횡포는 천지창조와 에덴 생명 동산의 배경이다. 하나
님은 모든 생명체가 결코 멸하지 않는 생명 안전과 생명 지속의 약속(계
약) 수립의 영적인 설화이다. 예언자 에스겔은 바빌론의 해골 골짜기에
서 생명체가 다시 살아나서 하나님의 평화의 약속을 체득하는 평화의
비전을 증거하고 있다. 예언자 이사야는 앗시리아와 이집트 제국의 횡포
를 극복하고 평화의 생명 동산의 비전을 설파한다.

    예언자 예레미야도 바빌론의 횡포에 의하여 상처 당한 생명체들의
치유를 꿈꾼다. 로마제국의 횡포에 학살당하던 초대 기독교 공동체도
민족들이 평화와 생명의 향연을 꿈꾸었다. 예수운동은 이 로마제국의

횡포에 저항하는 부활의 생명운동이었으며, 제국의 평화가 아닌 하나님과 모든 생명체가 함께 이루는 진정한 평화운동의 태극이었다. 이것이 오늘 기독교 예언적 공동체가 경전을 읽는 문명 해석의 길일 것이다.

로마제국의 횡포에 저항하는 아씨시의 성 프란시스의 생명평화운동을 비롯하여 서구 기독교 역사를 재조명하는 기독교 생명평화운동의 비전을 재발굴하는 창조적 노력이 요청된다. 서구 식민지 권력의 횡포와 전 지구를 지배하고 탈취하는 서구 권력 체제에 저항하는 민족자결, 자주, 평화, 상생 운동의 비전과 실천을 도모한 기독교 신앙 공동의 역사 변혁적 증언은 이 시대에 창조적으로 조명되어야 할 것이다.

한국 기독교 신앙 공동체는 민족독립운동과 3.1운동을 계기로 삼천리 금수강산을 평화와 상생의 동산으로 재현하고 새 역사를 창조하기 위한 역사 변혁의 개벽을 꿈꾸었고, 민족사 안에 깊이 흐르는 종교적, 문화적 유산을 창조적으로 융합하기 시작하였다.

오늘 이 시대의 예언자적 신앙 공동체는 한반도의 태평과 상생을 기조로 형성하고 생명의 향연과 풍류를 향유하는 민족통일의 한반도와 동아시아의 평화의 지평을 확보하여야 할 것이다.

이것이 우리 조상이 꿈꾸던 이화상생, 경세제민, 태평성대의 시운을 선계(仙界)로 실현하는 사명일 것이다.

김용복

2021. 1. 1.

생명학서지生命智慧書誌 신년사

# 꿈꾸는 선지자 김용복 박사님을 기리며
## — 1주기 추모 논문집의 발간에 즈음하여

    고 김용복 박사님은 한국의 민중신학의 지도적 위치에서 항상 새로운 언어와 담론을 만들어 낸 독보적인 분입니다. 민중신학은 처음부터 역사와 사회의 변혁을 위한 신학, 운동의 신학이었습니다. 이것은 앞으로도 변함이 없을 것 같습니다. 민중신학의 이론은 변혁적 운동을 기초로 하고, 또 그것을 지향합니다. 보다 평등한 세상으로의 변혁을 목표로 하는 담론입니다. 운동의 신학이기 때문에 운동의 주체, 특히 하층 민중이 아래로부터의 변혁을 일으킬 수 있는 해방적 주체라고 보고, 주체인 민중을 중심으로 두고 생각하는 신학입니다. 우리 역사를 볼 때, 위정자 지식인 엘리트 계층이 기득권을 내려놓고 가난한 민중이 가난을 비롯한 온갖 질곡으로부터 해방되도록 민중 편에 서고 민중을 위해 대변하는 것이 아니라, 민중이 스스로 말할 수 있도록 도와줄 때, 역사가 바르게 섭니다. 민중신학은 역사의 정의로운 발전에 기여하고자 하는 신학입니다.

    민중신학은 처음부터 민중이 역사의 주체라고 고백했습니다. 1983년에 영문으로 출간된 *Minjung Theology*의 부제는 "People as the subjects of history"(역사의 주체로서의 민중)이었습니다. 김용복 박사님은 민중의 사회전기를 설파했습니다. 민중이 주체로서 말하고 이야기하는 것이 사회전기이고, 이것을 기본적인 참고 자료로 사용하는 것이 민중신학이라고 했습니다. 김용복 박사님은 민중의 고난의 사회전기 속에 하나님의 임재를 발견하려고 했습니다.

김용복 박사님은 1990년대 중반부터 생명학에 대해서 말씀하셨습니다. 그 시기에 인터넷, AI, 정교한 무기체계 등의 과학 기술을 등에 업고 지구 제국이 등장하여, 인류와 모든 피조 세계가 멸망 당할 수 있는 위기의 시기에 접어 들었습니다. 김 박사님은 민중뿐 아니라 모든 생명이 죽음의 위기에 빠져들어 간다고 진단하고, 밑바닥으로부터 생명을 살리는 운동을 전개하기 시작했습니다. 그리고 기존의 주체인 민중을 넘어서 죽음의 위기 아래 있는 모든 생명으로 그 주체의 범위를 넓혔습니다. 그의 생명 사상은 김 박사님이 주도적으로 참여했던 WCC, WCRC, KNCC, YMCA 등 국내·외의 에큐메니컬 운동 속에서 발전되어 나왔습니다.

김용복 박사님이 자세하게 생명학 이론을 형성하기에는 활동량이 너무 많았던 것이 사실입니다. 그는 여러 차례 생명학 서설을 쓰시겠다고 했지만 안타깝게도 미완성 단계에서 소천하셨습니다. 그가 주창했던 생명 주체론은 민중 주체론과 상반되는 것은 아니었다고 봅니다. 자본주의의 무자비한 생명 파괴, 지구적 제국의 토탈 전쟁, 기후 변화, 팬데믹, 생태 위기 등으로 모든 생명이 파괴될 수 있는 상황에서 생명을 살려 나갈 수 있는 주체는 고통당하는 생명과 공감할 수 있고, 그 기반하에 사유하고 결단할 수 있는 인간, 특히 민중일 것이라고 믿었습니다. 그러나 김 박사님은 그 주체를 민중이라고 부르지 않고, 생명이라고 불렀을 뿐입니다. 은유적 표현이라 생각합니다. 그리고 김 박사님은 우주적 종말적 생명의 잔치가 일어나는 유토피아, 모든 모순이 극복되는 세상을 그렸고, 이것을 동아시아의 언어로 '선경'(仙境) 또는 '선토피아'라 이름 했습니다. 이 선경 혹은 선계를 위해 동아시아적 생명의 지혜(zoesophia)

와 서구의 생명의 지혜가 융합(convergence)되어야 한다고 설파했습니다. 김 박사님은 어느 누구보다도 개방적인 사상을 가졌습니다. 그리고 교회를 위한 그의 충성은 누구보다도 강했습니다. 이러한 개방적, 실천적 자세와 상황에 대한 즉각적 대응 능력, 사태에 대한 깊이 있는 판단, 세계 어느 곳이든지 당신이 필요로 하는 곳이라면 달려가는 헌신적 자세 그리고 보다 나은 시대를 열기 위한 꿈을 꾸는 창조 정신은 김용복 박사님에게서만 볼 수 있는 모습이라고 생각합니다. 그는 늘 우리보다 한두 걸음 앞서나가서, 미래를 통찰하며 새로운 길을 여는 선지자였습니다. 그의 사상의 아우라 속에서 한국과 세계의 에큐메니컬 운동, 민중신학운동, 다양한 밑바닥 민중 생명 운동들이 약동할 수 있었던 것을 부인할 수 없습니다. 앞으로 이러한 역량이 다시 나타날 수 있을지 걱정됩니다. 저를 비롯한 우리 후진들이 보다 더 정진해야겠다는 마음입니다.

이 책은 오로지 김용복 박사님의 사상과 활동, 그의 다양한 인연에 대한 글만 모아 만들었습니다. 김 박사님을 연구하거나 기리는 일에 좋은 자료가 될 수 있기를 바랍니다. 이 책을 만들기 위해서 기획 등 모든 일을 맡아서 수고해 주신 이남섭 교수를 비롯, 임종한, 임희모 교수 등 1주기 추모논문집 출판 편집위원들께 감사드립니다. 특별히 이번 추모 문집을 위해 흔쾌히 합류해 주신 전주의 추모 준비위원회 위원장 백남운 목사님과 지난해 5월 추모자료집을 발간한 서울 추모위원회 이윤희 선생님의 추모자료집 사용 협력에도 감사드립니다. 또 어려운 상황에서도 기꺼이 출판해 준 도서출판 동연의 노고에도 감사드립니다.

2023년 3월 10일
1주기 추모논문집 출판편집위원장 권진관 올림

# 차례

머리말 _ 김용복 / 4
책을 펴내며 _ 권진관 / 6
김용복 박사, 화보 및 연보 / 13

1부 | 김용복의 신학 사상     33

권진관 ı 김용복의 민중신학     35
김흡영 ı 도의 신학의 입장에서 본 김용복의 '선토피아(仙境) 생명학'     46
임희모 ı 민중과 생명의 신학자 예언자 — 김용복의 예언 활동 연구     73

2부 | 실천적 활동가 김용복의 삶과 증언     109

김매련 ı 김용복 박사와 함께 한 삶: 문화적 탈바꿈     111
김덕환 ı 김용복과 스위스 프리부르대학교 NPO 경영연구소(VMI)와의
        교류와 그 의미     133
박성원 ı 생명을 경축하라! — 김용복 박사님과 함께한 에큐메니컬 여정     151
이윤희 ı 김용복 박사의 YMCA 생명전기
        — 아시아생명평화 시민운동의 길을 중심으로     181
임종한 ı 민중신학자 김용복 박사의 생명 사상과 사회적 경제     191
홍주형 ı 김용복 박사와 나의 농촌 목회 이야기     212

3부 | 한일과 전북지역 교계와 시민사회의 기억과 추모     233

김매련 ı 김용복 박사의 '한일 시기'를 회고하며     235
김덕환 ı 김용복과 한일장신대학교의 발전 방향     241
김완식 ı 김용복 총장님을 생각하며     250
김철한 ı 꿈꾸는 소년을 기억하며…     259

박민수 | 매일 만나도 다 못 만나는 당신 264

박충배 | '꿈 많은 소년' 고 김용복 총장을 기억하며 270

백남운 | 김용복 총장을 추모하면서 275

소복섭 | 김용복 총장님과의 추억을 생각하며 279

손은하 | 김용복 교수님을 그리며 283

오영미 | 내가 처음 나의 스승님의 뒷모습을 만난 후부터 지금까지 286

이근석 | 끊임없이 꿈을 꾸었던 영원한 스승, 김용복 박사 292

이남섭 | 넓은 세계를 열어주신 나의 스승, 김용복 박사님을 기리며 299

이희운 | 김용복 박사님을 만나고 배운 기억들 309

임희모 | 김용복 박사와의 만남과 배움과 변용 314

조정현 | 평화를 만드는 사람, 영원한 청년! 김용복 선생님 321

조현애 | 참으로 멋진 김용복 총장님 327

조혜숙 | 방향이 달라도 가던 길 멈추었던 김용복 총장님 332

차정식 | 시절 인연 속에 김용복 박사를 회고하며 337

최덕기 | 동남아신학대학원 시절 김용복 총장님과 나눈 대화들 344

홍주형 | 박사님의 제자여서 행복했습니다
　　　— 김용복 박사를 그리워하며 351

## 4부 | 전국 추모의 글 355

권진관 | 민중생명신학자 김용복 박사를 추모하며 357

금주섭 | 하나님의 생명과 평화의 선물 360

김승환 | 박사님, 사랑합니다 362

김은규 | 카이로스(kairos)로 살아오신, '올곧지만 늘 변화하셨던 단아한 선비',
　　　김용복 신생님 365

김철호 | 목사님, 희년빚탕감상담소와 희년경제연구소를 열었습니다
　　　— 고 김용복 목사님을 추모하며 368

김희헌 | 김용복 박사의 민중신학, 그 삶의 자취
　　　— 한국민중신학회 제4대 회장 김용복 박사님을 추모하며 372

남부원 | 우리 시대의 예언자 김용복 박사님을 그리워하며… 375

박광선 | 김용복 총장님! 임은 내게 선각자요, 스승이었고, 길벗이었습니다 379

박성원 | 김용복 박사님을 추모하며… 382

박종화 | 김용복 박사님을 추모하며 385

박춘노 | 산돌교회·산돌노동문화원과 김용복 목사 387

배현주 | 꿈꾸는 영원한 소년, 故 김용복 목사 395

서덕석 | 〈추모시〉 하느님은 우주에 충만한 생명이시어라… 399

손은정 | 제2의 산업 선교 뜸틀을 마련해 준 김용복 교수님

— 몇 가지 면모와 마지막 메시지 402

신대균 | 김용복 박사와 시민사회 운동 410

유해근 | 故 김용복 박사를 추모하며 413

이만열 | 김용복 박사를 추모함 — 40여 년간의 우정을 회고하며 416

이무성 | 아시아태평양생명학연구원과 김용복 목사 421

이승무 | 반핵평화운동과 김용복 박사 — 김용복 박사님 서거에 든 생각 427

이홍정 | 〈추모예배 설교문〉 목민(牧民)을 위한 생명망 짜기 431

임종한 | 돌봄 운동과 김용복 박사 — 고 김용복 박사님을 추모하며 438

장윤재 | 김용복 선생님의 빈자리와 희망 442

홍인식 | 고 김용복 박사님 장례식장에서 445

황남덕 | 학자와 실천가로 멋있게 사신 고(故) 김용복 박사님을 기억하며 447


5부 | 해외의 추도문 449


WCC | 세계교회협의회(WCC) 애도의 메시지 451

WCRC | 세계개혁교회커뮤니온(WCRC) 애도의 메시지 455

NCCP(필리핀) | Rev. Dr. Kim Yong-Bock — A Tribute 457

JAI(Palestine) | In Memory of Dr. Kim Yong-Bock, A Great Supporter
of Palestine 459

WCC/India | Dr. Kim Yong-Bock
— The Radical Prophet, Teacher, and Mentor 462

WCC | Memories with Dr. Kim Yong-Bock 467

YMCA | Remembering a Teacher, Mentor, Friend
— Rev. Dr. Kim Yong-Bock 469

CADIAI | In memory of Reverend Kim Yong-Bock 474

John Y. Jones | My Steadfast Mentor and Friend　　　　　　　　　476

헨리 폰 보세 | 김용복 교수님께 드리는 추도의 글　　　　　　　478

필립 위클리 | A Tribute to Kim Yong-Bock, 1938~2022　　　　483

사와 마사유키 | 김용복 박사님의 타계를 애도하며　　　　　　　488

기무라 코이치 | 김용복 박사님을 회상하며　　　　　　　　　　490

박혜경(대만) | 고 김용복 박사님에 대한 회고　　　　　　　　　495


## 6부 | 김용복의 글 모음　　　　　　　　　　　　　　　　　　501

김용복 | 호남 기독교의 역사적·사회적 성격　　　　　　　　　　503

김용복/임수지 | 21세기 도전에 응답하는 세계교회 협력 선교　　525

김용복/임수지 | 21세기 민중 사이에서 복음 나눔의 생명 선교학　543

김용복 | 생명운동, 시민운동의 새로운 지평 모색　　　　　　　　558

김용복 | 생명학 방법론 서설: 생명학을 추구하며　　　　　　　　578

김용복 | 생명 살림살이의 지혜: 생명 경제학　　　　　　　　　　587

김용복 | 새 문명이 지향하는 생명평화운동　　　　　　　　　　　601

김용복 | 새로운 지구 제국의 출현과 상생 페다고지, 평화 행동　606

김용복 | 21세기 민족의 새 역사 변혁 동력을 3.1운동에서 탐구한다

　　　― 호남 향토 운동의 시각에서　　　　　　　　　　　　629


## 부록　　　　　　　　　　　　　　　　　　　　　　　　　　643

〈부록 1〉 고 김용복 박사 추모 언론 보도기사　　　　　　　　　645

〈부록 2〉 고 김용복 박사 1주기 추모문집 저자 및 번역자 소개　648


일러두기 _ 655

모든 생명체의 상생과 평화를 염원하는
지리산 향토원의 상징 그림

**The Joseph Cook Lectureship**

under the auspices of

CHRISTIAN CONFERENCE OF ASIA

and

PRESBYTERIAN CHURCH (U.S.A.)

1988

| February 15-26 | U.S. Theological Schools |
|---|---|
| 15-16 | San Anselmo |
| 17-18 | Austin |
| 19-21 | Atlanta |
| 22-23 | Louisville |
| 24-25 | Richmond |
| 26-27 | New York |
| February 29 - March 9 | India - Bangalore, Calcutta, New Delhi |
| March 10-12 | Singapore |
| March 13-20 | Philippines - Manila and Dumaguete |
| March 21-26 | Hong Kong |
| March 27-31 | Taiwan - Taipei and Tainan |
| April 1-9 | Korea - Seoul and Taegu |
| April 9-16 | Japan - Kyoto and Tokyo |

# 한일장신대학교 2

# 김용복 선생님을 추모합니다

김용복 목사님 (Rev. Dr. Kim Yong Bock)
1938. 11. 1 ~ 2022. 4. 7

고인의 영원한 안식과 하늘의 위로를 빕니다.

memorial post

사랑하는
김용복 선생님

이땅의 민중이 역사의
주인이라는 확실한
가르침을 남겨 주신것
감사드립니다.

천국에서는 민중과 더불어
평화를 누리시기 바랍니다.

2022. 4. 8.
박재용 올림

김용복 박사님의
생전에 소원하시던
한반도의 평화와 통일
민중이 주인 되는 사회,
돈 보다 사람이 우선인 사회
하나님의 은총이 가득한 세상
이루어 가도록 하겠습니다

영 롱한 드림

김용복 교수님!

산업선교 민중을
현장에서
기억하시고
노동자 민중에
대한 특별한 사랑과
신뢰는 아끼지 않으셨
삶으로 반갑으로
목소리는 잊지 않겠습니다

— 숨은길벗

미싱 숫가례

# 김용복 박사 연보

## 1. 학력과 경력

| | |
|---|---|
| 1938.11.1. | 전라북도 김제군 성덕면 남포리에서 출생 |
| 1945~1951 | 김제죽산초등학교 졸업 |
| 1951~1954 | 김제죽산중학교 졸업 |
| 1954~1957 | 김제죽산고등학교 졸업 |
| 1957~1961 | 연세대학교 철학과 졸업함. 문학사(B. A.) 취득 |
| 1961~1963 | 공군 입대 |
| 1963~1966 | 프린스턴신학교 입학하여 졸업 |
| 1966~1969 | 프린스턴신학대학원(프린스턴대학교와 Interinstitutional Program) 박사과정 이수 |
| 1967~1969 | 프린스턴신학대학원 Teaching Fellow |
| 1970~1972 | 미연합장로교 선교본부(Commission on Ecumenical Mission and Relations)와 Board of National Missions 국제선교상임고문 |
| 1971~1972 | 프린스턴신학대학원 Teaching Fellow |
| 1973~1974 | 동경신학대학원 Research Fellow |
| 1974~1977 | 아시아기독교협의회(CCA), 세계교회협의회(WCC) 상임연구원 (다국적기업에 관한 연구) |
| 1974~1977 | 상지대학국제관계연구소 상급초청연구원(Documentation for Action Groups in Asia: DAGA)프로그램 창설 |
| 1976 | 학위논문 "Historical Transformation, People's Movement and Messianic Koinonia," 박사학위 (Ph.D.) 받음 |
| 1977 | 여름 샌프란시스코신학대학원 초청교수 |
| 1977~1978 | 스위스 Ecumenical Institute 초청교수(Tutor) |

| | |
|---|---|
| 1979~1984 | 한국기독교사회문제연구원 연구담당 부원장 |
| 1980~1984 | 한국기독교사회문제연구원 *Mook*지 편집인 |
| 1985~1988 | 장로회 신학대학원 제3세계교회지도자훈련원 부원장 |
| 1985~1988 | 샌프란시스코신학대학원 Adjunct Professor |
| 1988 | 세계개혁교회연맹총회(WARC) 한국준비위원회 사무국장 |
| 1988~1989 | 미국 크리스챤신학대학원(Christian Theological Seminary) 초청교수 |
| 1990~1998 | 기독교아시아연구원 원장 |
| 1991~1999 | 한국목회학박사원(샌프란시스코신학대학원과 합동) 원장 |
| 1992~1999 | 한일장신대학교 총장 |
| 1994~1995 | 한국기독교학회 회장 |
| 1995~1999 | 동남아시아 대학원(SEAGST) 한국지역 원장 |
| 1997~2000 | 아시아신학자협회(CATs) 공동회장 |
| 1999~2000 | 한국민중신학회 회장 |
| 2000~2010 | 한국생명학연구원 원장 |
| 2005~2010 | *International Journal of Contextual Theology* 초대 편집위원장 |
| 2007~2018 | 화천 평화의 댐 세계평화의 종 공원 조성 위원장 |
| 2010~2022 | (사)아시아태평양생명학연구원 이사장 |
| 2012~2013 | 2012협동조합기본법 발효 기념 '지역사회 혁신을 위한 협동조합 교육과 거버넌스' 국제심포지엄 조직위원회 조직위원 |
| 2013~2022 | "평화의 마중물" 창립추진위원 |
| 2013~2022 | 한국YMCA생명평화센터 고문 |
| 2015~2022 | 〈시민이 만드는 헌법〉 국민운동본부 추진위원회 추진위원 |
| 2015~2022 | Peace for Life 의장(필리핀 마닐라에 본부) |
| 2016~2022 | 죽재서남동 목사기념사업회 이사장, 평화통일을 위한 기독인연대(평통) 상임고문, 기독청년의료인회 고문, 사회적가치경영연구원장, 희년과상생 사회적네트워크 고문, 글로컬카이로스아시아태평양팔레스타인연대 초대 회장, '생명탈핵실크로드, 12,000 KM' 100인 위원회 공동대표 등 |

## 2. 교회 봉사 경력

| | |
|---|---|
| 1976 | 세계기독학생연맹총회(스리랑카) 한국대표 |
| 1976~1981 | 아시아기독교협의회 신학위원회 위원 |
| 1978~1998 | 한국기독교교회협의회 신학위원, 통일문제전문위원, 교사위원, 중앙위원 |
| 1979~1981 | 서울새문안교회 대학부, 청년부 지도 목사 |
| 1981~1982 | 서울용산교회 대학부, 청년부 지도 목사 |
| 1982 | 세계교회협의회 독일교회 방문단 단원 |
| 1983 | 세계교회협의회 6차 총회(캐나다) 대한예수교장로회 총회 대표 |
| 1984~1990 | 세계교회협의회 중앙위원회 UNIT II 전문위원 |
| 1985~1992 | 서울산돌교회(통합) 담임 목사 |
| 1985~1990 | 세계교회협의회 개발위원회(CCPD) 부의장 |
| 1986~1990 | 세계교회협의회 JPIC준비위원회 준비위원 |
| 1987~1991 | 세계교회협의회『신앙고백문제로서의 경제』기초위원 |
| 1990 | JPIC서울대회 한국대표로 참석 |
| 1991 | 세계교회협의회 7차 총회(캔버러) 전문위원 |
| 1994~1998 | 대한예수교장로회 연합사업대책위원 |
| 1997~2004 | 세계개혁교회연맹 신학부위원장 |
| 1998 | 대한예수교장로회 총회 21세기 교단발전 전문위원 |

## 3. 국내·외 학술 활동

| | |
|---|---|
| 1969 | 미장로교선교협의회, "People's Development" 발표 |
| 1969 | 재미기독자협의회, "역사와 기독지식인의 역할" 발표 |
| 1972 | 기독자교수협의회, "민중은 역사의 주격이다" 발표 |
| 1974~1976 | TNC's in Asia에 대한 CCA-WCC Study Project 수행 |
| 1976 | Asian Consultation on Living Theology(Hong Kong), "Minjung Theology" 발표 |

| | |
|---|---|
| 1976 | 동지사대학 신학부, "기독교윤리와 다국적 기업" 발표 |
| 1976 | World Student Christian Federation(WSCF), General Assembly (Sri Lanka), "Theme Address: Asian Realities" 에 대한 기조발표 |
| 1977 | 세계교회협의회 JPIC협의회(Geneva) 참가 |
| 1978 | 한국기독교교회협의회, "3.1운동과 기독교" 발표 |
| 1978 | 아시아기독교협의회(서울), "하나님의 백성의 신학" 발표 |
| 1979 | '신학과 민중의 사회전기' 발표 |
| 1980 | 한국기독교사회문제연구원, 한국교회100주년 종합조사 주관 |
| 1980 | 세계교회협의회개발협의회 "아시아에 있어서 개발과 다국적기업의 역할(독일)"발표 |
| 1981 | 아시아기독교협의회 도시농촌개발협의회, "The Role of TNCs in Asia" 발표 |
| 1983 | 세계교회협의회정치윤리협의회(Cyprus), "Minjung Theology and Participation" 발표 |
| 1988 | Thomas Cook Lecture(US, Japan, Korea, Taiwan, Philippine, India)에 특별강사로 초빙(CCA-PC USA) |
| 1991 | Thomas Cook Lectures(San Francisco Theological Seminary)에 특별강사로 초빙 |
| 1991 | Asia Regional Consultation on Communication, "Theology and Communication" (Philippines) 발표 |
| 1992 | US NCC Consultation on Church and Communication. (New York) "Theological Perspective in Communication" 발표 |
| 1992 | Claremont Consultation on Christianity and Pacific Civilization. "Christianity and Pacific Civilization: An Asian Perspective" 발표 |
| 1993 | 한국기독교학회, "코이노니아와 한국교회" 발표 |
| 1994 | International Consultation on Theological Education(India), "Theological Education in the Context of the Global Change" 발표 |
| 1994 | South African Missiological Congress, "Missiology in the New Global Context" 발표 |

| | |
|---|---|
| 1998 | 제2차 International Symposium Selly Oak Colleges, "Missiology From Below: A Rereading of Asian Missiology From Below," Agenda for Asian Missiology in the 21st Century: Mission of the Minjung(Doulos), An Asian Discourse of Mission," People of Asia, People of God: Missio Christ-Doulos Missiology" 발표 |
| 1999. 5. 25. | 아시아신학자대회가 주최한 "변화하고 있는 아시아에서의 아시아신학: 21세기를 향한 아시아 신학의 과제"로 주제 발표 |
| 2000. 10. 16. | 한국생명학연구원 개원 기념 국제심포지엄 '지구화·생명 경제·생명운동'에서 기조 발표 |
| 2000. 10. 27. | 대전신학대학이 주최한 종교개혁 기념 강연회에서 '지구화와 종교개혁'으로 특강 |
| 2001. 3. 19. | 새길기독사회문화 창립 기념세미나에서 '한국 기독교 희망이 있는가' 주제로 기조 발제 |
| 2002. 10. 3. | 한국여성신학자협의회가 주최한 '여성과 생명' 주제 심포지엄에서 토론자로 참여 |
| 2003. 10. 12. | 한국기독교교회협의회 국제위원회가 주최한 아시아평화포럼에서 '생명을 위한 평화포럼'에 대해 주제 강연 |
| 2003. 12. | 세계생명문화포럼 경기문화재단이 주최한 '21세기 문명의 전환과 생명문화' 국제학술대회에서 주제 발표 |
| 2004. 11. 19. | 세계생명문화포럼에서 '생명운동-시민운동의 새로운 지평 모색' 주제 강연 |
| 2006. 6. 21. | 세계생명문화포럼 주최, '제4차 세계생명포럼'에 토론자로 참여 |
| 2007. 5. 18. | 인드라망 생명 공동체의 블로그에 '생명운동: 시민운동의 새로운 지평 모색' 발표 |
| 2007. 11. 1. | 국제평화위원 및 평화헌장위원의 화천 평화의 댐 세계평화의 종 공원 착공식 참여 |
| 2008. 10. 8. | 한일장신대학교 주최, '신자유주의 시대 제3세계의 디아코니아와 NGO' 국제공동학술대회에서 '신자유주의와 한국교회의 생명 디아코니아' 기조발제 |

| | |
|---|---|
| 2009. 3. 5. | 한국YMCA 생명평화센터 주최 정책협의회에서 '예수의 생명/평화운동' 주제로 특강 |
| 2010. 4. 3. | 부활절에 '생명과 평화를 여는 2010 한국 그리스도인 선언' 작성과 발표에 참여 |
| 2010. 4. | 『농촌과 목회 45호』(2010 봄호)에 '생명운동 두 이야기의 합류, 지구화와 민중, 생명운동, 예수 대 제국' 게재 |
| 2010. 10. 21. | 팔레스타인과 한반도 평화가 주최한 '팔레스타인의 평화회복을 위한 기도회'에서 '팔레스타인의 희망은 가능한가?' 주제로 특강 |
| 2010. 10. 25. | 생명과 평화를 여는 2010년 한국그리스도인 선언위원회와 한신대학교 신학대학원이 주최한 한국교회와 종교개혁 심포지엄에서 '오늘의 믿음으로서의 생명 평화 사상 — 새 시대에 새 신학'으로 기조강연 |
| 2011. 5. 11. | 전북 건강한 교회를 위한 목회자 협의회(전북건목협) 주최 '김용복 박사와 함께 하는 신학강좌'에서 생명과 평화를 중심으로 하는 지역선교 특강 |
| 2011. 6. 1. | 포레스트 믿음장로교회가 주최한 제1회 평화포럼에서 '세계기독교의 생명평화동향'으로 기조발제 |
| 2012. 3. 14. | 생명평화마당 포럼에서 "생명평화 세상의 조건으로서의 탈핵" 발표 |
| 2012. 4. 23. | '핵없는 세상을 위한 한국 그리스도인 연대' 창립기념 심포지엄에서 발표 |
| 2012. 5. 31. | 포레스트믿음교회가 개최한 제1회 '평화포럼'의 기조발제자로 발표 |
| 2012. 8. 9. | 광주YMCA 회보에 '핵없는 운명은 오는가?' 발표 |
| 2012. 9. 20. | '지리산 생명평화 선언'에 참여 |
| 2012. 10. 18. | 한일장신대학교 주최 '협동조합시대 기독교 사회적 기업의 이론과 실제' 아카데미에서 '협동체로서의 신앙 공동체와 협동으로서의 교회' 특강 |
| 2012. 11. 26. | 호남신학대학교 해석학/농어촌선교연구소가 주최한 '창조세계 |

의 보전과 핵없는 세상' 학술발표회에서 '신앙고백과 핵문제' 주제 강연

| | |
|---|---|
| 2013. 1. 3. | 예장신문 모바일 사이트에 신년기도 '시대에 대응하는 기독교지성의 정체성을 확립하자' 게재 |
| 2013. 1. 19. | 기독청년의료인회 창립 25주년 기념 토론회에서 '협동조합운동의 기독교 사상적 해석' 기조 발표 |
| 2013. 2. | 부산 YMCA주최 'WCC부산총회와 YMCA' 주제 강연 |
| 2013. 3. 13. | 대한예수교장로회총회 'WCC총회와 한국교회 에큐메니컬운동 자료집'에 '한국교회와 세계에큐메니컬운동' 게재 |
| 2013. 4. 25. | 우리마당이 '협동조합과 기독교운동' 주제로 개최한 정책협의회에 '협동조합운동의 신앙적 성서적 근거'로 발표 |
| 2013. 5 .27. | 21세기기독교아카데미와 한일장신대학교 공동주최 WCC 부산 개최 기념 공동 학술대회에서 '지구화와 지구 제국의 패권에 저항하는 생명운동: 예수 대 제국' 기조 발표 |
| 2013. 5. 27. | 한일장신대학교 주최 사회적협동조합아카데미에서 '성경과 협동조합-협동조합을 위한 성서적 기반' 주제로 인문학석학 초청 특강 |
| 2013. 6. 25. | 대한예수교장로회총회 사회봉사부 주최 〈교회와 협동조합〉세미나에서 '협동조합의 성서적 이해'를 발표 |
| 2013. 6. 7. | 한국기독교교회협의회(NCCK) 국제위원회가 주최하는 팔레스타인 평화심포지엄 'Moment of Truth: 한국땅에서 팔레스타인을 말하다'에서 논찬자로 참여 |
| 2013. 10. | 세계교회협의회 제10차 부산총회 참석 |
| 2014. 1. 27. | 한국 기독교교회협의회가 주최한 〈2014 한반도 평화통일 심포지엄〉 참석 '기독교통일운동을 위한 제언' 발표 |
| 2014. 5. 30. | 한일장신대학교 주최 '협동조합과 한국시민사회역량개발' 춘계 공동학술대회에서 '신앙 공동체의 살림살이와 협동조합' 주제로 기조 발표 |
| 2014. 9. 26. | 아시아평화시민네트워크가 주최한 '반핵아시아 포럼'에 참가 |

| 2014. 11. 4. | 해외 사회적 금융 전문가 Oikocredit International 전 총재 Dr. Gert van Maanen 박사 초청 전국(서울, 수원, 전주, 지리산) 순회 세미나 개최 |
| 2015. 3. 5. | 〈시민이 만드는 헌법〉 국민운동본부 '국민대토론회'에서 생명권 발표 |
| 2015. 3. 10. | 평화칼럼에 '기독교 민족통일운동의 역할을 고민하자' 발표 |
| 2015. 8. 17. | 지리산 상생 콜레지움에서 분단 70년, 광복 70주년 기념하는 '치유, 용서, 화해, 평화, 통일, 상생을 위한 세미나와 지리산 특별 산상기도회'를 개최 |
| 2015. 9. 11. | 대한예수교장로회(통합)총회와 한국기독교장로회총회 공동주최 동북아 평화를 위한 에큐메니컬 국제포럼(동북아평화포럼)에서 '정의와 평화에 대한 동북아시아 교회의 참여 확대와 강화 전략' 주제로 발표 |
| 2015. 12. 9. | 세계생명평화포럼 한국위원회와 공동주최한 '국제상생평화포럼'에서 발표 |
| 2016. 3. 28. | 국립순천대학교가 주최한 인문석학초청 강연회에서 기조 강연 |
| 2016. 4. 6. | 평화칼럼에 '평화통일 위한 새 담론 필요하다' 발표 |
| 2016. 5. 26. | 한국NGO학회와 한일장신대학교 주최, '협동조합, 교회, 선교'주제의 춘계공동 학술대회에서 협동조합과 평화선교' 주제로 기조 발표 |
| 2016. 6. 13. | 제2차 생명평화 지구포럼(Global Forum on Peace For Life Together)에서 발표 |
| 2016. 9. 1. | 국제민간평화포럼이 주최한 영동 노근리 민간평화포럼 국제회의 참여 |
| 2017~2021 | 경안대학원대학교가 5년간 주최한 '인공지능에 대한 세계정신문화 심포지엄'에 참가 발표함 |
| 2017. 5. 29. | 평화통일연대의 평화칼럼에 '한반도와 동북아 평화를 위한 기도' 발표 |
| 2017. 11. 10. | 세계평화포럼(WPFG)가 주최하는 '광주가 평화다' 주제의 2017 |

광주세계평화컨퍼런스에 토론자로 참여

2017. 11. 21.   한일장신대학교 주최, 다인종 다문화시대 한국교회와 시민사회
의 역할과 과제 추계공동학술대회에서 '글로벌 다인종·다문화시
대 상생과 연대의 영성' 주제 석학초청 강연

2018. 2. 23.   대구NCC와 대구YMCA, 대구YWCA 공동주최 대구기독교 3.1운
동 100주년위원회 출범 기념강연에서 '21세기 민족의 새 역사변혁
동력을 3.1운동에서 탐구한다' 주제로 강연

2018. 3. 27.   (사)한국기독교사회발전협회가 주최한 에큐메니컬 담론마당에
서 '민중신학의 새로운 지평, 지구적 관점 필요' 특강

2018. 3. 29.   청주YMCA 주최 3.1운동 100주년 기념 시민교양강좌에서 '21세
기 민족의 새 역사변혁동력을 3.1운동에서 탐구한다' 주제로 강연

2018. 9. 18.   남북평화교류 사회적경제연대가 국회의원회관에서 개최한 '사
회적경제 남북교류협력 추진을 위한 포럼'에서 '남북경협을 위한
사회적경제의 구상과 방향' 기조 강연

2018. 9. 19.   아시아태평양생명학연구원이 '동북아시아평화와 상생디아코니
아' 주제로 주최한 국제학술대회에서 '평화와 상생을 위한 상생경
제론' 발표

2019. 9.10.   한일장신대학교기독교종합연구원과 21세기기독교문화아카데
미가 공동 주최한 3.1운동백주년 기념학술대회에 기조 발표함

2020. 11. 20.   한일장신대학교 NGO정책대학원이 주최한 특강에서 '코로나 시
대의 유토피아'를 강연함

## 4. 주요 저서

*Minjung Hermeneutics of March First Independence Movement.* 따뜻한 평화, 2021.
*Theology of Life and Peace in Korea.* Madang Journal Editors. 동연, 2013. (공저)
『WCC총회와 한국교회 에큐메니컬운동』. 대한예수교장로회총회 자료집, 2013. (공저)
『창조세계의 보전과 핵 없는 세상』. 호남신학대학교 해석학연구소/농어촌연구소 엮음,
2012. (공저)
『서남동과 오늘의 민중신학』. 동연, 2009. (공저)

*Diakonia and NGO of the Third World in a Neoliberal Age.* Hanil University Press, 2009.

『한국의 생명담론과 실천운동』(공저), 경기문화재단, 2005.

『지구화시대 민중의 사회전기 ― 하나님의 정치경제와 디아코니아 선교』. 한국신학연구
소, 1998.

*Messiah and Minjung*, CCA, 1993.

*Messiah and Minjung: Christ's solidarity with the people for new life.* Christian
Conference of Asia Urban Rural Mission, 1992.

*Healing for God's World: remedies from three continents.* New York: Friendship Press,
1991. (공저)

*Healing the World.* Freindship Press, 1990. (공저)

『한국 그리스도교의 신앙증언』. 세계개혁교회연맹, 1989. (공저)

Kim Yong-Bock et al. ed. *Testimonies of Faith in Korea.* WARC, 1989.

*Annotated bibliography on Minjung Theology.* 1989.

*Study Project on "Beyond Ecumenical Sharing."* CCA-CCPD, 1986~1988. (편저)

『韓國社會變動研究』1, 2. 한국기독교사회문제연구원, 1985.

*Asia Forum on Justice and Development.* CCA-WCC/CCPD, 1984. (편저)

*Minjung Theology: people as the subjects of history, Commission on Theological
Concerns.* Christian Conference of Asia, 1981.

『한국 민중과 기독교』. 형성사, 1980.

*Minjung Theology*(공저), CCA, 1980.

『한국기독교와 제3세계』. 풀빛, 1979.

『한국민중(韓國民衆)의 사회전기(社會傳記): 민족의 현실과 기독교운동』. 한길사, 1977.

*People Toiling Under Pharaoh: report of the action ― research process on economic
justice in Asia.* CCA, 1975. (공저)

### 〈유족〉

미망인: 김매련
자　녀: 김제민, 김정민
며느리: 이경하, 장혜경
손자녀: 김소을, 김지아(손녀), 김이한(손자)

1부

김용복의
신학 사상

# 김용복의 민중신학

권진관

성공회대 신학과 은퇴교수, 민중신학

필자의 스승이며 동료였던 김용복 박사께서 세상을 떠난지 1년이 되었다. 김용복 박사는 서남동, 안병무, 현영학, 서광선과 함께 민중신학의 개척자 대열에 서 있을 뿐 아니라, 신학 사상적으로 큰 족적을 남긴 분이다. 그는 민중신학을 창조적으로 전개하면서, 이것을 한국과 세계의 에큐메니컬(교회연합)운동과 바닥 운동에 적용하여 운동을 이론적으로 다지고 풍부하게 만들었다. 그와 필적할 세계적 에큐메니컬운동의 지도자이자 민중신학자인 서광선 교수께서 2022년 2월에 돌아가셨고, 그 한 달 여 후에 김용복 박사께서 뒤따르셨다. 이로써 민중신학 개척자들의 세대, 즉 민중신학 1세대는 어느 정도 마감하게 되었다. 현재 한완상 박사가 활동하고 계시는데 이분은 주로 민중사회학자로 분류되지만 민중신학에도 많은 영향을 끼치셨으니 1세대 민중신학의 전통에 계시는 현존하시는 어른이다.

김용복 박사는 1937년 11월 1일에 전북 김제 작은 마을에서 태어나서 2022년 4월 7일 작고하셨다. 김제에서 초중고등학교를 나와서 상경하여 연세대 철학과에서 수학하고, 미국 프린스턴신학교에서 석·박사를 마쳤다. 그의 부친은 일제 말 태평양전쟁 중 1944년 1월에 27세의 나이로 사망한다. 그는 탄광에서 트럭 운전하면서 노동에 시달리다가 결국 영양실조와 폐결핵에 걸려 귀향한 후 해방 전에 돌아가셨다. 김 박사는 이처럼 일제와 한국전쟁 전후의 시기에 한민족의 고난의 삶을 온몸으로 경험하며 젊은 시절을 보냈고, 연세대에서 철학과 신학을 수학하였다.

김용복의 민중신학을 전기와 후기로 구분할 수 있다고 본다. 전기는 1970년대, 80년대를 걸친 시기로서, 이 시기에 그는 민중의 사회전기(the socio-biography of minjung)라는 범주적 개념을 가지고 민중신학을 전개하였다. 후기는 '생명'이라고 하는 범주적 개념으로 민중신학을 새롭게 시도한 시기로서 이것은 1990년대 이후 최근까지이다.


## I. 김용복의 전반기 민중신학(1970~80년대)

"민중의 사회전기와 신학"은 1979년 초, 42세 때 쓴 논문인데, 그의 전반기 신학 작업 중 가장 중요한 논문이다. 이 논문을 정리해 보는 것이 그의 전반기 민중신학을 이해하는 첩경이라고 본다. 그래서 약간 자세하게 이 논문을 요약한다.

### 1. 민중의 사회전기의 신학적 방법

그는 이 논문에서 민중의 사회전기를 주요한 방법으로 사용하였는데, 이것을 "신학적 사고를 효과적으로 전개하는 방법"이라고 하였다.[1] 사회전기라는 말은 '민중의 이야기', 즉 민중의 자기 언어로 구성된 이야기이다. 이 이야기 속에 민중의 "미래의 기약과 현재의 실망, 축하와 고난, 기쁨과 아픔, 용서와 죄책, 갱신과 실패"가 담겨 있다. 그리고 이러한 이야기는 민중의 상황을 변혁시키는 힘을 가지고 있다고 보았다. 이야기는 새로운 상황을 형성하며 다시, 변화된 상황은 이야기, 즉 사회전기를 변화시킨다는, 이야기와 사회변화 사이에 변증법적인 관계가 있다고 보았다.[2]

## 2. 민중의 주체화와 정치 권력

민중은 역사 속에서 주체가 되어 가는 과정을 겪지만, 지배적 정치 권력에 의해서 방해받기 때문에 그 주체화가 완성되지 않는다. 그러므로 그는 역사의 한계를 넘어선 종말론을 설정하는데 종말이란 바로 민중의 주체됨이 완성되는 시간을 말한다. 종말에서는 권력자가 없고 모든 사람이 동등한 참여자로 공동체(koinonia)를 이룬다. 종말은 민중 스스로의 운동에 의해서 이루어지는 것이 아니고, 역사 속에 돌연히 개입하는 메시아에 의해서 이루어진다. 이것을 메시아적 성치라고 하였다.

여기에서 메시아적 정치는 역사 속에서 지배자의 강압에 저항하다 당하는 십자가 고난의 정치이며, 우애, 친교, 참여, 평화의 세상을 세우는 행위를 추구한다. 지배자의 권력 정치에 저항하는 메시아 정치는 고난당

---

1 NCC 신학연구위원회 편, 『민중과 한국신학』(한국신학연구소, 1982/1988), 370.
2 Ibid., 371.

하는 섬김의 정치이지 지배를 위한 권력 정치가 아니다. 좋은 정치일수록 권력을 적게 사용한다.

메시아적 정치에서는 민중의 언어가 중요한 역할을 한다. 민중의 자기 언어가 있는 곳에서 민중은 자기 주체화가 가능해진다. "민중의 언어는 민중의 생명이다."[3] 민중의 사회전기는 민중의 이야기이며, 민중의 언어이다. 예를 들면 홍길동전은 민중의 언어요 이야기다. 농민의 탈춤이나 민중 예술품이나, 농민의 노래나 타령들도 민중의 언어이다. 이런 언어들이 민중의 사회전기의 일차적인 자료이다. 민중의 언어는 단편적이고 논리적이지 않을 수 있지만 역사적 진실을 보여주며 상황을 변혁한다.[4]

여기에서 김용복은 이념(이데올로기)과 민중의 사회전기를 대립시킨다. 이념은 민중이 아닌 타자의 언어(지배자 혹은 지식인)이지만, 민중의 사회전기는 민중이 스스로 내는 언어이다. 이념이 위로부터 혹은 옆(타인)으로부터의 언어라고 한다면, 민중의 사회전기는 민중으로부터의 언어이다. 밑바닥의 언어인 민중의 언어 안에 민중의 진정한 갈망이 표현된다. 이 갈망이 역사의 갈망이 되고, 민중신학의 갈망이 된다. 민중신학은 이러한 갈망이 표현된 민중의 사회전기를 발굴하고, 민중의 사회전기에 참여해야 한다.[5]

---

3 Ibid., 375.
4 Ibid., 376.
5 Ibid.

## 3. 민중의 언어로서의 이야기

　민중의 사회전기는 가난하고 약한 민중이 역사 속에서 자기를 구현함으로써 역사의 주체가 되는 것을 보여주는 언어요, 살아있는 진리를 보여주는 언어이다. 그러므로 민중의 언어 즉 민중의 사회전기는 지배자의 언어와 상극이고, 체계적이며 형이상학적 이념이나 거시 담론과도 거리가 멀다. 특히 지식의 체계와도 다르다. 지식이 보편적으로 적용할 수 있는 정보, 사실, 기술을 가리키는 것이라면, 지식도 민중의 사회전기의 요소로 활용될 수 있을 것이다. 그러나 그것이 체계화되어 민중을 규정하는 위치에 서게 되면 민중을 객체로 대상화하여, 민중의 주체화를 방해한다. 결국 민중의 사회전기는 민중이 역사 속에서 자기 고난을 말하며, 추구하는 이상을 표현하고, 잘못된 일을 고발하고, 악한 자들에 저항하는 언어요 이야기이다. 그러므로 민중의 사회전기는 종국적으로는 민중의 열망을 담은 이야기이다.

　민중의 사회전기는 약자들의 고난과 희망을 담은 언어인데, 신·구약성서의 이야기도 하나님의 백성의 고난과 희망, 예수를 따르는 자들의 십자가 고난과 부활의 희망의 이야기이다. 그렇기 때문에 이 두 이야기, 즉 민중의 사회전기와 성서의 이야기는 서로 연결되어 이른바 '상관관계'를 형성하고, 민중 상황에 적합한 기독교 메시지를 발할 수 있게 된다.

## 4. 민중을 억압하고 대항하는 세력

　김용복은 민중의 자기 해방의 행로인 메시아적 정치에 대항하는 정치적 메시아니즘이 있는데, 후자에는 두 개의 세상적인 힘이 있다고 한다. 하나는 공산주의나 국가지상주의와 같은 전체주의적 이데올로기이고, 다른 하나는 과학 기술 세력인 테크노크라시이다. 이들은 약자들뿐 아니라 자연을 수탈하고 억압하는 정치적 메시아니즘을 표방하는 세력으로서 예수 그리스도와 민중의 해방적 메시아적 정치(messianic politics)에 맞선다.

## 1) 전체주의적 이데올로기

전체주의적 이데올로기에는 국가 권력을 마음대로 요리하는 독재체제의 국가주의가 있고, 당과 지도자에 의해서 일사불란하게 지배하는 현실 공산주의(실제로는 국가자본주의)가 있다. 전체주의적 이데올로기는 지배자나 당이 현실을 지배할 수 있는 방안과 능력을 가지고 있다고 확신하고 민중은 이에 따를 것을 강제한다. 이로써 민중을 자의로 지배하며, 민중 대다수는 역사와 사회에서 주체로 서지 못하고 지배의 대상으로 전락한다. 민중을 배불리 먹여준다고 선전하지만 특권층만 혜택을 누리고, 민중은 여전히 객체로 머물며 불공정한 게임의 쳇바퀴에 올라 빈곤과 절망으로 낙하한다. 북한에 이러한 쳇바퀴가 돌고 있고, 남한에서도 이를 경험하였다. 남한에서는 군부의 독재권력에 의해 일부 계층은 큰 혜택을 봤고 성장의 혜택을 누렸지만, 대다수의 민중은 저임금과 소외로 고통당했다. 이제 남한은 민주주의를 어느 정도 이루어 놓아 전체주의적 이데올로기로부터 놓여났으나 새로운 힘이 이미 우리 안에 자리 잡고 있고 민중을 통제하고 있다. 이것이 김용복이 말하는 테크노크라시이다.

## 2) 테크노크라시(과학 기술주의)

김용복은 세상은 "과학과 기술에 의해 통일된 하나의 문명권에 편입되어 있으며, 그것은 이데올로기나 국경선, 문화 등을 초월"하여 전 세계 온 인류를 지배할 뿐만 아니라, 인간과 생태계의 생명까지도 위협할 수 있다고 보았다.[6] 과학 기술주의라고 하는 테크노크라시는 과학 기술 전문가들이 지배하는 정치체(polity)를 가리킨다. 그는 현대의 테크노크라시도 정치적 메시아니즘에 해당한다고 보았다. 결국 과학 기술이 인류를 해방시켜줄 것이라는 거짓된 믿음이라는 것이다. 테크노크라시는 공산권이나 자유민주주의권 모두에 스며들어와 자기 힘을 떨치고 있다. 특히 군산복합체가 슈퍼파워 국가들과 손을 잡고 전쟁 무기를 지속적으로 연구하고 생산하여 살생의 문명을 열었다. 더 확실하게 그리고 대량으로 살생할 수 있는 무기를 개발하고 있다. 나아가서 더 강력한 핵무기를 개발하고 정밀한 운반체를 생산하여 전 지구를 죽음으로 몰아가고 있다. 초국적 기업은 테크노크라시의 첨병이 되어 살생하는 전쟁 무기뿐 아니라, 생명공학과 생명산업을 주도하면서 초강대 국가들과 손잡고 인류의 미래를 결정하고 있다.

과학 기술은 서구 선진 국가들 특히 지구적 제국들에 의해 지배되고 있다. 이로부터 소외되어 있는 아시아, 아프리카 등의 제3세계는 이에 지배받는다. 과학 기술 즉 테크네(Techne)는 가치중립적인 수단적 성격을 가지지만, 그것이 권력과 손잡으면 지배적인 힘을 발휘한다. 그렇기 때문에 우리는 과학 기술주의의 담론이 얼마나 위험한 것인지를

---

6 김용복, 『한국민중과 기독교』(형성사, 1981), 27.

드러내야 한다. 이는 과학 기술주의 담론에 대응하는 민중의 담론은 무엇이며, 민중의 언어는 무엇인가를 밝힘으로써 분명히 드러낼 수 있다. 김용복은 생명의 파괴를 조장하는 과학 기술주의의 세계에서 이를 극복할 수 있는 언어와 담론을 개발하는 것에 뜻을 두었다. 이것이 생명학이다. 1990년대 이후의 시기에 김용복의 민중신학은 생명학이었다.

## II. 김용복 후기의 생명민중신학

### 1. 지구화된 세상

김용복의 전기 사상은 역사에서의 민중의 주체됨을 부각시키는 민중의 사회전기를 사용하였는데, 이때 민중의 주체성을 가로막는 세력으로 정치적 메시아니즘으로 명명했다. 그 중 과학 기술주의 즉 테크노크라시가 21세기를 지배할 것이라는 것을 예측하고 그에 저항하는 개념으로 생명을 제시했다. 그리고 생명을 살리는 주체로 '생명'을 설정하였다. 김용복은 전 지구적으로 활보하면서 지구 안에 있는 모든 생명을 관리, 남용, 착취하고, 살생하는 세력이 있는데 그것을 상징적으로 지구적 제국(the Global Empire)이라고 불렀다. 이 지구적 제국이 오늘의 상황을 지배하고 있다. 제국은 한편으로 군사와 과학 기술을 독점하고, 군산복합체와 연대하면서 지구적 시장을 통해서 자기 힘을 확장한다. 그는 전기의 민중신학은 개별 국가적인 상황을 전제했는데, 21세기의 새로운 민중신학은 전 지구적 제국을 배경으로 하기 때문에 기존의 개별 교회나, 국가적 민중 개념을 넘어선 새로운 민중 개념을 설정해야 한다고 생각했다. 이에 생명이라고 하는 개념이 적합하다고 생각했다. 생명은 전 지구적으로 활보하는 생명 파괴 세력인 지구적 제국과 지구적 자본, 지구적 시장에 대항할 새로운 지구적 주체, 지구적인 정치적 주체(global political subject)이다.

온 지구가 하나의 지구적 제국과 지구적 시장을 통해서 하나로 모아지고 획일화되고 있다. 이 획일화를 김용복은 죽음의 문명이라고 보았다. 그리고 지금의 물질적 문명을 *thanato*graphy(즉, 죽음의 전기, the socio-graphy of *thanatos*)라고 불렀다. 이러한 죽음의 문명을 극복하기 위하여 새로운 주체가 태어나야 한다. 그러한 주체는 생명의 지혜로 무장한 주체여야 한다. 동서양의 생명지혜의 종합을 정신으로 획득한 주체가 태어나야 한다. 이러한 종합적 생명지혜를 획득한 주체는 지구적, 우주적 생명의 잔치를 여는 메시아적 정치에 참여한다.

## 2. 생명 주체를 찾아서

김용복은 생명을 죽이는 전쟁과 우주적 생명의 잔치를 대치시켜 놓는다. 이러한 우주적이고 전 지구적인 핵전쟁과 생명 파괴가 오고 있는 상황은 첨단 기술의 융합(convergence)에 의해서 이루어지고 있다고 말한다. 그는 합류와 융합을 때로는 동의어로 사용하는데, 실은 convergence(융합)는 서남동의 합류, 즉 confluence('함께 흐르다'는 의미)와는 사뭇 다른 개념이다. 김용복은 융합이라는 개념을 사상들에도 적용한다. 그리하여 동서양의 생명의 지혜, 예를 들어 유·불·선, 기독교, 이슬람교 등등이 하나로 융합하여 생명 사상, 생명학으로 탄생한다고 설파했다. 이러한 생명학은 주체로서의 생명의 도구가 된다.

이러한 새로운 주체는 "우주적 상생 경제"를 지향하며, 신천신지의 상생 경제를 일구는 존재다. 김용복은 지구적 생명 파괴 세력인 제국에 대항하여 그에 정반대가 되는 생명의 축제가 열리는 세상을 그렸다. 그것은 우주적 그리스도의 메시아적 정치를 통하여 이루어진다. 여기에 생명 주체들이 동참한다. 그의 비교적 최근의 말을 인용한다.7

모든 생명체가 오감과 육감으로 즐길 수 있는 "생명의 문화잔치(cultural Festival of Life) 한풀이"에서 출발할 것이다. 이는 이미 열려 있었고, 열리고 있으며, 생명체가 더 창조적으로 가꾸어 가야 할 과제만 있다. 이것은 죽음과 죽임의 생명 파괴 제단에서 그 악령과 추혼醜魂을 해방시키고 모든 생명체들의 한을 푸는 대예술향연을 열고 생명의 영혼들이 교감하는 생명 축제를 꾸려 가는 것일 것이다. 이것이 생명의 한의 담론의 절정(omega point)이 될 것이다.


## III. 글을 마치며

김용복 박사의 신학을 이렇게 정리하면서 몇 가지 첨가해야 할 말이 있을 것 같다. 김용복 박사는 출판되지 않은 논문, 메모, 강의 자료들을 유고로 남겼다. 이 유고들을 이 글을 마쳐갈 즈음에 받아서 일부나마 훑어보았다. 유고들은 그의 후기 생명 사상에 대한 글이다. 그의 후반기 의 글에서 비현실적이거나 추상적인 언어나 시적인 표현을 발견할 수 있다. 그러나 이러한 면이 오히려 그의 통찰력과 논리적인 면을 역설적으

---

7 죽재서남동기념사업회 엮음, 『서남동과 오늘의 민중신학』 (동연, 2009), 28.

로 보여준다. 예를 들어 죽음의 세력이 융합을 통해서 지구적인 힘으로 등장하고 있는 상황에서 그는 이에 맞설 수 있는 주체를 상정했다. 그리고 그것은 지구적인 주체여야 하며, 그렇다고 지역적인 문화나 지혜를 부정해서는 아니 되므로 이것들이 융합(convergence)하여 생명학이라고 하는 담론에 이를 수 있다고 보았다. 이러한 생명학으로 주체가 무장될 때 그러한 주체는 지구적 위기에서 구원을 이룰 진실한 주체가 될 수 있다고 보았다. 그는 초기에 민중의 사회전기라는 개념으로 민중이 역사의 주체임을 보였지만, 이제 새롭게 지구화된 상황에서 생명이라는 개념을 사용하여야 한다고 주장했고, 생명의 사회전기가 들려지는 우주적 역사를 생각했다. 그는 죽기까지 생명의 새 하늘과 새 땅을 모색했던 것이다. 김용복의 생명학적 민중신학은 더 깊이 연구해 볼 만한 가치가 분명히 있다. 차후에 더 논의할 기회를 가지려 한다.

# 도의 신학의 입장에서 본 김용복의
# '선토피아(仙境) 생명학'

김흡영

강남대 은퇴교수

## I. 김용복(Yong-bok Kim, 1938~2022)

박사님(이하 존칭 생략)을 마지막으로 뵌 곳은 2021년 6월 28일부터 7월 1일까지 경상북도 안동에 있는 경안대학원대학교(총장 박성원)에서 개최된 제5차 국제심포지움(CGU Global Symposium)에서였다. 심포지움 주제는 "인공지능과 코로나 시대의 우주적 영성"이었고, 4박 5일에 걸쳐 오랜만에 열띤 신학 토론을 할 수 있었다.[1] 코로나 팬데믹으로 만남이 어려웠던 기간이 풀리기 시작하고, 반갑기도 해서인지 그때 무척 흥분했던 것 같다. 항상 옹호적이셨던 그분의 발언에 힘입어 다른 토론자들에게 너무 날카롭고 공격적으로 대하지 않았는지 염려된다. 특히 그분

---

1 심포지움의 발표 논문은 Park Seong-Won, ed, *Cosmic Spirituality in the Era of Artificial Intelligence and COVID-19 Pandemic* (경산: 생명물결, 2021)을 보라.

께도 무례하게 비판한 것 같아 송구한 마음이다. 작고하시기 석 달 전 그와 오랜 전화 통화를 할 수 있었지만, 그분을 다시 뵙지는 못했다. 그분이 평소 내게 베푼 사랑과 은혜를 생각하면 더욱 죄송하고 안타깝다. 마지막 통화에서도 신학의 미래와 비전을 제시하던 그의 쟁쟁한 목소리 가 아직도 귀에 선하다.

심포지움의 강의와 대화를 통하여 '선경'(仙境) 또는 '선토피아' (Seontopia)라는 신학적으로 다소 생소한 개념을 피력하셨다. 그의 사상이 '민중의 사회전기'(sociobiography of minjung)라는 사회경 제적이고 역사적이었던 초기 민중신학의 입장에서 이 개념을 통하여 훨씬 우주적인 지평이 확장되고, 더욱 민족적 영성의 깊이가 더해졌다는 것이 확인되었다.[2] 나는 그의 민중신학이 지닌 제한적 해석학적 지평에 대해 오래전부터 비판해왔고, '도의 신학'의 입장에서 우주적이고 생태

---

2 김용복, "민중의 사회전기와 신학," NCC 신학연구위원회 편, 『민중과 한국신학』 (서울: 한국신학연구소, 1982), 369-389; 또한 Yong Bok Kim, "The Socio-biography of Minjung and Theology," in *Minjung and Korean Theology* (Seoul: Korea Theological Study Institute, 1982)을 보라.

적으로 확장시켜야 한다며 "억눌린 생명의 사회우주 전기"(socio-cosmic biography of the exploited life) 같은 대안을 제시하기도 했다.[3] 그동안 그의 역사관은 '민중의 사회전기'(sociobiography)에서 '생명전기'(Zoegraphy)로 바뀌었고, 선경(Seontopia)에 대한 신학적 통찰을 가미하기 시작하였다. 결국 그와 나는 로고스(logos)보다는 도(道)와 선(仙)이 우리 신학의 근본 은유가 되어야 한다는 점에서 의견이 일치한 것 같다.

## II. 생명학(Zoesophia)

김용복은 세계적 상황에 대한 뛰어난 안목과 시대의 징후를 읽는 탁월한 감수성을 가지고 있었던 에큐메니컬 신학계의 글로벌 오피니언 리더였다. 그를 잃은 것은 한국과 아시아뿐만 아니라 세계 신학의 큰 손실이다. 그는 디지털 혁명과 제4차산업혁명이라고 일컬어지는 인공지능 등 테크놀로지의 급격한 발전에 따른 문명사적 전환기를 바라보며 고령에도 불구하고 끊임없이 그의 신학을 업그레이드하려 고심하셨다. 호모사피엔스 인간이 첨단 과학 기술을 활용하여 초지능과 초능력을 가진 포스트휴먼(Posthuman)으로 진화해야 한다고 주장하는 트랜스휴머니즘(Transhumanism)의 문제에 대해서도 20여 년 전부터 국내에서 가장 먼저 함께 토론할 수 있었던 시대를 앞서가는 분이셨다.[4]

---

3 김흡영, 『도의 신학』 (다산글방, 2000), 350-355; 또한 『도의 신학 II』 (서울: 동연, 2012), 162-166, 192-195를 보라.
4 트랜스휴머니즘에 대한 평가는, Heup Young Kim, "Cyborg, Sage, and Saint:

그런 그가 민중의 사회전기를 중심으로 하는 민중신학에서 생명전기를 기반으로 하는 생명학으로 전환하게 된 것은 당연한 수순이라 할 수 있다. 안동 심포지움에서 행한 발표에서 그의 생명학에 대한 그의 생각의 면모를 살펴볼 수 있다.5 특히 그는 "새로운 문명을 위한 역사적 변혁의 시작점으로서의 Zoesophia(생명학)"을 제안했다. 그는 생명학을 영문으로 조에-로지(Zoe-*logy*)라고 하지 않고 조에-소피아(Zoe-*sophia*)라고 표기했다. 이원론적인 로고스 사상에 함몰된 서구 신학에서 벗어나기 위해 보다 지혜적인 근본 은유 소피아(sophia)를 선택한 것이다. 이 설정에서도 그의 생명학과 나의 도의 신학이 로고스 신학(theo-logos)으로부터 이탈하고자 하는 합의점을 찾을 수 있다. 더욱이 소피아는 우리의 근본 은유 도(道)와 매우 유사한 사상이다. 앞으로 도와 소피아 간에 비교연구와 대화가 매우 흥미로운 분야로 대두되고 있다. 아르자코프스키(Antoine Arjzakovsky)와 같은 동방정교 소피아학(sophiology)에 정통한 신학자는 최근 그의 저서에서 도의 신학과 대화에 깊은 관심을 보이고 있다.6

이 글에서 김용복은 생명학의 첫째 특성은 "생명의 우주그물"(The Cosmic Web of Life)이라고 규정한다. "모든 살아있는 존재는 영적인 존재인 생명의 창조적인 주체입니다. 모든 생명체는 웹을 통한 영적

---

Transhumanism as Seen from an East Asian Theological Setting," in *Religion and Transhumanism: The Unknown Future of Human Enhancement*, eds. Calvin Mercer and Tracy J. Trothen (Santa Barbara, CA: Praeger, 2014), 97-114를 보라.

5 김용복, "상생을 위한 창조적 영적 융합: AI에 대한 대응," in Park, *Cosmic Spirituality*, 55-62. 영문본은 "A Creative Spiritual Convergence for Conviviality," Ibid., 45-54.

6 Antoine Arjzakovsky, *Towards an Ecumenical Metaphysics, Vol 1: The Principles & Methods of Ecumenical Science* (New York, NY: Angelico Press, 2022), esp., 267-268.

친교에서 생명의 그물로서 자신을 유지합니다. Zoesophia(삶의 지혜)
의 일부인 Zoegraphy는 삶의 이야기를 설명하는 패러다임 방식이며
그 반대인 Zoecide 이야기의 Thanatography(살생의 이야기)입니
다."7

김용복은 새로운 신학 신조어를 만드는 데 뛰어난 소질을 가지고
계셨다. 그는 신학적 사유와 글은 영어로 먼저 시작하셨던 것 같다.
나도 그와 같은 미국 신학교에서 신학을 시작했기에 이 사정을 잘 이해한
다. 영어로 글을 먼저 썼다는 것은 영어로 먼저 사유했다는 것이다.
이것은 세계 신학의 흐름을 민감하게 인지하고 있어야 가능하다. 그래야
우리의 맥락에서 우리의 독특한 시각을 품고 표출하는 새로운 신학적
용어를 생산할 안목을 가지게 된다. 그는 철저한 민족주의적 한국 신학자
였지만 동시에 누구보다 앞선 글로벌 마인드를 가지고 있었다. 그런
면에서 그도 어쩔 수 없는 경계인(a boundary person)이었다. 영어로
먼저 만든 신조어이기에 영어권에서 오히려 용이하게 통할 수 있었다.
그러나 문화언어적 맥락이 다른 우리말로 그 뉘앙스를 옮겨 번역하기가
쉽지 않다. 이 글 영어본와 한글본을 비교하여 살펴보면 이러한 사정이
노출된다. 영어 신조어에는 그 뜻이 비교적 명확하게 표현된다. 그러나
그 신조어의 의미를 충분히 담지 한 한글 번역어는 아직 완성형이 아니고
진행형이다.

그래서 김용복의 글에 대한 해석, 특히 새로운 용어들에 대한 부연

---

7 김용복, "상생," 57-58. 영문은 "All living beings are creative subjects of life who
are spiritual beings. All living beings sustain themselves as the web of life, in
spiritual communion throughout the web.Zoegraphy, as part of Zoesophia
(wisdom of life), is a paradigmatic way to describe the story of life, as well
as its opposite: the Thanatography of the story of Zoecide."(같은 글, 48).

설명이 필요할 것 같다. 예컨대 'Zoesophia'라는 용어에는 두 가지 이상의 서구 로고스 신학으로부터 이탈을 선포하고 있다. 첫째, 지혜(sophia)와 지식(logos)의 구분이다. 그는 이 개념을 생명학이란 용어로 흔히 쓸 수 있는 Zoe-logy라고 하지 않고 동방정교에서 보다 발전된 지혜적 측면이 강한 Zoe-sophia라는 복합어를 선택했다. 신학의 근본 은유를 로고스에서 소피아로 전환을 시도한 대목이다. 이것은 도의 신학이 Theo-logy에서 Theo-dao로 바꾼 것과 맥락을 같이 하고 있다. 둘째, 삶/생명(Zoe)과 죽음/살생(Thanato)과의 구분이다. 이것 또한 중요한 구분이다. 신학은 죽음의 이야기가 아닌 삶의 이야기라는 것이다. 이에 따른 그의 다른 신조어 '조에그라피'(zoe-graphy), 즉 생명전기는 아래에서 더 구체적으로 논하고자 한다.

## III. 생명전기(Zoegraphy)

김용복의 또 다른 전통적인 서구 로고스 신학으로부터 이탈은 tha-nato-graphy(살생 이야기 또는 사망 전기)가 아닌 zoe-graphy(생명전기)라는 구분에서 나타난다. 신학은 형이상학에 빠질 수 있는 로고스적 죽음의 담론(thanato-logy)이 아니라 반생명적 죽음의 세력에 대항한 주체적 삶의 이야기, 곧 생명의 내러티브(narrative)라는 것이다. 생명전기는 그가 주창해온 사회전기를 온 생명의 차원으로 확장한 생명학적 민중신학이다.

Zoegraphy는 출생에서 죽음에 이르는 영적 삶의 이야기이며 모든 생명체의 삶의 영적 순환과 삶의 그물이다. 생명체의 본질적인 핵심은 영적 주체를 의미하는 주체이고, 이 주체는 생명의 그물에서 상생적 삶의 영적 교제 속에 산다는 것입니다. 모든 종교와 영적 전통은 이것을 모든 살아있는 존재의 본질로 이해합니다.[8]

여기서 김용복이 "민중의 사회전기"를 선포할 때 socio-graphy가 아니라 socio-*bio*-graphy라고 표현했던 점도 또한 유의해야 한다. 이미 '사회전기'라는 개념에도 bio(life)를 포함하고 있었고, 이미 몸 또는 생물(생명)사상이 깃들어 있었던 것이다. 따라서 이에 대한 보다 더 정확한 번역은 민중의 '사회생명(몸)전기'이다. 여기서 달라진 것은 생명을 뜻하는 신약성경의 세 가지의 희랍어—Bios, Psuche, Zoe— 중에서 Bios(biography)에서 보다 영적이라고 생각되는 Zoe(zoe-graphy)로 변경한 것이다. 일반적으로 Bios는 육체적 몸(the physical body)의 생명성(눅 8:14)을, Psuche는 영혼(soul)의 생명성(마 16:25)을, Zoe는 신적(divine) 생명성(요 1:14)으로 구분한다. 생명의 본질적 영적 주체성과 상생적 교제성을 강조하기 위하여 보다 근본적이고 통전적이고 존재론적인 '조에'라는 용어를 택한 것이다.

또한 김용복의 후기 민중신학에 있어서 생명의 주체성은 죽음과 삶의 순환성과 모든 생명과 그물망 같이 연결되어 있는 상생적 존재론과

8 "Zoegraphy is the spiritual life story, from birth to death, the spiritual cycle of life and the web of life of all living beings. The essential core of the living being is that it is the subject, which means the spiritual subject, and this subject lives in a spiritual communion of convivial life in the web of life. All religions and spiritual traditions understand this as the essence of all living beings." (같은 글, 49)

깊은 연관성을 강조하고 있다. 그의 후기 신학은 삶과 죽음 또는 민중과 반민중 간에 이것이냐 저것이냐를 구분하는 변증법적 이원론보다는 다 함께 순환하고 모두가 상생하는 '온 생명의 도'의 경지를 추구하고 있다고 할 것이다. 그래서 주목해야 할 그의 궁극적 키워드는 상극(anti-vivality)과 분리(divergence)가 아닌 상생(convivality)적 수렴과 융합(convergence)이다.9

그러나 그는 결코 민중의 역사적인 생명 투쟁을 간과하지 않으며, 그것이 생명을 죽이는 살생적 폭력(thanato-graphy)에 저항하여 생명을 살리는 영적 저항 운동들이고, 역사적으로 서로 수렴한다고 밝힌다. 이렇게 생명전기(zoe-graphy)들의 수렴에서 상생적 삶의 우주적 영성의 융합을 도모하는 해석학적 단초를 찾아야 한다고 주장한다.

> 5,000년의 역사를 통해 발생하는 생명에 대한 폭력의 정체에 대한 영적 저항의 수렴(convergence)에서 상생 삶의 영성을 식별하는 해석학적 열쇠가 될 수 있습니다. 전제적 권력 정권에 맞서기 위해 인간 문명에서 영적 종교가 등장했으며, 칼 야스퍼스는 그 결과로 인한 변화를 문명돌연변이라고 불렀습니다. 이집트 독재 정권, 바빌로니아 제국, 그리스 제국, 페르시아 제국 및 중국 독재 통치에서와 같이 옛 제국의 정권에 대한 사람들의 저항은 이 역사적 문명의 매트릭스에서 서구 기독교의 개혁 운동을 위한 영적 맥락을 제공했습니다. 근대에 아프리카, 아시아, 아메리카의 식민 민족이 식민 세력에 대항하는 저항 운동은 해방된 생명망을 향한 영적 활성화의 비옥한 토대가 되었습니다.

---

9 김용복은 convergence의 번역어를 수렴과 융합으로 함께 사용한다. 아래 인용구를 보라.

현재의 세계화되고 신자유주의적 경제 및 지정학적 권력 체제에 대한 저항은 정권에 대한 에큐메니컬 저항을 위한 영성의 우주적 융합(convergence)을 요구합니다.[10]

## IV. 선토피아(Seontopia)

김용복은 또한 우리 민족을 지극히 사랑하는 애국자였다. 외국으로 가는 유혹을 받아왔던 내게 그는 항상 한국 신학자는 신학의 현장인 우리나라를 떠나서는 안 된다고 조언하셨다. 그는 이러한 생명전기의 이상향을 우리 민족의 원시 생명 공동체에서 찾는다. 그러한 우리의 고대 부족 공동체의 영적 삶을 선경(仙境)이라고 칭하고, 영어로 선토피아(Seontopia)라고 번역하며 또 하나의 새로운 용어를 생산한다.

한반도와 동아시아의 오천 년 Zoegraphy(생명전기: 생명의 역사)는 중추적인 장소(Pivotal Point)가 될 수 있습니다. 우리는 고대 생명체의 원시 공동체 마을 이야기를 알고 있습니다. 이 이야기는 약 5,000년 전부터 한반도 안팎의 사람들에게 알려졌습니다. 간단히 말해서 고대 한국 부족 공동체의 영적 삶을 仙境(仙 토피아)라고 부르고 싶습니다. 이것은 단군의 사가와 관련 이야기에 설명되어 있습니다. 仙境(Seontopia)은 다양한 영적 경험으로 진화하고 융합했습니다. 모든 생명체 (이화상생, 경세제민, 홍익인간, 태평천하) 사이에 생명의 영적 교감이 있는 상생의 생명망입니다. 현대 역사학은 이 차원의 영적

---

10 김용복, "상생," 58.

친교개 지구상의 생명망의 틀에서 수렴하는 것을 무시했습니다.[11]

이 구절은 김용복의 신학이 저항적 민중신학에서 상생적 생명학으로, 나아가 '선(仙)의 신학'으로 발전하는 것을 시사하는 중요한 대목이다. 서구 신학의 틀에서 한국 및 동아시아 신학으로 환골탈태하려는 시도가 더욱 뚜렷하게 보인다. 그러나 그는 아쉽게도 그것을 완성하지 못하고 작고하셨다. 이제 그것은 후학들에게 남겨진 과제가 되었다. 앞으로 민중신학이 그의 이러한 시도를 이해하고 발전시켜간다면 한계에 부딪힌 서구 사상의 틀에서 벗어나 우리뿐만 아니라 세계적인 생명의 주체적 사상으로 격상될 수 있을 것이다.

김용복은 삼국시대부터 한국 역사를 훑으며 선경(선토피아)의 영적 저항의 이야기, 곧 생명전기를 발굴한다. 우선 선토피아는 풍류(風流)와 연관된다. 풍류는 "[민](people) 공동체의 고전적인 영적 행사 중 하나"였다. 그는 선토피아 사상으로 하나의 민중신학적 풍류신학을 시도한다. 여기서 그는 한국 신학의 고질적 이원화, 곧 토착화(종교)신학과 민중신학의 두 이야기가 '합류', 곧 '수렴'과 '융합'할 수 있는 마당을 제공한다. 그가 한국사에서 찾아낸 생명전기 또는 풍류 전기의 요약을 들어보자.

이 영적 토대는 삼국시대에 나타났지만, [그때는] 왕실 정권과 생류 귀족 계급의 시대였습니다. 인민 공동체의 고전적인 영적 행사 중 하나는 풍류(風流)라는 시장 축제였습니다. 3천 명의 궁녀(落花岩의 三千宮女)의 이야기에서 우리는 삼국 통일을 위한 신라와 당나라(羅唐聯合軍)의 군사 동맹으로 인한 잔혹

---

11 같은 곳.

한 전쟁에 대한 영적 저항을 발견합니다. 그 후 한국 호남의 금산사(金山寺)에서 미륵 민중불교 영성 운동이 전개되었습니다. 이것은 아마도 6세기 중국에서 네스토리우스파 기독교 영성과 당 불교의 융합의 속편이었을 것입니다.

삼국유사(三國遺事)의 뛰어난 민중 사학은 단군의 역사(檀君 說話)에 묘사된 민중의 영성으로, 고려 왕국에 대한 40년간의 몽골제국 군 침략 공격에 대한 선토피아의 저항 이야기이었습니다. 이 이야기는 한국의 영적 융합 역사에서 매우 중요합니다.

조선 초기 정치 경제는 고려 시대 양반 계급의 사회경제적 폭력을 극복하고자 민 중심[民本, people-centered] 경제의 형태를 취했다… 조선 말기에는 민본 경제와 동학 농민운동의 경제(동학 민본 중심 경제: 東學의 經世濟民)는 피해를 입히고 있는 사회경제적 폭력에 저항하여 영적 융합(생명의 그물)의 결실이었습니다.

일본의 식민 지배 기간 동안, 동학의 유산, 유교 "의병대"(義兵), 동학 농민운동, 민중 불교 운동, 한국 기독교 메시아 통치대망 운동, 서구의 자유주의 및 사회주의 운동은 모두 3·1 독립운동 선언서에 표현된 바와 같이 상생 정치경제에 대한 생명망의 새로운 비전을 선포하는 선토피아 유산의 근거로 하는 것이었습니다.

이러한 영적 융합은 해방된 한반도의 토대를 마련했습니다. 그러나 2차 세계 대전 이후의 상황, 분단, 한국전쟁, 세계적 냉전 연대 등은 상생 정치를 허용하지 않았습니다.

그러나 제2차 세계 대전 이후의 분단, 한국전쟁, 세계 냉전 체제 형성 등으로 인해 상생의 정치 경제학은 생명의 그물과 생명의 영적 친교를 육성하지 못했습니다. 그런데도 제2차 세계 대전 이후의 끔찍한 역사적 상황에도 불구하고 남북한 국민은 통일되고 평화로운 동아시아에서 상생 정치경제에 대한 깊은 열망을 공유하고 있습니다.

한반도와 동아시아에 대한 한민족의 열망은 상생을 향한 역사적 변혁과 동아시아의 웅대한 평화(太平)를 위한 축적이고 중추적인(Pivotal Point) 지점을 제공합니다. 이러한 세계적인 맥락에서 지구의 생명체를 위한 창조적인 영적 융합에 대해 생각해 보겠습니다.[12]

이러한 사상의 기조는 김용복이 프린스턴신학대학원에서 박사학위 논문에서 어느 정도 표출되었다.[13] 프린스턴 재학 시절 그는 프린스턴 신학대학원보다 프린스턴 대학의 동양학 과목들과 도서관에서 더 많이 공부했다고 여러 번 내게 말하곤 했다. 그때 프린스턴신학대학원에는 강력한 세계적 에큐메니스트였던 맥코드(James I. McCord, 1919~1990) 총장이 재임하고 있었다. 김용복은 맥코드 총장이 에큐메니즘의 세계화를 위해 인재로서 양성한 '맥코드 키드' 중 하나였다. 그는 세계적인 신학논의가 벌어지는 프린스턴신대원과 프린스턴대학교의 동양학 도서관과 세미나들을 오가며 조국에 대한 향수를 동양학 공부를 통해 자신의 문화적 뿌리를 찾고 신학적 주체성의 확립을 통하여 풀었던 것이다.

그와 함께 '맥코드 키드'라고 불렸던 아시아계 장학생들은 이후 각각 자기 국가로 귀국하여 함께 '아시아 마피아'라는 별명을 득하며 아시아 신학과 에큐메니즘 발전에 막대한 기여를 하였다. 한국의 김용복을 위시하여, 아시아기독교협의회(CCA)의 총무를 지낸 필립핀의 카리노

---

12 같은 글, 58-60.

13 Kim Yong-Bock, *Historical Transformation, People's Movement and Christian Koinonia* (Princeton Theological Semianry, 1976).

(Feliciano Carino), 인도의 아브라함(K. C. Abraham), 싱가폴의 유추락(Yeow Choo Lak) 등이 그들이다. 1997년 수원에서 김용복을 위시해서 그들이 주도해서 설립한 단체가 아시아신학자협의회(Congress of Asian Theologians, CATS)이다. CATS는 아시아 대륙의 가톨릭을 포함하여 모든 교회가 참여하는 신학 플랫폼이다. 이런 전 대륙적인 에큐메니컬 단체는 세계에서 CATS가 유일하다(나는 CATS의 6대와 7대 공동위원장을 역임했다).

그러나 상기 인용구에서 열거된 생명전기는 한국사, 특히 고대사에 대한 새로운 연구들에 의해 업데이트해야 할 필요가 있다. 예컨대 김용복은 『삼국유사』에 기재된 역사가 생명전기로서 중요성을 매우 긍정적으로 인정한다. "몽골제국의 침략 공격에 대한 선토피아의 저항 이야기"로 이해한다. 그의 의도는 이해하겠지만, 그러나 이것은 본래 기득권에 의해 변방에 밀려있는 민중의 사회전기를 발굴하려는 본래의 그의 민중신학 취지에 부합하는지 재고해 볼 필요가 있다. 오히려 일부 한국 고대사 학자들은 단군에 관한 역사적 사실들을 삼국유사의 저자 일연이 설화 또는 신화로 이념화하고 정치적 목적으로 축소 조작했다고 비판하면서 그에 대한 새로 발견된 역사적 고증들을 제시하고 있다. 요하문명, 홍산문명 유적들에 의해 재조명되는 고조선을 비롯하여 한국 고대사는 매우 흥미진진한 분야로서 민중신학을 비롯하여 한국 신학들이 연구해서 업데이트할 필요가 있다.

## V. "생명의 세계 자궁에서 영성의 태극적 수렴과 융합"

김용복은 상생 생명학과 생명전기의 시각을 한국과 동아시아를 넘어
서 태평양과 아프리카의 영성과 미국 대륙의 원주민 공동체의 토착
영성과 연대하여 전 지구적으로 그 생명의 그물망을 확대해야 한다고
주장한다.

태평양, 아프리카(우분투) 및 아시아의 영성뿐만 아니라 미국 대륙의 원주민
공동체 사이에서 생명의 그물에 대한 풍부한 토착 영성이 있었습니다. 이러한
영성은 공동체 생활과 삶의 그물망에서 역사적 위기가 닥쳤을 때 활성화되
었다.

이러한 영성의 유산은 그들의 삶의 그물을 위한 새로운 토대를 만들기 위해
활성화함으로써 서구의 식민 정권과 현대 산업 자본주의 경제에 반응했다.
모든 대륙에서 이러한 영적 활성화는 모든 생명체의 삶과 그들의 생명망에
대한 새로운 비전을 위한 촉매적 토대를 마련했다.

21세기 세계 문명의 중요한 징후, 특히 세계 경제의 과학 기술 체제화
(Technocratization)에 대한 응답으로 풀뿌리 지역사회에서 국가 및 대륙
차원에 이르기까지 모든 대륙에서 이러한 변혁적인 활성화의 분명한 징후가
있다.

지역적, 국가적, 대륙적, 세계적 경계를 넘어서고 침략과 세계적 주도권에
도전하는 영성의 대륙 횡단 흑인 운동은 유쾌한 삶의 그물에 대한 새로운 비전
의 창의적인 촉매 배양을 계속하고 있다. 20 세기 마틴 루터 킹 주니어가 이끄는
운동은 이 영적 재활성화의 중추적 역할을 했으며, 세계의 모든 흑인 공동체는
물론 세계 패권적 지정학적 전쟁 체제와 전쟁 경제로 고통받는 모든 공동체에

영향을 미쳤다.

서아시아, 중앙아시아, 남아시아 및 동아시아의 영성은 서구의 식민지 시대부터 냉전 동안 삶의 그물 깊숙한 삶의 모든 공동체의 바다에서 활력을 불러일으키고 있다. 현재의 세계화 경제와 현재의 냉전 시대에 세계 강대국에 의한 지정 학적 패권 투쟁에 대한 저항의 여성이 활성화되고 있다.

우주에서 "생명의 거미줄"에 대한 지혜의 자궁이었던 아메리카 원주민 공동체에서 일어나는 영적 활성화로부터 배울 것이 많다.

아시아에서 영성의 전 아시아적 융합은 아직 오지 않았다. 그러나 서아시아, 남아시아, 중앙아시아, 동남아시아, 동아시아 사이에는 강력한 역사적 연관성이 있으며, 이 세계 문명의 위기에 처한 이 시기에 영성의 창조적 에큐메니컬 수렴 징후가 있다. 이슬람 영성, 불교 영성, 힌두 영성, 동아시아 유교 및 도교 영성은 모두 서양과 서양의 기술 문명에 대응하여 종교적, 문화적 경계를 넘어 상호 작용할 수 있다.[14]

김용복은 생명전기의 영성을 아시아, 아프리카, 미주의 토착 영성에서 발굴하고, 20세기의 흑인 신학 운동과 여성 신학 운동 등과도 서로 수렴되고 있다고 주장한다. 그리고 나아가서 모든 세계 종교 및 영성 전통들과 에큐메니컬 상호작용하여 21세기에 더욱 지배적이 될 서양의 테크노크러틱(technocratic) 기술 문명에 대응할 수 있는 대융합(Grand Convergence)을 주문한다.

그런데 이 대목에서 김용복은 영문보다 한층 발전한 한글 제목을 부친다. 영문 제목 "생명의 세계 자궁에서 영성의 대융합"(Grand con-

---

14 김용복, "상생," 60-61.

vergence of spirituality in the global womb of life)에서 마지막 단어를 '태극적 수렴과 융합'으로 변경한다. 수렴과 융합으로 번갈아 사용하며 모호했던 'convergence'라는 개념에 '태극' 사상의 보다 명확한 우주론과 방법론을 도입한 것이다. 이것은 도의 신학의 입장에서 매우 반가운 일이 아닐 수 없다.[15] 물론 안동 심포지움에서 나는 태극 사상의 신학적 중요성을 여러 번 강조했다. 여기서 그의 선토피아 생명학과 나의 도의 신학은 더욱 구체적으로 수렴하고 융합할 수 있는 '중추적 지점'을 갖게 된 것이다. 그의 사망으로 이 융합을 더욱 발전시킬 대화 파트너를 잃게 되어 매우 아쉽다.

오늘날 천문학은 블랙홀(Black Hall)에 대한 새로운 발견을 쏟아내고 있다. 모든 것을 빨아 드리는 블랙홀에서 우주의 모든 것이 수렴하고 융합된다. 태극은 이러한 블랙홀에 가장 근접한 이미지요 메타포이다. 태극은 이미지로는 블랙홀에 가깝지만, 또한 그것은 우주 생성(cosmogony)의 동아시아의 주된 생성적 메타포이다. 신유교의 주창자인 주돈이(周敦頤, 1017~1073)의 태극도(太極圖)에 의하면 그 본질은 오히려 빅뱅(Big Bang) 우주론에 가깝다.[16] 태극도의 "무극이태극"(無極而太極), 곧 무극이 태극이라는 첫 구절에 현대 천문학 우주론을 대입하면 블랙홀이 빅뱅이 되는 우주 생성을 의미한다고 추론할 수 있다.

태극은 음(陰)과 양(陽), 정(靜)과 동(動), 이(理)와 기(氣)로 나누

---

15 태극에 관해서는, 김흡영, 『도의 신학 II』, 180, 190-192, 202-205, 211-214 등을 보라.

16 태극도에 대해서는 이황, 『성학십도』, 퇴계선생탄신오백주년기념사업후원회 편, 『한글과 영어로 풀어쓴 성학십도: 도는 형상이 없고 하늘은 말이 없다』(2001), 58-63을 보라.

어지지만, 그 목적은 서로 수렴하고 융합하여 만물을 생성하고 생명을 잉태하는 데 있다. 그리하여 창조되는 화수목금토(火水木金土)의 오행(五行)은 서로 상극과 상생을 순환하며 생명을 잉태한다. 변증법적 상극(相剋: 금〉목〉토〉수〉화〉금)과 순환적 상생(相生: 금-물-나무-불-흙-금)의 서로 융합하는 태극 운동을 통하여 또 하나의 우주, 또 하나의 생명을 생성하고 창발한다. 이런 태극 사상은 민중신학이 서구의 변증법적 사유 틀과 이원론적 패러다임을 넘어 동양적 사유와 더불어 더욱 발전할 수 있는 여지를 제공한다. 김용복의 선토피아 생명학은 이미 그것을 제시하고 있다.

## VI. 선토피아, 풍류신학 그리고 도의 신학

김용복의 선토피아 생명학은 풍류를 중요한 영적 자원이라고 인식한다. 그러나 소금 유동식(1922~2022)의 풍류신학과는 거리가 있다.[17] 김용복은 풍류를 민중 공동체의 역사적 억눌림에 대한 한(恨)과 지배권에 대한 저항 의식을 축제로 승화시킨 것으로 이해한다. 그것은 유동식이 말하는 "한 멋진 삶"과는 구분이 된다. 유동식이 최치원(857~?)의 『천부경』(天符經)을 근거로 "포함삼교, 접화군생, 현묘지도"를 중심으로 풍류를 생각했다면, 김용복은 『삼국유사』(三國遺事)의 단군설화를 근거로 "이화상생, 경세제민, 홍익인간, 태평천하"를 기본으로 하였다. 여기서도 종교문화적인 토착화 신학과 사회경제적인 민중신학의 차이

---

17 유동식, 『풍류도와 한국신학』 (서울: 전망사, 1992)을 참조하라.

점이 드러난다. 그러나 최근 유동식의 풍류신학은 종교학자들로부터 혹독한 비판을 받고 있다. 유동식이 파악한 풍류의 개념은 샤머니즘(무교)을 기준으로 한 것으로 우리 종교 영성의 한 부분에만 치중된 오류라는 것이다. 한국의 무(巫)는 대무(大巫)와 소무(小巫)로 이루어지는데, 유동식의 풍류신학은 그중 샤머니즘이라고 할 수 있는 소무에만 치중하고 있는 것으로 그보다 중요한 대무, 곧 선(仙, 僊)의 전통(선맥)을 간과하고 있다는 것이다.[18]

　　동양에서 선과 풍류는 서로 연관된 사상이다. 그런데 김용복은 왜 선토피아 사상을 직접 성경에서 찾아내서 발전시키지 않았는지 궁금하다. 최근 한국신학연구소가 이와 관련된 변찬린(1934~1985)의 독특한 한국적 성서 해석인 『성경의 원리』를 개정 출판했다.[19] 변찬린은 "성서는 선(僊)의 문서"이며, "선맥이 성서에서 관통하고 있는 도맥(道脈)"이라고 주장한다. 성서의 영성(靈聖)적 도맥으로서 선맥의 발견은 변찬린이 이룬 창의적인 성서 해석이다. 변찬린은 기존의 전통적 신학에서 나아가 파격적인 구원론적 도맥을 제시한다. 예수 그리스도를 통한 "부활의 선맥(仙脈)"이라는 전통적 구원론을 넘어 에녹과 엘리야와 같이 죽지 않고 승천(羽化登仙)한 "변화의 선맥(僊脈)"을 독창적인 성서 해석을 통하여 제시한다. 그래서 성서학자들에게 이에 대한 연구를 촉구하기 위해 최근 발간된 옥스퍼드 한국성서해석학 핸드북에 이것을 소개한 적이 있다(*The Oxford Handbook of the Bible in Korea*, 2022).[20] 더욱이

---

18 이호재, 『선맥과 풍류해석학으로 본 한국 종교와 한국 교회』 (서울: 동연, 2022), 166-176.

19 변찬린, 『성경의 원리』 총 3권 (서울: 한국신학연구소, 2019)을 참조하라.

20 Heup Young Kim, "Biblical Readings on a Theology of Dao," in *The Oxford Handbook of the Bible in Korea*, edited by Won Lee (New York, NY: Oxford

변찬린은 이러한 선맥이 우리 민족(동이족)의 근본 영성이고 도맥이라고 주장한다. 그러므로 성서와 우리 민족 영성의 두 도맥들이 지평융합을 이루는 이 지점에서 우리 종교의 내용을 주제화하고 신학화해야 된다는 주장이 나오고 있다. 그 해석학적 교차 지점을 '풍류'라고 규정하고, 따라서 '풍류해석학'이 우리 종교와 신학이 갖추어야 할 보편적 담론이라고 제안한다. 최근 발견되고 있는 요하 문명, 홍산 문명 등을 근거로 "영생의 도맥인 신선 신앙의 본고장이 고조선", 곧 우리 민족이라고 듣기에 흥미로운 주장을 내놓고 있다.[21] 그러나 이 주장이 신학에 적용되려면 성서신학자들과 종교학자들의 치밀한 검증 작업을 통과해야 할 것이다.

변찬린의 성서에 도맥(道脈)이 있다는 주장은 내가 주창해온 '도의 신학'의 입장에서는 반가운 소식이 아닐 수 없다. 서구적 맥락에서 근본 개념인 로고스를 근본은유로 차용한 로고스 신학은 오랫동안 번성하고 세계를 지배해왔지만, 우리의 다른 동양적 맥락에서는 충분하지 못하고, 전통신학과 해방신학의 분리와 생태 위기를 초래한 문제 등 오늘날 내용상 이원론적 한계를 노정하고 위기에 처해있다. 도(道)가 동아시아인의 근본개념인 우리에게는 도를 근본 은유로 사용하여 신학을 구성하는 것은 맥락적 당위성을 가지고 있다. 더욱이 그것은 오늘날 세계 신학의 고전적 '로고스 신학과 해방적 프락시스 신학의 이원론적 한계를 극복할 수 있다. 그래서 나는 '도의 신학'을 제안하고 발전시켜왔다. 이것을 보다 대중적으로 소개하기 위해 지난해 내놓은 책『기독교의 신학의

---

University Press, 2022), 155-56.

21 이호재,『선맥과 풍류해석학』, 12, 315, 478. 그리고 이 책에 대한 내 서평은 다음을 보라.「기독교사상」770 (2023. 2.): 195-201.

새길, 도의 신학』의 '닫는 말'에서 그동안 로고스 신학의 지배 아래 '선악과 신학'에 머물렀던 기독교 신학이 이제는 그것을 넘어 '생명나무 신학'으로 나아가야 한다고 다음과 같이 화두를 던졌다.[22] 물론 에덴동산과 창세기 3장을 염두에 둔 것이다.

> 그러나 궁극적으로 선하게 창조된 인간이 필요한 것은 선악과가 아닌 생명나무 열매이다. 그동안 로고스 신학 등 서구신학은 선악을 아는 지식과 지능에 치중하여 구원받은 그리스도인이 필요한 원래의 목적을 간과했다. 그 영향으로 아직도 기독교 신학들은 대부분 화염검으로 둘러싸인 에덴동산 바깥에서 맴도는 신학을 하고 있다. 그러나 서구 신학자 칼 바르트도 주장했듯이, 예수 그리스도의 십자가와 부활의 사건으로 하나님과 인간의 화해는 존재론적으로 완성되었다. 그렇다면 구원받은 그리스도인은 생명나무 열매를 먹을 수 있게 된 것이 아닌가? 세례를 통하여 의롭다함을 받은 그리스도인들에게는 칭의보다도 성화, 나아가 영화가 더 중요한 주제들이 된 것이 아닌가? 서구의 로고스 신학은 이것을 충분히 이해하지 못하고 선악과 신학에 머문 한계를 노정해왔다. 그러나 신학의 궁극적인 목적은 선악과 신학이 아니고 생명나무 신학이 아닐까? 그러므로 도의 신학은 생명나무 신학을 지향한다. 예수 그리스도에 의해서 복원된 하나님의 자녀로서의 신분을 가지고 '생명나무의 새 길'을 찾아가는 것이다.[23]

변찬린의 선(僊) 도맥론과 풍류해석학이 이러한 신학 구성에 어떤

---

22 김흡영, 『기독교 신학의 새길, 도의 신학』 (서울: 동연, 2022), 181.
23 김흡영, 『도의 신학』, 『도의 신학 II』를 보라.

도움을 줄 수 있을는지 흥미롭다. 더욱이 김용복의 선토피아 생명학이 이러한 도의 신학의 의도와 수렴하고 있다. 인류세(Anthropocence)라고 칭해지는 초-테크노 시대에 세상이 디스토피아가 아닌 생명나무가 있는 에덴동산처럼 생명을 살리는 선토피아를 창발하게 하기 위한 명백한 도의 신학이 요청되고 있다.

## VII. 민중신학과 도의 신학: 두 이야기의 합류

2022년 10월 전라남도 신안군 자은도에서 개최된 "생명평화 민중신학 학술대회"에서 나는 민중신학은 역사적으로 도의 신학과 깊은 연관성을 가지고 있다고 주장했다.[24] 제1세대 민중신학은 우리의 도(道) 사상과 깊은 관련이 있는 사상가들과 짝을 이루며 발전되어왔다. 그것이 한국 민중신학이 남미 해방신학과 다른 점이다. 민중신학의 발전을 위해서는 우리 종교문화에 대한 맥락적 문해력(contextual literacy)의 증강이 필요하다.[25] 예컨대 서남동과 김지하, 안병무와 유영모 그리고 김용복의 생명신학과 도의 신학 간의 관련성이다.

첫째, 서남동(1918~1984)의 민중신학은 김지하(1941~2022)의 초기 민중사상과 깊은 관련이 있다. 김지하의 민중의 한(恨)에 대한 해석이 그의 민중신학 구성에 큰 영향을 주었다. 따라서 서남동의 신학은 김지하의 사상과 짝을 이루며 해석되어야 한다. 그러나 후기 김지하는

---

24 자료집 「신안에서 녹색 신문명을 말하다」, 2022.10.24-26, 전남 신안 라마다호텔, 20을 참조하라.
25 맥락적 문해력에 대해서는 김흡영, 『기독교 신학의 새길』, 44-50을 보라.

민중사상에서 생명 사상으로 발전했다. 그의 해석학적 초점이 '민중의 한'을 넘어 '생명의 도'로 넘어간 것이라 할 것이다. 그 대표적인 글이 "우금치 현상"이다.26 이 글에서 김지하는 우금치의 민중 봉기가 민중의 한 폭발의 수준을 넘어 태극(太極)의 우주적 생명운동임을 깨닫는다. 그의 사상이 일종의 도의 신학으로 발전한 것이다. 이 변화를 대부분의 민중신학자들은 받아들이지 않는 듯하다. 오히려 김지하를 민중의 배신 자라고 폄하한다. 그는 우금치 현상을 통하여『도덕경』과『역경』의 복구 와 반전의 사상으로 우금치 전투에서 보여준 민중의 생명운동을 각인한 다. 나는 이것을 참고해서 새로운 한국 신학의 방법론으로 '신기의 해석 학'을 구상하고, 예수 그리스도의 십자가와 부활 사건을 이해하는 도-그 리스도론으로 발전시켰다.27

둘째, 안병무(1922~1996)는 일반적으로 함석헌(1901~1989)과 연관하여 논의된다. 그러나 안병무 사상에 큰 영향을 준 사람은 그 두 사람 모두의 스승인 다석(多夕) 유영모(1890~1981)라는 사실이 간과 되고 있는 듯하다. 민중 사상의 핵심이었던 함석헌의 '씨올' 사상마저도 사실은 유영모로부터 시작된 것이다. 나는 아마도 안병무의 마지막 교육 조교(TA)였을 것이다. 버클리연합신학대학원(Graduate Theological Union) 박사후보생 시절이었던 1989년, 그가 태평양신학대학원(Pacific School of Religion)의 초빙교수로 처음 미국을 방문했을 때 그의 강의 통역과 과목 조교를 맡았고, 그의 저서『갈릴리의 예수』의 영문 번역을 도운 적이 있다. 그래서 그와 가까이 지낼 수 있었는데, 그때 그가 중심

---

26 김지하,『생명』(서울: 솔출판사, 1992), 188-192.
27 김흡영,『도의 신학 II』, 173-95.

개념을 '민중'에서 '민'(民)으로 바꾸려고 고민하는 모습을 볼 수 있었다. 그러면서 유영모를 언급했던 것으로 기억한다.[28] 유영모 연구의 주요 자료 『다석일지』에도 안병무에 대한 메모가 나온다. 또한 안병무는 유영모의 애제자로서 다석사상을 해독하고 전수한 김흥호(1919~2012)와도 매우 가까운 사이였다. 이 두 유영모의 제자들은 내게 상대방에 대해서로 격한 말을 써가면서 그들의 친밀도를 표시하였다. 향후 안병무 연구에 유영모(김흥호)의 사상과의 관련성도 포함되어야 할 것이다.

셋째, 지금 이 글에서 언급하기 시작한 김용복과 도의 신학의 관계이다. 민중의 사회전기를 기조로 시작한 김용복의 민중신학은 선토피아의 생명학에 이르렀다. 이것은 그의 신학 사상이 20세기 이후 세계 신학의 변천에 따라 그 패러다임이 변화해왔다는 것을 보여준다. 즉, 사회학적 관심에서 생명학으로 그리고 세계 종교와의 수렴과 융합해서 초-테크노 서양 문명에 대응하는 관계로의 변화 말이다. 그렇게 김용복의 사상은 민중신학에서 선토피아 생명학으로, 우주론적으로 확대되었다. 그것은 '억눌린 생명의 사회우주전기'에서 '기(氣)-사회-우주적 궤적', 즉 우주 생명운동의 징후를 찾는 큰 이야기(Big History)를 하자는 도의 신학과 수렴하여 합류되고 있다. 결국 민중신학도 민중의 도(道)를 추구하는 신학이 아닌가?

---

28 유영모에 대해서는 김흡영, 『가온찍기: 다석 유영모의 글로벌 한국 신학 서설』(서울: 동연, 2013)을 보라.

## VIII. 녹색 생명 신문명, 선토피아의 도(道)를 위한 한국 신학의 대융합

또한 김용복이 민중의 사회전기를 넘어 생명전기(zoegraphy)를 생각하고 생명학(zoesophia)과 선토피아(seontopia)을 구상하게 된 것은 폭발적으로 성장하며 엄습해오는 초-테크노 문명이 가져올 디스토피아적 미래의 가능성을 의식했기 때문일 것이다. 자기 수양 또는 성화 과정을 거치지 않은 채 초지능(superintelligence)을 획득한 인공지능과 융합하는 등 고도로 발전된 과학 기술을 활용하여 초인적 포스트휴먼(posthuman)으로 진화하려는 자본주의와 결탁한 트랜스휴머니즘(transhumanism)의 위험성에 대해서 그는 누구보다도 잘 예견하고 있었다. 이러한 서양적 기술 문명이 가져올 수 있는 디스토피아(dystopia)를 극복할 수 있는 영적 근거로서 동양적 유토피아인 무릉도원의 선경 같은 영성 공동체를 생각했을 것이다.29

『호모사피엔스』(*Homo Sapiens*)와 『호모듀스』(*HomoDeus*) 등 베스트셀러의 저자인 하라리(Yubal Noah Harari) 같은 트랜스휴머니스트는 최근 아예 대놓고 앞으로 인공지능과 연합하지 않은 일반 사람들은 '쓸모없는 계급'(useless class)에 속한 '쓸모없는 사람들'(useless people)이라고 선언해버렸다.30 더욱이 이런 무능한 사람들이 뭉쳐서

---

29 이남섭에 의하면 2021년 그가 한일장신대에서 마지막 행한 강의에서 '선토피아'를 언급하면서 무릉도원 같은 선경을 모르는 서양인에게는 동양의 유토피아는 '선토피아'로 번역해야 한다고 말했다고 한다.

30 https://www.nationalreview.com/corner/transhumanist-theorist-calls-the-ai-unenhanced-useless-people을 보라.

아무리 저항한다고 하더라도 인공지능과 연합된 변화된 사람들(트랜스 휴먼)을 결코 당할 수 없을 것이라고 호언장담하였다. 하라리는 세계 경제와 정치계에 크게 영향력을 행사하는 다보스포럼(World Economic Forum) 같은 곳에서 선지자처럼 모셔지는 인물이다.

이에 앞장서서 나서고 있는 대표적 인물이 인간의 뇌와 인공지능을 연결하는 뉴랄링크(Neuralink) 프로젝트를 진행하고, 최근 부각되고 있는 챗GPT(ChatGPT) 인공지능 언어 자문 프로그램 등의 개발에 앞장 선 세계 최고 부자였던 일란 머스크(Elon Musk)이다. 스티브 호킹 (Steve Hocking)도 작고 전에 이런 일반 사람들과 트랜스휴먼과의 분리와 갈등의 가능성을 경고했지만, 그것은 머스크처럼 소위 제4차 산업혁명 덕으로 벼락부자가 된 초대형 테크노-기업(Big Tech)의 창 설자들을 중심으로 세계 경제계에 군림하는 인물들에 의해 이미 실행에 옮겨지고 있다.[31]

이러한 트랜스휴머니즘의 우생학(eugenics)과 사이버네틱 전체 주의(cybernetic totalism)가 창궐하는 시대에 민중신학은 아마도 민 중의 개념을 재해석하여 크게 확대해야 할 것이다.[32] 정치경제적으로 강력한 주도권을 잡아가고 있는 트랜스휴머니스트들에 의하면 인공지 능 등과 연합하여 변화되지 않은 보통 사람은 앞으로 모두 분리되어 취약한 민중이 된다는 것이다. 그들의 움직임 속에는 테크노-맘몬의

---

31 https://www.salon.com/2022/08/20/understanding-longtermism-why-this-suddenly-influential-philosophy-is-so을 보라.

32 인공지능, 트랜스휴머니즘, 로고스 신학의 관련성과 도의 신학적 평가에 대해서는 Heup Young Kim, "Artificial Intelligence, Transhumanism, and the Crisis of Theo-logos: Toward Theo-dao," Madang, Vol. 30(Doo. 2022) 103-127을 보라.

출현과 악한 야욕이 보이고 있다. 이제는 모두 힘을 합쳐 테크노-맘몬의 악한 세력에 의해 인간성과 하나님의 창조세계가 파괴되는 것을 막아야 한다. 특히 약한 자와 가난한 자에 우선권을 주는 산상수훈의 명령에 따라 인공지능 시대의 '사이버네틱 약자'들을 보호해야 한다.

　"녹색생명 신문명"이란 개념은 이와 같은 선토피아 생명학에 걸맞은 표현이다. 에덴동산을 본받아 서양적 기술 문명에 의한 디스토피아가 아닌 생명을 살리는 선토피아를 창발하여 하나님께서 창조하신 지구촌과 우주의 생태·생명·인간을 보존해야 한다. 이것은 '인간세'라는 초-테크노 시대에 깨어난 모든 이들에게 주어진 천명이고 카이로스적 소명일 것이다. 이제 한국의 모든 신학은 힘을 합쳐 서양적 기술 문명에 의해 창조세계가 기계화되고 파괴되고 멸망하는 것을 막고 생태계와 인간성과 생명을 보존하고 복구할 수 있는 선토피아를 창출할 수 있는 새 길(道)을 찾아내야 한다. 이것이 하나님의 총동원령이다. 우리는 뭉쳐서 그러한 하나님의 나라를 위한 문명사적이고 더 나아가서 우주사적인 크고 큰 선한 싸움에 임해야 할 것이다.

　파이팅!

# 참고문헌

김용복. "민중의 사회전기와 신학." NCC 신학연구위원회 편.『민중과 한국신학』. 서울: 한국
　　　신학연구소, 1982,

김용복. "상생을 위한 창조적 영적 융합: AI에 대한 대응." *Cosmic Spirituality in the Era
　　　of Artificial Intelligence and COVID-19 Pandemic*. 경산: 생명물결, 2021.

김지하.『생명』. 서울: 솔출판사, 1992,

김흡영.『기독교 신학의 새길, 도의 신학』. 서울: 동연, 2022.

_____.『가온찍기: 다석 유영모의 글로벌 한국 신학 서설』. 서울: 동연, 2013.

_____.『도의 신학 II』. 서울: 동연, 2012.

_____.『도의 신학』. 천안: 다산글방, 2000.

변찬린.『성경의 원리』총 3권. 서울: 한국신학연구소, 2019.

유동식.『풍류도와 한국신학』. 서울: 전망사, 1992.

이호재.『선맥과 풍류해석학으로 본 한국 종교와 한국 교회』. 서울: 동연, 2022.

Kim Yong-Bock. "A Creative Spiritual Convergence for Conviviality." Park Seong-Won
　　　ed. *Cosmic Spirituality in the Era of Artificial Intelligence and COVID-19
　　　Pandemic*. 경산: 생명물결, 2021.

_____ ed. *Minjung and Korean Theology*. Seoul: Korea Theological Study Institute,
　　　1982.

_____. *Historical Transformation, People's Movement and Christian Koinonia*.
　　　Ph.D. dissert. Princeton Theological Semianry, 1976.

Kim Heup Young. "Artificial Intelligence, Transhumanism, and the Crisis of Theo-logos:
　　　Toward Theo-dao." *Madang*, Vol. 38(Dec. 2022): 103-127.

_____. "Cyborg, Sage, and Saint: Transhumanism as Seen from an East Asian
　　　Theological Setting." Calvin Mercer and Tracy J. Trothen, eds. *Religion and
　　　Transhumanism: The Unknown Future of Human Enhancement*. Santa
　　　Barbara, CA: Praeger, 2014,

Park Seong-Won ed. *Cosmic Spirituality in the Era of Artificial Intelligence and
　　　COVID-19 Pandemic*. 경산: 생명물결, 2021.

# 민중과 생명의 신학자 예언자
## ― 김용복의 예언 활동 연구*

임희모

한일장신대학교 통전선교학, 명예교수

## I. 서론

2021년 1월 1일에 발표한 "생명학서지"(生命知慧書誌) 신년사에서 김용복 박사는 역사적 제국들의 생명 억압과 말살에 저항하여 평화와 생명 상생을 꿈꾸며 실천했던 성서의 예언자들을 오늘날 우리의 삶 속으로 소환하였다. 그가 불러들인 예언자들은 이사야, 예레미야, 에스겔 등이며, 또한 예언자로서 메시아인 예수의 자기희생적 삶과 죽음과 부활을 상기시키고 이를 통해 정의와 평화와 생명 상생을 실천하며 형성된 기독교 예언자 공동체를 기억시켰다. 또한 그는 한반도에서 평화와 상생의 길을 걷고 있는 이러한 기독교 예언자적 신앙 공동체가 한반도를 넘어 아시아와 전 세계를 향하여 '생명지혜와 평화 향연의 길'을 열도록 격려하였다.[1]

예언자로서 이러한 희망을 살다가 지병으로 2022년 4월 7일 별세한 김용복 박사를 그리워하며 고(故) 김용복 목사 추모위원회는 동년 5월 27일 「생명지혜와 평화 향연의 길」이라는 추모 자료집을 발간하였다. 여기에서 상당수의 추모객들이 김용복 박사를 이 시대의 예언자로 부르고 증언하면서 그의 서거를 아쉬워했다. 이들은 추모하는 글쓰기 성격상 왜 그가 예언자인지에 대하여 긴 글을 쓰지는 않았다. 여기에 예언자 김용복을 언급한 글을 몇 개 나열한다.

서덕석(시인, 열린교회 목사)은 "변화하는 전 지구적 위기 가운데서 예언자로서 증언하기를 멈추지 않았기에, 하느님은 그에게 끝없는 영감을 부어 주시어 고통당하는 민중의 삶을 치유하며, 분열과 증오와 배제와 차별이 일상화된 절망의 늪에 빠져 허우적거리는 인류에게 유일한 길인 하느님의 평화를 전하였다"고 증언했다(37쪽).[2]

위커리(Philip L. Wickeri, 전 샌프란시스코신학교 교수)는 "김용복 박사가 사회변혁 운동에 대한 민중의 역사적 참여의 근거로서 민중의 사회전기라는 용어를 개념화함으로써 한국이나 아시아나 모든 지역의 민중들이 기존 사회적, 정치적, 교회적 제도들을 수용하지 않는 예언자적 에큐메니즘(prophetic ecumenism) 운동에 참여하게 되었다"는 글을 남겼다(44쪽).

권진관(성공회대 신학과 은퇴교수)은 "김용복은 민중신학에 많은 담론을 남겼고, 큰 획을 그은 선지자[예언자]요 실천가였다. … 그의 내러티브와 담론은 분석적이거나 논리적이기보다는 통찰적이고, 영적

---

1 김용복, "생명지혜, 평화 향연의 길," 고(故) 김용복 목사 추모위원회, 「생명지혜, 평화 향연의 길 ― 김용복 목사」(추모 자료집, 2022), 6-7.
2 위의 추모 자료집, 37. 이하 위커리, 추모 자료집 44; 권신관, 추모 자료집 164.

이다"라고 그를 평가했다(164쪽).

이러한 예언자 김용복 박사의 예언 활동을 연구함에 있어서 본 글은 먼저 그가 살았던 시대적 상황과 그의 예언자 자의식, 예언자 소명과 사명 등을 간략히 검토한다. 둘째, 하나님의 예언자로서 김용복의 예언 구조를 서술한다. 하나님의 말씀의 종인 예언자가 붙잡힌 성서 읽기와 실천, 하나님과 인간 간의 계약, 민중과 생명 각각에 대한 역사적 이해의 틀로서 민중의 사회전기와 생명전기 등을 간략히 서술한다. 셋째, 그의 예언 활동에 대한 특징들을 서술하고 또한 개인으로서 예언자 김용복의 독특성을 분석하고, 넷째, 결론을 맺고자 한다.

이러한 연구를 하기 위하여 우선 예언자로서 김 박사가 자신의 내면의 성장을 기술한 자료로 고백이나 인터뷰, 이외에 타자들이 그의 내면과 외양을 서술한 글들을 분석한다. 여기에는 김 박사가 80세를 맞아 인터뷰한 내용,[3] 2022년 5월에 출간된 추모 자료집[4] 등을 주로 살필 것이다. 여기에 덧붙여 예언자로서 그의 인품과 풍모와 사상을 드러낸 논문들과 저서들을 분석할 것이다. 사회적, 정치경제적, 문화종교적인 차원에서 민중을 중심에 두고 예언한 글들과 1999~2000년의 과도기와 그 후 진행한 전 지구적 우주적 생명 상생을 위한 생명학 예언 글(영문)도 포함한다. 그러나 여기 대부분의 영문 자료들은 인터넷 자료들로서 출처 표기가 명확하지 않아 본 필자는 각주나 참고문헌 목록에 제목만을 기술한다.

---

3 김용복 외 3인, "공동대담: 민중의 사회전기에서 생명학으로," 김용복 박사 팔순 기념논문집 출판위원회, 『민중과 생명』 (서울: 동연, 2018), 25-94.
4 고 김용복 목사 추모위원회, 「생명지혜, 평화 향연의 길」 (추모 자료집, 2022).

## II. 신학자 예언자 김용복의 예언자적 생애
### : 자의식과 소명과 사명 의식

### 1. 맹아 단계의 예언자적 성장(1950~1962)

"김용복 박사 자신이 과연 예언자 의식(Prophet Consciousness)
을 가지고 살았는가?"라는 질문을 할 수 있다. 이 추모 자료집은 적어도
세 경우에 그가 예언자 의식을 가지고 활동했음을 증언한다.

필자는 "총장님[김용복 박사]을 예언자로 이해하고 서서평[한일장
신대학교의 전신인 이일여자성경학교 창립자]과 관련하여 논문"5을
쓰겠다고 했을 때 김 박사가 "그렇게 하라"고 응답하여, 예언자로서
자기 확인 메시지를 전했다고 증언했다(50쪽).6

또 하나는 손은정(영등포산업선교회 총무, 목사)의 증언인데, "세계
선교협의회는 '남반구에서 온 예언자들'이라는 특별 시리즈 저작물을
내는데, '한국을 대표하는 예언자적 신학자로 김용복 교수님을 이미
염두에 두고 있다'는 말을 전해 들은 김 교수님은 금[주섭] 총무님에게
전화하여 자기 대신 먼저 조지송 목사님 평전을 내어달라고 간곡히
부탁하셨다"(66쪽)고 한다. 이 인용은 적어도 김용복에 대한 두 가지
사실 즉 김용복 자신도 예언자라는 것 그리고 자기를 비우고 남을 앞세우

---

5 임희모, "선교사 서서평(Elisabeth J. Shepping)과 예언자적 신학자 김용복 연구: 한일장
  신대학교의 예언자적 정체성," 김용복 외 4인 공저, 『예언자 선교사 서서평과 사회변혁적
  예언자 신학자 김용복』(서서평연구논문 9집) (전주: 학예사, 2022), 21-59.
6 고 김용복 목사 추모위원회, 『생명지혜, 평화 향연의 길』, 50; 이하 손은정, 66; 남부원,
  83.

는 영성을 드러낸 김용복을 증언한다.

또 다른 하나는 남부원(아시아태평양YMCA 사무총장)의 증언인데 "그[예수] 시대처럼 새로운 예언자 운동이 필요하다. 우리의 소리가 작든 크든 상관없이 예언자적 삶을 살아가고자 하는 이들끼리의 강고한 네트워크를 결성하는 운동을 벌이자"라고 김 박사가 강조했다는 것이다 (83쪽). 이 대화에서 김 박사는 자신을 예언자적 삶을 사는 1인으로 이해한 것이다.

여기 언급한 세 개의 증언은 김 박사가 예언자라는 자의식을 가졌다는 것, 더 나아가 그는 이 자의식을 몸 밖의 사회로 표출함으로써 예언자 활동을 했다는 것이다. 그렇다면 김용복은 예언자 소명을 언제 어떻게 받은 것일까? 하나님은 그를 부르시고 김용복은 어떻게 응답을 했을까? 그가 강조하는 사회전기 접근을 통하여 그의 소명 과정을 살필 수 있다.

일제강점기인 1938년 김용복은 전북 김제 성덕면 남포리에서 태어났다. 강제로 탄광에 끌려간 부친이 폐병으로 사망한 1944년에 그는 초등학교에 입학하여 교실 앞면에 걸린 안중근 의사의 사진을 바라보며 민족에 대한 애국심을 길렀다. 한편 부친이 죽자 가난을 견디지 못한 26살의 모친은 인습상 출가외인이 쉽게 단행할 수 없는 친정살이를 하러 죽산으로 떠났고, 용복 소년은 가난한 본가에서 할머니와 어렵게 지내다가 중학생 때 결국 고모의 집으로 들어갔다. 이 시기 고모와 외삼촌의 영향으로 교회를 다니며 복음에 심취하였다. 1950년 한국전쟁이 발발하자 남하한 지식인 피난민들과 지내면서 김용복은 이들로부터 적지 않은 지식을 습득하였다. 고등학교 3학년 때 그는 민족 교육을 충분히 가르치지 않는 학교 당국에 대하여 애국심을 가지고 스트라이크를 일으켜 무기정학에 처해졌다. 이 사건을 통해 세상일이 희망대로 되는 게 아니라는 것을 깨닫고 그는 실존적 위기를 느꼈다. 고등학교 졸업과 대학 진학을 해야 하는 생애의 중요한 전환점에서 그는 견디기 어려운 심리적 사회적 고민을 했다. 그의 개인적 위기는 가정과 학교의 문제로 확산되었다. 당시 그는 두 가지 방향에서 이 문제를 해결하려 했을 것이다. 하나는 사유서를 써서 교장에게 제출했다. 이것은 효력을 발휘하여 마침내 무기정학 처분 3주 후 정상적으로 등교하여 졸업을 할 수 있었다. 다른 하나는 신앙적 접근을 했을 것이다. 그가 당시 신앙에 심취했던 때인지라 신앙에 의지하여 이 실존적 위기를 넘으려 하였다. 이로 인하여 그는 하나님의 사랑과 자비와 용서와 화해를 경험하였고 동시에 하나님에 대하여 감사를 하고 헌신을 다짐했을 것이다. 이러한 위기 상황에서 그는 종교적 회심을 하고 당시 서울 남산에 있었던 장로회 신학교에 입학원서를 냈다. 그러나 그가 동시에 지원한 연세대학교 철학 과의 합격통지서를 먼저 받게 되었다. 이에 그는 우선 철학과 공부를 마치고 신학교 진학을 염두에 두었다. 여기 그의 회심과 소명과 신학교 진학 과정에 여러 요인이 복합적으로 작용했을 것이지만 자세한 사항은 알려진 바 없다.

이러한 소명 과정에서 김용복의 예언자 영성은 어떻게 시작되고 성숙해졌을까? 크게 두 가지 방향에서 진행되었다. 하나는 연세대에서 철학을 전공하면서 끊임없이 신학과 과목들을 수강하였고 졸업 후에 신학대학에 편입하였지만 등록금을 미납하여 학적 기록은 없다. 그리고 미국의 신학교에 유학하였다. 다른 하나는 그가 1957년 서울로 유학하 여 빈민촌에 거주하며 이웃한 판자 교회의 새벽기도회에 참석하여 민족 구원을 뜨겁게 기도하였다. 이 교회가 새롭게 건축되어 염산교회로 불렸는데 개신교 수도원 운동을 시작한 엄두섭 목사가 제2대 담임 목사(1958~1960)로 부임했다. 그와 함께 김용복 학생은 전국의 수도원들을 찾아 탐방하면서 청빈과 자기 비움의 수도사적 영성을 체득했고, 또한 엄 목사가 창간한 「성빈」이라는 잡지에 영성적 글을 쓰기도 했다.7 이러한 엄두섭 목사의 영성적 영향은 김용복의 예언자 활동에 특징적 성격으로 드러났다.8 앞에서 언급한 추모 자료집 164쪽에서 권진관은 김용복의 실천적 예언자 운동의 특징으로 영적 성격을 강조한 바가 있다.

## 2. 예언자 정체성 확립(1963~1978): 신학자 예언자

김용복은 1963~1969년 미국 프린스턴신학교(교역학 석사)와 대학원에서 박사과정을 이수하고, 1970~1978년까지 미국연합장로교 선교본부(해외선교 상임고문 역할)와 세계적 에큐메니컬 선교 현장에서 활동하였다. 이 과정에서 "기독교 동활체 운동, 민중운동, 역사변혁"이라는 학위논문을 제출하고 박사학위9를 취득하였다. 이 시기 활동과 연구를 통해 그는 신학자적 예언자 정체성을 확립하였다.

---

7 김용복 외 3인, "공동대담: 민중의 사회전기에서 생명학으로," 『민중과 생명』, 33.

8 김용복 박사가 한일장신대학교 총장으로 재직 당시 1995~96년 목회자 양성 목적의 신학대학원을 한일캠퍼스 뒤편에 별도로 세우고 수도원 체제와 분위기를 조성하여 목회자 훈련과 교육을 지향하는 계획을 수립하였으나 실행하지 못하였다. 엄두섭 목사의 개신교 수도원 영성이 그에게 영향을 미쳤다.

9 이 논문은 2021년에 '도서출판 따뜻한 평화'가 서울에서 한정판으로 출판하였다. Kim Yong-Bock, "3·1 Minjung Hermeneutics of March First Independent Movement: Historical Transformation, People's Movement, and Messianic Koinonia: A Study of the Relationship of Christian and Tonghak Religious Communities to the March First Independent Movement" (Seoul: The Whole Peace, 2021).

김용복은 1973년부터 아시아 국가들에서 일어난 인권과 민주화운동, 도시산업과 농촌지역 선교(URM)에 관한 WCC(세계교회협의회)의 자료실(DAGA)을 일본에서 운영하였다. 그는 1974년부터 CCA(아시아기독교협의회)와 WCC의 CCPD(교회개발참여위원회)와 1975년 이후 AGEM(경제문제자문위원회)의 부의장으로 활동하였고, 제3세계 국가에서 종교와 사회개발의 문제를 논의하고 존속할 수 있는 사회(JPSS)를 위하여 생태학적 위기 극복의 필요성을 제기하였다. 아시아 국가들은 도시화, 산업화, 농촌 근대화 과정을 겪으면서 가난, 빈부격차 심화와 억압 착취로 인한 인권과 개발독재, 다국적기업의 횡포와 사회적 불의와 불평등을 심하게 겪었다.

한편 한국과 아시아의 대부분의 교회가 하나님의 계약 백성들인 가난한 민중을 섬기기보다 개인주의적 영적 신앙에 매몰되어 탐욕적 노동 착취를 일삼는 산업자본가와 독재적 권력자들을 비호하고 옹호함으로써 보수적 교회의 울타리를 높게 쌓기에 급급하였다. 이러한 상황에서 김용복은 민중의 고난에 공감하는 하나님의 공의 실현을 위한 예언자 활동을 행하였다.

## 3. 신학자 예언자 김용복의 예언 활동(1978~2022)

김용복은 1978년에 외국 생활을 청산하고 서울에 거주하면서 한국과 아시아와 세계적 차원에서 메시아 예수를 따라 메시아 정치에 참여함으로써 민중, 민족, 생명·생태 보전을 위한 예언자 활동을 전개하였다. 신학자 예언자 김용복 박사는 1978년 기독교학술원을 만들어 한국 인권 보고서를 영문으로 발간하였고, 1979년부터 기독교사회문제연구원의 연구 담당 부원장으로 활동하면서 산업선교, 산업현장과 여성 문제, 도시빈민, 민주화, 분단과 통일 방안, 사회경제적 부정의, 민중신학 등을 연구하고 한국의 사회경제적 불평등을 비판하고 정치적 민주화를 주장하였다. 더 나아가 그는 한국의 공해 문제와 생태 문제, 무크지 발간, 한국교회 100주년 종합조사, 한국의 인권 뉴스, 해직교수와 재야 학술 모임 등을 꾸림으로써 신학적 예언자 활동을 본격화하였다. 1989년 WARC(세계개혁교회연맹), JPIC(정의·평화·창조질서의 보전), 서울 대회와 1990년 WCC JPIC 서울대회의 준비·연구위원으로 활동하였다. 이 시기 김용복 목사는 노동자 선교를 행하는 산돌교회를 세워 예언자적 목회 활동을 통해 새로운 교회와 목회 운동을 벌였다.

과학 기술문명 발달과 지구 시장화의 급진적 확산으로 2000년대 지구촌 인간사회의 미래는 혼란스럽고 불투명하였다. 이에 김용복은 세계 유일의 강대국으로 뿌리내린 아메리카 제국(Americana Empire)을 분석하고 비판하면서 새로운 생명 선교학을 제안하였다. 21세기 지구 시장화의 지정학적(Geo-political) 상황에서 그는 생명학(The Integral Study of Life: Zoesophia) 방법론을 연구하고, 생명 살림의 지혜로서 생명 경제학을 논의하였고, 새로운 지구 제국 출현에 맞서면서 한국 민족 역사를 해석하는 틀로 영적 해석학을 주장하고 상생 페다고지로서 평화 행동을 강조하였다.[10] 보다 원숙해진 생명신학적 예언자로서 그는 민중 중심의 운동과 연구를 바탕으로 새로운 지평 모색의 시민운동과 평화운동 및 생명학 운동으로 지구적 우주적 생명 공동체를 위한

10 김용복, "생명지혜," 고 김용복 목사 추모위원회, 『생명지혜, 평화향연의 길』(추모 자료 집), 119-161.

예언자적 에큐메니즘의 활성화를 기획하였다.

그러나 하나님의 말씀을 위탁받아 대언하거나 몸으로 드러내는 하나님의 예언자의 삶은 결코 순탄치 않다. 소명을 일으키고 사명을 수행하게 하는 하나님은 공의가 일그러진 세상으로 예언자를 파송할 때 그 공의를 훼손한 그만큼의 세상은 예언자를 거부하고 공격하고 때로는 조롱한다. 예언자는 고난을 받으며 하나님의 뜻을 이룬다. 성서 시대의 이러한 고난과 고통이 김용복 예언자에게도 현실적으로 가해졌다. 계약을 어긴 백성들로 인하여 고통을 받는 하나님의 고통, 그 고통을 짊어진 예언자는 그들로부터도 고통을 받는다. 이러한 이중의 고통을 받는 예언자는 하나님과의 계약이 성취되는 온전한 세상이 되도록 사회적 변혁자 혹은 사회적 대안을 제시하는 비전의 삶을 살았다. 김용복도 이러한 고통의 삶을 살았고 사회 변혁적 비전을 선포하였다. 그는 한국기독교와 교회의 보수적 기득권과 추종 세력으로부터 차별과 배제를 당하고 고통을 받았다. 이에 대하여 4명의 증언자가 다음과 같이 진술하였다.

임희모는 "하나님의 고통을 전이 받은 예언자 김용복 박사는 자신도 가난과 억압과 소외와 차별을 받으며 하나님의 말씀으로 옷을 입고 이를 선포하였다"고 증언하였다.[11] 박성원(경안대학원대학교 총장, 목사)은 "세계교회는 당신을 그토록 귀하게 여겼는데 정작 우리[예장통합] 교단은 당신을 귀하게 모시지 못했습니다. 그런데도 교단을 향한 당신의 사랑은 무조건적이었습니다"[12]라고 썼다. 금주섭(세계선교협의회CWM 총무)은 추모사에서 다음과 같이 썼다. "이해되지 않는 세 가지가 있었습

---

11 임희모, "20-21세기의 위대한 예언자 신학자," 위의 추모 자료집, 50.

12 박성원, "김용복 박사님, 영원히 사랑하고 존경합니다," 위의 추모 자료집, 87.

니다. 그렇게 국제적인 분이 보세이가, 에딘버러대학이, 버클리가 불러도 절대 한국 민중을, 분단의 현장을 떠나지 않으셨습니다. 그렇게 비타협적인 분이 또 어떻게 그렇게 다정하고 공감이 깊고 신사적이신지요? 그렇게 똑똑하신 분이 자신의 이익을 챙기는 데는 어떻게 그렇게 벽창호이신지요? 기독교와 교회를 넘어서 모든 생명을 사랑하는 종교와 지혜들을 통섭하셔서 교회로부터 핍박받으면서도 어떻게 그렇게 교회를 사랑하시는지 참 깊은 신앙과 영성의 넓이를 가지신 분이셨습니다."[13] 또한 홍인식(에큐메니안 대표)은 "[김용복 박사의] 별세 소식을 듣는 순간 지리산 피아골에서 자주 뵈었던 선생님의 모습이 생각나 눈물이 났습니다. 왜 이 땅과 교회는 예언자들을 이렇게 받아들이지 못하는 것일까요? 눈물이 납니다. 슬픕니다"[14]라고, 배척당하고 환영받지 못한 하나님의 예언자를 회상하며 글을 남겼다.

## III. 예언자 김용복의 예언 활동의 특징들

### 1. 예언자 김용복 예언의 신학적 구조

#### 1) 하나님 말씀인 성서: 성서의 문맥에서 이해하고 선포하고 실천하기

예언자로서 김용복은 다른 예언자들과 확연히 다른 개성과 독특성을 가지고 있다. 성서 시대의 예언자들은 그들의 생활 조건에서 하나님의

---

13 금주섭, "하나님의 생명과 평화의 선물, 고 김용복 박사," 위의 추모 자료집, 92.
14 홍인식, "고 김용복 박사님 장례식장에서," 위의 추모 자료집, 97.

부르심을 받고 말씀을 받아 각자 특색 있는 행동을 통하여 전달하였다.[15] 인간으로서 김용복 역시 그 자신의 독특한 예언자 의식을 가지고 시대적 영감을 통해 하나님의 말씀인 성서 말씀을 이해하고 선포하였다. 그는 특히 신학자로서 이미 성서적 예언자들이 선포했던 하나님의 말씀을 특정 상황에 대한 하나님의 구원 개입으로 이해하고 말씀을 선포하고 상황을 변혁하는 운동에 참여하였다.

첫째, 하나님의 예언자 김용복은 하나님의 종으로서 하나님의 말씀인 성서를 백성들의 사회전기라는 관점에서 읽고 분석하여 이들의 변혁적 회복 운동에 참여하였다. 그에게 성서는 사회전기적 백성들과 인물들에 대한 하나님의 구원 역사를 엮은 책이다. 이러한 성서에서 그는 하나님의 백성들 즉 노예들, 가난한 사람들, 억눌린 자들과 포로들, 또한 예언자들을 포함하는 지도적 인물들의 사회전기를 분석한다. 그는 성서에서 사회전기를 네 가지 영역으로 나눈다. 1) 성서가 담고 있는 사회적 맥락에서 백성들 이야기, 2) 왕국들의 정치적 맥락에서 백성들의 이야기, 3) 제국들의 정치적 맥락에서 백성들의 이야기, 4) 역사적 맥락에서 개개인의 이야기 등이다.[16] 이들 백성들의 사회전기는 신약성서에서 예수 이야기와 본질적으로 같은 맥락에서 엮어졌다는 것이다. 특히 예수의 사회전기적 이야기는 고난받는 종 예수, 유월절에 바쳐진 어린 양, 십자가에 달린 예수, 그의 주변의 여성들과 백성들, 가난한 자들, 옥에 갇힌 자들의 이야기와 섞여 있다.

---

15 Abraham J. Heschel, *The Prophets: An Introduction* (New York: Harper & Rows, Publishers, 1962), ix-xv.

16 김용복, "성서와 민중의 사회전기,"『지구화 시대 민중의 사회전기』(천안: 한국신학연구소, 1998), 11-36.

성서에서 이러한 백성들은 하나님의 계약의 파트너로서 악하고 불의한 권력으로부터 보호받고 샬롬의 삶을 살아야 하는 사람들이다. 김용복 예언자는 불의한 권력자, 억압자, 착취자, 악한 제도 등을 비판하고 대안을 제시함으로써 이들 권력자들이 회개하고 변함으로써 하나님의 계약 백성들과 더불어 새로운 공동체적 샬롬을 이루게 하였다.

둘째, 김용복은 하나님의 말씀으로서 성서를 역사적 문맥에서 번역하고 해석하고 적용한다. 이를 그는 성서에 대한 카이로틱(Kairotic) 읽기와 경청이라고 했다.[17] 카이로스(Kairos)는 헬라어로 '바로 이 시간', '꽉 찬 시간', '결정적인 시간' 등의 의미를 갖는다. 신학적으로 이 언어는 "불의한 정치경제 세력에 대하여 정의를 행하는 하나님의 때", "억압적 지배를 관철하는 제국의 통치에 대하여 샬롬을 행하는 메시아의 구원의 때" 등을 의미한다.

김용복은 몇몇 예를 들어 한국 역사의 변곡점에서 기독교인들은 성경을 카이로틱하게 읽고 역사 변혁에 참여했다고 통찰한다. 한국인의 카이로틱 성서적 생활은 성서의 특정 부분을 대면하여 이를 하나님의 구원의 때로 이해하고 민족사적 변혁 참여로 나타났다. 일제강점 시기 한국 기독교인들은 출애굽기를 읽고 해방하시는 하나님의 개입 사건으로 3.1독립운동을 이해하고 참여하였다. 오늘날 한국의 분단 상황에서 카이로틱 예언자 그룹은 에스겔 37장을 한반도 평화와 통일을 위하여 하나님께서 주신 선물 본문으로 이해하고 이를 읽고 변혁에 참여한다.

---

17 Kim Yong-Bock, "The Bible Among the Minjung of Korea: Kairotic Listening and Reading of the Bible," Philip L. Wickeri, ed. *Scripture, Community, and Mission: Essays in Honor of D. Preman Niles* (Hong Kong: CCA; London: CWM, 2002), 70-91.

제국의 정치경제적 지배 상황에서 김용복은 지정학적 카이로틱 성서 읽기와 실천을 강조하였다. 예수 그리스도의 평화는 아메리카 제국이 휘두르는 평화(Pax Americana)와는 근본적으로 다르다. 하나님의 백성들이 예수 메시아의 통치와 정치경제에 참여함으로써[18] 제국의 통치를 종식하고 생명의 축제와 창조 속에서 진정한 평화와 생명 상생을 누린다는 것이다.[19]

셋째, 성서는 하나님의 백성들의 고난에 참 삶을 구원하는 역사적 책으로서 오늘날 하나님의 구원 창조 역사에 핵심적 지혜를 제공한다. 김용복은 오늘날 지구적 상황 특히 새로운 제국 출현을 바라보며, 신약의 생명 동산 시대에 살았던 나사렛 예수의 생명전기를 기본으로 하는 지구적 생명지혜 담론을 제안한다. 오늘날 무한 탐욕적 자본주의 체제를 갖추고 최첨단 군사력으로 지구적 지정학적 패권을 장악한 새로운 지구 제국은 과학 기술 문명으로 세계 민족들의 문화적 정체성을 붕괴시키고 모든 생명체와 우주적 생명체를 점령하고 파괴한다. 이 제국은 또한 첨단 과학 기술 체제를 통하여 초인간들을 창조하고 새로운 초인간 세계와 질서를 구축하고 있다.[20] 이러한 새로운 제국 출현 상황에서 신학자 예언자 김용복은 신약시대 생명 동산(Pax Romana)에서 살았던 예수의 생명평화 운동, 즉 갈릴리 예수의 생명 이야기(Zoegraphy)를 모범 삼아 오늘날 전 지구적 지혜의 담론과 예수의 부활의 담론으로 이에 대응할 것을 제안한다.[21]

---

18 리처드 호슬리/김준우 옮김, 『예수와 제국』(고양: 한국기독교연구소, 2004), 207-210.
19 Kim Yong-Bock, "The Bible Among the Minjung of Korea," 83-89.
20 김용복, "새로운 지구 제국의 출현과 상생 페다고지, 평화 행동," 고(故) 김용복 목사 추모위원회, 「생명지혜, 평화 향연의 길」, 149-161.

## 2) 계약: 하나님과 백성, 백성과 백성 간의 계약

김용복은 그의 학문 활동 초기인 1970년대부터 계약(Covenant, 언약) 개념을 연구하였다. 그는 당시 한국과 제3세계에서 "보다 더 좋은, 보다 더 인간적인 사회 건설에 이바지할 수" 있는 개념으로 이를 수용하였다. 기독교 사상의 핵심을 이루는 계약(covenant)은 하나님과 백성(집단, 공동체, 민족) 간에 맺어지고, 이 하나님-백성 계약과 함께 인간과 인간, 인간 집단과 인간 집단, 왕(지도자)과 백성 간의 계약이 동시에 이루어진다.[22] 이러한 계약은 종교적 차원(하나님과 백성)과 사회적 차원(백성과 백성, 왕과 백성 등)을 갖는다. 그러므로 이 계약은 종교적 사회적 계약이라는 특징을 갖는다.

김용복은 이 종교적, 사회적 계약을 예언자가 수행하는 사회 변혁의 중요한 틀로 인식하였다. 하나님은 자기의 백성들과 계약을 맺는데, 이들 당사자는 서로 간에 주체가 되어 계약을 맺고 이를 이행한다. 그런데 백성들 서로 간에 불의와 탐욕을 드러냄으로써 하나님과 맺은 계약을 파기하고 고통의 세월을 보낸다. 이때에 하나님의 예언자가 등장하여 백성들의 회개를 부르짖고 이들이 죄로부터 돌아서면 자비로운 하나님의 용서와 화해가 이루어지고 관계가 개선되어 계약 회복과 갱신이 이루어졌다.

계약의 이러한 신학적 의미가 논의되기 이전, 이미 출애굽기 19-20장과 22-23장 등에 명시된 계약법전을 중심으로 그리고 성서 전체에

---

21  김용복, "21세기에 나타난 새 제국의 도전," 성공회대학교 신학연구원 편, 『제국의 신』
    (서울: 동연, 2008), 38-57.
22  김용복, "기독교의 계약사상과 한국사회," 202.

걸쳐 언급된 하나님의 계약은 하나님의 백성들 사이에서 정의와 평화를 이루고 생명 안전을 도모할 목적으로 주어진 것이었다.

"'너희는, 내가 이집트[애굽] 사람에게 한 일을 보았고, 또 어미 독수리가 그 날개로 새끼를 업어 나르듯이, 내가 너희를 인도하여 나에게로 데려온 것도 보았다. 이제 너희가 정말로 나의 말을 듣고, 내가 세워준 언약[계약]을 지키면, 너희는 나의 보물이 될 것이다. 온 세상이 다 나의 것이다. 그러므로 너희는, 내가 선택한 백성이 되고, 너희의 나라는 나를 섬기는 제사장 나라가 되고, 너희는 거룩한 민족이 될 것이다. 너는 이 말을 이스라엘 자손에게 일러주어라.' 모세가 돌아와서 백성의 장로들을 불러 모으고, 주께서 자기에게 하신 이 모든 말씀을 그들에게 선포하였다. 모든 백성이 다 함께 '주께서 말씀하신 모든 것을 우리가 실천하겠습니다.' 하고 응답하였다. 모세는, 백성이 한 말을 주께 그대로 말씀드렸다"(표준새번역, 출 19:4-8).

억압자 이집트(애굽)로부터 억압받는 이스라엘 백성들을 구출하고 구원한 하나님은 이 백성들이 하나님의 말씀을 듣고 서로 간에 구원의 삶을 살기를 원하였다. 후에 이스라엘은 왕정 체제가 이루어지면서 왕과 재판관과 제사장 등의 제도가 확립되었다. 이들은 사회의 상층부를 형성하고 하층부의 대다수인 일반 백성을 억압하고 차별하고 착취하여 이들은 고통을 받았다. 이는 구원자 하나님이 이스라엘과 맺은 계약을 통해 이스라엘 내에서 지배자들(왕, 재판관, 제사장 등)과 일반 백성(가난한 자, 과부, 고아 포함) 사이에 고루 정의, 평화, 생명 풍요 등이 행해지기를 원하였으나 그렇지 않은 상태, 즉 계약 파기가 일어난 것이다. 이러한 상태에서 소명을 받은 예언자는 하나님의 말씀으로 이 지도자들을 고발하고 회개를 촉구하고 하나님의 뜻이 관철되는 샬롬, 즉 정의와 평화의 사회로 개변하려 하였다. 이러한 계약 관계를 김용복은 앞서 언급한 4차원의 계약 즉 첫째, 사회적으로 백성(빈부, 남녀, 계급)들 간에, 둘째, 왕들 간에 정치적으로, 셋째, 제국들 간에 정치경제적으로, 넷째, 역사적 문화적으로 백성들(다인종, 다문화, 소수민족, 다민족 등) 간에 관철되기를 원하였다.

이에 따른 다양한 형태의 계약이 필요하다고 여긴 하나님은 예언자 집단을 통해 이를 역사적으로 관철하였다. 생명 동산 시대에 때가 되어 예언자이고 메시아인 나사렛 예수를 이 땅으로 보낸 하나님은 예수 메시아의 교회와 기독교를 이 지구에 존재시켰다. 이 메시아 예수가 복음으로 전파된 곳에서는 어디서나 신실한 예언자들이 나타나 정의, 평화, 생명 상생의 하나님 나라 활동을 행하였다. 이러한 하나님과 백성 간에 맺어진 종교적, 사회적 계약은 오늘날 확대된 지구적 우주적 지평 차원에서도 유효한 것이다. 그동안 하나님의 통치의 범위에 대한 인식이 넓어지고 깊어진 결과이다. 이는 백성(민중, 민족)뿐만 아니라 생명체 및 생태계 등 모든 지정학적 차원에서 생명 전체를 포괄하는 것이다.

김용복의 이러한 계약 사상은 한국 민중과 민족을 위한 정의와 평화와 창조질서 보전 운동에 기여하였고, 동남아시아와 전 세계와 지구화 차원에서 그리고 정치경제적 논의에서 긴요한 역할을 하였다. 그는 활동 초기에 논의한 도시산업 선교, 빈민 선교, 농어민 선교 등에서 이러한 계약 회복을 강조하였다. 또한 그는 중반과 후기 활동의 주제인 민중과 생명 상생 논의에서도 계약 파기로 인하여 발생한 억압과 궁핍, 사회적 불의와 불공평, 생태 파괴와 위기 등을 논의하였고, 이들의 치유와 회복 과정으로서 계약 갱신과 코이노니아를 강조하였다. 예언자 김용

복은 성서와 특히 개혁교회가 역사적으로 전통적으로 강조한 계약 개념
을 활용하여 샬롬의 하나님 나라를 이루는 예언자 활동에 투신하였다.[23]

### 3) 민중의 사회전기와 생명전기

김 박사는 그의 사상, 신앙, 신학을 서술함에 있어서 여러 모양의
학술 용어들을 새롭게 주조하거나 창의적으로 발굴하여 활용하였다.
이들 대부분은 공동체적 언어들로서 역사의 주체, 기독교 동활체
(Christian Koinonia), 메시아 정치, 정치적 메시아니즘, 하나님의 정
치경제, 신앙고백 상황, 과정으로서 신앙고백, 고난의 종(종의 정치,
Doularchy), 민중의 사회전기(Social Biography of the Minjung),
생명전기(Zoegraphy) 등이다. 여기에서는 민중의 사회전기와 생명전
기라는 개념을 논의한다.

김용복 박사는 1970년대 말부터 예언 활동의 주요 부분인 한국 민중
을 이해하고 신학을 서술함에 있어서 이들의 사회적 경험을 중심으로
분석하고 접근하는 연구를 진행하였다. 이에 대한 그의 첫 논문은 "민중
의 사회전기와 신학"[24]인데 이 글에 의하면 민중신학을 행하는 신학적
사고의 틀로 민중이 역사적으로 사회적으로 경험한 이야기를 사회전기
로 칭하였다. 이 용어에는 과거의 사건이나 기억, 현재의 고난이나 미래
의 희망 혹은 염원이 들어 있다. 그리고 현재 인간들의 사회적 조건을
변혁하고 화해하고 갱신하는 과정도 포함되어 있다.

---

23 김용복, 『지구화 시대의 민중의 사회전기』, 196-200.
24 김용복, "民衆의 社會傳記와 神學," 『한국민중과 기독교』 (서울: 형성사, 1981), 89-108.

민중의 사회전기는 우선적 특징으로 민중을 역사적 주체로 본다. 이러한 주체 사관은 신학적 종말론에 근거한 것으로 민중이 메시아왕국(통치)에 참여하는 주체가 된다는 것이다. 이러한 주체적 참여 과정에서 민중은 지금의 역사적 정치적 사회적 현실적 고난 속에서 미래의 희망과 꿈을 이루는 투쟁을 통하여, 미래에 완전히 이루어질 현실을 현재적으로 선취한다. 이러한 과정에서 민중은 새로운 주체로 변하면서 현실적 정치적 사회적 조건을 변혁하여 새로운 역사를 창조한다. 역사적 과정으로서 민중의 주체적 참여는 고난의 사회적 현실과 지배적 정치 구조를 변혁하고, 미래적 희망을 향해 나아간다. 이러한 역동적인 민중의 정치적 사회적 경험과 이야기가 민중의 사회전기를 이룬다. 김용복은 이러한 사회전기를 통해 민중의 고난과 예수 메시아의 십자가, 민중의 갈망과 메시아의 부활, 민중의 코이노니아와 성령의 역사, 민중운동과 교회 활동, 국지적이고 지구적인 연대 활동 등에 관하여 예언자적 연구를 진행하고 이를 실천하였다.[25]

1999년 김용복은 새천년의 민중과 생명의 상생 선교를 준비하면서 21세기 민중들과 "그리스도 안에 있는 새롭고 영원한 생명"(New and Eternal Life in Christ)을 위하여 어떻게 복음을 나누고 실천할 것인가를 제안하였다.[26] 이 글은 민중 강조의 예언자 김용복 박사가 생명학 예언자로 건너가는 다리 역할을 한 글로서 생명의 지정학적 역동성

---

25 김용복, 『한국민중의 사회전기』; 김용복, 『지구화시대 민중의 사회전기』.

26 Yong-Bock Kim, "Sharing in the Gospel among the Minjung in the 21st Century," Philip L. Wickeri (ed.), *The People of God among All God's Peoples* (Hong Kong: CCA/CWM, 2000), 113-124; 임수지 옮김, "21세기 민중 사이에서 복음 나눔의 생명 선교학," 김용복 외 4인 공저, 『예언자 선교사 서서평과 사회변혁적 예언자 신학자 김용복』 (서서평연구회논문 9집) (전주: 학예사, 2022), 103-116.

(Geo-political Dynamics)을 배경으로 민중과 생명에 대한 선교학적 확언 7개 항을 기술했다. 이들은 그리스도 안에 있는 새롭고 영원한 생명으로서 1) 평화, 2) 생명을 위한 하나님의 정치경제, 3) 직접 참여와 공동생활을 위한 네트워킹, 4) 샬롬과 공동생활 복지, 5) 잔치의 삶, 6) 생명을 위한 건전하고 궁극적인 근거, 7) 생명의 자궁과 정원으로서 생명 생태적 영역 등을 서술한다. 결론으로 그는 그리스도 안의 새롭고 영원한 생명을 위하여 하나님의 구원 활동에 참여 즉 카이로틱 실천을 이 시대의 선교로 강조하였다.

2000년대에 들어 김용복 박사는 생명지혜(Zoesophia)와 생명전기(Zoegraphy)를 중요한 예언 언어로 발화하였다.[27] 그는 21세기의 시대적 상황을 생명 멸절의 전쟁과 폭력과 파괴를 불러오는 전 지구적 제국의 복합 살생의 전제 체제로 규정하고, 이에 대하여 전 지구적 우주적 생명지혜와 이야기들을 통해 생명의 통전적 융합 주체성을 살리는 예언 운동을 강조하였다.

---

27 Kim Yong Bock, "The Story of Life-Zoegraphy"; "Zoesophia(생명지혜의 담론)-Convergent Understanding of Life from a Critical Perspective"(강의안); "The Origin, History and Future of Minjung Theology: An Outline"; "Covenant of Peace for Life Together-Bible Studies"; "The Study of Life in Doing Theology: Overcoming the Forces of Death"; "Zoegraphy-APAY 35th Advanced Studies Program, November 7-9, 2017"(Lectures); "'Incubation of a Grand Vision of Peace on Earth in People's Movement of Transformation: Spiritual Hermeneutics Discerning the Times for Peace and Life on Earth'-Background of East Asia Proposal for a World Peace Forum"; "'A Search for New Discourse on Peace and Peace Movement'-Toward a Position Paper (Outline)-Global Forum on Peace for Life Together." (위의 글들은 미발표 혹은 발표가 미확인된 논문, 강의, 강연 및 성경 공부 등이다).

"생명의 생애 (역사적 전개) — Zoegraphy: 생명은 삶의 주체이다. 이 주체는 생명과 죽음의 순환을 수용하면서 삶의 궤도를 이행한다. 생명체의 생애는 우주 공동체적 기반을 통합하여야 한다. 생명의 생애를 추구하는 생명학은 인간계와 생물계를 생물학적 차원, 생태계의 차원에서만 통합하지 않고 宇宙(집우 집주)라는 생명의 집에서 인문학적으로 통합하고 융합한다. 생명학의 패러다임은 '우주적 인문학'이다. 동시에 생명학은 생명의 정신적 주체성과 문화 예술적 창조성을 추구한다. 우주의 생명성과 문화 예술적 창조성의 융화를 분별한다. 이것은 우주적 신비성(종교적 주체성 즉 신앙)의 지평을 연다. 생명은 삶의 예술을 창조하는 주체이다. 생명은 아름답다는 생명의 존재와 삶을 포괄하는 최후의 술어이다. 생명이 아름답다는 것은 아름다움은 생명의 본질로서 自現(스스로 나타내는) 하는 것이다. '꽃이 향기롭고 아름답다'는 표현과 같은 것이다. 생명은 아름답고 향기롭다. 이것이 생명의 생애를 말하여 준다."28

김용복에 의하면, 모든 생명체의 생명을 살리는 이야기들(Stories of Life of All Living Beings)로서 생명전기(生命傳記)는 생물학적, 생태학적, 인문학적, 문화 예술적, 종교적 지혜들을 통찰하는 통전적 융합성을 특징으로 갖는다.

---

28 김용복, "생명운동: 시민운동의 새로운 지평모색," 고 김용복 목사 추모위원회, 「생명지혜, 평화 향연의 길」(자료집), 127.

## 2. 민중과 생명을 위한 예언자 김용복의 예언 활동의 특징

### 1) 민중과 생명 신학자 김용복의 진정성: 자신과 민중의 동일화

김용복의 출생과 성장 과정은 일제 시기와 해방공간과 한국전쟁 시기를 거치며 끝없는 가난 속에서 진행되었다. 1899년 군산의 개항으로 일제가 수탈을 시작한[29] 전북과 김제는 한국 최고의 곡창 지대였다. 부친은 일제의 광산 노동자로 끌려가 폐병으로 1944년 사망하였고, 모친은 출가외인으로서 김용복의 본가를 떠나 친정살이에 합류하여 있는 듯 없는 듯 사람이 아닌 존재로서 살았다. 급기야 모친은 행상으로 길거리를 떠돌았고, 용복 소년은 이곳저곳의 친척 집에서 기거하였다. 사춘기가 되어 남달리 명민하여 공부를 잘하던 소년 김용복은 학교 당국에 대하여 애국적 민족적 스트라이크를 일으키고 무기정학을 받았다. 이에 그는 끝 모를 심연의 실존적 위기를 겪으며 평소 신실하게 신앙하던 하나님을 속 깊이 만났고, 하나님께서 부르시는 소명에 응답하여 한국의 선지학교(예언자 학교)에 입학 지원까지 하였다.

한편 그는 미국 신학교 유학과 학위 취득 그리고 한시적 연구원 생활 등 타국살이 15년(1963~1978) 동안 타국에서 떠도는 나그네 민중의 삶을 보냈다. 1978~2022년에는 안정적 수입을 보장하지 않은 직장 (1992~1999, 8년의 한일장신대학교 총장 시기 제외)에서 수많은 학문적 민중 담론을 생산하며 민중신학자로 세계 신학계에 알려졌고, 예언자

---

29 이진영, "문호개방과 일제日帝 수탈의 시작," 동학농민혁명기념사업회 편, 『전북의 역사와 문화』 (서울: 서경문화사 1999), 239-252.

의 인생을 살았다. 그는 1978년에 민중 이야기를 글로 썼지만, 이미 그는 이전부터 몸으로 민중의 삶을 경험하였고 민중과 자신을 동일시하여 진정한 민중신학을 삶으로 살았다. 유전하던 김용복의 초반 인생이 그의 후반 삶을 규정하였다. 그는 역사적 고난과 역경으로 점철된 민중의 현장 그리고 제국들의 갈등과 살육 전쟁을 통해 분단된 민족의 현장인 한국에 머물러 민중과 생명의 상생을 실천하는 신학자 예언자가 되었다.

### 2) 기독교 코이노니아(동활체): 지구적 예언자와 에큐메니컬 연대

김용복 박사는 한국의 1970~80년대 군사독재의 정치적 억압 속에서 "민주화와 인권을 위한 그리스도교 선언"을 기초하였고, 한국교회가 "분단된 민족의 화해와 통일을 위한 신학 선언"에 참여하도록 이끌었고, 산업 현장의 가난하고 억압받는 민중 지향의 선교를 강조하였다. 더 나아가 한국과 동남아시아와 태평양 지역을 중심으로 패권 국가인 미국 중심의 신자유주의 지구적 시장경제 체제를 비판하고, 메시아 정치경제를 강조하였다. 민중 정치를 강조하고 하나님의 정치경제적 정의와 평화를 주장하고, 다민족으로 구성된 아시아와 아프리카 여러 국가에서 민족 간 문화간 대립 속에서 문화적 주체적 정체성을 내세우고, 화해를 위한 고난의 종 스타일의 메시아 통치에 참여하여 해결할 것을 강조하였다.

또한 그는 아시아 교회와 세계 교회들에게 기독교 동활체(코이노니아) 운동을 강조하고, 상임연구원으로서 CCA URM과 아시아 에큐메니컬운동에 참여하였고, WCC의 JPSS, JPIC 등을 연구하고 신앙고백적 결단으로 사회 변혁에 참여할 것을 강조했다. 또한 WARC의 신학위원장으로서 계약을 중심으로 개혁교회 전통의 에큐메니컬운동에서 JPIC와 경제적 정의 문제를 과정으로써 신앙고백 문제로 부상시켰다.

김용복 박사는 한국과 아시아와 전 지구적 지평에서 하나님의 백성과 민중을 억압하고 생명·생태계를 훼손하는 불의한 정치경제적 체제를 비판적으로 분석하고 예언자로서 세계 도처의 민중과 함께 하나님에게 이를 고발하고 정의와 평화를 선포하고 대안적 비전을 제시했다. 또한 그는 과학 기술과 통신 체계의 발달로 인하여 지구적 시장 체제의 확산으로 민중의 생활 세계가 황폐화되고 생명·생태계의 파괴적 가속화에 대한 대안으로 예언자적 교육과 실천적 연대를 통한 예언자적 에큐메니즘을 강조하였다. 여기에 김용복 예언자는 1990년대 한반도의 분단 상황에서 민족 디아코니아 선교 교육을 강조했고, 1992년부터 그는 한일장신대학교(예장통합 교단)의 총장으로 부임하여 1997년에 성직자 및 평신도 지도자를 양성하는 신학대학원 과정을 개설하여 예언자 자질을 함양하는 신학 교육을 실시했다. 뒤이어 그는 개발도상국 교회 지도자 양성을 위한 아태국제신학대학원 과정을 개설하고 아시아와 태평양 지역 및 아프리카 교회들의 지도자들을 초청하여 개발도상국을 위한 에큐메니컬 지도자 교육과 예언자적 활동가들을 교육하였다.[30]

### 3) 생명의 지혜를 통한 지구적 우주적 생명 잔치의 비전

예언자 김용복은 2000년 이전 민중 중심의 신학적 사고와 예언 운동을 그 이후 변화된 상황에서 생명 중심의 신학적 사고와 예언 운동으로

---

30 임희모, "선교사 서서평(Elisabeth J. Shepping)과 예언자적 신학자 김용복 연구,"
   21-59.

전환하였다. 상황의 무엇이 변하였는가? 그는 먼저 오늘날 변화된 상황으로써 일상적 살생학(Tanato-graphy)이 지배하는 현실을 비판한다. 생명 예언이란 반생명, 즉 살생학과 반대의 방향에서 생명을 살리는 예언을 말한다. 그는 과거 생명 · 생태운동의 역사적 구조적 변혁 차원과 오늘날 실용적 구체적 개혁 차원이 합류하는 생명의 총체성을 강조한다. 그는 총체성 운동을 통하여 생명의 총체적 위기를 극복하는 통합적 예언 운동을 진작시켰다.

새로운 통합적 생명운동의 체계화를 위하여 김 박사는 생명학을 제안하고 이를 위한 일곱 가지 과제를 다음과 같이 설정했다.[31] 1) 생명정치(Zoecracy): 생명의 통합적 주체성을 확립하고, 이러한 주체적 생명의 주권을 예술적 경지에서 구체적으로 실현한다. 2) 생명의 정치경제(Political Economy of Life): 인간과 모든 생명체가 공생하는 살림살이를 위한 경제정의가 이루어져야 한다. 3) 생명의 지정학(Geo-politics of Life): 인간과 모든 생명체가 공생적 지정학적 질서를 구축하여 오늘날 지구 제국 상황에서 생명과 평화를 보장받아야 한다. 4) 생명 공동체의 정의: 생명의 질서는 상생적 · 공생적 정의를 요구함으로써 약자 우선의 정의를 실현하여 생명 보호와 평화를 이루어야 한다. 5) 생명 문화 창조: 생명은 문화를 창조하고, 문화는 생명 활동을 표현한다. 이러한 생명 문화는 생명의 감성과 향기, 신비와 영성, 지혜, 생명 정신과 유산을 간직하고 생명 사상과 철학을 생명 공동체에 전수한다. 6) 생명과 종교: 생명의 근원, 주체 및 종말은 신비스럽다. 이 신비스러움은 종교적 언어와 표현을 통해 심오한 진리로 생명을 전수한다. 그러나 생명의

---

31 김용복, "생명운동: 시민운동의 새로운 지평모색," 127-131.

종교가 지배적 권력이나 질서를 위해 도구화될 때 생명력을 잃게 되는데 시급히 그 생명의 원천을 회복해야 한다. 7) 우주적 생명 질서: 19~20세기 생명 운동은 인간 생명을 위한 자연·환경·생태 운동으로 협소하게 이해되어 이들의 파괴, 오염, 남용 문제를 야기했다. 21세기 생명학은 우주 질서 속의 모든 생명체의 공생적 회복을 위한 과제를 갖는다.

김용복은 이러한 생명학의 과제를 숙지하고 훈련하고 실천하는 평화 운동과 생명 학교 운동을 연구하였다. 그는 일찍이 생명학대학원대학교를 세우려고 노력하였고,[32] 2020년 코로나19 질병의 위협에 노출된 한반도 상황에서 그는 주체적 생명체들이 상생의 생명망을 구축하여 새 문명을 이루는 생명 평화 운동을 제안하였다.[33] 또한 그는 고난 받아온 한민족의 수난사와 살생 역사(Thanatography)에 대한 영적 해석을 통하여 한반도를 지배해 왔던 제국들의 실체를 폭로하고 고발하는 한편 한반도의 평화와 통일을 위한 영적 동력을 분별하고 발굴하는 예언 활동을 학문적으로 그리고 실천적으로 참여하고 있다.[34]

## 3. 신학자 김용복 개인의 예언자적 특성

### 1) 학자로서 예언자인 김용복 박사: 지성사적 접근

주 하나님께서 나를 학자처럼 말할 수 있게 하셔서, 지친 사람을 말로 격려할

---

32 이무성, "김용복 목사의 교육철학: 아시아태평양 생명학대학원대학교 준비과정을 중심으로," 김용복 박사 팔순 기념논문집 출판위원회, 『민중과 생명』, 466-486.
33 김용복, "새문명이 지향하는 생명평화운동," 「생명지혜, 평화 향연의 길」(자료집), 146-148.
34 김용복, "새로운 지구 제국의 출현과 상생 페다고지, 평화운동," 위의 자료집, 149-161.

수 있게 하신다. 아침마다 나를 깨우쳐 주신다. 내 귀를 깨우치시어 학자처럼 알아듣게 하신다. 주 하나님께서 내 귀를 열어 주셨으므로, 나는 주께 거역하지도 않았고, 등을 돌리지도 않았다(표준새번역, 이사야 50:4-5).

학자적 풍모를 지닌 이사야 예언자를 곧잘 인용한 신학자 김용복 박사는 그의 연구방법론으로 우선 지성사(Intellectual History) 접근을 통하여 정치사상이나 정치경제 사상을 연구하였다.35 지성사란 1950 년대부터 유럽과 미국에서 유행한 역사 연구 방법으로 역사 속의 행위자들이 기록으로 남긴 글과 주장 등을 면밀하게 탐구하여 과거를 조망함으로써 오늘날 일상적인 주제나 이슈들을 좀 더 깊이 천착할 수 있게 한다.

김용복은 이 지성사 접근으로 1919년 3·1독립운동의 배경사로 한국의 초기 가톨릭 사상과 유교 사상의 갈등을 연구하고 민족독립운동에 참여한 동학도나 기독교인들의 사상이나 활동 등을 심층적으로 연구하여 역사 변혁과 기독교 동활체 운동을 규명하였다. 더 나아가 그는 이러한 지성사 접근을 통하여 사회전기 접근을 발전시켰다. 그는 민중신학의 연구 주제로 여성과 노비 등을 역사적이고 또한 사회전기적으로 규명하고 오늘날 이들의 해방과 구원에 대한 논의를 심화시켰다. 최근에 그는 지구적 제국을 논의석상으로 끌어들였고, 또한 한민족의 수난사를 연구하고 살생 역사(Thanatography)에 대한 영적 해석을 논하여 한민족 심층에 흐르는 생명의 영적 동력을 끌어냈다.

---

35 김용복 외 3인, "공동대담: 민중의 사회전기에서 생명학으로," 42-44.

## 2) 기독교 동활체의 민중 · 민족 · 생명운동에의 참여 방식

프린스턴대학원에서 신학과 종교학을 전공한 김용복은 생명의 우주적 잔치에 참여하는 기독교 신앙적 역할을 역사적 실천 테이블에 올려놓았다. 한국 기독교는 하나님의 우주적 생명 축제에 초대받고 참여해야 한다는 것이다. 그러면 어떻게 이를 실천할 것인가? 우선 김용복이 강조한 한국 기독교와 교회가 어떤 방식으로 한국 일반 역사 변혁에 참여하였는가를 논의할 수 있다.[36] 그는 일반사와 교회사의 관계를 성찰하였다. 한국의 교회사는 보수적 관점에서 구속사라는 틀로 접근할 수 있다. 그는 이에 일반사와 구속사의 차별적 관계 또한 일반사와 구속사의 연속성 관계가 갖는 한계를 논하고, 기독교 신앙 공동체의 맥락에서 일반사와 교회사를 읽는 사관(General History in Christian Context)을 소개했다.

여기 기독교 신앙 공동체란 기존 기구화된 종교단체를 뜻하지 않고, 그리스도의 동활체(Christian Koinonia)를 말한다. 이 동활체는 그리스도에 대한 신앙을 가진 친교 공동체로서 성경을 읽고 그 문맥을 한국 일반 역사를 읽는 콘텍스트로 삼고 역사의 의미를 밝히는 구조를 갖는다. 이는 한국기독교 역사를 한국의 일반 민족사의 맥락에서 그 역할과 기독교의 역사적 결과를 읽으려는 사관으로, 오늘날 기독교를 민중 · 민족 · 생명운동사에서 보려는 관점이다. 김 박사는 기독교 역사를 한국 민족사와 유기적 관계에서 읽고 신앙적 맥락에서 성경과 신학을

---

36 김용복, "신학적 입장에서 본 한국교회사,"「한국기독교역사연구소 소식」제10호 (1992.
   12.): 21-23.

읽고 실천할 것을 주장한 것이다. 이러한 그의 참여 방식을 통해 이미 한국의 민중교회나 민족 교회들이 한국 민족사의 변혁 운동에 참여하여 평화와 생명 상생을 만들어가고 있다.

한국 기독교와 교회의 회개와 생명 공생적 참여를 요구하는 예수 메시아에 대하여 김용복은 하나님의 백성인 한국의 신앙 동활체는 예언 자적 참여로 응답할 것을 강조하였다. 또한 지구적 우주적 차원의 평화와 생명 상생의 역사적 참여를 요구하는 상황에서 그는 기독교의 성서적 지혜뿐만 아니라 동아시아의 불교의 생명지혜와 아프리카의 생명지혜 가 역할을 수행하여 전 지구적 생명지혜의 풍요를 누리고 죽음의 살생 전기를 극복할 것을 제안하였다.

### 3) 기독교 예언자 김용복의 개인적 신앙 덕성: 언어와 확신과 고난의 종

예언사적으로 신적 존재와 영감으로 교감하는 예언자, 사제, 점쟁이, 영매들은 개인적 꿈, 예언, 환상, 노래, 춤, 주술, 신점, 시적 언어, 미래 예언 등을 통해 각 개인이 특징 있게 예언을 하였다. 그러나 이스라엘(기 독교) 예언은 독특하게도 백성들 즉 민중의 역사를 드러내는 에피소드로 서 경험의 사슬들이 얽힌 사건이다.[37] 이러한 맥락에서 기독교 예언자 김용복 역시 이러한 하나님의 백성(민중)의 역사적 경험에서 공유된 예언 활동을 행하였다.

김용복은 기본적으로 신학자 예언자였다. 그는 신학, 종교학, 역사

---

37 Abraham J. Heschel, *The Prophets Vol. II.* (New York: Harper & Rows, Publishers, 1962), 252.

학, 자연과학 등 인문학적, 자연과학적, 생물·생태학적 배경에서 성서에 대한 깊은 묵상과 이해를 통해 기독교적 예언 활동을 하였다. 하나님의 부름을 받은 성서의 예언자들은 제도적 권력자들로서 불의를 저지른 왕, 재판관, 제사장 그리고 가짜 예언자들을 하나님의 말씀으로 비판하였다. 그러나 자신들은 이들로부터 고난을 받았다. 이러한 기독교적 예언자들의 유산을 이어받은 김 박사는 한국 사회와 한국교회에서 불의를 저지르는 기득권 세력을 비판하고 고발하였다. 이로 인하여 그는 기득권 세력들과 이들을 추종하는 다수 세력으로부터 배척과 차별을 당하고 고통을 받았다.

그러나 김용복은 하나님의 백성인 민중의 예언자로서 일상적 언어는 나지막했으나 설득력이 있었고, 하나님의 공의 실현에는 고집스러운 확신을 가졌고, 하나님의 샬롬을 이룸에 있어서 한 사람의 고난의 종으로서 역할을 하였다. 그는 예언자 예수 메시아를 따라 살면서 메시아 정치를 가르치고 실천하게 하였다. 그는 고난의 종으로 자기의 불이익을 감내하고 물러서지 않는 고집으로 억압하는 세력을 고발하고 지구와 우주 속의 민중과 생명의 상생을 갈구하면서 영원하고 새로운 생명의 잔치에 참여하였다.


## VI. 결론: 예언자의 사명과 하나님의 우주적 생명 잔치에 참여

예언자 김용복은 신학자로서 하나님의 말씀인 성서를 카이로틱 방식으로 읽고, 상황 접근에 있어서 지성사와 사회전기 및 생명전기를 활용하고, 하나님과 백성의 관계를 계약으로 묶어 주체적 민중과 주체적 생명이 어우러진 상생적 샬롬의 삶을 살도록 예언을 하였다.

그는 예언자적 목회 비전을 통하여 한국 기독교와 교회의 개혁을 추구하였다. 자본과 물신이 지배하는 지구 시장화 상황에서 하나님의 백성을 위한 목회 현장에서 예언자적 복음을 선포하였고, 또한 온전한 복음보다는 개인주의적 영적 구원에 치우친 한국 기독교와 교회에 대하여 예언자적 복음의 온전성을 소개하였다. 특히 우상 숭배 행위를 일삼는 교회 지도자들이 편파적인 언어로 목회를 행하여 하나님의 백성 공동체를 호도함으로써 올바르고 온전한 하나님의 목회가 필요한 상황에서 그는 한국교회의 목회 개혁을 추구하였다.38

또한 예언자로서 김용복은 생명 파괴와 멸절이 예기되는 지구적 우주적 위기 상황에서 지구와 우주의 민중과 생명에 대한 구원과 치유에 대한 희망을 선포하고 이를 동력화하여39 지구적 우주적 민중과 생명의 상생적 평화를 추구하였다. 그는 사회문화적 정치경제적 상황에서 지구적 생명체들의 상생을 통찰함으로써 새로운 기독교 코이노니아 운동을 활성화하였다. 그리스도의 코이노니아 공동체가 평화 향연을 위한 메시아적 통치에 참여함으로써 하나님의 생명지혜의 풍요를 누릴 것을 강조했다.

예언자 김용복은 한국과 아시아와 지구적 차원에서 민중과 생명의 공생적 생명학을 구체화하고 하나님과 백성의 생명 잔치를 위하여 예언

---

38 박춘노, "산돌교회·산돌노동문화원과 김용복 목사," 추모 자료집, 58-62; 기독교사회문제연구원, 『한국교회100주년종합보고서』(서울: 기독교사회문제연구원, 1982); 허도화, "성경적 설교의 원형으로서의 예언자적 설교,"「신학과 선교」39(2011): 17-118.
39 Walter Brueggemann, *The Prophetic Imagination* (Philadelphia: Fortress Press, 1978), 11-17.

자적 에큐메니컬 실천을 제안하고 추동하였다. 이러한 운동을 통해 하나님의 백성 공동체는 궁극적으로 나사렛 예수와 하나님께 영광을 돌리고 또한 지구적·우주적 평화·생명의 상생을 축하하는 생명 잔치의 향유가 가능하리라 예언했다.

# 참고문헌

고 김용복 목사 추모위원회. 「생명지혜, 평화 향연의 길」 추모 자료집. 2022.

권진관. "민중생명신학자 김용복 박사를 추모하며." 「생명지혜, 평화 향연의 길」 추모 자료집. 2022.

금주섭. "하나님의 생명과 평화의 선물, 고 김용복 박사." 「생명지혜, 평화 향연의 길」 추모 자료집. 2022.

기독교사회문제연구원. 『한국교회100주년종합보고서』. 서울: 기독교사회문제연구원, 1982.

김용복. "21세기에… 새 제국의 도전." 성공회대학교 편. 『제국의 신』. 서울: 동연, 2008.

_____. "새로운 지구 제국의 출현과 상생 페다고지, 평화 행동." 「생명지혜, 평화 향연의 길」 추모 자료집. 2022.

_____. "생명운동: 시민운동의 새로운 지평모색." 「생명지혜, 평화 향연의 길」 추모 자료집. 2022.

_____. "성서와 민중의 사회전기." 『지구화시대 민중의…』. 천안: 한국신학연구소, 1998.

_____. "새문명이 지향하는 생명평화운동." 「생명지혜, 평화 향연의 길」 추모 자료집. 2022.

_____. "신학적 입장에서 본 한국교회사." 「한국기독교역사연구소 소식」 제10호(1992.12.).

_____. "생명지혜, 평화 향연의 길." 「생명지혜, 평화 향연의 길」 추모 자료집. 2022.

_____. 『한국민중과 기독교』. 서울: 형성사, 1981.

_____. 『한국 민중의 사회전기』. 서울: 한길사, 1987.

_____. 『지구화시대 민중의 사회전기』. 천안: 한국신학연구소, 1998.

김용복 박사 팔순기념논문집. 『민중과 생명』. 서울: 동연, 2018.

김용복 외 3인. "공동대담: 민중의 사회전기에서." 『민중과 생명』. 서울: 동연, 2018.

남부원. "우리시대의 예언자 김용복 박사님을 그리워하며." 「생명지혜, 평화 향연의 길」 추모 자료집. 2022.

박성원. "김용복 박사님, 영원히 사랑하고 존경합니다." 「생명지혜, 평화 향연의 길」 추모 자료집. 2022.

박춘노. "산돌교회·산돌노동문화원과 김용복 목사." 「생명지혜, 평화 향연의 길」 추모 자료집. 2022.

서덕석. "하느님은 우주에 충만한 생명이어라." 「생명지혜, 평화 향연의 길」 추모 자료집. 2022.

손은정. "제2의 신업선교 뜀틀을…." 「생명지혜, 평화 향연의 길」 추모 자료집. 2022.

이무성. "김용복 목사의 교육철학." 『민중과 생명』. 서울: 동연, 2018.

이진영. "문호개방과 일제日帝…." 동학농민혁명 편. 『전북의 역사와 문화』. 서경문화사, 1999.

임희모. "선교사 서서평(Elisabeth J. Shepping)과 예언자적 신학자 김용복 연구."
김용복 외 4인 공저. 서서평 연구논문 9집, 2022. 『예언자 서서평과 예언자 김용복』.

_____. "20-21세기의 위대한 예언자 신학자." 「생명지혜, 평화 향연의 길」 추모 자료집. 2022.

허도화. "성경적 설교의 원형으로서의 예언자적 설교." 「신학과 선교」 39 (2011).

호슬리, 리처드/김준우 옮김. 『예수와 제국』. 고양: 한국기독교연구소, 2004.

홍인식. "고 김용복 박사님 장례식장에서." 「생명지혜, 평화 향연의 길」 추모 자료집. 2022.

Brueggemann, Walter. *The Prophetic Imagination*. Philadelphia: Fortress, 1978.

Heschel, Abraham J. *The Prophets: An Introduction*. NY: Harper & Rows, 1962.

_____. *The Prophets* Vol. II. N.Y.: Harper & Rows Publishers, 1962.

Kim, Yong-Bock. "Sharing in the Gospel… in the 21st Century." 임수지 옮김. "21세기 민중 … 생명선교학." 『예언자 서서평과 예언자 김용복』. 서서평연구회 논문 9집 (2022).

_____. *3·1 Minjung Hermeneutics of March First Independent Movement: Historical … Independent Movement*. Seoul: The Whole Peace, 2021.

_____. "The Bible Among the Minjung of Korea…" Philip L. Wickeri. ed. *Scripture, Community, and Mission*. Hong Kong: CWM, 2002.

_____. "The Story of Life-Zoegraphy."

_____. "Zoesophia-Convergent… from a Critical Perspective."

_____. "The Origin, History and Future of Minjung Theology: An Outline."

_____. "Covenant of Peace for Life Together-Bible Studies."

_____. "The Study of Life in Doing Theology: Overcoming … Death."

_____. "Zoegraphy-APAY 35th Advanced … Nov. 7-9, 2017." (Lectures).

_____. "Incubation of a Grand Vision of Peace on Earth in People's Movement of

Transformation."

_____. "'A Search for New Discourse on Peace and Peace Movement' — Toward a Position Paper (Outline)."

_____. "Sharing in the Gospel... in the 21st Century." Philip L. Wickeri (ed.). *The People of God among All God's Peoples*. Hong Kong: CCA/CWM, 2000.

Wickeri, Philip. L. "A Tribute to Kim Yong-Bock, 1938-2022."「생명지혜, 평화 향연의 길」추모 자료집. 2022.

# 2부

# 실천적 활동가
# 김용복의 삶과 증언

# 김용복 박사와 함께 한 삶: 문화적 탈바꿈
## LIFE WITH KIM YONG-BOCK: CULTURAL TRANSFORMATION

김매련*

아태교육원 전 *SangSaeng* 편집인

김용복의 박사학위논문(2021년에 책으로 정식 출판되었다[1]) 원래 제목에는 "문화적 탈바꿈을 위한 민중의 운동들"이라는 구절이 포함되어 있었다. 우리가 함께 했던 삶을 돌아보며, 나는 문화적 탈바꿈을 위한 그의 비전과 행동들이 얼마나 강력하게 내 인생의 체계와 의미를 만드는 데 영향을 미쳤었는지 새삼 느끼게 된다. 이 에세이에서 나는 몇 가지 기억할만한 이벤트를 언급하고자 한다.

김용복이라는 사람을 처음 만난 것은 1966년이었다. 나는 오하이오 주립대학교에 재학하면서 틈틈이 지역에 있는 어떤 주민 공동체의 일을

---

* 김매련 선생님은 김용복 박사님의 사모님이시다. 이 글의 번역자는 전남대 교수인 김제민 교수이며, 그는 김용복 박사님의 장남이다.

1 MINJUNG HERMENEUTICS OF MARCH FIRST INDEPENDENCE MOVEMENT. Historical Transformation, People's Movement, and Messianic Koinonia: A Study of the Relationship of Christian and Tonghak Religious Communities to the March First Independence Movement.

거들어 왔었는데, 졸업 후에 그해 여름을 그들과 함께 보내기로 결정했다. 공동체의 본부가 있던 교회에 도착하자 모두가 '김'(Kim)이라고 부르던 그는 이미 다른 자원봉사자들에게 이야기를 하고 있었다. 그의 영어는 어색했지만, 그 메시지는 지혜롭고 강렬해서 세계에 대한 새로운 시각들을 열어주고 있었다. 그의 말은 그곳에 있던 우리 모두에게 깨우침을 주는 효과가 있었다. 나는 우리가 하는 사업에 대해 질문이 있을 때마다 그와 상의했고, 그는 자기 설교의 영어 문법을 검토해 달라고 부탁했다. 함께 시간을 보내고 일하면서 우리의 우정은 점차 사랑으로 발전하였다.

당시 그는 대학원 1학년을 마치고 마가렛 플로리(Margaret Flory, Frontiers in Mission, World Student Christian Federation), 조지 토드 목사(George Todd, Urban Industrial Mission) 등과 함께 미국 장로교회교단(Presbyterian Church USA)의 자문위원으로 활동하고 있었다. 그는 또한 재미한국인기독교학자협의회(Association of Korean Christian Scholars)의 회원으로 활발히 일하고 있기도 했다.

이후 나는 뉴욕으로 이사하여 1년간 직장을 다녔고, 우리는 1967년 9월 김용복이 청년 목사로 재임하고 있던 뉴저지 교회에서 결혼식을 올렸다. 그는 나에게 대학원 수준의 수업들을 수강하도록 권유하기도 하고, 초등학교 음악 교사로 처음 취업하도록 장려하기도 했다. 1969년부터 1년간 한국에 있었는데, 그때 그의 가족과 조국을 처음 만나보게 되었다. 그는 평소에 나에게 한국의 독립운동, 4.19학생혁명(이때 그는 한동안 수감되기도 했다고 한다) 그리고 그 외에도 변화를 위한 사람들의 저항과 운동에 대한 고무적인 이야기들을 해 주곤 했다. 그해 그는 민중신학에 관한 첫 논문을 썼다. 다시 미국으로 돌아와서 나는 다시 음악 교사로 교편을 잡았고, 그는 학위논문을 위한 연구를 지속해 나가면서 민중신학 이론을 발전시켰다. 1972년에는 첫 아이가 태어났다.

1973년에는 한국 독립운동에 관한 역사 자료를 수집하기 위해 일본으로 이주했다. 1976년에 둘째 아들이 거기서 태어났다. 일본에서는 그곳의 한국인 공동체(오재식 선생, 강문규 선생, 지명관 교수님과 그들의 가족)와 일본인 친구들이 우리를 따뜻하게 보살펴 주었다. 나는 한 여자 중고등학교와 두 곳의 여자 전문대학에서 영어를 가르치는 일을 했다. 일본에서 김용복과 그의 동료들은 한국의 민주화를 염원하는 국제 기독교 운동의 연결점으로 독일, 미국, 캐나다를 비롯한 세계 곳곳에 있는 한국을 걱정하는 동료들을 이어주는 역할을 하고 있었다. 김용복은 1973년에 발표된 역사적인 〈한국그리스도인선언〉의 주요 초안 작성자이기도 했다. 이 기간 동안 그와 오재식 선생은 아시아활동가단체를 위한 기록관(Documentation for Action Groups in Asia, DAGA)을 설립하여 운영하였다.

1978년 1월에 우리는 마침내 한국으로 이주하여 서울 변두리에 집을 마련했고, 나는 한국기독교교회협의회에서 근무하기 시작했다. 당시 사무총장이셨던 김관석 목사님의 지혜로운 리더십 아래에서 한국기독교교회협의회(NCCK)는 한국 민주화운동의 하나의 본부로 자리 잡게 되었다. 나는 해외 교회와 언론에 민주주의와 화해를 위한 한국 민중들의 투쟁에 대한 내용을 알리는 영문 자료들을 번역하거나 감수하는 한편, 학생들의 시위, 노동자들의 투쟁, 인권유린의 현실, 운동가들의 체포와 수감 그리고 정의와 평화를 위한 교회들의 활동 등을 보도하는 NCCK 「액티비티 뉴스」(*Activity News*)의 편집인으로 일했다. 이때 김용복과 김관석 목사는 서로 긴밀한 관계 속에서 활동을 이어 나갔다.

1979년 11월 전두환 군사 쿠데타가 자행되고 있던 시기에 김용복은 일명 '위장 결혼식' 사건으로 체포되어 전두환의 군인 폭력배들에게 폭행당하여 죽을 고비를 넘겼었다. 무려 열흘 동안 그는 실종 상태였고, 그의 행방을 전혀 알 수가 없었다. 나는 미국에 있는 그의 지도교수님들에게 팩스를 보내 도움을 요청했다. 당시에 프린스턴신학교의 총장이 나서서 그의 구명을 위해 미국 정부에 도움을 요청하는 등 영향력을 행사했음을 뒤늦게야 알게 되었다.

전두환 정권은 언론사들을 통폐합시키고 폐업시켰다. 정권은 기독교방송국(CBS)의 뉴스 보도와 광고 수주를 모두 금지하였으나 당시 기독교방송국(CBS) 사장이었던 김관석 목사님은 서포터 시스템을 구축하여 대안적인 '문화 프로그램'을 통해 지속적으로 뉴스를 알리는 역할을 하였다. 김용복 박사도 이러한 프로그램에서 중요한 역할을 하였다.

한편 김용복 박사는 한국기독교사회문제연구원(CISJD)을 공동 설립하여 교회와 사회에 관련된 핵심 의제들에 대한 획기적인 연구성과와 기록물을 남겼다. 그러나 기사연은 통일 문제를 연구했다는 이유로 곧 정부의 표적이 되었고, 연구자들은 감옥에 수감되었다. 김 박사가 이런 일로 피신해야 할 때마다 선교사 친구들이 그를 보호해 주곤 했다. 그는 또한 장로회신학대학교에 제3세계 리더십 센터를 설립하여 세계 다양한 나라 출신의 학생들을 한데 모아 민중신학을 비롯한 새로운 에큐메니컬 신학 운동에 대해 교육하기도 하였다.

1985년에는 제자들과 함께 구로공단의 공장 노동자들과 함께하는 공동체로서 산돌교회를 건립하였다. 당시 구로공단은 매우 열악한 근로 조건으로 악명이 높았다. 교인 중 일부는 공장으로 들어가서 일을 하기도 하였다. 산돌교회는 철학교실(김용복 박사가 직접 강의), 노동법 교육

등 노동자들을 위한 문화 프로그램을 운영하였다. 구성원들은 자신의 창의적 에너지를 정의를 위한 새로운 구조를 건설하는 데 사용하고자 하였는데, 이는 노동자들에 대한 선교뿐만 아니라 YMCA나 경실련 소속 스태프, 교사, 의사, 간호사, 변호사 등 각자의 맡은 바 소임으로까지 확장되는 것이었다. 이러한 산돌 공동체는 많은 어려운 시기들을 거치면서 우리의 안식처이자 든든한 지원자였고, 우리에게 많은 행복을 주었다.

1988년에 김 박사와 오재식 선생은 "남북한 화해를 위한 1988년 한국 교회 선언문"의 초안을 작성하였고, 이 선언은 그해에 열린 인천 협의회에서 공식 채택되었다.

1989년 김 박사는 연세대학교 신학대학에 교수로 임용될 것으로 기대하고 있었다. 그러나 마지막 관문에서 그의 면접 약속은 정보기관에 의해 가로막혔다. 과거 6.25전쟁 당시 그의 삼촌이 '공산당'으로 무고 당한 적이 있었는데, 그러한 연좌제 적용이 이유였다고 한다.

1990년 3월에는 정의, 평화, 창조보전(JPIC)을 위한 세계대회가 세계교회협의회(WCC) 후원과 한국기독교교회협의회(NCCK) 주최로 서울에서 개최되었다. 여기서 김용복 박사는 핵심 조직자였으며, JPIC의 틀을 개발하기 위해 많은 노력을 했다. 124개국 1,200여 명이 참여하여 인류가 당면한 시급한 상황에 대해 심도 높은 공감을 이루었으며, 새로운 공동체를 건설하기 위한 공동의 항해에 함께 나서기로 하였다.

민주화운동에 참여했던 다른 많은 이들과 마찬가지로 김 박사도 늘 정보기관들의 감시와 추적을 받았다. 1990년 10월 한 젊고 용감한 공익 제보자가 보안사가 작성하여 보관하고 있던 '블랙리스트'를 공개한 적이 있는데, 거기에 수록된 1,300명의 종교, 정치, 사회 지도자들의 명단에 김 박사의 이름도 포함되어 있었다. 보안사 기록에 따르면, 이러한 양심적인 인사들은 모두 '사회주의자', '공산주의자', '극렬 좌익분자' 들이었다.

김 박사가 한일장신대(김 박사는 한일신학교를 종합대학인 한일장 신대학교로 승격시켰다)의 총장으로 재임하던 시절은 우리 가족이 떨어 져 살아야 했기에 모두에게 어려운 시간이었다. 나는 최대한 자주 그를 만나러 가고자 했지만, 두 아들을 양육해야 했을 뿐만 아니라 점차 건강이 악화되고 있던 시어머니도 돌봐야 했기에 여의치 않았다. 특히 경제적으 로도 어려운 상황이어서 나는 직장생활을 통해 최대한의 수입을 내야 하는 상황이었다.

이 시절 김 박사의 하나의 낙은 전남 구례의 아름다운 시골 마을에 지은 팔각형 형태의 거처에서 지내는 것이었다. 그곳은 사회 변화를 위해 일하는 그의 인적 네트워크 구성원들이 모이는 회합 장소이자 그가 글을 쓰기 위한 평화로운 안식처이기도 했다. 나중에는 고성기 목사와 그 가족이 그곳에 유기농 농장 모델을 개발하였는데, 김 박사는 이 프로젝트에 대해 큰 존경심을 가지고 있었다.

한일장신대 퇴임 이후 김 박사는 "생명을 모든 학제의 중심적인 초점 으로 보고 전체론적인 이해를 위해 그 모든 양상을 연결시키고자 하는, 삶과 죽음의 투쟁 속에서 파괴의 세력을 꺾고 승리하는 생명"에 대한 구상으로 만든 생명학연구원(Advanced Institute for the Study of Integral Life)의 개발에 힘썼다. 마침내 연구원의 법인 설립이 성공적으 로 이루어졌지만, 대학원대학교 인가를 받기 위해서는 캠퍼스 건물과 시설이 필수 사항이었다. 당시 교육부는 연구원의 두 가지 독특한 면모에 깊은 인상을 받았다고 한다. 1) 복수 연구소의 컨소시엄이라는 점, 2) 향후 여러 나라의 대학원급 기관의 컨소시엄이 될 것이라는 점이 그것이다.

나는 항상 그의 모든 활동을 파악할 수는 없었고, 김 박사는 워낙 바빠서 나에게 설명을 길게 해 주지는 못했다. 나 또한 전일제로 근무하면서 가족을 돌보느라 분주했다.

그는 자신이 영어로 쓴 글이나 연설문을 검토해 달라고 요청하곤 했고, 나는 이를 항상 즐겼다. 왜냐하면 그 과정에서 너무나 많은 것을 배울 수 있었기 때문이다. 모호한 부분이 있을 때면 나는 그에게 설명을 요구하여 그 부분의 텍스트를 적절하게 수정하였지만, 내용 자체를 수정해야 할 필요성을 느낀 적은 한 번도 없었다.

김 박사는 나에게 항상 나만의 일을 발전시켜 나가도록 격려해 주었다. 한국교회협의회와 기독교방송국 퇴직 이후 나는 경제정의실천시민연합과 국제이해를 위한 아시아태평양센터(APCEIU)에서 차례로 영문 소식지 편집자로 근무했다. 그 후에는 공립 또는 사립 초등학교에서 영어를 가르쳤다. 이야기에 초점을 맞추는 나의 교육방식(이야기를 읽고 창작하는 활동)은 사실 구조적 변화를 위해 그 시작점으로서 사람들의 이야기에 초점을 맞추는 김 박사의 방법에서 영감을 받은 것이라고 생각한다. 나는 나의 학생들을 기존의 교육제도에 의해 기본권을 무시당하는 민중의 일원으로 생각했기에 그들에게 아시아나 아프리카 여러 나라에 살고 있는 어린이들의 삶을 소개해 주곤 했다. 1992년 CCA/DAGA에서 출판된 한국 민중 여성들의 이야기를 수록한 나의 저서 *Once I Had a Dream…: Stories Told By Korean Women Minjung*도 '민중들의 사회적 자서전'이라는 김 박사의 개념에서 영감을 받은 것이었다.

에큐메니컬운동의 동료들은 NCCK가 발간한 *Activity News*와 APCEIU의 「상생」 간행물에서 제시되었던 한국에 대한 시각과 관련하여 여러 차례 나에게 고마움을 표시하곤 했다. 한편 나는 김 박사 외에도 여러 기관, 개인으로부터 서신, 보고서, 논문, 권고안, 프로젝트 제안서 등의 영어를 검토해 달라는 부탁을 받아왔다. 이 모든 업무 경험은 내가 전반적인 이해의 폭을 넓히고, 특히 한국어를 익히는 데 큰 도움이 되었다.

내가 이들 단체나 기관에서 일을 하고, 그리하여 더 큰 한국 공동체에 참여하게 된 것의 중심에는 우리와 함께 살면서 내가 외출할 때는 아이들을 돌보고, 근로소득자로서의 며느리의 역할을 수용하고 이해해 주셨던 자상한 시어머니가 계셨다. 나중에는 아이들 고모가 와서 어머니와 우리 가족을 보살펴 주기도 했다. 사실 김 박사의 어머님, 여동생, 사촌들 그리고 여러 다른 가족 구성원들의 크나큰 희생과 도움 없이는 우리 가족이 견디기 어려웠을 것이다.

김용복 박사는 항상 계획하거나 조직하거나 회의하거나 연구하거나 강연하거나 글을 쓰고 있었다. 한번은 내가 "지금 무슨 생각하고 있어?" 라고 묻자 그는 "나는 항상 생각하고 있어"라고 답했다. 그러나 그가 우리 가족과 함께 보내는 시간은 너무 적었고, 우리는 모두 외면당하고 있다고 느끼기도 했다. 그럼에도 불구하고 그는 우리 아들들을 깊이 사랑하고, 그들의 독자적인 정체성, 재능 그리고 직업적 선택을 존중했다. 그들과 함께 있는 시간을 좋아했으며, 나중에는 며느리들과 손주들과도 행복한 시간을 보내곤 했다. 나는 그가 하고자 하는 일이 절대적으로 필요한 일이며, 김 박사가 그것을 성취할 에너지와 능력을 가지고 있다고 믿었기에 그를 적극적으로 지지했다. 하지만 나에게는 그가 전 세계 민중들을 자신의 확장된 가족으로 여기는 것으로 생각되었다.

세계교회협의회, 아시아기독교협의회, 세계개혁교회연맹, YMCA 그리고 그 외 여러 에큐메니컬 단체 등 국제무대에서 그의 활약은 잘 알려져 있다. 그는 'kairos' 개념에 입각한 믿음 문서(faith document)의 창조에 힘썼는데, 그는 이것을 "하나님의 시공간, 자연계, 현대 세계 그리고 사이버-정보화 시대의 지정학에 대한 하나님의 개입이자 정의, 평화, 사랑, 생명, 창조의 보전의 형태로 우리 가운데 계시는 신의 존재"라고 설명했다.

그는 미국, 유럽연합, 세계무역기구, 국제통화기금과 세계은행이 지배하는 글로벌 시스템에 편입되어 그 결과 파괴되고 마는 국가 경제나 지역 경제에 대해 자주 언급하고 글을 썼다. 이 체제하에서 저항하는 나라들에 대해서는 '구조조정'이라는 압박이 가해진다. 과거와 현재의 지정학적 역사와 생태학에 대한 공부를 바탕으로 김 박사는 지구-생명이 직면한 끔찍한 상황을 이해했으며, 이것을 바꾸기 위한 유일한 방법은 해로운 시스템을 대체하기 위한 새로운 구조나 시스템을 창조해 내는 것뿐임을 알고 있었다. 그의 기술관료주의에 대한 경고는 요즘 들어 더욱 시의성을 얻고 있는데, 소수의 엘리트가 독점하는 세계 권력 집중이 가속화됨에 따라 대안적인 시각은 검열의 대상이 되고, 민주주의의 토대는 점점 허물어지게 된다. 김용복 박사는 "생명은 하나님께서 창조한 것으로 그 고유의 참된 정체성과 존재를 가지고 있으므로, 과학자들이 하는 것처럼 '대상'으로 취급되어서는 안 된다." 그의 저서 *Messiah and Minjung*에서 그는 이 투쟁을 "민중의 꿈과 비전 대 과학 기술적 합리성" 사이의 대결로 요약하고 있다.

1989년 산돌교회에서 한 설교에서 김 박사는 "예수님께서는 정치로부터 스스로를 분리시키지 않았으며, 그의 정치는 '다른' 것이었다"고 말한 바 있다. 그는 신학에 대한 사실적인 접근을 비판하면서, 우리는 새로운 창조를 위한 희망을 갖기 위해 이상주의를 버려서는 안 된다면서 가장 가난하고 억압받는 사람들이야말로 그러한 이상주의를 유일한 희망의 끈으로 붙잡고 있다고 말했다.

이후에 다른 설교에서 그는 이렇게 말했다.

"예수님께서 약속하시기를 '내가 세상 끝날 때까지 언제나 너희와 함께 있겠다'고 하셨다. 이는 예수님께서 매일매일 우리의 일상 속에 함께 계시며, 어두운 시기에도 우리의 손을 꼭 잡고, 우리가 흔들릴 때 지탱해 주시며, 우리가 용기와 힘을 가지고 정의를 위해 행동에 나설 수 있도록 밀어주신다는 의미이다."

그는 그 자신이 투쟁하고, 저항하고, 가로막히지만, 그럼에도 불구하고 버티는 민중의 일원이었고, 한국, 아시아 그리고 전 세계에 있는 수많은 가난하고 억압받는 육신들과 영혼들을 이해하는 사람이었다. 나는 그가 스스로를 '민중'이라고 지칭하는 것을 들은 적은 없지만, 젊은 시절부터 언제나 민중의 현실에 몸담고 있었다. 그의 가족은 일제 치하에서 빈곤과 결핍으로 억압받았고, 그의 아버지는 강제노역 끝에 병을 얻어 일찍 돌아가셨다. 그는 또한 평범한 사람들이 거대 권력의 정치에 의해 서로 반목하고 살육해야만 했던 6.25전쟁을 어린 시절에 경험하기도 했다.

나의 삶은 김용복 박사의 비전과 행동에 의해 크게 변화되었다. 그러나 그의 이야기는 개인 한 사람에 대한 것이 아니다. 그것은 죽음의 세력에 맞서 생명을 위해 싸우는 모든 사람에 관한 이야기이고, 세계를 바꾸기 위해 우리가 가지고 있는 진정한 힘을 기념하는 것이며, 우리의 작은 성공들 그리고 우리가 함께 존재함에 관한 것이다.

# LIFE WITH KIM YONG-BOCK:
## CULTURAL TRANSFORMATION

Marion Kim

The original title of Kim Yong-Bock's dissertation published as a book in 2021[1] included the phrase "people's movements for cultural transformation." Looking back on our life together, I realize how strongly his vision and actions for cultural transformation have given shape and meaning to my life. In this essay I will touch on a just a few memorable events.

I first met Kim Yong-Bock in 1966, when following graduation I decided to spend the summer with the local neighborhood club I'd been helping part time as a student at Ohio State University.

---

1 MINJUNG HERMENEUTICS OF MARCH FIRST INDEPENDENCE MOVEMENT. Historical Transformation, People's Movement, and Messianic Koinonia: A Study of the Relationship of Christian and Tonghak Religious Communities to the March First Independence Movement.

When I arrived at the church the community headquarters "Kim," as everyone called him, was already speaking to the other volunteers. His English was awkward, but his message was wise and powerful, opening up new perspectives on the world. He had an awakening effect on all of us. I consulted him whenever I had questions about our work, and he asked me to check the English in his sermons. As we worked together, our friendship turned to love.

At that time, he had finished his first year of graduate school and was working as a consultant for the Presbyterian Church USA, with Margaret Flory(Frontiers in Mission, World Student Christian Federation) and Rev. George Todd(Urban Industrial Mission). He was also an active member of the Association of Korean Christian Scholars in the USA.

I moved to New York, got a job for one year, and in September 1967 we were married at the New Jersey church where he was then youth minister. He encouraged me to take graduate-level courses, and to get my first job as an elementary school music teacher. In 1969-70 we spent a year in Korea, and I met his family and country for the first time. He had told me stories of the Independence Movement, the April 19 Student Revolution (for which he had spent time in jail) and other inspiring tales of people's resistance and movements for change. He wrote his first paper on minjung theology that year. We returned to the States, I got another music teaching job, and he continued his dissertation research, developing minjung theology. In 1972 our first son was born.

In 1973 we moved to Japan so he could gather historical materials on the Independence Movement. Our second son was born there in 1976. In Japan we were embraced by the Korean community(the families of Mr. Oh Jae-shik, Mr. Kang Moon-kyu, Prof. Chi Myung-kwan) and Japanese friends. I taught English at a girls' middle and high school, and at two women's junior colleges. Kim Yong-Bock and his friends were the Japan nexus of the international Christian movement for Korean democracy, linking concerned friends abroad, including in Germany, the USA and Canada. He was a main drafter of the historic Theological Statement of 1973. During this time, he and Mr. Oh established Documentation for Action Groups in Asia(DAGA).

In January 1978 we moved to Korea and bought a house, and I went to work at the National Council of Churches in Korea. Under the wise leadership of Rev. Kim Kwan-Suk, its general secretary, NCCK had become the headquarters of the Korean democratization movement. I corrected and translated NCCK's English-language materials informing the overseas churches and media about the Korean people's struggle for democracy and reconciliation; and edited the NCCK *Activity News*, which reported on student demonstrations, workers' struggles, human rights violations, arrests and imprisonments, and the churches' activities for justice and peace. Kim Yong-Bock and Rev. Kim Kwan-Suk worked in close consultation with one another.

In November 1979, during the military coup by Chun Doo-Hwan, Kim Yong-Bock was arrested at the "fake wedding" incident and was beaten nearly to death by Chun's military goons. He was missing for 10 days. I faxed his professors in the US for help; later we learned that the Princeton Seminary president had interceded with the US government to save his life

The Chun regime merged and shut down media organizations. It banned news and advertising at Christian Broadcasting System, but CBS, where Rev. Kim Kwan-Suk was now president, initiated a supporters' system, and continued to get the news out through alternative "cultural programs." Kim Yong-Bock was an active participant in such programs.

Kim Yong-Bock co-organized the Christian Institute for the Study of Justice and Development, which did groundbreaking research and documentation on key issues for church and society. CISJD was targeted by the government for its study of the re-unification issue, and its researchers were imprisoned. When Dr. Kim went into hiding, then and at other times, he was sheltered by missionary friends. He organized the Third World Leadership Center at Presbyterian Theological Seminary, bringing together students from diverse parts of the world to learn about new ecumenical theological developments including minjung theology.

In 1985 Dr. Kim and his students established Sandol Church as a community with and for factory workers at the Kuro Industrial Complex, notorious for its terrible working conditions. Some church members went to work in factories. The church operated a cultural program for workers that included philosophy classes (taught by Dr. Kim) and education on the Labor Law. The members used their creative energy to build new structures of justice, not just in their mission with the workers, but in their individual work as staff of YMCA and CCEJ, as teachers, doctors, nurses, lawyers, and other occupations. The Sandol community was our haven and support through many difficult times, and gave us much happiness.

In 1988 Dr. Kim and Mr. Oh Jae-Shik drafted the "1988 Declaration of the Korean Churches for Reconciliation of North and South Korea," which was adopted by the Inchon Consultation that year.

In 1989, Dr. Kim was looking forward to joining the theology faculty of Yonsei University. But at the last moment, his appointment was blocked by the intelligence agency. It was a case of "guilt by family association," due to his uncle's having been falsely accused as "communist" during the Korean War.

In March 1990, the World Convocation on Justice, Peace and the Integrity of Creation(JPIC) was held in Seoul, sponsored by the World Council of Churches and hosted by NCCK. Kim Yong-Bock was a key organizer and had worked hard to develop the JPIC framework. 1,200 people from 124 countries reached a deep level of agreement on the urgent situations faced by humankind, and entered into a process of covenanting for the building of new community.

Like many others in the democratic movement, Dr. Kim was watched and followed by the intelligence agencies. He was one of 1,300 religious, political and social leaders whose names appeared on the Defense Security Command's "bad" list, exposed to the public in October 1990 by a brave young whistleblower. According to the DSC record, these conscientious people were "socialists", "communists" and "leftist extremists."

Dr. Kim's presidency of Hanil Seminary(which he upgraded to Hanil University and Presbyterian Theological Seminary) was a time of family separation that was hard on all of us. I visited him as often as possible, but I also had to care for our sons, and for my mother-in-law, whose health was deteriorating. In particular, I had to earn as much income as possible, due to our financial indebtedness.

One of Dr. Kim's joys was the octagon-shaped house he had built in the beautiful countryside of Gurye-gu. It was a gathering place for his network of colleagues working for social change, and a peaceful refuge for his writing. Later, a model organic farm was developed there by Rev. Go Seong-gi and his family a project deeply admired by Dr. Kim.

Following his Hanil period, he focused on developing the Advanced Institute for the Study of Integral Life, designed with "life as the central focus of all disciplines, connecting all aspects for a holistic understanding; and the struggle of life against death, prevailing against and celebrating victories over the forces of destruction." Eventually the Institute's legal foundation was approved, but campus buildings and facilities were required for full approval as a graduate school. The Education Ministry was impressed by two unique aspects of the Institute: 1) it was a con-sortium of research institutes, and 2) it would be a consortium of graduate-level institutions in different countries.

I couldn't keep track of all Dr. Kim was doing, and he was too busy to spend much time explaining. I, too, was busy trying to manage full-time work as well as family care.

He asked me to check his English writings and speeches for clarity, and I always enjoyed this because I learned so much in the process. When something was unclear I asked him to explain it, and modified the text accordingly, but I found no reason to change his contents.

He always encouraged me to develop my own work. Following NCCK and CBS, I joined CCEJ(Citizens' Coalition for Economic Justice) and then APCEIU(Asia-Pacific Centre of Education for International Understanding), editing their English-language magazines, and then became an English teacher at public and private elementary schools. My teaching focus on stories—read-ing them and creating them was inspired by Kim Yong-Bock's emphasis on people's stories as the starting point for structural change. I recognized my students as members of the minjung—

their basic rights are ignored by the existing education system—and introduced them to the lives of children in Asian and African countries. My book of Korean minjung women's stories, published by CCA/DAGA in 1992, was inspired by Dr. Kim's concept "social biography of the people."

Ecumenical movement friends repeatedly expressed appreciation for the perspectives on Korea provided by NCCK's *Activity News*, CCEJ's *Civil Society*, and APCEIU's *SangSang*. I also got frequent requests from individuals and organizations for corrections of their letters, reports, dissertations, recommendations, project proposals, etc. All these work experiences enabled me to grow in understanding and capacity, especially in the Korean language.

The key to my working at these organizations, and thus participating in the larger Korean community, was Dr. Kim's kindhearted mother, who lived with us, cared for the children while I was out, and expressed her appreciation for my income-earning role. Later, his sister came to live and care for her mother and the rest of us. In fact, we could not have survived without the loving, sacrificial support of Dr. Kim's mother, sister, cousins and other members of his family, who helped us beyond measure, throughout the years.

Kim Yong-Bock was always planning, organizing, meeting, studying, speaking or writing. Once when I asked, "Are you thinking about something?" he said, "I'm *always* thinking." He spent too little time with our family, and we all felt neglected. But he deeply loved our sons and respected their unique identities, talents and chosen work; he enjoyed wonderful times together with them, and later with our daughters-in-law and our grandchildren. I supported his work because I believed it was desperately needed, and he had the energy and ability to do it. But it seemed to me that he saw all the minjung of the world as his extended family.

His activities at the international level are well known: with the World Council of Churches, Christian Conference of Asia, World Alliance of Reformed Churches, YMCA, and other ecumenical organizations. He promoted the creation of faith documents based on the concept of "kairos", which he explained as "God's time-space, God's intervention into the natural, the modern industrial world, and cyber-technetronic geopolitics; God's presence in our midst in the form of justice, peace, love, life, and integrity of creation."

He spoke and wrote much about the destruction of national and local economies as a result of incorporation into the global system dominated by the US, European Union, World Trade

Organization, International Monetary Fund and World Bank, which use "structural adjustment" to suppress countries that resist. Based on his study of past and present geopolitical history and ecology, he understood the terrible situation faced by earth-life, but knew that the only way to change this is by creating new structures and systems to replace the harmful ones. His warn-ings about technocracy are increasingly relevant these days, as the global oligarchic elite accelerate their consolidation of power, censor out alternative viewpoints, and undermine the founda-tions of democracy. Kim Yong-Bock declared that "life is created by God and has his own authentic identity and being, and must not be treated as 'it' (object) as scientists are doing." In his book *Messiah and Minjung* he summarizes the struggle as "people's dreams and visions versus modern technological and scientific rationality."

In a sermon at Sandol Church in 1989, he explained that "Jesus did not separate himself from politics; his politics was *different.*" He criticized the realistic approach to theology, saying that we have to keep our idealism in order to have hope for the new crea-tion, and that it is the poorest and most oppressed people who maintain such idealism, as their only source of hope.

"Jesus promised, 'I will be with you till the end of the age,'" he said in a later sermon. "This means that Jesus is with us in our everyday lives, in this dark time, holding our hands tightly, supporting us when we falter, pushing us to stand up and act for justice with courage and strength."

He was minjung—struggling, resisting, being blocked, but persevering—and he understood the millions of poor and oppressed bodies and spirits in Korea, Asia and the world. Though I never heard him call himself "minjung", he was immersed in the minjung reality from the time he was very young. His family was held back by poverty and deprivation under Japanese occupation; he lost his father to disease caused by forced labor; he experienced the Korean War, when ordinary people were turned against each other by big-power politics.

My life was transformed by Kim Yong-Bock's vision and actions. But his story is not about him alone; it's about everyone who is fighting for life against the forces of death; it's about celebrating together our real power to change the world; it's about our small successes, and our Being together.

# 김용복과 스위스 프리부르대학교 NPO
# 경영연구소(VMI)와의 교류와 그 의미*

김덕환

한일장신대 은퇴교수

가운데 김용복 박사, 왼쪽 사진은 스위스 돌봄기관 에언스트 시버 목사이고,
오른쪽 사진은 독일 디아코니아 개척자 요한 힌리히 비헤른 목사

## I. 들어가는 말: 스위스 프리부르 NPO 경영연구소 방문

2000년대 초 김용복 박사는 필자에게 여러 권의 독일어로 된 책을

---

* 김용복은 한국사회적가치경영연구원(SVMI)의 원장이다. 논문은 프리부르대학교 NPO
  경영연구소(VMI)와의 관계와 교류에 관한 것이다.

주신 바 있다. 스위스 프리부르 대학교의 NPO 경영연구소(이하 VMI)에서 발간된 책인데 저는 커다란 관심을 갖지 않았다. 경영학 관련 책이었기 때문이다. 그 후 2022년 11월 한국사회적 가치경영연구원의 일원으로 프리부르를 방문하게 되었다(기회를 주신 조순옥과 상임이사께 감사드린다). 배움의 핵심적인 내용은 NPO 조직도 경영기법이 필요하다는 것이다. 이때 내가 만난 프리부르 NPO 경영연구소장인 마쿠스 그뮤어 교수는 오랜 전통을 가진 연구소와 연구원들을 소개하였다. 또한 스위스의 사회적 돌봄의 선구자 에언스트 시버 (Ernst Sieber) 목사의 사례를 중심으로 특강을 하였는데 이 강연을 들으면서 본인은 독일 디아코니아의 개척자 요한 힌리히 비헤른 (Johann Hinrich Wichern)과 한국 생명 디아코니아의 선구자인 김용복 박사의 모습이 머리에 떠 올랐다.

본 자료를 정리하는 데 있어서의 본인의 관심은 스위스 NPO 조직 모델이 한국 사회적 돌봄에 주는 시사점이 무엇인지를 살펴보려 한다.

## II. 2022년 11월 스위스 프리부르 NPO 경영연구소(VMI) 방문과 그뮤어 교수의 발표문

### 1. 발표 자료: 성공적인 NPO 경영 — 스위스 돌봄 단체의 사례를 중심으로

마쿠스 그뮤어(Markus Gmür) 교수는 스위스 프리부르(Fribourg/Freiburg)대학교 경제 및 사회과학학부의 NPO 경영학 교수이자 "협회, 재단 및 협동조합 경영연구소(Institute for Management of Associations,

Foundations and Cooperatives — 독일어 약칭 VMI) 소장이다. 이 기관은 1976년부터 비영리 목적을 가진 조직 경영을 연구해 왔으며 이러한 조직의 전문화를 위한 포괄적인 추가 교육 프로그램을 제공한다. 독일, 오스트리아, 스위스 등 독일어 권 지역에서 제일 큰 규모의 연구소이다.

아래는 마쿠스 그뮤어 교수가 한국사회적가치경영연구원(SVMI) 방문단을 위해 발표한 "성공적인 NPO 경영 — 스위스 돌봄 단체의 사례를 중심으로"의 내용이다. 한국 사회에의 적용 가능성의 검토를 위해, 피피티 발표문을 여기에 소개한다.

정부와 대다수 사람이 초기에 반대했음에도 불구하고 이웃을 돌보기 위해 높은 수준의 개인적 헌신으로 설립한 사회 조직의 사례이다. 이 조직은 성공적으로 성장했으며 현재 스위스에서 가장 잘 알려진 돌봄 조직 중의 하나이다. 그러나 장기적으로 생존하기 위해서는 개발 과정에서 체계적인 경영관리를 시도했던 본보기이기도 하다.

50년마다 일어나는 사건이다. 취리히 호수가 얼어붙는데 이것은 대다수의 시민에게 기쁨과 즐거움을 의미했지만 모든 사람에게는 해당되지 않았다. 도시에는 노숙자도 많았기 때문이다.

'벙커bunker 공동체'의 설립, 1975년부터 도심의 건물로 이전. 1963년 에언스트 시버(Ernst Sieber) 목사는 노숙자들을 추위와 동상으로부터 보호하기 위해 지자체 행정부와 협력하여 쉼터를 시작하다. 자원봉사자들과 함께 다양한 프로그램을 개발하고 지방행정부의 지원을 확보하다.
TV 인터뷰: https://www.youtube.com/watch?v=FyTo20wN4fk

취리히 1980/81년 - 집회소, 판잣집 마을, 이후 주거 및 업무 통합 센터 설립. 시버 목사는 폭동을 일으키는 젊은이들을 진압하였던, 경찰의 폭력에 항의하는 시위에 참여하였다. 집회소, 판잣집 마을, 이후 주거 및 업무 통합 센터의 설립을 요청하였다. 계기가 된 것은 1980/1981 취리히 시가 자치 청소년 센터의 설립을 거부함과 동시에 오페라 하우스에 막대한 자금을 지원한 것이었다.

AIDS 환자를 위한 사회의학센터 설립 그리고 나중에 임종을 위한 호스피스로 사용하였다. 상대적으로 자유로운 마약 정책(유럽 비교)으로 인해 주요 기차역과 국립 박물관 바로 인근 중앙에 위치한 공원은 몇 년 동안 최대 3,000명의 사람들이 모이는 공개적인 마약 현장이 형성되었다. 경찰은 이를 제지하려 했지만 역부족이었다. AIDS의 확산으로 악화된, 치명적인 위생 상태가 지속되었다.

번영하는 도시에서 소외된 사람들을 위한 노력의 시작과 개발 단계에서의 성공 요인: 저항에도 불구하고 주도권을 잡는 용기, 카리스마적인 모습, 기독교 메시지와 개혁 사상의 결합, 정치인과 국가 기관의 동원, 개인 지원 기회의 활용, 자율성의 필요성을 존중하는 커뮤니티 구축.

"Ernst Sieber, 1991~1995년 EPP 취리히 국가평의원"이 되다.

"새로운 감독 기구의 설치, 독립 경영진 고용"

"2011년부터 지원 조직의 전문화, 전임경영자 제도 신설, Sieber 목사는 명예 회장이 되이 구호 단체이 공식 얼굴로 활동하였지만 운영에는 개입하지 않음."

"경영진이 작성한 조직 구조."

"2011년부터 지원 조직의 전문화: 본사 경영진에 의한 중앙화. 통제, 서비스 제공범위의 체계화, 투명성을 통한 신뢰 구축, 전문적인 재무 관리 및 통제, 품질경영 도입, 외부 인증, 전문적인 모금 … 그러나 사회적 사명에 대한 지속적인 강조!"

"2012년부터 2018년까지의 성공적인 기부금 개발" ― 2012년 기부 모금액이 2018년 대폭 증가하였다.

마쿠스 그뮤어 교수는 강연에서 에언스트 시버(Ernst Sieber) 목사의 사례를 소개하며 NPO 조직의 경영 기법 도입의 중요성에 대하여 언급하였다. 스위스 프리부르 VMI 경영연구소는 시버(Ernst Sieber) 목사의 돌봄 조직을 지속적으로 자문하였는데, 이 조직은 연구소의 도움으로 건실한 NPO조직으로 성장하게 되었다.

## 2. 스위스 프리부르 NPO 경영연구소의 한국 사회적가치경영연구원 방문단 환대

그뮤어 교수는 한국 사회적가치경영연구원에 2022년 11월 21일 메일을 보내왔다.

좋은 저녁입니다. 소식 주셔서 감사합니다. 요청대로 호텔 예약을 조정하겠습니다. 제가 화요일 오후 5시까지 대학에서 강의가 있기 때문에 방문단이 오후

2시에 프리부르에 도착하시면, 아쉽게도 직접 영접할 수 없습니다. 그러나 제 직원 중 한 사람이 기차역에 나와 그룹을 호텔까지 동행할 것입니다. 헨리 폰 보세 교수님과도 조율하여 더 자세한 정보를 알려드리겠습니다.

화요일 저녁에 프리부르 특선 요리를 제공하는 레스토랑에 제가 방문단을 초대하고 싶습니다. 빵과 화이트 와인(또는 홍차)과 함께 먹는 치즈 퐁듀입니다. 한번 시도해 보시기를 권합니다. 괜찮으시겠습니까? 방문 일행 중 한 분이 원하신다면 고기나 채식 요리도 물론 드실 수 있습니다. 동의하시면 Le Midi 레스토랑(https://www.lemidi.ch/)에 테이블을 예약하겠습니다.

임종한 교수님이 수요일 저녁에 프리브리에 있는 레스토랑에 그룹을 초대하고 싶으시다면 'Le Beausite' 레스토랑에 가시는 것을 저는 제안합니다. 중간 가격대에 속하며 아름다운 환경에서 아주 좋은 생선과 고기 요리가 제공됩니다(www.le-beausite.ch). 식당의 웹사이트에서도 메뉴를 보실 수 있습니다. 방문단이 동의하시면 이곳에도 제가 예약을 하겠습니다.

우리는 또한 수요일 오후 프로그램에 대해 이야기 해야 합니다. VMI 연구소에서 어떤 주제에 대해 논의하기를 원하십니까? 구체적인 질문이 있습니까? 무엇을 기대하고 계십니까?

귀하에게 첨부한 텍스트와 슬라이드를 한국어로 번역해 달라고 부탁하고 싶습니다. 다음 주 월요일까지 가능할까요? 따뜻한 인사를 프리부르에서 한국으로 보냅니다.

_ 마쿠스 그뮤어

## III. 마쿠스 그뮤어 교수 2022년 5월 인하대학교에서의 특강

### 1. 인하대 특강

작년 봄 한국사회적가치경영연구원의 초청으로 한국에 왔던 마쿠스 그뮤어 교수는 "21세기 사회적 돌봄 기관 및 시민사회단체에서의 전문경영"이란 제목으로 인하대학교에서 특강을 하였다. 주요 내용을 요약하면 아래와 같다.

"오늘날 많은 후기 산업 국가에서 민간 비영리 조직, 협동 조합 그리고 사회적 기업이 국가와 시장 경제 사이에서 중요한 기둥을 형성한다. 이들의 공통점은 민간 주도에 기반을 두고 있고, 국가나 경제 영역에서 적절하게 제공하지 않는 서비스를 공급하고, 시민사회로부터(기부 또는 자발적인 봉사를 통해) 지원을 받는다.

북유럽과 서유럽에서는 직원의 약 10분의 1이 이 세 번째 부문에서 일한다. 이것은 제3섹터가 또한 중요한 경제적 역할을 한다는 것을 분명히 말하고 있다. 그러나 국가 간의 수준을 비교하면 전문화 정도, 즉 유급 노동과 무급(자발적) 노동의 비율 등 여러 부문을 포함하여 분명한 차이가 있음을 알 수 있다.

시민사회 협회는 지원이 필요한 사람들 또는 일반 대중을 위한 회원 기반 서비스를 제공할 뿐만 아니라, 두 가지 다른 중요한 기능도 수행한다: 첫째, 정치적이거나 그보다 더 넓은 공공 영역에서 이익을 대변한다. 둘째, 통합 — Bonding(사회 시스템에서 사람들의 통합) 또는 결속 — Bridging(다른 사회 시스템의 사람들의 결속)을 통한 커뮤니티 및 사회적 만남의 기회 구축이다.

조직은 국가와 시장 사이에 포함되어 있으며 세가지 측면 모두에서 도전을 받고 있다. 국가는 정치적 다수가 있는 경우 인구를 위한 서비스를 제공하지만, 정치적으로 약한 그룹과 논쟁의 여지가 있는 정치적 프로젝트는 종종 너무 적은 관심만을 받게 된다. 비영리 단체는 국가와 사회가 대부분 용인하고 때로는 적극적으로 지원하지만 종종 비판적으로 관찰하거나 심지어는 배척되기도 한다.

시장경제 기업은 시민들로부터 이익을 얻을 수 있는 경우 그들을 위한 서비스를 생산한다. 이것이 불가능한 경우 시민사회 단체가 채울 수 있는 서비스의 공간이 있다. 때때로 그들은 서로 직접적인 경쟁 관계에 있게 된다.

시민사회에 뿌리를 둔 제3의 영역이 자리 잡은 곳마다 이러한 조직을 전문적으로 관리할 수 있는 방법에 대한 질문이 제기된다. 이를 위해서는 시스템 경영, 자원 경영 및 마케팅 경영의 중심 기능이 항상 보장되어야 한다. 오늘날에는 전문 경영을 위한 다음 9가지 요구 사항을 충족해야 한다.

1. 전문 NPO는 회원 또는 사회를 위해 그것을 정당화하는 사명을 가지고 있다.
2. 전문 NPO는 순수한 경제 원칙을 뛰어 넘는 인식된 가치근거를 가지고 있다.
3. 전문 NPO는 그들이 활용하는 자원과 자원을 사용하는 방법에 대해 투명하다.
4. 전문 NPO는 회원 및 기타 정당한 이해 관계자를 중요한 결정에 참여시킨다.
5. 전문 NPO는 자신이 달성한 사회적 영향을 입증할 수 있다.

6. 전문 NPO는 전문인 및 자원봉사자에게 의미 있는 과제수행를 위한 업무와 직위를 제공한다.

7. 전문 NPO는 디지털화의 기회를 이용하지만 사회적 현실을 인정한다.

8. 전문 NPO는 지속적으로 사명을 추구하지만 현재의 변화에 적용한다.

9. 전문 NPO는 기업가 정신으로 행동한다.


능동적이고 혁신적이며 기꺼이 위험을 감수하고 용감하지만 책임감도 가진다. 경영진이 이러한 요구 사항을 충족한다면 시민사회 재단과 비영리 열망을 가진 조직이 우리 사회에서 효과적이고 책임 있는 역할을 할 수 있다.


## 2. 임종한 이사장 환영사


한국사회적가치경영연구원 이사장이며 인하대 보건대학원장인 임종한 박사는 2022년 5월 23일 다음과 같은 환영사를 하였다.


"무엇보다 그뮤어 박사님이 인하대 보건대학원, 정책대학원 그리고 한국 사회적 경제 활동 그룹에게 시간을 내어 특강을 하여 주심 감사합니다. 비영리조직의 경영에 관련하여 교육과 상담, 컨설팅을 통해 유럽에서의 사회적 경제를 발전시키는데 큰 기여를 해온 VMI의 경험을 듣게 되어 영광스럽습니다. … 급속한 고령화 속에서 발생하는 건강불평등 등 여러 사회문제를 해결하기 위해 새로운 대안을 마련하는데, 정책대학원과 보건대학원이 협력하는 좋은 계기가 될 것 같습니다. 인천시에서 오신 여러 협동조합, 사회적 경제 분야의 분들께는 인하대 보건대학원과 정책대학원이 사회적 경제의 육성에 지대한 관심을 가지고 있다는 것을 알아주시고, 대학과 지역사회가 협력하는 계기가 되길 원합니다.

한국사회는 그간의 경제의 양적 성장위주의 경제정책으로 경제 규모는 많이 커졌으나, 수출위주의 경제성장 전략을 지속해온 결과 대기업과 중소기업, 도시와 농촌과의 불평등 구조는 커지고 공동체는 취약해졌으며, 중소 상공인, 영세기업 노동자, 농민들의 삶은 나아 지지 않았으며, 산업화 과정에서 발생되어진 기후위기와 환경오염 문제는 점차 심각해져 생태계는 큰 위기를 맞고 있습니다.

이러한 과정에서 시민참여를 근간으로 한 사회적 경제는 한국사회에 새로운 기회를 제공해 줍니다. 사회적 경제를 통한 교육과 돌봄, 의료서비스의 제공은 시민들의 기본 권리를 보장하고 삶의 질을 향상시켜 한국 사회변화의 큰 동력이 될 것이고, 사회적 경제를 통한 재생 에너지 생산과 유기농산물 유통체계 구축 등은 자연과 인간 사이의 관계를 상생관계로 바꾸어 놓을 것입니다. 여기에서 사회적 경제조직을 위한 비영리조직의 경영 역량 구축은 이러한 변화를 가져다주는 핵심 중의 핵심이라고 봅니다. 아무쪼록 그무어 박사님의 오늘 강의 그리고 VMI와의 지속적인 교육과 소통을 통하여 한국사회에서 사회적 경제가 괄목할 만한 발전과 성장을 보이게 되는 계기가 되길 소망합니다. 특강을 맡다 주신 그뮤어 박사님께 다시 한번 감사를 드립니다."

## IV. 2022년 5월 서울 CBS에서의 워크샵

다음날부터 마쿠스 그뮤어 교수는 한국사회적가치경영연구원의 주관으로 서울 CBS에서 워크샵을 진행하였다. "국가, 시장, 시민사회 사이에서 비영리 조직을 성공적으로 이끈 프리부르 경영 모델"이란 제목으로 피피티를 통하여 강의하였다. 주요 내용은 아래와 같다.

— 스위스의 제3섹터 통계: 스위스 인구 870만 명

— 80,000개의 협회 및 단체(건강, 사회 문제, 종교, 정치, 시민권, 문화, 스포츠 및 레저 분야의 NPO 포함)

— 13,000개의 자선재단 다른 NPO를 운영하거나 재정적으로 지원)

— 소수의 비영리법인

— 8,000개의 협동조합 주로 주택, 도소매, 은행 및 보험 회사, 공예, 이익 단체). 전반적으로 NPO가 경제 생산량과 노동 시장의 약 6%를 차지함(피피티 3쪽)

## NPO의 주요 기능

1. 서비스 제공 — 회원 또는 제3자(고객)에게 혜택을 제공

2. 이익 대변(국가 및 지방정부에 대하여) — 회원의 이익

3. 커뮤니티 구축 사회적 자본 창출)

a) 《결속》 = 사람들을 그들이 속한 사회 집단이나 조직으로 통합 그렇지 않으면 진로가 막혀 있음

b) 《교두보》 = 다른 그룹의 사람들 또는 그렇지 않으면 만나지 않았을 조직을 함께 하도록 동기부여 (피피티 6쪽)

## NPO 관리의 긴장 영역

1. 정체성 관련 질문: 스스로를 연대적 공동체, 서비스 회사 또는 시민사회 및 정치적 행위자의 일원으로 보고 있는가? 다른 사회적 행위자에 비하여

우리 조직을 어떻게 정의하는가? 국가에 가깝고 경제영역에, 풀뿌리시민에게 가까운가?

2. 재정 및 인적 자원을 확보하기 위해 서비스 범위, 커뮤니티 구축(«교두보»/»결속») 또는 자신의 이익을 표명하는 데에 특별한 주의를 기울이고 있는가? (회원/고객 관점)

3. 조직이 정체성과 정당성 사이의 긴장에 대처하기 위해 얼마나 많은 다양성을 허용할 수 있는가? 우리는 결속 또는 다양성 허용을 위해 노력하고 있는가?

4. 조직 관점 질문: 지역 조직은 상위 조직에 비해 의사 결정에서 얼마나 많은 자율성을 가지고 있는가? 상위 조직이 설정한 규칙과 규범이 지역 조직에 미치는 영향은 어느 정도인가?


— 중앙 및 분산 조직구조(피피티 7쪽)

— 자원관리: 필요한 자원을 조달하고 위험에 대한 예방, 재정 자원(반대 급부 제공 유무에 관계없이), 명예직 자원 봉사 전문인 및 자원 봉사자, 전문 경영자 및 전문기능인력, 자재 및 인프라 구축, 협력 파트너 섭외, 조직의 사명에 맞게 자원을 조합하여 조정(피피티 10쪽)

— 마케팅관리

— 조직 활동의 구성원, 고객 및 기타 대상 그룹을 설득

— 회원 가치 경영 진작

— 적절한 품질의 서비스를 안정적으로 제공

— 합법성 달성(실용적, 도덕적, 인지적)

— 경쟁 상황에서도 자신의 입장을 견지하라(피피티 11쪽)

— 현재의 과제: 올바른 균형을 찾는 것(피피티 13쪽)

# V. 마쿠스 그뮤어 교수의 한국 NPO 참여자를 위한 사전 설문

마쿠스 그뮤어 교수는 한국 방문 전에 설문지를 보내왔다(한국의 사회적기업 설문지, 2021년 7월 22일).

다음의 질문(10문항)은 귀하의 조직(기관)에 대한 문의 사항입니다.

1. 귀하의 조직 이름은 무엇이며 본사는 어디입니까?
   (예: 익명성 유지를 원하신 분은 조직의 명칭 대신에 "서울의 청년 단체" 또는 "서울 교외의 장애인 고용업체"와 같이 일반적으로 조직을 설명할 수 있습니다).

2. 귀하의 조직은 자체 회원 또는 회원이 아닌 다른 사람들(예: 도움이 필요한 사람, 문화에 관심이 있는 사람, 일반 대중)을 위해 어떤 서비스를 제공합니까?

3. 귀하의 조직 활동의 법적 형태는 무엇입니까?

4. 귀하의 조직은 언제 설립되었습니까?

5. 귀하의 조직은 자율적인 형태를 갖고 있거나 조직 네트워크의 일부입니까?
   (예: 상위 조직, 동등한 조직 협회의 일부, 로컬 지부와 같은 하위 조직)

6. 2020년도 조직의 총수익은 얼마였습니까?

7. 귀하의 조직의 금융자산(자본)은 얼마나 됩니까?

8. 귀하의 조직은 몇 명의 직원을 고용하고 있습니까?

9. 2020년도 한 해 동안 귀 조직에서 무급으로 자원봉사를 한 사람은 몇 명입니까? 2020년에 그들이 모두 함께 일한 시간은 대략 얼마나 됩니까?

10. 조직(기관)에서 귀하의 개인적인 역할은 무엇이며 얼마나 오래 근무했습니까?

다음의 질문(9문항)은 (스위스) 프리부리 경영모델에 근거하였는데, 중요한 조직 경영에 관한 사항입니다.

1. 사명

　　1) 조직의 사명은 무엇입니까?

　　2) 또한 국가의 경제적, 사회적 조건을 개선하는 것을 목표로 합니까?

2. 목표

　　1) 올해 귀 조직의 가장 중요한 3가지 목표는 무엇입니까?

3. 경영진

　　1) 경영진: 조직의 최고 경영진은 누구입니까(예: "이사회")?

　　2) 임원은 몇 명입니까?

　　3) 최고 경영진과 운영 경영진("CEO")이 분리되어 있습니까?

4. 리더쉽

　　1) 조직내에서 가장 큰 영향을 미치는 세 가지 직책은 무엇입니까?

5. 참여

　　1) 귀하의 조직에는 회원 기반이 형성되어 있으며 이것이 조직의 전략에 미치는 영향력은 어느 정도입니까?

6. 경쟁

　　1) 동일한 대상 그룹에 대해 동일한 서비스를 제공하는 다른 경쟁 조직이 있습니까?

　　2) 그렇다면 귀하의 조직은 협력, 경쟁 또는 무시와 같은 전략을 활용할 수 있는데, 귀 조직은 다른 조직에 대해 어떻게 행동합니까?

7. 자금 조달

　　1) 귀하의 조직은 활동 및 서비스 자금을 어떻게 조달합니까?

2) 정상적인 연도의 재정 유입에 대한 %지분을 명시하십시오.

 2-1) 개인 또는 기타 민간단체에 제공되는 서비스로 인한 소득

 2-2) 개인 또는 단체의 기부금 수입

 2-3) 국가 기금(국가, 지역 또는 지방 당국)

 2-4) 기타 소득:

8. 인사

 1) 신입사원을 선발할 때 조직의 사명과 동일시하거나 업무 경영 및 전문 기술을 갖추는 것 중 어느 것이 더 중요합니까(중요도를 %값으로 가중치 부여, 예: 70%에서 30%까지)?

9. 협력

 1) 귀하의 조직은 제한된 자원에도 불구하고 자체 목표를 더 잘 달성하기 위해 다른 민간 조직과 어떤 협력 관계를 유지합니까?


마지막 질문은 현재의 도전과 관심에 관한 사항입니다.

 다음 10가지 과제 중 현재 귀하의 조직에서 더 중요하거나 덜 중요한 것으로 여기는 것은 무엇입니까? 체크 리스트에 선택해 주십시요. (체크할 카테고리 지정: (1) 매우 큰 도전 (2) 다소 큰 도전 (3) 중간 크기의 도전 (4) 다소 낮은 도전 (5) 도전을 하지 않음 (6) 우리와 관련이 없음)

 1. 우리 조직을 위한 기금 마련

 2. 우리 조직을 위해 자격을 갖춘 전문가를 유치

 3. 직원들에게 동기 부여

 4. 우리 조직을 위한 자원봉사자 유치

 5. 정치단체 및 행정기관의 지원을 받음

 6. 일반 대중과 언론을 통한 인지도 확보

7. 조직을 효율적이고 전문적으로 경영

8. 자신의 성과가 미치는 영향에 대한 측정

9. 조직의 일원으로서 새로운 요구 사항에 지속적으로 적용

10. 자신이 최고의 효과를 낼 수 있는 활동과 서비스에 집중

11. 기타의견: 경영에 있어 어떤 질문과 도전을 하고 싶으신가요? 반나절
   의 강의나 워크숍 중에 더 알고 싶은 내용이 있으십니까? 최대한 구체적
   으로 언급하여 주십시오. 감사합니다!


## VI. 나가며: 국제 교류의 의미

스위스와의 연결은 한국사회적가치경영연구원(SVMI)의 해외 담
당 원장인 헨리 폰 보세 전 독일 뷔르템베억 디아코니아 공동대표를
통하여 이루어졌는데, 그는 20년 전에 프리부르대학교 NPO 경영연구
소(VMI)에서 경영학 교육과정을 이수한 바 있다.

폰 보세 교수는 2021년 5월 11일 한국사회적가치경영연구원(SVMI)
취임사에서 다음과 같이 인사말을 하였다.


"저를 신임해 주셔서 대단히 감사합니다. 저는 오늘 저에게 맡겨진 업무를
기쁨으로 수행하겠습니다. 저에게는 큰 영광입니다. 교회의 디아코니아 사역
은 고통을 겪는 사람들과 함께 하는 것입니다. ⋯ 전 세계 에큐메니컬운동에서
교회의 이미지는 하나님의 보호하심 속에 은혜와 신실함이 표상으로 나타나
는 배(선박)와 비유됩니다. 배는 바다에서 안전하게 항해하기 위해 용골(龍
骨)이 필요합니다. 용골은 물의 깊이를 소설해서 배의 균형을 잡아줍니다.

용골이 배에 있는 것처럼 교회에는 디아코니아가 있습니다. 디아코니아는 교회에 깊이에 상응하는 안정감을 제공합니다. 디아코니아는 교회가 방향을 유지하는 것을 돕습니다. 교회가 앞뒤로 표류하는 것을 방지합니다. 디아코니아와 함께 예수 그리스도를 따르는 교회가 도움이 필요한 사람들의 곁에 서있는 것입니다. 이를 위해 최상의 질 관리가 필요합니다."

한국사회적가치경영연구원(SVMI)의 총괄 원장이셨던 고 김용복 박사는 오래전 부터 스위스와의 교류를 시도하였다. 제네바에도 재단을 세울 계획이었다. 국제적인 차원에서 일할 수 있기 때문이다. 상생 디아코니아의 선구자 김용복 박사를 만나게 된 것은 하나님이 저와 여러분에게 주신 큰 선물이다. 저는 연구원에서 이사로 부분적인 업무를 돕고 있다.

한국사회적가치경영연구원의 이사장이며 한국의료복지사회적협동조합연합회장 임종한 교수는 2023년 2월 16일 한독교회협의회 주관 선교정책협의회에서 "한국에서의 돌봄 디아코니아 사역"이란 제목으로 발제를 하였다. "한국 기독교 선교역사에서 돌봄과 의료선교는 교육과 더불어 선교의 핵심영역으로 여겨졌다. 하지만, 교회가 코이노니아 정신으로 마을공동체를 섬기는 디아코니아 사역을 소홀히 한 까닭에, 지금은 교회가 한국사회에서 서야 할 자리가 갈수록 좁아져 있는 상황이다. 선교사들이 마련한 의료시설과 병원들이 제대로 관리되지 않아 개인의 사적 소유로 전환되었다. 선교의 공공성을 잃게 되는 뼈아픈 경험이다"(11쪽). 의료부문의 사례를 들어 상생 디아코니아 사역의 중요성을 강조하였다.

기회가 되면 한국의 김용복 목사와 독일의 요한 힌리히 비헤른 목사 그리고 스위스의 에언스트 시버 목사를 상생과 사회적 돌봄 측면에서 비교하는 것도 좋은 시도라고 생각한다. 이러한 모델들이 상생경제 및 디아코니아 차원에서 얼마나 의미가 있는 지를 학문적으로 규명하여, 교회와 종교기관 그리고 NPO단체에게 효율적인 조직 운영을 위한 대안적인 선택 자료의 하나로 제안하는 것이 중요하기 때문이다.

# 생명을 경축하라!
## ─ 김용복 박사님과 함께한 에큐메니컬 여정

박성원

경안대학원대학교 총장

김용복 박사님이 세계 에큐메니컬운동에 끼친 영향의 깊이와 넓이는 우리가 흔히 말하는 '지대하다'란 말로는 부족하다. 그가 끼친 영향은 한반도를 비롯하여 김 박사님이 자주 말씀하시는 AAPACALA, 즉 아프리카, 아시아, 남태평양, 중미, 남미를 망라하는 남반부는 물론 중동, 북미, 유럽에 이르기까지 세계 곳곳에 퍼져있고, 이 세상을 존재의 자리 (locus)로 삼고 있는 교회로서 세상 문제에 대해 응답한 그의 신학적 성찰의 깊이가 정치·경제·사회·문화적 차원에서부터 우주적 영성 (Cosmic Spirituality)에까지 연결되는 심오함을 지니고 있기 때문이다.

그가 세계교회협의회(World Council of Churches), 세계개혁교회연맹(World Communion of Reformed Churches), 아시아교회협의회(Conference of Christians in Asia) 등 세계에큐메니컬 공동체에

서 가진 직함은 아시아교회협의회-세계교회협의회 상임연구위원(1974~1977), WCC 보세이 에큐메니컬 연구소(Bossey Ecumenical Institute) 객원교수(1977), 아시아교회협의회 신학위원(1976~1981), 세계교회협의회 교회의 개발참여위원회(Commission on Churches' Participation in Development) 부위원장(1983~1991), 세계개혁교회연맹 제22차 서울총회 한국준비위원회 코디네이터(1988~1989), 세계개혁교회연맹 신학부 위원장(1997~2004) 등이다. 그러나 이것은 공식적 차원일 뿐 그가 세계 곳곳의 신학 공동체, 교회 공동체, 시민운동 그리고 개인들에게 끼친 에큐메니컬 영향은 그 깊이와 넓이를 가늠할 수 없을 정도이다.

그는 한국교회의 바르멘선언에 해당하는 한국그리스도인의 신앙선언(1973)을 초안한 일로부터 그가 작고하기 전까지 활동했던 카이로스 팔레스타인(Kairos Palestine)운동 등 각 지역 민족공동체가 당면하고 있는 정치사회적 상황에 응답하는 수많은 신학운동에 참여했고 1991년 한국에서 열린 WCC-JPIC 대회선언문에 창조의 보전(Integrity of Creation)이란 개념을 설정하는 등 중요한 세계 에큐메니컬 문서 초안에 신학 개념을 만들어낸 아주 창조적이면서 동시에 행동하는 실천적 신학자이다.

그가 민중신학자, 정치신학자, 평화신학자, 정의 신학자, 경제 신학자, 생태신학자, 문화 신학자 등으로 아시아를 비롯하여 세계 곳곳에 알려져 있는 이유는 그가 끼친 영향이 이처럼 방대하고 깊기 때문이다. 세계의 수많은 젊은 신학자들이 교회 내적 신학의 틀에서 벗어나 신학과 그리스도인의 증언이 자기들이 처한 정치사회현실에서 구체적으로 어떻게 성찰되고 참여해야 하는지 신학적 사고와 실천적 행동 양면에서 새로운 길을 용기 있게 찾도록 일깨워 준 살아있는 신학 교육자이다. 그에게 영향을 받은 수많은 세계의 젊은 신학자들과 기독교사회운동가들이 그를 구루(guru), 멘토(Mentor) 등 영적 스승으로 부르는 이유도 바로 이 때문이다.

김 박사님은 누구나 인정하듯이 지성에 있어서 그와 필적할 사람이 없을 정도로 명철한 지성을 지녔으나 그는 정말 따뜻한 마음을 지닌 분이다. 이런 그를 명철다감(明徹多感), 명지온심(明知溫心)의 소유자라고 할까? 그는 연로한 분이든지, 젊은 사람이든지, 지성적인 사람이든지, 평범한 사람이든지, 누구든지 그와 만나 이야기하고 놀면 그는 금방 그 상대의 눈높이의 파트너이자 친구가 된다. 지성적인 사람과 만나면 주제를 막론하고 그 누구와도 심오한 지성적 대화가 가능하고, 청년들과 만나면 밤새워 춤출 수 있는 친구가 되고, 이념 투쟁가와 만나면 혈맹적 동지가 되고, 어린이나 어르신과 만나면 동무가 되고 따뜻한 벗이 된다. 그래서 그를 좋아하고 따르는 세계의 수많은 사람이 그를 신학적 영적 스승이라 부르면서도 그를 친구(friend), 동지(comrade), 형님(elder brother)이라고 부르기를 주저하지 않는다. 누구와 만나든 그가 가진 일관된 가치는 민중, 정의, 평화, 생명이었다.

나는 그런 김 박사님과 40여 년 동안 에큐메니컬 여정을 함께 해왔다. 한국 사람 중에, 아니 세계 신학자 중에 세계 에큐메니컬운동에 신학과 실천 양면에서 가장 크게 영향을 끼친 에큐메니컬 지도자 중 한 분인 김 박사님과 에큐메니컬 여정을 함께 하며 그에게서 배우고, 그와 함께 놀고, 고민하고, 세계의 무대에서 에큐메니컬운동을 해 온 것은 나의 에큐메니컬 여정에 가장 큰 행운이라 할 수 있다.

2022년 초에 한국의 젊은 신학자들이 『생명물길을 따라 길을 걷다』

란 나의 에큐메니컬 여정(My Ecumenical Journey) 책을 가지고 독서 모임을 했었다. 이 책도 사실 김용복 박사님의 독려 때문에 썼었다. 독서 모임을 하던 젊은 신학자들이 나의 신학 여정에 어떤 분들이 영향을 끼쳤는지 물었다. 나는 네 분을 언급했다. 첫째는 나를 낳아주시고, 중학교 시절에 피아노, 녹음기, 영문 타자기를 사 주시면서 음악과 영어를 공부하여 목사가 되고 세계를 위해 일하라는 꿈을 심어주신 나의 선친 박석규 목사님, 둘째는 내가 장로회신학대학에 들어갔을 때 신학의 학문성을 심어주신 전 장신대 구약학 교수 문희석 박사님, 셋째는 나의 박사논문 지도교수이자 세계교회협의회, 세계개혁교회연맹 등 세계 에큐메니컬운동에 나를 입문케 하고, 제네바에서 함께 에큐메니컬운동을 했던 세계적인 에큐메니컬 지도자 루카스 피셔(Lukas Vischer) 박사님 그리고 여기 이야기하려고 하는 나의 실질적 에큐메니컬 사상을 형성하고 사십여 년 에큐메니컬 여정에 늘 함께 하셨던 나의 에큐메니컬 멘토 (mentor) 김용복 박사님이다.

어떤 사람은 오래 만나도 얻을 것이 전혀 없는 사람이 있는가 하면 어떤 사람은 5분을 만나도 얻을 것이 있는 사람이 있다. 그런데 김 박사님은 40여 년을 함께 했는데도 만날 때마다 새로운 것을 얻을 수 있는 그런 분이었다. 김 박사님이 민주화운동, 민중신학 운동, 에큐메니컬운동 등에 관여하며 한국, 일본, 미국 등지에서 신학자로서 살아온 드라마틱한 삶의 여정은 그의 팔순 기념논문집 『민중과 생명』 중 김 박사님과의 인터뷰 부분에 잘 나타나 있다.[3] 여기에 나누는 이 글은 내가 지난 40여 년간 김 박사님과 함께 걸어온 에큐메니컬 여정을 이야기(narrative)

---

3 김용복 박사 팔순기념논문집 출판위원회 엮음, 『민중과 생명』 (서울: 동연, 2018), 25-94.

형식으로 소개하며 이 여정에서 나타난 김 박사님의 에큐메니컬 사상과 자취를 더듬어 보기 위한 것이다. 나 자신이 김 박사님과 함께 걸어온 에큐메니컬 여정을 이야기하다 보니 부득불 나의 이야기가 상당히 들어가게 됨을 양해해 주길 바란다.

## 에피소드 1. 김용복 박사님과 시작한 에큐메니컬 여정의 출발

에큐메니컬 여정의 시작이었다. 내가 김용복 박사님을 처음 만난 것은 1980년 장로회신학대학 대학원에서 신학 석사과정을 밟을 때였다. 당시 대학원에 개설된 대부분 과목들의 내용은 신대원 과정과 그리 다르지 않았다. 그러나 김 박사님의 세미나는 독특했고 흥미로웠다. 정확한 과목명은 기억이 나지 않는데, 주제는 "세상 역사 속에서 하나님의 역사를 살펴보는 것"으로 기억한다. 세미나에서 내가 발표할 주제는 출애굽 사건 속에서 파라오 권력과 이에 대한 모세와 히브리 민족의 대응에 대한 신학적 성찰이었고, 갓 신학의 길에 입문한 나로서는 상당히 어려운 주제였으나 내 기억으로는 파라오 정치 권력과 이에 대한 모세의 저항에 대해 신앙적이거나 신학적 분석보다는 정치적으로 들여다보고 해석하는 발표를 한 것 같다.

그런 접근을 한 이유는 나의 신학적 관심이 교회 밖, 세상 속에서 역사하시는 하나님에 대해 집중되어 있었기 때문이다. 할아버지 박두만 장로님이 교회를 일곱 개 개척한 분이고, 태어나면서부터 아버지의 목회지를 따라 신앙생활을 해 온 나로서는 교회 안의 하나님은 어느 정도 친숙했는데 교회 밖의 하나님에 대해서는 낯설었다. 그래서 교회 울타리 밖의 하나님이 늘 궁금했다. 발표에 대한 김 박사님의 코멘트도 모세와 히브리 민족의 출애굽 장정을 교회에서 교회학교나 설교에서 늘 들어오던 것처럼 신앙적으로 해석하지 않고 정치적 억압에서 해방의 여정을 단행하는 민중의 해방운동으로 해석하셨고, 이 해방의 역사 속에서 하나님이 어떻게 해방을 인도하셨는지를 들여다보는 정치사회적 해석이었다. 당시의 한국 상황이 박정희가 암살되고 전두환이 정권을 탈취하는 상황이었기 때문에 모든 관심이 정치적으로 쏠려 있기 마련이지만, 내가 기억하는 김 박사님의 관점은 단순히 그런 시대적인 상황 때문이라기보다는 하나님의 역사를 교회 내부의 관점에서 보려는 것이 아니라 세상 속의 삶의 현실에서 보려고 하는 시각이었다. 이것은 김 박사님의 일관된 신학적 관점이었다.

제국(Empire)은 김 박사님이 평생 신학적 성찰을 하는 데 주목한 억압적 세상 권력의 실체이다. 제국은 역사 속에서 민중의 생명, 정의, 평화를 해치는 구조적 악이다. 그렇다면 민중의 생명, 정의, 평화, 해방을 지향하는 하나님의 역사는 세계 역사 속에서 제국의 역사와 충돌할 수밖에 없고, 그런 하나님을 고백하고, 그 하나님의 역사를 증언하고 실현하는 교회와 신학은 제국의 실체와 대립할 수밖에 없음을 김 박사님은 에큐메니컬운동에서 타협하지 않고 거듭거듭 상기하고 강조하는 여정을 걸어오셨다. 제국을 상대로 한 김 박사님의 일관된 신학적 관점이 교회 밖의 하나님에 대한 나의 신학적 궁금증에 많은 해답을 줄 것이라고 생각되었다.

나는 1982년 대학원을 졸업하고 서울에서 실패한 사람들이 주로 들어와 사는 상봉동 삼표연탄 공장 뒤의 한 작은 교회에서 전임전도사로 목회를 하다가 1986년에 서울장로회신학교 교수가 되었다. 가난한 전도사 생활을 하다가 신학교 교수가 되었으니 이제 안정된 삶이 시작되려나 했는데, 어느 날 문희석 교수님이 제네바 세계개혁교회연맹에서 한국의 젊은 신학자 한 사람을 초청하려는데 혹시 갈 의향이 있느냐고 물어오셨다. 아버지께서 늘 유학을 강조하셨고, 나도 기회가 오면 유학을 하려고 생각했었는데 막상 그런 뜻밖의 초청이 오니 어떻게 하면 좋을지 몰라 당시 장신대 제3세계교회연구소 부소장으로 계시던 김용복 박사님을 찾아갔다. 김 박사님께 상황을 설명하고 어떻게 하면 좋으냐고 여쭈었더니 제네바에 가는 것은 박사학위 두 개 하는 것보다 더 의미 있다고 하시면서 주저 없이 가라고 하셨다. 그러면서 제네바에 가기 전에 아시아 교회를 둘러보며 아시아 상황과 아시아 교회가 마주해야 하는 복음 증언의 상황이 무엇인지 한번 느껴보고 가는 것이 좋겠다고 하시면서 아시아 교회를 돌아볼 수 있도록 추천서까지 써 주셨다.

나보다 딱 10년 위이신 김 박사님과 내가 함께 한 에큐메니컬 여정(Ecumenical Journey)은 이렇게 시작되었다. 에큐메니컬 여정이란 말은 김 박사님이 즐겨 쓰는 에큐메니컬 개념이다. 그의 삶 자체가 끝없는 에큐메니컬 여정이었다. 김 박사님은 장로회신학대학교 교수로 늘 거론되는 분이었다. 그러나 장로회신학대학교 교수들 사이에서 김 박사는 마오쩌둥을 신봉한다는 둥 유언비어가 돌았고, 그가 이 대학교의 교수가 되는 길은 막혔다. 김 박사님은 이외에도 이화여자대학교, 연세대학교 교수로 천거되었으나 그의 민주화운동 경력 때문에 이 길마저 늘 막혔다는 이야기를 들었다. 김 박사님은 미국 등 세계 여러 곳에서 가르칠 수 있는 자리를 늘 제안 받았다. 그가 응하면 언제든지 세계 에큐메니컬 기구에서 일할 기회도 가질 수 있었다. 그런데도 그는 한결같이 한국을 떠나지 않겠다고 줄기차게 고집했다. 이런 고집의 개인적인 이면을 다 알 수 없으나 그는 자기의 사회전기적 뿌리를 명쾌하게 인식하는 신학적 에큐메니컬 선명성을 지닌 것이 아닌가 생각된다.

김 박사님이 자주 쓰는 단어 중에 하나가 '신학적 자리'(theological locus)란 말인데 그는 한반도의 정치적, 사회적, 경제적, 문화적, 영적 상황을 자신의 신학적 자리로 굳건히 잡고자 하였던 것 같다. WCC-CCPD 스태프 때부터 그의 평생 에큐메니컬 동료이자 절친한 친구가 된 독일의 볼프강 슈미트(Wolfgang Schmidt)는 김 박사님의 에큐메니컬 신학을 헬리콥터 신학이라고 농담 삼아 이야기했는데, 이것은 김 박사님의 신학적 사고가 보통 사람들이 생각하는 것과는 늘 차원이 다르게 이상적이기 때문인 것 같다. 그러나 그는 신학을 해야 하는 역사적 자리 그 자체를 아주 중시하는 분이었다.

한반도가 그의 신학적 자리였지만, 그는 한반도만을 그의 신학적 자리로 삼지 않았다. 그에게는 세계 어느 곳이든 신학적 응답이 필요한 곳은 그 자신의 신학적 자리가 되었다. 그에게는 한반도만 자기 나라이고 아프리카는 다른 나라이지 않았다. 에큐메니컬 신학적 응답을 해야 하는 측면에서 세계 그 어느 곳이든 그에게는 자기 나라이고, 자기의 신학적 자리였다. 이를테면 그는 인도의 달릿 민중과 자신을 한 몸처럼 여기며 달릿 신학과 민중신학의 평행 신학적 응답을 추구했다. 그는 팔레스틴 이슈를 한반도 이슈와 같이 여기고, 카이로스 팔레스틴(Kairos Palestine) 운동에 깊이 참여했다. 그는 세계 민중이 처한 모든 현실을 모두 그의 신학적 자리로 생각했다.

김 박사님의 이러한 신학적 선명성과 포괄성이 나의 에큐메니컬 여정의 첫머리에 깊이 각인되었다. 나는 이런 김 박사님의 에큐메니즘에 대해 후에 진정한 에큐메니즘은 "지역이 선도하고 세계가 응답하는" 틀이 되어야 한다고 생각하고, 이것을 후에 "Local Initiative, Global

Response"란 에큐메니컬운동의 틀로 명명한 바 있다.

## 에피소드 2. 세계개혁교회연맹 제22차 총회(1989, 서울)의 여정

세계개혁교회연맹은 1987년 벨파스트에서 열린 실행위원회에서 제22차 총회를 1989년 한국에서 개최하기로 결정하였다. 당시 가맹교단이었던 대한예수교장로회(통합)와 한국기독교장로회(기장)는 한국준비위원회를 구성하고 WCC 중앙위원을 역임하신 김형태 목사님의 제안으로 김용복 박사님을 한국준비위원회 코디네이터로 임명하였다. 나는 당시 제네바 세계개혁교회연맹에 근무하면서 김 박사님과 긴밀히 연락하며 총회 준비를 함께 해 나가게 되었다.

김 박사님이 한국준비위원회 코디네이터로서 활동하신 것 중에 독보적인 것은 역시 고백신학적 측면이었다. 첫 번째는 총회 장소 결정 문제였다. 처음에는 장로회신학대학이 총회 장소로 거론되었다. 장신대가 총회 장소가 되는 데는 전혀 문제가 없었으나 그럴 경우 숙소를 워커힐로 해야 했다. 워커힐은 당시 한국에서 가장 사치스러운 호텔이었고 또 워커힐이 박정희 군사정권에 의해 세워진 점 때문에 김 박사님과 나는 장신대를 총회 장소로 삼는 것은 문제가 있다고 판단했다. 그래서 연세대학교를 대안으로 제시했다. 연세대는 1980년대 내내 민주화를 향한 학생운동의 자리였기 때문에 연세대가 민주화를 향한 한국과 한국교회의 역할에 대해 깊이 생각해 볼 수 있는 상징적인 자리로 적합했다고 설명했다. 이 주장이 결국 받아들여져 연세대가 총회 장소로 결정되었다. 이로써 세계 에큐메니컬운동이 한국의 민주화운동과 함께 하는 복음 증언의 정치역사적 의미와 연결되는 것을 명확히 할 수 있었다.

두 번째로 이룬 신학적 작업은 "오늘의 복음 증언의 소명 – 한국교회의 증언"(Called to Witness to the Gospel Today – Testimonies of the Korean Church) 작업이었다. 세계개혁교회연맹은 16세기 스위스에서 발현한 개혁 전통(Reformed Tradition)이 세계 곳곳에 퍼져나가면서 오늘의 각기 다른 역사 상황 속에서 어떻게 증거되고 있는지 살펴보는 "오늘의 복음 증언의 소명"이란 신학 연구 프로그램을 진행하고 있었다. 아시아 신학을 세계적으로 이끌었던 송성천(C. S. Song) 박사가 WCRC에서 이 프로그램을 진행했고, 1986년 내가 WCRC 스태프로 참여하면서 송 박사에 이어 이 프로그램을 진행했다. 이 연구 프로그램은 세계 각 문화권에서 전개되었는데, 예를 들면 인도네시아의 경우 복음이 인도네시아 발리 춤으로 어떻게 표현될 수 있는지 복음과 문화의 관계성이 성찰되고, 타이완의 경우 수십 년 동안 시행되어온 국민당 정권의 계엄령 치하에서 타이완의 독립을 위해 투쟁하는 모습을 대만장로교회 총무로 재직 중 이와 연루되어 투옥된 카오(C.M Cao) 목사가 옥중에서 쓴 시를 모아 출판함으로 오늘의 타이완 상황 속에서 증언되는 복음 증언의 소명을 성찰하였다.

한국의 경우 김 박사님의 주도로 한국교회가 그동안 생명평화 신학의 (status confessionis) 상황 속에서 복음을 증언해 온 다양한 사건들과 경험들이 표출된 시와 노래, 그림 그리고 각종 신학 성명서들을 수집해 한 권의 책으로 출판하였다. 이것은 한국교회의 역사적 상황에 따라 신앙고백을 표출한 다양한 형식이 광범위하게 정리된 유일한 책이다. 한국어와 영어로 출판된 이 책은 WCRC 총회를 계기로 출판되었기 때문에 한국 신학 독서계에 널리 알려지지 않았으나 한국교회로서는 아주 가치 있는 출판이었다.

세 번째로 이룬 업적은 총회 개회 첫날 밤에 연세대 노천극장에서 공연된 "한국의 밤"이었다. 이 공연은 1988년 한국 올림픽 개회식 기념 공연을 기획했던 김문환 교수가 기획책임을 맡았고, 기독교인 탤런트들이 대거 참여한 역작이었다. 복음이 한국에 소개될 당시의 한국의 상황에서부터 시작해 복음이 한국에 소개되어 역사적으로 어떻게 증언되어 왔는지를 한 편의 드라마로 표현한 것인데 내가 알기로 한국교회에서 기독교를 주제로 다룬 공연물 중에 가장 수준 높은 공연물이 아닌가 생각된다. 이런 작업은 김 박사님이 총회 준비 코디네이터로 있었기 때문에 가능한 일이었다.

이외에도 김 박사님의 평소 신학적 관점은 총회 준비 과정에서 여러모로 나타났다. 이를테면 총회 개막전 준비위원, 스태프 전체를 모아놓고 총회에 참석하는 대표단을 맞이하는 자세에 대해 오리엔테이션을 했는데, 이번에 모이는 총회 대표들과 참여자들은 세계 각국이 처한 어려운 역사적 현실 속에서 오는 것이기 때문에 손님을 잘 모신다는 환대(hospitality)의 차원을 넘어 그들의 억압의 고난과 해방을 향한 투쟁에 연대(solidarity)하는 자세와 행동으로 총회에 임하여야 함을 강조하셨다. 그의 신학적 신념이 실천적 행동에 그대로 나타남을 엿볼 수 있는 대목이다.

## 에피소드 3. 교회의 개발참여(CCPD)와 정의, 평화, 창조의 온전 서울 대회(JPIC)의 여정

1960년대는 전 세계의 경제가 개발붐을 타면서 극심한 정치적 억압과 경제적 차별, 사회적 소외 등의 문제를 야기했던 격동의 시대였다.

이런 사회현상에 대해 교회가 면밀히 분석하고 복음적 대응을 하기 위해 세계교회협의회는 1966년 제네바에서 교회와 사회 대회(Conference on Church and Society)를 개최했다. 이 대회를 계기로 인간의 정치적, 사회적, 경제적 해방이 에큐메니컬운동의 중요한 신학적 과제로 부상했다. 이 대회에 많은 영향을 끼친 에큐메니컬 지도자 중의 한 분이 리챠드 숄(Richard Schaull) 박사인데 김용복 박사, 남미의 해방신학자인 루벰 알베스(Rubem Alves), 미국의 선교학자 중에서 중국에 가장 정통한 필립 위커리(Philip Wickeri) 등이 이분의 지도로 박사논문을 쓰고 신학적 영향을 받은 젊은 신학자 그룹이다.

이 대회의 중요한 열매가 바로 1968년 스웨덴 웁살라에서 열린 WCC 제4차 총회 때 맺어졌다. 그것은 바로 인종차별철폐프로그램(Programme of Combat Racism)과 함께 WCC가 시작한 중요 프로그램 중의 하나인 교회의 개발참여프로그램(Commission on Churches' Participation in Development)이다. 인간의 정치적 사회적 경제적 해방이 교회일치 과제와 함께 에큐메니컬운동의 양대 흐름으로 구체화되기 시작한 것이 바로 이때부터이다.

이 흐름은 1975년 케냐 나이로비에서 열린 WCC 제5차 총회가 결의한 '정의롭고 참여적이며 지속가능한 사회'(Just, Participatory and Sustainable Society)의 에큐메니컬 여정을 시작하게 했다. 이 에큐메니컬 여정은 이탈리아 사업가 아우렐리오 페체이의 제안으로 지구의 유한성이란 문제의식을 가진 유럽의 사업가와 과학자, 교육자 등으로 구성된 로마클럽이 개발의 지속성(Sustainability)이란 개념을 세계에 처음 던지기 시작한 것과 궤를 같이한다. 김용복 박사님은 이 JPSS 프로그램이 에큐메니컬운동에 있어서 아주 중요한 에큐메니컬 행보라고 내게 여러 번 강조한 적이 있다.

김용복 박사님은 1983년부터 1991년까지 교회의 개발참여위원회
(CCPD) 부위원장을 역임하시면서 교회일치와 더불어 에큐메니컬운
동의 양대 산맥을 구성한 정의 부문에 혁혁한 에큐메니컬 지도력을
발휘하셨다. 김 박사님이 세계 에큐메니컬운동에서 역사적으로 기록
될 신학 개념을 제안하면서 에큐메니컬운동을 이끌어온 출발점은 바
로 1983년 캐나다 밴쿠버에서 열린 WCC 제6차 총회 때였다. 김 박사님
과 함께 밴쿠버에서 활약했던 세계적 경제신학자 울리히 두크로우
(Ulrich Duchrow) 박사는 그때의 일을 김 박사님을 추모하는 그의
추모사에서 이렇게 회상했다.

> "총회는 정의 평화 창조의 보전을 위한 상호헌신의 일치 과정(Conciliar
> Process of Mutual Commitment for Justice, Peace and the Integrity of
> Creation, JPIC)을 결의했다. 우리 둘은 이 개념을 만들어 내는 데 주된 역할을
> 했다. 그는 정의와 인간의 존엄(Justice and Human Dignity) 그룹의 위원장
> 이었고 나는 이 그룹에서 이슈를 소개하는 기조발제를 담당했다. 당시 환경과
> 평화(Environment and Peace)란 이슈 그룹에서 기조발제를 했던 전 동독
> 신학자인 하이노 팔케(Heino Falcke) 그리고 몇몇 다른 신학자들과 함께
> 총회가 결정할 문서의 초안을 미리 준비하는 책임을 우리가 맡았다. 나는 그때
> 김용복 박사가 창조의 유지(Preservation)가 아니라 창조의 온전(Integrity)
> 으로 해야 한다고 강력히 주장한 것을 기억한다. 여기에서 그의 우주적 영성을
> 이미 엿볼 수 있다."

이 JPIC 프로그램은 이후 WCC가 헌신한 에큐메니컬운동의 중요한

흐름이 된다. 여기에서 우리는 김 박사님의 넓고 깊은 신학적 비전을 다시 절감하게 된다. 그는 창조의 유지 보전이 교회와 신학의 목표가 되어서는 안 된다고 생각했다. 그는 하나님의 창조세계의 온전성(Integrity of Creation)을 이룩하는 것이 교회와 신학이 생태 문제에 접근해야 하는 비전이 되어야 한다는 더 깊은 복음적인 생각을 가지고 있었다. 누가 한국어로 번역했는지 모르지만 JPIC를 "정의, 평화, 창조의 보전"으로 번역한 것은 김 박사님의 이런 깊은 신학적 뜻을 잘 이해하지 못하고 번역한 것 같다. 김 박사님의 뜻을 이해했더라면 "정의, 평화, 창조의 온전"이라고 번역했어야 하지 않나 생각된다.

창조의 온전성(Integrity of Creation)이란 개념 이외에 또 하나 김 박사님에게 쟁점이 된 개념은 공의회(Conciliar Process)란 개념이다. 앞서 말한 대로 일치(Unity)와 정의(Justice)는 에큐메니컬운동의 양대 축이다. 이 둘의 에큐메니컬 과제는 교회의 일치 문제를 주로 다루는 '신앙과 직제'(Faith and Order) 흐름과 교회의 사회참여 문제를 주로 다루는 '삶과 일'(Life and Work) 흐름과 맥을 같이 한다.

김 박사님은 루카스 피셔(Lukas Vischer) 박사와 함께 이 문제에 대해 첨예하게 논쟁했었다. 흔히 JPIC라고 줄여서 부르지만, 밴쿠버 총회 결의의 공식 이름은 "정의, 평화, 창조의 온전을 위한 상호헌신의 공의회 과정"(Conciliar Process of Mutual Commitment for Justice, Peace and the Integrity of Creation)이다. 이 결의를 보면 "정의, 평화, 창조의 온전"이란 과제와 "상호헌신을 위한 공의회 과정"이라는 두 과제가 함께 복합되어 있다. 내용은 "정의, 평화, 창조의 온전을 위해 교회가 함께 일치하자" 또는 "교회가 함께 일치하여 정의 평화 창조의 온전을 도모하자"는 뜻인데 이 과정에서 WCC 신앙과 직제위원회 국장을 역임하고 WCRC 신학부 위원장을 지냈던 루카스 피셔 박사는 이 결의의 중요한 점은 에큐메니컬운동의 중요한 축인 교회일치를 추구하는 공의회 과정(Conciliar Process)이라고 보고 이를 위해 전 세계 교회가 일치하는 과정에 방점을 찍었다.

바티칸 제2차 공의회(1962~1965)에 WCC 대표로 참여한 바 있는 피셔 박사는 로마가톨릭교회가 이 JPIC에 참여함으로 교리의 일치는 도모하지 못할지라도 세계가 당면하고 있는 문제에 대해 교회가 일치하여 증언하는 공의회가 형성되게 하기 위해 많은 노력을 기울였다. 에큐메니컬운동에 있어 정교회와 개신교회의 일치에 로마가톨릭교회까지 참여하도록 하기 위한 교회일치에 대한 그의 노력을 높이 살만하다. 그러나 김용복 박사의 방점은 그 일치의 내용이었다. 중요한 것은 정의, 평화, 창조의 온전을 위한 교회의 일치도 중요하지만, 그보다 중요한 것은 정의, 평화, 창조의 온전 그 자체라는 점을 강조한 것이다. 여기에서 김 박사님의 교회론의 중요한 관점을 엿볼 수 있는데 그는 복음을 증거하는 틀인 교회보다는 교회가 증거해야 할 복음 그 자체에 대한 관심이 그의 주된 관심이었음을 엿볼 수 있다. 교회의 일치가 중요하지만, 정의 없는 교회의 일치는 불완전한 일치란 이 쟁점이 후에 WCRC의 아크라 신앙고백의 과정에 다시 나타난다.

밴쿠버 총회에서 결의한 정의 평화 창조의 온전을 위한 상호헌신의 공의회 과정은 1990년 3월 5일부터 13일까지 서울에서 열린 세계대회(World Convocation on Justice, Peace and Integrity of Creation)에서 10개 항의 확언(Ten Affirmations)을 내용으로 상호 계약하는 선언을 하기에 이른다. 김 박사님은 이 10개의 확언을 구성하는 과정에서도 중요한 기여를 하였다. 나는 WCRC 대표로 이 대회에 참여하였고,

WCRC를 대표해 인사를 했는데 이 JPIC서울대회는 1989년 WCRC 서울총회에 이어 김 박사님과 내가 함께 한 에큐메니컬 여정의 두 번째의 정거장이다.

## 에피소드 4. 세계개혁교회연맹 제 23차 총회(1997, 데브레첸)의 여정

김 박사님과 내가 함께 한 에큐메니컬 여정의 세 번째 정거장은 1997년 헝가리 데브레첸에서 열린 세계개혁교회연맹 제23차 총회 때였다. 데브레첸총회는 두 가지 면에서 김 박사님과 내게 특별한 의미가 있는 총회였다. 첫째는 북한 교회의 교회론이 처음 설정된 총회였다. WCC는 1980년 초반부터 북한 교회와 꾸준히 접촉하면서 북한 교회가 세계교회와 관계를 맺으며 남북한 교회 사이에 상호교제가 이루어지도록 에큐메니컬 중재를 해 왔다. 조선 그리스도교 연맹이 세계교회와 연결되는 첫 단추가 도잔소 과정(Tozanso process)이며, 이후에 남북한 교회가 1987년 9월 스위스 글리온(Glion)에서 분단 이후 최초의 만남을 가졌다. 이후 조선그리스도교연맹 대표단이 WCC 캔버라 총회에 처음 참석하면서 세계 에큐메니컬 무대에 모습을 드러냈고, 이후 미국, 캐나다, 호주 교회의 초청으로 각국 교회들과도 교류를 이어갔다. 그러나 이런 세계 에큐메니컬 교제와는 달리 한국 교회와 미국 교회 안에서는 주체사상 속에 있는 북한 교회를 진정한 교회로 볼 수 있느냐는 질문이 끊임없이 제기되었다.

조선그리스도교연맹 대표단이 글리온회의를 하기 위해 제네바 에큐메니컬 센터를 방문하던 그날, 정확히 1987년 9월 1일은 내가 제네바 에큐메니컬 센터에 본부를 두고 있던 세계개혁교회연맹에 첫 출근을 하는 날이었다. 나는 에큐메니컬 센터에서 열린 아침 예배에서 조선그리스도교연맹 대표단을 만났는데 이것은 내가 북한 사람이라고는 생전 처음 만난 날이었다. 그날 이후 조선그리스도연맹 대표단이 제네바에 올 때마다 나는 WCC 아시아 국장이었던 박경서 박사님과 함께 제네바 호스트의 역할을 했고, 에큐메니컬 협력 차원에서 나는 1998년과 9.11 테러 직후인 2001년 두 번에 걸쳐 북한을 방문하였다.

나는 이후 제네바, 동경, 평양 등지에서 조선그리스도교연맹 대표단과 에큐메니컬 교제와 협력을 해 나가면서 당시 한국과 미국 교회 안에 광범위하게 퍼져있던 북한 교회의 정체성에 대해 정리를 할 필요가 있음을 느꼈다. 이 작업이 김 박사님과 함께 데브레첸에서 시도되었다. 통상 교회는 신앙고백과 직제를 통해 조직교회로 구성됨과 예배와 선교 공동체로 형성되는 예배공동체로 가시화되는데, 북한 교회는 이 신앙고백과 직제 중심의 조직교회 형태로 이해해도 다소 불충분하고, 평양 봉수교회와 칠곡교회를 제외한 다른 곳에서는 예배를 드리는 공동체가 없으므로 북한 교회가 예배공동체로 인식하기에도 충분하지 않다. 그러나 북한 교회는 북한의 특수한 사회 구성 체제에 의해 조선그리스도교연맹이 형성되어 주로 봉사의 차원에서 교회의 역할을 수행하고 있었다. 따라서 데브레첸총회에서 조선그리스도교연맹 대표단과 북한 교회의 교회론적 개념을 '사회봉사 교회' 혹은 '디아코니아 교회'로 논의하였다. 이 개념은 북한 교회의 교회론 개념으로 최초로 정의한 것이 아닌가 생각된다. 이 개념을 형성하는데 김 박사님의 신학적 기여가 컸다.

나는 이후 북한을 방문하면서 조선그리스도교연맹과 이 문제를 구체화하기 위한 논의를 시도했다. 북한 교회의 특수성을 고려하여 앞으로 평양 이외에도 북한 전국에 교회의 사회봉사를 심화 확대하기 위해

평양의 신학교에 사회봉사 일꾼을 훈련하는 프로그램을 도입하자고 제안했다. 데브레첸총회에서 제기된 북한 교회의 교회론은 중요한 개념의 발전이었고. 이후 김 박사님은 기회 있을 때마다 데브레첸총회의 북한 교회론을 언급하셨다.

데브레첸총회의 또 다른 역사적 결의는 "경제 불의와 생태파괴에 대한 신앙고백 과정"(Committed Process of Progressive Recognition, Education and Confession within all WARC member churches at all levels regarding Economic Injustice and Ecological Destruction) 결의이다. 일명 고백 과정(Processus Confessionis)이라 부르는 이 결의는 당시 WCRC 총무였던 체코 신학자 밀란 오포첸스키(Milan Opocensky) 박사의 주도로 시작된 1990년대의 주요 에큐메니컬 여정의 중간 결정물이다.

동구권 출신으로 WCRC 총무가 된 밀란 오포첸스키는 1989년에 시작된 동구권의 붕괴를 보면서 세계 갈등의 틀이 군사적 차원에서 경제적 차원으로 옮겨갈 것으로 보고 교회가 이에 대해 예언적 응답하기 위해서 '신앙과 경제' 문제를 WCRC의 주요 과제로 삼았다. 1993년부터 신앙과 경제 연구에 착수한 세계개혁교회연맹은 1995년 마닐라에서 개최된 신앙과 경제 아시아 협의회를 시작으로 데브레첸총회의 고백 과정에 깊이 영향을 끼친 키트웨(Kitwe)협의회에 이르기까지 각 지역의 경제 상황을 분석하고 교회가 이에 대해 어떻게 대응할 것인지를 성찰하는 일련의 과정을 진행해 왔는데, 그 중간적 결정에 이른 것이 데브레첸총회에서 채택된 경제 정의와 생태 파괴에 대한 고백 과정이었다.

김 박사님이 자주 쓰는 개념 중에 '고백'(Confession)이란 개념이 있다. 그에게서 자주 들을 수 있는 단어가 신앙고백의 상황(*status con-fessionis*)이다. 그는 세상의 정치, 역사, 경제, 생태 문제 등 현실 문제를 신학적으로 다룰 때 단순히 사회문제나 정치문제로 다루지 않고 항상 신앙의 문제(matter of faith)로 다루었다. 그가 WCC 나이로비 총회 이후에 조직된 경제문제자문위원회(Advisory Group on Economic Matters) 위원으로 활동했는데 그의 일관된 주장은 경제문제를 신앙의 문제로 보자는 것이었다. 세계 에큐메니컬운동은 정치적 해방, 사회적 평등, 경제정의, 생태의 온전 등 현실 문제에 대해 접근할 때 신앙의 문제(matter of faith)로 접근하려고 노력하는데 이런 에큐메니컬 기류 형성에 김 박사님이 상당한 기여를 한 것이다. 이런 의미에서 그는 진정한 세계의 에큐메니스트였고, 그가 헌신한 에큐메니컬운동은 지극히 신앙고백적이었다.

1993년 부산진교회의 담임 목사로 부름을 받은 나는 잠시 귀국하여 목회를 하고 있었는데 밀란 오포첸스키 박사의 초청으로 1995년에 다시 세계개혁교회연맹 '협력과 증언부' 총무로 제네바로 가서 밀란 오포첸스키 박사와 함께 이 신앙과 경제 프로그램을 진행했다. 밀란 오포첸스키 총무는 WCRC가 경제와 신앙 연구 과정을 진행하면서 이를 이끌 적임자가 김용복 박사임을 염두에 두고 김 박사님이 데브레첸총회에서 WCRC 회장으로 선출되기를 희망했다. 그러나 당시 한국교회는 여전히 김 박사님에 대한 신학적 경계의 끈을 놓지 못했다. 그래서 김 박사님의 회장 선출에 미온적이었다. 김 박사님의 회장 선출이 어려워지자 타이완 신학자인 송천성(C. S. Song) 박사가 회장에 선출되었다. 김 박사님은 신학부 위원장에 선출되었다. 송 박사님의 신학적 창의성은 훌륭하지만, 정의와 평화 문제에는 김 박사님만큼 헌신적이지 못했다. 김 박사님이 회장에 선출되지 못한 것을 아쉽게 생각하지만, 나는 신학부 위원장에 선출된 김 박사님과 함께 이후에 고백 과정(*Processus Confessionis*) 프로그램을 진행하면서 그와 함께 한 에큐메니컬 여정의 절정에 이르게 된다.

## 에피소드 5. 데브레첸에서 아크라에 이르는 고백의 과정(*Processus Confessionis*)의 여정

데브레첸총회가 결의한 경제 불의와 생태 파괴에 대한 고백 과정 (*Processus Confessionis*) 프로그램은 내가 책임을 맡고 있던 협력과 증언부에 배당되었다. 고백 과정에 대한 데브레첸총회의 결의는 세계개혁교회연맹 회원교회가 모든 차원에서 경제 불의와 생태 파괴에 대해 인식하고 그 상황을 알고 고백하는 과정에 돌입하도록 한 부름이었다 (WE NOW CALL FOR A COMMITTED PROCESS OF PROGRESSIVE RECOGNITION, EDUCATION AND CONFESSION (PROCESSUS CONFESSIONIS) WITHIN ALL WARC MEMBER CHURCHES AT ALL LEVELS REGARDING ECONOMIC INJUSTICE AND ECOLOGICAL DESTRUCTION).

나는 이 고백 과정이 긴 신앙고백의 투쟁임을 인식하고 이를 인도할 태스크 포스 구성이 필요하다고 생각했다. 그래서 우루과이 출신 신학자이자 사회학자인 훌리오 드 산타 아나(Julio de Santa Ana) 박사, 네델란드 출신 사회경제학자 밥 하우츠와(Bob Goudzwaard) 박사, 필리핀 경제장관을 역임한 레오노르 브리오네스(Leonor Briones) 박사, 유엔무역개발회의(UNCTAD) 스태프를 역임한 스위스 경제학자 에드와드

도멘(Edward Dommen) 박사, 잠비아 출신으로 전 아프리카교회협의회 교육국장을 역임한 오메나 불라(Omega Bula) 여사, 아프리카 신학자인 다카소 모포켕(Takatso Mofokeng) 박사, 하이델베르크 대학교 교수이자 카이로스 유럽(Kariros Europa)대표인 울리히 두크로우(Ulrich Duchrow) 박사, 영국개혁교회 목사이자 WCRC 협력과 증언부 위원장이었던 엘리자베스 내쉬(Elizabeth Nash) 목사 그리고 WCRC 신학부 위원장인 김용복(Kim Yong-Bock) 박사로 태스크 포스를 구성하고 내가 스태프로 일했다.

데브레첸 결의를 집행하기 위해 세계 각국의 교회들이 경제 불의와 생태 파괴에 대해 인식하고 교육하고 고백하는 과정을 독려하고 모니터하는 한편, 세계개혁교회연맹 차원에서 당시 세계 경제를 재편하고 있던 신자유주의세계경제화(Neo-Liberal Economic Globalization)가 각 대륙과 국가의 경제에 어떤 영향을 미치는지 인식하고 분석하는 협의회를 기획하고, 1999년 타이 방콕(Bangkok)에서 아시아 협의회, 2001년 헝가리 부다페스트(Buddapest)에서 동구권 협의회, 2001년 남아프리카공화국 케이프타운(Cape Town)에서 아프리카 협의회, 2001년 스위스 카티니(Cartigny)에서 중간 점검 회의, 2002년 네델란드 소스터베르크(Soesterberg)에서 서유럽 협의회, 2003년 아르헨티나 부에노스아이레스(Buenos Aires)에서 남미협의회 겸 남반부 협의회 그리고 2004년 봄에 영국 런던 코니(London-Colney)에서 종합 협의회를 개최했다.

방콕 협의회는 아시아 경제위기 직후 아시아 경제위기가 온 배경과 그 여파를 분석하는 데 주력했고, 부다페스트에서 열린 동구권 협의회는 동구권 변화 10년 후 상황을 분석하는 협의회였다. 케이프타운 협의회는 미국교회협의회의 사회신조(1932), 바르멘선언(1934), 한국그리스도인의 신앙선언(1973, 벨하고백(1982) 등 개혁교회의 주요 신앙고백을 정리하고, 이 선상에서 경제 불의와 생태 파괴에 대한 신앙고백이 어떻게 이루어져야 하는지를 성찰하는 협의회였다. 케이프타운 협의회는 역사적 신앙고백 문서를 신학적으로 살펴보는 회의였는데 이런 사회신조(social creed) 혹은 신앙고백(confession) 혹은 신앙적 입장(faith stance) 등 사회적 문제를 신앙고백의 차원으로 삼는 데 김 박사님이 결정적 기여를 했다. 카티니 협의회에서 중간 점검을 하고 소스터베르그에서 유럽교회의 입장을 정리하는 협의회를 가졌다.

지금까지의 과정에서 신자유주의 경제 세계화와 제국에 대한 인식에 있어 북반부 교회와 남반부 교회의 인식에 상당한 차이가 있음이 드러났다. 그래서 아르헨티나 경제 위기 직후 모인 부에노스아이레스협의회에는 남반부 교회만을 모아 제국이 주도하는 신자유주의 경제 세계화가 남반부 사회에 미치는 영향을 집중적으로 분석했다. 부에노스아이레스에 모인 남반부 교회 대표들은 신자유주의 경제 세계화와 제국의 지구 정치적 주도권(geopolitical hegemony)이 남반부 사회의 경제 불의와 생태 파괴에 미치는 영향이 지대함을 인식하고 이에 대한 저항과 거부를 신앙고백의 차원에서 해야 한다는 데로 의견이 모아졌다. 부에노스아이레스협의회가 이런 인식에 도달하는 데도 김 박사님이 주도적인 역할을 했고, 부에노스아이레스 선언문을 작성하는 데도 결정적인 기여를 하였다.

부에노스아이레스 협의회 이후 북반부 교회 안에 이에 저항하는 기류가 형성되기 시작했다. 특히 유럽교회 안에서는 제국(empire)이란 개념에 대한 저항이 많았고, 신자유주의 경제 세계화의 순기능에 대한 평가도 함께 해야 한다는 주장이 서서히 일어나고 있었다. 따라서 최종 정리를 하는 런던 코니협의회는 남반부 교회와 북반부 교회 대표 전체를 소집해 치열한 논쟁을 하는 협의회가 되었다. 협의회는 초반부터 첨예한 대립 가운데 진행되었다. 협의회 스태프로 일하던 나로서는 이 협의회에서 어떤 합의점에 도달하는 것이 아주 어려울 수도 있다고 생각하고 논쟁에 맞서는 거의 모든 참가자를 다 포함시키는 거대 초안위원회를 구성하였다. 총 70여 명의 협의회 참가자 중 거의 절반에 해당하는 30여 명으로 초안위원회를 구성하고, 그 위원장에 김 박사님을 임명했다. 초안위원회의 토론은 협의회 안의 협의회였다. 초안위원회가 진행되면서 김 박사님과 나는 수시로 상황을 논의하였다. 김 박사님은 중간마다 논의가 쉽지 않음을 자주 말씀하셨다. 그러나 김 박사님의 정연한 논리의 인도와 설득으로 초안위원회는 아크라총회가 세계경제 불의와 생태 파괴에 대해 신앙고백적으로 응답해야 함을 심각하게 고려해야 한다는 내용의 합의에 도달하였다.

초안위원회의 초안이 본회의에 보고되었다. 30여 명이 참여하여 오랜 시간 동안 치열한 논쟁 끝에 나온 초안이라 협의회는 본회의에서 세밀하게 검토하고 초안을 받아들이는 쪽으로 가닥이 잡혔다. 그러나 최종 결정 과정에서 초안위원회에 참여한 스위스 교회 대표 중의 한 사람은 자신은 결코 이 합의에 동의할 수 없다고 하면서 이 점을 명확히 해 줄 것을 선언했다. 한 사람의 거부가 있었으나 그를 제외한 전체가 다 동의한 결과 초안은 통과되었다. 그러나 이때부터 아크라 총회가 열린 8월까지 6개월 동안 유럽교회의 저항이 계속되었다.

## 에피소드 6. 세계개혁교회연맹 제24차 총회(2004, 아크라)의 여정

드디어 세계개혁교회연맹 제24차 총회가 2004년 8월 가나 아크라에서 열렸다. 아크라 총회가 에큐메니컬 공동체에서 지대한 관심을 끈 이유는 과연 세계개혁교회연맹이 경제 불의와 생태 파괴에 대한 신앙고백에 이를 것인가 하는 점이었다. 총회는 초반부터 긴장감이 팽팽 도는 가운데 개회되었다. 부에노스아이레스에 참여했던 남반부 교회 대표들은 만약 총회가 신앙고백에 이르지 못하면 우리는 우리끼리 나무 아래에서라도 모여 함께 신앙고백을 하고 계약을 하자고 제안하기도 했다. 아프리카에서 많은 교회 공동체는 나무 아래에서 모인다. 그래서 '나무 아래'는 아프리카에서는 교회를 의미하기도 한다. 신앙고백에 대한 저항의 움직임이 유럽대표단 사이에서 확연히 일어나고 있었다. 나는 총회 본회의에서 못다 한 논의를 계속할 수 있도록 점심시간을 이용해 별도의 토론 자리를 마련했다. 그러나 이 별도의 토론 모임에서도 이견이 좁혀지지 않았다.

그러던 중 아프리카 노예 무역기지였던 엘미나성(Elmina Castle)을 방문하는 프로그램이 있었다. 아크라 총회를 준비하는 과정에서 고백신앙의 과정 프로그램 이외에 총회 예배준비위원회장을 내가 맡고 있었기 때문에 총회 예배 준비차 총회 이전에 아크라를 방문한 적이 있었는데 이때 엘미나성의 존재를 확인했다. 제네바로 돌아와 총회준비위원회 전체 회의에 이를 보고하고 총회 기간 중 하루를 할애해 총대 전체가 엘미나성을 방문해야 한다고 주장했다. 한국에 친일파가 있듯이 가나에서도 노예무역에 일조한 일부가 있고, 이들이 가나 정계, 경제계, 교회 등에 여전히 존재하기 때문에 가나교회로서는 엘미나성이 민감한 곳이어서 시간과 버스 대절료 등을 거론하며 방문에 미온적이었다. 나는 총회준비위원회에서 버스 대절료를 별도로 모금하더라도 이곳을 꼭 방문해야 한다고 주장했다. 그래서 총회 프로그램에 포함되었고, 이 엘미나성 방문이 아크라 신앙고백에 이르는 데 결정적 역할을 한 것이다. 세계경제 불의의 시초이자 인종차별의 시작인 엘미나성 방문은 충격 그 자체였다. 엘미나 방문 후 총회 총대들 사이에는 경제 불의와 생태 파괴에 대해 총회가 신앙고백을 해야 한다는 공감대가 형성되었다.

이 엘미나성을 방문하는 과정에서 아주 기이한 일이 발생했다. 중간에 도시락으로 점심을 먹게 되어 있었는데 도시락 준비가 지연되어 중간 휴게소에서 상당 시간 기다리는 일이 발생했다. 이 기다리는 동안 우연히 독일의 울리히 묄러(Ulrich Möller) 박사와 중요한 논쟁을 하게 되었다. 유럽교회가 신앙고백에 대해 주저하는 두 가지 이유는 신앙고백은 신앙의 내용에 대해 고백하는 것인데 경제 불의, 생태 파괴와 같은 삶에 대해 신앙을 고백할 수 있느냐는 문제와 설사 신앙고백을 한다 하더라도 교회 간의 의견이 다를 텐데 그 다름이 신앙고백이란 틀에서 결정화되면 결국 교회일치에 이르는 에큐메니컬 일치가 어려워지지 않느냐란 논리였다. 여기에 다시 일치와 정의 중 무엇이 우선이냐는 에큐메니컬 양대 흐름의 대립 문제가 제기된다. 나는 울리히 묄러 박사와 논쟁하면서 일치도 중요하지만, 정의 없는 일치는 가짜 일치(false unity)이기 때문에 그것 자체까지도 교회는 거부해야 하며, 교회의 일치와 삶과 죽음의 문제 중 무엇이 우선이 되어야 하느냐고 질문하고, 이에 대해 우리가 신앙고백적 차원에서 생각해야 한다고 설득했다. JPIC 토론에서 루카스 피셔가 일치에 방점을 찍고 김 박사님이 정의에 방점을 찍었는데 나에게 에큐메니컬 사상 형성에 영향을 준 두 분의 방점에서 나는 김 박사님의 방점에 서 있었다.

　이 토론 대화는 엘미나성 방문에 어떤 충격을 주는 역할을 했을 것으로 생각된다. 왜냐하면 엘미나성 방문 이후에 울리히 묄러 박사가 신앙고백 쪽으로 입장을 전환했기 때문이다. 내가 울리히 묄러를 설득한 또하나의 논리는 이번 아크라총회의 고백을 종결적으로 하지 말고 초청적 성격의 고백(Invitationary Confession)으로 하자는 내 제안이었다. 다시 말하면 신자유주의 경제 세계화와 제국에 의해 삶이 불가능하게 되는 상황에 처한 남반부 교회들은 지금 당장 고백을 할 수밖에 없으니 그 고백에 일단 총회가 함께 하고, 아직 그 상황에 처하지 않는 교회는 후에 이 고백에 참여할 수 있도록 하는 배제적 고백(exclusionary confession)이 아닌 초청적 고백(invitationary confession)으로 하면 어떻겠느냐고 제안했다. 울리히 묄러와 유럽교회 대표들은 엘미나성을 방문하고 돌아와 이 접근에 동의했다.

　이와 같은 우여곡절 끝에 세계개혁교회연맹 제22차 총회는 역사적 아크라 신앙고백(The Accra Confession)에 이른다. 신앙고백서 초안 작성에 김 박사님이 또다시 깊이 개입했다. 이 아크라 신앙고백은 에큐메니컬운동사에 큰 획을 그었다. 세계개혁교회연맹이 데브레첸총회에서 시작한 신앙고백의 과정(*processus confessionis*)이 아크라에서 경제와 생태 문제에 대해 개혁교회가 신앙고백적으로 응답한, 교회사상 처음으로 삶의 문제로 교회가 신앙을 고백하는 역사적 여정에 이르렀기 때문이다. 또한 에큐메니컬운동이 이 노정에 도착하는 데 교회의 개발참여(CCPD) 프로그램으로부터 JPIC를 거쳐 아크라 신앙고백에 이르는 긴 에큐메니컬 공동체의 여정에 김 박사님의 신학적 숨결과 영성이 함께 했기 때문이다.

## 에피소드 7. 제4차 산업혁명 시대의 인성과 영성 심포지엄(2017~ 2021, 안동)의 여정

아크라총회 이후에 나는 귀국했고, 2006년 포르토 알레그레에서 열린 WCC 제9차 총회에서 중앙위원으로 선출되었다. 2007년 첫 중앙위원회를 개최하게 되었는데 당시 WCC 총무였던 사무엘 코비아 총무의 연임에 제동이 걸렸다. 결국 코비아 박사가 연임을 포기하고 후임 총무 선출 프로세스가 시작되었다. 분위기가 그렇게 형성되어 나도 WCC 총무 경선에 나가게 되었다. 김 박사님이 이를 제안하셨고, 후견인 역할을 톡톡히 하셨다. 김 박사님과 나는 미래 에큐메니컬운동이 지향해야 할 청사진을 함께 그리며 총무 경선 과정을 준비하는데 김 박사님은 세심히 지도를 해 주셨다. 앞서 언급한 '나의 에큐메니컬 여정'을 준비하게도 하셨고, 암스테르담에서 열린 압축군 후보자 인터뷰에 동행하기까지 하셨다. 나는 트베이트 픽세 박사와 함께 2명의 최종 후보자로 선정되어 중앙위원회에 제안되었으나 아쉽게도 총무로 선임되는 데는 이르지 못했다. 그러나 이 여정에서 김 박사님과 함께 미래 에큐메니컬운동에 대해 꿈꾸고 청사진을 만든 것은 내게 잊을 수 없는 경험이었고, 에큐메니컬운동을 지도자의 입장에서 다시 성찰하는 계기가 되었다.

이후 2013년 부산에서 열린 WCC 제10차 총회 한국준비위원회 기획위원장을 맡아 총회 준비에 참여하고, 2017년부터는 안동에 있는 경안대학원대학교 총장직을 맡아 일하게 되었다. 총장에 취임하자마자 안동 시장을 만나 정신 문화의 수도인 안동이 새로운 시대의 정신 문화에 대해 기여하는 바가 있어야 한다며, 2016년 세계경제포럼에서 제기된 '제4차 산업혁명' 시대에 기술문명의 발전으로 가장 큰 영향을 받을 인간의 정신과 영성에 관한 연구를 경안대학원대학교가 하겠다고 하고, 5년간 지원해 달라고 요청하였다. 권영세 안동시장은 이에 동의하며 지원을 약속했다.

이렇게 성사된 안동시의 지원으로 경안대학원대학교는 2017년 "제4차 산업혁명시대의 인성", 2018년 "인공지능과 인간의 마음", 2019년 "인공지능의 딥러닝과 인간교육", 2020년 "제4차 산업혁명이 미치는 정치적, 경제적, 사회적, 문화적 영향과 대안" 그리고 2021년에는 "인공지능시대의 우주적 영성"을 주제로 국제심포지엄을 연속 개최하였다.

신학, 동양 철학, 서양 철학, 사회학, 물리학, 의학, 예술 등 각 분야에서 출중한 석학들을 초청하여 5년간에 걸쳐 연구해 나가는 과정에서 김 박사님의 혜안과 지혜와 통찰이 절실하였다. 그래서 김 박사님을 초청했다. 김 박사님은 2017년 제1차 심포지엄부터 2021년 제5차 최종 심포지엄까지 계속 참석하셔서 그 특유의 날카로운 관점과 대안을 제시하셨다. 특히 김 박사님이 작고하기 전 나와 함께 한 마지막 신학협의회로 "인공지능시대의 우주적 영성"이란 주제로 열린 2021년 최종 심포지엄에서 김 박사님은 "모든 살아있는 존재는 영적인 주체이다. 각각은 개별적이고 전체적인 존재이며, 이들은 하나의 생명의 그물에서 함께 영적 친교(spiritual communion)를 나누게 되어 있다. 계몽주의 이후 현대 서양 문명은 지구의 생명체로부터 영성을 추방했다. 그리고 모두 연결된 우주인의 개별적 존재와 전체적 존재를 분리했다. 이 반생명적, 반상생적 체제와 문화를 조작하는 세속적 틀이 인공지능 체제로 형성되고 있으며, 이 반생명적 기술융합이 코로나바이러스 위기에서 세계 지정학적 투쟁의 맥락에서 생물학적 전쟁을 위한 기술공학을 가속화시키고 있다. 따라서 우리는 현재의 세계화되고 신자유주의적 경제 및 지정학적 권력 체제에 대해 저항하면서 상생을 위한 창조적 영성의 우주적 융합의 필요성을 재천명할 필요가 있다"고 역설했다.

김 박사님의 이러한 생각은 인공지능 시대에 인류 문명이 나아가야 할 방향을 정확히 내다보신 시대를 꿰뚫는 해안이다. 김 박사님의 이런 기여로 심포지엄은 인공지능 시대에 인간에게 필요한 것은 개체 생명과 전체 생명이 함께 연결되고, 이를 관통해 볼 수 있는 인공지능으로서는 볼 수 없는 인간의 독특한 영역이 바로 우주적 영성이라는 결론에 도달할 수 있었다.


## 갈무리를 대신하여
### : 김 박사님이 우리의 에큐메니컬 여정에 남긴 과제

김 박사님은 시대가 당면하고 있는 문제에 대해 그때마다 적절한 개념을 제시하시면서 시대의 도전에 신학이 어떻게 응답할 것인지를 정말 창조적으로 제안하셨다. 그가 제시한 민중의 사회전기란 개념부터 시작해서 생명의 상생(conviviality of life), 상생 경제(Oikonomia Convivencia), 생명 축제(Fiesta de la Vida), 생명지혜(Zoesophia), 생명전기(Zoegraphy), 선토피아(仙境, Seontopia) 등 생명 죽임의 시대에 대응할 수많은 신학 개념을 제안해 오셨다. 김 박사님은 작고하시기 직전 안동 심포지엄에서 그는 "생명망을 위한 미래 문명에 대한 우리의 성찰을 위한 잠정적인 패러다임 얼개"라고 하시며 다음과 같은 미래 과제를 제시해 주셨다.[4]

1) 생명망의 정치

2) 상생 경제: Oikonomia Convivencia(convivality)

3) 상생 공동체 네트워크: 지역, 지역, 글로벌, 우주

4) 상생 공동체의 근본적 사랑(Radical Love)

5) 상생 문화(길들이기)

6) 상생 창의력(아름다움, 선함, 진실의 활력 회복)

7) 상생 건강과 힐링

8) 종교의 상생 에큐메니컬 융합

이것은 김 박사님의 지치지 않고 달려온 에큐메니컬 여정에 이어 후학들의 에큐메니컬 여정에서 지속적으로 성찰하고 생명 문명을 이루기 위한 이론 정립과 실천에 기여해야 할 에큐메니컬 과제가 아닌가 생각된다. 김 박사님이 자주 쓰시는 말인 이 '중첩된 위기의 시대'에 생명 문명을 새로 수립하기 위한 에큐메니컬 여정을 위해 우리 후학 모두가 지속적으로 성찰해야 할 과제들이 아닐까?

---

4 Park Seong-Won ed., *Cosmic Spirituality in the era of Artificial Intelligence and COVID-19 Pandemic* (Gyeongsan: Life in Beauty Press, 2021), 62.

# 김용복 박사의 YMCA 생명전기
## ─ 아시아생명평화 시민운동의 길을 중심으로*

이윤희

고양YMCA 사무총장

## I. 김용복과 YMCA의 인연

김용복과 YMCA의 인연은 연세대학교 학생YMCA로부터 시작된다
(1957년). 그는 다음과 같이 회고했다.

> "유학을 가기 전 연세대학교 학생YMCA 활동을 했는데 그때 많은 활동을 했었
> 다. 당시 정석해 선생님의 영향을 많이 받았다. 정 선생님과 같이 4.19 데모
> 활동을 연세대학교에서 주도적으로 했다. 이처럼 YMCA 기독학생운동
> (SCM)은 나의 대학 시절에 중요한 역할을 했었다."

---

* 2018년 김용복 박사님의 팔순을 맞아 그의 책 *A Minjung Hermeneutics of the March
First Independence Movement*(2021 발간)를 기획하면서 "김용복과 YMCA"를 주제로
짧은 인터뷰를 가진 바 있다(2019. 1. 10., 따뜻한 평화). 이 인터뷰를 바탕으로 YMCA로
향한 김용복의 길을 짧게나마 정리하고자 한다.

"그 이후 오재식 회장이 YMCA 대학부 간사로 있었을 때, 나에게 글을 부탁해서 글을 쓴 적이 있었다. 당시 나는 YMCA운동을 'Justice Koinonia'라고 했다. 그 이후 YMCA가 KSCF로 통합이 되면서 KSCF 활동을 했을 때는 지금 안재웅이사장과 인연이 생기면서 학사단 운동을 같이 했다."

"일본 동경에서 활동했을 때 강문규 전 총장, 오재식 회장과 활동을 했었고 강문규 총장이 연맹 사무총장으로 오면서 나를 자연스럽게 정책 논의 과정에 초대하여 목적과 사업협의회 등 YMCA에서 상당히 많은 모임을 같이 진행했다."

이러한 YMCA와의 인연은 2007년 한국YMCA 생명평화센터 고문으로 참여하게 됨으로써 실질적인 YMCA 생명평화운동의 조언자이자 길잡이로 역할하게 된다. 그의 말을 들어보자.

"이학영 총장 시절 생명평화운동의 자문역할을 요청받아 YMCA 생명평화운동으로 팔레스타인 평화 활동, 제주도 생명평화대학원 설립 시도, 유엔평화대학과의 MOU 주선, 핵 없는 세상을 위한 한국 그리스도인 신앙선언을 진행했다. 이런 활동으로 인해 YMCA 기독청년운동이 상당히 중요한 국면으로 진입했다. 연맹100주년 비전사업 결의를 통해 앞으로 이것을 어떻게 활성화해야 하는지의 과제가 남아있다."


## II. 김용복의 YMCA 평화운동

김용복이 없는 YMCA 평화운동은 생각할 수 없다. 김용복은 앞서 말한 바대로 2007년 5월 '한국YMCA 생명평화운동 정책협의회' 기조 강연자로 참여해 "YMCA 생명평화운동의 방향과 과제"를 발표한다 (2007. 5. 11.). 이때부터 김용복은 YMCA 안에 청년이 주동이 된 '동아시아-한반도 평화통일운동', '한반도-팔레스타인 평화협력운동', '핵 없는 세상을 위한 동아시아-한반도 평화운동', '평화 페다고지(Pedagogy) 운동', 'YMCA 기독자 지식인 네트워크와 신학자 모임', '평화아카이빙운동' 등을 제안하였고, 이 주제들이 YMCA 운동의 큰 흐름이 될 수 있도록 온 정성을 기울였다. 김용복이 제안한 이와 같은 사업들 대부분은 2014년 한국YMCA전국연맹 100주년 기념사업으로 채택되기도 하였다.

그의 수많은 노력 중 몇 가지만 간단하게 나열해본다.

## 1. 동아시아-한반도 평화통일운동

YMCA는 동아시아-한반도 평화통일운동의 길을 찾기 위해 2010년부터 1년여에 걸쳐 여덟 차례의 '평화통일운동 집담회'를 개최한다. 김용복은 자원으로 진행되는 집담회와 정책 워크숍에 한 번도 빠짐없이 참여하며, YMCA 평화통일운동의 핵심 주제로 "청년 평화운동가 양성과 기금 마련"에 대한 장기 플랜을 제안한다. 또한 "일회적이고 단기적인 사업"에서 벗어나 88선언의 5대 원칙과 함께 YMCA 운동이 갖는 국제성과 네트워크를 활용한 YMCA만의 플랫폼을 만들 것을 주장하였다. 이 집담회의 결과로 종전 60년을 맞이한 2013년도부터 종전선언과 평화협정 캠페인이 지속 사업으로 시작되었고, 2015년 '평화협정 체결을 위한 철원 소이산 Korea Peace Day', 'DMZ 청년평화아카데미' 등이 개최되었다. 또한 한국YMCA 평화통일운동의 플랫폼으로 '한국YMCA 평화통일운동협의회'가 창립되게 된다(2015. 7. 25.). 김용복은 특별히 한반도 평화운동의 중심 세력으로 청년층의 참여를 중요하게 생각하였고, 이를 위해 '한국YMCA DMZ청년아카데미'를 개설하고 2박 3일 전체 일정에 강사로 참여하기도 하였다(2015. 7.). YMCA 평화통일운동에 대한 그의 제안과 노력은 '평양YMCA 설립과 한반도 평화기금 조성', '에큐메니컬 청년국제평화학교'로 이어지고 있다.

## 2. 핵 없는 세상을 위한 동아시아-한반도 평화운동

김용복은 2011년 후쿠시마 핵발전소 사태 이후 핵 문제에 대한 한국 기독교의 신학적, 실천적 응답을 마련하기 위한 노력을 YMCA와 함께 본격화한다. 그 첫걸음이 "핵은 기독교 신앙과 양립할 수 없으며 하나님에 대한 죄"이며 피해자 관점에서 "핵 없는 세상을 위한 한국 그리스도인 신앙선언"을 선포하는 일이었다(2012. 3. 1.). 맘몬이 주관하는 핵무기와 핵발전으로부터 이 세상을 해방시키는 것이야말로 지구 생명 공동체의 보전을 위한 최선의 길임을 신앙 선언으로 발표한 것이다. 이 선언문의 결과로 '핵 없는 세상을 위한 한국그리스도인연대'가 창립된다(2012. 4. 23.). 이후 "핵 없는 세상을 위한 일본 반핵운동 학습 투어"를 젊은 평화운동가들과 진행함으로써(2012. 6. 5.) 일본 평화운동과 한국 에큐메니컬운동과의 네트워크를 만들어갈 수 있도록 하였으며, 합천 피폭자들과의 연대를 포함하여 '한일반핵평화연대'로 현재까지 지속되고 있다. 한국 에큐메니컬운동이 핵에 대한 신학적 이해와 깊이를 넓히고 아시아 지역의 협력 틀을 만들어 가는 데 김용복의 노력은 절대적이었다.

## 3. 한반도-팔레스타인 평화협력운동

한반도-팔레스타인 평화협력운동은 핵 없는 세상을 위한 동아시아-한반도 평화운동과 함께 김용복이 한국 에큐메니컬운동에 남긴 수많은 유산 중 일부라고 할 수 있다. 남북한-한반도 평화운동의 확장을 위해, 한국 기독교와 신학의 갱신을 위해, 평화로 국제사회에 기여하는 성숙한 한국 시민사회를 위해 팔레스타인과의 조직적인 만남을 시도하였다. 수난의 역사를 경험하고 극복해온 한국 시민사회의 국제 평화연대가 힘에 의한 평화가 아닌 하느님의 평화를 만들어가는 약자들의 진정한 평화협력이라는 것이다. 2009년에 카이로스 그룹 등 팔레스타인 에큐메니컬운동 그룹과 여성, 장애인, 농민, 어린이, 청년 등 인권과 평화운동 단체 등을 방문하는 학습 여행을 시작하였다. 또한 25살의 팔레스타인 청년 지도자를 한국에 초청하여 서울, 대구, 광주, 아산, 하남 등지의 대학과 교회, 단체와의 간담회와 강연회를 개최하였다. 2013년 세계교회협의회(WCC) 부산총회에서는 한-팔 지도자 간담회 및 평화 공동예배 등을 진행함으로써 한국 에큐메니컬운동이 팔레스타인과의 접촉을 넓혀가는 계기를 마련하였다. 이후 매년 진행된 '한-팔 평화를 위한 신학세미나 및 기도회', '올리브트리캠페인', '대안여행과 무역'은 김용복의 절대적 노력에 힘입어 추진되었고, 현재도 진행 중이다. 특별히 올리브트리캠페인은 "올리브나무 한 그루가 만드는 평화"라는 주제로 지난 2020년도부터 매년 진행되고 있으며, 한국교회, 기관, 단체, 소모임, 개인 등이 참여하는 '올리브나무평화한국네트워크'로 발전하고 있다.

## 4. 평화 Pedagogy 운동

김용복은 'YMCA 평화 교육'이 '갈등 조정, 관리 교육'에 머무는 것이 아닌 "분쟁과 갈등 과정에서의 평화를 만드는 실천이자, 생명과 평화위기 시대에 대응하는 개인과 지역의 변화를 이끌어 내는 Pedagogy"가 되어야 한다는 YMCA 평화 교육의 철학을 형성하고자 했다. 이와 같은 YMCA 평화 Pedagogy 운동을 위해 『YMCA 생명평화수업 교재』를 개발하고자 하였으며(전 4권, 2009.), 『생명을 위한 평화헌장』을 작성하여(2007. 10.) 출판하기도 하였다(2010.2. 생명평화센터 발간). 또한 YMCA 평화 Pedagogy의 국제적 네트워크 형성과 협력을 위해 유엔평화대학(UPEACE, University for Peace)과의 MOA와 토수힌(See-Hin Toh, UN평화대학 평화 활동 석좌교수, UNESCO 평화교육상 수상자, 종교 간 대화 및 평화 교육에 관한 세계적인 권위자) 박사의 한국 초청을 위해 직접 코스타리카 유엔평화대학을 방문하기도 하였다(2011. 5.). 이러한 김용복의 노력으로 존 마레스카(John. J. Maresca) 유엔평화대학 총장을 초청하여 평화 교육 커리큘럼 개발과 시행 등에 관한 MOA를 체결할 수 있었고(2012. 6. 15., 제41차 한국YMCA전국연맹 전국대회), 이에 대한 후속 작업으로 토수힌과 함께하는 평화 Pedagogy 커리큘럼 개발을 위한 워크숍과 전국 강연회(2012. 7.)를 진행할 수 있었다.

## III. YMCA에 대한 김용복의 메시지
: '평화의 예언자'가 되어 '민(民)'의 힘으로 평화운동을!

김용복은 하느님의 정의와 평화를 일구어가는 YMCA 공동체의 노력 안에 여전히 큰 맥박으로 요동치고 있다. 김용복은 "YMCA 운동의 중요성, 가치, 역할이 무엇인가?"라는 질문에 YMCA 지체들을 '동지'(同志)라고 부르며 다음과 같이 말한다.

"YMCA 운동을 제대로 보려면 3.1운동을 봐야 한다. 우선 주목해야 할 인물이 박희도 선생이다. 그는 민족대표 33인 중 한 사람이었고 당시 YMCA 대학부 간사였다. YMCA 대학부가 아니었으면, 3.1운동이 전국적으로 일어나지 않았을 것이다. YMCA 박희도 선생이 3.1 운동의 주력부대였다. YMCA는 사회 문제에 많은 관심이 있었다. 당시 서울YMCA의 학생들이 성경공부를 하는데, 성경 구절이 출애굽 등 민족해방과 관련된 구절만을 공부했다. 박희도 선생과 이런 학생들이 중심이 되어 3.1독립선언서를 전국적으로 배달을 했다. 또한 당시 YMCA에서 발행한 「청년」이라는 잡지가 굉장히 중요했다. 3.1운동 직후 그 정신을 이어받아 시운을 전달하는 잡지가 「개벽」, 「신생명」 그리고 YMCA의 「청년」이다. 당시 잡지 「청년」은 일본 총독부의 검열 대상이었다. 왜냐하면 예수를 사회주의라고 주장한 내용을 실었기 때문이다. 그 당시 YMCA가 가지고 있던 우리 민족의 비전은 공화주의였다. 그것이 독립협회, 신민회, 흥사단으로 이어져 공화정을 이야기했다. 그러나 당시 YMCA는 공화정의 혁명적 사상을 받아들일 뿐만 아니라 사회문제를 아주 면밀히 다루고 있었다. 이것 때문에 당시 YMCA의 선교사들과 갈등을 빚기도 했다. 이처럼 사회문제에 관심을 갖는 뿌리가 YMCA 운동의 사상적, 신학적, 사회적 사상의 흐름과 연결이 되어 있다. YMCA의 정신적, 사상적 흐름은 개인주의에 근거한 것이 아니다. YMCA 운동을 사회 운동으로 보아야 한다. 3.1 운동에서 YMCA의 역할이 지금까지 YMCA가 갖고 있는 중요한 가치이며 정체성이다."

또 그는 강조하기를,

"YMCA가 이념, 사업연구를 통해서 YMCA 정체성을 3.1운동의 기본 정신으로 다시 돌아가서 보는 것이 좋겠다. YMCA가 민족사와 세계사 측면에서 종교, 국가, 사상, 이념의 틀에 매이지 않고 문화적 다양성을 초월하면서 평화운동을 해야 한다. 모든 생명체가 주체이며 모든 생명체의 상생을 위한 이념까지 확대해서 코즈모폴리턴하게 운동을 진행해야 한다. 무엇보다 YMCA 스스로 '관'(官)에 대해서 생각하는 것을 정돈해야 한다. '관은 민(民)을 따라오는 심부름꾼이다'라는 것을 명심해야 한다. 위탁 프로그램 관련해서도 위탁을 받되 그 정신적인 운동은 YMCA 스스로가 하는 것이다. 민관(民官)이지 관민(官民)이 아니다. 이 정체성을 분명히 하며 정부와 협치를 하되 주도는 민(民)이 해야 한다. 또한 현재 YMCA 간사 수준을 대학원 수준으로 올려야 한다. 대학원 수준으로 가기 위해서 YMCA 간사 교육을 전문적으로 해야 한다. 만약 특수 대학원을 만든다면 YMCA 간사들은 꼭 1학기씩 해야 한다. YMCA가 전문적인 민의(民意), 정부보다도 앞서가는 정책을 제시하고 만들어야 한다. 현재 YMCA가 그 작업을 만드는 기회가 왔다. 한국YMCA가 스스로 부족하다고 생각하지만 과감하게 나아가야 한다. 그러기 위해서 많은 재정이 필요할 텐데, YMCA를 사회적 재단으로 만들어 재정 구조를 크게 만들어야 한다. 이를 통해 정부가 할 수 없는 일을 우리가 할 수 있도록 나아가야 한다. YMCA가 앞으로는 북한에 보낼 일꾼을 모집해야 한다. 철저하게 전문적으로 기술 훈련을 받고 북에 가서 협력 활동을 해야 한다. 공식적으로 북한에 제안하고 들어가야 한다. 마지막으로 무엇보다 모든 YMCA 간사들이 '평화의 예언자'가 되길 바란다."

## IV. YMCA 평화운동의 영원한 스승
### : 평화의 대동세상을 여는 온 생명의 영원한 꿈쟁이, 김용복

김용복은 끊임없이 '생명 주체와 상생(相生)', '민(民) 주도성', '평화의 생명전기(生命傳記)', '청년'을 이야기한다. 지리산 향토원에서 학생 YMCA 간사들과의 연수(2012. 3.), 1주일 동안 진행되었던 YMCA 간사학교(2015. 8.) 등에서 밤낮을 가리지 않았던 "생명학 서설" 강의, "문명, 생태, 자본, 문화, 신학, 동서양 정신사, 평화, 핵, 교육, 사회적 경제와 금융, 지구시민사회" 등등의 주제에 대해 암묵지(暗默知)로 간사들에게 전해주셨던 평생의 생명전기는 잊을 수 없는 시간이다.

YMCA 기독청년운동이 세계(Global)와 마을(Local)을 연결하는 민(民) 주도의 청년평화 플랫폼(Plaform)으로 성장하는 꿈, 한국 에큐메니컬운동이 한국교회에서 벗어나 다양한 동-서의 종교와 사상, 정신사와 만남으로써 서로를 초극(超克)하며 평화로 융합(融合)되는 운동으로 성장하는 꿈, 지리산 향토원이 지구 제국의 패권을 극복하는 대동세상의 선계로, 마고성녀의 생명평화 정원으로 세상을 가꾸는 청년들을 키우고자 했던 그 꿈. 우리는 그 꿈을 결코 잊을 수 없다.

김용복은 한 개인의 기억과 추억으로만 머물러서는 안 된다. 김용복은 YMCA 공동체 안에서 평화의 메시지로 그리고 YMCA 운동의 생명의 맥박으로 뛰고 있다. YMCA 모든 간사가 '평화의 예언자'가 되기를 소망했던 김용복이 YMCA 지체들과 꿈꿨던 길이 아직도 진행 중이기 때문이다. "평화의 대동세상을 여는 온 생명의 영원한 꿈쟁이, 김용복." 그에 대한 YMCA의 기억이자 메시지다. '평화의 생명전기'로 김용복을 기억하며, 또 다른 '평화의 생명전기'로 김용복을 이어가는 시간이 되었으면 한다.

# 민중신학자 김용복 박사의
# 생명 사상과 사회적 경제

임종한*

인하대 의대 교수

## I. 서론

김용복 박사가 소천하신 지 1년을 맞는다. 김용복 박사는 21세기 새 세기에 신학을 어떻게 할 것인가 그 방향을 제시해 주었다.[1] 이 글에서 김용복 박사는 "신학적으로 볼 때 민중이 메시아에 참여하여 생명과 삶의 축제를 가지게 될 것이다. 이것을 성찰하는 것이 민중신학의 과제가

---

\* 인하대 의과대학 교수, 김용복 박사님의 제자. 김용복 박사 민중신학의 영향하에 민중신학을 대중적으로 실천하는 모델을 만들고 민중신학을 발전적으로 계승하고자 함. 의료협동조합을 시작한 사람의 한사람으로 의료의 공공성 강화의 주창자이다. 사회적가치경영연구원 이사장, 주치의제도 도입을 위한 국민운동본부 운영위원장, 한국커뮤니티케어보건의료협의회 상임대표, 한국의료복지사회적협동조합연합회 회장, 환경정의 공동대표, 한국사회평화협의회 개신교 공동대표, 감리교회 장로, (전)환경독성보건학회 회장 등의 사회활동을 수행하고 있고, 저서로는 『가장 인간적인 의료』, 『주치의가 답이다』, 『참좋은 의료공동체를 소개합니다』, 『아이몸에 독이 쌓이고 있다』, 『민중과 생명』 외 다수가 있다.
1 김용복, "21세기와 민중신학," 「신학사상」 109 (2000): 55-69.

될 것이며, 신학은 민중문화 운동 속에서 그리고 시장문화 변혁 운동 속에서 민중이 문화적 주체임을 확인하게 될 것이다"라고 언급하였다.

김용복 박사는 21세기 지구화 과정에서 민중신학은 그 지평이 확대되어야 할 것이고, 다차원적이고 역동적이고 창조적으로 전개되어야 할 것이라고 하면서 두 가지 과제를 제안하였다. 첫째는 21세기 민중신학은 '생명학'이라는 종합적인 틀 속에서 전통적인 신학의 틀을 벗어나 '민중의 생명'의 틀을 재발견하는 것이 중요하다고 생각했다. 여기서 생명학이라고 함은 민중 현실을 생명이라는 총체적인 실재로 파악하고 이를 종합적으로 성찰하는 것을 말한다.

둘째, 민중신학은 지구 여러 곳에서 일고 있는 민중 체험과 그에 대한 신학적 성찰들과의 접속과 교류라는 과제를 안게 되었다. 예를 들면 해방신학, 공공신학 등 모든 해방적 신학과 교류하지 않으면 안 된다.

이 글에서는 김용복 박사가 우리에게 남겨준 자산을 살펴보고 이를 어떻게 발전시켜 나아갈지 성찰해 보고자 한다.

## II. 민중의 개념과 정의

함석헌의 민중 사상은 풍부한 종교적 영성에 기초함으로써 우리에게 민중 영성에 대한 시야를 열어주었다. 함석헌의 민중 평화론은 민중 영성의 사회적 표현이다. 우리는 민중신학 안에 기본적으로 민중 영성과 평화주의 입장이 뿌리를 갖고 있음을 보았다.[2] 그럼에도 불구하고 시대적 상황 속에서 민중신학은 종교성보다는 정치성, 민중 평화론보다는 해방 투쟁론으로 기울어져 왔으며 또 그렇게 비춰진 경향이 있었다. 민중신학을 한국의 해방신학으로 부르는 것은 그런 이유에서일 것이다. 그러나 우리는 함석헌의 민중 사상에 비춰 민중신학을 다시 들여다 봄으로써 민중신학 안에 있는 민중 영성과 평화주의 입장을 다시 복원해야 한다. 이를 위해 오늘 민중신학 논의에 종교(영성) 신학적 접근과 평화 신학적 접근이 요청된다고 하겠다.

민중신학의 태동기에 중요한 역할을 한 서남동, 안병무, 김용복의 민중에 이해는 생산관계에 의해 규정되어진 민중 이해와 다르다.

서남동은 민중을 일반 세속적 민중론자가 말하는 피착취성을 민중이라고 하는 생산관계에서만 국한하지 않고 예수의 주변을 따라다녔던 사회가 버린 찌꺼기, 죄인, 불구자, 병자, 부녀자, 고아, 창녀, 떠돌이까지도 포함시켰다. 민중은 하나님과 땅과 계약이며, 파트너이며, 역사에 있어서 공의 회복의 담지자 내지 작인이라는 것이다. 서남동은 "민중은 계급적으로 이해하는 것과 신학적으로 이해하는 것은 다르다. 예수가 시작한 운동은 백성들이 하나의 새로운 하나님의 역사의 주체자가 되는 운동이다"[3]라고 이야기한다.

안병무는 성서에서 민중을 표시하는 두 가지 기념의 용어 중 '라오스'라는 말은 이스라엘 사람을 하나님의 백성으로 사용할 때 쓰는 용어이고, '오클로스'는 그 사회에서 보호받을 권리에서 제외된 대중인데, 민중은 오클로스는 더 가깝다고 하였다.

---

2 정지석, "함석헌의 민중사상과 민중신학," 「신학사상」 134 (2006): 101-134.

3 서남동, "두 이야기의 합류," NCC신학연구위원회 편, 『민중과 한국신학』 (서울: 한국신학 연구소, 1982), 239.

민중신학이 단지 독재 정권에 대항하는 것 이상의 생명운동의 지향을 가졌다. 생명운동을 주장했던 김지하에 의하면, 민중이란 한편으로는 소극적, 부정적으로 보는 방법, 즉 수난, 소외된 정도, 소와 고통, 뿌리뽑힌 정도에 따라 민중은 규정하는 것이 있고, 다른 한편으로는 긍정적, 적극적인 차원에서 생산노동에 직접적 담지자, 문명과 문화의 건설과 역사 자체의 끊임없는 움직임을 개인 또는 집단적인 자기활동을 통해서 그대로 현시하며, 그런 역사 운동을 근원에 있어서 자기 노동 생활을 통한 지혜를 통해 알고 있고 그것을 실천적으로 옮겨갈 수 있는 잠재적인 큰 가능성을 가지고 있으며, 역사의 근원적인 움직임에 따라서 그 움직임에 반대되고 장애되는 요인에 대해서 저항하고 극복하는 총체적인 집단과 그 집단의 총활동을 대체로 민중이라 불러오는 것이다.[4]

민중이란 따로 정해져 있는 것도 아니며, 완전하게 정의할 수 있는 개념도 아니다. 민중은 살아있는 실체로서 끊임없이 펼쳐지는 드라마와 이야기를 갖고 있다. 즉, 민중에게 사회적이며 정체적인 전기가 있는 것이다. 우리는 이러한 민중의 사회적 전기 민중 이야기 그리고 민중의 고통과 희망 속에서만이 민중의 실체를 발견할 수 있는 것이다[5].

민중에 대한 규정은 복잡하다. 시간적으로 이렇게 짚었다 하면 놓치는 것은 변하기 때문이다. 민중은 반생명적인 것들에 대항하여 생명의 본성에 의한 민중의 집중적인 저항에 의해서 극복된다. 그러므로 민중은 생명적인 것이면서도 또한 그것을 고정화하지 않고 끊임없이 변화하는 역사의 실체이다.

---

4 김지하, "생명의 담지자인 민중," 『한국민중론』 (서울: 한국신학연구소, 1984).
5 김용복, "메시아와 민중," NCC신학연구원 편, 『민중과 한국신학』 (서울: 한국신학연구소, 1982), 290.

민중의 개념에서의 쟁점은 우리로 하여금 민중의 사회적 실체를 단순히 관찰하는 것에서 민중의 존재와 주체성을 인식하게 했다.

## III. 민중신학에서의 김용복 박사의 기여

김용복 박사의 사회적 전기는 역사의 핵심을 민중을 주체로 할 뿐만 아니라 민중의 이야기로 본다. 이런 사관의 기원은 성서적 종말론에 두며, 민중이 메시아왕국에서는 완전한 주체로 실현된다.

메시아왕국에서는 코이노니아와 샬롬의 통치가 지배의 실체가 된다. 따라서 민중의 사회적인 전기는 힘이 없는 자, 피지배자의 전기와 역사일 뿐만 아니라 힘과 권력에 의한 지배체계를 변혁시켜 민중이 주체가 되게 하는 운동의 이야기이다.

김용복 박사의 사회적 전기는 메시아왕국이 어떻게 실현되는가를 연구하고 성찰하게 하는 방법론을 제시한다.

기독교신학은 전통적으로 사회악에 대한 심각성을 과소평가하였으며, 죄나 악을 개인적 정신적인 차원으로 또는 형이상학적으로 이해하려 하였다. 그러다가 김용복 박사의 민중신학의 접근을 통해 죄와 악의 정치적 심각성을 최근에야 인식하게 되었다. 김용복 박사의 민중신학에서는 개인의 죄와 경험을 민중의 고난과 분리해서는 안 된다는 것이다.

김용복 박사의 민중신학에서 민중은 역사적 주체가 되기 위해 고난 속에서도 투쟁을 하게 되는데, 구분해야 할 것은 민중의 역사 주체성의 실현이 메시아 정치(메시아왕국)가 미래로부터 현실 역사에 돌연적으로 개입함으로써 이루어지는 것이다. 마르크스주의 사관과 근본적으로 대립되는 점이다.

민중신학은 메시아왕국(하나님 나라)의 실현을 역사 속에 해석하고 드러나고자 하는 신학으로써의 자기 핵심을 가졌다고 보이나, 그 당시 해방투쟁론 등 급진적인 사회운동과의 차별성을 지니지 못한 채 구체적인 사회적인 실천과의 연계성은 약하여 이후 시민사회조직과 민중교회의 약화 속에 그 영향력은 감소되었다. 하지만 90년 이후 협동조합 운동, 마을공동체 운동, 녹색교회 운동이 성장 발전되면서 민중신학을 새롭게 해석하고 실천하는 흐름이 생겨나면서 민중신학은 현장에서 운동성을 가진 신학으로써 다시 힘을 얻어가고 있다.

1990년대에 들어와 본격적으로 전개한 김용복 박사의 경제사상은 경제를 신앙의 과제로 보아야 한다는 데서 출발한다. JPIC 공의회 과정을 제안한 1983년 밴쿠버총회 강령선언과 관련하여 그는 경제문제에 대한 기독교의 접근에 일대 변화가 일어났다고 본다. 그 당시 "경제적인 불의에 의한 생명의 위협, 전쟁에 의한 생명의 위협, 생태계의 파괴에 의한 생명의 위협은 상호연관된 것으로서 인류 역사 이래 세계는 최대의 위기에 처해 있다는 인식이 일어나게 되었으며, 이와 같은 인식은 기독교 신앙고백이라는 가장 강력한 대응을 요청하였던 것이다." 그렇게 말하고 나서 그는 곧바로 "정의, 평화, 창조보전이 고백적 신앙의 문제(*status confessionis*)라는 것은 하나님에 대한 충성이냐 배반이냐 하는 문제가 정의와 평화와 창조질서를 위한 운동에 달려 있다는 뜻이다"라고 그 의의를 평가했다. 그는 JPIC 서울대회의 최종 문서에 "우리는 하나님이 가난한 자들의 편에 서 계신다고 믿는다"는 고백이 담긴 것을 중요하게 여겼다.

1992년 세계교회협의회(WCC)가 발간한『기독교 신앙과 오늘의 세계경제』[6]는 김용복 박사의 경제사상의 전개와 밀접한 인연이 있다. 그 문서는 1970년대 중반 이래 CCPD(발전을 위한 교회참여 위원회)를 중심으로 경제문제를 분석하고 논의한 성과를 정리한 것인데, 1988년 WCC 중앙위원회는 그 문서의 작성을 CCPD에 위임했다.

1979년 4월 멕시코에서 개최된 AGEM(경제문제에 관한 자문 그룹)의 첫 회의에서는 JPSS 논의를 위한 여섯 가지 지침들이 제시되었다. 그 지침들은 다음과 같다.

1. 인간의 기본욕구의 충족: 경제체제가 인류의 기본적인 심리적, 생리적 욕구들을 충족시킨다고 약속하고 있는가?
2. 정의와 참여: 이 욕구들은 균등하게 충족되고 있는가? 사람들이 한 사회의 자원에 평등하게 접근할 수 있는가?
3. 지속가능성: 경제체제가 수세대에 걸쳐서 생태학적으로 지속 가능한가?
4. 자립: 경제체제가 사람들로 하여금 다른 사람들의 결정에 완전히 굴복하지 않고 자존심과 자유를 지키고 능력을 계발하도록 만들고 있는가?
5. 보편성: 경제체제와 경제정책들이 국민국가나 권역의 정치적 경계를 넘어서서 지구의 인간 가족 전체를 위해 위에서 말한 요인들에 초점을 맞추고 있는가?
6. 평화: 경제체제가 정의에 바탕을 둔 평화의 전망을 촉진하고 있는가?

---

6 AGEM, *Christian faith and the world economy today: a study document from the World Council of Churches*, 1992.

## IV. 민중신학의 신앙고백과 실천적인 지향

서슬 퍼런 독재 권력이 지배하던 암담한 현실 속에 민중신학이 태동되었고, 정치적으로는 희망을 찾기 힘든 그 현실 속에서 메시아 통치, 즉 역사의 주인은 민중이라는 고백과 선언이 나온 것이다. 옥에 갇힌 이들을 찾아가고, 시신이 되어 돌아온 자식을 보고서 통곡하는 부모들 곁에서 함께 울면서 움튼 것이 바로 민중신학이다. 정치적으로는 민중의 주체성이 현실의 전 영역에서 민중의 정치적 배제가 강요되었던 시대에 선언되었다는 점이 중요하다. 독재 정권에 결연히 맞설 수밖에 없었지만, 민중신학은 민중의 영성과 평화주의에 뿌리를 두고 있어 이를 고려하지 않으면 민중신학의 그 지향을 분명히 알 수 없다.

90년 이후 민중신학의 지향을 이야기할 때 김용복의 종의 도(Doularchie)라는 개념은 매우 중요하다. 종의 도는 폭력과 그 행사에 대한 굴종을 의미하지 않는다. 그것이 겨냥하는 것은 권력 현상 그 자체의 극복이다. 기득권을 정당화하는 논리의 핵심인 소유권도 사실은 정당화된 폭력의 또 다른 표현이다. 왜냐하면 소유권은 소유 대상에 대한 절대적인 지배권을 주장하는 형식을 취함으로써 소유권 행사가 사람들 사이의 관계에 미치는 영향을 도외시하기 때문이다. 따라서 민중의 참여는 기득권을 정당화하는 논리의 타당성 요구를 거부하고, 그 논리의 실천적 기반인 폭력을 지양할 때 비로소 가능하다. 그것은 과연 어떻게 가능한가? 남을 섬기고 남과 더불어 나누고 사귀고자 하는 데 지배와 권력이 개입될 여지는 없다. 지배와 권력이 지양되는 곳에서는 사귐의 공동체가 이루어진다. 사귐은 모든 것이 서로 연관되어 있고 의존하고 있다는 인식에 마딩을 두고 종의 두를 실천함으로써 이루어진다. 그것이 참여

공동체의 내용과 형식이다. 참여 공동체는 섬김의 공동체요, 나눔의 공동체요, 사귐의 공동체다.

헬라어로 코이노니아(*Koinonia*)는 '공유하다', '남과 함께 나누다', '공통', '다 같이'라는 뜻을 지닌다. 성경에서 이 말은 크게 두 가지 의미로 쓰이는데 ① 삼위일체 하나님과 인간과의 교제(요일 1:3), ② 인간 서로 간의 친교(요일 1:7) 등이다.

디아코니아(*Diaconia*)는 교회의 봉사를 가르키는 말이며, 독일교회 디아코니아는 교회가 사회적 봉사에 나서는 사례로 자주 언급된다. 김용복 박사는 기독교인의 사회적인 실천에 코이노니아와 디아코니아의 실천을 자주 언급하곤 하였다. 헨리 폰 보제 박사7는 독일에서 디아코니아 사역에 직접 참여한 전문가로 김용복 박사가 오랫동안 친분을 유지해온 분이다.

90년대 이후 김용복 박사는 생명 경제에 주목한다. 이 당시 WCC가 기독교 신앙과 오늘의 세계 경제에 주목한 이유와 일맥상통하는 것이다. 경제의 기반을 바꾸지 않고서는 상생과 사귐의 공동체를 이루기 힘들고 평화도 기대하기 힘들다.


## V. 의료복지사회적협동조합 등 생명 경제의 태동과 발전

생명의 총체적 위기를 어떻게 극복할 수 있을 것인가? 이제라도 다시 본질인 '생명'으로 돌아가야 한다. 성도는 통전적 영성을 통해 생명

---

7 Henry von Bose, 독일개신교선교연대(Evangelical Mission in Solidarity) 이사.

을 회복하며 하나님 나라를 건설해가야 한다. 이것이 신앙이 가치이다. 인간의 교만으로 무너진 하나님의 창조질서를 회복하는 일에 관심을 가져야 하며, 인간의 욕심을 비워 하나님과 깊은 사랑의 연합을 이루어야 한다. 삶 속에서 예수의 사랑을 실천하여 빛과 소금의 사명을 감당해야 한다.

세계는 우리에게 현 질서만이 세계 경제를 유지할 수 있는 효과적인 체계라고 말한다. 그러나 그보다 나은 길이 있고, 이는 가능할 뿐만 아니라 이미 여기에 있다. 협동조직은 이미 많은 사람을 경쟁 위주의 경제에서 해방시키기 시작했고, 사랑과 정의를 가르친 예수의 교훈에 걸맞은 사회를 만들 수 있는 씨앗을 담고 있다[8].

오늘날 경제적인 문제에서 오는 증상들은 세계적인 선교 사역에 영감과 정당성을 부여하는데, 협동은 그 문제의 뿌리를 건드린다.[9] 가난한 사람들에게 무분별한 원조는 종종 지역경제를 붕괴하고 경제적인 무질서를 낳는다. 반면 협동조합은 이런 지역경제의 재건에 꼭 필요한 독립성을 부여하고 그들에게 세계경제와의 공정한 연계성을 제공하기도 한다.

김용복 박사의 민중신학과 실천에의 요청은 젊은 청년 크리스챤 운동으로 응답되어 나타났다. 기독청년의료인회는 상업화된 의료체계가 민중의 건강권을 침탈하는 현실들을 목도하며 의료협동조합을 통해서 민중의 참여로 대안적인 공동체를 건설하도록 하는 일에 가장 먼저 나섰다.[10] 의료협동조합이 본격적으로 태동하기 시작한 1994년 이전

---

8 앤드류 매클라우드/홍병룡 옮김, 『협동조합 성경의 눈으로 보다』 (아바서원, 2013), 13.
9 같은 책 148.
10 위종한, "협동조합을 통한 공동체 회복 활동성과 전망," 『민중과 생명』, 359-380.

의료협동조합의 원조라면 청십자의료협동조합을 꼽을 수 있다. 1968년 결성된 청십자의료조합은 이후 우리나라 최초의 민간 의료보험조합을 탄생시켰으며, 청십자병원을 설립하였다. 우리나라에서 가난한 이들의 의료 접근성을 높이고, 의료의 공공성을 높이기 위한 시도로 장기려, 함석헌, 채규철, 전영창 등이 주도하였다.[11]

함석헌옹은 청십자조합은 1호 조합원이었다. 민중신학의 원조격인 함석옹이 청신자의료조합의 첫 번째 조합원이라니, 민중신학과 의료협동조합이 자연스레 역사적으로 함께 하게 된 것이다. 『장기려, 우리 곁을 살다간 성자』라는 책에서는 장기려를 한 번도 보지 못한 젊은 의사들이 돈벌이가 아닌 인간의 몸을 중심에 두는 의술을 펴기 위해 장기려를 본받아 제2, 제3의 청십자조합인 '의료생협'[12]을 만들고 나가고 있다고 기술하고 있다.

1994년 농촌지역의료협동조합을 대표하는 우리나라 최초의 의료협동조합인 안성의료생협, 1996년도 도시지역 의료협동조합의 대표적인 의료생활협동조합(이후 의료생협)인 인천평화의료생협은 국내 의료생협을 태동시킨 주역들이다. 의료생협은 민간 의료 분야에 공익 성격의 지역 보건 사업을 접목시켜 지역 보건 사업에 획기적인 전기를 구축하게 하였다. 치료 중심의 진료사업뿐인 지역보건의료계에 공중보건과 예방사업, 주민참여의 중요성을 부각시켰고, 치료의학과 예방보건사업을 연계 발전시키는 귀중한 활동을 전개해왔다. 협동조합기본법이 제정된 후 의료생협은 공공성이 강화된 의료복지사회적협동조합(의료사협)

---

11 김은식, 『장기려, 우리 곁에 살다 간 성자』 (봄나무, 2006).
12 지역주민들과 의료인이 함께 만들어가는 협동 공동체인 의료협동조합은 원래 의료생협에서 2012년 이후 의료사협으로 모두 전환되었다.

으로 모두 전환되었다. 의료사협은 현재 28개로 전체 조합원이 6만 세대이고, 조합원출자액이 300억 원, 운영 중인 의료기관과 복지시설은 현재 90여 개에 이른다. 의료사협은 급속한 고령화와 건강 불평등의 심화 속에 조합원 수가 가장 빠르게 성장하는 사회적협동조합이다.

이러한 의료사협의 활동의 이면에는 기독청년의료인회 회원들의 남다른 수고와 헌신이 배어 있다. 직접 의료진으로 참여한 회원들도 있고, 이사로서 또 전문가로서 자문과 자원 활동을 해오신 회원들도 있고, 출자로 기부로 활동을 성원한 회원들도 있다. 지역 공동체를 섬기고 치유의 사역에 동참을 하는 것이 가장 기독교적이고 또 신앙의 본질에 다가서는 일이기에 기독청년의료인들의 참여가 이어져 오고 있다. 김용복 박사는 과학 기술이 지배 이데올로기로 작용해 온 것에 지속적으로 비판해왔으며, 과학 기술인들이 지배 이데올로기에 지배당하지 않고, 민중을 섬기는 일, 하나님 나라의 축제의 향연에 참여하도록 요청하였다.[13] 기독청년의료인회는 의료인 신앙 공동체로 과학 기술인으로 이러한 요청에 응답해 의료협동조합 운동을 만들고 적극적으로 지원하였다.

김용복 박사는 생명 경제를 실지로 만들어가는 일에 열심이었다. 김용복 박사는 사회적가치경영연구원의 원장을 맡아 사회적 경제에 있어 가치에 기반한 경영 능력을 갖추는 일의 중요성을 강조하였다. 실지로 유럽에서 시민사회와 사회적 경제에 비영리 경영 교육을 지속적으로 이끌어온 비영리경영연구소[14]와 소통하며, 비영리 경영의 중요성을 강조하였다.

---

13 김용복, 『기독청년의료인회 30주년 축사』, 기독청년의료인회 30주년 기념 자료집.
14 Urs Bumbacher & Markus Gmür & Hans Lichtsteiner, *NPO Management – A European Approach, The Fribourg Management Model for Nonprofit Organizations.*

사회적 경제는 양극화 해소, 일자리 창출 등 공동이익과 사회적 가치의 실현을 위해 사회적 경제조직이 상호협력과 사회연대를 바탕으로 사업체를 통해 수행하는 모든 경제적 활동으로 정의된다. 자본주의 시장경제에서 드러나는 문제를 해결하고, 일자리, 주거, 육아, 교육, 복지, 의료 등 인간 생애와 관련된 영역에서 경쟁과 이윤을 넘어 상생과 나눔의 삶의 방식을 실현하려고 한다. 사회적 경제조직에는 사회적 기업, 협동조합, 마을기업, 자활기업, 농어촌공동체회사 등이 있다.

사회적 경제는 지역 재생, 공동체 복원으로 주민 삶의 질 향상에 기여하고, 경제위기에 탄력적이며 안정적인 일자리 창출 및 유지가 가능해 지역경제 운용에 유리하며, 사람 중심의 사회적 경제 조직은 의료, 복지 서비스 제공에 탁월한 기능을 보유하고 있다. 선진국에서는 사회적 경제(유럽) 혹은 비영리섹터(미국) 등의 접근을 통해 이러한 사회문제의 해결에 노력을 기울인 지 오래되었고, 최근에는 공공-사회적 경제-사 부문 간의 협력(public-social-private partnership)을 통하여 문제 해결을 시도하여 성공하는 사례가 늘고 있다.

그러므로 정부의 사회적 경제의 육성 방향은 사회적 경제 조직의 자율성을 기반으로 하는 정부 지원을 확대하는 방향으로 가야 한다. 시민사회가 스스로 지역사회 욕구를 찾아내고 문제 해결을 할 수 있는 역량을 갖추는 것이 우선이다.

사회적 경제를 위한 생태계를 조성하는 것이 무엇보다 중요하다. 사회적 경제 조직은 개별 조직의 지원보다 지역 내 사회적 경제조직의 밀도를 높였을 때 지속가능성이 커진다. 따라서 지역에 대한 종합적인 접근과 업종별 협의회 강화를 통한 내부 지원체계 조직화가 중요하다.

협동조합을 통해 경제적 민주화, 사회적약자를 위한 돌봄 사역 등의 여러 나라의 선례를 살펴볼 수 있다. 대표적으로 2008년 국제 금융위기와 유럽 재정위기 속에서도 유럽연합(EU)의 25만 개 협동조합은 540만 개의 일자리를 만듦으로 충분히 스스로의 생명력을 입증했다.

"모든 그리스도인들은 신앙의 성숙을 통해 그리스도의 완덕(完德)에 도달하도록 부름을 받고 있습니다. 우리가 현세에서 체험할 수 있는 모든 아름다움도 결국은 그리스도의 완전하심을 향해 가고 있는 것입니다. 일찍이 인류가 경험해보지 못했던 사회적 경제는 빛과 소금의 역할을 하며 세상을 주님의 아름다움으로 채워나가고 있습니다. 사회적 협동조합이 경제시스템 안에서 모범적으로 뿌리내리고 있는 모습들을 살펴보면 협동조합 안에 자리한 그리스도의 정신을 어렵지 않게 발견할 수 있을 것입니다. 유럽에서도 협동조합 활동이 매우 역동적인 모습으로 손꼽히는 이탈리아는 '협동조합의 나라'라고 불릴 정도로 협동조합이 아름답게 뿌리내리고 있습니다."

2013년 1월 1일, 가톨릭신문에 기고한 이용훈 주교(수원교구장)의 글 일부이다. 이용훈 주교는 자본주의 위기 속에 시민들의 협동과 연대로 만들어진 사회적 경제는 하나님 나라로 나아가는 디딤돌의 하나로 인식했다.

이탈리아의 에밀리아-로마냐 지방은 제조업을 비롯해 서비스업 등 거의 모든 업종에 걸쳐 협동조합과 중소기업의 네트워크로 성공한 지역이라고 할 수 있다. 세계적으로도 공정과 나눔을 강조하는 민주주의 정신이 기업의 철학과 기능에 스며들어 있으며, 협동조합의 원리가 시장경제를 지배하는 사회라는 평가를 받고 있다. 이 때문에 세계적인 경제위기 속에서 이탈리아도 10% 안팎의 높은 실업률을 보이고 있지만, 협동조합 천국이라고 불리는 이 지역은 해고가 없는 협동조합 중심의 지역경제 특징을 잘 살려냄으로써 약 3~4%대의 실업률을 유지하면서 유럽에서 제일 잘사는 5대 도시 중 하나로 꼽히며 행복지수가 높은 도시가 되었다. 이는 하느님의 정신을 인식하고 전개하는 협동조합이 공동선이라는 사회적 목표를 향해 가고 있는 모범적인 사례라고 하겠다.

재벌 중심의 성장제일주의가 이끈 승자독식 체제로 인해 현재 우리 사회는 심각한 양극화의 병폐 속에 있다. 이에 경제민주화에 대한 요구와 함께 '협동조합'이 새로운 대안으로 떠오르고 있다. 우리 사회에서 민간의 사회적 경제 활동은 역사성을 가지며 다양하고 자발적인 형태로 나타났다. 비공식 부문에서 형성되기 시작한 사회적 경제 영역이 공식 부문으로 흡수·제도화되는 과정 속에서 양적 성장과 함께 정부의 관리 대상이 되었다. 1950~1990년대 1차 시기에 농협, 신협, 소비자생협 등이 제도화되었고, 2000년대~현재에 이르는 2차 시기에 국민기초생활보장법, 사회적기업육성법, 협동조합기본법 등으로 사회적기업, 자활기업, 협동조합과 사회적협동조합이 제도화되었다. 이러한 상황 속에서도 사람과 노동의 가치, 협력과 연대의 가치를 추구하고자 민간 주체들은 끊임없이 지역·주민·노동·시민운동 등 다양한 영역에서 사회적 경제를 확대하고 실현해 온 과정이었다.

2차 시기의 특징은 외환위기 이후 국가와 시장의 실패에 대한 보완적 관점 속에서 사회적 경제가 새로운 사회문제 해결을 위한 수단으로 부각되고 있다는 점이다. 우리 사회가 직면하고 있는 고용 없는 성장과 취약한 사회보장제도로 인해 사회적 경제에 대해 일자리 창출과 사회서비스 확대라는 정부의 정책 목표와 성과만을 강조하는 결과를 낳고 있다. 이에 사회적 경제를 단순히 고용 창출 사업으로 축소하거나 사회복지 전달 시스템으로 규정함으로써 다양하고 자율적인 사회적 경제를 정책적, 제도적으로 규제하고 사회적 경제의 발전을 왜곡시키고 있다는 문제의식이 대두하고 있다. 국가와 시장이라는 조직 원리로 한 번씩 온 사회가 뿌리까지 재구조화되는 극심한 사회 변동 속에서 아직 대한민국에서 한 번도 전면적으로 제기되지 않은 가치가 있다. 바로 '인간 발전'이라는 가치이다. 최근 십몇 년간에는 '경제성장'과 '경쟁력 강화'라는 시장 중심의 사회발전 전략이 생명 경시, 공동체 약화를 가져와 우리 사회의 균형된 발전 전략을 보여주지 못했다는 평가를 받고 있다. '사회'와 '경제'에 대한 폴라니의 새로운 이해에 근거하여 '인간 발전의 영역'으로서의 사회적 경제의 개념을 이야기할 수 있을 것이다.

협동조합은 공동의 경제·사회·문화적 필요와 욕구를 충족하기 위해 자발적으로 모인 사람들이 만드는 공동 소유와 민주적 운영 기반의 기업 모델이다. 우리나라에서도 협동조합기본법이 2012년 12월부터 시행되면서 협동조합 붐이 일고 있다. 금융업을 제외한 모든 업종에서 5인 이상이면 협동조합 설립이 가능할 정도로 제도적 제약이 없어졌기 때문이다. 협동조합 기본법 시행 10년 후 전국에서 2만4천여 개의 협동조합, 4,100여 개의 사회적 협동조합이 등록됐다[15].

협동조합은 지역 기반의 맞춤형 복지, 교육, 안전을 책임지는 사회서비스 제공 기관이 될 수 있다. 이탈리아에서는 사회적 가치를 추구하는 사회적 협동조합이 노인, 아동, 노숙인 같은 취약 계층에 돌봄, 교육, 여가, 주택 등 사회서비스를 제공하고 있다. 그리고 협동조합은 지역 기반의 공동체 문화를 만든다. 유럽에서도 협동조합은 경제적으로 취약한 도시

---

15 정부 협동조합 통계 http://www.coop.go.kr.

의 시민들이 지역 내의 상호 연대를 통해 성장시켰다. 협동조합은 여러 사회의 계층 및 세대를 포괄하는 사회통합 수단으로도 활용이 가능하다.

민간 공급, 기부, 자선에 의존하는 시장 모델의 경우 민간에서의 서비스 모델을 질관리체계(Quality Assurance System)로 관리하기에는 한계를 보여 유복한 상류계층이 이용하는 일부 시설을 제외하곤 서비스의 질, 접근성, 비용에 있어 많은 문제점을 보인다. 국내에선 민간 공급 시설에 기부, 자선 활동을 기대하기 어려운 열악한 상태이다.

이에 비하여 덴마크, 스웨덴 등 공적 사업계획으로 민관이 협력하여 보육, 돌봄, 의료 복지 체계를 만들어온 북유럽국가에서는 높은 수준의 사회서비스를 유지하고 있다. 이들 나라에서의 잘 갖추어진 사회서비스는 여성들의 사회적인 진출, 고령자의 고용 의료복지에도 긍정적인 영향을 미쳐 높은 수준의 사회 생산성을 갖춘 선진국 도약의 기반이 되었다. 국내에서는 이에 대하여 사회서비스의 제공 수준이 낮아 사회발전에 걸림돌로 작용하고 있다. 보육, 돌봄, 의료 복지 분야에서 공공 기반이 취약한 국내 여건에선 사회적 경제와 지자체, 중앙정부가 협력하여 사회적 경제 모델을 발전시키는 것이 최선의 대안이다. 사회적 경제 모델은 '공익적 서비스 제공', '질 좋은 일자리 창출', '시장에 대한 합리적 규제/대안', 세 마리 토끼를 모두 잡을 수 있는 대안이다.

협동조합에선 사람이 자본을 통제한다. 협동조합은 또한 노동권을 존중한다. 노동자협동조합에서는 노동자들이 스스로 경영에서 완전한 자유를 만끽한다. 자유를 사랑하는 사람이라면 협동조합을 선택할 수밖에 없다. 영리적인 소자본에 고용된 돌봄 노동자들은 열악한 노동 환경으로 인해 어려움을 겪고 있지만, 협동조합은 노동자 스스로 출자하고 중요한 의사결정을 1인 1표의 방식으로 한다. 자본의 통제와 착취에서 벗어난 자유를 느끼게 된다. 그래서 존 스튜어트 밀과 같은 대가도 협동조합이 미래의 지배적인 경영 형태가 될 것이라고 예언했다.

> "(협동조합 등) 결사체 형태(the forms of associations)는 인류가 계속 발전한다면 결국 세상을 지배할 것임에 틀림없다 … 노동자 자신의 결사체가 평등과 자본의 집단적 소유를 기초로, 스스로 선출하고 또한 바꿀 수 있는 경영자와 함께 자신의 일을 수행하는 형태이다."

사회적 경제가 이제 성장하는 초기에 머물러 있는 한국에선 상상하기 어려운 일이지만, 사회적 경제가 발달한 국가나 지역에서는 사회적 경제에서 새로운 혁신적 변화를 이루어내고 있다. 사회적 경제와 협동조합이 사회서비스 분야의 대안으로 부각되고 있지만, 사회서비스 분야의 사회적 경제가 성공적으로 뿌리내리기 위해선 해결해야 할 과제가 많다. 우선 사회서비스 협동조합 외부의 법 제도 개선 과제로 정부 정책에서 사회적 경제가 주류화(main streaming)되어야 한다. 정부 모든 관련 부처의 정책에 사회적 경제 분야를 결합시켜 나가도록 해야 한다. 둘째, 각종 복지제도와 사회적 경제의 결합이 이루어져 복지의 최종 전달은 지역 공동체에서 이루어지도록 해야 한다. 마지막으로 사회서비스협동조합 내부의 과제로 사회적 경제 주체 하나하나가 '생물' 같이 살아있어야 하고, 다양한 사회적 경제 주체가 만들어져 상호작용을 할 수 있어야 하고, 상호협력을 통해 더 높은 사회서비스를 제공하는 등 창발적인 성과를 만들어 낼 수 있어야 한다.

역사에서 협동조합 운동은 기독교 정신을 바탕으로 전개됐으며, 공통체 자본주의는 자본주의 체제에 대한 성경적, 시대적 대안으로 경제정의를 지향하고 있다. 협동운동은 왜곡된 자본주의로 인해 피폐화된 현대인들에게 민주적인 협동을 통해 공동체를 제공해 줄 수 있도록 한다. 이러한 협동조합에 대한 성경적인 의미 부여로 '창조질서의 회복과 생명가치의 보존', '초대교회 공동체의 나눔과 섬김의 실천', '온전한 인간회복을 이뤄가는 희년 사상' 등을 들 수 있다.

자본 중심이 아닌 사람 중심으로 운영되는 협동조합 정신은 경쟁적인 인간관계를 극복하고 상호존중, 공존을 도모하는 데 유용한 도구가 될 수 있을 것이며, 공동체성이 붕괴되고 있는 이때, 협동조합 운동은 새로운 공동체적 마을을 만들어 나가는 일이다. 이러한 사회를 향한 교회의 역할이 중요하다. 협동조합 운동의 가야 할 목표와 사회적 가치를 분명히 하도록 하며, 이러한 운동이 우리 사회에 깊이 뿌리를 내리도록 돌보아야 할 책임이 교회에 있다.

협동조합은 사회적약자와의 연대와 돌봄이라는 기독교의 본질적인 가치를 담고 있기 때문이다. 협동조합에서 사회에 형상화된 예수 그리스도의 정신을 살펴볼 수 있다. 2022년 6월 18일에 창립된 희년상생사회적경제네트워크[16]는 한국사회에 희년상생 정신의 구현을 목표로 하고 있다. 사회적 경제 기반의 새 사회운동으로 풀뿌리 민주주의를 지향하고 있다.

---

16 김용복 박사는 희년상생사회적 경제네트워크 고문으로 희년상생사회적경제네트워크는 전 지구 상생 공동체의 생명망 회복과 안전을 위한 기민하고 담대하며 정의로운 실천에 앞장서고자 창립되었으며, 희년과 상생의 실현을 목표로 하는 협동조합 등 여러 사회적 경제조직들이 참여하였다.

## VI. 맺음말

　　민중신학은 많은 단점에도 불구하고 한국에서뿐만 아니라 제3세계 신학을 주도해 나갈 것으로 본다. 90년대 이후 많은 이들이 민중신학의 위기를 말하지만, 이는 상당 부분이 민중신학에 대한 잘못된 이해에 비롯되는 내용들이 많다. 민중신학이 역사적인 문헌이나 과거의 해석에 머물렀으며, 운동성이 약화된 것이 가장 문제라고 볼 수 있다. 생태신학, 마을 신학, 공공신학 등 다양한 신학이 언급되고 있지만, 민중신학의 핵심 개념과 주장에서 크게 넘어나 있는 것은 아니다. 민중신학이 교회나 신앙 공동체의 사회적인 실천의 이론적인 기초 역할을 다해야 할 것으로 본다. 90년대 이후 급진적인 사회운동과의 차별성을 지니지 못한 채 민중 영성과 평화주의 사상이 근간인 민중신학이 교회 대중뿐만 아니라 일반 대중에게도 멀어진 점은 뼈아픈 대목이다. 민중신학은 이데올로기와 차별성을 지녀야 하며, 스스로도 이데올로기로 빠지지 않도록 해야 할 것이다.

　　민중신학이 더 발전되려면, 단지 신학적인 해석에 그치는 것이 아니라 민중신학이 이야기하는 민중의 주체를 명확히 하고, 민중이 현실 세계에서 생명의 담지자로 메시아 정치, 즉 하나님 나라를 추구하는 역동성이 살아날 때 민중신학은 그 빛을 발한다고 하겠다. 민중이 역사의 주체가 되는 간절한 소망이 있는 한 민중신학은 살아 발전될 것이다.

## 참고문헌

강원돈. "민중의 메시아적 실천과 살림의 경제 — 고 김용복 선생이 꿈꾼 세상." 「에큐메니안」, http://www.ecumenian.com/news/articleView.html?idxno=22508 (2022.4.7.)

_____. "기독교 민중해방운동과 영성." 「신학과 교회」 15 (2021): 325-366.

권진관. "김용복의 민중신학." 「기독교사상」 762 (2022): 43-52.

김상섭. "민중신학의 평가." 호남신학교 신학대학원 석사논문, 1998.

김용복. "메시아와 민중." NCC신학연구원 편. 『민중과 한국신학』. 서울: 한국신학연구소, 1982.

김용복. 『기독청년의료인회 30주년 축사.』 기독청년의료인회 30주년 기념 자료집.

김용복. "21세기와 민중신학." 「신학사상」 109 (2000): 55-69.

김은식. 『장기려 우리곁에 살다간 성자』. 봄나무, 2006.

김지하. 『생명의 담지자인 민중』. 서울: 한국신학연구소, 1984.

서남동. "두 이야기의 합류." NCC신학연구위원회 편. 『민중과 한국신학』. 서울: 한국신학연구소, 1982.

앤드류 매클라우드/홍병룡 옮김. 『협동조합 성경의 눈으로 보다』. 아바서원, 2013.

임종한. "협동조합을 통한 공동체 회복 활동성과 전망." 「민중과 생명」 (2018): 359-380.

정지석. "함석헌의 민중사상과 민중신학." 「신학사상」 134 (2006): 101-134.

채수일. 『기독교 신앙과 경제문제』. 한국신학연구소, 1993.

Urs Bumbacher & Markus Gmür & Hans Lichtsteiner. *NPO Management – A European Approach. The Fribourg Management Model for Nonprofit Organizations.*

# 김용복 박사와 나의 농촌 목회 이야기*

홍주형

장신교회 목사


고 김용복 박사 1주기가 다가온다. 우리 사회가 혼란하기에 시대의 큰 스승이셨던 박사의 빈 자리는 크게 느껴진다. 삶이 지키고 힘들 때 큰 산이 되셨던 분이기에 더욱 그립다. 나는 학부에서 김용복 박사를 처음 만나 박사께서 만들어주신 신학대학원에서 공부하였고, 그분의 신학과 철학을 조금이나마 함께한 제자이다. 그러기에 그분의 신학을 현장에 접목하는 일은 제자들의 몫이다.

이 글은 김용복 박사의 신학을 목회 현장에서 실천하기 위한 작은 몸짓이다. 박사께서는 신학의 현장은 학교가 아니라 생명의 현장(교회)이라 말씀하셨다. 자본의 논리가 세상을 지배하는 사회에 살고 있다. 교회 안에도 자본의 논리가 그대로 적용되고 있는 현실이다. 예수의 삶을 따르는 고백 공동체인 교회도 민중에 관한 관심을 잃어가고 있다. 이러한 시기에 예수님의 삶을 실천하는 것은 교회의 역할이다. 예수님의

---

* 이 글은 「농촌과 목회」 87호(2020년 가을호)에 실린 글을 수정 및 보완하였다.

212 | 2부 _ 실천적 활동가 김용복의 삶과 증언

방식으로 민중들과 예수의 삶을 나누는 것이야말로 예수 사건의 부활일 것이다. 이제 한국의 갈릴리인 전북지역 변방의 한 교회 이야기를 시작하고자 한다.

## I. 김용복 박사와의 만남

나는 1989년 한일장신대학교 신학과에 입학하였다. 신학교에 다니면서 '현대신학연구회' 동아리 활동하면서 한국 사회에 대한 인식과 농촌의 현실을 조금씩 알아갔다. 김용복 박사께서 부임하셨을 때 신학교 4학년 학생이었고 총학생회장이었다. 지방에 있는 작은 신학교에 세계적인 신학자인 김용복 박사가 오신다는 소식은 당시 학생들에게는 믿어지지 않는 소식이었다. 책으로만 접할 수 있던 분을 우리 곁에 모시게 된 것이다. 그때의 감격과 기쁨을 말로 할 수 없었다.

신학교에 부임하셔서 학생들을 사랑하시고 아껴주셨던 선생의 모습을 잊을 수가 없다. 선생께서 학교에 부임하자 많은 세계적인 학자들이 학교를 찾아오셨다. 그때마다 박사님은 총학생회로 전화를 걸어 학장실로 부르셨고, 오신 분들에게 나를 소개해 주시고 인사시켰다. 당시 영어로 인사 정도밖에 하지 못하던 나에게는 부담되는 자리였고 말씀하시는 내용도 알아듣지 못할 정도여서 힘든 자리였지만, 통역해 주시면서 함께 하게 해 주셨다. 당시만 해도 총학생회장은 학교 지도부와 갈등 관계를 가지고 있는 것이 일반적이었다. 학생들을 학교의 주체로 인정해 주지 않는 문화였기에 그의 모습은 파격적으로 느껴졌다. 그 내면에는 학교의 주인은 학생이라는 박사님의 철학이 분명하셨다.

김용복 박사께서는 학생들만 만나시면 본인이 가지고 있던 지혜의 보따리를 푸시고 삶은 나누시기를 주저하지 않으셨다. 김제 죽산에서 태어나서 일제강점기의 힘든 시간을 보낸 이야기, 중고등학교 다니면서 자신의 뜻을 굽히지 않고 선생들과 논쟁을 벌였던 이야기, 연세대 철학과에 입학했는데 입학금을 구하지 못할 때 졸업식 때 교장선생이 자기 모자를 벗어 하객들에게 돌아다니면서 돈을 모아주신 이야기, 연세대에 다니면서 4.19혁명을 경험하셨던 이야기들을 들려주셨다. 이러한 만남은 학자와 제자의 만남이 아닌 삶을 나누는 만남으로 이어졌고, 자주 만나지 못하지만 마음속에 존재하는 만남이 되었다.

김용복 박사와의 만남은 사회의 구조적 문제에 대한 눈을 뜨게 되었고 민중, 평화, 생명에 관한 관심은 자연스럽게 시작되었다. 신학교를 졸업한 후 전북 기독교 사회운동연합이라는 시민사회단체 상근자로 근무하며 전북 지역의 기독교 운동을 시작하게 되었다. 시민사회단체 상근자로 활동하던 당시 김용복 박사께서 한일장신대학교에 신학대학원 과정을 만드셨는데 한국 사회에서는 처음으로 전액 장학생으로 학생들을 모집하였다. 그러나 김용복 박사는 돈과 권력과 명예를 어떠한 세력과도 타협하지 않으시고 종교 권력의 힘으로 학교를 떠나시게 되었고, 나는 김용복 박사께서 만들어 주신 장학생 혜택을 누린 마지막 기수가 되었다.

박사의 영향으로 농촌 목회를 해야겠다는 막연한 생각을 가져서인지 전도사에서 부목사 시절까지 농촌에서 생활하게 되었다. 농촌에 현실을 인식하고 생활하기보다는 농촌 생활이 좋았다. 농부들의 삶이 위대해 보였고 자연 속에서 살아가는 것도 행복했다.

목사 안수를 받고 진임 목회지를 농촌으로 가려고 하니 정작 나는 농사에 문외한이었다. 농촌에서 부교역자 생활은 하였지만, 농촌의 현실과 농법에 대해 아는 게 없었다. 그래서 고민 끝에 '귀농 학교'에 입학했다. 귀농 학교(생명 농업 학교)에서의 6개월간의 시간을 통해 귀한 분들을 만났다. 이 시기 임락경 목사, 손은하 목사, 공상길 님 등을 만났다. 생명 농업을 하시는 분들을 찾아뵙고 배우기도 하였다. 말로만 듣던 생명 농업에 대해 조금 눈을 뜨게 되었고, 농촌의 현실도 인식하게 되었다. 귀농 학교 과정을 마치고 농촌 교회를 수소문 하던 중 지금 장신교회로부터 청빙을 받게 되었다.

## II. 장신교회 소개

장신교회는 전북 부안군 하서면에 장신리에 있는 농촌 교회이다. 면 소재지에서 4km 떨어져 있는 전형적인 농촌 지역이다. 1939년 설립되어 올해 84주년을 맞이한다. 하서면에 최초로 세워진 교회이고, 지역에 3개 교회가 분립하여 세워졌다. 지금까지 나를 포함한 17명의 목회자가 교회를 거쳐 갔다. 나는 목사로 장신교회에 부임한 첫 번째 목회자이다. 이전에는 전도사로 부임하여 목사 안수를 받고 이웃 교회로 떠나곤 했다.

장신교회는 새만금 방조제 안쪽에 있는 교회이다. 새만금 방조제가 들어서기 전에 교우들과 마을 주민들은 어패류 채취를 통해 생계를 이어갔다. 새만금은 선조들로부터 이어져 온 생명의 정원이었다. 새만금 갯벌에서 나오는 생명 자원은 아이들을 키우고 삶은 넉넉하게 살아가게 하는 젖줄이었다. 그러나 방조제가 건설되고 삶의 터전을 잃어버렸다. 대대로 이어오던 생명의 자원을 송두리째 잃어버린 것이다. 대부분의 지역민이 논농사와 밭농사로 전환하여 농업에 종사하고 있다. 하서면은 평야 지대가 아니기에 대부분 교우들은 소농이며 생계에 어려움이 많은 실정이다. 젊은이들은 지역을 떠나게 되었고, 연로하신 분들이 대부분이다.

교우들의 이야기를 들어보면 갯벌이 살아있을 때는 돈 걱정 하지 않고 살았다고 한다. 돈이 필요하면 언제든 갈고리만 가지고 바다에 나가면 지금 버는 하루 일당 이상의 수입을 얻었다고 한다. 부임했을 때 장로님의 말씀을 잊을 수 없다. "목사님, 제가 오늘 바지락을 모두 캐왔다고 생각했는데 내일 가면 가득 들어 있어요. 하나님만이 하실 수 있는 일이지요." 이들은 갯벌의 생태계를 통해 창조세계의 주인이 하나님임을 고백하고 있다.

김용복 박사께서는 새만금을 "하나님의 주신 생명의 정원"이라 말씀하셨다. 갯벌이 가지고 있는 생명의 그물망을 이야기하시면서 인간들의 잘못된 욕망이 생태계와 인간을 죽이고 있다고 안타까워하셨던 기억이 있다. 이러한 천혜의 자연을 인간들의 욕심과 무지로 잃어버렸다. 일부 정치인들의 욕심으로 지역민들의 삶은 힘들어지고, 후손들에게는 부끄러운 현실을 물려주게 되었다. 지역주민들은 새만금 방조제를 바라보며 "지금이라도 수문을 열어주면 갯벌이 살 것인디" 하고 자신들의 모습을 한탄하고 있다. 이 한마디가 주민들의 현실을 대변하고 있다.

## III. 나의 목회 철학

나는 부안 장신교회에 2008년 1월에 부임하여 16년째를 보내고 있다. 30대 후반에 청빙을 받았는데 이제 50대 중반이 되어간다. 세월이 유수(流水) 같음을 다시 한번 느낀다. 아무것도 모르고 열정과 패기만 있던 젊은 목회자에게 장신 공동체는 자양분이었고, 어머니의 품이었다.

교회에 부임하며 다짐한 것이 있다. 바로 "교우님들은 나의 스승이다"라는 고백이다. 이들이 나보다 땅에 대하여, 식물에 대하여, 농사에 대하여, 지역에 대하여, 성경 해석에 대하여도 훨씬 전문가이다. 농촌 교회에 와서 느낀 것이지만 농부들이 주님의 말씀을 깨닫는 것이 "나보다 훨씬 우월하다"라는 것이다. 예수님의 많은 비유가 농사에 관련된 비유들이다. 단적인 예이지만 씨를 뿌려보지 않고 씨 뿌리는 비유를 바로 이해할 수 있겠는가. 나는 머리로 이해했다면 교우들은 삶 속에서 성서를 이해하고 있었다. 그러기에 이들이 나의 스승이다. 나보다 성서해석에 대한 이해와 폭이 깊음을 깨닫게 되었다.

이전 부교역자 생활할 때는 내가 무언가를 가르쳐야겠다는 생각을 가지고 성도들을 대하였는데, 교만한 생각을 버리고 성도들을 스승으로 생각하고 보니 한분 한분 귀하고 하나님의 보내주신 선물처럼 보였다. 이러한 마음으로 삶을 나누며 살아오고 있다. 많은 시행착오도 했고 좌절할 때도 있었다. 그러나 지금도 나의 마음은 변함이 없다. 성도들에게 배우고 함께 사는 목회, 삶을 나누는 목회, 함께 아파하고 즐거워하는 목회를 하고자 한다.

장신교회 중심 표어는 "생명과 평화의 씨앗을 심는 교회"이다. 생명과 평화가 파괴돼 가는 현실에서 교회가 지역에 생명과 평화를 일구는 교회가 되고자 함이다. 교회 공동체가 존재함으로 피폐해져 가고 생명이 죽어가는 농촌 지역에 생명력을 불어넣고, 공동체가 파괴되는 지역사회를 회복하고자 한다. 교우들이 각자의 현장에서 그리스도인으로, 평화의 사도로 삶을 살아가고자 한다.

특히 부안 지역은 새만금 사업과 핵 폐기장 반대로 지역 민심이 갈라져 있다. 찬성 측과 반대 측의 첨예한 반대로 지역 공동체가 갈등 구조에 놓이게 되었다. 정부가 일을 시작해 놓고 사람들의 갈등은 방치에 놓은 것이다. 이러한 갈등 구조에서 교회는 화해와 치유자로서 해야 할 역할을 해야 감당하고자 한다.

에큐메니컬운동하는 많은 교회가 지역사회를 위해 직접 많은 사업을 하고 있다. 매우 긍정적인 일이다. 장신교회는 교회가 직접 사업을 하기보다 교우들을 교육하고 영적으로 충전시켜서 마을에서 생명 살림 사업을 하고 있다. 교우들이 마을 공동체에 들어가서 이 역할을 감당하는 것이다. 교회는 예배와 삶을 통해 영적인 양식과 삶의 의미를 공급해 주고 성도들은 각자의 삶 속에서 그리스도인의 삶을 살아가는 것이다.

## IV. 장신공동체의 사업

### 1. 교회학교 활성화

교회 근처에 장신초등학교[1]가 있었다. 2019년 학생 수가 3명이어서

---

1 장신초등학교는 2020년 3월 1일 폐교 및 백련초등학교와 통합되었다.

이웃에 있는 학교에 통폐합되었다. 선생님이 아이들보다 많은 현실이었다. 농촌에 아이들이 없다 보니 교회학교가 활성화되지 못하였다. 부임하여 지속해서 하는 사업 가장 큰 비중을 둔 사업이 바로 교회학교를 활성화하는 것이다. 많은 농촌 교회가 아이들 숫자가 적다고 교회학교를 신경 쓰지 않는 경우가 많다. 어느 시인은 "하나님 나라에는 숫자가 없다"라고 말했다. 하나님은 숫자로 인간들을 판단하지 않는데 사람들은 숫자가 판단의 기준이 되기 때문이다. 교회의 존재 가치는 영혼을 구원하는 것이다. 주님의 피 값으로 세워진 교회는 한 영혼을 천하보다 귀하게 여겨야 할 것이다. 영혼 사랑, 영혼 구원에 대한 명제는 분명한데 정말 교회가 한 영혼을 사랑하고 있는지 물어야 한다. 특히 재정 능력이 없고 교회 재정의 도움이 되지 못하는 어린 영혼들(교회학교)에 관한 관심은 미약하다. 심하게 말하면 교회학교가 천덕꾸러기로 변한 것이다.

장신공동체는 교회학교 한 영혼이 공동체 전체임을 고백하며 실천한다. 주님이 비유로 말씀하신 잃어버린 한 마리 양의 비유처럼 한 마리의 양이 전체의 존재감을 가지고 있듯이 공동체 안에서 교회학교 아이들 한 영혼을 주님의 눈으로 바라보려고 노력한다. 이러한 노력은 서로의 존재감을 확인하게 되고 공동체 결속력을 높이게 된다.

교회는 교회학교 아이들이나 장년들을 차별 없이 대하고 기도한다. 교회 제직들은 아이들 이름과 생일, 가정형편, 꿈이 적혀있는 카드를 만들어 나누어 주고 그들을 위해 기도하고 후원한다. 가정환경이 좋지 못하여 많은 사랑을 받지 못하는 아이들을 교회 공동체가 품어 주는 것이다. 장신교회 교회학교 아이들은 한 부모, 조손 가정이 많다. 우리 지역뿐 아니라 대한민국 대부분 농·산·어촌의 현실이다. 이들에게 교회는 삶의 안식처이고, 새로운 꿈을 꾸게 하는 꿈 터이다. 그러기에 지역사회에 있는 모든 아이가 우리 아이들이다. 지역 공동체가 함께 돌보고 양육하는 것이다.

대한민국 농·산·어촌에 아이들과 청소년들이 사랑을 기다리고 있다. 가족, 친구, 사회, 국가로부터 상처를 입고 힘들어하는 하나님의 자녀들이 많이 있다. 교역자와 교사들만의 관심과 사랑이 아닌 교회 공동체 전체의 사랑과 관심으로 펼쳐져야 한다. 교회학교는 교회 공동체 사랑만큼 풍성해진다. 장신교회 공동의회는 교회 예산 중 예비비를 교회 학교에서 사용할 수 있도록 결정해 주었다. 교회학교에서 청구하는 예산은 교회에서 우선으로 지출하고 지원하려고 실천하고 있다.

장신교회 부임해서 지금까지 코로나19로 모임을 하지 못했던 기간을 제외하고는 겨울 수련회와 여름 성경학교를 한 번도 쉬지 않았다. 교회학교 사업을 준비하는 과정은 힘들지만, 교회학교 아이들에게 수련회와 성경학교는 기다림이 있는 최고의 행사이다. 교회학교 겨울 수련회는 학생들에게 기대치가 높은 수련회이다. 먼저는 장소에 대한 기대감이다. 2008년부터 지금까지 매해 자연휴양림으로 수련회 장소를 잡았다. 부득이하게 경우가 아니면 한 번 가본 장소는 선택하지 않는다. 장소를 잡는 목회자로는 힘이 들지만, 아이들은 이번에는 어디로 갈지 궁금하고 기대하게 된다.

농촌의 교회들이 숫자가 적다는 이유로, 교사가 없다는 이유로 교회학교 성경학교와 수련회를 줄이고 있다. 힘들겠지만 교회학교 성경학교와 수련회를 다시 활성화해야 한다. 지역사회 아이들과 청소년들이 교회 공동체를 경험할 수 있도록 노력해야 할 것이다.

이러한 노력은 지역사회에서 청년회가 조직되어 활동하는 교회가 되었다. 대부분 청년이 지역에 살지 않지만, 토요일에 와서 주일에 교회에서 봉사하고 삶의 현장으로 돌아간다. 이들의 발걸음이 기쁘게 교회로 올 수 있는 것은 받은 사람에 대한 감사 때문이다. 경쟁 속에서 살아남아야 하고, 옆 사람을 나의 경쟁자로 보는 사회에서 살아가야 하는 청년들에게 교회는 더불어 함께 가는 새로운 공동체가 존재함을 보여주는 공간이 되어야 한다.

청년회 구성원 가운데 교단 청년을 대표하여 세계교회협의회(WCC)와 아시아기독교협의회(CCA) 회의에 참석하기도 했다. 청년들이 에큐메니컬운동에 관심을 가지게 하였고, 하나 됨과 연대가 얼마나 중요한지를 실천하게 하였다. 교회가 이러한 일을 후원하고 적극적으로 나서서 새로운 문화와 환경을 경험할 수 있도록 하고 있다. 청년들이 관심 있는 분야에 공동체가 힘이 될 수 있는 부분이 있으면 연대하고 응원한다.

코로나19로 교회학교가 모일 수 없어 힘든 시기를 보냈다. 그런데도 2022년 말부터 교회학교를 다시 시작하게 되었고, 아동부, 중고등부, 청년회가 모임을 하고 있다. 교회학교 아이들이 다시 교회로 올 수 있었던 힘은 지속적인 관심과 사랑이었다. 기쁨과 아픔을 함께하고 나누는 공동체가 예수 공동체의 핵심이다.

지역의 아이들과 청소년들이 교회를 놀이터로, 휴식 공간으로 인식하고 교회를 통해 상실했던 자존감을 회복해야 한다. 교회는 지역의 아이들을 안전하게 보호하고 돌볼 책임과 의무가 있다. 학교에는 없는 것이 교회에는 있다. 바로 그리스도의 사랑이다.

## 2. 지역사회에 십일조 하기

한국교회처럼 십일조를 잘하는 교회는 없을 것이다. 모든 교회가 십일조를 드려야 함을 교육하고 실천한다. 장신교회는 교회 예산의 10% 이상을 지역사회에 환원한다. 지역사회에 십일조 하기 운동이다. 부임하던 첫해부터 지속해서 십일조 정신은 '사회적 약자를 돌보는 것'임을 교육하고 조금씩 실천하기 시작하여 지금은 10% 이상을 지역사회를 섬기는 데 사용한다.

공동체가 예산을 의미 있게 활용하기 위해서는 구성원들의 합의가 절실하다. 장신교회는 예산을 편성하고 결정하는 과정에서 당회가 모든 것을 결정하지 않는다. 예결산 위원회를 구성하는데 여기에는 아동부 부장, 중고등부 부장, 청년회장, 여전도회 회장, 남선교회 회장, 당회원이 참석한다. 당회는 예산에 대해 최대한 말을 아끼고 기관장들이 적극적으로 의견을 내놓는다. 이러한 과정에서 지역사회를 섬기기 위한 예산을 확보하고 집행할 수 있었다. 처음에는 약간의 저항도 있었지만, 공동체 모두가 우리의 헌금이 의미 있는 곳에 사용되어 진다는 것을 공유하면서부터 지역사회를 섬기는 사업은 탄력을 받고 있다.

하서면에 6개 마을이 있는데 이장님들과 연계하여 어려우신 분들을 지원하고 있다. 이장님들에게 부탁하여 사회복지의 사각지대에 있어 자치단체의 도움을 받지 못해 어려움에 부닥쳐 있는 이웃들에게 교회가 우선하여 섬기고 나누고자 함이다. 장신교회가 존재하는 이유는 하서면에 있는 어려운 이웃들을 돌보는 사명이 있음을 신앙고백한다. 교우들이 처음에는 '지역사회에 십일조 하기'를 부담스러워하였다. 그러나 지속적인 교육과 실천을 통해 기쁘게 감당하고 있다.

기억에 남는 사업은, 결혼해서 우리나라로 이주해 온 캄보디아 여성이 둘째 아이를 출산하였다는 소식을 듣고 먼 나라로 시집간 딸을 보기 위해 그녀의 어머니가 한국에 오셨는데, 몸이 아파 병원에 입원하게 되었다. 잠시 딸 집을 방문한 것이기에 치료 과정에서 의료보험이 되질 않았다. 본인들이 병원비를 감당하기 어려운 상황에서 교회가 소식을 알게 되었고, 병원비와 생활비를 지원하였다.

교회와 지역사회는 떨어져 존재할 수 없다. 지역사회를 섬기는 과정은 하나님 나라를 확장하기 위한 좁은 문이다. 하나님의 모든 백성은 인간답게 살 권리가 있다. 교회는 지역사회에서 소외된 자들이 인간의 권리를 가지고 행복한 삶을 살아가도록 동행해야 한다. 지역사회의 아픔이 나의 아픔으로 다가와야 할 것이다. 주님이 애끓는 마음으로 고통받는 민중들을 바라보았듯이 한국교회가 이러한 마음을 회복해야 한다. 주님의 보여주신 사랑의 시작은 곧 나눔이다.

## 3. 생명 살림

산업사회는 값싼 노동력이 있어야 한다. 이에 농촌의 주민들 특히 젊은이들이 도시로 흡수해 가고 있다. 남아 있는 농부들에게 대부분 고령화되었고, 힘에 부치다 보니 생명 농업을 포기하고 화학 비료, 살충제, 우량종자, 기계 농업을 받아들였다. 그 결과 생산성은 높아졌지만, 땅은 오히려 황폐해지고 말았다. 우리 주변은 하나님의 창조세계가 신음하는 소리로 가득하다. 하나님의 은총으로 값없이 주어진 피조물의 세계가 인간의 탐욕 앞에 상처투성이가 되었다. 장신교회는 하나님의 창조질서가 깨어지고 땅이 생명력을 잃어가는 작금의 현실을 인식하게 하고 예배와 교육을 통해 중요성을 인식시키고 있다. 그리스도인들은 자연을 하나님이 지으신 창조세계로 신앙고백해야 한다.

장신교회 2남선교회와 2여선교회는 65세 이하의 젊은이들(?)이다. 이들 중 상당수는 귀농하여 교회 공동체와 함께하는 분들이다. 기존 관행농법을 거부하고, 땅을 살리고 생명을 살리는 친환경 생명 농법으로 농사를 짓고 있다. 고집스러울 정도로 하나님의 창조질서를 회복하기 위해 구슬땀을 흘린다.

관행 농법이 일상화되어있는 농업 환경에서 친환경 농업을 하는 일은 힘든 일이다. 노동력이 부족한 농촌의 상황을 고려해 보면 친환경 농업을 하는 것은 무모한 일처럼 보이기도 한다. 관행 농법에 비해 몇 배의 노동력과 필요하기 때문이다. 그런데도 묵묵히 생명 농업의 길을 걸어가고 있다. 이 길이 생명을 살리는 길이기에 가는 것이다.

지역에 있는 작목반에 들어가 생명 농업에 대해 교육하고, 땅을 살리는 일에 헌신하고 있다. 이들은 농촌이 살길은 친환경 농업이라는 확신하고 있다. 농촌의 젊은이들을 모이게 하고, 연대하여 생산에서 판로까지 함께 고민해가고 있다. 전북교육청의 친환경 무료 급식에 생산물을 납품하고, 아이쿱과도 연계하고 있다. 장신 공동체의 젊은이들이 이 일을 추진하는 주역들이다. 코로나19로 아이가 학교에 가지 못하는 상황에서 친환경 급식 꾸러미를 받게 되었다. 상자를 열자 채소와 감자, 양파 등의 재료가 있었다. 감동된 것은 생산자 이름에 교우들 이름이 있었다. 참으로 뿌듯하고 감동이 되었다.

이들은 지역에 귀농하여 정착하려는 귀농인들을 도우려고 준비하고 있다. 관이 주도하여 귀농하는 프로그램이 있지만 많은 이들이 정착하지 못하고 떠나는 경우가 허다하다. 관이 주도하는 한계가 분명하다. 이에 자신들이 운영하는 작목반에 일원이 되게 하고 일을 나누고 종교, 재정, 농법 등에 대한 실질적인 상담과 지원을 아끼지 않고 있다. 이러한 수고로 귀농하여 정착하는 비율이 높아졌고, 종교를 가지고 있는 분들은 장신 공동체 속에 들어와 더 깊은 관계를 맺어가고 있다.

또한 공동체 구성원 중에는 마을기업을 통하여 유기농 연잎을 활용한 장류(된장, 간장, 청국장, 연잎 차, 연근차 등)를 만드는 사업을 한다. 이 사업을 통해 지역 어르신들에게 일거리를 제공하고, 공동체를 활성화 하며, 좋은 먹거리를 생산해낸다.

장신교회 이름으로 직접 지역을 위해 사업을 하는 것은 아니다. 교우 들이 삶의 현장으로 흩어져 각 마을에서 생명 농업을 근간으로 지역 공동체를 회복하고, 생명과 땅을 살리는 일에 쓰임 받고 있다. 공동체 구성원들의 생명 농업에 대한 열정이 남다르다. 지역의 관행 농법을 하는 지역 어르신들은 저렇게 농사를 지으면 남는 것이 없다고, 심지어 그렇게 농사지었다가 망한다고 말하는 이웃들도 있다. 그러나 이들은 묵묵히 생명 농법의 길을 간다. 그것은 창조주 하나님께서 우리에게 이 땅을 거룩한 은총의 선물로 맡겨주셨음을 고백하는 신앙고백이 있기 때문이다. 지역사회 생명 살림 운동의 원동력은 어떠한 당위성이나 논리 가 아니다, 바로 신앙의 힘이다.


## 4. 녹색교회 향한 노력

코로나19는 지난 3년 동안은 우리에게 생태계의 파괴가 얼마나 무서 운지를 인식하게 하였다. 인간들의 욕망으로 파괴된 생태계가 우리에게 역습한 그것으로 생각한다. 눈에 보이지 않는 작은 미생물이 지구를 뒤집어 놓았다. 생태계의 경고를 무시하고 달려온 인간에게 코로나19는 잠시 멈춰서 우리의 삶을 성찰의 시간을 갖게 했다. 지금의 재난은 우리가 자초한 것이다.

새만금의 생태계 파괴를 몸으로 느낀 장신 공동체는 코로나19를 대하는 느낌이 다르다. 하나님의 창조질서가 무너졌을 때 일어나는 현실은 우리의 상상을 뛰어넘는 고통이 따른다는 것이다. 새만금 개발로 파괴된 갯벌과 자연의 변화는 생태계 파괴에 그치지 않고 우리 삶의 질을 바꾸어 놓았음을 경험했기 때문이다. 생태계 파괴의 가장 큰 피해자는 가난하고 소외된 사람들이다.

장신 공동체는 생태계의 파괴가 신앙의 문제임을 인식하기 위해 환경주일 예배와 교육을 통해 생태계 파괴 앞에서 교회가 해야 할 일들을 교육하고 실천한다. 공동체 구성원들은 농사를 주업으로 하기에 기후위기를 피부로 느낀다. 물질문명이라는 허울 좋은 문구는 하나님이 창조질서를 무너뜨리는 죄악임을 신앙 고백하게 한다. 이러한 신앙고백이 있을 때 회심으로 이어질 수 있기 때문이다.

공동체적 실천적 대안으로 공동의회를 열어 태양광 설치를 결의하고, 교회의 모든 전기를 태양광2 발전으로 해결하고 있다. 교회, 교육관, 사택에 태양광을 설치하고 발전을 일으키고 있으며, 교회에서 사용하는 전기는 태양광에서 일으키는 발전량으로 사용하고 남는다. 하나님이 주신 에너지를 활용하여 교회의 전기를 해결하고 있다. 태양과 발전으로 비축된 전기요금은 면사무소를 통해 지역사회를 섬기는 데 사용하고

---

2 장신교회에는 3kW 태양광을 예배당에 2기, 교육관에 1기, 사택에 1기, 총 4기가 발전하고 있다.

있다.

교회학교 아이들에게도 분리수거와 일회용 컵 사용을 자제하도록 교육한다. 교회 공간마다 분리수거 함을 비치하고, 분리수거를 실천하게 한다. 하나님의 창조세계를 회복하기 위해서는 자발적 실천이 중요하다. 이외에도 미세먼지 저감을 위한 영농부산물 소각을 금지하도록 하고 텀블러 사용을 강조한다. 교회 공동체의 철저한 생태적 회심이 필요한 시기이다. 시간이 없다는 걱정보다 생태적 회심을 통한 작은 실천이 필요한 시기이다.

## 5. 지역사회와 연대

농촌에는 독거노인, 조부모, 한 부모 가정들의 분포도가 높다. 이러한 가정들은 정부의 도움이 없으면 살아가기가 어렵다. 그러나 우리나라의 사회복지 현실은 이들이 행복한 삶을 살아가도록 돕기에는 한계가 있다. 사회복지 예산이 예전보다 많이 늘었지만, 경제협력개발기구(OECD) 평균치에 비하면 현저하게 낮은 수준이다.

장신교회는 하서면 지역사회보장협의체와 밀접하게 관계하며 복지 사각지대에 있는 어르신들을 섬긴다. 지역사회보장협의체는 지역의 종교인들과 이장단, 면장들로 구성되어 있다. 참여하는 사람들의 네트워크를 활성화해 지역사회에 잠재된 인적, 물적 서비스자원을 발굴하고 있으며 또한 연계, 협력, 강화, 조정 등을 통하여 자원을 효율적으로 활용하고 서비스의 중복과 누락을 방지하며 높은 수준의 서비스를 제공하려고 한다.

면사무소에서 일하시는 사회복지 공무원들은 인력에 비해 대상자들이 너무 많다. 복지혜택을 받은 사람들을 찾아내기보다는 행정을 처리하기에도 바쁜 일정을 보내고 있다. 또한 한 곳에서 2년 이상을 근무할 수 없기에 지역 상황에 대해 이해가 깊어지면 다른 지역으로 발령받는 현실이다. 이러한 현실이기에 지역에 오랜 시간을 보낸 종교인들과 연계는 사회복지 대상자들을 발굴하는 데 긍정적 역할을 할 수 있다.

코로나19가 생기기 전 2019년 하반기 장신교회 2남선교회와 지역사회보장협의체가 함께 집수리 사업을 진행하려고 하였다. 정부에서 집수리 지원금이 나오는데 적은 금액이다. 이제까지 사업자를 선정하여 일하다 보니 인건비로 들어가는 비용이 전체 예산의 절반이다. 그러다 보니 사업을 하고도 수혜자들의 만족도가 낮다. 이에 교회가 인력과 장비를 후원하여 사업을 진행하기로 하였다. 교회가 가지고 있는 재능을 나눔으로 지역사회와 연대할 수 있는 사업이다. 대상을 선정하는 과정에도 교회는 관여하지 않고 열심히 봉사와 후원을 한다. 적은 비용으로도 지역사회와 교회가 연대함으로 복지 대상자들의 만족도를 높일 수 있는 아름다운 결과를 가져올 수 있었다.

레미콘 회사 설립 저지 운동은 지역사회와 교회가 하나 되어 자연을 지키고 마을을 살리는 일에 일조한 사업이다. 부안 지역의 유력한 재력가가 하서면에 레미콘 회사를 설립하려 하였고, 군이 허락하였다. 주민들의 의사를 무시하고 진행한 처사였다. 부안군은 법적인 하자가 없다고 일을 진행하였다. 레미콘 회사 건립지에서 가장 가까운 마을 이장이 앞장서서 지역 교회와 학교, 하서면에 있는 마을들이 서명운동하고 법정 싸움까지 진행하였다. 교회 공동체는 적극적으로 나서서 서명에 협력하였고, 지역주민들을 설득하려고 노력하였다. 주위에서는 일부 주민들은 레미콘 회사를 이길 수 없다고 하였다. '다윗과 골리앗'의 싸움이라 말하였다. 그러나 법정 싸움에서 레미콘 회사 설립은 취소되었다. 종교, 학교, 마을 주민, 이장단들이 연대하여 지역의 생태계를 지킨 사업으로 기억에 남는다. 참고로 당시 이 사업을 이끌었던 마을 이장은 이후 장신교회 교인이 되었다.

이외에도 소녀상 건립, 반찬 배달, 등의 지역 사업에 교우들이 적극적으로 참여와 지원을 하고 있다. 하서면 사회복지 담당자와 깊은 관계를 통해 복지 영역에서 행정적 절차 때문에 지원하지 못하는 지역 대상자가 있다면 교회가 도울 수 있도록 하고, 지역에 복지혜택을 받아야 하지만 대상자에서 제외된 분들은 교회가 대상자들을 발굴하여 지원을 받게 하는 유기적 관계를 맺어가고 있다.


## V. 성과 및 과제

지난 15년 동안 지역에 살면서 마을 사람들과 친해지고 교회가 지역 사회에서 자리를 잡게 되었다. 코로나가 확산하기 전 유듯날을 맞이하여 동네 식사가 있었다. 이장님의 부탁으로 마을 어르신들을 승합차에 태우고 식사 장소로 이동하게 되었다. 마을 어르신들이 부족한 사람에게 부르는 애칭이 정겹다. 예전에는 "장신교회 목사님 오셨어요" 하고 말씀하셨는데 어느 순간부터 어르신들이 "우리 목사님 오셨네" 하고 맞이해 주신다. '우리 목사님'이란 단어가 참으로 친숙하고 정겹다. 어느덧 나도 마을 공동체에 동화되었고, 어르신들도 함께하는 이웃을 인정해 주고 있다.

다른 어떤 사업을 한 것보다 마을 어르신들이 나와 교회를 가까운 이웃으로 대해 주심에 감사한다. 지난 시간을 돌아볼 때 가장 큰 성과라고 볼 수 있다. 많은 농촌 교회 목회자들이 오랜 기간 사역하지 못하는 것은 안타까운 일이다. 지역 사람들과 어우러지고 그들이 힘들 때 어깨를 기댈 수 있도록 내어주면 좋겠다. 사회복지적 사업을 해서 지역주민들에게 필요한 서비스를 제공하는 것도 의미가 있지만 교회 자체가 마을 공동체에 꼭 필요한 곳, 교회는 나오지 않지만 '우리 교회'라고 인정받는 것이 중요하리라 생각된다.

앞으로의 과제는 하서면에 있는 지역 교회들과 종교인들이 연합하여 지역을 섬기는 일을 고민하는 것이다. 지역에 오랜 시간 뿌리를 내리고 생활하고 있는 이웃교회와 이웃 종교가 함께 지역을 섬기는 일을 하고 싶다. 서로의 울타리를 넘어 연대하는 것은 쉽지 않겠지만 조금씩 노력하고 있다.

또한 교회 주변의 마을 이장님과 협동조합에 대해 논의하고 있다. 귀농을 한 사람들과 마을 협동조합을 만들어 일할 수 있도록 도와주고자 한다. 교회가 나서서 하기보다 이장과 사람들을 세워주고 교육 장소와 실무적인 일들을 협력하려고 한다. 생각을 같이하는 것이 어렵겠지만 시작이 반이다. 생각하고 만나고 논의하고 함께 교육받고자 한다. 아직 논의하는 수준이지만 기대하고 꿈을 꾸어 본다.


## VI. 글을 나오며

김용복 박사를 처음 만나 수업을 듣고 함께한 시간이 30년이 지났다. 아무것도 모르고 열정만 있던 제자가 목회 현장에서 선생의 철학과 신학을 현장에서 접목하고자 노력했던 시간을 더듬어 보았다. 글로는 표현하지 못했지만 많은 실패와 좌절의 시간도 많았다. 하지만 돌아보니 하나님의 은혜이다. 하나님의 손길을 통해 지치지 않고 올 수 있었고, 주변에 많은 벗을 만나게 해주셨다.

그중에서도 김용복 박사께서는 영적 통찰력으로 농촌 목회에 대한 비전을 공유해 주셨고, 박사에게 배웠던 신학은 목회의 전반적인 분야에 묻어 있다. 김용복 박사에게 받은 사랑이 너무 크고 많기에 미안하다. 영적 거장을 선생으로 자랑하며 살아왔는데 내가 좋은 제자인지 생각하면 너무 부끄럽다.

나의 목회 이야기는 다 아는 이야기이고, 우리 교회랑은 맞지 않는다고 생각할 수도 있다. 인정하는 바이고, 정답은 없다. 지교회의 상황에 맞게 준비하고 시작해야 한다. 교회의 존재 가치는 지역과 함께하는 것이다. 교회가 지역 속에 있고, 지역 공동체의 일원임을 알아야 한다. 중요한 것은 지역사회를 교인으로 생각하는 철학이 분명해야 할 것이다.

이제까지의 개교회 중심 목회는 지역사회로부터 외면받고 있다. 세상을 걱정해야 할 교회가 오히려 세상의 걱정거리가 되는 현실이다. 교회는 이웃을 향해 열린 마음으로 다가서고 지역과 더불어 호흡하며 더불어 살아가는 열린 공간이 되어야 한다.

농촌 교회는 마을이라는 공동체가 조금이나마 존재하는 곳이다. 급격히 쇠퇴해 가는 농촌 교회가 가야 할 새로운 길은 지역 공동체를 회복시키는 목회에 초점을 두는 일이다. 교회는 지역을 연구하고, 요구를 들을 수 있는 귀를 가지고 지역주민들과 밀접한 관계를 갖도록 노력해야 한다. 농촌 교회들이 지역 공동체를 섬기는 목회를 통해 기쁨을 회복하고, 지역사회에서 예수의 삶을 실천해야 한다.

김용복 박사의 말을 빌리면 "생명 목회의 시작은 농촌 목회다"라고 말씀해 주셨다. 이 말을 가슴 깊이 새기며 남은 목회를 이어가려 한다. 나는 김용복 박사 제자인 것이 내 생애 자랑거리다. 그러나 미안함이 있다. 너무 받기만 하고 섬겨드리지 못한 것이다. 강인한 체력으로 세계를 누비시고 활동하셨기에 갑자기 가실 줄은 생각하지 못했다. 그래서 죄송한 마음이 더욱 크다. 제자로서 이제 할 일은 김용복 박사 보다 정신의 크기가 작아지지 않는 그것으로 생각한다.

오늘따라 김용복 박사가 더욱 그립다. 박사께서 좋아하셨던 민물고기탕을 함께 먹으며 농촌 목회, 생명 목회에 관한 이야기를 나누고 싶다. 그분의 농촌에 대한 사랑, 민중에 대한 사랑, 생명에 대한 사랑, 제자에 대한 사랑이 몸으로 느껴진다. 김용복 박사의 신학이 농촌 목회를 하는 많은 벗에게 작은 지침이 되길 소망해 본다.

김용복 박사님! 박사님의 제자여서 행복했습니다. 그리고 감사합니다. 사랑합니다.

3부

# 한일과 전북지역 교계와
# 시민사회의 기억과 추모

# 김용복 박사의 '한일 시기'를 회고하며

나의 가장 친한 벗이자 인생의 동반자였던 김용복 박사는 한일신학교의 부름을 받고 기뻐했었고, 이 학교를 종합대학인 한일장신대학교로 승격시키기 위해 열정적으로 노력했다. 그의 고향도 같은 전북 지역이었는데, 그는 역사적으로 진보적인 성향을 띠고 있었던 이 지역에 대해 내게 이야기해주곤 했다. 그곳의 민중들은 정치적, 사회적 그리고 문화적으로도 거듭된 억압을 받았기에 이른바 '한'이 가득 맺혀 있었지만, 한편으로는 정의에 대한 깊은 의식과 용기를 지닌 사람들이기도 했다.

김 박사는 한일장신대를 위한 원대한 비전을 가지고 있었다. 그는 학생들이 각자 지니고 있는 한국적 그리고 아시아적 문화유산을 바탕으로 확고한 정체성을 형성하기를 바랐고, 사회 변혁을 위해 노력하는 창의적인 리더가 되기를 희망했다. 한번은 졸업반 학생들에게 다음과 같은 말을 하는 것을 들었다. "나는 세상을 더 나은 곳으로 만들기 위한 여러분의 능력과 헌신의 마음을 믿습니다." 김 박사는 자신의 계획과 프로그램을 실행하는 데 있어서 한일의 교원들, 직원들 그리고 학생들에게 늘 깊은 감사의 마음을 가지고 있었다. 그는 또한 기금을 마련하기 위한 대학의 노력과 관련해서 "교회들의 놀라운 호응"을 칭찬하기도 했다.

한일을 위한 그의 비전은 국제 에큐메니컬 연대를 건설하겠다는 목표와도 긴밀히 연결되어 있었다. 세계교회협의회(WCC), 아시아기독교협의회, 세계개혁교회연맹 그리고 그 밖의 다양한 단체들과의 협력 관계 속에서 그는 지속적으로 '역사의 주체'로서 민중에 초점을 맞추면서 세계 정의, 평화, 창조질서 보전을 향한 변화의 목소리를 높였다.

이 '한일 시기'는 지리적인 요인으로 우리 가족이 김 박사와 떨어져서 지내야 했었기 때문에 힘든 시절이었다. 우리는 서로 많이 그리워했었다. 나는 가능한 한 자주 전주에 가려고 노력했고, 마음씨 따뜻한 한일 공동체 구성원들과 만나 즐거운 시간을 보내기도 했다. '신학 영어' 수업을 몇 강좌 맡아서 학생들을 가르칠 축복과도 같은 기회를 얻기도 했다. 그러나 대부분의 시간 동안 나는 가족을 부양하기 위한 수입원이 있는 서울에서 지내야만 했다. 많은 사람들이 나에게 의지하고 있었고, 나 또한 그들에게 의지하고 있었기 때문이다. 김 박사가 부당하게 그리고 불법적으로 한일장신대학교 총장 보직에서 물러나도록 강요 받았을 때, 많은 학생들과 교원들이 그의 편에 서서 강력한 지지를 보여주었음을 기억한다.

김 박사는 언제나 계획하고, 조직하고, 사람들을 만나고, 연구하고, 강연하고, 글을 썼다. 심지어 우리가 함께 시간을 보내고 있을 때도 그는 자주 일에 대한 생각에 골몰하곤 했다. 그의 비전은 확실히 가족을 넘어 한국, 아시아 그리고 세계를 아우르는 그런 것이었다. 그는 모든 장애물에도 불구하고 절대 포기하지 않고 자신의 소명을 따라 매진할 에너지와 정신을 가지고 있었다. 나도 그의 비전을 공유하고 있었기에 집에서의 그의 부재를 이해할 수 있었다. 쉬지 않고 일하는 그의 스타일은 때로 걱정되기도 했지만, 나는 결코 천천히 하라고 그를 설득할 수는 없었다. 그의 꿈은 너무나 컸고, 그 꿈을 실현하겠다는 의지도 너무나 강했던 것이다. 그의 삶은 다음과 같은 사실을 나에게 상기시켜 주었다. 우리 각자에게는 이 세상을 더 나은 곳으로 만들기 위해 창의적인 힘을 발휘하라고 우리—당신의 형상대로 우리를 만드신 창조자 하나님의 자녀—를 부르는 신성한 불꽃이 있다.

나는 김용복 박사의 비전과 믿음을 함께 공유하면서 한일장신대학교에서 그와 함께 일하고 연구했던 많은 이들, 지금도 계속해서 통찰력, 인내심, 용기를 가지고 일하고 있는 모든 사람에게 감사한 마음이다. 성령의 인도하심으로 우리 모두가 새 하늘과 새 땅의 실현을 향한 새로운 해방과 변화의 길을 계속해서 발견하고 창조해 낼 수 있을 것이라 믿는다.

# Reflections on Dr. Kim Yong-Bock's "Hanil Era"

Marion Kim

My best friend and life partner Kim Yong-Bock was happy to be called to Hanil Seminary, and he worked energetically to upgrade it to full status as Hanil University and Presbyterian Theological Seminary. His hometown was in the same North Cheolla Province, and he told me some of the history of that progressive region: its people had been suppressed again and again—politically, socially and culturally— so they were filled with "han," but they also had a deep sense of justice and courage.

Dr. Kim had a big vision for Hanil. He wanted the students to develop a clear identity and theology based on their Korean and Asian cultural heritage, and to become creative leaders for social transformation. I heard him tell one graduating class, "I believe in your ability and commitment to make the world better." In carrying out his plans and programs, he was deeply thankful for the support of the Hanil faculty, staff and students. He also praised "the churches' magnificent response" to the school's fundraising efforts.

His vision for Hanil was closely linked with his commitment to building international ecumenical solidarity. In his relationships with the World Council of Churches, the Christian Conference of Asia, the World Association of Reformed Churches, and a diversity of other groups, he was a constant voice for transformation toward a world of justice, peace and the integrity of creation, focusing on the minjung as the "subject of history."

The Hanil period was a difficult time for our family due to our geographical separation from Dr. Kim. We missed him very much, and he missed us. I traveled to Jeonju as often as possible, and enjoyed my encounters with the warmhearted Hanil community. I was blessed with the opportunity to teach several "theological English" classes. For the most part, however, I had to maintain my income-earning and family-support work in Seoul, where many people depended on me, and I on them. When Dr. Kim was unjustly and illegally ousted from his position as Hanil president, he was upheld by the strong support given him by the students and the faculty.

Dr. Kim was always planning, organizing, meeting, research-
ing, speaking and writing. Even when we were together, his
mind was often preoccupied with work. Clearly his vision ex-
tended far beyond family, to embrace Korea, Asia and the world.
He had the energy and commitment to pursue his calling in
spite of all obstacles, never giving up. Since I shared his vision,
I could understand his absences from home. His style of working
without rest worried me, but I could never persuade him to
slow down; he had such big dreams and was so determined
to actualize them. His life reminded me that within each of us
is a divine spark, calling us—as children of the Creator God,
made in God's image— to use our own creative powers to make
this world better.

I am thankful to everyone at Hanil University and Presbyterian
Theological Seminary, and to all those who shared Dr. Kim's
vision and faith, who worked and studied together with him,
and who continue to work with insight, patience and courage.
I believe that with the guidance of the Spirit, we all will keep
on discovering and creating new paths of liberation and trans-
formation toward the realization of New Heaven and New Earth.

# 김용복과 한일장신대학교의 발전 방향

김덕환

한일장신대 은퇴교수

## 1. 들어가는 말

내가 김용복을 만나게 된 것은 하나님께 감사할 큰 축복이라 생각한다.

한일장신대가 대학으로 승격한 직후에 교무처장으로 시무한 바 있어서 김용복 총장의 대학발전 구상을 실천 현장을 통하여 가까운 거리에서 이해할 수 있었다. 한일의 교과과정은 신학부에 신학, 기독교교육학, 기독교 상담학, 선교학 전공을, 사회복지학부에 사회복지학, 재활복지학, 여성복지학을, 인문사회과학부에 외국어(영어, 일어), 역사 사회학, 신문 방송학, 경제 경영학 전공을, 예문학부에 산업디자인, 영상 디자인, 종교 음악학 전공을 개설하고, 전자 통산학부에 컴퓨터 과학, 정보 통신학 전공을 그리고 생명 환경 과학부에 생명 산업학, 생태학 전공을 개설하였다.[1]

지금까지는 학생과 교수가 학과 중심으로 움직였으나 학부제에서는 전공 교수를 중심으로 학생들이 모여 자신의 전공 분야를 연마하게

---

[1] 『한일장신대 대학 요람』, 1997/98, 76-87.

되는 것이다. 학부제는 다학문적 그리고 다기능적 접근의 시도이다.[2] 김용복은 신학을 중심으로 연계 전공 및 연구소를 개설하였으며, 영어와 전산 과목의 학점 이수를 의무화하였다.

김용복은 이론과 실천의 연계를 중요시하였으며, 목회자를 위한 계속 교육의 장을 마련하였다. 많은 아시아 및 세계 여러 나라 학생들이 한일장신대 아태신학대학원에서 공부하였으며, 영어로 수업이 진행되었다. 국제 세미나 및 교류를 활성화하였으며, 학생들과 지역 교회 목회자가 예를 들어 독일 디아코니아 복지 단체를 방문하는 등 여러 교육훈련 사례가 있었다. 독일 사회복지 관계자가 Visiting Professor로 한일장신대에서 활동하였으며, 지금도 하고 있다.

## 2. 김용복과 대학 발전 방향에 대한 워크샵

1996년도 1학기 퇴수회 보고 및 학부제 발전 방향에 대한 워크샵 (6월 24~26일)에서 김용복은 아래와 같은 내용으로 총장 인사 말씀을 하였다.

- 학과(전공)를 초월하여 '프로그램'(Program)을 연구소 중심으로 운영한다.
- Team teaching을 하며 interdisciplinary 교과과정을 만든다.
- 학생의 전공은 학교에서 인정하는 프로그램이 바로 전공이다.
- 연구소에서의 참여와 활동이 학점으로 인정된다.
- 행정 사무 지원 체계의 효율화를 위해 5년 단위의 장기 프로그램을 개설한다.

---

2 『한일장신대 대학 요람』, 1997/98, 88.

김용복의 핵심적인 지적은 기존 강의 중심의 교과과정에서는 학생이 피동적이 되기 쉽다는 것이었다.

### 3. 김용복과 팔순 기념 논문 집필진과의 대담

김용복은 대학 운영의 구상을 다음과 같이 말하였다.

"저는 사실 이렇게 하고 싶었어요. 전체 학생 4,000명 규모의 대학을 만들고 싶었어요. 그것은 프린스턴대학교 사이즈입니다. 프린스턴대학은 교수 한 명이 학생 8명을 관리하는 교수 학생 전원이 세미나 제도를 운영하는 거였어요. 그리고 강의 과목은 두 과목만 해요. 그러니까 이런 이야기를 하니까 김 박사는 꿈꾸는 소년이라는 소리를 듣게 된 것 같습니다. 그런데 갑자기 김영삼 정부가 대학을 완전히 개편을 하는데 역으로 대학을 시장에다가 통합시켜 버렸습니다. 제가 총장 할 때만 해도 자유로웠습니다. 상당한 자유가 있었습니다. 그런데 지금도 저는 그렇게 생각을 해요. 지금 4차 산업혁명 뭐 그런 말을 하는데 결국은 다산 초당이 진짜 학자를 만들어 내는 겁니다. 대학은 사람을 만들어 내는 겁니다. 그런 생각을 하는데 이게 지평이 넓어야 하잖아요. 세계적인 차원에서 학생을 키워야 합니다. 프린스턴대학교 총장이 대단한 사람이에요. 제3세계 학생을 박사과정에 20년 치를 받아요. 우리는 2년밖에 안 받거든요. 한 캠퍼스에 제3세계 박사학위 과정이 다 있잖아요. 40~60명이 되어요. 다 친한 친구가 되잖아요. 세계에 가서 다 프린스턴 그룹이 되는 거예요. 세계적으로 이런 친구들이 가는 곳마다 다 있지요."[3]

---

3 『민중과 생명: 김용복 박사 팔순 기념논문집』, 2018, 82.

또 사회경제와 같은 보다 구체적인 방법도 말씀하였다.

"이것은 낭만적인 얘기로 들으시고, 실질적으로 이걸 경영하는 방식을 제가 모색을 하는 건데, 소위 교육경영(Education Management)의 방법은 사회경제(Social Economy)와 참여(Participation)입니다. 이 두 가지가 있으면 유치원도 그렇게 할 수 있어요"(『민중과 생명: 김용복 박사 팔순 기념논문집』, 2018, 82쪽).

## 4. 프로젝트 스터디 사례

### 1) 장애 아동 프로젝트 'JUFA'

학부제를 프로젝트 스터디라고 말할 수 있다. 이론과 실천, 연구 현장이 각기 분리되는 것이 아니라 상호 연결된다. 학생은 배우는 사람이 되는 것이 아니라 여기서는 연구자가 되는 것이다. 한일장신대 학생들은 2003년 1월 스위스 '바젤'에서 사회복지 현장실습에 참여하게 되었는데 이 실습의 일환으로 정신지체장애 아동들이 공부를 하고 있는 'JUFA'라는 명칭의 학교를 방문하게 되었다. 1년 전인 2002년 1월에도 한 달간 스위스에서 사회복지실습을 하였는데, 이 두 차례의 실습은 김용복과 스위스의 세계에큐메니컬교류협회(Worldwide Ecumenical Partnership) Wolfgang Schmidt의 도움으로 이루어졌다. 이 자리를 빌려 감사를 드린다.

아동들이 강당에 모여 체조를 하였는데 선생님은 율동에 맞추어 시를 읊고 계셨다. 시의 속도가 빨라지면 동작도 빨라지고 그렇지 않으면 몸의 움직임이 느슨해진다. 나무 봉을 사용하여 율동을 하기도 하였는데 이것은 몸의 자세를 바르게 하는 효과를 가져다 준다는 것이었다. 시는 고전 또는 현대 시를 택한다고 한다. 이곳 아동들이 수업 중 크게 웃는 등 수업 분위기가 화기애애하다고 말할 수 있는데 학생들이 기꺼이 이 수업에 참여하고 있는 것을 알 수 있었다."[4]

예를 들어 부활절 절기에는 부활절을 주제로 모든 과목의 선생님들이 부활절과 관련된 수업을 진행한다. 미술 선생님과 학생들은 토끼나 계란을 스케치하고, 독일어 선생님은 부활절 이야기를 수업의 주제로 택하며, 음악 선생님은 부활절 노래를 부른다.

이 장애인 학교의 특징은 '프로젝트 스터디'를 통한 개입인데 '프로젝트 스터디'라 함은 각 학과목이 연관성 없이 강의되는 것이 아니라 일정한 주제를 중심으로 교사와 학생들이 팀워크를 이루어 경쟁이 아닌 상호 협동체제 속에서 학습하는 것을 말한다. 수업과 연구, 이론과 현장의 연계 및 이와 연관된 실천 방법론이 여기에 포함될 수 있다. 프로젝트 주제와 거기서 연유된 프로젝트의 학습의 실천 조직은 사회의 본질적인 과제와 연관된다고 한다. 인간소외를 야기하는 학교 문화와 이로 인한 의사소통 영역의 소멸에 프로젝트를 통한 전인교육이 핵심 대안의 하나로 검토되고 있었다.[5]

---

4 한일장신대 한 학우의 참관 기록.
5 김덕환, 한국복지통신, ablenews@ablenews.co.kr 입력, 2003.02.21. 17:03.

## 2) 브레멘대학교

필자는 1970년대에 독일 브레멘대학교에서 수학하였다. 이 대학교의 교육개혁은 1960년대의 학생운동과도 무관하지 않은데 학생들은 사회의 모순을 지적하고, 사회 소외 계층의 사람들과 연대하였다. 시민운동과 지역사회 개발 운동과 같은 맥락에서 학생들은 그들 스스로가 욕구를 충족시킬 수 없는 소외 계층 그룹을 지원하였다. 중요한 것은 이들 소외 계층의 사람들이 복지의 대상이 아니라 주체라는 관점이다. 이러한 분위기는 대학에도 영향을 미치게 하였는데 이제 학생들은 자신이 수업의 대상이 아니라 주역임을 인식하게 되었다. 학생들은 권위적이고 통제적인 사회의 시스템에 대항하였으며, 성적을 통한 규제, 학습장애, 교수와 학생 그리고 학생 상호 간의 의사소통의 어려움에 문제제기를 하게 되었다. 브레멘대학교 프로젝트 스터디는 이러한 사회적인 움직임과 직접적인 연관이 있다.

브레멘대학의 프로젝트 학습은 연구와 수업과 학습 방법론이 함께 통합된 모델이다. 학과 중심으로 운영되고 있으나 독일에서는 학과가 우리나라에서처럼 세분화되어 있지 않기 때문에 통폐합 필요성은 없으며 학생들은 학과 영역을 초월한 프로젝트에 참여하여 함께 배울 수 있다. 브레멘대학 프로젝트 스터디의 기본 취지는 다음과 같다.

- 대학이 연구와 수업에 있어서 사회가 요청하는 과제를 합리적으로 그리고 효율적으로 수행할 수 있도록 대학의 필요한 요청을 모든 정당과 지자체 그리고 NGO는 지원해야 한다.
- 대학의 삶이 지역사회에 건이된 수 있도록 대학과 지역사회와의 협동체제

가 구축되어야 한다.

— 프로젝트는 미래의 전문적인 실천의 조건과 요청에 기인되어야 하며 수업
은 학문적으로 조정된 직업 현장의 실험적인 실천을 포함하고 있어야 한다.

— 프로젝트는 서로 다른 방법론적인 접근과 과제를 중심으로 전문적인 통합
을 추구하며 문제 해결에 있어서 가능한 한 학과를 초월한 협동을 가능케
하여야 한다.[6]

## 5. 나가는 말

우리나라 학부제 실시에 따라 학과 통폐합이 추진되는 과정에서
여러 가지 문제와 부작용이 파생되고 있다. 그 가운데서 가장 큰 문제는
대학 또는 전공별 특성이 무시되고 통폐합이 획일적으로 이루어지고
있다는 것이다.[7]

하지만 다시 새로운 움직임도 포착되고 있다. 유홍림 서울대 총장은
2023년 2월 8일 취임식에서 "대전환의 시대에 대응하기 위한 서울대의
일대 혁신이 필요하다"며 학부 기초대학 설립 의지를 강조했다. 학부기
초대학은 대학 1, 2학년 시기에 전공에 구애받지 않고 모든 신입생이
토론과 프로젝트 위주의 수업을 진행하는 것이다. 유 총장은 "신입생이
1학년부터 소속 학과의 칸막이에 갇혀 특정 분야 전문지식을 습득하는
교육의 시효는 끝났다"며 "서로 다른 생각과 배경을 가진 학생들이 어우
러져 토론하고 논쟁하며 서로에게서 배우는 교육 모델을 구축하겠다"고

---

6 Universität Bremen Studienfuehrer Ausgabe, 1976/77 S. 12f.
7 김천기, "학부제에 따른 학과 통폐합 방식의 문제점 — 사범대학을 중심으로," 『1996년도
1학기 퇴수회 보고 및 학부제 발전 방향에 대한 워크숍 자료집』, 22-23.

밝혔다.[8]

김용복은 최소한 그가 총장으로 취임하였던 1992년부터 새로운 꿈을 꾸고 있었던 것이다. 대학 개혁의 실천에 대한 평가는 후학들의 연구과제로 남겨져 있다.

이남섭은 김용복이 추진하였던 한일장신대학에서의 대학 개혁의 의미를 다음과 같이 말하고 있다.

> 첫째, 한일장신대의 대학 개혁 실천은 지역에서 새로운 대안적 신학대학 모델의 창안을 위해 도전한 최초의 시도였다. 여건이 미비한 지방에서 세계적 수준의 꿈을 시도한 개혁이었다.
>
> 둘째, 신자유주의 교육철학과는 다른, 남북통일 시대를 준비하는 상생의 기독교 민족대학의 철학과 민중의 인재를 육성하려는 개혁 정책이다.
>
> 마지막 셋째, 지역의 한일신학대학이 세계교회 및 세계 신학과 직접 교류하고 영향을 줄 수 있는 네트워크를 구축하였다는 점에 의미가 있다.[9]

한일장신대의 교과과정은 상생 디아코니아 프로그램이라고 한마디로 말할 수 있을 것 같다. 김용복 박사께서 나에게 한일장신대에서 디아코니아 업무를 맡기시었다. 뜨거운 감사의 인사를 전하고 싶다. 학생 및 지역 목회자의 해외 사회복지관 탐방, 종합연구원장 이남섭 교수와 함께 추진한 2008년의 국제 디아코니아 대회 그리고 학술진흥재단, 현대아

---

8 이승우, "사람속으로,"「동아일보」 2023. 2. 9.
9 이남섭, "민중신학자, 시골에서 세계적 수준의 기독교 민족대학을 꿈꾸다 ― 민중신학의 제도권 대학개혁 실천과 그 의미,"『민중과 생명 ― 김용복 박사 팔순 기념논문집』, 464-465.

산재단, 대한예수교 장로회총회사회부의 지원으로 수행한 연구과제 등 주위 사람들의 많은 도움을 받았다.

독일 뷔르템베르크 기독교 단체와는 1994년 교류를 시작한 이래 30년 동안 지속적인 좋은 관계를 유지하고 있다. 독일 방문단은 금년 2023년에도 4월 9일부터 15일까지 한일장신대를 방문하게 된다. 제 후임자인 김웅수 디아코니아연구소장의 수고에 감사를 드린다.

# 김용복 총장님을 생각하며

김완식 목사

월드비전, 한일장신대 신학과 93학번

김용복 총장님에 대한 필자의 기억은 대학 시절(1993~1998)을 중심으로 쌓여 있다. 당시의 기억을 되살려서 김용복 총장님과 함께했던 시간들과 총장님께서 주신 말씀을 회상하고자 한다. 필자가 근자에 김용복 총장님을 뵈었던 시간은 2018년 11월 20일이다. 김용복 총장님이 한신대학교 석좌교수로 추대되는 날이었다. 추대식은 한신대학교 신학대학원 장공기념관에서 있었다.

필자는 2017~2019년까지 한신대학교 신학대학원 M.div. 과정에서 공부하였다. 2018년 11월 겨울이 다가오는 즈음에 학교 현수막 게시대에는 낯익은 이름의 석좌교수 추대식 현수막이 걸려있었다. "어, 김용복 총장님. 내가 아는 그 총장님?"이라고 혼잣말을 하면서 기쁜 마음을 감추지 못했다. 필자는 11월 20일 한신대학교 석좌교수 추대식에 참석하였다. 석좌교수로 김용복 총장님을 비롯한 김성재 전 문화관광부 장관도 추대되었다.

김용복 총장님은 연세는 드셨지만, 그래도 과거의 그대로 멋진 학자의 모습을 유지하고 계셨다. 필자는 총장님께 인사를 했다. 총장님은

"어! 너, 이름이 뭐더라…." "김완식입니다." "아 그래! 지금 여기 직원인
가?" "아닙니다. 늦게 신대원에서 Mdiv 공부를 하고 있습니다." "응 그렇
구나! 반갑다!" 하면서 인사를 마쳤다. 그리고 행사가 시작되었는데 필자
는 세미나 수업이 있어서 추대식 전체 시간을 참석하지 못하고 자리를
이동해야 했다.

　1993년 김용복 총장님을 한일장신대학교에서 처음으로 뵙고, 거의
22년 만에 한신대학교 신학대학원에서 다시 뵙게 되었다. 그동안 동문회
나 세미나에서 한두 번 멀찍이서 바라보긴 했지만 이렇게 총장님을
가까이서 뵌 것은 22년 만이었다. 총장님은 나의 이름은 기억하시지
못했지만 얼굴은 기억하시고 반갑게 맞아주셨다.

　두 번째 만남은 고 문동환 박사 장례식이 있는 날 한신대학교 신학대
학원에서 다시 뵈었다. 문동환 박사의 장례는 한신대학교 학교장으로
진행되었고 총장님은 석좌교수 자격으로, 필자는 신대원생 자격으로
장례식에 참석했다. 이때는 사모님도 동행하였다. 사모님도 연세는 드
셨지만, 과거 한일장신대학교에서 뵈었을 때 그대로 품위를 유지하고
계셨다. 총장님은 나를 사모님께 "한일장신대 학생회장 출신 김완식,

지금 신대원에서 공부하는 중"이라고 소개해 주셨다. 그 이후로 2019년
도에 한신대학교 신학대학원서 한 번 더 뵙고, 그다음엔 뵙지 못하였다.
그리고 안타깝게도 2022년 4월 총장님의 부고를 접하게 되었다.

지금부터는 필자의 대학 시절, 필자와 총장님과 함께했던 시간을
되돌아보며 추억을 나누고자 한다. 필자는 1995년도 총학생회장을 역
임하였다. 여기에서는 학생회장으로 활동하면서 총장님을 만나고 대화
하고 나누었던 내용을 중심으로 이야기를 진행하고자 한다.

## 첫 번째 이야기, 총장님의 등록금 인상에 대한 설득

1995년 1월부터 당시 행정처장과 교무처장, 학생회 임원단과의 치
열한 논쟁이 이어졌다. 당시 한일신학대학은 대학 승격 이후 한일신학대
학교인 종합대학교로 승격되는 과정에 있었다. 따라서 학교는 종합대학
에 맞는 등록금을 인상해야 한다는 논리였다. 학생회장으로서 고민이
많이 되었다. 학교 형편도 어렵지만, 학생들 대부분이 목회자 자녀들이
고 넉넉한 형편들이 아니었다. 농촌 교회 자녀들, 미자립교회 자녀들이
대부분이었고, 이들이 신학이나 사회복지학과 학생들이었다. 이런 상황
에 한꺼번에 높은 등록금 인상을 합의했을 때 학생들로부터 들어야
할 원성 또한 만만치 않았기에 많은 고민이 있었다. 결국은 임원단의
논의 끝에 등록금 합의에는 실패하였고, 총학생회는 전학생 동결을 주장
했다. 그런데 행정처장과 교무처장의 일방적인 인상을 강행하였고, 총
학생회 임원단은 이 건을 받아들일 수 없다고 결의하며 등록금 인상
반대 투쟁을 진행하기로 하였다. 그러자 김용복 총장님은 총학생회 회장
과 부회장, 사무국장을 총장실로 불렀다.

등록금 협상과 관련하여 총장님과 총학생회 임원과의 대화가 시작되었다. 총장님은 자신이 지금 하는 일에 대해서 장시간 말씀하셨다. 그러면서 학교 구성원 공동체가 하나 되어서 글로벌 시대에 종합대학교로서의 새로운 면모를 갖추어야 한다고 하시면서 종합대학교로서의 구상을 말씀하셨다. 당시 김용복 총장님은 종합대학교로서의 위상과 발전, 신학대학원 과정 전액 장학금을 실행하기 위해 불철주야 발로 뛰고 계셨고, 굉장히 바쁘고 분주한 일정을 소화하고 계셨다. 김용복 총장님은 WCC, KNCC, 예장 통합교단, 프린스턴신학교 등등을 다니며 후원을 요청하고 자금을 유치하는 일을 하셨다.

총장님은 등록금 협상 대화 중에 "우리 학생들이 지금은 해외를 나가는 것이 어렵지만, 조금만 있으면 글로벌 시대가 되니 외국어를 할 수 있어야 한다"고 강조하셨다. 특히 신학, 사회복지학과 학생들은 전문성과 특성화를 겸비하여 우수한 인재로 발돋움해야 한다고 당신의 포부를 밝히시고 우리를 설득하셨다. 그리고 향후 5년간의 비전을 보여주시면서 총학생회가 같이 협력해 줄 것을 당부하셨다.

총장님은 향후 5년의 비전을 제시하시면서 총학생회에 등록금 조정안을 제시하셨는데, 신입생은 대학교에 맞는 인상안을, 재학생은 동결 수준에서 정리를 했으면 한다고 말씀하셨다. 이후 총학생회는 총장님이 제시한 안을 받아들이기로 하고 총장님의 5개년 비전에 대해 공유하게 되었다. 당시 학교 이름과 로고를 바꾸기 위해 총학생회에서도 공모를 진행해 주기를 당부하셨던 기억이 있다. 지금의 학교 로고도 이때 김용복 총장님께서 다양한 공모를 통해 디자인을 하셨다. 또한 학교 교명을 바꾸기 위해 공청회도 진행하고 공모도 했지만, 교단과 이사회, 교직원들의 반대로 무산되고 결국 지금의 이름인 한일장신대학교로 이사회에서 결정하였다.

필자가 갖는 총장님에 대한 인상은 "한반도 동쪽에는 한동대학교가 있다면, 한반도 서쪽에는 한일신학대학교가 있을 것이다"라고 하면서 학교의 명성과 위상을 향상시키기 위한 포부가 대단하였음을 기억한다. 김용복 총장님의 꿈과 비전이 실현되기를 간절히 바라면서 총학생회 1년 동안 총장님과 발맞춰 학교의 변화와 위상 강화를 위해 노력했던 기억들이 새롭게 떠오른다.

## 두 번째 이야기, 한총련 출범식에 대한 총장님의 입장

당시 김영삼 정부가 학생운동권을 이적단체로 규정하면서 학내 감시나 탄압들이 이어졌다. 우리 대학은 그리 큰 학교가 아니어서 감시나 탄압은 있지 않았지만, 완주경찰서의 정보과 형사가 지속적으로 총학생회 사무실에 오가며 정보를 파악하곤 하였다.

한총련 출범식이 1995년 5월 대구 경북대학교에서 있었다. 어느 날 전북 지역 대학의 많은 학생이 참석해야 한다면서 한일신학대학교에서도 출범식에 참석해달라고 전북총련에서 사람들이 찾아왔다. 우리 대학에서는 인원이 많지 않아서 버스 1대, 40~50명 정도 참석할 수 있을 것 같다고 의견을 나누었고, 그들은 자기 학교로 돌아갔다.

금세 이야기가 새어 나갔는지 학생처장이 호출하였다. 학생처장은 한총련 출범식에 참석하지 말아 달라고 이야기했다. 대학에서 학생들이 참석하지 못하도록 버스 이동을 불허하는 정부 지침이 내려왔다는 것이다. 일단 학생처장과의 면담을 뒤로 하고, 총학생회 임원단과 합의 끝에 학교 버스를 대절하여 대구 경북대로 가기로 결정하였다.

학생처장이 총학생회실로 찾아왔다. 학생처장은 부탁하며 계속해서 참석하지 말라고 요청하였다. 당시 필자는 20대 초반 혈기 왕성한 청년이었고, 시대적 흐름에 부응하여 민주화 투쟁에 열을 올리고 있을 때였다. 학생처장의 말은 들리지 않았다. 그러자 이때 김용복 총장님이 나섰다.

총장님은 나를 호출하였고, 총장실에서 총장님과 마주 앉았다. "완식아! 가야 하니?" "네. 가야합니다." "그러면 가라. 대신 지도교수 한 명과 같이 동행해라. 그리고 학교 버스로 가라." 총장님께서는 "나는 민중신학자다. 민주화와 정의를 위해 외치는 학생들을 나무라지 않는다. 우리 학교 학생들이 다른 대학생들과 학교 깃발을 나부끼며 어울리는 것도 학생들이 학교를 알리는 일이다" 하셨다. 지금 생각하면 필자는 겁이 없었고 단순했다. 그렇게 겁 없이 행동하는 학생들을 보면서 총장님은 혹시라도 사고가 나지 않을까 노심초사하셨을 것이다. 그렇지만 총장님은 학생들의 의견을 들어 주시고, 청년의 때에 정의와 진실을 외면하지 말고 참여하라고 말씀해 주신 분이셨다.

김용복 총장님께서는 학생들이 말도 안 되는 이야기를 해도 의견을 들어 주셨다. "한일장신대학교가 전국에 이름을 알린다는 것이 얼마나 좋은 일인가!" 하셨던 총장님, 학교만 생각하시고, 학교가 어떻게 하면 변화하고 위상이 높아질 것인가를 고민하셨던 총장님, 그렇게 총장님의 호의 속에 무사히 대구 경북대학교에서 진행한 한총련 출범식에 다녀왔고, 나는 완주경찰서 정보과 형사로부터 요주의 인물로 찍히게 되었다. 그때부터 총장님은 나를 볼 때마다 "요즘은 별일 없니?" 하면서 안부를 물으셨다. 총장님! 보고 싶습니다.

## 세 번째 이야기, 2대 총장으로 인준 받지 못한 아픔

그렇게 총장님은 학교를 한 차원 위상을 높이기 위해 일반학과 개설, 신대원 전액 장학생 제도 도입, 독일과 미국에서 박사학위를 받으신 훌륭한 교수님 초빙, 본관동 신축 등 여러 가지 일을 진행하셨다. 세상사가 너무 잘 나가면 시기하고 질투하는 사람은 당연히 있기 마련이다. 총장님의 비전으로 한일신학대학교는 변화의 바람이 불기 시작했다. 필자는 김용복 총장님의 비전을 공유하며 설렜던 기억이 생생하다. 그렇지만 그 변화도 잠시, 김용복 총장님의 학교 운영과 비전에 구성원 일부와 동문들은 불만을 표출하였고, 총장님을 비난하기 시작하였다.

한일장신대학교는 사립학교법의 정관상 굳이 총회의 인준을 받지 않아도 이사회에서 선임하여 교육부에 보고하면 총장이 될 수 있다. 그러나 김용복 총장님은 대한예수교장로회 통합측 직영신학대학으로 정체성을 명확히하였다. 김용복 총장님이 이사회에서 2대 총장으로 재선임 되는 과정이 순탄치 않았다. 그럼에도 불구하고 이사회는 제2대 총장으로 선임하였다. 그러나 한일장신대학교는 예장통합총회 직영신학대학교이기 때문에 총장이 이사회에서 인선 되었더라도 총회에서 한 번 더 인준을 받아야 총장이 될 수 있다. 김용복 총장님은 학교의 정체성에 대해서 누구보다도 뚜렷한 생각을 가지고 계셨다. 당시 이사회에서 선임될 때에도 총회에서 인준을 받지 못하면 자동으로 직무를 정지하겠다는 결의에 동의하셨다. 그리고 총회 석상에서도 결과에 승복하겠다고 하셨다. 결과는 총회에서 한일장신대학교 제2대 총장으로 인준이 안타깝게도 부결되었다

너무 안타까운 것은 당시 일부 교수들과 교직원들의 행태이다. 가짜

뉴스를 퍼뜨리고 전국에 있는 총대들에게 우편으로 음해성 편지를 보내고 이들은 마치 김용복 총장님이 부정부패를 범한 자처럼 매도하고 비난하였다. 이들은 전주한일신학교 시절 기득권을 생각하며 대학교로 승격되면서 자신들의 권리가 박탈당했다고 생각하는 인사들이었다.

이렇게 총장님은 한일신학대학교 초대 총장으로 임기를 마치고 학교를 떠나야만 했다. 그때 만약 김용복 총장님이 계속해서 학교의 수장으로 계속 남아 계셨다면, 학교는 어떻게 변했을까? 그때 만약 학교 이름을 바꿨다면, 학교의 위상은 얼마나 높아졌을까? 4년만이라도 한 회기 더 총장님으로 역할을 하셨다면, 한반도 동쪽에 한동대가 있는 것처럼 한반도 서쪽에 한일장신대가 존재하는 꿈을 김용복 총장님은 이루셨을 것이다.

2022년 9월 8일 10여 년 만에 한일장신대학교 캠퍼스를 찾았다. 필자가 입학하던 1993년 캠퍼스를 이전하고 신축할 때 조경으로 심은 나무들이 아주 작고 보잘것없었는데 지금은 마치 수도원에 올라온 것처럼 울창한 숲속에 종소리가 들리는 듯 종탑이 서 있고, 새들이 지저귀는 소리가 자연과 어우러진 선지동산으로 변해 있었다. 필자는 채플을 찾았다. 채플에 걸린 십자가를 보면서 당시 우리들에게 정의롭고 지혜롭고 가난한 이웃을 위한 목회자가 되라고 당부하시며 학교를 위해 그렇게 노력하셨던 총장님의 모습을 떠올리고, 그 시절의 총장님을 추억했다.

지금의 캠퍼스를 있게 한 김용복 총장님! 보고 싶습니다!! 안타까운 것은 김용복 총장님의 천국 환송을 학교장으로 하지 못하고 먼발치에서 보내야만 했던 어리석은 제자들의 한 사람으로서 죄송하다는 말씀을 드립니다. 총장님! 하나님의 품에서 이제는 영원한 안식을 취하소서.

(본 글은 필자의 단순한 기억에 의존하여 작성한 글이기 때문에 제3자가 봤을 때 혹시 일부 다른 견해가 있을 수도 있음을 밝힌다.)

# 꿈꾸는 소년을 기억하며…

김철한

한일장신대 동문, 완주 명덕교회 목사

'꿈꾸는 소년', 아는 사람은 아는 김용복 박사님의 별명이다. '꿈꾸는 소년'이라는 별명을 처음 들었던 것은 내가 한일로 편입한 지 얼마되지 않았을 때, 김 박사님께서 한일 총장으로 재직 중이실 때였다. 당시 재학생들에게 '꿈꾸는 소년'이라는 별명은 김 총장이 다소 현실감 떨어지는 사람이라는 부정적인 의미를 담고 있었는데 아마 한일을 신학과 중심에서 벗어나려는 것이 아니냐는 의구심과 그에 대한 반감에서 나온 것이라는 생각을 해본다. 나중에 알게 된 것이었지만 김 총장님은 한일에서 큰 꿈을 꾸셨고, 그 꿈은 당시 학생들의 염려와는 다르게 모든 꿈의 중심은 신학이었다.

그 '꿈꾸는 소년'과의 인연은 1998년 봄학기 "신학 원론 세미나"라는 수업을 통해서 시작되었다. 실은 이 수업은 첫 시간부터 걱정하게 했는데 수강생이 고작 4명밖에 되지 않았기 때문이었다. 하지만 그런 걱정이 무색하게 김 총장께서는 수업 시간에 맞춰 강의실에 와주셨고, 인원이 몇이든 폐강하는 일은 없을 것이라는 말씀과 함께 최종적으로 8명이 함께하게 되었다. 그렇게 그 수업은 전적으로 김 총장님의 의지로 시작되었고, 2년 4학기 동안 김 총장님은 한일의 행정 수장으로서 매우 바쁘신 가운데서도 성심과 의지를 갖고 끝까지 챙겨주셨다. 사실 2년 4학기 동안 진행되었던 수업은 때와 장소에 제한이 없이 이루어졌다. 물론 대부분의 수업은 정해진 시간에, 정해진 장소에서 이루어졌지만, 때로 김 총장님의 업무로 인해서 시간을 따로 정해 이루어진 수업도 많았고, 심지어 방학 때까지 수업이 연장되기도 했었다. 수업이 이루어졌던 장소 역시 정해진 강의실을 중심으로 이루어지기는 했지만, 김 총장님의 업무가 끝난 저녁 늦은 시간에는 식당에서도 그리고 방학 때는 어딘지 기억나지 않는 어느 느티나무 아래와 무주의 어느 계곡 같은 자연에서도 그렇게 제약 없이 이루어졌다. 그렇게 김 총장님께서는 그 정해진 2년 4학기 수업을 애정을 가지고 끝까지 챙겨주셨다.

마침 그 2년 4학기가 끝났을 때 김 박사님께서 한일 총장직에서 물러나실 때였다. 그 후로도 김 박사께서는 그 수업에 참여했던 학생들을 중심으로 5~6년, 길게는 십수 년 동안 지리산 피아골의 향토원을 중심으로 그 수업을 계속 이어가 주셨다.

돌아보면 그 짧지 않았던 시간은 김 박사께서는 당신의 지식뿐 아니라 당신의 꿈을 나눠주시고 가르쳐 주셨던 시간이었다. 어쩌면 우리는 짧게는 2년, 길게는 5~6년에서 십수 년 동안 김 박사님께서 꾸시던 꿈 가운데 함께 있었고, 그 시간이 나에게는 정말 꿈같은 시간이었다.

내가 목사 고시에 합격했다는 통보를 받았던 때가 공교롭게 향토원에서 모이는 날이었고, 향토원에 거의 도착했을 무렵이었다. 당연히 내가 목사 고시에 합격했다는 소식을 가장 먼저 들려주었던 사람들도 김 박사님과 향토원에 함께 모였던 사람들이었다. 그리고 보니 나의 목사 고시 합격을 맨 처음 축하해 주신 분도 김 박사님이셨다. 아마 그때 김 박사님께서 축하해 주시고 기뻐해 주셨던 것은 그동안 당신의 꿈을 가르치시고 나눠주었던 사람 중 하나였던 나를 통해서도 그 꿈이 이루어지기를 바라는 마음이 있으셨기 때문이었으리라.

이 무렵이었을 것으로 생각하는데, 첫머리에서 김 총장께서 한일에서 큰 꿈을 꾸셨고, 그 꿈은 당시 학생들의 염려와는 다르게 모든 꿈의 중심은 신학이었다고 했었던 것이 김 박사께서 들려주셨던 한일 총장으로 재직하셨을 때 가지셨던 꿈과 계획에 관한 말씀 때문이다. 당시 김 총장께서 한일 안에 철학과 역사학과 경제학을 비롯하여 예술, 문학뿐 아니라 생명과학과 건축학에 이르기까지 다양한 학과를 개설하셨던 것은, 먼저 다양한 분야의 학문을 기독교적 관점에서 교육함으로 기독교적 가치관을 가진 인재를 양성하겠다는 것과 목회자를 양성하는 신학교로서 목회자 후보생으로서 신학생에게 다양한 학문을 접하고 공부함으로써 최소한 한일을 통해서 배출되는 목회자들은 다양한 분야에 관심과 지식을 가지고 더 폭넓은 목회를 할 수 있도록 기회를 제공하고자 했었다는 것이다.

김 박사님을 추억하며 '꿈꾸는 소년'이라는 별명과 또 더불어 꿈을 이야기하는 것은 아마 그 추구하시던 일들이 세상에서는 좀처럼 이루어질 수 없는 것들이었다는 생각 때문이다. 그 추구하시던 일들이 세상에서는 좀처럼 이루어질 수 없는 것들이라 생각했다고 해서 결코 허황하거나 무모한 꿈을 꾸셨다는 것은 아니다. 오히려 그 꿈들은 반드시 이루어야 하고, 반드시 이루어져야 할 것들이었다. 그러나 그렇게 생각하시고 추구하시던 일들이 세상에서는 좀처럼 이룰 수 없을 그리고 나와 같은 평범한 사람들이 감당하기에는 버거운 것들이었기에 꿈이라고 표현하는 것이다. 오히려 김 박사님께서 꾸시던 꿈은 그리스도인이라면 누구라도 꾸어야 하는 꿈이었고, 그리스도인이라면 누구라도 공감해야 하는 꿈이었다. 김 박사께서 꾸시던 꿈은 결국 '하나님 나라'였기 때문이다.

김 박사님은 하나님 나라를 꿈꾸셨다. 김 박사님은 하나님의 피조 생명이 온전한 생명을 누리는 그런 하나님 나라를 꿈꾸셨다. 다른 가치가 생명의 가치를 우선하는 세상에서 생명이 생명의 가치를 회복하고, 모든 하나님의 피조 생명이 생명다움을 회복할 수 있는 그런 하나님 나라를 꿈꾸셨다. 그렇게 모든 생명이 누구에게도, 어떤 경우에도 차별받지 않는, 그래서 하나님의 은혜를 공평히 얻고 누리며 상생 공존하는, 그래서 그 생명을 온전히 누릴 수 있는 생명의 터로서의 하나님 나라를 꿈꾸셨다. 그리고 그 꿈들을 실현해 갈 수 있도록 환경과 평화, 정의는 물론 경제에 이르기까지 다양한 분야에 관심을 가지고, 다양한 분야의 전문가들과 연대하셨다. 김 박사께서 마지막까지 생명학을 말씀하셨던 것이 바로 이 때문이라 생각한다.

1998년 봄학기에 시작된 김용복 박사님의 "나의 신학 원론 세미나" 수업은 전혀 예상치 못한 가운데, 전혀 의도치 않게 지난해 2022년 완전히 종강하였다. 그동안 늘 김 박사님의 꿈을 지지하던 한 사람으로서 그 꿈들을 이루기 위해서 추진하셨던 일들이 어그러질 때마다 안타까움과 함께, 도움이 되지 못한다는 죄스러움이 늘 마음 한쪽에 자리하고 있었다. 그 수업이 끝난 지금 나는 김 박사님께서 그 꿈들을 얼마만큼 이루셨는지 그리고 그 꿈이 지금 얼마나 이루어졌는지 알 수도 없고, 가늠할 수도 없다. 다만 20여 년의 짧지 않았던 세월 동안 김 박사님을 통해서 나는 그리스도인이라면 또 목사라면 어떤 꿈을 꾸어야 하는지, 그 꿈을 어떻게 꾸어야 하는지 그리고 그리스도인으로서, 목사로서 마땅히 꾸어야 할 꿈이 무엇인지를 배웠다. 그리고 김 박사님이 꾸시던 것에 비하면 작고 미약할지라도 그 꿈은 내 안에 여전히 살아있고, 그 꿈은 지금 나의 신학이 되어 있다. 김 박사님과 함께했던 지난 시간 그리고 나의 교회 사역을 더듬어 보면, 그동안 나의 모든 사역은 김 박사님으로부터 듣고 보고 배웠던 생명의 터로서의 하나님 나라를 전하고 가르치는 일들로 이루어졌다고 말할 수 있겠다.

돌아보면 김 박사님은 당신이 꾸시던 꿈을 함께 나눌 더 많은 사람을 찾으셨다. 그리고 더 많은 사람과 함께 그 꿈을 꾸며, 그 꿈을 함께 이루어 가기를 원하셨다. 그 꿈이 얼마나 이루어졌는지 그리고 김 박사님과 함께 그 꿈을 공유하는 사람들이 얼마나 많아졌는지 알 수는 없다. 다만 나처럼 부족하고 미약할지라도 그 꿈을 여전히 지지하고, 미약하나마 그 꿈을 이루어가고자 하는 사람을 통해서 그 꿈의 씨앗이 뿌려지고 그 꿈은 싹을 내고 점점 자라갈 것이며, 그렇게 김용복 박사께서 꾸시던 그 꿈, 하나님 나라는 더욱 부흥될 것이다.

저에게는 여전히 총장님이라는 호칭이 자연스러운 것을…. 선생님, 사랑하고 감사했습니다.

# 매일 만나도 다 못 만나는 당신

박민수

한일장신 신대원 5기, 통합 대전 나무교회 목사

30대 초반에 나는 독일에 갈 기회가 있었다. 당시 독일뿐만 아니라 인접한 이탈리아, 프랑스 그리고 스위스에 잠깐 발을 디딜 수 있는 기회가 있었다. 20년이 지난 지금도 잊히지 않는 장면은 스위스에서 호수를 바라보며 커피 한잔을 마시는 순간이었다. 거대한 설산 밑에 푸른 잔디가 있고 그 밑 호수에서 사람들은 수영을 하고 있었는데 마치 거대한 지구 위에 나 혼자 있는 듯한 느낌이었다. 온 우주를 품고 정지된 시간 위에 서 있는 느낌이었다. 정말 사진으로만 보아왔던 장면이 눈앞에서 펼쳐지자 나도 모르게 탄성이 나왔다. 그리고 몸속으로 들어가는 에스프레소 한 모금은 잔을 넘치게 만드는 한 방울의 물처럼 모든 것을 채워 넘치게 했다. 나의 몸은 아직도 그 향과 진함을 기억하고 있다.

그렇게 시간이 지나도 잊히지 않는 것이 있다. 아니, 그때 그 커피처럼 시간이 지나면 지날수록 더 또렷해져 몸으로 느낄 수 있는 그 무엇이 존재한다. 그것은 큰 행복이다. 사람도 만남도 그렇다. 깊은 에스프레소의 맛처럼 시간이 지나면 더 그리워지고 진해져 한 번이라도 더 만나고 싶은 사람, 그런 분을 만난다는 것은 더할 나위 없는 행복이고, 그런

분의 가르침을 받을 수 있는 기회가 있다는 것은 더 큰 은혜다.

1999년 '전주'는 나의 삶에서 완전한 봄이었다. 겨울과 같은 깊은 고민의 터널을 지나 신학대학원에 들어간 나에게 한일장신대학교로 가는 길은 벚꽃 찬연한 평화롭고 즐거운 시간이었다. 때로는 서울에서, 때로는 대전에서 전주를 가기 위해 출발할 때면 입가에 미소가 지어졌고, 마음에 평화가 찾아왔다. 봄 길의 꽃들도 좋았고, 가을의 단풍도 좋았지만 무엇보다도 어디서도 들을 수 없는 강의는 짜릿한 경험이었다.

그렇게 김용복이라는 큰 산을 만나 그 그림자 밑에서 함께 고민하고 토론했던 시간들이 마치 꿈과 같이 지나갔다. 그리고 지금 그분의 얼굴을 볼 수 없는 이 순간 깊은 눈빛 속에 하나님의 마음과 한국교회를 향한 사랑을 담아 '신학'이라는 학문의 지평을 더 깊고 넓게 만들어 주었던 수업들이 떠오른다. 무엇보다도 그의 수업은 한국교회에 갇혀 있지 않았다. 세계 기독교 역사의 흐름 속에서 한국교회의 위치와 오늘 내가 서 있는 '지금'이라는 현장을 조망하는 시간이었다. 때로는 기독교의 틀을 넘어 이웃 종교와 만나고 '신학'을 벗어나 또 다른 학문의 영역과 대화하면서 '신학'은 더 풍성해지고 깊어지고 다양해졌다.

강이 바다를 향해 가면서 더 많고 다양한 또 다른 강들과 만나듯 우리는 수업을 통해 더 많은 역사와 교회를 만났고, 그 속에 함께하신 하나님의 놀라운 섭리들을 경험했다. 특히 한반도라는 지정학적 특성 속에서 한국의 '신학'이 가져야 할 매우 중요한 주제인 '생명'과 '평화'는 그의 모든 강의의 바탕이었고, 큰 흐름이었다.

특히 '한국 기독교 사상사의 전개'라는 과목은 과거와 현재를 오가고 동양과 서양을 넘나드는 이야기로 가득했다. 한국교회의 어제와 오늘, 과제와 희망을 다양한 각도와 시선으로 볼 수 있게 해주었는데 그것은 어디에서도 읽거나 들을 수 없는 이야기였다. 무엇보다도 경계를 넘어서는 그의 이야기를 들으며 이 땅에서 목회해야 하는 우리들이 풀어야만 할 과제들을 발견하게 했다. 지역과 계층, 남과 북으로 나눠진 이 땅의 수많은 경계선들이 시간이 흐르면서 갈등과 반목, 혐오와 차별로 왜곡되고 변질되면서 사회 곳곳에 스며들었다. 더구나 이 경계를 넘어 생명과 평화를 만들어가야 할 교회라는 공동체는 오히려 그것을 더 공고하게 만들어가고 있었다. 이러한 현실과 마주했던 나에게 김용복 선생님의 강의는 큰 울림이었을 뿐만 아니라 새로운 가능성을 꿈꾸게 하는 시간이었다. 조용조용 속삭이듯 전하는 그의 이야기는 우리의 마음과 생각 속에서 번개와 천둥이 되어 가슴을 뛰게 만들었다.

하지만 그의 생각을 담기에 한국교회의 현실은 너무나 강팍하고 척박했다. 자신의 생각과 다르다는 이유로 적을 만드는 편협함과 자신의 이익에 유난히 발 빠른 얍삽함이 그를 경계선 멀리 밀어냈다. 온갖 음해가 난무하고 왜곡되고 조작된 이야기들이 학교를 가득 채웠고 병들게 했다. '복음'은 사라지고 각종 이해와 이익에 따라 사람들은 움직였고, 선배라는 이유로 어떤 목사는 후배 전도사에게 폭력을 행사했다. 신학교와 교회 지도자의 감춰진 얼굴이 그대로 드러난 사건이었다.

그러나 환영받지 못한다고 해서 거짓이 되고 환영받는다고 해서 진실이 되는 것은 아니다. 1999년 가을 학교 정상화를 위한 단식농성을 하면서 나는 김용복 선생님의 주름진 웃음에 담긴 삶의 고뇌와 고독을 조금이나마 이해하게 되었고, 그분의 외로움에 동행하길 원했지만 지켜드리지 못한 아쉬움과 교단 정치의 현실에 진한 아픔과 상처를 간직한 채 한동안 선생님의 얼굴을 볼 수 없었다.

그렇게 몇 번의 봄날이 지나고 여러 번의 겨울이 지난 어느 여름,

지리산 피아골 '향토원'에서 만난 선생님은 여전히 그 모습 그대로였다. 시간이 흘러서였을까 한결 여유롭고 풍성해진 선생님의 이야기는 더욱 다채로웠다. 교회학교 아이들과 함께 수련회로 간 그곳에서 모든 일정이 끝나고 취침에 들어가면 또 다른 수련회가 시작되었다. 우리의 영혼은 더 또렷해졌고 맑아졌으며, 칠흑 같은 지리산의 하늘처럼 알 수 없는 깊음에 빠졌다.

어머니 산, 지리산의 이야기에서부터 별과 우주 그리고 국제 관계 속에서 우리가 해야 할 일들과 풀어가야 할 과제들을 함께 나누며 수많은 아이디어가 은하수처럼 펼쳐졌다. 또 다른 우주가 열리고 세상을 품는 시간. 선생님은 이제 다음 세대인 우리가 펼치고 만들어가야 할 세상이라고 말씀하셨다. 그렇게 우리는 선생님으로부터 시작된 또 다른 하나님의 세상을 꿈꾸며 삶의 자리로 돌아오곤 했다.

이후로도 '한여름 밤의 꿈'은 몇 번이나 지속됐다. 이제는 하늘의 별이 되어버린 고성기 목사와 함께 김용복 선생님에 대한 이야기를 나누면서 우리가 함께 같은 꿈을 꾸고 있다는 사실에 흐뭇해하곤 했다. 질문과 질문이 만나고, 질문에 대한 대답이 이어지면서 우리의 생각은 더 넓어졌다. 하지만 우리의 삶은 넓어진 생각을 따라가지 못했다. 그것은 부끄러운 게으름과 자잘한 욕심들이 우리의 손과 발을 묶고 현실이라는 변명이 우리를 길 위에 주저앉혔기 때문이다.

그때마다 지리산의 별들은 내가 가야 할 길을 새롭게 비춰주었다. 두 다리에 힘을 불어넣어 주었고, 허리를 세우고 어깨는 반듯이, 두 눈은 앞을 보게 만들었다. 쉼이 필요할 때마다 지리산 향토원을 찾았고, 걷고 걷고 걸으며 지리산 품에 안겼다. 운이 좋으면 향토원에 오신 선생님을 만날 수 있었고, 고성기 목사와 함께 선생님의 이야기를 들을 수 있었다. 그때마다 느꼈던 것은 선생님의 생각이 젊은 우리보다 더 젊고 활기찼다는 것이다. 방향은 변함없었지만, 생각과 시선은 늘 새로운 도전이었다.

선생님은 그렇게 매번 만나도 또 다른 모습이었고 우리가 닿을 수 있는 분이 아니었다. 그러나 한결같은 그분은 한 번을 만나도 훤히 볼 수 있었던 맑은 분이셨다. 권위적이지 않아 긴장할 필요가 없었고, 투명해서 계산할 필요가 없었다. 마지막으로 나누었던 이야기는 향토원을 통한 생명 공동체 마을의 연대였고, 지리산이 품은 생명들이 함께 연대해서 만들어갈 대동세상이었다. 생명과 평화의 센터로서 피아골이 또 다른 역할을 할 수 있기를 바라셨다. 현장과 현장이 만나고 현장과 신학, 또 다른 학문들이 서로 어우러져 더 큰 생명을 품을 수 있는 날이 오기를 바라시던 선생님의 말씀이 지리산의 별처럼 또렷하다.

흐르는 물이 얼지 않는 것처럼 선생님은 그렇게 하나님을 향하여 흐르고 계셨던 것이다. 어떻게 저렇게 끊임없이 흐를 수 있을까? 그것은 아마도 생명평화를 향한 선생님의 열정 때문이었을 것이다. 멈추지 않고 앞으로 흐르고 흘러 하나님의 바다로 나아가셨던 선생님의 모습은 나에게 늘 도전이었다. 한 시대가 그렇게 붉은 노을이 되어 흘러가고 있다는 것을 깨달을 때쯤 선생님의 소식을 들었다.

시간이 지나도 그 꼿꼿한 모습과 웃음 그리고 생명평화 넘치는 상상력은 잊지 않을 것이다. 무엇보다도 자신의 생각을 강요하지 않고 작은 질문도 소홀히 대하지 않으시던 선생님의 모습은 진정한 어른의 모습으로 기억된다.

이제는 선생님과 선생님의 유지를 이어가기 위해 향토원 원장으로 내려간 고성기 목사와 함께 다시는 밥을 먹으며 또 다른 우주를 꿈꿀

수는 없겠지만 같이 품었던 그 마음만은 나의 삶에 살려내 다시 싹을 틔워내야겠다. 오늘도 그리운 이들을 위해 하늘을 본다.

# '꿈 많은 소년', 고 김용복 총장님을 기억하며

박충배

신학과 90학번, 신학대학원 1기, 전주 예닮교회 목사

고(故) 김용복 총장님을 다시는 만날 수 없다는 것이 서운하고 아쉽다. 그동안 총장님의 글을 읽고 또한 총장님과 나눈 경험들을 가졌기에 총장님에게 감사를 드리고 싶다. 한일신학교 신학과 2년과 신학대학원 3년을 지내면서 김용복 총장님과의 스쳐 지나간 인연들을 회고해 보고자 한다.

## 첫째, 총장님은 '꿈 많은 소년'이었다

고 김용복 총장님은 내가 한일신학교 3학년이던 1993년에 전주 다가산자락에 있는 한일신학교 선지동산에 학장으로 부임하셨다. 학장으로 부임한 김 총장님을 사람들이 여러 말로 평가하곤 하였다. 그중에 하나가 '꿈 많은 소년'이었다. 총학생회와 여학우회 대표협의회 대표들과 대화의 시간에 김 총장님은 자신의 생각과 포부를 제시하였다. 그 대화 시간 이후 학생들은 총장님을 '꿈 많은 소년'이라고 말하기 시작했다. 학교 이전, 종합대학 승격, 세계적인 글로벌 인재의 한일장신대학교를 만들

어가겠다는 것이었다. 또한 1년 정도는 학생들을 전원 기숙사에서 공동체 생활을 하게 하고 전액 장학제도를 도입하시겠다는 것 등이었다. 열악한 학교 상황에서는 '꿈 많은 소년'이라는 말은 적절한 표현이었다.

그 '꿈 많은 소년'의 생각은 8년 동안 학장과 총장으로 사명을 감당하시면서 '꿈 많은 소년'의 꿈을 현실로 이루어 가셨다. 전주 시내 다가산 자락의 한일신학교가 완주군 상관면 신리 어두골로 이전을 하게 되었다. 전액 장학제도는 1997년 내가 신학대학원 1기로 입학했을 때 실천되었다. 입학생 20명 전원은 졸업할 때까지 장학 혜택을 받게 되었다. 어려운 상황의 학생들에게 학비가 없어서 공부를 포기하는 일이 없도록 해야 한다는 생각과 꿈이 실제로 이루어지는 경험을 하게 되었다. 또한 1년간 공동 기숙사 생활은 후배들이 경험한 것으로 알고 있다. 이같이 불가능하다는 생각이 지배적이고 전혀 설득력이 없어 보이는 상황에서도 김 총장님은 묵묵히 이것들을 실천하시고, 그 어려운 일들을 이루어 가셨다. 학교 이전, 종합대학 승격, 전액 장학제도, 공동 기숙사 생활 등 불가능해 보이는 일들을 총장님은 현실에서 가능하도록 만들어 가셨다. 이렇게 '꿈 많은 소년'은 그의 꿈을 이루었고, 그 꿈을 토대로 지금의 한일장신대학교가 발전해 오고 있다고 생각한다.

## 둘째, '안부(安否)를 물어주는 스승'이었다

김용복 총장님을 회고하면서 가장 기억에 남는 또 하나는 누군가의 '안부'(安否)를 물어주는 스승이셨다는 것이다. 내가 총학생회장을 하는 동안 학교의 여러 현안에 대하여 김용복 총장님과 많은 대화들을 나눌 수 있었다. 그러던 중 한 번은 총장님께서 나의 조모님에 대하여 안부를 물어보시는 것이었다. 나는 깜짝 놀라지 않을 수 없었다. 나의 조모님은 손자가 신학교에 가서 신실한 목사가 되는 것이 간절한 기도 제목이셨다. 그러던 중 손자의 성실한 학교생활보다는 길거리에서 데모하러 다니고, 학내 문제로 학교가 갈등이 있을 때 학교 측과 반대되는 학생들 편에 참여한다는 소식을 접하시고는 깊은 걱정과 근심을 하곤 하셨다. 그러던 중 조모님의 몸은 더 안 좋아지셨고, 조모님의 건강 악화 이야기를 사석에서 총장님과 나눈 적이 있었는데 그 후 총장님은 나의 조모에 대하여 '안부'를 물으셨던 것이다.

총장으로서도 혁혁한 공로가 있고, 학자로서도 탁월한 인재이며, 행정가로서도 모자람이 없는 총장이셨지만, 나에게 김용복 총장님은 한 인간의 고뇌에 대하여 '안부'를 물어주는 참 스승이셨다는 것이다. 실력이 좋은 사람도 많다. 학벌이 좋은 사람도 많다. 책을 많이 펴내서 돈을 많이 버는 사람도 있다. 아무리 실력이 탁월하고 능력이 많고 책을 많이 써 낸다 하더라도 한 인간으로서 사람 냄새 혹은 누군가의 아픔과 한숨에 작은 관심을 기울이는 스승은 많지 않은 것 같다. 김용복 총장님은 나에게 조모님의 '안부'를 물어주시던 따뜻하고 품이 넓은 깊은 울림이 있는 참 스승이셨다.

### 셋째, "실력을 갖춰라" 그리고 "나만의 양복을 입으라"고 말씀하셨다

김용복 총장님은 채플 시간에도 학생들에게 실력을 갖추라고 말씀하셨고, 사석에서 본인에게도 그렇게 이야기하셨다. 총장님 본인이 프린스턴에서 공부할 때 최소한 300권의 책을 완전히 마스터하였다고 말씀하셨다. 그러므로 우리도 그래야 한다고 하셨던 것이다. 여러 다양한 책들을 섭렵하고 깊은 사색을 통해서 한 가지 옷만을 입으려 말고 여러 가지 색깔의 옷을 입어보고 나만의 독특한 옷을 입고 목회해야 한다는 취지의 말씀이셨다. 전통적인 한 가지 색의 한 옷만을 고집하는 목회자가 되지 말고 다양한 옷을 살펴보되 그 많은 옷 중에 나만의 옷을 만들어 가려면 실력을 쌓는 과정이 반드시 필요하다는 의미였다고 생각한다.

총장님의 이런 말씀과 생각은 이 시대의 목회자인 나에게 너무나도 귀한 말씀이었다고 생각한다. 교회와 목회자가 세상으로부터 외면 받고 세상이 오히려 교회와 목회자를 염려하는 시대가 되고 말았다. 그것은 바로 전통적으로 내려오던 한 가지 옷만을 고집했기 때문이라고 생각한다. 시대를 내다보지 못하고 사람들의 요구가 무엇인지 고민하지 않았기에 배타적인 목회자, 개교회주의적 교회, 배타적이고 이기적인 그리스도인을 많이 만들어 내고 말았다. 내가 가진 질그릇에 예수라는 보화는 절대적으로 바뀌어서는 안 되지만, 그 보화를 담은 그릇은 한가지이어야만 하는 것은 아니다. 우리의 작은 그릇들이, 교단이, 신학이, 목회가, 교회가 복음을 바르게 전하기 위해서는 시대가 요구하는 필요를 발견해야 한다고 생각한다. 그러려면 시대를 읽는 안목과 다양한 주장들을 만나면서 나만의 옷을 만들어 입어야 할 것이라고 생각한다. 실력을 쌓고 나만의 옷을 만들어 입으라는 그분의 말씀은 30년이 지나도 아직도 살아서 나의 가슴을 두드리고 있다.

지금까지 내가 만나고 경험한 고 김용복 총장님을 회상하면서 몇 가지를 살펴봤다. 그렇게 '꿈 많은 소년'의 꿈이 이뤄졌고, 작은 한 노인의 아픔에 대하여 외면하지 않고 '안부'를 물어주셨으며, 후학들에게 "실력을 쌓고 나만의 옷을 만들어 입으라"는 총장님의 말씀은 나의 인생에서 잊을 수 없는 기억들이다. 다만 그분이 그렇게 말씀하신 대로 내 삶을 살아내지 못해 미안하고 송구할 뿐이다. 그럼에도 다시 한번 그 어르신이 말씀하신 대로 다시 한번 살아보려고 한다.

나도 다시 한번 '꿈꾸는 소년'이 되어보고자 한다.

나도 다시 한번 누군가의 '안부'를 물어보고자 한다.

나도 계속 실력을 쌓고 나만의 마지막 한 벌의 옷을 만들어 입고 살아보고자 한다.

김용복 총장님! 많이 감사했습니다.

# 김용복 총장을 추모하면서

백남운

전주 효자동교회 은퇴 목사

한일장신대학교 발전에 온 힘을 쏟은 고 김용복 박사님과의 기억을 상기하면서 나는 박사님을 추모하고자 한다.

내가 김용복 박사님을 처음으로 알게 된 것은 장로회신학대학원을 다닐 때였다. 친구의 권유로 나는 종로5가 기독교회관 소그룹 세미나에 참여하여 김 박사님의 강의를 들었는데 너무나도 박식한 강의였기에 지금도 기억이 새롭다. 이렇게 박식한 분이 한국인이었다는 것이 놀라웠다. 또 신학자라고 하는데 세계 경제의 흐름을 너무나 잘 알고 계셨다. 김 박사님은 세계를 흔드는 자본으로 인하여 부익부 빈익빈의 격차가 점점 심화되는 상황에서 고통당하는 자들을 위한 활동이 곧 주님을 위한 일임을 강조하였다. 나는 그를 경제학 박사로 착각할 정도였다. 처음 들어보는 그의 첫 강의가 너무 강한 이미지로 남았는데, 이것이 그를 존경하게 된 발로였다.

그 후 크고 작은 세미나에 참석하여 김 박사님의 강의를 듣곤 했다. 이러한 강의들이 나의 신학과 목회의 기초가 되었다. 나는 신학교를 졸업하자마자 구로공단 사원들을 중심으로 야학을 하였고, 이들에게 배움의 길을 열어주는 산업 선교 목회를 시작하였다. 김 박사님의 신학적 견해를 따라 나는 매머드와 같은 엄청난 힘에 눌려 사는 가난한 자들을 위한 목회가 하나님을 기쁘시게 하는 목회로 알고 실천하게 되었다.

그 후 나는 제주도에서 목회를 하였는데 이를 통하여 구로공단과는 다른 가난한 사람들의 영적 문제를 생각하는 교회의 목회도 하게 되었다. 김 박사님으로부터 영향을 받아 행한 가난한 자들의 경제적인 육의 문제를 위한 목회와 또한 가난하면서도 순수하게 하나님을 의지하는 영적인 문제의 목회를 결합하여 나는 영육을 위한 목회자로서 길을 걸어오게 되었다.

나는 신학생 때 들었던 다국적기업으로 인하여 가난한 자들이 소외되는 비인간적 삶을 말씀하신 김 박사님의 강의를 기억하고 있었지만, 내가 제주도에서 목회를 하는 3년 동안에는 김 박사님과의 연락이 끊기었다. 그 후 전주 효자동교회 담임목사로 부임한 나는 샌프란시스코 목회학 박사과정에서 3년간 공부하면서 다시 김 박사를 만나 강의를 듣게 되었다. 이때 나는 동학운동과 민중의 역사를 배우게 되었다.

내가 김 박사님을 자주 만날 수 있었던 때는 그가 한일신학교 학장으로 취임하고 초대 총장으로 봉사하신 8년 동안이었다. 한일에서 시무하는 8년 동안 학교에서 세미나가 있을 때마다 김 박사님은 나에게 초청장을 보내주었다. 이러한 세미나를 통해 김 박사님은 목회가 교회 교인들만을 대상으로 하는 것이 아니고 구조적으로 부익부 빈익빈을 통해 가난한 자들을 양산하는 독재자와의 싸움과 연관되는 선교임을 인식시켜 주었다.

특별히 기억에 남는 일이 두 가지가 있다. 하나는 한일신학교가 1994년에 정규 4년제 대학 인가를 받는 쾌거를 이룬 일이다. 이것은 일편단심 학교를 발전시켜야겠다는 일념과 믿음으로 추진한 김용복 목사님에게 준 하나님의 선물이었다. 하나님의 섭리 가운데 한일신학대학교는 1996년 신학대학원 교육을 시작하여 목사 후보생들을 배출하였다. 김 박사님은 목표를 세우시면 어떠한 난관이 있다 할지라도 포기하지 않고 추진하는 힘을 가지신 분이었다. 나는 이러한 추진력은 일편단심 주님의 영광을 위한 일념에서 생긴 힘이라고 믿는다. 김 박사님은 모든 영광을 주님께 돌리고, 모든 것을 하나님의 뜻에 맡기는 총장님이었다.

또 다른 것은 김용복 박사님의 총장 연임과 관련된 일이다. 한일장신대의 미래를 생각하는 많은 이들이 학교 발전을 위하여 김 박사님께서 총장 한 회기를 더 하기를 바라 이사회에서 총회에 연임 추인 인준을 올렸다. 그러나 승승장구 발전하는 한일장신대학교를 시기 질투하는 정치꾼과 학교 내 사욕을 부리는 자들에 의하여 총회 인준 부결이라는 어처구니없는 일이 발생하였다. 마치 교회 담임목사 위임 부결과 같은 결과가 나오게 된 것이다. 그러나 김 박사님은 전적으로 하나님 손에 맡기시는 오직 믿음의 총장이었다. 총회 정치꾼들은 조직적으로 유인물을 발송하고 총회 총대들에게 로비하면서 유인물들을 돌려 반대표를 유인하고 있을 때였다. 나는 김 총장님을 찾아가 반대쪽 유인물 속에 나타난 모함들에 대하여 반박하고 해명하는 유인물을 총대들에게 돌리고 싶다고 하였다. 그러나 김 총장님의 만류로 나는 이들을 반박하는 유인물을 단 한 장도 돌리지 않았다. 그런데 총회 투표에서 총회 정치꾼들에 의하여 15표가 모자라 김 총장의 연임이 부결되었고, 결국 학교를 떠나시게 되었다. 함께 연임을 추진하던 교수 중에는 연임이 부결되자 반대하던 쪽으로 재빠르게 합세하여 출세한 교수를 알게 되었는데, '저분이 진정으로 김 박사님의 연임을 원하셨는가?'라는 의심이 지금도 사라지지 않는다.

학교를 떠난 후에도 쉴 틈이 없이 한국은 물론 세계적으로 소외된 이웃과 신학의 발전을 위하여 유창한 영어 실력을 발휘하셨다. 김 박사님의 영어 실력은 자타가 공인할 정도를 넘어 탁월한 실력이 입증되신 분이다. 정장복 총장과 어느 날 김용복 박사에 관한 이야기를 하던 중 정 박사가 나에게 하신 말 일부를 인용하면 "김용복 박사의 영어 실력은 대단하더라. 미국에서 어느 국제 심포지엄에 같이 참석할 기회가 있었는데 김용복 박사가 구사하는 영어 실력을 보니 아주 수준 높은 단어로 문제를 구사하는 것을 보니 나는 유치원의 영어 실력이더라"라는 말을 들은 바가 있다.

김 박사님은 이미 세상을 떠나신 분이지만 나에게는 지금도 살아계셔서 물질이나 인간적이 아닌 순수함과 오직 믿음으로 전적으로 하나님의 손에 맡기시는 영적 지도자로 교훈을 주고 있다.

# 김용복 총장님과의 추억을 생각하며

소복섭

한빛교회 목사, 1989~1993 졸업

나는 중학교 때부터 교회에 다녔고, 내가 다니는 교회는 한국기독교 장로회에 속하였다. 그때는 몰랐지만 민주화운동에 앞장서던 교단이었고, 나는 자연스럽게 교회 목사님으로부터 많은 이야기를 들으며 신앙생활을 했다. 그중에서 지금도 잊을 수 없는 일이 있는데, 당시 목사님 사택에서 교회 형님들과 광주 5.18항쟁의 비디오를 시청한 일이었다. 너무나도 잔인하고 무서운 비디오였다. 독일의 기자가 기록한 비디오를 몇 번을 돌려보며 우리 사회의 암울한 현실을 바라보기 시작했고 중학교 시기를 지나 고등학교에 진학하게 되었다.

나는 1986년에 고등학생이 되었다. 그 시기 대한민국은 민주화운동이 한창이었다. 내가 다니던 고등학교 주변에 대학교가 있었는데 항상 봄이 되면 최루탄 가스로 수업 시간에 창문을 열 수가 없었고, 그런 날들이 익숙해졌다. 당시에 대학에 다니던 형님과 대학 근처에서 함께 자취를 하고 있었기에 집회가 익숙했고, 가끔 집회에 참가하기도 했다. 물론 형님과 형님 친구들과 함께였다.

신앙생활을 열심히 하다 보니 교회에서 어린이들을 가르치는 교회학교 교사가 되고 찬양대원으로 활동했다. 참으로 열정적으로 참여했으며 많은 어른들로부터 칭찬을 들으며 신앙생활을 했다. 교회 내에서 신앙생활을 열심히 하다 보니 자연스럽게 목회자에 관심을 갖게 되었고 목사가 되어보자는 생각에 한신대학교에 가려고 했다. 하지만 대학에 낙방하고 재수를 생각할 때 교회 목사님으로부터 한일신학교에 진학하라는 권면을 받았고, 그 후에 한신대학원을 진학하면 기장 목사가 될 수 있다고 하셨다.

당시에는 모 교회에서 함께 신앙생활을 하던 형님이 한일신학교에 다니고 있어서 자연스럽게 나는 89학번으로 입학하게 되었고, 입학 후에는 현대신학연구회라는 동아리에 가입하고 활동하게 되었다. 당시에는 대학마다 등록금 인상 반대 투쟁이 펼쳐지고 있었고 한일신학교도 마찬가지였다. 그 당시 재학생들에 비하여 신입생만 압도적으로 많은 등록금이 인상된 사실을 알게 되었고, 나는 그것을 분석하고 대자보를 작성하여 학교 벽에 붙이는 일을 하는 등 등록금 반환 투쟁을 하기 시작했다. 물론 나 혼자가 아니라 동아리 동료, 선배들과 함께였다.

35년이 지난 지금도 잊을 수 없는 사건이고 당시 84,000원(약 15%)이라는 등록금을 반환받아 냈다. 결과적으로는 반환받은 것이 등록금이 아니라 입학금이라는 것에 아쉬움이 남는다. 학교생활을 열심히 하는 중에도 당시의 시대적 현실인 민주화운동에 적극적으로 참여하며 지냈다. 동아리 활동 중에 신학, 철학, 역사 서적 등을 탐독하며 성장하였고, 학교 신문사 활동도 하기 시작했다. 그러던 중 시대의 변화인가? 학장이 은퇴하고, 총장도 새로 부임해 오셨는데 그분이 김용복 박사였다.

한국의 민중신학을 전 세계에 알리고, 한국의 신학발전과 민주주의를 알리는 세계적인 신학자로 알려진 김용복 박사. 김용복 총장님은 학생들과의 소통을 중요시했고, 많은 실력 있는 교수님들을 임용하면서 한일장신대학교를 역사와 실력을 갖춘 신학대학으로의 전환하셨다.

자주 총학생회와 사회운동기독교사회운동연합회 등의 활동을 하면서 여러 번 김용복 총장님과의 대화를 통해 학교의 나아갈 방향과 학생들의 미래뿐만 아니라 한국교회의 미래를 고민하고 토론하며 우리는 그렇게 성장해갔다.

김용복 총장님은 우리 젊은 학생들에게 늘 너무나 든든하다고 격려해주셨다. 이유는 아마도 우리들이 덩치가 가장 큰 학생들이었기 때문일지도 모른다. "총장님! 나중에 결혼할 때 주례해주십시오!" 하면 "그래! 연락만 하면, 소군 주례해주지!" 그러셨다. 그런 따뜻하신 분이셨다.

모두가 잘 아는 것처럼 김용복 총장님은 연세대 철학과를 졸업하고 미국으로 건너가 프린스턴 신학대학원에서 박사학위를 받았다. 이후 1970년 귀국해 민중신학을 알리는 데 공헌했다.

그분의 이력을 살펴보면 산돌교회(예장통합) 담임 목사, 산돌노동문화원 원장, 한국기독교교회협의회(NCCK) 신학위원, 통일문제전문위원, "민족의 통일과 평화에 대한 한국 기독교회 선언" – 88선언 초안 작성, 한국기독교사회문제연구원 연구 담당 부원장, 한일장신대학교 초대 총장, 한국민중신학회 회장, 아시아태평양생명학연구원 이사장, 한국YMCA생명평화센터 고문, 평화통일을 위한 기독인연대 상임고문, 기독청년의료인회 고문, 사회적가치경영연구원 원장, 희년과 상생 사회적 네트워크 고문, Peace for Life 의장, 글로벌카이로스아시아태평양팔레스타인연대 초대 회장 등을 두루 지냈다.

졸업 후에도 가끔 강사로 모시고 강연을 들었는데 2020년 4월 김용복 총장님이 별세 소식을 들었을 때는 너무나도 큰 아픔과 슬픔이 몰려들었다. 그분은 고령에도 불구하고 평화와 생명 하나님의 경제에 많은 관심을 가지고 계셨으며, 생명의 소중함을 알리기 위해 노력하셨다. 그분의 별세 소식은 우리 제자들에게는 안타까움이었지만, 그분의 뜻을 이어받는 것이 우리 제자들의 몫이리라.

김용복 총장님! 하나님 나라에서 평안히 안식하십시오.
당신의 꿈 '생명, 평화, 하나님의 경제'.
부족한 저희가 당신의 뜻을 조금이라도 따르도록 하겠습니다.
부활의 때에 다시 만납시다. 고맙습니다. 사랑합니다.

# 김용복 교수님을 그리며

손은하

영등포산업선교회 전 총무

늘 잔잔한 미소로 명료하고 진취적인 강의로 후배들을 가르치시고 깨우치게 하시던 모습이 눈에 선합니다. 요즘같이 어지럽고 착잡한 때에 우리 김용복 교수님의 부재가 너무나 안타깝습니다. 타고나신 학자로서 하나님 나라 운동가이셨습니다. 끊임없이 솟아나는 아이디어는 우리에게 미래로의 다양한 희망과 비전을 갖게 하셨지요.

1980년경 장로회신학대학 신학대학원 선교학 강의는 그 어디서도 듣기 어려운 특별한 것이었습니다. 너무 오래전 일이라 다 기억하기 어렵지만 '하나님의 선교 ─ *Missio Dei*', '메시아 예수의 사회전기 ─ 민중의 전기' 등 새로운 개념을 설파하시고, 하나님의 역사적 주권을 강조하는 신학을 풀어가셨지요. 특히 한국 민중의 사회전기를 통해서 민족사 현장의 심층에 접하고, 그 속에서 형성되는 민중의 시각에 기독교의 진리가 비추어질 수 있도록 성서를 해석하고 또 민족의 갈망에 호응하고 민족의 과제에 임하는 기독교 신앙인의 새로운 과제를 말씀하셨지요.

직접 후배들과 함께 민중의 현장, 구로동의 산돌교회를 섬기셨고, 그 이웃에 우리 기독여민회와 함께 새터교회, 새터어린이집, 새터공부방, 새터노동상담실 등 지역사회 선교로 여성 민중과 함께 하는 일에 힘찬 응원을 하셨지요. 제가 장신대와 샌프란시스코신학교의 공동학위 과정으로 목회학 박사과정에 있을 때 김용복 교수님은 그 과정의 아시아 지역 책임자로 계시면서 민중신학을 펼치셨지요. 제 논문 지도도 맡아주셔서 바쁘신 중에 시간을 내어 참으로 명확하고 탁월한 안내를 해주신 은혜를 잊을 수 없지요.

지난해 영등포산업선교회 사역으로 평생을 바치신 조지송 목사님의 평전 작업이 있었습니다. 김용복 박사님의 선견지명으로 조지송 목사님 생전에 구술로 그의 사상, 사역의 내용 등 아주 귀중한 작업을 연구원들과 함께해 놓으신 것이 평전 작업에 큰 힘이 되었지요.

또한 김용복 교수님의 저서 『한국민중과 기독교』에 한국 산업 선교 신학과 영등포산업선교의 역할에 대하여 말씀하셨습니다.

"한국 산업 선교 신학은 역사신학이다. 기독교 신앙에 입각한 역사적 사고요, 역사의식이다. 이는 서양의 교의학적 신학이 아니요, 성서적·경험적·현장적·민족적 신학이다. 여기에 한국 산업 선교의 창조성이 있고 활력이 있으며 그 능력이 있다."

라고 하시며 영등포산업선교의 역할과 목적을 다음과 같이 설명하셨지요.

"1. 산업사회에서의 선교 사명을 완수하는 일, 2. 근로자들의 경제적·사회적 지위를 향상시키는 일, 3. 교회와 산업사회에 교량적 역할을 하는 일, 4. 산업사회의 평화와 정의를 위하는 일을 목적으로 한다."

1970~80년대 우리 사회의 무척 어렵고 힘들었던 시절에 김용복 교수님은 한국교회, 산업 선교, 민중신학 등에 새로운 신학적 견해와 희망찬 메시지로 길을 열어 보이셨지요.

김용복 교수님은 김제평야, 죽산에서 태어나셔서 이 땅을 아주 많이 사랑하셨습니다. 지역의 한일장신대학교를 섬기시며 나아가 생명대학원대학교를 설립하려고 애쓰시면서 지리산 자락에서 후학들과 연구 활동 모임을 하셨지요. 우리에게 남은 과제, 즉 생명을 살리는 학문을 꾀하며 생명으로의 실천을 위한 모색을 늘 해오셨는데… 우리 후배들은 자신들의 일과 과제에 몰두하느라 선배님의 그 기발하고 앞서가는 구상과 계획을 함께 도모하지 못했다는 것이 아쉽고 후회스럽습니다.

이제라도 뜻을 같이하는 이들로 이 큰 뜻을 이어가는 일을 시작해야 할 것입니다. 국내에서는 물론 아시아 그리고 세계적인 신학자로서, 특히 민중신학자로서 인도네시아에서 열렸던 아시아선교대회에서도 훌륭한 역할로 문제들을 선명하게 분석하여 바른 해법으로 대응하시던 모습도 지울 수 없는 여러 기억 중에 하나로 남아 있습니다.

최근 국내외적으로 우리 교회가 제 역할을 다하지 못해 안타까운 이때, 김 박사님의 명료한 혜안이 절실합니다. "십자가의 신학은 곧 예수와 민중과의 고난의 연대를 의미하는 것"이라고 하셨던 그 깊은 뜻을 2023년 사순절을 맞이하여 되새기며 김용복 교수님을 기립니다.

# 내가 처음 나의 스승님의 뒷모습을 만난 후부터 지금까지

오영미

학부 96학번, 기장 화순 마산교회 전도사


누구에게나 뒷모습은

진정한 자신의 모습이다.

그 어떤 것으로도 감추거나

꾸밀 수 없는 참다운 자신의 모습이다.

그 순간의 삶이 뒷모습에 솔직하게 드러나 있다.

문득 눈을 들어 바라볼 때

내 앞에 걸어가고 있는 사람의 뒷모습이

아름답게 느껴지면 내 발걸음도 경쾌해진다.

(…)

_ 노은, 〈여백 가득히 사랑을〉 중에서


1996년 한일장신대학교에 입학하여 채플을 드리고, 나는 무언가 바삐 해야 할 어떤 일이 있어 교학처로 향하는 복도를 서둘러 들어섰다. 바로 몇 발자국 앞에 방금 채플에서 '감명 깊은 설교'를 하신 총장님께서 걸어가고 계셨다.

"그 사람의 뒷모습이 바로 그 사람이다!"는 말의 진의(眞意)를 바로 알아채게 되는 순간이었다. 나는 행여 총장님께서 내 발자국 소리에 뒤를 돌아보시기라도 할까, 그래서 지금 내 눈앞을 꼿꼿한 자태로 아름답게 걸어가고 있는, 저 '고귀한 뒷모습'을 더는 볼 수 없게 될까 너무 두려워 숨소리도 참았었다.

"아! 세상에는 진짜로 저렇게 걷는 분이 계시구나." 나는 그분의 걸음 걸이로 그분의 인격을 보게 되는 영적 각성이 그 순간 일어났다!

나의 스승님의 걸음걸이는 '고요 속의 경쾌함'이었다. 그분의 인격과 너무도 닮아있는 그 걸음으로 걸어가시는 그 뒷모습으로 나는 이미 그분을 내 인생의 마지막 스승으로 알아챈 것인지도 모른다.

그 꼿꼿함은 스승님의 결기를 닮았다. 그 고요함은 스승님의 요동하지 않는 성품을 드러낸다. 그 경쾌함은 어떤 고난과 고통도 무너뜨리지 못하는 나의 스승님의 여유를 발산한다. 때로는 너무 먼저 가서 기다리시느라 스승님은 고독하고, 뒤따라가는 나 같은 어리석은 이들은 볼멘소리가 절로 나기도 하는, 그 '꿈꾸는 소년'이 향유하고 있는 우리에게는 너무도 낯선 어떤 경지와 부지불식간에 대면하게 될 때의 당혹감은 나 같은 사람을 불편하게 한다. 그래서 불편하고 당혹해하는 자신을 위로하기 위해 도리어 스승님을 향하여 비난과 불평을 쏟아낸다. 문제를 상대화시킴으로써 그 열등감에서 도망가는 것이다. 그러나 스승님과 자신 간의 깊은 간격을 무시하고자 하는 그 허망한 속임수는 다 부질없어진다. 스승님의 너무도 천진한 정직함 앞에서는! 나의 스승님은 겉과 속이 똑같은 분이기 때문에 나의 어리석음은 도리어 선생님의 거울에 고스란히 반사되어 비친다. 너무 청정한 물에는 물고기가 안 사는 것이 아니고 못 사는 것이다.

나의 스승님은 참으로 손이 따뜻하셨다. 지금도 악수를 청하신 그 손을 잡았을 때의 그 온기를 내 손이 기억하고 있다. 그 손의 따뜻함은 단순한 체온의 문제가 아니었다. 나의 스승님의 마음, 그곳에서 발화되고 있는 사람을 향한 연민과 신뢰, 바로 그것이었다.

내가 스승님의 연구소에서 지낸 14년의 시간 동안 맹세코 단 한 번도 나는 스승님에게서 "일을 왜 이렇게 했느냐?"는 식의 그 어떤 책망의 말을 들어본 적이 없었다. 나는 덤벙대고 시건방진 데가 있어 일을 처리하는데 실수투성이였다. 일뿐만 아니라 사람을 대하는 데 있어서도 너무 편파적이고 일방적인 성품으로, 네 편 내 편이 늘 분명한 어린아이였다. 그런 나에게 스승님은 어떤 식으로도 나를 비난하거나 책망하거나 탓하지 않으셨다. 늘 괜찮다고, 다시 해보자고 위로하시고 용기를 북돋우셨다. 나의 결점을 드러내 훈계하신 적이 단 한 번도 없으셨다. 늘 내게 잘한다고, 오영미 씨는 이런 점이 참 장점이라고 칭찬해주셨다.

스승님의 사람을 향한 이 따뜻함은 단순히 나에게만 해당된 것이 아니었다. 스승님 주변의 모든 이에게 고루 나누어주시는 신뢰와 사랑이었다.

스승님께서 대학원대학교를 설립하기 위한 전초기지로 만든 향토원(아·태생명학연구원)의 전 땅 주인이었던 그 지역 장로로 인해 향토원이 결국 경매에 넘어가 버리는 지경에 이르렀던 적이 있었다. 경제적으로 너무 힘든 시간을 견뎌내야만 하는 상황의 연속이었던 때, 그 엄청난 일이 벌어짐으로써 당장 해결책을 만들어 내지 못하면 그 연구원을 떠나야만 하는 참으로 막막한 지경까지 내몰렸었다. 그런 벼랑 끝의 상황 속에서도 나의 스승님은 그 장로에 대해 어떤 악한 말도 하지 않으셨다. 도리어 "얼마나 상황이 힘들면 이렇게까지 했겠느냐"며 도리어 그 사람을 걱정하는 모습을 옆에서 지켜보면서 나는 그때 알았다. 절대로 (적어도 나 같은 사람은) '진짜로 예수 따라 사는 사람'이 자신의 삶의 자리에 매우 가까이 있거나 혹은 그의 삶이 자신의 삶에 어떤 식으로든 영향을 끼치는 경우라면, 그 사람을 지지하며 칭찬할 수만은 없다는 사실을!

누구랄 것도 없이 그리고 나 역시도 그때 나의 스승님은 참으로 무능하고 답답하고 심지어는 무책임해 보였다. 마음속에서는 물론이고 어느 날은 스승님의 면전에서 마치 철없는 아이를 나무라듯 나는 스승님께 내 속마음을 토로하며 울었었다. "당장 향토원이 남의 손에 넘어가게 생겼는데, 그러면 우리는 대학원대학교고 뭐고, 내일 일도 장담할 수 없는 막막한 상황으로 내몰리게 생겼는데, 왜 그 장로에게 가서 책임지라고 호통을 치든 그 교회에 이 사실을 알리든 해서 일을 해결하시지 않느냐!"고 말이다. 나는 막 스승님께 무례하고도 건방진 언사를 쏟아내었다.

선생님은 나의 악다구니를 얼굴 한 번 찌푸리지 않으시고 다 들어주셨다. 그리고 그 예의 온유함으로 나를 바라보시며 말씀하셨다. "미안하다. 그러나 그 장로도 최선을 다했지만 일이 이렇게 된 것일 것이니, 우리가 감내하자"고! 그 장로의 악을 나의 스승님은 선으로 이기셨다!

그때 스승님의 얼굴은 잊히지 않는다. 그 큰 눈에 가득 눈물이 맺혀 그 슬픔을 참아내느라 온 얼굴이 벌겋게 달아오르셨지만, 그 이후로 정말 경매에 넘겨질 때까지도 나의 스승님은 그 장로를 향하여 어떤 악한 말도 입에 올리지 않으셨을 뿐만 아니라, 뻔뻔하게 스승님을 찾아와 거짓말을 하며 또 다른 속임수를 쓰려는 그를 향하여 어떤 비난도 하지 않으시고 그를 웃으며 맞으셨다.

이런 분을 세상이 어찌 감당할 수 있었겠는가? 감당할 수 없으니 뒤돌아서며 스승님을 비난할 어떤 것 하나 발견하고 그걸 핑계 삼아 자신의 등 돌림에 스스로 면죄부를 주며 그렇게 다들 떠나갔다. 그러나 그럴 때를 수도 없이 당하면서도 역시나 스승님은 그런 사람들에 대해서도 단 한 번도 서운함이나 원망을 표현한 적이 없으셨다. 사실 그런 마음 자체를 먹을지를 모르시는 분이셨다.

나는 스승님과 함께 지내면서 아주 자연스럽게 내 안의 모든 열등감을 해소할 수 있게 되었다. 나도 모르는 사이 내 내면의 아이는 치유받아 성장하였다. 그리고 나도 모르는 사이 나는 나를 존중하는 사람이 되어가고 있었다. 나의 스승님이 내게 어떤 상담 치유법이라든가 무슨 조언 같은 것을 사용하지 않으셨음에도 불구하고 나는 그분의 그 따뜻한 손과 온유한 마음과 신실한 믿음을 볼 수 있게 되고, 경험하게 되고, 신뢰하게 되면서 그 과정을 따라 내가 치유되고 회복되는 것을 어느 순간 알아채게 되었다.

지금도 그때를 떠올리면 나도 따라 웃게 된다. 향토원의 그 찬란한 햇살처럼, 진짜 '꿈꾸는 소년'처럼 해맑고 찬란하게 웃던 나의 스승님의 미소가 온 공간을 가득 채우던 그날!

향토원에 차가 필요할 것이라며 어떤 분이 후원한 돈으로 나의 스승님은 1톤 사륜구동 트럭을 구매하셨다. 매매 계약을 끝내고 "야! 오영미! 나도 이제 농부다!"라며 여태껏 한 번도 보여주지 않으셨던, 그런 뿌듯하고 자랑스러운 표정으로 찬란하게 웃으셨다. 그리고는 그 트럭을 타고 어디든지 다니셨다. 강연을 하러 가실 때도 그 트럭을 타고 가셨고, 결혼식장에 주례를 하러 가실 때도 그 트럭을 타고 가셨고, 구례 장을 보러 가실 때도, 손님을 맞으러 가실 때도, 늘상 그 트럭을 자랑스럽게 타고 다니셨다. 그 자랑스러운 트럭도 향토원이 경매당하는 그즈음에 포기하셔야만 했지만, 그 '꿈꾸는 소년'은 아쉬워하지 않으셨다. 적어도 겉으로는!

나의 스승, 김용복 총장님은 그런 분이셨다. 늘 소리 내어 웃으셨다. 다른 사람의 힘듦에 이내 눈물을 쏟으셨다. 기쁠 때는 부끄럼 없이 춤추고 노래하셨다. 깊음과 명랑함, 고요와 경쾌함이 한데 어울려 춤추던 분! 단호함과 부드러움이, 지혜와 순수함이 씨실과 날실로 엮여 직조된 분! 나의 스승님은 그런 분이셨다.

향토원에서의 생활은 언제나 가난했다. 그런데도 나는 불행하지 않았다. 가난이라는 것이 내 삶에 어떤 능력도 발휘하지 못했다. 왜 그런 것일까 생각해보면, 그곳은 나의 스승님의 공간이었기 때문이라는 생각이 든다. 스승님이 계신 곳에서는 그 어떤 것도 스승님의 '기품'을 손상시킬 수가 없었기 때문이었던 것 같다.

나는 그 누구보다 행운아다. 나의 스승님과 함께 14년을 지낼 수 있었음은 하나님이 내게 주신 축복이다. 나는 앞으로 어떤 고난이 온다고 해도 하나님께 불평할 자격이 없다. 왜냐하면 이미 하나님께서 내 유일한 기도, "주님! 제게 진정한 스승을 주십시오!"에 김용복 스승으로 응답해 주셨기 때문이다.

이제 나도 나의 스승님처럼 뒷모습으로 말하는 진정한 선생이길 소원한다.

곧 뵈어요, 총장님!

# 끊임없이 꿈을 꾸었던 영원한 스승, 김용복 박사

이근석
사회적협동조합 완주사회적경제네트워크 이사장

오랜 기억을 더듬는 일은 쉽지 않다. 정확하게 왜, 무엇 때문에 그렇게 머리를 맞대었을까? 무슨 이야기를 나는 그렇게 이해를 하지도 못하면서 듣고 있었을까? 만날 때마다 나는 새로운 계획과 꿈 이야기를 들었다. 국내외 정세를 진단하고 앞으로의 우리가 그리는 세상을 위한 이야기이었고, 그 분야는 어느 한곳에 머무른 적이 없었다.

서울 변두리에서 자라 고등학교 과정을 마치고, 교회도 학교도 큰 곳으로 가서 큰 세상을 보아야 한다는 생각이 들어 나는 형이 다니는 광화문 새문안교회로 교적을 옮겼다. 학교는 입학과 동시에 학생회 활동을 해야 한다는 일념으로 나는 기독학생회에 등록하였다. 나에게 있어 교회 생활은 신앙을 깊게 하는 과정이 아니었지만, 한국 사회를 분석하고 대응 논리를 만들고 주장하는데 교회 대학부는 그것을 채워주기에 충분하였다. 나의 대학부 활동은 예배를 시작으로 아침부터 저녁 늦게까지 여기저기 모이고 돌아다니곤 하였다. 그 당시에는 일반 운동권에서 활동하던 친구, 후배들도 학교에서의 활동이 제약이 많았기 때문에 대형교회, 그것도 사회변혁에 앞장서는 교회로 모이게 되었다. 그곳에서 우리 교회 대학부를 지도하는 김용복 목사님과 처음 만나게 되었다. 그는 미국에서 공부하고 해외에서 많은 활동을 하시다가 막 귀국해서 부임한 참이었다.

김용복 목사님을 통해 해방신학은 물론 진보적인 신학자들의 논리를 들을 기회의 문이 열렸다. 무슨 말인지 제대로 이해하지 못했지만, 그저 즐거운 무엇인가 채워진다는 느낌만이 생각난다. 그리 깊은 만남으로 이어지지는 못한 대학부 생활과 목사님과의 관계였다.

시간이 흘러 군대를 갔다 오고 취직이라는 명목으로 나는 선배들 회사에 들어갔지만, 그 사이에 새문안교회 청년들과 목사님이 중심이 되어 노동자들이 집중적으로 사는 구로동 지역에 산돌교회를 세우고 노동자들을 위한 목회와 활동이 시작되었다. 회사에 그나마 잘 다니고 있던 시기에 선배들이 찾아와서 노동 목회 활동에 활동가로 결합하자는 제안을 하여 나는 그 제안을 받아들였다. 지금 생각하면 무슨 뜬금없는 소리인가 싶었지만 그리고 활동비라는 것도 생활하기에도 미치지 않는 금액이었지만, 선뜻 그러자고 동의하고 서울 구로동으로 활동지를 옮겨 본격적으로 목사님과의 관계를 쌓아가기 시작한 것이다. 아마도 목사님도 사례비라는 것을 제대로 받아 보지 못했을 것이라는 생각이 든다. 교회 출석 교인이 적기도 했지만, 버젓이 직장을 다니는 교인이 적었기에 교회 재정은 눈에 보듯 뻔했으리라 생각된다. 노동 현실은 최악의 상황이었고, 구로 지역은 노동 현장의 투쟁이 끊임없이 일어났고, 대통령 부정선거라는 중차대한 일도 벌어지고 있던 전근대적인 상황 아래 있던 시기였다. 노동자라는 단어조차 사용하기에 조심스러운 시기였다.

박사님은 평신도 목회를 주장하셨고, 교인들이 돌아가면서 교단에

서게 하고, 하나님 말씀을 나누는 곳으로 만드셨다. 또한 노동자들이 교회라는 틀에 접근하기 쉽지 않으니 교회에 출석을 하지 않더라도 쉽고 편하게 교회 공동체에 접할 수 있도록 산돌노동문화원이라는 명칭으로 부설기관을 만들고, 본격적인 노동 현장에 맞는 지원활동을 하게 되었다. 그래도 다른 기관들보다는 선진적으로 나름의 원칙을 만들어 문화원에서 활동하려면 노동 현장 경험을 쌓기로 하고 1년씩을 기간으로 현장에 위장 취업을 했다. 학창 시절에 학생운동을 하였던 기독 학생 출신 선후배들이 모이고 활동을 하게 되었던 시기이다.

그곳에서 노동 현장에 들어가는 후배들을 지원도 하고, 기존의 노동자들도 만나고, 교인들은 아니지만 먼저 들어간 현장 활동가들과도 교류하기 시작하였다. 지금의 아내도 그곳에서 만나서 같이 활동을 하다 김용복 박사님의 주례로 결혼을 하게 되었다. 주례와 얽힌 이야기는 뒤에 자세하게 할 것이다. 시간이 흘렀지만 35년 지난 지금도 그때 현장 활동을 지원하면서 만났던 아우들을 만나 소식을 나눌 정도로 정이 많이 들었다.

구로 지역에서의 목회 활동과 노동운동의 지원 센터로서의 역할을 하게 하였지만, 별도의 연구는 박사님 개인 차원을 넘어 세계적인 석학들과 교류하시면서 지속적으로 추구하셨던 것으로 기억된다. 그 일환으로 4.19탑이 가까운 지역에 사무실을 내고, 그곳에서 생명, 생태 평화에 대한 화두에 맞춘 신학적 근거 작업은 지속하였다.

어느덧 노동 탄압의 국면에서 노동운동 세력들이 체계화되고 전국 조직화로 탈바꿈하던 시기에 나는 구로 지역을 정리하고 일반 시민운동으로 전환을 모색하며 YMCA로 활동의 무대를 바꿨다. YMCA에서도 박사님은 운동적 근거를 만드는 일과 제자훈련, 신앙적 방향, 한국사회의 운동의 큰 틀을 끊임없이 제시하셨다.

YMCA는 오랜 전통으로 정식간사로 되기 위해서는 1년에 걸친 1차, 2차 간사 교육과정을 거쳐야 하며 그 마무리 단계로 논문을 쓰게 되어 있다. 1차 교육은 주로 YMCA의 정체성을 정리하는 신학에 대한 학습을 하게 되어 있는데 이때 내로라하는 신학자들이 강사로 초빙되어 강의를 들을 수 있었다. 박사님도 물론 주 강사로 오셔서 말씀을 해 주셨지만, 주어진 틀에 얽매이지 않고 자유스럽게 한국사회의 신학의 흐름을 만드시는 일을 하셨고, 그 일부가 YMCA를 통해 한국사회에 구현되기를 끊임없이 꿈을 꾸셨다.

YMCA라는 틀의 한계를 극복하기 위해 생명신학대학원대학교를 만드는 희망을 가지고 그 일을 위해 다방면의 사람들을 만나고 장소를 물색하셨다. 그 순수함이 이 세상에서 구현되기에는 너무 험난하고, 누군가 실무적으로 뒷받침해야 진행될 수 있는 일이었지만 나를 포함한 그 누구도 가계 재정에서 벗어나지 못한 처지이기에 박사님의 뜻을 실현하는 일에 동참하지는 못한 것이다. 제자들의 아쉬움이 남아 있는 대목이다. 그나마 지역적으로 자주 접할 수 있었던 곳에 머물고 있다는 이유만으로 김 박사님의 잦은 부름에 따라다녔다고 생각한다.

구로 지역을 중심으로 하는 신앙생활은 계속되고, 김 박사님은 다음 세대에게 그 자리를 서슴없이 내놓으시고 전 세계로 움직이시며 박사님이 꿈꾸는 이론을 나누고 실천하는 일을 하셨다. 그즈음에 나는 결혼을 하게 되었다. 박사님의 일정을 고려해서 결혼 날을 잡았는데 문제가 생겼다. 그 시기에 유럽에서 제3세계 석학들과의 미팅이 잡힌 것이다. 난감한 일이었다. 주례를 해 주시기로 해서 날을 잡았는데 말이다. 그런데 박사님은 서슴없이 중간에 귀국해서 주례한 후에 다시 출국하시겠다고 하시면서 결혼식 주례는 걱정하지 말라고 하셨다. 결혼식 시간에 맞추어 귀국하시고 끝나자마자 출국하는 일정으로 잡으셨다. 지금 생각해 보면 오고 가는 비행기 삯은 둘째치고 해외에서의 일정도 조정하셨을 것이라는 짐작이 들었다. 그 와중에도 제자와의 약속을 지키기 위해 재정 부담을 무릅쓰고 오셔서 주례를 해 주셨고 손수 성혼선언문을 직접 종이에 적어 주시면서 그것으로 낭독하라고까지 하셨다. 그 쪽지는 작지만 소중하게 보관하고 있다.

나는 YMCA에 들어가 활동하면서 YMCA다운 활동을 하기 위해서는 장기적인 목표를 가지고 '생명·평화'라는 화두에 맞는 시스템을 구축해야 한다고 생각하고 박사님이 주장하셨던 그 일을 실현하고자 노력하였다. 나는 내부 지도력의 훈련 과정과 더 나아가 아시아 지도력의 훈련 장소를 만들고, 이를 통해 교육하고 훈련하여 한국 시민운동의 새로운 틀을 만들고 이끌어 나가야 할 책무가 YMCA에 있다고 생각하였다. 그 당시에는 나는 여러 가지 모색하였으나 지지부진하게 시간이 흘러갔다. 그러나 현재 고양Y가 새롭게 펼치고 있는 팔레스타인 관련 활동이나 전주Y가 평화통일을 위한 활동이 그 힘에 의해 새롭게 틀을 잡게 된 것이라고 생각한다. 김용복 박사는 YMCA가 제대로 실천력을 갖지 못할 때는 화천군에서처럼 직접 재정을 만드시고 외국과의 네트워크를 구축하셔서 '평화의 종' 제작까지 이끌어 내시었고, 지금의 국경선평화학교가 설립하게 되는 주춧돌을 만드셨다고 생각한다.

최근에는 YMCA가 제주도에 아시아연맹을 유치하면서 그 꿈을 펼치기 위한 실마리를 풀기 시작하였다는 소식까지 들었다. 김용복 박사님이 살아계시면 무척이나 기뻐하셨을 것이고, 그 일의 한 축을 맡아주셨을 것이라 생각된다.

안산에서의 활동을 정리하면서 나는 전주 지역으로 활동 근거지를 바꾸었는데, 마침 그 시기에 그는 한일장신대 총장직을 맡고 계셨고, 가까운 거리에 있었기에 박사님과의 만남을 지속할 수 있었다. 물론 그 후에도 박사님이 전주나 인근 지역에 오실 때에는 어김없이 전화를 주셨고, 카풀을 했다. 차 안에서 수많은 대화, 아내에 대한 여러 가지 조언 말씀은 지금도 나에게 생생하다.

총장을 그만두신 후 김 박사님은 지리산으로 연구소를 새로 개설하여 꿈을 펼치기 위한 모색을 계속하였다. 한 기간을 쉬기 위해 나는 한 달 정도 지리산 자락에서 지리산을 오르내리면서 지내기 위해 연구소 인근에 숙소를 잡고 자유로운 영혼의 시간을 갖고자 했지만, 김 박사님은 수시로 나를 불러 카풀을 하게 하면서 이곳저곳 학교 부지로 적절한지에 대한 의견을 물어보셨다. 내가 보기에는 적절한 곳이 아니었지만, 주변 사람들을 끌어들여 부지 마련에 대한 미련을 이루어 내려 하셨던 것으로 기억한다.

교계에서 김 박사님은 그리 환영을 받지 못하셨던 것으로 기억된다. 늘 나에게는 그것이 마땅치 않은 감정으로 남아 있다. 내가 비록 학식이 짧아 박사님이 그리는 그림을 쫓아가지는 못했지만, 같은 신학자들조차 박사님이 말씀하시는 신학의 해석이나 방향에 대하여 완전한 이해를 하지 못했다고 나는 생각한다.

지금 시민사회 활동을 뒤돌아보아도 박사님이 제시한 방향과 논리는 맞고 아직도 그 생명력은 있다고 나는 생각한다. 시민운동이 지금처럼 무력한 모습으로 지내는 것을 보면 알 수 있다. 지금의 기후변화에 따른 대응을 보더라도 그때 박사님이 주장하셨던 생명·생태의 논리가 살아 있음을 우리는 알 수 있다.

시민사회단체들이 지도력을 자체적으로 양성할 때 지속 가능한 활동이 이루어지고 한국 사회가 우리가 바라는 세상으로 갈 수 있을 텐데 하는 아쉬움이 남아 있다. 영역을 가리지 않고 신학적 근거에 맞추어 우리에게 방향을 제시하여 주셨던 김용복 박사님의 그 많은 논리는 언제나 생명력을 가지고 우리 곁에 있음을 나는 더욱 느끼고 있다. 김 박사님은 앞으로 한국사회가 행해야 할 커다란 지표를 우리들에게 만들어 주시고 먼저 하나님 곁으로 가셨다.

# 넓은 세계를 열어주신 나의 스승,
# 김용복 박사님을 기리며

이남섭

한일장신대 은퇴 교수

내가 김용복 박사님(이하 김 박사님)을 처음 만난 해가 1978년이니 지금부터 45년 전이다. 미국에서 막 귀국한 40대 초반의 젊은 김 박사님이 새문안교회 대학생회 지도 목사님으로 부임하면서였다. 나는 고등학교 1학년 때 함석헌 선생님의 책(『뜻으로 본 한국 역사』)을 읽고 역사의식과 사회의식이 깨어가고 있었고, 1975년 대학교 1학년 때부터 새문안교회 대학생회에 출석하고 있었다. 유신헌법이 공표되고, 이어 새문안교회 대학생회가 이 유신헌법을 반대하고 민주화를 요구하는 대낮 횃불시위를 하였다. 나는 이 소식을 신문에서 보고 서울로 대학을 가면 새문안교회에 가야겠다고 마음먹고 있었다. 깨어있는 기독 학생이 있는 교회라 생각하였기 때문이다. 그리고 서울로 대학을 가게 되면서 새문안교회 대학생회를 찾아갔다. 가보니 신학생은 나뿐이었다. 그리고 경상도 출신도 내가 유일했다. 당시 한국교회와 기독 학생운동은 군부 독재 정부에 저항하고 있었고, 새문안교회 대학생회는 그 중심에 있었다. 해외의 새로운 신학적 흐름과 국제정세에 목말라 있던 대학생들에게 김 박사님의 출현은 가히 충격적이었다. 김 박사님의 성경 해석과 설교는 조용했지만 새로웠고 도전적이었다. 김 박사님의 진보적인 해석은 나에게 큰 정신적 힘이 되었다. 이 당시 교회대학생회의 표어였던 이 세상의 가치관과 다른 "거꾸로 살기"가 내 삶의 좌우명이 되고 있었다. 신학생의 가치관이 되어야 할 표어를 일반 대학생들이 먼저 내걸고 있어서 놀랐고 부끄러웠다. 삶의 방향을 정하고 구체적인 실천 방법을 모색하고 있던 시기에 김 박사님을 만난 것이다. 매주 교회의 지하실 대학생회 예배실로 가는 시간은 언제나 기대되고 설렜다. 새문안교회에서 나는 호남에도 진보 신학자와 보수 신학자가 있음을 알게 되었다. 부산 사람인 나는 그 이전까지 호남 사람은 모두가 진보인 줄 알았다. 김 박사님은 진보 신학으로 인하여 장신대 교수나 학장으로 가지 못했다. 연세대와 같은 일반 기독교 대학에도 갈 수 없었다. 김 박사님이 교수가 되지 못한 결정적인 이유는 해외에서의 민주화운동 전력으로 정부의 감시 대상 명단에 있었기 때문이라는 것을 후에 알게 되었다. 가난한 삶을 겪은 후 이젠 안락한 삶을 위한 조건을 갖추고 있었지만 편안한 길을 선택하지 않고 예수님처럼 고난의 길을 선택한 김용복 박사님을 나는 더욱 존경하게 되었다.

교회에서의 매주 1번의 성경 공부에 만족하지 못한 나는 개인적으로 김 박사님의 강의를 더 듣기 위해 이화여대 기독교학과 강의실로 찾아가 수강하였다. 이 당시 연세대 신학과에는 서남동 교수님과 김찬국 교수님이 해직되어 진보적인 신학 강의를 들을 수 없었다. 연세대 출신이나 김 박사님은 강사로 초빙도 되지 못하고 있었다. 신학과 출신이 아니고 철학과 출신이라는 이유보다는 진보적인 신학자여서 강사 후보에서 배제된 것 같았다. 김 박사님은 이때 겪은 불의한 경험을 반면교사로 삼아서인지 한일신학대학에서는 학연과 지연 그리고 신학적 성향을 따지지 않고 학문적으로 탁월한 인재를 기준으로 채용하려고 노력하셨다. 다행히 신촌의 3개 대학(이화여대, 연세대, 서강대) 사이에는 학점 교류가 허용되어 있어서 이를 통해 나는 김 박사님의 강의를 들을 수 있었다. 한국의 신학대학들은 신학을 오직 미국이나 독일에만 있는 것으로 가르치던 때였다. 제3세계의 교회와 신학은 강의 교과과정에 없었다. 오히려 한국교회와 신학대학은 제3세계의 신학, 특히 남미의 해방신학을 위험한 신학으로 금기시하고 있었다. 그러나 김 박사님은 제3세계 신학을 소개하셨다. 제3세계 신학에 대한 나의 관심은 이렇게 시작되었다. 나중에 안 사실이지만 신학생들은 새문안교회 대학생회를 가지 않았고, 김 박사님을 가까이하는 것을 피하였다. 신학생이 큰 교회 목사가 되거나 신학대 교수가 되는 데에, 또 교수는 학장이나 총장이 되는 데에 하나도 도움이 되지 않고 오히려 과격한 사람으로 찍혀 피해를 볼 수 있었기 때문이었다. 나는 목사가 되거나 신학 교수가 될 생각이 없었기 때문에 전혀 개의치 않고 새문안교회 대학생회에 계속 출석하였고, 김 박사님 강의를 계속 수강하였다.

당시 김 박사님은 주말에는 새문안교회 대학생회 지도 목사로, 주중에는 기독교사회문제연구원(이하 기사연)의 부원장으로 활동하고 계셨다. 김 박사님의 해외에서의 민주화운동 경력과 급진적 신학이 기존 신학대학에서 환영받지 못하였어도 김 박사님은 이에 연연하거나 실망하지 않고 연구소를 통한 지식인의 지적 활동 공간 활성화에 전념하셨다. 김 박사님은 기사연을 통해 사회 비판적이고 대안적인 학술 활동을 하셨다. 내가 연구프로젝트에 대한 최초의 훈련을 받은 곳이 김 박사님의 기사연 프로젝트였다. 나는 선교 100주년 기념 한국교회 기초조사 사업의 보조원으로 참여하였다. 짧은 순간이었지만 연구 활동에 대한 기초

훈련을 받았다. 김 박사님이 프린스턴대학에서 배운 최신 연구방법론의 핵심을 나에게 모두 전수해 주신 것 같았다. 이때 받은 훈련은 특히 학제 간 연구 방법은 후에 한일장신대에서 교수가 되어 한국연구재단의 많은 연구 프로젝트를 수행하는 데 큰 도움이 되었다.

김 박사님이 경상도 출신인 나를 조교로 선택하신 것은 나의 지적 능력 때문이라기보다는 나의 당돌한 인생관 때문이었다고 생각한다. 신학 교수나 목사가 될 생각이 없었고, 오직 예수처럼 가난한 사람을 위해 헌신하다 죽겠다는 나의 말을 대견하게 생각하셨던 것 같다. 내가 자발적으로 가난한 삶을 그렇게 쉽게 결정할 수 있었던 것은 아마도 부모님의 사랑으로 풍족한 어린 시절을 보내어 가난의 실상을 몰랐기 때문일 수 있다. 또 청소년기에 부모님께서 출세하라거나 부자가 되라는 요구를 전혀 하지 않으셨던 것도 가난에 대한 두려움을 없게 해 주었다. 김 박사님은 가난의 문제로부터 자유로운 내 자세를 높이 사셨던 것 같다.

나는 대학 학부 시절 연희동 빈민 야학과 영등포 산업선교회의 노동 야학에 참여하였다. 대학 졸업 후에는 새문안교회가 구로동에 개척한 교회에서 노동 야학을 하고 있었다. 그러나 80년대 초 신군부 정권의 제3자개입법 발동 이후 야학이 중단되어 깊은 좌절감에 빠져 있었다. 우리 야학에 참여한 노동자들이 구속되었기 때문이었다.

김 박사님은 실의에 빠진 나에게 라틴아메리카 유학을 제안하셨다. 이 당시 해방신학이 미국이나 독일 신학을 통해 번역되어 한국교회와 기독 학생들에게 소개되고 있었다. 김 박사님은 번역 신학이 아니라 우리 눈으로 직접 해방신학 운동을 보고 배우는 것이 필요하다고 제안하셨고, 이에 나는 공감을 하고 남미행을 선택하였다. 그러나 모교인 연세대 신과대 지도교수님은 내 미래에 대해 염려하시면서 나의 멕시코 유학에 대해 부정적인 반응을 보였다. 남미는 가난한 가톨릭 대륙이고 개신교 신학이 없는데 무슨 신학을 배울 수 있으며, 설령 박사가 되어 돌아온들 한국에서 받아줄 개신교 신학대학은 없을 것이라고 반대하셨다. 나는 교수가 되기 위해 남미에 가는 것이 아니고 남미 기독교인의 새로운 삶과 신학을 배우러 가는 것이라고 말씀드리고 멕시코 유학을 강행했다. 사실 나는 대학의 교수가 되겠다는 생각은 전혀 없었다. 김 박사님의 사례를 보면서 진보적인 신학을 공부하면 한국에서 교수가 되는 것은 불가능하다고 생각했기 때문이다. 미국의 개신교 계열 최고 수준의 명문대학에서 박사를 해도 교수가 되기 어려운데 이름 없는 멕시코 신학교에서 공부한 것으로 교수가 될 수 있다는 것은 꿈도 꾸지 않았다. 무엇보다 나는 학문적으로 뛰어난 재능을 지니고 있지 못하였다. 나는 단지 남미에서의 내 연구가 한국 민주화를 위한 기독교 사회운동에 조금이라도 공헌할 수 있는 것에 목표를 두었다. 이 당시 김 박사님은 나뿐만 아니라 여러 명의 젊은 학생들에게 해외 유학을 추천하셨다. 그는 한국 기독교 사회운동의 발전을 위해서는 현장 실천가뿐만 아니라 세상을 폭넓게 보는 이론적 전문가도 필요하다고 강조하셨다. 그리고 선진국으로만 유학 가지 말고 아시아와 라틴아메리카 등 제3세계로 유학 가기를 권하셨다. 동유럽이 민주화된 이후에는 동유럽으로의 유학도 주선하셨다. 최종적으로 몇 명이 김 박사님의 이러한 제안을 선택하였는지 알 수는 없다. 제3세계권으로의 유학은 귀국 후 대학 교수가 되기는 어려운 길이었다. 무엇보다 박사학위를 위한 장학금이 확실히 보장되는 길은 아니었다. 당시 미국과 독일 등과 같은 선진국으로 유학을 보내던 괜찮은 세계교회협의회(WCC)의 에큐메니컬 장기 장학금은 많은 이들에게 열려 있지는 않았다. 김 박사님은 WCC의 단기 장학금이라도 구하여 대학 교수가 아니라 제3세계 기독교 지식인 운동 그룹을 형성하기를 원하셨다. 나는 이 길을 선택한 학생 중의 한 사람이었다.

멕시코에서의 내 공부를 위해 김 박사님은 세계교회(미국 NCC 교회와 유럽의 네덜란드 개혁교회 그리고 WCC와 CCA)에서 장학금을 마련해 주었다. 이때 나는 김 박사님 추천서의 대단함을 경험하였다. 깐깐한 미국 교회와 유럽 교회는 김용복 박사님 추천서 하나만 보고 장학금 지원을 결정하였다. 이외에 다른 질문이나 추가적인 서류 제출을 요구하지 않았다. 그러나 멕시코의 전혀 다른 교육 시스템으로 인해 나는 거의 학부부터 처음 시작하는 것과 같은 교육과정을 이수하였다. 멕시코 도착 첫 1년은 내가 신학 공부를 한다는 이유로 멕시코 정부가 학생비자 갱신을 허용하지 않아 고생하였다. 한 달 내에 출국하라는 추방 고지서를 1년 동안 7번이나 받았다. 멕시코 정부는 공산주의 국가가 아니고 자본주의와 민주주의 국가임에도 신학을 학문으로 인정하지 않았다. 연세대학교의 신학 학위는 쓸모없는 종잇조각이 되었다. 연세대 지도교수님은 남미와 멕시코에는 배울 신학 없는 가난한 나라라고 하셨고, 멕시코에서는 연세대 신학 학위 자체를 학문이 아닌 무당의 미신 조각(부적)으로 취급하였다. 사실 남미에서는 서구 신학으로부터 독립된 신학이 발전되어 있었다. 특히 멕시코는 이미 60년대에 노벨과학상 수상자를 배출할 정도로 기초 학문이 발전되어 있었다. 그 후 문학상과 평화상 수상자도 배출하였다. 우리보다 20년 먼저 올림픽을 개최했고, 주5일제 근무와 대량소비 문화 시대를 즐기고 있었다. 멕시코 정부의 신학생 비자 갱신 거부로 인하여 어쩔 수 없이 나는 사회학으로 전공을 바꾸어야 했다. 다행히 가톨릭대학의 신부님 도움으로 사회학 석사부터 시작할 수 있었다. 그리고 멕시코국립자치대학교(UNAM)에서 라틴아메리카 지역학으로 박사학위를 마쳤다. 10년간의 멕시코 유학 생활은 내가 사회와 교회 그리고 세상을 폭넓게 이해하고 새롭게 배우는 귀중한 경험이 되었다. 더구나 멕시코에서의 해방신학 공부로 국내에서 라틴아메리카 지역학 전공자가 되리라고 상상하지도 못했다.

1992년에 박사학위를 마치고 귀국했을 때 김 박사님은 전주의 한일신학교 학장으로 부임하셨다. 김 박사님은 나를 먼저 기독교 아시아연구원 연구교수로, 그다음 한일신학교 석좌교수로 불러주셨다. 참으로 우연이라고 하기에는 너무나 운이 좋았다. 멕시코에 있을 때 나는 귀국하면 종로5가(개신교 활동가들의 메카) 근처에는 가지 않을 것이라고 다짐하고 있었다. 라틴아메리카에서 진보적인 개신교가 소수인 이유 중의 하나는 수도권의 중산층 중심의 운동이라는 점과 에큐메니컬운동도 하나의 특권 집단의 운동이라는 것을 목격했기 때문이다. 특히 세계교회의 에큐메니컬 후원금의 사용 주도권 다툼으로 교계가 분열되는 것으로 보면서 서울의 에큐메니컬 그룹에 합류하는 것을 포기하였다. 그래서 김 박사님이 나를 초청하셨을 때 나는 망설이지 않고 전주로 내려갔다. 이때 나는 시골에서 가난한 농촌 학생들을 대상으로 야학에서 가르친다는 심정으로 갔다. 대학생 때는 월급을 받지 않고 자비를 들여가며 야학에서 가르쳤지만, 전주에서는 아주 작은 액수이지만 월급을 받으며 야학 교사를 하는 일이니 마다할 일이 아니었다. 그리고 한일신학교 교수직은 사실 전혀 기대하지 않은 선물이었다. 김 박사님이 아니었다면 가능하지 않은 교수직이었다. 내 박사학위의 주제는 "라틴아메리카 혁명적 기독교 운동의 정치적 실천의 비교연구: 아옌데의 칠레와 산디니스타 니카라과의 사례"였다. 그 당시 이런 주제로 연구를 한 연구자를 받아줄 국내의 신학대학은 없었다. 석좌교수 3년 후 나는 전임교수가 되었다.

이렇게 나는 김 박사님의 한일신학교에서의 7년 개혁 기간에 동행할 수 있었다. 김 박사님은 내가 라틴아메리카에서 배운 제3세계 신학과 라틴아메리카 교회의 역사를 가르칠 기회를 제공하셨다. 한일신학교가 본격적으로 종합대학이 되면서 나는 신학부에서 인문사회과학부로 옮겼고, 사회학과 세계 지역학 연구와 교육에 몰두할 수 있게 되었다. 김 박사님은 내가 행정보다 연구와 교육에 전념할 수 있게 배려해 주셨다. 무엇보다 라틴아메리카 지역학 전문가로 활동할 수 있는 자유를 주셨다. 사실 국내도 민주화가 되면서 해방신학 이야기는 한국교회와 사회의 일차적인 관심이 아니었다. 한국교회는 이제 해방신학이 필요한 시대가 아니라고 선언하고 있었다. 그래서 나는 해방신학 소개보다는 라틴아메리카 지역학(대안 시민사회 운동 등) 연구와 강의에 집중하였고, 김 박사님의 대학 개혁을 보조하는 역할에 전념하였다.

김 박사님의 한일신학교에서의 비전은 기존의 대학과 다른 학문 공동체를 형성하는 것이었다. 이것은 먼저 교수진을 구성하는 것에서 시작하였다. 각 분야에서 학문적으로 뛰어나지만 연고(지연, 학연, 혈연 등)가 없어 대학교수가 되지 못하는 인재들을 직접 전 세계(미국, 유럽, 일본 등)로 다니면서 초청하셨다. 또 국내에서는 수도권보다 지역 출신의 뛰어난 학자들을 발굴하여 채용하셨다. 그리고 전국에서 우수한 목회 후보자(신학대학원생)들을 모으기 위해 전액 장학금 제도를 도입하셨다. 이 결과 전국에서 좋은 학생들이 모여들었다. 미국의 남장로교 선교사들이 70년 동안 하지 못했던 일을 학장 취임 후 단 3년 만에 해내셨다. 4년제 각종 학교를 기독교 종합대학교로 승격시킨 것이다. 김 박사님은 말없이 지역 사랑을 실천하셨지만, 교단 총회는 지역 이사회가 허용한 그의 재임을 허락하지 않았다.

김 박사님은 가난한 호남 지역에서 규모는 적지만 세계적인 수준의 기독교 민족 종합대학을 형성하기를 원하셨다. 그리고 임기 동안 기초적인 골격을 세우는 데 성공하셨다. 한일의 100년 역사에서 가장 활기찬 황금 시기를 만들었다. 한일신학교를 세계의 교회가 감탄하고 주목하는 신학대학교로 성장시켰다. 이것은 김 박사님의 학문적 능력만이 아니라 인품과 사회적 삶의 발자국을 믿고 신뢰한 국내외의 기관과 사람들의 지원과 협조가 있었기에 기능한 것이었다. 사람들이 김 박사님을 "행정력이 부족하다"라고 평가하는 것에 나는 동의하지 않는다. 그는 허황하거나 실현 불가능한 꿈을 꾸지 않았다. 꿈이 하나 실현되면 그는 그것을 소유하기 위해 그것에 안주하지 않고 또 새로운 꿈을 꾸었다. 이 점에서 그는 '영원히 꿈꾸는 소년'이었지 황당한 꿈을 꾸는 소년이 아니었다. 아마도 단지 그에게 부족한 것이 있었다면 시류를 좇아 교내외 기득권 세력과 타협하지 않았다는 점이다. 그는 너무 민주적이고 혁신적으로 기존 행정을 변화하려 했기에 노련한 기득권 세력에 의해 꿈이 중단된 것이지 행정력이 부족한 것이 아니었다. 지금 생각해보면 김 박사님은 척박한 땅에 씨 뿌리는 사람이었다. 김 박사님은 자신이 지난 50년간 준비해 온 모든 것을 한일장신대를 위해 아낌없이 헌신하셨다. 김 박사님은 불의한 강자에게는 분노하였으며, 약자에게는 한없이 관대하신 분이었다. 김 박사님은 많은 능력을 지니고 있었음에도 그것을 자랑하는 경우가 단 한 번도 없었다. 참으로 고귀한 인품을 지닌 스승님이셨다.

김 박사님은 한일장신대를 떠난 뒤 생명학대학원 개설에 전념하셨다. 그리고 바쁜 와중에서도 한일장신대의 NGO 정책대학원 설립과 협동조합 교육 전문화 과정에 많은 조언과 도움을 주셨다. 최근에는 한국연구재단의 "한국 시민사회 SSK 연구 프로젝트"와 "라틴아메리카 종교와 정치 연구 프로젝트"를 위해서도 귀중한 자문을 해 주셨다. 이를 통해 한일장신대가 한국의 몬드라곤 대학으로 발전할 수 있도록 끊임없이 기도해 주셨다. 김 박사님은 병마로 입원하시기 직전 해의 겨울, 한일에 오셔서 "코로나19와 유토피아"에 대해 특강을 하셨다. 동양의 천국이자 유토피아인 선경(仙境: 선 토피아)에는 코로나와 같은 질병이 없다고 우리를 위로하셨다. 특강 후 식사 시간에 회고록을 쓸 계획을 말씀하셨기에 이 특강이 마지막이 되리라 전혀 예상하지 못하였다.

우물 안 개구리였던 나에게 라틴아메리카라는 새로운 세계를 알게 하시고, 부족한 나를 신학대학 교수로 불러주시고, 라틴아메리카 지역 전문가가 되도록 인도해 주신 박사님의 은혜는 너무나 크다. 박사님께 받은 은혜를 다른 사람에게 나누어 보려고 나름대로 노력했지만 언제나 부족하다.

우리나라의 민주화와 가난한 민중을 위해 고난을 겪고 그들에게 배신을 당하면서도 생의 마지막 순간까지 오직 한 길을 걸으신 나의 스승님, 참으로 예수님의 진정한 제자이셨습니다. 선생님이 걸어가신 길을 한 걸음이라도 따라가고 싶습니다. 그동안 선경에서 편히 쉬고 계셔요.

# 김용복 박사님을 만나고 배운 기억들

이 희 운

예수맘행복교회 목사

먼저 필자가 만나고 배운 김용복 박사님을 기억하고 글을 쓴다는 것은 참으로 감사하고 기쁜 일이다. 필자에게 있어 '김용복 교수님'은 직간접적으로 '민중과 생명'의 길을 폭넓게 접할 수 있도록 반짝이는 착상의 조각을 던져주신 선구자적인 신학자로, 이론과 현장의 동역자로 여겨진다. 몇몇 세미나 외에는 충분히 가까이하지 못했으며, 일 중독에 가까운 필자의 '민중과 생명'의 현장 활동 스타일로 인하여 제대로 찾아뵙지도 못하였다. 그나마 전주, 구례, 서울에서의 짧은 만남, 인도 선교의 현장에서 잠시 집으로 모셨던 일, 전주근로자선교상담소의 고문으로 위촉하여 도움을 받았던 일 등을 상기하고자 한다.

## 1. 신학생 시절에 처음 들었던 김용복 박사님에 대한 명성

필자는 대학 시절부터 예장통합에 소속된 장청(대한예수교장로회 청년연합회)에 자연스럽게 소속되어 보수적인 개인구원의 신앙 차원에서 진보적인 사회구원의 차원까지 확장되는 특혜를 누리게 되었다. 교회와 사회를 넘나들면서 80년대를 나름대로 치열하게 살면서 예수님을 따르고자 89년에 서울 광나루의 장로회신학대학원에 입학하면서 김용복 교수에 대한 소문을 듣게 되었다. 80년대 말 다양한 사회적 이슈와 함께 신학대학원 학우회에서는 '김용복 박사' 등을 교수로 채용해 줄 것을 학교 측에 강하게 요구하였지만 이루어지지 않았다. 당시 신학대학원 학생들에게 김용복 박사는 가르침을 받기를 원하는 수준 높은 신학박사로 소문이 나 있었으나 지방 출신인 필자는 잘 알지 못했다. 학생들이 주관하는 세미나에 초청되었지만, 여러 사정으로 직접 뵐 기회를 갖지 못한 아쉬움이 남아 있다. 언제인지 기억이 희미하나 김용복 박사 등 공저 『한국기독교와 제3세계』를 구해서 읽으면서 한국 초기 선교사들의 경제개발에 연관된 부정적인 글을 접하면서 한국기독교의 어두운 면도 알아가게 되었다. 동시에 한국교회와 선교지의 명암을 같이 볼 수 있는 안목도 넓게 볼 수 있게 되었다.

## 2. 민중 목회자 시절

김용복 박사님께서 서울에서 산돌교회를 개척하셨다는 소문을 필자는 1993년경에 들었다. 김용복 박사님을 조금씩 알아가기 시작한 것은 '일하는예수회'(당시 예장민중선교연합)의 노동 훈련 등 2년여의 현장 훈련을 받을 즈음에 우리의 소그룹에 오셔서 인상 깊은 특강을 해주셨을 때이다. 잔잔하면서도 깊이 있는 내용은 당시 '민중 선교'에 대한 우리들의 마음을 더 다지게 하는 시간이 되었다. 그리고 필자가 전주에서 나실교회를 개척하여 전북 지역에서 민중들, 노동자, 농민, 외국인노동자, 노숙인 등을 섬기는 중에 IMF 외환위기를 만나면서 전주근로자선교상담소

(전주노회와 전북노회)를 설립하여 김용복 한일장신대 총장을 고문으로 모실 수 있었다. 실업자와 노숙인이 급증할 시기에 대안적인 방향을 기도로 구하여 창조질서를 바탕으로 한 생명 농업 학교(귀농 학교)를 시작하였다. 서로 잘 알지 못했지만 비슷한 마음으로 한일장신대에서 생명운동을 시작하신 김용복 총장님께서는 후원금 쾌척과 함께 정읍 두승산자락의 5만 평을 생명 농업과 생명운동 쓸 수 있도록 허락하셨다. 필자는 노숙인 한 분과 함께 몇 달간 전기시설이 없는 산자락에 거주하면서 생명운동의 전초기지를 준비하고 있었는데, 갑작스런 김용복 총장님의 퇴임으로 인하여 이 꿈이 이어지지 못하고 말았다. 이는 무척 고맙고, 너무 아쉬운 기억으로 남아 있다. 지난해 2022년 말에 필자의 예수맘행복교회의 교인과 함께 정읍 황토현에 들렀는데, 두승산자락과 함께 김용복 총장님의 열정이 어린 깊은 눈빛과 웃는 얼굴이 떠오른다.

## 3. 인도 선교사 시절

필자는 2004년 온 가족이 인도 선교사로 떠나게 되었다. 인도의 불가촉천민 달릿의 존재를 알게 되면서 잔혹한 불평등에 대한 분노심으로 20년 인도 선교를 자원하였다. 한국 전주와 전북에서 하던 '민중 선교과 생명 선교'하는 자세와 방식을, 장소와 시기만을 달리하여 인도에서 달릿 천민들과 함께 '민중과 생명'선교를 전인도적으로 이루고자 하였다. 그리고 한국의 역사를 바꾼 선교사들의 본을 따라서 교회를 통한 예수사랑의 실천과 교육을 통한 미래 세대의 거룩하고 위대한 창조 형상의 개발과 디지털 언론 등을 통한 대중적인 인식의 확산을 꿈꾸게 되었다. 이러한 인도 선교 사역을 하는 중에 인도 비자 갱신차 한국을 방문하는 중에 지리산에서 '생명운동'을 진행하시는 김용복 박사님과 연락이 되어 지리산 자락인 전남 구례(곡성?)역에서 만났다. 식사를 하면서 '꿈꾸는 청년 김용복'을 만나는 기분이 들었다. 서로의 일정 때문에 지리산 생명 운동의 터에까지 올라가 보지 못한 것이 못내 아쉽다.

또한 김용복 총장 시절에 세우신 '제3세계선교관'(?)에서 공부했던 인도의 CSI 교단 PREM 목사와 함께 생명운동을 하면서 김용복 총장의 선한 교육을 받은 인도 주요 2교단의 지도자들을 만나곤 할 때에 그들이 김용복 박사의 안부를 묻곤 하였다. 그는 한국에서 기독교의 '민중과 생명'이라는 실천 분야뿐만이 아니라, 제3세계 기독교에도 끊임없는 비전과 사랑을 나눠왔던 것이었다.

## 4. 2016년 남인도의 카르나타카주 벵갈루루(Bengaluru)에서의 하루

2016년 1월 스위스 제네바의 WCC에서 사역하는 금주섭 목사님의 연락을 받고서 남인도 벵갈루루에서 열리는 'Conference on Being Christian in India today'에 방문하여 특강을 하시는 김용복 박사님을 만나 인도의 우리 집에 모셔 왔다. 한일장신대를 졸업한 아내가 준비한 한식으로 함께 저녁 식사를 하는 기쁨을 누렸다. 해외의 주요 교단만이 아니라 작은 교단, 에큐메니컬 단체, '민중과 생명' 선교에 참여하는 분들과의 다양한 교분으로 하나님 나라 운동을 나누는 분주한 일정을 지내다가 인도를 떠나가셨다. 약한 자와 작은 자들을 두루 살피시는 신학자 김용복 박사님을 인도에서 모시게 된 것을 필자는 특혜로 여기고 있다.

## 5. 한국과 미국과 세계에서

'시대의 징조'를 보면서 치열하고 신실하게 사시는 모습을 충분히 함께하지는 못했지만, 선구자적인 가르침들이 필자의 한국과 인도에서의 사역에 중요한 지침이 되었다. 더 많고 깊은 인연을 가졌더라면 얼마나 좋았을까 아쉬움을 느끼며 이 짧은 감사의 글을 쓴다. 지구 생명 공동체와 하나님 나라를 꿈꾸시던 '김용복 성도님'께서 미국인 아내와 함께 한국교회와 세계교회를 위해 헌신적으로 살아오셨음에 감사를 드리며, 하나님께 감사와 영광을 돌린다.

# 김용복 박사와의 만남과 배움과 변용

임희모

한일장신대 명예교수, 통전 선교학

　1. 본 필자는 1995년 3월 1일자로 한일신학대학에 부임하여 선교학을 연구하고 강의하다가 2016년 2월 28일에 한일장신대학교에서 정년퇴직하였다. 여기에서는 본 필자가 1986년 김용복 목사님을 처음으로 만난 시기부터 1988년 가끔 만나던 시기를 거쳐 그가 한일장신대학교 총장으로 복무를 마친 1999년까지 그분에 대한 특징적 기억 몇 개를 더듬어 보고자 한다.

　2. 김용복 목사님의 얼굴을 처음으로 뵌 것은 이분이 구로공단의 산돌교회에서 설교하던 때였다. 1986년 3월 어느 주일 본 필자가 장로회신학대학교 신학대학원 3학년 재학 때 서울 구로공단 지역의 산돌교회에서 김용복 목사님을 처음으로 만났다. 김용복 박사님의 이름과 명성은 그가 이전에 출판한 민중신학 책과 논문들을 통해 익히 알고 있었지만 직접 대면하여 접한 그는 무척 부드러운 사람이었다. 그가 담임하는 이 교회는 몇 가지 특징을 가졌다. 젊은이들이 대부분을 차지한 이 교회는 노동자 선교에 집중하여 노동문화원을 운영하였고, 특히 교인들 각자가

일정액의 선교신용기금을 갹출하여 예배 공간과 선교 활동 기금을 마련하였다는 것이다. 어떤 사정으로 교회를 떠나게 되면 그 기금을 반환한다는 것이다. 이러한 제도는 나에게 무척 신선한 교회적 상상력을 주었다. 이러한 교회 형태는 계약을 기반으로 하는 교회 공동체 운동으로서 일종의 메시아적 교회로 보였고, 한국교회와 지역사회를 변화시키는 동력으로써 일정한 역할을 할 수 있을 것으로 이해되었다.

1995년 한일신학대학교 교수로서 근무를 시작한 본 필자는 1997년에 전주를 새롭게 하자는 의미를 담은 새온고을교회(새온교회)를 몇몇 학생들과 함께 시작하였다. '온고을'은 전주의 옛 이름인데, 새온교회는 전주와 지역사회의 변화를 이끄는 선교적 교회를 지향하였다. 붙박이 교회가 아닌 움직이는 교회로서 민족 고난의 역사 현장 이곳저곳에서 예배를 드리고 민족과 이웃들의 고난을 짊어지고 함께 사는 공활체 교회를 꿈꾸었다. 그러나 시간이 지나면서 이러한 활동이 재생산되지 못하자 이름도 평화생명교회라는 붙박이 교회로 바뀌었고, 본 필자도 은퇴함으로써 선교 활동은 여전하지 못한 듯하다. 이 교회는 혼란스런 세상 속에서 선교의 방향을 올바로 잡으려고 노력하면서 새로운 선교 공동체를 꿈꾸고 있다. 당시 김용복 목사님의 산돌교회는 본 필자에게 새로운 교회의 선교 공동체적 가능성을 열어주었다.

3. 장로회신학대학교 산하 제3세계지도자훈련원의 부원장으로 활동하시던 김용복 박사님을 가끔 뵈었다. 행운이 없었던지 본 필자는 제도적 대학(원)의 강의실에서 김 박사님을 스승과 제자로서 만난 적은 없다. 그러나 가까이서 가끔 만나는 시간과 기회에 이분을 바라보고 대화하고 돕고 배우고 보조한 경우는 적지 않았다. 대학원에서 기독교사

회윤리를 전공하던 시절, 시간이 나면 그분의 사무실을 찾았으나 얼굴과 얼굴을 대하여 뵙기는 쉽지 않았다. 늘 바쁘셨기 때문이다. 그러나 김 박사님 주재하의 일회적 부정기적 사적 모임에 참석 연락이 가끔 오면 그분을 만나 대화를 하고, 돕기도 하고, 배우기도 하면서 영향을 받았다.

김 박사님은 자기의 사상, 신앙, 신학을 여러 모양의 학술용어들을 주조하거나 활용하여 표현하였다. 본 필자에게 무슨 계시처럼 각인된 공동체적 언어들은 역사의 주체, 계약, 기독교 동활체(Christian Koinonia), 메시아 정치, 민중의 사회전기, 하나님의 정치경제, 신앙고백의 상황, 과정으로서 신앙고백, 고난의 종(종의 정치, Doularchy) 등이다. 이러한 용어들을 접한 본 필자는 이들의 의미를 따라 실천적 삶을 살 때(Kairos), 하나님의 자비와 긍휼에 힘입어 금방이라도 교회가 교회답게 그리고 사회가 정의롭게 변하고, 아름답지 못한 세상이 아름답게 사람들이 사는 세상으로 바뀔 것이라는 희망을 가졌다.

4. 김용복 박사님은 한국 서울에서 1989년에 개최된 세계개혁교회연맹(WARC) 정의·평화·창조질서보전(JPIC) 대회의 한국 사무국장으로 그리고 1990년에 열린 세계교회협의회(WCC) JPIC 대회의 준비위원으로 활동하였다. 특히 WARC 한국대회를 준비하시는 김 박사님을 도와 한국교회 역사에서 생산된 신앙고백(수기, 시, 노래, 그림, 성명서 등)을 모으고 선별하는 과정에 짧은 기간이지만 참여하였다. 이 자료들을 『한국 그리스도교의 신앙증언』과 *Testimonies of Faith in Korea*라는 제목으로 각각 한글과 영문으로 1989년 세계개혁교회연맹이 출판하였다. 한편 김용복 박사님은 한국에서 생산된 민중신학 논문과 자료들을 모아 주석을 매긴 영문 소책자 *Annotated Bibliography on Minjung*

*Theology*(민중신학 자료들에 대한 주석 목록)를 1989년에 출간했는데 여기에 본 필자는 작은 도움을 보탰다.

이 대회들이 열린 기간에 독일 유학 중이어서 아쉽게도 이 대회들에 참석할 수 없었지만, 이러한 작업을 통하여 본 필자는 한국교회 역사에서 형성된 민족적·실천적·고백적 신앙을 알고 배웠다. 이렇듯이 귀중한 앎과 실천은 후일 본 필자의 연구 활동에 크게 도움이 되었다.

5. 김용복 박사님과의 만남을 통해 민중과 신학을 폭넓게 접하게 된 본 필자는 유학 기간에 민중의 기본적 삶의 문제로 정치경제를 연구하고자 했다. 유학 초기에 구상한 것으로, 한국의 민중 개념과 정치경제를 논리화하여 민중정치경제학 비슷한 제목으로 논문을 쓰려고 자료를 수집하였다. 여기에는 성경 시대 예언자들이 비판한 토지제도, 한국의 근대 시기 정약용의 여전제 토지개혁 및 오늘날 지구적 독점 자본주의 비판 등을 분석하고 연구하려 하였다. 그러나 이러한 논문을 지도할 독일 교수를 찾을 수 없을 것이라는 조언과 당시 불의의 교통사고로 별세한 어머니를 잃은 가족 문제가 있었다. 이러한 상황에서 가급적 빨리 학위논문을 끝내고 귀국해야 한다는 일념으로 한국교회의 성례전(세례, 성찬)의 교회일치적, 선교학적 의미와 실천을 연구하였다. 1997년 한국기독교학회 선교신학회가 학술지 「선교신학」을 창간할 때 본 필자는 "경제와 선교: 성서적 토지신학과 청지기직 선교"라는 글을 기고했다. 창간호의 첫머리 논문으로 실린 본 글은 김용복 박사의 정치경제적 신앙고백적 사상을 배경으로 삼았다.

6. 학위논문을 제출하고 심사를 받고 있던 본 필자를 김용복 학장님이

방문하여 1994년 가을 어느 날 프랑크푸르트에서 만났다. 만나자마자 한일신학교(1981년 이전 교명은 한일여자신학교, 이하 한일)가 문교부인가 정규 4년제 대학으로 승격되었다는 소식을 자랑스럽게 말씀하셨다. '전주의 그 조그만 학교가 대학으로 이제 인가를 받았나!'라고 단순히 생각하였다. 사실 2022년 말 필자는 이 학교의 100년사를 집필하면서 1970년대의 학교 상황을 살펴보았다. 한일은 학제 인가 문제로 인하여 무척 힘든 세월을 보냈다. 당시 학교 운영을 선교사들이 주도했는데, 전주 한일여자신학교 이사회를 1971~72년 광주 호남신학교 이사회가 합병하여 합동이사회를 만들었고, 한일여자신학교는 3년제 대학 인가를 받은 호남신학교의 일개 기독교학과로 신설 운영되기로 결정되었다. 그동안 이의를 제기하던 한일의 교장과 전주의 교회 지도자들이 1973년 11월에 문교부로부터 3년제 대학 인가를 받아냈다. 그러나 한일은 1974년도 신입생 모집을 할 수 없었다. 합동이사회가 한일을 괘씸하게 생각하여 신입생 모집을 허락하지 않는 등 당분간 두 학교는 갈등 상황에 놓여 있었다. 그 이후 대학령에 의한 4년제 각종 대학으로 인가를 받기도 하였으나 한일은 기본적인 체질이 약하여 문교부가 요구하는 정규 4년제 대학 승격을 위한 물질적 조건들을 충족할 여건을 스스로 만들어낼 힘이 없었던 것이다.

대학 승격에 대한 소식에 뒤이어 김 학장님이 "임 목사! 한일에 교수로 와서 같이 일하자"라는 뜻밖의 교수 청빙 제안을 하셨다. 아하, 이 말씀을 하기 위하여 김 학장님이 독일로 와서 장황하게 한일의 대학 승격을 강조했던 모양이구나! 한일에서 일하시는 김 박사님을 이전에 두 차례 방문하여 만난 적이 있었다. 본 필자가 알고 있는 이분은 명분이 서면 이해와 득실을 따지지 않고 일을 추진하시는 신앙인이셨다. 이러한 마음으로 한일의 발전을 위하여 희생자의 길을 걸으셨을 김 박사님을 생각하면서 한일에서 일할 수 있겠다고 자신도 모르게 대답을 했다. 본 필자도 이해득실보다는 먼저 명분의 경중을 따지는 1인이기 때문이었다.

7. 본 필자는 1995년 3월에 부임하여 한일신학대학의 선교학 교수로 봉직을 시작하였다. 김 박사님이 남다르게 강조한 제3세계 지도자 교육이 한일신학대학에서 본격화되었다. 한일에 들어서면서부터 본 필자는 북인도교회의 감독급 학생의 논문을 지도했고, 필리핀 연합교회 목사와 인도네시아 발리의 개혁교회 전통의 목사의 석사과정 논문을 지도했다. 이들을 지도하면서 이들 각자 나라가 지닌 특유의 종교문화적 정치경제적 상황을 이해하고 지도자로서 논문을 쓰도록 도왔다. 학술논문으로서 학위논문의 성격을 가르치기도 했다. 1997년에 한일에 아·태국제신학대학원이 개설되어 개발도상국의 학생들이 모여들었다. 본 필자는 아프리카, 아시아와 태평양 지역 교회들의 현실에서 민중적 정치경제적 문화변혁적 선교와 동시에 사회개발과 복음 전도의 필요성을 강조하는 통전적 선교 신학을 이들에게 가르쳤다.

8. 김용복 박사님은 자기의 유익을 위하여 탐욕을 부리거나 숨은 의도를 가지고 무슨 일을 도모하는 사람은 결코 아니었다. 언제나 구성원들의 의사를 존중하면서 대화하는 성격을 지녔다. 그는 합리적으로 사안을 이해하고 논의에서 설득력을 갖춘 에큐메니컬 실천가였다. 그는 자신이나 가정의 삶보다 사회경제적 약자에 대한 배려를 우선하는 생각을 했고 삶을 살았다.

지난 2022년 9월 22일 서서평 상 특별상 시상식(수상자: 김용복 박사)을 마친 후 뒤풀이 모임에서 있었던 에피소드다. 이 자리에서 김 박사님의 반려자이신 김매련 여사와 그들의 아들 재민 부부와 몇몇 지인들이 모여 커피를 마시며 담소를 나누었다. 앞서 말한바 유럽에서 열린 에큐메니컬 대회에 참석하신 김 박사께서 청빙 관련하여 본 필자를 방문했다. 그런데 우리가 헤어질 때 100달러를 주시기에 한사코 안 받으려고 했으나 김 박사님 왈, "가난한 유학생을 만나면 누구에게나 100달러를 주는 것이니까 부담 없이 받아라!"고 강권하여 어쩔 수 없이 받았다는 이야기를 했다. 이 이야기를 듣던 김매련 여사의 귀가 커지면서 나에게 질문을 했고 곧 뒤이어 그분의 아들 재민 씨가 하는 말, "그 돈들이 어디로 다 갔는가? 했더니 저기로 다 갔구먼!"이라고 하여 모두가 크게 웃었던 기억이 떠오른다. 아마도 그 100달러는 탁월한 인적자원(human resource)으로서 선교대회에 참가하여 기여한 김 박사님에게 주최 측이 제공한 여비의 일부였을 것으로 생각된다. 평소에 김 박사님은 이러한 강의료나 여비가 생기면 주변의 가난한 학생들을 만나 대화와 토론을 즐기고 격려금으로 주었던 것이다. 반면에 김 박사님의 가정이나 가족에 대한 물질적 헌신과 기여는 그만큼 적었을 것으로 생각된다.

가난과 차별과 억압받는 사람들에 대한 관심과 배려가 남달랐던 민중·생명 신학자에게 이러한 자세와 행동은 적절한 삶의 방식이 아니었을까?! 그분의 그 모습이 좋아 보여서 본 필자도 해외 선교 현장에서 만난 목사나 선교사에게 100달러를 주면서 그분을 모방한 적이 있다.

# 평화를 만드는 사람, 영원한 청년!
# 김용복 선생님

조정현

전주YMCA 사무총장

## 김용복! 보고 싶다

선생의 모습에서 가장 먼저 떠오르는 것은 초롱초롱한 눈망울이다. 선생이 떠나신 후 일을 할수록 선생님의 공백이 더 크게 다가온다. 이럴 때 선생님이 계셨으면…, 아직 선생님에게 평화의 배움이 남았는데, 함께하고자 했던 세계평화대학원은 시작도 못 했는데…. 지난 몇 년 동안 우리는 많은 평화의 꿈을 꾸었다. 난 김용복 선생의 생의 마지막 5년을 만났다. 젊은 김용복, 교수 김용복, 총장 김용복의 모습은 내 안에서는 진보적 신학자, 생명평화의 신학자의 일반적인 모습이었다. 모든 직책을 내려놓고 김용복 선생이라는 자연인으로 만났다. 5년간 김용복 선생님과 많은 대화를 나누었다. 맑은 눈망울로 서로의 눈빛을 확인하며 꿈꾸듯이 대화했다. 질문하고 또 질문하고 경청하며 어려운 이야기를 하나하나 이해하며 새겼다. 선생의 이야기를 듣다 보면 평화의 환희와 감동이 넘친다. 그 꿈을 함께 꾸며 가슴에 뜨거움이 밀려왔다.

선생은 '지리산 세계평화대학'을 말했다. 구체적이고 치밀했다. 그리고 행동했다. 선생은 지식인의 추상적 견해나 모호함, 지식 전달의 의견에 그치지 않았다. 선생은 평화이론가이며, 행동 전략가이며, 실천 운동가였다. 선생은 지리산 자락, 구례의 청소년시설을 개조하여 세계 청년들이 평화를 배우는 공간으로 만들고자 하였다. 이에 직접 발품을 팔아 대학과 교육청을 다녔다. YMCA에 있는 나에게도 함께 하자고 제안하였다. NGO 단체가 참여하여야 대학이 대학 구성원의 성과만으로 가져가려는 것을 경계할 수 있고, 교육 당국의 관료성을 극복할 수 있다고 말했다. 시민사회가 참여하는 통로로 YMCA가 역할을 해야 한다고 말했다. 선생은 구체적 자료와 팔레스타인, 노르웨이 등 관련 세계 유수의 평화 전문가, 실천가들과 동행하며 대학 총장, 교육감을 설득했고, 실무자들인 담당 교수와 담당 장학사들에게 그 필요성과 가능성을 피력했다. 선언적 제안이 아니라 될 수 있게 만들려고 혼신의 힘을 다했다. 그리고 그분들에게 지리산이 세계평화의 중심으로 설 수 있다고 설명했다. 지리산은 전쟁의 상흔이 있고, 동족상쟁의 현장이기에 세계평화대학의 적임지라 말했다. '지리산 세계평화대학'에서 세계 청년들과 한국 청년들이 함께 모여 평화를 학습하고 평화를 실천하여 피스메이커로 성장하는 산실의 역할을 하고자 하였다. 그리고 국내외 유수의 평화 전문가로 교수진을 구성하였다. 지리산 평화대학에서는 이론적 학습만이 아니라 청년들의 평화축제와 놀이, 사회적 노동을 함께 하고자 하였다. 사회적 협동조합을 조직하여 지리산 자락의 농토를 통해 평화의 노동을 함께하며, 청년들이 땀 흘리며 생명평화를 자연스럽게 몸으로 받아들이자고 하였다. 세계평화대학은 움직이는 대학이었다. 지리산에만 있는 것이 아니라 팔레스타인, 노르웨이, 러시아, 중국, 북한으로 이어지는 유라시아를 관통하는 평화의 연찬이었다. 현장에서 배우고 익히며 국제적인 피스메이커로 청년들을 성장시키고자 하였다.

선생은 유라시아 '평화 포럼'을 통해 수백, 수천의 평화 전문가, 활동가들의 네트워크를 구축하여 평화 연구, 실천 행동하는 거대 평화 네트워크를 구축하여 한반도 평화에 기여하고, 대결과 경쟁의 세계화에서 평화의 세계화로 가기 위한 블록을 구축하고자 하였다. 이를 통해 지리산 세계평화대학의 지원 체계 구축, 평화 연구의 통전적 전개 협력, 평화교육의 초국적 협력, 한반도 평화통일을 위한 구체적 내용의 연구와 실천을 하고자 하였다.

또한 김용복 선생은 노르웨이 YMCA와 노르웨이 정부를 통해 남북한 청년들이 함께 평화축제를 여는 '피스보트'를 띄우고자 하였다. 노르웨이는 남북한 동시 수교 국가이며, 남북한 대사 한 명이 남북대사를 겸임하고, 세계평화에 기여함을 중요한 아젠다로 여기기에 한반도 청년의 평화교류에 힘을 보탤 최적의 국가임을 선생은 확신하였다. 노르웨이 YMCA와 관련 재단과 연계하여 남북한 청년들이 함께 탈 '피스보트'를 띄울 구체적인 프로젝트를 준비하였다. 노르웨이 YMCA가 북한 노르웨이 대사관을 통해 북한 당국 교섭을 맡기로 했고, 현재 있는 피스보트보다 큰 배로 바꾸기 위해서는 노르웨이 정부에 예산을 신청하기로 하였다. 프로젝트의 큰 구상을 확정하였고, 실무 논의를 위해 2020년도 5월경 노르웨이 YMCA 국제부 사무총장을 전주에 초대하여 관련 프로젝트에 대한 실무 논의와 사전답사를 진행할 계획이었는데 이 모든 일이 코로나19로 인해 진행되지 못했다.

선생은 '세계평화대학원'을 구축하고자 하였다. 소수의 핵심적인 평화 활동가들을 위해 UN 평화대학과 연계하여 평화학 교수진을 꾸리고

김용복 선생의 글 마지막에 늘 첨부하는 백두산 사진

유라시아 평화네트워크 구축을 위해 노르웨이, 팔레스타인 평화
활동가, 김용복 선생, 광주 조선대 교수진과 면담

3.1운동 100주년 전주평화포럼에서 발표하는 모습

평화 활동가를 위한 이동 평화 교육 체계를 구축하고자 하였다. 평화 활동가들이 평소에는 온라인으로 평화 학습을 진행하고 1년에 한두 달씩 세계 각국으로 이동하면서 평화 수업을 하고자 하였다. 교육 수료 후에는 학위 제도를 도입하여 담당 교수가 직접 석사 박사학위를 수여하는 체계를 만들어 대안적 평화대학원 체계를 구축하고자 하였다. 그 재원을 만들기 위한 고민도 멈추질 않았다.

마지막으로 선생과 했던 일은 코로나19가 한참 창궐하던 2021년 6월경 이스라엘이 팔레스타인을 폭격하고, 거대한 수용소로 몰아가고, 탄압이 한창인 시절에 zoom으로 팔레스타인 평화 포럼을 개최하였다. 팔레스타인 거주 목사, 현지 활동가와 함께하며 팔레스타인의 현실을 생생하게 한국YMCA 간사들과 공유하고 그 지원 체계를 구축하려 하였다. 그 포럼을 통해 한국YMCA는 평화의 모금을 실천하였고, 지속적인 팔레스타인 평화 네트워크 구축에 더 열정적으로 참여할 것을 다짐하였다.

선생은 늘 평화의 꿈을 꾸었다. 선생의 꿈은 꿈으로만 멈추질 않았다. 꿈의 실현을 위해 노력했다. 그 노력은 선언이 아니라 구체적이며 집요했다. 사람을 움직이는 힘이 있었다. 나도 그 대상이었다. 선생과 함께 일하는 사실이 자랑스러웠다. 선생은 실천 철학자였다. 원대한 꿈을 가졌다. 동아시아와 세계의 평화를 위하여 다양한 교류와 협력·연대를 미국, 중국, 러시아에 확대할 것을 제안하였다. 우리 민족의 통일과 우리 조국의 평화는 동아시아의 평화와 나아가서 세계평화의 초석이 되기 때문에 한반도를 세계평화의 기지로 구축하고자 하였다. 이를 위하여 동아시아 민(국민, 인민, 시민, 민중)의 평화협의체(East Asian People's Peace Council)를 제안하고 포괄적인 평화 과정을 추진하는 깃을 준비하였고 제안하였다. 나아가 이제는 증오와 경쟁의 시대를 종말하고 동아시아의 어린이들이 함께 모여 생일잔치를 하고 함께 성장하면서 살아갈 동아시아의 상생 생명정원을 꿈꾸며 평화 세상 건설을 말했다. 한국 사람이 꿈을 꾸듯 일본, 중국, 미국, 러시아 등의 다양한 평화의 비전이 창조적 융합을 통해 존중되며 이루어 나가기를 소망하였다. 국가를 넘어 민의 연대를 말했다. 이러한 평화의 비전을 선생은 한반도 조선 선(仙)의 비전, 홍익인간, 이화상생, 태평성대의 비전을 출발점으로 하여 조선유교의 실학적 화(和)의 비전, 조선 불교의 미륵정토의 비전, 조선 동학의 융합적 평화 비전, 기독교의 메시아적 향연의 비전이 민족 자주자력과 정의평등의 비전과 창조적으로 융합하여 3.1운동의 평화 비전을 형성할 수 있는 그 꿈을 후세대인 우리가 이루어야 한다고 말했다.

지금도 2019년 3.1운동 100주년 전주 심포지엄에서 위 내용을 말씀 하시는 선생의 감동적인 강연 모습이 생생하다. 그 뜻을 잇고자 한다. 선생은 나에게 평화가 입술로만 표현하는 것이 아닌 역사적인 생명평화의 관점을 세워주시고, 한반도와 세계 시민사회를 연결하여 시민사회 평화운동의 지평을 일깨워 주셨다. 주신 숙제를 기쁘게 학습하며 실천해 나가고자 한다.


선생은 가난하지만 멋쟁이였다.
눈 맑은 꿈꾸는 소년 김용복!
맑은 눈으로 꿈꾸며 열변을 토하는 그 모습이 선하다.
그리운 선생님! 이제 평화의 영면을 하소서!
약함의 자리에서 민중의 생명을 꿈꾸며 순교적 순례의 길을 걸으신 선생님을 따라 걷겠습니다.

# 참으로 멋진 김용복 총장님

조현애

한일장신대학교 명예교수

내가 영문학 박사학위를 취득한 후 이력서를 들고 한일신학교 학장님이셨던 김용복 박사님을 처음 만나뵙게 되었을 때, 김 박사님은 내 TOEFL 강의 경력을 보시더니, 국내 목사님들에게 TOEFL 강의를 할 수 있냐고 물어보셨다. 이미 취업 준비생들에게 강의했던 경험이 있었으므로 할 수 있다고 대답했다. 목사님들은 오랜만에 영어 공부를, 그것도 TOEFL을 공부하느라 너무 힘들어하셨지만, 열심히 공부해보니까 너무 즐겁다고 하셨다. 김 총장님은 다음엔 동남아와 아프리카에서 'Asia Mission Studies Center'(후에 'Asia-Pacific Graduate School of Theological Studies'로 됨)로 유학을 온 외국인 목사님들과 국내 기독교 지도자들로 구성된 그룹에서 TOEFL을, 그것도 영어로 강의하도록 부탁하셨다. TOEFL 강의를 영어로 하는 것이 처음이어서 많은 부담이 있었지만, 이 또한 좋은 기회라고 생각하였다. 그 그룹은 겨울방학 기간을 활용하여 한일장신대학교 기숙사에서 숙식하며 나 외에도 네 분 외국인 교수님들 강의를 수강하며 맹훈련을 하는 중이어서 꿈을 영어로 꿀 정도로 긴장을 하고 있었다. 그때 나는 그분들 실력 향상을 보면서 우리나라에서 비난받던 문법에 치중한 영어 교육이 그렇게 잘못된 방향만은 아니라는 것을 알게 되었다. 탄탄한 영문법 실력을 갖추었던 한 분이 처음에는 자신을 영어로 소개하는 인사도 잘 못하고 수줍어하시더니 불과 2주 만에 유창한 영어를 구사하는 것을 보았기 때문이다. 그 후에 나는 강의 방법에 대한 설정을 다시 하여 학생들에게 자신 있게 영문법 강의를 하게 되었다.

국내 박사학위를 취득했던 나는 외국 박사학위를 중시하시던 김 총장님의 혹독한(?) 테스트를 통과했던 것 같다. 그 후 교수 채용 공고를 낸 한일신학대학에 지원하게 되었고, 정식 절차를 거쳐서 1995년에 한일신학대학 새내기 교수로 임명받게 되었다. 김 총장님은 내게 한일신학대학 청사진을 장황하게 설명하셨다. 내가 만났던 김 총장님은 그야말로 '꿈꾸는 소년'이셨다. 기부금에 의존하지 않고 자립할 수 있는 대학을 위한 학과 증설, 우수한 교수 영입, 교내 시설 확충 및 교육환경 개선, 기독교 은행 설립, 은퇴 목회자들을 위한 센터 조성 등에 대한 멋진 꿈을 꾸고 계셨다. 이러한 꿈을 실현하기 위해서 실력 있는 교수들을 많이 영입해서 함께 우수한 대학을 만들고 싶다고 하시면서 열심히 도와달라고 하셨다. 김 총장님은 영어 교육의 필요성을 강조하시며 우리 학생들이 세계 어디에 나가더라도 훌륭한 지도자가 될 수 있도록 실용성 있는 교육을 해달라고 부탁하셨다. 이는 나도 원하던 바였다.

바람직하지만, 쉽지 않은 '한일신학대학생들 수직적 영어 실력 향상'이라는 부담을 떠안고 시작한 한일신학대학 교수 생활은 정말 연속적으로 밤낮없이 분주한 과정이었다. 그 첫 단계는 입학생들을 대상으로 영어 'Placement Test'를 해서 그 결과를 활용하여 영어반을 편성해서 수준에 맞는 교육을 하는 것이었다. 나는 출근 첫날부터 출제한 시험지를 준비하느라, 또 입학 첫날부터 갑작스럽게 영어 시험을 치른 학생들 시험지를 채점하느라 정말 정신없는 하루를 보냈다. 그리고 교양 영어 시간을 필수 교과과정으로 하여 4학기 동안 매주 9시간씩 편성하였다. 수업은 9시간이지만 학점은 2학점이어서 강의 시간을 편성하기가 쉽지 않았으므로, 이른 아침 시간 혹은 늦은 저녁 시간을 활용하여 강의하는 방법밖에 없었다. 덕분에 나뿐만 아니라 영문과 교수들은 이른 아침에 출근하고 밤늦게 퇴근하는 생활을 하였다.

우리 대학이 이 프로그램을 시작했던 1995년에는 국내 대학들이 교양 영어 시간을 줄여나가는 추세였는데, 우리 대학에서는 그와 반대로 영어 시간을 획기적으로 늘려서 운영하고 있다는 소문이 나기 시작했고, 타 대학 영문과 교수님들은 이러한 시스템을 부러워하기도 하셨다. 교내 에서는 주어진 기회를 활용하여 영어 실력을 향상하게 된 것을 감사해하 는 학생들이 다수였고, 영어 때문에 고민이었던 대학원 시험에도 합격하 여 고마워하는 졸업생들도 있었다. 어이없게도 체계적인 영어 교육 덕분 에 실력을 쌓은 상당수의 학생이 타 대학 편입시험에 합격하여 나가버리 기도 했다. 이러한 예기치 못한 결과에 우리 영문과 교수들은 과연 이렇게 힘든 교육을 지속해야 하는지에 대해 고민을 하기도 했다.

그러나 무엇보다 안타까웠던 것은 많은 강의 시간 때문에 개인적인 시간 활용이 어려워진 학생들 불만이 점점 쌓여가는 것이었다. 결국 강의 시간을 조금씩 줄여나가다가 모든 것을 원상태로 되돌리는 데는 그리 오랜 시간이 걸리지 않았다. 김 총장님 재임 실패와 이에 따른 교내 분규로 인해 김 총장님이 계획하셨던 프로그램들이 하나씩 취소되 면서 영어 시간도 줄어들게 된 것이다. 영어 실력을 향상하길 원했던 학생들에게는 복수전공으로 영문과를 선택할 수 있는 길이 있었으니 그나마 다행이었다. 김 총장님 계획에 따라 신학과와 사회복지과만 있던 우리 대학이 종합대학인 한일장신대학교로 승격하게 되어, 영어영문학, 역사학, 경영학, 경제학, 철학, 신문방송학, 생명과학, 음악학, 심리학, 상담학 등 7개 학부 28개 전공 영역으로 확대되어 대학원도 설립되고 다양한 학문을 하는 교수들이 점점 많아지면서, 교수들은 학제 간 학술교류를 활발하게 할 수 있었고, 학생들은 복수전공을 하면서 폭넓게 공부할 수 있었기 때문이었다.

김 총장님은 1995년부터 사회교육원에서 어린이들을 대상으로 하는 원어민 초청 영어 프로그램을 하자고 하셨다. 당시에는 전북 지역에 그러한 프로그램이 없었기 때문에 프로그램을 운영하는 데 어려움이 있었지만, 자녀 교육에 관심이 많은 학부모를 대상으로 홍보를 한 결과 성공리에 진행할 수 있었다. 그 외에도 전국 중·고등학생 대상 영어 경시대회, 여성 평신도 대상 영어 교육, 목회자들을 위한 영어 교육 프로그램 등을 운영하였다. 이러한 프로그램이 소문이 나면서 후에는 타 대학들도 이러한 프로그램을 운영하기 시작했다.

종합연구원에서는 세계적인 석학 초청 학술대회를 매년 개최하여 한일장신대학교 구성원들이 국제적인 감각을 갖출 수 있도록 하였고, 교수들 연구비 수주를 다각적으로 도와주기도 했다. 김 총장님은 이외에도 다양한 프로그램들이 원활하게 운영될 수 있도록 적극적으로 지원하셨다. 대학 구성원은 물론이고 주변인들에게까지 평생교육을 제공하고자 했던 이러한 대학 경영 방식은 시대를 앞지르고 있었지만, 너무나 아쉽게도 몇몇 교직원들과 보수적인 교계에서 이를 받아들이지 못하여 완성되지 못했다. 한일장신대를 떠나신 후에도 학교에서 열리는 협동조합 관련 학술대회에 가끔 초대받아 오셨지만 김 총장님은 이러한 결과에 대해 어떠한 서운함도 표현하신 적이 없었다. 참으로 거인(巨人)이시고 멋진 분이셨다.

시대를 앞서간 '꿈꾸는 소년'이셨던 김용복 총장님이 그 꿈을 다 펼치지 못하시고 소천하신 점이 참으로 안타깝다. 그리고 내게 많은 기회를 제공해주셨고 이렇게 평안하고 만족스러운 삶을 살 수 있도록 길을 열어 주셨던 김용복 총장님께 더 많은 감사 표현을 하지 못했던 점을 죄송하게 생각하며, 진심으로 감사를 드린다.

# 방향이 달라도 가던 길 멈추었던 김용복 총장님

조혜숙
사회복지학과 90학번, 성남아시아교회 담임 목사

1990년도 나는 한일신학교(오늘날 한일장신대학교)에 입학을 했다. 신학과와 사회복지학과가 있었던 시절이었다. 북부시장 강림교회(고 안창엽 목사 시무)를 1987년부터 다녔고, 전북 순창이 고향인 나는 그때 전주여고 입학생이었다. 교회를 찾아서 스스로 출석을 했었다. 고교 3학년 때 당시 전도사님이셨던 양인석 전도사님(현재 강림교회 시무) 소개로 사회복지학과를 지원하였다. 학과가 2개 밖에 없어서 가고 싶은 생각은 크게 없었으나 신학에 대한 막연한 관심이 있었고, 세상에 의미 있는 삶을 살 수 있을 것 같은 사회복지학과를 선택했다.

다가산 아래 깊숙이 안겨있는 학교는 아담했다. 봄마다 아카시아 향기가 진동하는 다가공원이 있었고, 작지만 세상과 복음을 위해서 노력하는 동아리 활동이 활발했다. 기숙사에서 지내면서 다양한 친구들을 만났고, 다양한 사람들을 보면서 공부와 학생활동도 열심히 하려고 했다. 학보사(학교신문사) 활동을 하면서 전국에 있는 학교 신문사를 통해서 학생들이 어떻게 대학 생활을 하는지, 각 학교는 사회와 정치를 어떻게 평가하고 있는지도 조금씩 알게 되었다.

강림교회 내 청년회에서는 안병무 교수의 '역사와 증언', '역사와 해석' 등 사회학과 성경을 전도사님과 함께 공부했는데 이때에 나는 민중신학에 대한 호기심과 관심을 가졌다.

1992년 여학생회장에 출마했다. 지금의 홍주형 목사님은 학생회장으로 출마했었다. 총학, 여학 공동출범식에 김용복 학장님이 여러 교수님들과 동석하셨다〈사진1〉.

그리고 강택현 학장님이 은퇴를 하였다. 그런데 은퇴 전에 강택현 학장님은 급작스럽게 학교 부지를 팔고 지금의 학교 위치인 상관면으로 학교를 이사한다는 것이었다. 학교는 술렁였다. 학생들의 의견이나 실질적인 학교의 발전에 대한 논의는 없었다. 그즈음에 일어난 일은 서무과장 비리 문제와 함께 학교 건축을 맡은 건설사의 학교 부실 공사 건이었다. 이미 이러한 일이 결정된 상태에서 김용복 학장님이 취임하였던 것으로 기억한다. 그래서 학생회에서는 학장 면담을 요청해서 학교를 위한 발전에 대한 논의를 적극적으로 해 나갔다. 학생들의 요구안을 만들어 대자보 활동과 학교 비리 문제 등에 대해서 공론화하였고, 학생회 임원들과 나도 단식 투쟁도 함께 했었다.

김용복 학장님은 학생회와 대화를 하면서 단 한 번도 억양을 높이거나 감정적으로 말씀을 한 적이 없다. 동석한 학원 이사장, 이사님들은 학생회 임원들의 태도 등을 운운하면서 학교를 위한 발전적인 대안에서 벗어나 언행을 우리에게 보여주었다.

학교가 다가공원 부지를 팔고 상관면으로 이사를 하는 것으로 일들이 진행되고 있었다. 학생회에서는 이후에 서무과장 비리 문제에 대해 끊임없이 제기하였다. 마지막으로 학생회와 학장님이 면담하였을 때, "서무과장도 한 가정의 가장인데…"라고 하신 김 학장님의 말씀이 기억이

난다. 계속된 학생회의 증거 제시와 문제 제기로 결국 학교가 이전하고 이후 서무과장의 사임이 결정되었다. 그때는 서무과장의 편에 서서 '한 사람의 가장'이라는 말로 학생들의 요구와 학교의 정의를 세우는 일에 물타기식으로 한 말씀이라고 생각하였다. 세월이 지나 지금 나이에서 보니, 이견을 달리할 수 있는 사람도 있겠지만, 나는 이렇게 생각한다. 학장님은 한 사람, 한 사람을 인격적으로 대하는 분이었고, 비리에 대한 처벌이 한 사람의 가정과 사회에서의 역할을 박탈하는 것을 한 번 더 고심한 것으로 이해된다.

문제는 또 생겼다. 바로 학교 건축물의 안전성 문제였는데, 생각보다 심각했다. 학생회 임기 말기에도 계속 벽돌의 강도, 철의 강도 문제 등을 가져와 검사하였다. 건축을 전공한 동문 목사님들이 끊임없이 학교 안전 문제에 대해서 관심을 가지고 조사하였고, 대안을 학교 측에 전달했었다. 결국 동문들과 학생들의 의견이 반영되어 재건축 검사를 하기로 결정되었다. 차기 학생회가 출범하였고, 나는 이임 전 여학생회장 일들을 정리하고 있었다.

임기 말기에 「여학생회지」를 마지막으로 발간하였다. 인쇄소에서 1층 현관에 놓고 가는 바람에 한 묶음씩 나 혼자서 여학생회실로 옮기고 있었다. 나는 양손에 회지 묶음을 잔뜩 들고서 계단을 올라가고 있었고, 김용복 총장님은 계단을 내려가고 계셨다. 나는 가볍게 목례를 하고 헉헉거리며 계단을 오르고 있었는데 갑자기 한쪽 꾸러미가 사라지며 팔 한쪽이 공중으로 나비처럼 날아올랐다. 총장님의 손에 책 다발이 들려 있었다. 총장님은 내려가는 길을 되짚어 돌아오셨던 것이다. 나와 어깨를 나란히 하고 안경 너머 큰 눈으로 미소만 짓고 계셨다. 그리고 여학생회실까지 들어다 주시고는 "혼자서 일하느라 고생해요." 하시며 내 어깨를 토닥토닥하고 그제야 계단을 다시 내려가셨다.

학교를 이전하고 나서 총장님의 외연으로 인해 학교가 국제 교류의 장이 되었다. 덕분에 다양한 국제 행사와 포럼 등으로 학문의 흐름을 보았다. 4년 동안 본 학교의 풍경 중에서 가장 활기가 있었다〈사진2〉. 그때 만난 여성 신학자, 여성 선배 목사님들이 지금의 내 삶에 멘토로, 증언으로 계셔주실 줄 누가 알았을까? 결혼 주례를 해주신 기장 교단의 박성자 목사님, 해외 사업(필리핀 위안부 지원 사업 등)에 컨소시엄 기관으로 협약을 하고 흔쾌히 경험을 나누어주신 양미강 목사님(1992년 국제포럼 당시 주제 강연자로 기억이 난다) 그리고 학교를 다니는 동안에 늘 가르침을 주셨던 존경하는 여학생회 출신 선배님들로 사복과 이애희 선배님, 사복과 김현희, 신학과 송경숙 선배님, 신학과 김덕 선배님이 계셨다. 이 모든 만남과 학문적 교제를 다져주신 분이 김용복 총장님이셨다. 1993년 신혜수 교수님, 김덕환 교수님, 차성환 교수님 등 실력 있는 교수님들이 사회복지학과 교수님으로 오셨다. 졸업반이지만, 학점과 상관없이 이분들의 수업을 모두 수강 신청했다. 신학과 배경식 교수님, 고 선순화 교수님도 그때 뵈었었다. 90년도 신학과 교수님의 수업도 재미있었고, 이후 졸업반 때 청강한 신학과 교수님의 수업은 더욱 재미있었다. 나는 독일 디아코니아학에 관심을 가졌는데, 기독교인으로서 사회복지학도로서 앞으로 사회에 나가 신학과+사회복지를 결합한 복지 모델을 어떻게 현장에서 실천하며 살 것인가를 늘 고심하던 터였었다. 총장님은 내가 졸업한 해에 디아코니아학(기독교사회봉사학)을 공부할 수 있도록 길을 열어주셨다고 들었다.

2022년 4월에 하늘의 별이 되셨다는 소식을 듣고 몇몇 동기들과 연락했지만, 일정 탓에 혼자서 이른 시간 작별의 시간을 가지고 돌아왔다. 아직 장례식장이 준비가 덜 되었지만, 가족과 낯익은 몇 분들 뵙고 왔다. 벚꽃이 흐드러지게 피어있는 도로를 따라 성남에서 서울로 가면서 이상하게 〈꽃밭에서〉라는 노래를 계속 웅얼거리게 되었다. 이렇게 좋은 봄날에 가셨으니 우리는 볼 수 없으나 저 천국에서 여러 신학자, 목사님들과 함께 주님의 품에서 하늘 안식을 하시고 계시겠지요?

김 총장님께서 진행하는 기독교 경제학 수업을 나는 잠깐 청강한 적이 있었다.

"장애아동이 있는 가족이 집을 짓습니다. 그렇다면, 이층집을 지으려는 그들의 계획은 변경되어야 합니다. 장애아동이 있기에 계단이 있는 집보다는 가족 중에 장애아동의 이동권을 확보할 수 있는 단층집으로 변경되어 집짓기가 고려되어야 합니다. 이것이 기독교 정신입니다."

늘 같은 눈높이로 한 사람을 돕는 일이라면 평상시 작은 일에도 발 벗고 나서신 분, 잘못한 이들에게도 그 사람의 전 존재를 부인하지 않고, 인격적으로 대하려고 했던 총장님⋯. 짧은 경험이었지만 일상이 한 사람의 인격을 어쩌면 더 확실히 보여줄 때가 많다. 특별히 제한된 공간과 시간이라면 모양과 형식을 갖추어진 꾸민 태도일 수 있으나 일상의 한켠을 보면 한 사람의 내면을 잘 엿볼 수 있을 때가 있다. 총장님은 일상을 늘 잔잔하게, 자신을 돌보는 일보다 타인을 위해서 투박한 헌신을 하셨다.

방향이 달라도 누군가가 어려운 일에 치해 있다면 가던 길 멈추었던 총장님⋯, 저희 제자들이 반걸음씩 따르며 살아가겠습니다.

# 시절 인연 속에 김용복 박사를 회고하며

차 정 식

한일장신대 신학과 교수

1996년 가을 어느 날 새벽이었을 것이다. 나는 그해 6월 시카고대학교 신학부에서 신약성서 전공으로 박사학위를 받고 여기저기 일할 자리를 찾고 있었다. 교회에도 이력서를 15통 정도 보냈고, 신학대학에 교수직에 필요한 자기소개 서류도 작성해서 몇 군데 보냈다. 내가 최종 후보로 선정된 신학대학원이 두 군데 있었는데, 그중에서 버지니아에 있는 유니온신학대학원의 신약학 교수 자리는 내가 심혈을 기울이며 취업을 위해 애쓴 경우였다. 그 미국 신학대학원에서 직접 비행기표와 체류비를 제공해 나를 초청해주었는데 그때 나와 최종 경쟁을 벌인 후보는 미국 하버드대학교 신학부 출신의 백인 여성 박사였다. 그러나 내 기대에도 불구하고 이 도전은 성사되지 못했다. 내가 경쟁에서 떨어진 게 아니라 마침 그때 유니온신학대학원이 옆에 있는 자매학교 기독교교육대학원과 합병되어 신약학 교수 채용이 불필요해져서 아예 청빙 자체를 무산시켰던 것이다.

이런 허탈한 결과를 받고 향후 진로를 모색하며 고민하던 때였다. 그즈음 어느 날 새벽 4시 반경 낯선 국제전화가 걸려 왔다. 당시 한일장신대 기획처장이었던 임희모 교수라며 자신을 소개하는 목소리였다. 그분은 내게 대뜸 "우리 대학에서 차 박사님을 좋은 조건으로 스카웃하고자 한다⋯. 김용복 총장님이 조만간 시카고를 방문할 예정이니 꼭 만나보시라"는 메시지로 나에게 용건을 전했다. 나는 한국에서 신학대학이나 신학대학원을 다닌 적이 없고 교단적 정체성도 모호한 상태였다. 미국장로교 시카고노회에서 목사 안수를 받긴 했지만 그때까지 10년 가까이 두 이민교회의 유년주일학교 어린아이들을 돌보는 파트 타임 전도사만 해왔기에 전임목회자로 본격적인 목회의 경험을 쌓을 만한 충분한 시간을 갖지도 못했었다. 한일장신대학교라? 들어보지 못한 한일장신대학교란 이름이 그 뒤로 내 기억에 박혀 맴돌았다. 전주에 있다는 지역신학대학이었지만 내게 처음으로 공식 직책을 제공하겠다고 나선 게 석연치 않았다. 그래도 총장님이 몸소 태평양을 건너 나를 만나러 오신다니 만나봐야 하지 않겠는가 하는 생각에 그 비행기 일정표를 받고 기다렸다.

그때까지 나는 한국을 떠나 디아스포라의 이민자로 10년째 살아가고 있었고, 부모님과 누나, 어린 동생 세 명 다 미국에 이주해 이민자로 살고 있었기 때문에 한국으로 돌아가 성서학자로 살아간다는 생각은 별로 하지 않았다. 아니, 내 출신 배경과 현실적인 여건에 비추어 그럴 기회가 오리라고 생각할 수 없었다고 해야 더 정직한 고백이리라. 시카고 오헤어 공항에서 만난 김용복 총장님은 오랜 비행 탓인지 좀 피곤해 보였다. 카페에 들러 내게 먼저 조목조목 한일장신대학교(당시 교명은 한일신학대학교)의 미래 비전과 발전의 청사진을 들려주었다. 그분은 한일장신대학교를 한국에서 신학 연구의 중심지로 만들고자 하는 다부진 의욕을 가지고 많은 일들을 구상하고 있었다. 먼저 세계적인 수준의 탁월한 신약성서학자를 다섯 명 정도 교수로 초빙하여 성서학 연구가 신학 발전에 차지하는 그 비중을 높이 보고 앞으로 많은 투자를 아끼지 않을 것을 약속했다. 내가 그중의 1인이니 아직 열악한 형편이지만 그 미래 비전에 내 학문적 소명을 걸고 합류해달라고 간절히 청했다.

나는 일단 멀리 있는 무명의 젊은 학자를 찾아주시고, 교수로 직접 초청해주신 것에 감사하며 몇 가지 조건을 내걸었다. 첫째, 나는 전임강사로 오라 하면 가지 않을 테니 조교수로 한 단계 높여 임용해줄 것, 둘째, 나는 학문적 열의가 있는 사람이니 대학 운영을 위한 행정보직을 맡기지 말고 연구에 전념하도록 배려해 줄 것, 셋째, 내 아내가 이민 1.5세로 영어를 잘하니 교양 부문 영어 강의를 할 수 있도록 교수직을 제공해줄 것, 넷째, 도서관에 내가 연구를 위해 필요한 자료를 충분히 공급해줄 것, 다섯째, 저축한 목돈이 없으니 당분간 거주할 수 있는 아파트 한 채를 제공해줄 것 등 다소 맹랑한 조건들이었다. 나중에 드러난 결과를 보면 김 총장님은 다섯째 아파트 제공 조건 외에 이 모든 조건을 수용하여 들어주었다. 그는 좋은 학자들을 뽑아 한일장신대를 한국 신학의 중심지로 발전시키겠다는 의지가 강렬했고, 그런 연유로 30세 갓 넘은 이 무명의 학자는 그분에게서 큰 은택을 입어 당시 대학의 초짜 박사들이 겪는 그 흔한 시간강사의 보따리장수 시절을 한 학기도 겪지 않고 1997년 3월 32세에 이 대학의 신학부 조교수로 임용되었다.

그때 김용복 박사님은 내가 어떤 교단 배경을 가지고 자라났으며, 어떤 교단에 소속되었는지, 어떤 신앙고백을 하고 있는지 지엽적인 것들을 일체 묻지 않았다. 다만 그의 관심의 초점은 내 학문적인 역량과 열정, 앞으로 한국의 신학을 세계적인 수준으로 발전시킬 만한 학자로서의 구체적인 실력과 소양에 집중되어 있었다. 이런 분의 눈이 멀리 디아스포라 세월 10년을 살며 한 구석에서 외로워하던 나를 발굴하여 너그러운 조건으로 스카웃하였으니 분명 은혜가 아닐 수 없다. 그래도 나에 대한 아무런 사전 정보 없이 대뜸 국제전화를 걸 수 없었을 듯싶어 이후에 나는 어떤 경위로 이 대학에 소개되었는지 하도 궁금해서 내 나름대로 정보망을 가동해 그 과정을 추적해 대강 알아낼 수 있었다. 그 내막인즉 이러했다. 내가 시카고대학에서 박사학위를 받을 즈음 나는 교역학 석사 과정(M.Div.)을 공부한 모교 메코믹신학대학원에서 객원교수(adjunct faculty)로 헬라어 등을 가르치며 이 신학대학원 기숙사(이른바 1400 빌딩)에 거주하고 있었는데, 아래층에 또 다른 한인 객원교수로 장로회신학대학의 학장을 지내신 박창환 목사님이 머물고 계셨었다.

나는 20대 후반의 팔팔한 청년 학자였고 박 목사님은 70대 원로 신약학자였는데, 연로한 연세에 좀 적적해 보여 어느 날 내 차로 그분을 모시고 한인 타운에 가서 한 끼 저녁 식사를 대접한 적이 있었다. 그날 저녁 나는 박 목사님과 많은 대화를 나누었는데, 특히 그분이 경험한 한국 신학대학교와 교회에 관한 여러 에피소드는 지금까지 기억할 정도로 흥미로웠다.

한편 박 목사님이 장신대의 학장으로 계실 때 이 대학의 제3세계교회 지도자훈련원 부원장으로 재직하였던 김용복 총장님은 박 목사님께서 장신대 학장직의 임기 만료로 떠나자 한일장신대학교로 초청하여 성경 연구원을 세우고 신약성경을 가르치게 하셨다. 박 목사님은 가정 사정으로 한일을 떠나 모스크바장로회신학대학교에 총장으로 직을 옮겨가시게 되었는데 마침 젊고 유능한 신약학자를 후임자로 추천해달라는 요청에 박 목사님은 나와 곰탕 한 그릇 먹은 인연으로 내 이름을 주셨다고 했다. 은혜는 이렇게 돌고 또 도는 성질을 갖고 있는 모양이다. 김용복 총장님과 박창환 목사님의 관계도 알고 보니 이런 은혜의 순회 회로도 이어져 온 것이었다. 박창환 목사님이 장로회신학대학 학장으로 있던 시절 쿠데타로 집권한 신군부 전두환 정권의 안기부에서 민중신학자인 김용복 박사가 당시 그 신학대학에서 강의하는 것을 못마땅하게 여겨 잘라낼 것을 압박했지만 박창환 학장님은 자신의 임기 마지막까지 그 압박에 굴하지 않고 김용복 박사를 지켜주었다고 한다.

한일장신대학교에 부임하고 교수로 경험해나간 캠퍼스의 분위기는 활기가 넘쳤다. 많은 학생이 붐볐고, 교수회의는 앞으로의 발전 방향에 대한 진취적인 여론으로 풍성했다. 내가 이 대학에 부임하기로 결정하는 데 동기를 부여한 한 가지 요인이 있었다. 이 대학이 신학뿐 아니라 인문학의 진흥에 큰 관심을 가지고 좋은 학자들을 많이 확보했는데 그중에서 '글쓰기' 인문학의 선풍을 일으키던 김영민 교수가 있었다. 나는 그와 만난 이후 의기투합하여 다양한 화제로 대화와 교제를 퍽 즐겼고, 이후 10년간 틈틈이 그와 만나 지속적으로 산행을 하며 유익한 학문적 우정을 키워갔다. 김용복 총장님은 어떤 편협한 교리적인 틀을 내세우며 우리 신학부 교수들의 학문 활동을 통제하거나 억압하는 법이 없었다. 그는 개방적인 자세로 신학자들의 연구 활동을 독려했고, 민중 신학자답게 이 땅의 역사에 희생당하거나 소외된 가난한 민중에 대한 극진한 관심을 품고 이 세상을 초월하거나 그 신산한 현실에서 도피하는 신학이 아니라 그 현장에 적극 참여하는 신학을 추구하였다.

몇 년간의 행복했던 교수 생활이 지나고 김용복 총장님의 연임 실패로 인해 캠퍼스는 많은 고난을 겪어야 했다. 이사회에서 통과된 연임이 교단 총회에서 거부되었던 것이다. 나는 이 사건으로 인한 후폭풍의 갈등 상황과 이에 결부된 모든 안타까운 현실을 옆에서 지켜봐야 했다. 김 총장님의 꿈과 포부는 옳은 방향이었지만 당시 대학의 급변하던 현실과 보수적인 교단신학, 지역교회와의 느슨한 연대 관계, 무엇보다 재정적인 결핍의 상황이 그 고결한 꿈과 포부를 뒷받침해주지 못했다. 이후 김 박사님은 생명학대학원대학교의 비전을 키워나가면서 비록 아쉽게도 온전히 결실하지 못하였지만 새로운 대안신학교의 기획을 포기하지 않았고, 한신대학교 석좌교수로 교육과 연구 활동도 꾸준히 이어가셨다. 뿐만 아니라 해외신학자들과의 국제적인 연대 관계도 공고하게 다져가면서 국제적인 활동에도 열심을 내신 것으로 기억한다. 이후 학내 상황이 진정되면서 김 박사님은 우리 대학 학술 행사에 강사로 초청받아 강연 활동도 몇 차례 하면서 훼손된 명예도 어느 정도 회복하였다.

내가 김용복 박사님을 마지막으로 뵌 것은 돌아가시기 한두 해 전 우리 대학 학술 행사에 강사로 오셨다가 전주역에 모셔다드리면서 차 안에서 잠시 대화를 나누었을 때였다. 대학을 떠난 지 오래되어 김 박사님은 야인 같은 풍모를 풍겼고, 지리산 피아골 골짜기에서 프란시스코 성자의 수도적 영성을 키워보고자 했던 꿈의 잔상도 얼핏 엿보였다. 그러나 이미 건강이 많이 안 좋아진 상태였는지 그간 세월을 거치면서 많이 병약해진 모습이 안쓰럽게 다가왔다. 나는 전주역 앞에 내려드리면서 김 박사님의 건강을 빌며 그의 뒷모습을 오래 쳐다보았다. 흘러 지나는 시간은 아무도 막을 수 없는지라 신학자의 말년 또한 하나님 앞에서 유한한 존재로서 자신의 생명을 겸허하게 비워내고 그 공생애의 짐을 내려놓을 수밖에 없는 성찰의 시간이 될 터이다. 그 뒤로 얼마 지나지 않아 김 박사님의 부고를 접하고 그와 엮인 인연 가운데 내가 아무런 연고 없는 한국의 신학 마당에 아론의 혈통과 무관하게 순전히 멜기세덱의 반차를 타고 접속하여 살아온 지난 25년 세월이 주마등처럼 스쳤다.

그것은 분명히 은혜의 인연이었고, 나는 그 인연을 귀히 여기면서 여기까지 살아온 셈이다. 김 박사님이 떠난 그 마지막 발자취를 기억과 상상 속에 더듬어 추모하며 내가 좀 더 걷다가 떠나야 할 자리를 미리 건너짚어 본다. 서늘한 그 음부의 자리가 확연히 보일 듯도 하다.

# 동남아신학대학원 시절 김용복 총장님과
# 나눈 대화들

최덕기

전주노회 사회선교 목사, 판소리성경 목사

나는 참 좋은 스승 목사님과 신학자를 모시고 살았던 세월이 복되다고 생각한다. 나는 1992년 봄에 현장에서 사회선교를 하는 목회자들의 모임이 한일신학교에서 있다는 연락을 받고 참석하였다. 거기에는 그동안 알고 지내던 목회자들 30여 명이 모여 있었다. 당시 민중신학자로 알려진 김용복 학장께서 지역의 현장 목회자들을 기독교 아시아연구원이 운영하던 동남아신학대학원 한국지역 수강생으로 하여 한일신학교에서 강의를 개설하였다. 그리고 김용복 학장님은 1970~80년대에 옥중생활을 하신 한국 민중신학자들과 목사님들을 강사로 모신다는 요지의 말씀을 하셨다.

당시 고난받는 자들의 삶의 편에 서서 독재 권력에 맞서 싸우며 신앙적 삶을 사셨던 대표적인 분들이 오셔서 매주 오전과 오후 강의를 하셨다. 그때 나는 그 고난과 역경의 세월을 이겨낸 믿음과 삶의 승리 이야기를 생생하게 들었다. 우리 교단 신학교는 민중신학을 가르치지 않았기 때문에 나는 이를 잘 알지 못하였다. 그러나 이때 나는 민중을 사랑하시는 하나님의 신학을 이해하는 기회를 얻게 되었다. 참으로 귀중한 시간들이었다.

몇 년간 한일신학교가 방학 기간에 아시아 민중 성서 읽기 과목으로 2주간의 수련회를 개최할 때에 나도 참석하였다. 이 수련회는 일본, 케냐, 인도(달리트), 한국, 베트남, 인도네시아 등 여러 나라에서 가장 낮은 계층의 사람들 속에서 목회하며 그들의 관점에서 신학하시는 신학자들 30여 명을 초청하여 이들과 함께 민중적 시각으로 성서를 읽고 연구하여 민중적 관점에서 하나님을 만나는 시간을 갖게 하였다.

제2회 아시아 민중신학 심포지엄이 숭실대에서 열렸는데 나도 여기에 참석하였다. 당시 1세대와 2세대 민중신학자들(현영학, 안병무 외 2세대 민중신학자)이 강의를 한 주간 내내 하였고, 오후에는 현장 목회자들과 깊고 폭넓은 토론이 이어졌다. 여기에서 참석자들은 1.5세대 민중신학자로 김용복 박사님을 지칭하고, 이구동성으로 그가 가장 많은 자료를 가지고 계신 분이라고 말하였다.

몇 년 후 한일신학교가 한일신학대학교로 승격되었고, 김용복 박사는 제1대 총장님이 되었으며, 1997년에 종합대학인 한일장신대학교로 발전하였다. 또 그는 동남아시아신학대학원 한국지역 학장을 겸하게 되면서 기독교아시아연구원 회원들이 동남아시아신학대학원에 입학하여 학위를 할 기회를 주었다. 1998년 이들의 석사 논문의 제목을 보면, 민중 현장의 내용이었다. 가령 국내 아시아계 외국인 이주 근로자 선교 전략 연구, 중국 동북 3성 조선족 선교 정책 연구, 한국 농촌 지역 교회 성장에 관한 연구, 대전 지역 사회복지관 직원의 전문성에 관한 고찰, 도시 빈민과 부랑인에 대한 선교적 과제, 조상제사에 대한 기독교적 평가, 한국의 도시 선교, 한국 농촌 교회 선교 전략, 민중성서 읽기에 관한 한 소고, 코이노니아가 실현되는 교회 상 정립을 위한 연구, 한국교회의 아시아 선교 정책 등으로 민중 현장의 삶에서 관찰, 연구, 조사해야 쓸 수 있는 제목과 내용들을 포함하였다.

김용복 박사가 8년의 학장과 총장 소임을 다한 후 나는 지리산연구소에서 그를 뵐 수 있었다. 그리고 김 총장님은 동남아시아신학대학원 한국 지역 학장으로서 박사과정을 운영하였기 때문에 나는 3년간 매주간 그를 뵈며 가까이서 모시고 가르침을 받을 수 있어 복되다고 생각하였다.

어느 날 친구 목사와 함께 논문을 지도받으러 갔을 때 김 총장님과 나누던 대화 중 있었던 이야기이다. 김 박사님 자신이 미국에서 한국으로 귀국할 때 미국 스승께서 "왜 이 어려운 시국에 한국으로 들어가느냐?"라며 말렸고, "미국에 있으면서 유럽도 다니며 민중신학에 대하여 알리는 것도 좋지 않냐"라고 말하였다는 것이다. 그러나 김 총장님은 "조국의 민중이 독재 사슬에 매여 있는데 나만 살자고 그렇게 할 수 없다"고 말하자 스승께서 "그러면 한국에 들어가면 절대 나오지 말고 한국 민중들 속에서 함께 살아라"라고 말하였다는 것이다. 또 김 총장님은 "여러 나라의 친구들 가운데 그리고 미국 신학생들 사이에 민중신학자 김용복 연구팀이 있어서 그를 연구하고 있다"고 말씀하셨다.

피아골 연구원의 개보수 작업을 돕기 위하여 목사 친구와 함께 갔을 때 나눈 대화에서 김 총장님은 이러한 이야기도 들려주었다. 빚도 많은 상태에서 김 총장님이 어렵게 학교 건축을 하는데, 어느 날 건축 사업을 하는 모 장로가 몇억 원이 있는 통장과 고급 승용차 열쇠를 가지고 찾아온 적이 있었다. 그래서 김 총장님이 "그를 위해 기도해 드리고, 이 학교는 모든 것을 아끼고 또 아껴서 건축도 잘하고 있으니, 장로님께서는 이 돈을 다른 일에 사용하시라고 되돌려 드렸다"고 하셨다.

한때 교계 주변에는 김 총장님이 지리산 뱀사골에 화려한 아방궁을 짓고 학교(한일장신대학교)를 어렵게 했다는 소문이 떠돌았다. 후에 늦게나마 나는 지리산 파아골 연구원을 찾아가 둘러보니 평범한, 아니 별 보잘것없는 정육각형의 초라한 깡통집(연구소)이었고, 그 안에는 서적만 가득 쌓여 있었다. 그곳에서 김 총장님은 텃밭을 일구고 가꾸시며, 서울과 지리산을 오가며, 지리산 생명 생태계에 대한 많은 역사적 지식과 토산물과 역사문화 지식을 전달해 주시고, 지리산 영성에 대한 역사적 현재 모습과 앞으로 연구할 신학적 주제에 대하여 말씀하시곤 하셔서 나는 항상 새로운 영적 도전을 받곤 했다. 한국의 영성은 지리산 영성에서 찾아도 좋을 것이라고 김 총장님이 말씀하시곤 하셨다.

김 총장님은 몇 년 후 지리산을 중심으로 접해있는 지역들을 생명 생태학적 벨트를 만들고, 지역 특산물을 잘 가꾸어 유지하여 생명 풍요의 지리산 동네들을 만들고, 서로 연결되는 교통수단을 만들면 지역 경제에 활성화에도 유익할 것이라고 말씀하였다. 이러한 사업들에 대하여 남원 시청에 알리고 도움을 주고받고자 하시는 김 총장님과 동행한 적이 있다.

또 김용복 총장님께서는 민족문화선교에 큰 관심을 가지고 이를 깊이 통찰하였다. 김 총장님은 이러한 민족적 문화선교를 하나님의 나라가 풍성히 임하는 생명의 삶 판 세상으로 이해하였다. 민족문화는 오랜 세월 동안 그 민족과 온갖 삶을 함께 하면서 그 밑바닥에 흐르는 강물과 같은 민족 공동체의 역사적 우환 질고와 희로애락, 생로병사를 함께 담지하여 민족정신이 녹아든 삶 판놀이로 문화를 통해 성경이 전파되는 것도 진정한 선교의 하나라고 하셨다. 김 총장님은 타 종교들이 수천 년의 한국 민족 뿌리와 같은 문화에 접근치 못하고 겉으로만 흐르고

만 것은 한국문화에 그 뿌리를 두지 않음이라 하시며, 자신이 20대에 판소리를 공부하고 성경을 전달하고자 하는 뜻이 있었으나 시간을 얻지 못했다면서 성경 판소리를 귀하다고 말씀하셨다. 성경 판소리 동호회가 발족되었을 때 김 총장님이 취지문을 주셨는데 다음과 같다.

"성경은 민족의 몸과 얼에 깊이 녹아 민족의 생명과 우주 삼라만상의 모든 생명체에 복된 소리가 될 것이다. 이는 하나님의 소리에 응답하는 신학적 확신이요 선교적 결단이다. 하나님은 그의 소리로 삼라만상을 창조하시고, 하나님의 음성은 생명의 원동력으로 모든 존재의 원천이며(창세기 1장), 온 우주에 가득한 진리라는 것이 신학적 신념이다. 하나님은 죽음의 세력에 죽어가는 모든 생명을 구원하시려고, 온 세상을 사랑의 말씀으로 그의 아들 예수를 세상에 보내시어 기쁜 소식을 복된 소리로 선포하여 구원하시고(요한복음 1장), 생명력과 위로의 성령을 신음하는 천지 만물 속에 보내시어, 모든 생명과 우주를 새롭게 하는 생명의 소리로 울리게 하신다. (로마서 8장) 또한 아침의 나라 우리 고장에, 민족의 한과 멋과 맛, 흥이 어우러지고, 하나님의 사랑의 소리에 민족의 충, 효, 인, 의, 예, 지, 애가 담겨 측은지심을 이루고, 하나님의 음성은 호연지기를 이루어, 살아있는 소리로 표현되고, 우리 조상들을 통하여 물려준 민족문화의 혼인 판소리를 이루었다. 이것은 하나님 소리의 신비요 섭리라고 고백한다. 우리는 성경에 담겨있는 하나님의 음성을 판소리로 듣고, 민족의 기와 얼, 영혼을 담은 판소리로 신앙을 고백하여, 하나님의 음성이 산 소리로 모든 사람들의 영혼에 전달되어 구원의 소리가 되며, 우주 삼라만상이 우렁차게 응답하여, 하나님께 영광을 돌리는 소리의 향연을 펼치는 사역에 참여할 것이다."

김용복 총장님은 정의·평화·창조질서의 보전(JPIC)을 삶으로 실천하려고 노력하였고, 제10차 WCC JPIC 집행위원회의 1인으로 활동하셨다. 제10차 WCC 부산 벡스코 대회 때 본 대회 순서에 성경 판소리 발표 순서를 넣고자 하셨지만, 준비 절차 기간을 놓쳐서 못 넣으셨다. 그러나 김 총장님은 본인이 운영하시는 부스에 팀을 세 차례 초대하여 한국적 성경 읽기를 공연하게 하였다. 또 제주도 국제세계평화포럼 (WCC 스텝들과 60개국 대표 100여 명 참석)의 개회 예배에서 김 총장님은 내가 성경 판소리 공연을 할 수 있게 하셨다. 김 총장님은 제10차 WCC 부산 벡스코 대회에 참석한 국내외 회원들에게 배포한 팜플렛에 성경 판소리를 아래와 같이 소개하셨다.

"The Bible Pansori is a Bible recital in Korean Pansori.(traditional narrative song) It contains a triune convergence of the Bible as written text, the human spoken voice and the Korean traditional musical tune. It is most powerful reproduction of the Biblical message to hear as a person and a community of faith. There has been a practice to recite Biblical passages in fragments in the past; and now the whole Bible is being recited in Pansori. It is wholly an new Bible in Pansori. It is a new form of the incarnation of the Bible in the Korean culture. It is a new biblical hermeneutics. It is a new preaching of the word of God. Today the recital of the Bible Pansori is beginning to be permeating in Christian communities along with the hymns in Korean traditional tune in Korea; It is a wonderful gift of God to the Korean people; and I am so happy that some of the Bible Pansori can be heard in and around the 10th Assembly of the World Council of Churches," by Kim Yong Bock, Chancellor, Asia Pacific Center for Integral Study of Life.

철원 DMZ 평화의 집에서 YMCA 주최 세계평화축제가 열렸고, 여기에 전주YMCA도 참여할 때 나도 동행하여 참석하였다. 그곳에서 김 박사님이 "기독교 평화 통일운동"을 선언하실 때 나는 너무 기뻤다. 여기에서 김 박사님은 그간 진행된 남북 평화통일론을 비판하시고 기독인의 성경적 평화통일론을 주창하셨다. 그 내용으로 "국가권력과 유엔 국가연합의 실패, 생명평화운동의 주체 재정립, 새로운 생명평화 담론의 구축, 치유, 회복(정의), 화해, 상생 평화의 주체 형성, 신앙 고백적 영성 기반 형성, 생명평화의 총체적 재구축, 생명평화 주권의 확립, 민의 생명평화운동의 주역 훈련, 상생 경제는 평화의 하부 구조, 생명평화 공동체 선취 운동 전개, 한국기독교 생명평화운동의 전개"라는 말씀을 외치셔서 나는 너무 공감하였다.

지리산연구소에서 국제 신학 포럼을 하실 때면 김 박사님께서는 성경 판소리 공연을 할 수 있도록 배려해 주셨던 일도 생각난다. 김 총장님의 팔순 잔치를 동년배 후배 신학자 목회자들이 서울에서 열었을 때, 팀이 성경 판소리로 축하드리자 김 박사님께서 웃으시며 기뻐하시던 모습이 아직도 선하다. 지리산연구소 지킴이 고성기 목사가 안타깝게 주님의 부름을 받았을 때, 그 목사님이 전날 김 총장님의 꿈속에 찾아와서 먼저 간다며 인사를 하더라며 김 총장님께서 애석해하시며 슬퍼하셨다. 부족한 나에게도 김 총장님께서 주님의 부르심을 받기 이틀 전부터 두 번이나 꿈속에서 나를 찾아오셔서 몇 가지 가르침을 주었던 것이 기억난다.

할렐루야! 주님 품에 고이 쉬소서!

# 박사님의 제자여서 행복했습니다
## ― 김용복 박사를 그리워하며

홍주형

한일장신대 제자, 부안 장신교회 목사

먼저는 김용복 박사를 이 땅에 보내시고 그분과 함께 한 시대를 함께 할 수 있도록 인도해 주신 하나님께 감사를 드린다. 또한 김용복 박사에 대한 뜻을 기리며 회고하는 에큐메니컬 동지들의 따뜻한 마음에도 감사를 드린다. 세계적인 신학자로서 그의 왕성한 활동은 많은 선후배 동지들에게 선한 영향력을 끼쳤기에 선생의 부음이 아직도 현실적으로 다가오지 않는다.

이 글은 김용복 박사께서 1992년 전주에 있는 한일장신대학교(당시 한일신학교)에 학장으로 부임하셨을 때 학생으로, 30년간 제자로 함께했던 아름다운 추억들을 회고하며 나누고자 한다.

나는 김용복 박사께서 부임하셨을 때 신학교 4학년 학생이었고, 총학생회장이었다. 지방에 있는 작은 신학교에 세계적인 신학자인 김용복 박사가 오신다는 소식은 당시 학생들에게는 믿기지 않는 소식이었다. 책으로만 접할 수 있던 분을 우리 곁에 모시게 된 것이다. 그때의 감격과 기쁨을 말로 할 수 없었다.

신학교에 부임하셔서 학생들을 사랑하시고 아껴주셨던 선생의 모습을 잊을 수가 없다. 선생께서 학교에 부임하자 많은 세계적인 학자들이 학교를 찾아오셨다. 그때마다 박사님은 총학생회로 전화를 걸어 학장실로 부르셨고, 오신 분들에게 나를 소개해 주시고 인사시켰다. 당시 영어로 인사 정도밖에 하지 못하던 나에게는 부담되는 자리였고 말씀하시는 내용도 알아듣지 못할 정도여서 힘든 자리였지만, 통역해 주시면서 함께하게 해 주셨다. 당시만 해도 총학생회장은 학교 지도부와 갈등 관계를 가지고 있는 것이 일반적이었다. 학생들을 학교의 주체로 인정해 주지 않는 문화였기에 그의 모습은 파격적으로 느껴졌다. 그 내면에는 학교의 주인은 학생이라는 박사님의 철학이 분명하셨다.

학생들만 만나시면 본인이 가지고 있던 지혜의 보따리를 푸시고 삶은 나누시기를 주저하지 않으셨다. 김제 죽산에서 태어나서 일제강점기의 힘든 시간들을 보낸 이야기, 중고등학교 다니면서 자신의 뜻을 굽히지 않고 선생들과 논쟁을 벌였던 이야기, 연세대 철학과에 입학했는데 입학금을 구하지 못할 때 졸업식 때 교장선생이 자신의 모자를 벗어 하객들에게 돌아다니면서 돈을 모아주신 이야기, 연세대에 다니면서 4.19혁명을 경험하셨던 이야기들을 들려주셨다. 특별히 밥상 공동체를 좋아하셔서 학생들에게 맛있는 음식을 사주시고 담소를 나누시는 일을 큰 기쁨으로 여기셨다.

학문적으로도 경험해보지 못했던 새로운 영역들을 가르쳐 주셨다. 그 당시 "기독교 경제사상사" 과목을 개설하시고 직접 강의하셨다. 바쁘신 중에도 후학들에게 연구하신 내용을 직접 타이핑하고 복사해서 한 학기를 알차게 알려 주셨다. 어떠한 질문을 드려도 깊이 있는 답변으로 학생들을 집중시켰다.

한 학기 수업을 마치자 기독교 잡지인 「기독교사상」과 「신학사상」에 우리가 수업한 내용이 정리되어 실린 것이다. 이전에 한 번도 느껴보지 못했던 새로운 학문적 경험이었다. 이러한 일들은 김용복 박사에 대한 존경심과 한일에서 신학을 하는 자부심을 느끼게 되었고, 학교에 대한 애교심도 높아지는 계기가 되었다.

　김용복 박사께서는 현실의 어려움 속에서도 미래를 꿈꾸며 제자들에게 용기를 심어주신 분이셨다. 그래서 총학생회는 김용복 박사에게 '꿈꾸는 소년'이라는 애칭을 지었다. 박사께서는 그 애칭을 좋아하셨다. 그는 한일에 대한 많은 꿈을 이야기해주셨고 헌신적으로 준비하셨다. 그 꿈은 시간의 흐름 속에서 조금씩 실현되어 감을 몸으로 느꼈다. 그 당시 지역에는 교단 신학대학원이 없던 시절이다. 그런데 신학대학원이 곧 만들어질 것이고 전액 장학생으로 모집해서 공부를 시킬 거라 말씀하셨다. 이곳에 만들어지는 대학원이 세계적인 신학대학원이 될 것이라는 것이다. 아무도 그 말을 믿지 않았다. 꿈꾸는 소년의 꿈같은 이야기라고 생각했다. 한국에 있는 어느 신학대학원도 전액 장학생으로 학생들을 모집하는 곳은 없었기 때문이다. 하지만 5년 후 그의 꿈은 현실이 되었고, 유수한 학생들이 한일신학대학원에서 전액 장학금 혜택을 누리며 공부하게 되었다. 이외에도 많은 꿈을 이루시고자 노력하셨고 헌신하셨다. 그의 꿈이 모두 이루어진 것은 아니지만 그가 꿈꾸고 씨앗을 뿌렸던 일들을 기억하고 일구어 가는 일은 이제 남아 있는 우리의 몫이 되었다.

　김용복 박사의 제자 사랑은 남달랐다. 제자들이 어려움에 처하면 자신의 일처럼 아파하셨고, 도움을 주고자 노력하셨다. 제자들이 강의나 진학 문제로 부탁을 드리면 거절하지 않고 직접 알아봐 주시고, 본인이 가지고 있는 네트워크를 통해 자신의 일처럼 처리해 주셨다.

한 번은 유럽의 나라들을 돌아보고 싶다고 말씀을 드렸는데 박사께서 이를 기억했다가 일정을 잡아 주셔서 영국의 핀드혼공동체, 네덜란드 오이코크레딧, 스페인의 몬드라곤과 구겐하임 미술관 등을 함께 동행하며 설명해 주셨다. 여행하는 동안 박사께서 가지고 있던 여행 노하우를 알려 주셨고, 나라마다 맛있는 음식들을 사주셨던 기억이 생생하다.

짧게나마 스승과 제자로서의 받았던 사랑을 적어 보았다. 나는 김용복 박사 제자인 것이 내 생애 자랑거리다. 그러나 미안함이 있다. 너무 받기만 하고 섬겨드리지 못한 것이다. 강인한 체력으로 세계를 누비시고 활동하셨기에 이렇게 가실 줄은 생각하지 못했다. 그래서 죄송한 마음이 더욱 크다. 제자로서 이제 할 일은 김용복 박사 보다 정신의 크기가 작아지지 않는 것이라 생각한다. '꿈꾸는 소년' 김용복 박사를 하늘나라로 보낸 마음은 안타깝고 허전하지만, 그분의 뜻을 이어가고 받은 사랑을 나누어 주는 것은 우리의 몫이다.

생명의 정원에서 다시 만날 날을 기약하며 인사드립니다. 박사님의 제자여서 행복했습니다. 그리고 감사합니다. 사랑합니다.

# 4부

# 전국 추모의 글

# 민중생명신학자 김용복 박사를 추모하며

권진관

성공회대 신학과 은퇴교수, 죽재서남동목사기념사업회 이사장

며칠 사이에 민중신학계의 두 어른이 돌아가셨다. 서광선 선생이 한 달 보름 전쯤 돌아가시더니, 김용복 선생이 4월 7일 향년 83세로 우리를 떠나셨다. 이 두 분은 신학계뿐 아니라 한국 사회의 큰 별이었다. 김용복 박사는 연세대 철학과와 미국의 명문 프린스턴신학교를 나온 전도가 밝은 인재로서 제도권 상아탑의 실력 있는 학자의 길을 걸을 수 있었지만, 그는 보장된 안락한 길을 선택하지 않고 민주화운동, 민중운동, 평화통일운동, 국내와 세계 에큐메니컬운동, 생태운동에 뛰어들었다. 그는 적극적으로 학문과 실천을 연결시켜 이러한 운동에 보탰다. 이로써 그는 실천적인 학자의 장르를 개척한 것이다. 국내뿐 아니라 국제적으로 실천적 연구 활동을 펼쳤다. 그는 서남동, 안병무, 현영학, 서광선 등과 함께 한국의 민중신학을 개척하였고, 이를 전 세계에 알린 전도사였다. 민중이라는 말이 영어로 minjung으로 표기하게 된 것도 그의 공로였다.

늦게나마 깨달은 것은 그가 걸은 길, 그의 삶과 결단이 옳았다는 것이다. 그는 실천과 학문의 연결고리로서 처음에는 민중 그리고 90년대

이후에는 생명이라는 화두를 설정했다. 민중에서 생명으로 넘어가면서 인간 역사보다는 자연의 역사를, 부정과 혁명의 변증법(dialectic)보다는 수렴통합(convergence)을 강조하게 되었지만, 그러한 치환을 통해서 그는 많은 글을 쏟아낼 수 있는 글의 문을 열었다. 즉, 그의 테제는 "민중이 역사의 주체"에서 "생명이 우주의 주체"로 승화 발전했던 것이다. 민중으로부터 생명으로 넘어가는 과정에서 역사와 언어(담론과 이야기)의 역할이 약화 혹은 배제되기도 했지만, 그러나 이렇게 해서 자신의 새로운 말들(담론)을 쏟아내는 태세를 갖춘 것이다. 그런 면에서 그는 매우 현명하였다!

2021년 11월에 "죽재 서남동의 민중신학과 민주화운동 재조명"이라는 제목으로 국회의원회관 세미나실에서 학술회의를 할 때 서광선 선생은 오셔서 인사 말씀을 해 주셨는데, 김용복 선생은 오시지 못하고 원고만 보내서 필자가 대독했다. 그 당시 이미 선생은 몸이 아파서 인하대병원서 검사를 받는 중이었다. 선생이 보내준 원고는 그 내용이 신선했지만, 문법이나 철자가 엉망이었다. 그땐 웬일인가 싶었다. 나중에 알게 된 것은 선생이 매우 어려운 상태에서 최후의 글을 쓰셨던 것이었다. 여기에서도 그의 언어는 생명에 관한 언어였다. 사태들을 생명의 관점으로 보고 생명의 보존, 해방, 창조의 언어로 재구성했다. 역사의 주체로서의 민중 담론으로부터 우주의 주체로서의 생명으로 그 담론 구조를 철저하게 바꾸고 세웠던 것이다. 그는 생명학 서설을 한글과 영문으로 각각 쓴 후 신학적 종교적 성찰을 쓸 계획을 가졌었다. 유고들을 모으면 책이 몇 권은 될 것이다.

선생은 기독교 지성인이 걸어가야 할 모범을 보여주었다. 그는 상아탑이나 연구실이 연구의 현장이 아니라 연구의 현장은 생명의 현장이라고 믿었다. 생명을 살리는 일들을 위해 끊임없이 모임을 만들었고 주도했다. 요즘과 같은 비대면 시대에는 해외에 나가지 않고 국제적인 행사를 온라인으로 활발히 했다. 그는 한국의 지성인이 한국어에 고착되어 있는 문제를 넘어서야 한다고 보았다. 그리고 모임이 협동조합 형태로 만들어져서 자본주의 시장 경쟁 구조 속에서 대안의 결사체가 될 것을 꿈꾸었다.

사람들이 김용복 선생을 일컬어 꿈꾸는 영원한 소년이라고 했지만, 사실 그의 꿈은 결실을 맺고 있었다. 그중 하나가 한국의료복지 사회적 협동조합이다. 30년 역사를 가진 이 단체는 선생의 꿈의 결실 중 하나였다. 이처럼 꿈이 결실을 맺고 있는데 그리고 아직도 민중신학은 갈 길이 먼데 선생은 이렇게 떠나셨다. 스승이었지만, 늘 친구처럼 대해 주셨던 선생을 보내는 마음이 아프다. 그러나 지금은 슬퍼할 때가 아니라, 선생이 깔아놓은 그 초석 위에서 우리가 해야 할 일이 무엇인가를 찾아야 할 때인 것 같다.

# 하나님의 생명과 평화의 선물

금주섭 목사

세계선교협의회 CWM 총무

꿈꾸는 소년, 30년 전 당신께서 한일장신대학교 총장으로 섬기실 때 총학생회 학우들이 지어드린 선생님의 별호입니다. 늘 새로운 비전을 말씀하시고, 소년처럼 순진해서 이해득실을 따질 줄 모른다고 학생들이 지은 당돌한 호칭이었지만, 선생님은 이 별명을 참 좋아하셨습니다.

저는 35년 동안 스승님께 많은 사랑과 가르침을 받았습니다. 그중에서도 선생님께서 민중의 사회적 전기를 들려주시며 동학혁명군이 결집하였던 백산, 남부군의 피아골, 브레이브 하트의 글렌 코, 아루샤의 메루 산맥 그리고 갈릴리 언덕을 함께 거닐었던 추억이 가장 선명한 제 선교와 신학의 성장판으로 남아 있습니다.

이해되지 않는 것 세 가지 있었습니다. 그렇게 국제적인 분이 보세이, 에딘버러대학, 버클리가 불러도 절대 한국 민중을, 분단의 현장을 떠나지 않으셨습니다. 그렇게 비타협적인 분이 또 어떻게 그렇게 다정하고 공감이 깊고 산사적이신지요? 그렇게 똑똑하신 분이 자신의 이익을 챙기는 데는 어떻게 그렇게 벽창호이신지요? 기독교와 교회를 넘어서 모든 생명을 사랑하는 종교와 지혜들을 통섭하셔서 교회로부터 핍박받으시면서도 어떻게 그렇게 교회를 사랑하시는지, 참 깊은 신앙과 영성의 넓이를 가지신 분이셨습니다.

그래서 우리는 그분과 함께 세계 에큐메니컬운동과 신학 운동을 통한 변혁을 위해 꿈을 꾸었습니다. 그러나 민중신학과 에큐메니컬운동에 헌신하는 보람도 있었지만, 참 많은 좌절의 시간도 있었습니다. 그러나 언제나 먼저 보듬어 주시고 일으켜 세워주시는 분은 그분이었습니다. 잠시 딴 길로 방황하신 에큐메니컬 대선배님을 비판하니까 그분은 저녁 식사 자리에서 달구똥 같은 눈물을 펑펑 쏟으셨습니다.

사랑하는 에큐메니컬운동의 선배 그리고 동지 여러분, 꿈꾸는 소년 김용복 박사님은 한반도 민중과 세계 에큐메니컬운동에 주신 하나님의 생명과 평화의 선물이었습니다. 식민지의 설움과 분단의 아픔, 독재의 잔인함과 차별의 설움을 민중 해방을 위한 신학적 창조성과 헌신으로 승화하셨습니다. 특별히 아시아적 상황에 대한 신학적 노고는 제3세계 신학의 등불이었습니다. 혁명적 신학자로, 세계 에큐메니컬운동의 지도자로, 세계 민중의 벗으로 살아오신 그분의 삶과 가르침은 세계 곳곳에서 수천수만의 제자들을 길렀습니다. 그리고 미래의 많은 세대에게 실천하는 신앙과 변혁적 에큐메니즘에 많은 영감을 제공할 것입니다.

영원한 꿈꾸는 소년, 김용복 박사님의 삶과 신학에 세계선교협의회(CWM)을 대표하여 깊은 존경과 감사의 작별 인사를 올립니다. 저희는 이제 오늘 그분을 주님 품으로 돌려 드립니다. 스승님, 그곳에서 다시 뵈올 때까지 소년처럼 천진난만하게 웃으시며 즐거이 춤추고 계십시오.

사랑합니다. 감사합니다. 존경합니다.

# 박사님, 사랑합니다*

김승환
원주 새생명교회 목사

평소 존경하고 정신적 스승 가운데 한 분으로 생각하던 김용복 박사님이 소천하셨는데, 예기치 않았던 허리 부상, 또 매인 일 때문에 빈소에도 가뵙지 못하고 있다. 안타깝고 죄스러운 마음에 김 박사님을 추모하는 한 마디라도 올리고 싶다.

박사님과의 인연은 결코 작은 것이 아니어서 학생 청년 시절에 내 사상적 지향의 상당 부분이 박사님으로 말미암았고, 신학대학원을 졸업한 후에는 '기독교아시아연구원'에서 원장이신 그분을 모시고 일하는 영광을 누렸지만, 개인적으로 가장 인상 깊었던 것은 박사님이 나와 아내 김용애가 결혼할 때 베풀어주신 환대였다.

당시 우리는 박사님이 구로구 독산동에 개척하신 산돌교회에 출석하는 중 박사님을 찾아뵙고 결혼 주례를 부탁하였는데, 박사님은 기쁘게 응락해주시고, 아내와 당신이 같은 광산 김씨, 같은 항렬이라고 기뻐하시면서 언제 날 잡아 저녁을 같이 먹자고 하셨다. 그런데 놀랍게도 우리에

---

* 김승환 목사님의 페이스북(https://www.facebook.com/profile.php?id=100000991797819)에서 옮김.

게 저녁을 대접하겠다면서 약속 장소로 잡은 곳이 뜻밖에도 5성급 호텔인 워커힐이었다. 아마도 그곳 중식당에서 코스 요리로 우리를 대접해주셨던 것으로 기억하는데, 내가 지금 '아마도'라고 말하는 것은 세월이 많이 흘렀기 때문이기도 하지만, 그만큼 나나 아내가 여전히 촌티를 벗어나지 못한 어리뻥뻥 그 자체여서 그저 박사님이 사주는 대로 감지덕지 먹는 데만 골몰하였기 때문이 아니었을까 싶다.

그렇게 어리뻥뻥한 우리를 소위 '민중과 함께하는 교회'를 섬긴다는 목사가 무슨 돈을 어디서 얼마나 번다고 그렇게 파격적인 낭비를 하면서 환대해주셨을까? 그때는 그 깊은 사랑을 잘 몰랐지만, 세월 지나고 보니 두고두고 잊을 수 없는 큰 사랑의 환대였다.

문득 값비싼 향유 옥합을 깨뜨려 주님의 발을 씻긴 여인이 떠오른다. 내가 받은, 우리가 받은 사랑을 생각할 때 사실 우리가 그분을 찾아 뵙고, 우리가 그분을 먼저 청하여 모시고 그분을 환대했어야 옳지 않았을까?

값비싼 향유를 주께 드린
막달라 마리아 본받아서
향기론 제물을 주님께 바치리
오 사랑의 주 내 주님께

그러나 아직 나는 어리고, 어느 만큼 깨닫기까지 환대는 오롯이 박사님의 몫일 수밖에 없었던 모양이다. 그러고 보면 값비싼 향유 옥합 주 위해 깨뜨려 주님 발 씻긴 그 여인의 환대 역시 기실은 주님으로부터 받은 측량할 수 없는 환대의 은혜에 대한 억제할 수 없는 작은 보답일 터이다. 사랑이 내리사랑이듯 환대 또한 내리환대일 터이다.

아, 그런데, 그러나 사랑하는 나의 님, 김용복 박사님은 따뜻한 진지한 끼 대접할 기회조차 주시지 않은 채, 아니 나는 아직 그럴 갸륵한 정성조차 제대로 가져보지 못했는데 우리 곁을 떠나셨다. 그 사랑, 그 은혜 무엇으로 보답하여야 할까? 나는 누구를 청하여 워커힐 중식당에 가서 코스 요리를 시켜주고, 기죽지 말라고 격려하고 '그대는 사랑받기 위해 태어난 귀한 존재'임을 일깨워 주기 위해 내리환대의 파격적인 거룩한 낭비를 쏟아부을 것인가?

그 큰 사랑 너무 크시기에 떠났어도 떠나지 않은 인자하신 얼굴과 목소리를 생각하며 내 마음속 님의 존영에 꽃송이 올려드리고, 그 말씀한 절 한 절을 지켜갈 결심을 바치면서 어눌하기만 한 입술 열어 이렇게나마 뒤늦은 사랑을 고백하지 않을 수 없다.

박사님, 사랑합니다. 많이 많이 사랑합니다. 하여 이렇게 보내드리지만, 보내드려도 보내드리지 않는 제 마음 아실 것이오니 앞으로도 저 빼놓지 말고 많이 가르쳐주십시오. 더 많이 배우고, 그 가르침 두고두고 새기며 따르겠습니다.

# 카이로스(kairos)로 살아오신,
## '올곧지만 늘 변화하셨던 단아한 선비',
## 김용복 선생님

김은규

성공회대학교 명예교수

김용복 선생님을 떠올리면, '올곧지만, 늘 변화하시는 단아한 선비'라는 단어가 떠오른다. 동학사상과 민중신학 사상을 근거로 하면서 현장에서 만난 수많은 사건과 사람들 속에서 새로운 사상들을 접하고, 그래서 선생님은 하나에 갇히지 않고 어느새 저곳에서 또다시 새로운 웅지(雄志, 큰 뜻)를 틀고 계신다. 대개 하나를 세우면 그것이 단단하게 되어 외부 충격을 받으면 부러진다. 하지만 선생님은 동학과 민중신학을 두 뿌리로 하면서도 변화와 늘 조우하면서 현재와 미래를 향해 도전하셨기에, 늘 말랑말랑한(?) 뇌를 가지셨기에 부러지지 않고 새로운 도전을 하셨다. 동학 농민의 민중운동을 1970, 80년대 민중신학과 민주화운동의 전거로 삼으시며 역사적 맥을 잡으셨다.

김용복 선생님은 지구를 수십 바퀴 돌면서 세계의 많은 석학과 시민운동가들, 목회자들의 현장 전문가들과 사상적 토론을 하면서 미국을 제국(empire)으로 규정하고, 신자유주의의 문제들, 통일, 인간의 생명과 평화의 가치를 내세우며 생태 문제에도 관심을 가지셨다.

필자가 2002년 영국서 정지석 박사(현, 국경선평화학교 대표)와 이야기 나누면서 한국에 신학자들이 많음에도 영문학술지가 없어 세계에 알릴 것이 없어 안타까운 마음을 가지고 귀국했을 때, 김용복 선생님을 찾아뵈니 마침 선생님께서도 똑같은 생각을 가지고 계셨다. 그때 학술지 제목으로 주신 것이 '마당'(場, Madang)이었다.

시골집 마당은 가족, 동네 사람들이 모이는 공동체 공간이고, 사람이 죽었을 때 축제의 마당이 되어 조문객들에게 음식과 술을 대접하며 장사를 지내는 것으로 해석하셨다. 신학이 다양한 학문과 만나며 '축제의 마당'(場)이 되어야 함을 강조하셨다. 덧붙여 '카이로스'(kairos)를 강조하시며 1초, 1분, 1시간이 흘러가는 객관적인 시간이 아니라 특별한 상황(Context)에서 특별한 시간을 말씀하셨다. 예수님도 3년이라는 카이로스 시간, 곧 양적인 시간이 아니라 질적인 시간을 매우 의미 있게 사셨음을 말씀하셨다. 어쩌면 김용복 선생님께서는 수많은 현장에서 수많은 카이로스 시간과 공간을 경험하셨다고 본다. 2004년 성공회대학교 신학연구소가 주관이 되어 「마당」 학술지(*Madang: International Journal of Contextual Theology*)가 나온 이래 지금껏 한 번도 거르지 않고 출판되어(연 2회) 세계 각국의 도서관에 뿌려지고 있고, 세계학자들의 관심도 높아지고 있음은 김용복 선생님의 밑거름이었고, 자랑이 아닐 수가 없다.

김용복 선생님은 편집장으로, 권진관 교수, 채수일 총장, 이정배 교수, 정지석 박사 등이 초창기 편집 위원으로, 필자는 편집책임을 맡아 십여 년 넘게 역할을 하였다. 지금껏 「마당」 학술지는 민중신학, 인권, 생명, 평화, 정의, 한반도 평화, 생태, 여성, 제국, 신자유주의 등을 주제로

「마당」 저널 *(Madang* Journal)

발간되고 있다. 그리고 2013년 WCC 부산총회가 열려 세계 각국에서 수백 명의 기독교 지도자들이 모였을 때, 그 기간에 매일 발행되는 영문 신문이 *Madang*이 된 것도 김용복 선생님의 주장이 관철된 것이다. 곧 '마당'이라는 한글과 의미를 전 세계 기독교인들에게 알리고자 했던 의도셨다.

김용복 선생님은 80년대 독재 권력에 맞선 민주화운동 시절에 대학에서 해직되신 서남동, 서광선, 김찬국, 안병무, 현영학, 이석영, 한완상, 노정선 교수 등과 함께 민중신학을 만드는 데 함께 하고, 현장에서 함께하며 고초를 겪으셨다. 2004년 한국기독자교수협의회 회장도 역임하며 사회의 지성인으로서 목소리를 내셨다.

이제 김용복 선생님은 하늘동산 산자락에 꼿꼿이 하늘 높이 자란 소나무 아래 흙으로 묻히셨으나 선생님의 선비정신은 우리 후대에 영원하실 것을 기억하며 선생님께서 살아오신 삶의 여정에 축하의 박수를 드린다.

함께 어렵고 힘든 시간들을 한국 땅에서 인생을 보내오신 김매련 선생님께도 존경을 드리오며, 김용복 선생님, 김매련 선생님 마음 깊이 사랑하고 존경합니다.

# 목사님, 희년빛탕감상담소와
# 희년경제연구소를 열었습니다
## ─ 고 김용복 목사님을 추모하며

김철호

희년빛탕감상담소장, 목사

1997년 우리나라에 IMF 외환위기가 몰아쳤다. 한 가족의 생계를 책임지던 가장들이 쥐꼬리만큼 퇴직금을 받아들고 평생직장에서 쫓겨났다. 하루아침에 생계가 막막해진 사람들이 호주머니 돈을 털고 빚을 얻어서 자영업자로 나섰으나 가혹한 지대 착취와 영업 경쟁 속에서 빚의 늪에 내팽개쳐졌다. 가족이 해체되고 빈곤의 나락으로 떨어져 노숙자가 되거나 자살대열로 내몰렸다.

나는 그 무렵 건축 노동을 하는 도시 일용노동자로서 여럿이 함께 일하는 생활 경제 공동체를 이끌었는데, 나 역시도 하루아침에 폭삭 망하고 말았다. 절망한 나는 신학교를 삶의 도피처로 삼았고, 세월이 흘러 목사안수를 받았다. 그러면서 21세기 금융시스템 속에서 빚에 허덕이는 이들의 참혹한 삶의 상황이 눈에 밟히게 되었고, 2005년부터 빚 탕감 무료 상담을 시작했다. 그때 내가 깨달은 빚 탕감 무료 상담 활동의 신앙 근거는 성서의 '희년'이었고, 현실 도구는 법원의 '개인파산 면책제도'였다.

그러나 희년 빚 탕감 무료 상담 활동은 교회와 교우들로부터는 물론이고 사회로부터도 긍정적인 지지를 얻어내지 못했다. 교회 안에서도 사회에서도 '감당할 수 없는 빚을 지고 그 빚을 갚지 못하는 상황'을 '도덕적 해이'라고 여길 뿐이다. 교회는 희년 빚 탕감을 기독교 핵심 신앙으로 선포하지 않았고, 교우들은 희년 빚 탕감을 기독교 신앙 행동으로 이해하지 못했다. 주류 언론들은 앞다투어 21세기 빚꾸러기들의 참혹한 삶의 상황에 대한 자극적 보도들을 쏟아냈다. 그러면서 도리어 21세기 빚꾸러기들의 삶을 도덕적 해이로 왜곡하고 부풀려서 대중들에게 전달했다. 21세기 빚꾸러기들의 삶의 고통과 절망에 대한 사회경제 구조적 폐해를 은폐함으로써 대중들의 눈과 귀 그리고 생각을 이간질했다. 그럼으로써 21세기 금융시스템 불로소득 대박 경제체제 지킴이 역할을 자임했다. 물론 21세기 기독교 신앙인들과 대중들 역시도 우리 시대의 빚꾸러기들의 참혹한 삶의 상황과 고통과 절망을 이해하려 하지 않았다. 그저 시류에 휩쓸리고 21세기 금융시스템이 쳐놓은 불로소득 대박 덫에 사로잡혀서 빚꾸러기들을 향해 도덕적 해이자라고 돌팔매질을 해댈 뿐이었다.

나는 이러한 시대적 상황 속에서 "내가 만난 21세기 빚꾸러기들의 삶의 상황"을 증언하는 『10등급 국민』이라는 책을 내기로 마음먹었다. 우리 사회 곳곳에 똬리를 틀고 앉은 맘몬·자본, 마름 권력들의 도덕적 해이라는 불호령 속에서 빚꾸러기들은 자기 삶의 고통과 절망을 감히 목구멍을 넘겨 토해내지 못한다.

설사 말을 꺼낸다 해도 우리 사회의 맘몬·자본, 마름 권력들의 도덕적 해이라는 여론조작에 묻혀 스러지고 말 것이기 때문이다. 나는 아내 김옥연 목사와 함께 김용복 목사님에게 "21세기 빚꾸러기들의 삶의 고통과 절망에 대한 이해와 동의 그리고 연대"를 구하기로 했다. 이제 시간이 흘러 고 김용복 목사님을 추모하며 목사님의 『10등급 국민』 추천사를 다시 꺼내 읽는다.

"『10등급 국민』은 제가 꼭 읽고 배우고, 깊이 이해하고 싶은 이야기들을 실은 소중한 우리 이웃들의 이야기들로 가득 찬 책입니다. 이 시대에 우리 모두에게 중요한 이야기들로 여겨질 것입니다. 모든 민중과 국민을 섬기는 운동을 하는 동지들이 나누어 읽어야 할 귀한 이야기들입니다. 이 책은 모든 기독교 지식인, 기독교 성직자, 기독교 지도자들이 읽어야 할 귀한 이야기들입니다. 아니, 이 책은 모든 경제학자, 기업가, 경영가들이 읽어야 할 글들이라고 믿습니다. 사회적 경제 협동운동은 국민의 기본생명권을 확보하기 위하여 경제적 차원에서 전개하는 저항운동이요 해방운동입니다. 오늘 세계시장체제는 모든 민중과 국민에게 그리고 모든 생명체에게 경제적 전쟁행위와 폭력을 자행하고 있습니다. 자본주의 금융체제는 국내외적으로 가장 악랄한 경제적 착취와 폭력을 자행하고 있습니다. 이 책 『10등급 국민』은 국민의 생명권을 위한 절규와 근원적인 염원을 전하고 있습니다. 여기에서 생명의 살림을 위한 지혜가 창출될 것입니다.

이런 『10등급 국민』 이야기에서 '사회적 경제 헌장'이 기본 생명권 운동으로 전개되기를 기대합니다. 이 사회적 경제헌장은 국내외적으로 그리고 민족통일경제를 위하여 제정되고 선포되고 모두 실천하여야 할 것입니다. 이 시대의 예언자들은 『10등급 국민』에서 이 시대의 절규를 듣고 희년의 선언을 외치고 경제적 치유에 나서야 할 것입니다."

나는 지난해 봄 서울 생활을 시작하면서 아내 김옥연 목사와 함께

'희년빚탕감상담소·희년경제연구소' 활동을 생각했다. 그러면서 제일 먼저 한신대학교 석좌교수로 계신 김용복 목사님을 찾아뵙고 의견을 구했다. 목사님은 자기 일처럼 열정을 보이며 지지해 주셨다. 목사님은 21세기 빚꾸러기들의 고통과 절망을 한국교회와 목회자들의 신학적 책임으로 설명하며 교회와 교우들이 희년 헌금 등 희년 신앙 운동에 참여할 방법들을 이야기하셨다. 또한 성서가 한국교회와 교우들에게 선포하는 희년 빚 탕감 의미를 설명하며 희년 신앙 행동이야말로 맘몬·자본 세상 속에서 "비뚤어진 한국교회와 교우들의 신앙 행태"를 바로잡는 빠른 길이라고 강조하셨다.

나는 이제 고 김용복 목사님의 민중신학, 평화신학, 생명 축제, 희년 신앙 정신을 희년빚탕감상담소·희년경제연구소 현장 활동 속으로 새롭게 소환하려고 한다. 21세기 한국교회와 교우들에게 남겨진 목사님의 생명 축제, 희년 신앙 정신을 우리 시대 빚꾸러기들의 삶의 상황과 고통과 절망에 공감하고 소통하며 연대하는 '하늘 은사'로 새겨내려고 한다. 목사님의 생명 축제 신학과 신앙 사상을 희년 빚 탕감 무료 상담 활동 속에서 실천해 내려고 한다. 나아가 하나님의 창조 생명 공동체의 모든 생명 축제와 생명 활동을 돈으로 계산하는 맘몬·자본 세상 속에서 기독교인의 참된 신앙 삶을 이끄는 길잡이로 증언하려고 한다.

고 김용복 목사님의 생명 축제, 희년 신앙 정신이야말로 가난하고 빚진 이들과 하나가 되는 '사회·경제 영성'을 실천하는 힘이라고 믿기 때문이다.

# 김용복 박사의 민중신학, 그 삶의 자취
## ― 한국민중신학회 제4대 회장 김용복 박사님을 추모하며

김희헌

한국민중신학회 회장, 향린교회 담임목사

사람은 떠나야 그 빈 자리가 큰 것을 비로소 알게 된다는 말을 실감합니다. 한국 민중신학계는 선생님의 소천으로 마지막 어버이를 잃었습니다. 역사와 교회를 품고 거대한 생명운동을 밀고 가시던 분이 마지막 거처인 하나님 품으로 돌아가셨으니 우리에게 남은 것이 슬픔만은 아닙니다. 그분의 가르침과 꿈이 등불처럼 남아 있습니다.

### 선생님은 자기 시대에 충실한 분이셨습니다

1979년은 민중신학이 사상적으로 정립된 시기였습니다. 한 청년 노동자의 죽음으로 촉발된 한국 신학의 전환기를 10년쯤 지나며 민중신학은 체계를 완성하고 있었습니다. 서남동의 "두 이야기의 합류"와 안병무의 "예수와 민중"이 발표된 해, 마흔두 살의 선생님은 기사연 부원장을 맡으시며 "민중의 사회전기와 신학"을 통해 성서적 종말론을 '신학의 역사적 틀'로 풀어내셨습니다. 민중이 '메시아적 정치'를 펼치며 역사 속에 부활함으로써 그리스도를 증언하기 때문에 기독교 신학이 주목할 것은 민중의 '사회전기'(社會傳記)라고 가르쳐주셨습니다. 고난받는 사람의 삶에 주목하여 치열하게 사상운동을 펼친 선생님은 당신의 생각을 한 단어로 집약해 기독인의 젊은 영혼에 새겨주셨습니다.

**선생님은 늘 새로운 곳으로 생각과 삶을 넓혀가셨습니다**

복음의 '보편성'을 추구하신 선생님은 민중신학의 사회전기를 '생명학'으로 넓힌 '생명전기'(Zoegraphy)를 제안하시고, 생명의 수렴통합론(convergence)을 철학적으로 가다듬어가면서 동시에 제국의 지배질서에 맞선 정치신학의 사명을 강조하셨습니다. 21세기 지구화 시대를 민중의 시각에서 재해석하면서 신자유주의 시장경제로 재편된 제국의 질서에 맞설 수 있는 '하나님의 정치경제'에 관한 구상을 내놓으시며, 디아코니아 선교에 기초한 희년 신앙을 세계 에큐메니컬운동을 통해 펼쳐갈 것을 제안하셨습니다. 민중신학이 학문의 자리에만 머물지 않고 국제적인 안목을 가진 에큐메니컬운동으로 확장할 수 있었던 것은 선생님이 계셔서 가능했습니다.

**선생님은 의미 있는 실패를 통해 예수운동의 길을 가르쳐 주셨습니다**

외로운 길을 걸으시면서도 연대의 꿈을 놓치지 않으셨습니다. 어느 시인이 "상처받지 않으면 사랑이 아니요, 고독하지 않으면 혁명이 아니다"라고 말했나요? 선생님은 지구 제국의 패권에 저항하는 예수운동의 길이 결코 영광스러운 자리에 머물 수 없다는 것을 몸소 보여주셨습니다.

그분의 고독은 기독교 신앙이 자기 정체성의 위기를 겪는 현실에서 비롯되었고, 해방을 위해 복원되어야 할 예수 생명운동에 관한 열망 때문에 이어졌습니다.

이제 자기 사명을 다 마치시고 작은 불꽃이 되어 우주적 생명 세계의 신비 속으로 고요히 들어가신 선생님은 떠나시면서 굳어진 우리 마음의 지층을 흔들어놓습니다. 그분이 떠난 자리에 다시 '에큐메니컬'이라는 단어가 남아 있습니다. 그 단어에 담긴 연대와 협력, 그것을 지탱하는 긍지와 헌신이 여기 남은 모든 이들의 과제가 되었습니다. 좁은 영역에서 자급·자립하려는 우리 세계의 닫힌 자유가 이제는 선생님의 뜻을 잇기 위한 또 다른 수렴통합의 운동으로 얽혀져야 하겠습니다.

선생님의 가르침을 따라 우주적 '생명전기'에 참여하는 믿음의 삶을 살아가겠습니다.

선생님, 고맙습니다!

# 우리 시대의 예언자 김용복 박사님을
# 그리워하며…

남부원

아시아태평양YMCA연맹 사무총장

1979년 겨울로 기억됩니다. 유난히도 추웠던 한 주일날에 기독학생회(SCA) 친구인 이용철의 권유로 새문안교회 청년성서연구모임에 처음으로 발을 디뎠습니다. 거기서 일본의 신학자 사사꾸의 책『예수의 행태』를 교재로 하여 2천 년 전 예수의 삶과 가르침을 도전적으로 강의하시는 김 박사님의 열정 어린 모습이 아직도 제 머릿속, 아니 가슴속에 생생하게 살아있습니다. 당시 제가 교회에서 배워왔던 신앙적 관념을 송두리째 뒤흔드는 아주 전복적인 강의였지요. 그 이후 제가 접해온 김 박사님의 다양한 강의와 실천 지향적으로 쓰신 많은 글 그리고 1985년부터 기독학생회 선후배들과 함께 시작하신 산돌교회에서의 수많은 설교들은 '북극성'처럼 제 또래의 기독 학생들에게 자기성찰적이고 역사 참여적인 그리스도인의 삶을 늘 새롭게 반추시키는 도전장이었습니다.

당시 서울 구로동 산업공단에서의 산돌교회 설립과 산돌문화원 활동도 당신의 치열한 기도와 깊은 신학적 성찰로부터 나온 민중의 사회전기를 화두로 한 '민중신학'이 관념으로 그치지 않고 민중의 구체적 삶의 현장에서 실천으로 이어지도록 하기 위한 여러 시도 가운데 하나였음을 기억합니다. 민중신학자로서, 생명신학자로서 그리고 치열한 에큐메니컬운동가로서, 예수의 발자취를 충실히 따라 달려갈 길을 다 달리신 당신의 삶을 기리면서 하나님께 감사의 찬양을 드리게 됩니다.

당신은 언제나 한결같이 '꿈꾸는 청년'으로 사셨지요. 후배들과 제자들을 만날 때마다 세상의 변화를 앞서 예측해 주시고, 왜 그런지 구체적으로 설명해 주시고, 늘 새로운 기독교운동의 일감과 과제를 제시해 주셨지요. 온 생명이 함께 어우러져 평화롭게 살아가는 대동세상, 정의와 사랑과 환대가 넘치는 그런 세상에 대한 꿈을 한시도 놓지 않으신, 아니 늘 새로운 희망과 비전으로 끊임없이 새롭게 주조하여 저희들에게 제시해 주셨지요. 부족한 저희들을 하나님 나라 운동의 '동지'라 부르시면서 그 가슴 뛰는 도정에 끊임없이 초청해 주셨지요.

아시아태평양YMCA연맹이 매년 11월에 한 달간 진행하는 중견간사학교(Advanced Studies Program)의 단골 강사로 오셔서 신자유주의 광풍의 한가운데 휩싸여있는 아시아의 역사와 현실 속에서 신학함(Doing theology)이 무엇인지를 명쾌하고 도전적으로 강의해주심으로 중견간사학교의 수준을 격상시켜주신 것 늘 감사히 생각하고 있습니다. 마지막으로 홍콩에 오신 때가 2018년 가을로 기억됩니다.

필리핀 두테르테 정권의 인권탄압과 정치적 살인이 고조되고 있을 때 필리핀 인권평화운동가들과의 연대와 저항의 네트워크를 강화하기 위한 국제모임에 참여하기 위해 홍콩에 오셨지요. 아태Y연맹의 동료이자 김 박사님 제자인 찬뱅셍(Chan Beng Seng) 국장과 제가 권유드린 YMCA호텔을 마다하시고 6인용 벙커 침대에서 좁고 불편한 잠자리를 함께하시면서 연대의 자리를 끝까지 지키셨지요. 모임이 끝난 마지막

날 식사하는 자리에서 초췌하고 피곤한 몸을 누이지 않으시고 밤늦게까지 필리핀의 열악한 인권 상황과 이를 있게 한 거대한 부정의의 시스템을 설명해 주시고, 다시금 에큐메니컬운동의 새로운 과제들을 제시해 주셨습니다. 그리고 마지막으로 당부하셨지요. "우리 시대의 징조는 아이러니하게도 2천 년 전 예수 시대의 구조와 닮아있다. 그러므로 그 시대처럼 새로운 예언자 운동이 필요하다. 우리의 소리가 작든 크든 상관없이 예언자적 삶을 살아가고자 하는 이들끼리의 강고한 네트워크를 결성하는 운동을 벌이자"라고!

그런데 저희는 "제가 밭을 샀는데 가서 보아야 합니다…. 제가 겨릿소 다섯 쌍을 샀는데 그것들을 시험하러 가야 합니다…. 제가 장가를 들어서 아내를 맞이하러 가야 합니다"(누가복음 14장)라고 핑계 대면서 당신의 초청에 선뜻 나서지 못했습니다. 그런데도 당신은 노하지 않으시고 거듭거듭 새로운 비전과 사명으로 저희를 부르셨지요. 그 '잔치'에의 초청에 힘껏 달려가지 못한 저희는 당신이 떠나간 빈자리에 서서 무한한 '부채 의식'을 느끼고 있습니다.

당신은 늘 저희에게 얘기하셨지요. "세상의 근원적인 변화를 위한 지성의 투쟁으로서 쉬지 말고 공부에 정진하라"고. "학문 공동체는 민 공동체의 역사 주체적 실현을 위한 과제를 위한 사역"이어야 한다고 하신 당신의 말씀은 지금도 저의 가슴을 울립니다.

김 박사님! 저를 포함해 많은 후배의 가슴 속에 당신의 대동세상에 대한 꿈과 염원을 새겨주셔서 감사합니다. 당신은 일생을 통해 한국사회 뿐만 아니라 아시아와 세계를 넘나드시면서 학문의 전당은 물론, 수많은 에큐메니컬 단체와 기관에서 하나님 나라의 씨앗을 뿌리셨습니다. 저희는 그 씨앗들이 자라고 열매 맺고 있음을 담대히 증거합니다. 또 그 씨앗들이 더 크고 풍성하게 열매 맺도록 저희에게 주어진 사명의 몫을 감당하려고 합니다. 그리고 김 박사님이 평생 꾸어오신 "온 생명이 어우러지는 대동세상"을 향한 꿈이 우리 모두의 꿈과 실천으로 이어지고 확산될 수 있도록 저희도 기도를 쉬지 않고 실천의 신발 끈을 다시 동여매겠습니다. 하늘나라에서 환하게 웃으시면서 응원해주실 당신을 그리워하며….

# 김용복 총장님! 임은 내게 선각자요, 스승이었고, 길벗이었습니다

부산 산정현교회 원로목사

저는 1983년도 장로회신학대와 샌프란시스코(SFTS) 공동학위 과정인 목회학 신학박사(D. Min.) 논문 준비 중에 김용복 박사님을 만나게 되었습니다. 임을 만나면 만날수록 그의 섬광처럼 제시하는 문제와 해법에 고만 압도당하고 말았습니다. 임은 한국기독교 신학교육의 미래 후진 양성을 위해 기독교아시아연구원을 구성하고 서울, 대전, 전주 그리고 부산에 지부를 설립하겠다는 말씀을 하셨습니다. 어느 때인가 밤이 깊어가는 줄도 모르고 자신의 개인사를 서로 이야기하게 되었습니다. 지금까지 살아오면서 가지가지 가슴에 응어리진 아픔과 상처도 서로 다 나누었습니다. 이후부터 한길을 가는 아우요 길벗이었습니다. 학덕으로 치면 범접할 수 없는 스승님이시요 박사님이시고 총장님이셨지만 저를 그렇게 받아주셨습니다. 지금 돌이켜보면 임에게 사랑의 빚을 너무 많이 졌습니다.

김용복 총장님! 임은 시대의 선각자요 선구자였습니다. 때 따라 만나볼 일이 생겨 만나 이런저런 담화를 나누다 보면 오늘 이 시대를 꿰뚫어

보는 통찰력이 있어 정확한 진단을 하고 내일을 예단하는 말씀을 남기곤 하셨습니다. "여기 이 시대를 바로 보고!, 시대의 시운을 바라보라!"라는 말로 시작해서 내린 결론이 얼마 지나지 않아 꽃이 피어 대학 캠퍼스로, 논문과 책으로, 연구원으로 열매를 맺어 왔다고 저는 생각합니다. 임은 시대의 선각자요 선구자였습니다.

1998년 저는 김 총장님의 소개로 독일 디아코니아 복지 단지에 자리 잡은 기독교 재단 양로원에서 3개월간 임상 실습을 하였습니다. 이때 독일의 복지 전달 체계와 행정 실무 실습 훈련을 받았습니다. 그리하여 연구자가 독일 복지 체계의 역사와 본질과 목표에 대해서 개인 수업하듯이 훈련을 받았습니다. 이렇게 철저한 교육은 받아 본 적이 없는 경험이었습니다.

어느덧 세월이 흘러 흘러 저는 은퇴하여 80 중반 오늘에 이르기까지 폐암으로 큰 수술도 받고, 죽을 고비도 넘겼으며, 이제는 온몸이 종합병원이 되어 병원, 약국 드나드는 것이 일상사가 되었습니다. 돌이켜보면 한 달란트 받은 예수님의 제자처럼 임에게 받은 사랑의 빚을 땅 밑에 파묻고도 목숨이 이 땅에 아직 남아 있으니 이를 어찌 다 갚을 길이 막막합니다. 임 앞에 서면 그렇게 소리 내지도 못하고 눈물만 뿌립니다.

별세하시기 얼마 전 인하대병원에서 건강검진 결과 위장인지 어딘지 좀 이상하다고 말씀하시기에 용종인가 보다 하고 대수롭지 않게 위로의 말씀을 나누고 며칠 지나 통화를 드리니 불통이었습니다. 입원 치료 중이라 통화가 어렵구나 하고 지나쳤습니다. 4월이 되어 사모님과 통화가 되었는데 이게 웬 말입니까? 내일 세브란스병원에서 장례식을 치른다니… 기가 막혀서 전화기를 들고 통곡을 하여 사모님에게 심려를 끼치게 되었습니다. 말을 더 이어 갈 수가 없이 지나다가 오늘이 1주기가 되었네요. 이제 주님의 품 안에서 영원한 생명을 즐기시며 평안히 쉬시기를….

저의 스승 총장님, 우리 시대의 선구자, 저의 길벗이여, 영원하리라!

# 김용복 박사님을 추모하며…

박성원

경안대학원대학교 총장

사랑하고 존경하는 김 박사님, 이렇게 부르면 금방이라도 환한 미소를 지으시면서 나타나실 것 같은데…. 오늘 우리가 이렇게 김 박사님 영정 앞에 모이게 될 줄은 몰랐습니다. 우리가 이렇게 황망한데 남겨진 사모님이랑 가족들은 얼마나 허망하시겠습니까? 우리는 아직 김 박사님 떠나보낼 준비가 안 됐습니다. 세계 도처에서 김 박사님을 멘토로, 에큐메니컬 지도자로, 혁명적 신학자로 그리고 정다운 에큐메니컬 친구로 존경해 왔던 수많은 동지들이 '큰 기둥을 잃어버린 듯한 허망함'에 잠겨 있습니다.

돌아가시지 말고 다시 돌아오시면 안 될까요? 김 박사님은 누구도 부인할 수 없는 명실공히 세계적인 신학자이셨습니다. 저의 선친, 박석규 목사님은 생전에 "한국 신학자 다 모아봐라, 김용복 박사 하나 당하는가!" 하셨는데 김 박사님은 정말 '신학 천재'였습니다. 세계 신학자 다 모아도 당신의 신학의 깊이와 넓이를 따라가기가 어려울 것 같습니다.

그런데 그 '신학 천재'를 잃어버리고 이제 우리는 누구에게 배우고, 누구에게 물어야 합니까? 당신의 그 지성의 샘물은 퍼내고 퍼내도 그

끝을 볼 수가 없었습니다. '민중의 사회전기'부터 최근 안동우리학교에서 가졌던 심포지엄에서 인공지능 시대에 필요한 개념으로 제시한 Cosmic Spiritual Communion까지 주옥같은 개념들로 시대의 신학적 부름을 정리해 주셨습니다.

남아공, 케이프 타운(Cape Town)에서 러시아 모스크바(Moscow)까지, 아르헨티나 부에노스 아이레스(Buenos Aires)에서 북아일랜드 벨파스트(Belfast)까지 세계 곳곳에서 당신은 민중신학, 평화신학, 고백 신앙, 생명신학 씨앗들을 뿌리셨습니다. 당신은 권력에 굴하지 않는 정의의 사도였고, 평화를 절대 포기하지 않는 평화 수호자였습니다. 그리고 만물의 생명을 지키는 생명 복지사였습니다.

당신의 제국에 대한 비판은 검의 날처럼 예리했으나 민중을 향한 당신의 마음은 이사야 53장 '고난의 종'의 마음이었고 인품이셨습니다. 당신은 지고한 사상가임에도 당신의 마음은 너무 뜨거워 당신 옆에 있으면 차가운 우리의 마음까지 훈훈해지는 '정(情)의 난로'였습니다.

세계교회는 당신을 그토록 귀하게 여겼는데 정작 우리 교단은 당신을 그렇게 귀하게 모시지 못했습니다. 그런데도 교단을 향한 당신의 사랑은 무조건적이었습니다. 우크라이나 민중들이 제국에 의해 생명을 도륙당하고 있는 지금 당신의 평화 메시지가 더더욱 아쉽습니다.

김 박사님, 아직도 이 땅이 죽음의 계곡인데 그 무거운 짐을 우리의 우둔하고 연약한 어깨에 맡기고 아프리카 사람들의 세계관, 이 생명의 세계, 우지무(Uzimu)에서 또 다른 생명 세계, 우지마(Uzima)로 옮기시네요. 그러나 생명의 시간을 만드신 하나님의 섭리 앞에서 우리는 이제 김 박사님과 이 땅에서의 서러운 작별을 해야 할 것 같습니다.

김 박사님, 잘 가십시오. 가셔서 당신이 그토록 사랑하셨던 생명의 하나님, 정의의 하나님, 평화의 하나님께서 준비하신 생명의 면류관, 정의의 면류관, 평화의 면류관을 받아 쓰십시오. 성경에서 말씀한 대로 당신만이 아니라 우리 모두도 거기에서 만났을 때 받아쓸 수 있도록 준비해 주시지요.

이제 눈물도 없고 고통도 없고 죽음도 없는 거기에서 영원히 사시면서 우리에게 더 깊은 평화와 생명의 지혜를 보내 주시지요. 그래서 우리 모두 거기에서 다시 만났을 때 당신이 그렇게 좋아하시는 Fiesta de la Vida! '생명의 축제'를 여십시다.

김 박사님, 영원히 사랑하고 영원히 존경합니다.

2022년 4월 9일 김 박사님의 떠나심을 애도하며
박성원 드림

# 김용복 박사님을 추모하며

박종화

평통대 이사장, 경동교회 원로목사

추모하는 사람은 추모받으시는 분과 마음으로 대화하며 공감을 나눕니다. 비대면 속의 대면입니다. 격식을 벗어나 자유스러운 만남을 이어갑니다. 특히 김용복 박사님은 항상 자유인으로 사셨습니다. 사고의 체계도, 언어 표현도, 일상적인 삶도 '자유'라는 세계를 존재의 공간으로 삼고 평생을 사셨다고 회고합니다. 동시에 김용복 박사님은 자유의 세계에서 항상 '진리'를 찾고, 해석하고, 누리려고 애쓰시며 살았다고 증언하고 싶습니다. 그래서 김용복 박사님의 삶은 "자유롭게 하는 진리"(요 8:32)라는 말씀에 기반이 되어 있다는 확신입니다. 김 박사님을 추모하며 배우고 본받고 나누고 싶은 점이 바로 이것입니다.

자유인으로 진리를 추구하는 여정을 김 박사님은 민중의 "사회적 전기"라는 컨텍스트 분석에서부터 시작했습니다. 진리의 근본인 하나님 나라의 씨앗이 어떻게 민중의 삶 속에 뿌리를 내리고, 줄기가 되고, 열매를 맺는지 밝히려고 심혈을 기울였습니다. 이 열매는 삶의 기쁨이고, 민중 개개인뿐만 아니라 함께 사는 공동체 전체에게 주어지는 삶의 축복임을 강조합니다. 이 축복은 이름하여 "정의, 평화, 기쁨"(롬 14:17)

임을 항상 강조합니다. 성과 속의 경계를 넘어, 종교와 이념과 인종의 벽을 넘어 인류가 공동으로 누릴 이 '샬롬'의 세계를 이 땅에 구현하는 일에 헌신한 김 박사님의 노력을 배우고 본받고 나누고 싶은 점이 바로 이것입니다.

연륜이 깊어 가면서 귀결되는 삶의 초점이 있습니다. 곧 '생명'입니다. 죽음 이후의 생명은 영원한 생명의 나라에서 보장된 약속이기에 김 박사님도 이 축복의 약속을 하나님 우편에서 직접 맛보고 있으리라 믿습니다. 아직은 이 땅에 몸을 담고 살아가는 우리도 모두 귀중한 영생의 한 토막을 역사적 현실로 경험하며 맛볼 수 있기를 기원합니다. 진리, 자유, 정의, 평화, 기쁨이 한데 모인 합성품입니다. 그리스도 안에서 영원한 생명과 역사적 생명의 만남을 함께 맛보며, 이 만남 속에 김 박사님이 항상 함께 계시기를 기원합니다. 영원한 생명의 나라에서도 이 땅의 생명을 포함한 '생명 신학'을 다시 만날 때까지 계속하시기 기대합니다.

# 산돌교회 · 산돌노동문화원과 김용복 목사

박춘노

산돌교회 목사

지난 4월 말 주말이어서 모처럼 쉬고 있는 중에 전화가 왔는데 모르는 번호였다. 받을까 말까 하다 받았는데 생소한 목소리였다. 저 ○○○입니다. 순간 귀를 의심했다. 벌써 30여 년 전에 산돌노동문화원에서 만나 함께 활동하던 친구였다. 이름을 듣고 당연히 옛 모습을 기억해냈다. 자초지종은 이러했다. 자신은 현재 여수 근교 조그만 시골 마을에서 음식점을 하고 있는데 며칠 전에 한 친구가 자신의 음식점에 식사를 하러 왔고 서로 낯이 익어서 인연을 맞추어보니 산돌에서 만난 사이였다는 것이다. 두 사람 모두 직장청년교양강좌에 참여하였고 마친 후 동아리 활동으로 산악회에서 상당 기간 동안 같이 활동했던 사이였다. 세월이 흘러 30여 년이 훌쩍 지났으나 옛 모습을 서로 기억하여 뜻밖의 조우가 이루어진 것이다. 그것도 저 멀리 남도의 작은 마을에서… 그 친구로부터 연락처를 알게 되어 전화를 하게 되었다는 사연이었다.

다음 이야기가 귀에 맴돈다. 자신에게 20대 젊은 시절 가장 아름답고 소중한 시간이 산돌에서의 만남이었고, 그때의 여러 가지 기억 중 '함께 하고 나누는 삶'이 중요하다는 것을 알게 되었으며, 그 영향으로 최근

늦었지만 사회복지 공부를 해서 나누고 섬기는 삶을 모색하고 있다는 말이다. 젊은 시절 산돌에서의 인연과 그 만남의 의미가 한 사람의 삶에 어떻게 자리하고 있는지 잘 보여주는 이야기이다.

산돌교회와 산돌노동문화원은 김용복 목사님과의 깊은 인연이 있다. 이하에서 교회와 문화원을 설립하고 목사님과 함께 한 시간을 간략하게 돌아보려 한다.

## 산돌교회의 창립

김용복 목사와 함께 설립한 교회로 보통의 교회와는 좀 다른 모습이었다. 그 내용을 대략 정리하면 다음과 같다.

우선 지역이 서울 구로공단 지역으로 노동 선교를 지향하였고, 젊은 청년들이 근엄한 목회자의 이미지보다는 실천적 사상가인 김용복 목사와 함께 교회 설립을 하였으며, 교회 설립 형태도 일반적인 재원 형성과는 달리 선교신용기금이라는 독특한 형태로 재원을 마련하였다. 또한 기독교 신앙의 역사 변혁을 중요하게 여기는 신앙 공동체를 형성하였고, 선교를 위해 교회 재정의 반 이상을 선교에 사용하는 선교가 강조된 공동체였다. 목회자 중심이 아니라 평신도 중심의 신앙 공동체였다. 김용복 목사는 이 선교신용기금이라는 재정 형성 방법에 대해 큰 감동과 의미를 부여한 바 있다. 자본주의 사회에서 사회적 약자와 함께하는 방법이 재정을 함께 공유하고 운영하는 이 방식이 가진 의미가 매우 크다고 강조하셨다.

산돌교회는 구로 지역에서의 노동 선교를 담당하기 위하여 신앙 공동체를 형성하면서 매우 유기적이고 조직적인 교회 구성을 지향하였다. 물론 전통적인 교회의 조직과 비슷하지만, 산돌교회의 조직 운영은 목회자 중심이 아니라 평신도 중심성을 강조하는 명실상부한 평신도 공동체를 모색하였다는 점이다. 김 목사님은 항상 교우들에게 모두가 동역자라는 표현을 즐겨 사용하셨다. 이러한 노력에 힘입어 창립 예배를 마친 후 곧바로 100여 명이 넘는 교우들이 함께하게 되었고, 교회 조직을 형성하였다. 교회 운영을 위해 총무위원회, 예배위원회, 선교위원회 등을 만들어 교우들이 직접 운영에 참여하였다. 그리고 남선교회, 여선교회, 청년회, 대학생회의 자치활동과 미래세대를 위한 유·초등부를 갖춘 교회학교를 운영하였다.

산돌교회의 신앙 공동체로서의 정체성은 김용복 목사와 함께 교우들이 공동으로 준비하여 1985년 가을에 채택한 〈산돌교회 계약공동체 신앙선언〉에 잘 나타나 있다. 전문을 공개하면 다음과 같다.

### 산돌교회 계약공동체 신앙선언

1. 우리 산돌 신앙 공동체는 하나님의 백성이며, 하나님은 우리 하나님임을 고백한다. 이 계약관계는 하나님의 약속이고 우리 공동체의 고백이며 역사에 이루어진 하나님의 나라에 대한 보증이며 희망의 근거이다.
1. 우리는 하나님께서 모세와 예언자들과 제사장들의 증언을 통하여 약속하시고, 예수 그리스도의 십자가와 부활을 통하여 새로 세우셨으며, 성령께서 항상 새롭게 하시는 계약공동체임을 고백한다.
1. 우리는 가난한 사람들과 함께 예수 그리스도의 복음을 나누며 하나님의 정의와 사랑을 실천하고 화해와 평화를 이루기 위하여 산돌 신앙 공동체의 성원으로서 하나님과 민족 앞에 다음과 같이 결단한다.

1. 우리는 영적 훈련을 철저히 하여 우리의 삶을 새롭게 한다. 예배, 성례, 성서 연구, 기도 등 영적인 생활에 깊이 참여하여 한국교회 갱신의 기반을 다진다.
1. 우리는 성도의 교제를 깊게 경험하여 신앙적 삶을 풍요하게 한다.
1. 우리는 가난한 사람들과 더불어 고난과 희망을 나누고 하나님의 나라에 대한 기쁜 소식을 전하는 지역사회선교에 적극 참여하여 그들의 생활을 새롭고 복되게 한다.
1. 우리는 정치, 경제, 사회, 문화생활에 있어서 계약공동체로서의 새로운 삶의 양식을 창조하여 사회변혁에 헌신한다.
1. 우리는 민족의 염원인 정의, 자유, 통일을 위한 제단을 쌓고 민족화해와 하나님의 평화가 이 땅에 이루어지도록 산 제물이 된다.

* 우리 산돌교회는 계약공동체로서의 약속과 고백을 우리의 삶 속에 구현하기 위하여 예수 그리스도의 새 계약의 징표인 성찬예식으로써 결단한다.

뿐만 아니라 매주 예배순서에 나아감의 선언이 있는데, 그 내용은 "주여, 우리로 하여금 가난한 사람들과 주의 하나님의 복음을 나누며 정의와 사랑을 실천하고 화해와 평화를 이 땅에 이루는 산 제물이 되게 하소서!"였다.

이러한 과정을 거쳐 신앙 공동체를 굳건히 형성하면서 노동 선교를 모색하였다.

### 산돌노동문화원의 창립과 활동

산돌교회의 선교적 사명을 감당하기 위하여 1985년 가을부터 노동자들과 함께하는 몇 가지 프로그램을 설치하면서 문화원 설립 준비를 시작하였고, 1986년 2월 산돌문화원 준비위원회를 구성하여 본격적인 준비에 들어가 그해 10월 제1기 직장청년교양강좌(교양대학)를 설치하면서 산돌문화원(산돌노동문화원으로 개칭)을 설립하였다(원장: 김용복, 총무: 신대균).

산돌노동문화원은 노동자들의 전인적 문화적 향상을 목표로 하는 문화적 접근 방법을 사용하였다. 문화원의 활동은 문화, 교육, 조직 작업에 중심을 두고 진행하였다. 노동문화원에서 진행한 프로그램을 소개하면 크게 공개 대중 프로그램과 교육프로그램으로 진행하였다.

공개 대중 프로그램에는 비디오 상영, 일꾼마당, 연극 공연, 노래 공연 등 각종 공연이 있었고, 토요강좌, 노동자성서대학, 월례시사강연 등의 강좌 프로그램, 젊음의 노래마당, 노동절기념제, 노동문화제, 노동자캠프, 노동자백일장 등 문화 프로그램을 진행하였다.

다음으로 교육 프로그램인데 교양교육으로 직장청년교양강좌, 노동교육으로 노동조합강좌, 노동자정치강좌가 있으며, 문화교육으로 연극교실, 놀이지도자교실을 운영하였다.

이러한 공개 대중 프로그램과 교육 프로그램에 함께한 노동자들의 자연스러운 조직이 이루어졌는데 구체적으로 새문화청년노동자회, 산돌산악회, 노동자극회 아침, 산돌노동자합창단, 우리사랑모임(봉사활동), 하랑이랑(신앙모임) 등이 있다.

산돌노동문화원의 이러한 활동 과정에서 여러 형태의 연대 활동과 지원 활동이 있었다. 대표적으로 1989년 3월 '89년도 공동임투를 위한 서노협 구로지구 특별위원회 산하 상황실운영', 1989년 5~7월 구로3공단 ○○전기 상황실 운영, 1989년 구로공단 노동조합결성지원: S화공

(2공단 모자제조), H전자(3공단), S전자(3공단전자완구업체), D정밀(1공단 전자완구), S(1공단전자), SK(3공단의류), E산업 봉제업 등이 있다. 기타 구로공단과 주변 회사의 노조 탄압이나 현안을 해결하기 위한 지원하는 활동을 전개하였다.

그리고 노동운동단체인 서울노동운동단체연합회, 전국노동운동단체협의회, 시민사회단체인 전국민족민주운동단체 연합과 연합 활동을 하기도 하였다.

노동자들과 지역주민들을 위한 진료 활동을 하였는데, 연세대의대 기독학생회 회원과 의사들을 중심으로 의료선교 차원에서 진료 활동(치과 진료 포함)을 하였고(1987.5.~1989.12.) 또한 청년한의사회 소속 의사들이 한방 진료 활동을 하였다.

이러한 산돌노동문화원의 활동에 대해 김용복 목사는 "산돌노동문화원을 이끌어 온 사람들은 기독교 신앙인들로서 신앙적 열정과 이상적인 사회 변혁 의지를 가지고 이 일을 시작하여 노동자들과 친구가 되었는데, 최소한 이 과정은 철저한 자기희생이라는 기독교 신앙의 경지를 체험하지 않고는 불가능한 일이며, 이러한 활동은 기독교 신앙의 실체적인 사랑의 실천이고 증거"라 정리하신 바 있다.

산돌노동문화원의 주요 활동 자료는 서울시 금천구청이 설립한 '구로공단노동자 생활체험관'에 기증되어 현재 별도 전시실에 전시되어 있다.

한 가지 에피소드가 있는데 이렇게 노동자들과 함께하는 교회와 노동자를 위한 문화원의 활동은 일찍이 정보기관의 감시의 대상이 되어 교회와 문화원 공간 임대 기간이 지나면 건물주가 계약 연장을 해주지 않아 1년 만에 이사를 계속하는 일이 벌어졌다. 나중에 알고 보니 정보기관에서 건물주에게 압력을 행한 결과였다.

## 김용복 목사 가족과의 일화

김 목사님께서 산돌교회에서 목회를 하면서 자연스럽게 가족들도 함께 예배에 참석하면서 산돌 교우들과 친교를 나누게 되었다. 가족 구성은 모친이신 이순례 권사님과 부인 김매련 선생님, 자녀인 김제민, 김정민 등인데 부활절, 성탄절 등 주요 절기에는 가족들이 꼭 참석하셨다. 교우들은 가족들의 화목한 모습을 직접 경험하며 만남을 계속하였다. 이순례 권사님은 항상 자애로우시고 교우들을 가족처럼 정겹게 대하시면서 감사함을 표시하시곤 했다. 교우들이 권사님께 미국 며느리 어떠냐고 짓궂게 물으면 너무도 훌륭한 며느리라 치켜세우시곤 하였다. 김매련 선생님은 김 목사님과 항상 동행하셨고 사모님이라는 호칭을 사용하지 않기를 신신당부하셨다. 한 사람의 교우로서 대해 주시기를 원하시면서 식사 시간에도 준비를 솔선수범하셨다. 제민, 정민은 유년기에는 교회에 할머님과 부모님 손을 붙잡고 예배에 참석하였고, 항상 밝은 모습을 보여주었으며 교우들을 삼촌이나 이모라 하면서 정겹게 지냈다.

한번은 김매련 선생님이 1개월 정도 교회에 나오시지 못했는데, 나중에 그 사유가 친정집에 다녀왔다는 이야기였다. 친정이 미국 오하이오주로 기억하고 있는데 여성 교우들이 우리 중에서 가장 먼 친정집이라고 이야기하면서 함께 즐거워하였다. 그리고 김매련 선생님 대학 시절 전공은 '오보에'였다는 것을 나중에 알게 되어서 교우들이 한번 예배 시간에 특별 연주를 원하였는데 혼자 하기는 부담스러워하여 교우 중에 플룻을 전공한 사람과 함께 바하의 〈플룻 소나타〉 중 한 악장을 이중주로 연주하기도 하였다. 특별 연주를 마치고 소감을 남기는데 자신의 잊혀진 전공을 이렇게 되살릴 수 있게 되어 너무너무 기쁘다며 함박웃음을 지었던 모습이 눈에 선하다.

산돌교회 교우들은 이렇게 김 목사님과 그 가족들과 개인적으로 좋은 추억을 나눈 경험을 갖게 되어 요즈음도 가끔 당시의 기억을 되살리며 즐거워한다.

산돌교회와 산돌노동문화원을 함께 설립하고 김용복 목사님과 동역자와 동지로서 함께한 산돌의 교우들과 문화원의 회원들은 목사님, 원장님을 결코 잊지 않고 오랫동안 기억하게 될 것이다. 특히 아름답고 새로운 세상을 꿈꾼 이러한 우리의 젊은 시절의 경험을 일생의 소중한 만남으로 기억하면서 김용복 목사님을 애도의 마음을 가지고 추모하고 그 뜻을 새기고자 한다.

# 꿈꾸는 영원한 소년, 故 김용복 목사*

배현주

WCC 중앙위원

저는 김 박사님 제자 세대의 일원입니다. 김 박사님은 전설적인 업적에 걸맞는 전설적인 체력을 지니신 어른이셨습니다. 이전에 비해 좀 여위시기는 하셨지만 최근까지 왕성한 활동을 하셨기 때문에 이렇게 급하게 저희 곁을 떠나시리라고는 생각하지 못했습니다. 작년 10월 말까지 영등포산업선교회가 기획한 조지송 목사님 평전에 대해서, 희년운동에 대해서 또한 팔레스타인 동지들의 WCC 총회 참여 문제에 대해서 조금도 변함이 없는 열정으로 관심을 보이시고 일하시는 모습을 회의와 대화를 통해서 접할 수 있었기 때문입니다.

제가 김 박사님을 가까이에서 뵙기 시작한 때는 1985년입니다.[1] 산돌교회 목회를 시작하실 때 저는 기독학생운동 선배님들의 권유로

---

* 고 김용복 목사 장례위원회 고별예배(2022. 4. 9. 오후 5시. 연대 세브란스 장례식장) 추모사.

1 4월 10일 수목장에 다녀온 후 김 박사님과의 오랜 인연을 생각하며 이메일과 카톡을 정리하다가 김 박사님을 처음 뵌 것은 광나루 신대원 신입생이던 1984년이었다는 생각이 뒤늦게 떠올랐다. 예장통합 전국여전도회연합회가 김 박사님을 국내 선교 자문위원으로 모시고 심훈의 『상록수』의 주인공인 최용신 스타일의 농촌 선교에 대한 구상을 할 때였다. 이미 낭독한 추도사를 수정하지 않고, 망각의 두꺼운 지층을 뚫고 올라온 기억 한 조각을 이 원고에 추가한다.

산돌교회 교육전도사로 일하게 되었습니다. 지난 37년의 세월 동안 저는 김 박사님과 때로는 가까이, 때로는 멀리 동행하는 사람 중 하나였습니다. "동의하고 반대하는 것은 이차적인 일이다. 중요한 것은 위대한 영혼과 접촉하는 일이다." T. S. 엘리엇이 시몬느베이유를 두고 한 말입니다만, 우리 시대 위대한 영혼이신 김 박사님과의 만남에도 적용되는 말이라고 느낍니다.

한국과 세계 에큐메니컬운동 네트워크 곳곳에서 김 박사님께서 뿌리신 씨앗의 결과물들을 확인할 때마다 김 박사님 활동의 범위와 영향력에 대해 경외심을 느끼고는 했습니다. 김 박사님께서 뿌리신 씨앗은 불씨를 닮았습니다. 예수는 세상에 불을 지피러 왔다고 하셨는데, 김 박사님이야말로 예수운동의 불씨를 우리나라와 지구촌에 던지고자 했던 분이십니다. 지구촌의 정치와 군사, 경제와 금융 분야의 수많은 엘리트들이 바벨탑을 쌓고, 힘과 지능을 오용해서 오늘의 파국으로 인류를 몰아오는 세월 동안 김 박사님은 세계의 민중을 위한 생명의 맞불을 놓고자 혼신의 힘을 다하셨습니다. 어느 사회학자(피에르 부르디외)가 "오늘의 지배 시스템에 맞서기 위해서는 학자들과 투사들이 결합되어야 한다"는 말을 했는데, 김 박사님이야말로 학자의 면모와 투사의 면모가 한 인격 안에 결합된 전형적인 삶을 사셨습니다.

어제는 '영원한 청년' 고 서광선 박사님의 추모 예배가 있었습니다. 안재웅 목사님께서 "죽은 사람 같으나, 보십시오, 살아 있습니다"라는 제목의 설교를 해주셨습니다. 이 말씀은 '꿈꾸는 영원한 소년' 김 박사님에게도 적용되는 말씀이라고 느낍니다. 김 박사님 카톡방 문구가 "시대의 시운을 분별하자"입니다. 러시아가 우크라이나를 한반도처럼 분단하고 싶어 하고, 대한민국 사람들은 우크라이나의 전철을 밟지 않기 위해 핵무장에 관심을 보인다고 합니다. 2030년까지 탄소배출을 45% 감소해야 하는 객관적 현실에 대해 냉철하고 효율적인 시나리오와 행동이 보이지 않는 현실입니다. 유례없는 전 지구적 위기 속에서 역사는 다시금 퇴보하고 있음을 우리는 목도하고 있습니다. 격랑의 시대를 헤쳐오신 선생님들께서는 분단과 죽음의 세력에 저항하며 한반도와 세계에 생명의 맞불을 지피고자 하셨습니다. 반전과 반핵(탈핵), 생명과 평화, 정의와 사랑 그리고 정의로운 전환을 추구하는 운동들 속에서 우리는 계속 살아계시는 선생님들을 뵐 수 있을 것입니다.

오늘 새벽 2시에 WCC 커뮤니케이션 국장이 김 박사님 부고 기사를 보내주었습니다. 한국의 평화·통일운동과 세계 에큐메니컬운동에 대한 김 박사님의 다중적·선구적 공헌에 감사를 표하며 김 박사님을 기리는 WCC의 부고 기사였습니다. 이 기사의 서두에는 평화의 소녀상에 조각된 소녀의 손을 따뜻하게 그리고 힘차게 부여잡고 계신 사진이 담겨 있습니다. 문득 3.1운동에 관한 박사논문을 출판하시고 주변 동지들에게 보내신 작년 편지의 일부가 오버랩되었습니다. "일제의 탄압은 저의 부모가 이룬 저의 보금자리를 산산이 파괴하였습니다. 저의 부친은 만주 무순탄광에 강제노역으로 끌려가셨다가 1944년 1월 폐결핵으로 돌아가셨고, 과부가 되신 저희 모친은 저를 위한 생명의 품이 되셨으며, 저의 교육을 위하여 평생 행상으로 버팀목이 되셨습니다. 그리고 제가 한국에서의 교육을 마치고 미국 프린스턴에서 6년간 수학을 하는 동안 기도로 응원하여 주셨습니다." 김 박사님 인생의 처음과 마지막에 변함 없이 수난의 민중, 생명의 터전인 민중이 자리 잡고 있음을 느낍니다.

마지막으로 김 박사님께서 역사의 광풍 속에서도 평생 꿋꿋이 소신을 지키실 수 있도록 인생의 크나큰 버팀목이 되셨던 김매련 선생님께 깊은 감사와 존경의 마음을 전합니다.

모쪼록 수고 많으셨던 김 박사님께서 무거운 짐 내려놓으시고 영원한 안식을 누리시기를, 하나님의 평화와 위로가 온 유가족과 함께 하시기를 기원합니다.

# 하느님은 우주에 충만한 생명이시어라 ‥

서덕석

시인, 열린교회 목사

민중 속에서 피어난 꽃 동학의 고장
김제 벌판 붉은 황톳길을 걷던
철학도 김용복에게
영원한 화두를 던져 준 이는
플라톤도 아니고 칸트도 아니고
묵자나 공자, 최시형도 그 누구도 아닌
그리스도 예수였다.

온 생명을 구원하기 위해
자신의 목숨을 내어 준
순전 무구한 사랑 앞에서 몸을 떨던 그때,
철학적 사유와 언어로는 가 닿을 수 없었던
역사 저편까지 비추어 주는

복음의 혜안이 열렸다.

학문의 진수를 몸에 익힐 수 있었던
프린스턴에서의 10년 공부로
'민중의 사회전기'속에서
하느님의 구원을 발견하면서부터
제국의 이데올로기로서의 신학을 버리고
제3세계의 가난한 민중들의 투쟁과 삶이
곧 하나님 나라의 정치 경제라는
'김용복의 민중신학'이 시작되었다.

만물을 새롭게 하시는 하느님께서
그의 몸인 교회를 개혁하시며
성도들의 깊은 교제와
더불어 함께 세상을 섬기는 믿음으로 산다는
교회론에 힘입어
그가 섬긴 교회, 신학교, 연구소, 공동체들은
땅속 깊이 뿌리내려 스스로
생명수를 빨아올리는 나무가 되어 갔다.

변화하는 전 지구적 위기 가운데서
예언자로서 증언하기를 멈추지 않았기에
하느님은 그에게 끝없는 영감을 부어 주시어
고통당하는 민중의 삶을 치유하며

분열과 증오와 배제와 차별이 일상화된
절망의 늪에 빠져 허우적거리는 인류에게
유일한 길인 하느님의 평화를 전하였다.

짧고도 긴 신학적 여정의 끝에 깨달았나니
가없이 크고 깊으셔서
교회의 좁은 울타리 속에
가둘 수 없는 분이
예수 그리스도이시라.

그를 예배하는 거룩한 몸짓과
만물이 연대하여
우주적 영성공동체를 이루면
이는 곧 하느님의 구원이니
하느님은 우주에 충만하신 생명이시어라.

김용복은 이 가운데서
어린아이같이 행복하였네라.

# 제2의 산업 선교 뜀틀을 마련해 준 김용복 교수님
## — 몇 가지 면모와 마지막 메시지

손은정

영등포산업선교회 총무, 목사

## 안경과 같은 분

김용복 교수님에 대해서 명성을 들은 것은 1990년대 중반 신학대학원 때였다. 외국에서는 한국교회를 대표하는 두 사람을 꼽는데 목사로는 조용기 목사이고, 신학자로는 민중신학자 김용복 교수라고 했다. 한 분은 오순절 성령 운동과 교회 성장을 대표하고, 다른 한 분은 현장과 시대정신을 담지한 민중신학자이니 이 조합은 꽤 모순적으로 들렸고, 그렇지만 강렬하게 남아 있었다. 이토록 세계가 인정하는 신학자인 김용복 교수님을 나는 먼발치에서 가끔 뵈었고 들었다.

한일장신대 총장으로 가서서 한국 최고의 지성, 인문학자들을 대거 등용했다더라 하는 소문이 들려왔고, 함께 활동했던 몇몇 스마트했던 선후배들이 한일장신대에 입학했다고도 들었다. 이 경우를 보면서 대표가 바뀌고 리더십이 바뀌면 이렇게 큰 변화를 가져올 수 있는 것이구나 생각했다. 그러나 그리 오래 못 가서 총장직을 유지할 수 없게 되었다고 해서 변화와 개혁은 그리 쉬운 것이 아니구나 하는 생각도 동시에 했다.

직접적으로 뵙고 대화를 나눈 것은 2011년 4월부터였다. 2010년에 영등포산업선교회가 민주화운동사적지이자 기독교사적지 8호로 지정되고, 역사 정리 작업에 들어가면서였다. 첫 작업으로 조지송 평전을 기획하게 되었다. 이 작업에 가장 주요한 토대가 된 자료는 김용복 교수님께서 WCC 프로젝트로 1986년도에 조지송 목사님 인터뷰를 6개월에 걸쳐서 진행하여 만든 녹음 테이프였다. 테이프는 총 36개였고, 총시간 3,597분짜리였다.

그러나 조지송 목사님은 평전이라는 말을 꺼내자 결코 그런 일은 하지 않으시겠다고 하셨다. 평전이란 것이 인물을 미화하기 쉽고, 자신이 혼자서 한 일이 아니기에 개인 평전은 온당치 않다고 했다. 그러나 내 생각에는 많은 사람들이 무거운 역사를 쉽게 접할 수 있는 것이 평전이고, 게다가 자신을 드러내길 극도로 조심하시는 분이라 평전이 가질 수 있는 그러한 위험성을 배제하면서 산업 선교의 역사를 잘 증언하실 것이란 확신이 더욱 생겼다. 그래서 김용복 교수님께 같이 설득해달라고 부탁드렸고, 오재식 원장님께도 부탁드려 함께 조 목사님 댁을 방문하였다. 그때가 2011년 4월 13일이었다. 그 자리에는 산선 전 총무 세 분과 실무자들과 노동사학자까지 17명이 함께했고, 4시간 30분 정도 식사도 하며 길게 이야기를 나눴다. 그때 그 간담회 기록을 다시 들춰보니 이 세 거장(조지송, 김용복, 오재식)의 첫 대화는 이러했다. 필자가 먼저 취지를 설명하고, 민주화운동기념사업회 평전 공모에 18건이 들어왔는데, 산선에서 넣은 조지송 목사님 평전 제안서와 기사연에서 제안한 김관석 목사님 것까지 두 개가 당선이 되었다. 각 500만 원의 지원비를 받게 되었는데, 1,500만 원 정도는 더 모금을 해서 작업을 하겠다고 계획서를 보여드렸다. 그랬더니 오재식 원장님께서 인쇄비는 없냐고 하셨다. 민주화운동기념사업회에서 내용이 좋으면 발간 비용도 지원할 수도 있다고 했다고 말씀을 드리니 조지송 목사님께서 그러면 판이 너무 커진다고 하셨다. 그러자 오재식 원장님께서 "목사님이 얼마나 크신지 모르시죠?"라고 했다. 그러자 조지송 목사님은 "나 55키로 밖에 안돼" 하셔서 모두 웃었다.

이어서 김용복 박사님께서 말씀하셨다. "이 일을 하자면 크게 해야 하는데, 어떻게 큰 작업을 작게 시작할지 지혜가 필요하다. 한국 산업 선교는 영등포도 있지만, 인천, 청주, 구미 등 지역도 있으며, 국제적이고 세계적인 연대 관계들을 다 포괄하려면 어려운 과제이다. 상당한 깊은 토론이 필요한데 어쨌든 조지송 목사님은 안경이다. 조지송 목사님 통해서 그때 산업 선교 운동을 볼 수 있으니까"라고 하셨다. 그러자 조지송 목사님께서 "요즘은 안경 써도 잘 안 보여요. 초점이 흐려졌어"라고 해서 또 한바탕 웃었다. 1970년대 격변의 시기를 함께 통과한 세 분이 서로를 대하는 태도와 말씀들이 목화솜처럼 포근하고 따뜻했다.

김용복 교수님께서는 이때 조금 더 부연하여 "내가 조 목사님을 안경이라고 표현한 것은 조 목사님이 노동자를 통해서 산업 선교가 뭘 해야 한다는 것을 배운 것과 노동자들 고통 속에 들어가서 보고 뭘 해야 한다는 것을 알았다는 점 때문이다"라고 하셨다. 그리고 "성서를 노동자의 눈으로 읽는 것이 민중신학이다"라고 일갈하셨다.

그날 저녁 늦게까지 대화를 나누는 가운데 김용복 교수님은 이제 산업 선교는 제2의 산업 선교 운동, 이모작을 준비해야 한다고 하셨다. 그 말씀이 아직도 생생하게 남아 있다. 이런 내용이었다.

"자본주의가 몰락하기 시작했다. 자본주의가 몰락하면 더 악랄해진다. 성장하면 다시 회복할 수 있고, 지금보다 더 행복하게 살 수 있다는 것은 환상이다. 자본주의는 죽어가는 짐승처럼 악랄하게 살아남으려고 한다. 이럴 때는 산업 선교 전선을 재정비해야 한다. 이모작을 하자. 터도 다시 파야 하고, 비료와 씨앗도 장만해야 한다. 그런데 여기에 필요한 것은 조지송 목사님의 초심을 아는 게 필요하다. 처음에 어떻게 했는가? 그리고 미래지향적으로 해야 한다. 역사를 돌아보는 데는 명분을 크게 세워야 한다. 기술적으로 모금을 하는 것도 필요하지만, 명분을 크게 세우면 일이 좀 더 생산적으로 될 것이다. 명분을 어떻게 재충전할지 몇 가지 아이디어가 있으나 한국사회 전체가, 한국교회가 '아 그건 우리가 해야지'라는 명분과 대의가 필요하다. 지금이 산업 선교하기가 훨씬 어렵다. 그때는 들이받기만 하면 되었다. 지금은 상당히 복잡하다. 전열을 재정비하고 그때보다 훈련을 더 받고 인생의 이모작을 함께 해야 한다. 300명 정도 필요하다. 지혜와 고백을 함께 할 기드온의 300 용사가 필요하다. 세계 에큐메니컬운동사에 두 개의 중요한 사건이 있다. 하나가 남아프리카 인종차별 철폐한 것이고, 또 하나가 한국 민주화운동인데, 이것을 유발시킨 것이 산업 선교다. 전 세계적으로 인종차별 운동은 많이 알려져 있으나 산업 선교 운동은 기록이 많이 안 되었다. 그래서 지금이라도 해야 한다. 조 목사님 평전은 회고록처럼 쓰지 말고 현재진행형으로 쓰는 것이 좋고, 회상하는 것은 오늘의 시각에서 회상해야 한다."

이렇게 11년 전 조지송 목사님 댁에서 김용복 교수님과 17명의 집담회가 있은 후 조지송 평전은 시작될 수 있었다. 필자는 그때 들었던 이야기들 가운데 김용복 교수님께서 말씀하신 제2의 산업 선교 운동에 대한 제안과 300명의 고백과 지혜가 모이면 가능하다는 말씀 그리고 평전은 회고록이 아니라 현재진행형으로 써야 한다고 했던 말씀을 지금도 되새겨 보고 있다. 김용복 교수께서 조 목사님의 평전이 지난 과거의 산업 선교의 역사와 정신을 들여다보는 안경이 될 것이라고 하셨는데, 김용복 교수님의 메시지를 어떤 식으로든 잘 모아낸다면 청년들에겐 불투명해 보이는 미래를 내다보는 데 선명한 안경이 되어 줄 것이고, 나와 같은 연령의 사람에겐 돋보기가 되어 줄 것이란 예감이 든다.

## 다른 사람을 먼저 세우신 분

2020년에 결성된 조지송기념사업회(운영위원장: 이근복 목사)에서는 10년 전에 만들어 놓은 평전 초고를 작가인 서덕석 목사님과 조지송기념사업회 운영위원들과 산선 실무자들이 함께 모여서 다듬고 보완하는 작업을 했다. 방담회에 초대된 김용복 교수님은 확실히 그 폭이 넓으셔서 "이 책은 한글판에 그칠 것이 아니라 영문 번역을 해서 세계교회의 공동자산이 되게 해야 한다"고 하셨다. 그리고 세계교회협의회 11차 총회가 팬데믹으로 연기되어 내년 2022년 9월에 있으니 이 책을 영문과 독문으로 번역하여 공유하자고 하셨다. 그리고 평전을 시작으로 '21세기 URM'을 부활시킬 수 있도록 각 나라 URM 네트워킹을 다시 구축하기를 제안하셨다. 아프리카의 샘 코비아, 필리핀의 파드레 비숍, 인도의 MP 조셉, 브라질의 말코스 아로다, 미국의 죠지타드 후계자, 독일의 루츠드레셔, 호주 교회의 딕우튼 등과 연결이 필요하다고 하셨다. 세계교회의 선교 활동가들의 이름을 어찌 저렇게 다 기억하시나 싶어서 놀랐고, 정말 네트워크가 넓구나 하는 생각이 들어서 더 놀랐다.

김용복 교수님의 제안을 함께 검토하며 운영위원장이신 이근복 목사님과 장윤재 교수님과 배현주 교수님과 산선 실무자들이 함께 모여 회의를 했다. 이 회의에서 제안된 대로 CWM(세계선교협의회)에 문을 두드렸다. 그러나 총무인 금주섭 목사님은 김용복 교수님 관련 책을 먼저 내고 그 후에 조지송 평전은 가능하다고 했다. 세계선교협의회에는 『남반구로부터 온 예언자들』이라는 특별한 시리즈 저작물이 있는데, 한국을 대표하는 예언자적 신학자로 김용복 교수님을 이미 염두에 두고 있다고 했다. 이 이야기를 김용복 교수님께 전하자 김 교수님은 금 총무님에게 전화하여 자기 대신 먼저 조지송 목사님 평전을 내어달라고 간곡히 부탁하셨다. 이 간절함이 받아들여지면서 작년 2021년 8월에 세계선교협의회 차원의 출판이 전격 진행되었다. 김용복 교수님은 이 평전이 매우 권위 있는 포트리스 출판사에서 나오면 가장 좋은데 만약 그것이 어렵다면 제2, 3의 안도 만들자고 하셨다. 이 간절한 소망들이 모여서 그랬는지 미국의 포트리스 출판사는 올해 4월 중순에 출판 승인을 했다. 그러나 이것을 그토록 간절히 기대하며 추진했던 김용복 교수님은 이 소식을 듣지 못하고 별세하셨다.

지금 되돌이켜보니 김용복 교수님은 다른 사람을 먼저 세우는 분이셨다. 『강아지똥』, 『몽실 언니』, 『하느님의 눈물』을 쓴 동화작가 권정생 선생님의 작품을 많은 사람들이 만날 수 있게 된 것은 이오덕 선생님 덕분이라고 알고 있다. 조지송이란 인물과 산업 선교가 21세기에 많은 사람들에게 다시 도전과 빛을 전해주도록 하는데는 김용복 교수님이 계셨던 것이다.

앞으로의 선교 운동은 서구적인 사고, 사회과학적인 방식으로 하는 것이 아니다.

# 무슨 일을 하는 것보다 중요한 것이 있다

김용복 교수님께서 돌아가시기 석 달 전, 2022년 1월 7일에 전화를 드렸다. 1월 22일 조 목사님 3주기 행사에 꼭 모시고 싶은데 건강이 여의치 않음을 확인하며 통화하던 중 메시지를 남겨야겠다는 마음이 퍼뜩 올라왔고, '제게 한 말씀만 해주소서' 하는 심정으로 녹음을 하기 시작했다.

교수님은 작년부터 계속 만날 때마다 조지송 평전을 통해 제2의 URM 운동 부활과 세계교회와의 공유를 말씀하셨는데, 핵심 개념과 방향은 무엇이라고 보시는지 질문하니 이렇게 답하셨다.

"평전에 다 나와 있다. 사회주의가 붕괴되면서 서양에서는 민중에 대한 관심이 없어졌다. 제3세계에서 해야 한다. 아시아와 아프리카에서 해야 한다. 그런데 이 민중 선교는 이념 차원이 아니라, 예수님의 삶을 실천하는 차원에서 해야 한다. 그것은 심층적인 것이다. 다시 부활시키는 것은 꼭 필요한 일이다. 특히 조지송 목사님의 일하시는 스타일이 아주 중요한 것이었다. 교회라든지 노동조합이라든지 기업이라든지 이런 것보다는 실질적으로 노동자들과 예수님의 이야기를 나누는 것, 그것이 심층적인 것이었다. 그것이 꼭 필요하다. 지금 세계 에큐메니컬운동에는 혼이 빠졌다. 서구적 사고 가지고 하는 일, 사회과학적인 것으로 하는 일이 아니다. 무슨 일을 하느냐 하는 것보다 예수님과 같은 스타일, 제자들과 같이했던 그 스타일이 중요하다. 거기서 영적 파워가 나와서 저항도 하고 노동운동도 하고 여러 가지 활동도 했다. 이것이 중요하다. 이것은 기성의 선교, 기성의 교회론, 기성의 사회운동론을 초월한 것이다."

이것은 돌아가시기 전 마지막으로 들은 메시지였다. 들려오는 육성에 담긴 진심이 하도 맑고 깊어서 그랬는지 영적 기갈이 해소되었다. 이 메시지를 앞으로 계속 곱씹고 묵상해볼 참이다. 그 가운데 우리는 혼과 기백이 다시 살아날 것이고, 새로운 꿈을 꾸게 될 것이다. 이것은 분명 김용복 교수님께서 마련해 놓고 가신 제2의 산업 선교의 띔틀이다.

# 김용복 박사와 시민사회 운동

신대균

한국기독교민주화운동 사무총장

김용복 박사님의 주요 주제어 중의 하나는 '민'이다. 이 주제어는 몇 개의 주요한 주제어들인 변혁, 역사, 생명, 평화 등과 어울려 그의 사상적 구조를 이룬다. 그에게 있어 이러한 주제어의 공통 기초는 기독교이다.

그의 '민'론은 '민'이 역사의 주체라는 사상이다. 그의 '민' 주체론은 역사의 주체가 국가라는 관념과 대립한다. 그의 '민'론은 민중신학으로 나타났고, 시민사회 운동론으로도 나타났다. 이 두 영역에서 '민' 주체론은 역사의 주체가 국가가 아니라 '민'이라는 논리에서 동일하다.

몇 년 전에 한국에서 개최된 아시아 시민사회 모임에서 그는 아시아 시민사회헌장을 만들자는 제안을 하였다. 그는 국가와 국가연합으로 구성된 세계질서에 대항하여 '민' 중심의 국제 관계를 만들 것을 제안하였다. 그의 '민' 주도의 국제적 사회적 틀을 만들자는 제안은 역사의 주체가 '민'이라는 선언적 명제를 현실로 구체화할 것을 제안한 담론이었다는 점에서 경탄할 만한 것이었다.

그는 다양한 시민사회 운동에 관련하였고, 사상적인 지원을 하였다. 그는 경실련의 경제정의 운동에 참여했고, 1990년대에 지방자치제가

도입될 때 지방자치운동을 추진했고, 생명평화운동을 제시하고, 한국 YMCA 전국연맹의 생명평화센터의 고문으로도 오랫동안 봉사하였다. 환경 운동, 평화 교육 운동, 사회적 경제 운동도 격려하였다. 그가 시민사회 운동의 폭넓은 분야에 관련하였다는 것은 새삼 놀라운 일이다.

그의 '민' 주도의 역사 창조 운동의 비전의 원천은 성서의 '희년 사상', '새 하늘과 새 땅'이었다.

그의 '민' 주도의 사상적 담론의 출발점은 3.1운동이었다고 생각한다. 그의 박사학위 논문은 3.1운동이었는데, 이 논문이 영문으로 발간된 것도 고마운 일이지만 한국어로도 번역되어 함께 읽을 수 있었으면 한다.

필자는 2019년에 '3.1운동 100주년 기념 국민대회'를 개최하기 위한 노력을 전개하였는데, 그는 이 일에 적극적인 지지를 하고 이 일을 성사시키기까지 실천적으로도 많은 시간과 수고를 해 주셨다.

그로부터 전해 들은 이야기를 하나 소개하고자 한다. 그는 육당 최남선이 "기미독립선언에 영향을 준 사상이 무엇이었느냐"라는 질문에 "기독교였다고 답변했다"는 이야기를 전해 준 적이 있다. 필자는 1972년 처음 만나 뵙고 50년 동안 그의 담론으로부터 많은 통찰과 격려를 얻었던 일들을 새롭게 기억하게 된다.

김용복 박사님은 '민'이 창조하는 생명평화의 새 역사를 꿈꾼 기독교 사상가였다.

# 故 김용복 박사를 추모하며

유해근

(사)나섬공동체 목사

필자가 김용복 박사님을 개인적으로 만난 것은 1990년 9월이다. 군목 생활을 마치고 전역한 후 찾아간 곳은 당시 수유리 한신대 인근의 기독교아시아연구원이었다. 그때 박사님은 기독교아시아연구원을 맡고 계셨다. 연구소라고는 하지만 작은 공간에 김 박사님과 한준식 장로님 두 분이 전부였던 연구소는 열악하기 그지없었다. 기독교아시아연구원에서 일하고 싶다며 찾아간 나에게 잘 왔다며 손을 내밀어 환영해주시던 김 박사님의 따뜻한 온기가 아직도 느껴진다. 그 후 2년 여의 시간 동안 연구소에 있었던 시간은 나의 운명을 결정할 만큼의 커다란 도전과 깨달음을 주었다. 필자는 그곳에서 엄청난 신학적 도전과 배움의 시간을 갖게 되었다. 김 박사님의 신학적 상상력은 놀라운 것이었으며, 그분의 신학과 사상은 내게 커다란 의미를 안겨 주었다. 지금까지의 필자의 삶과 사역은 당시 김 박사님으로부터 배운 것이라고 해도 과언이 아니다.

몇 년 전 한 모임에서 만난 김 박사님은 여전히 건강해 보이셨다. 그런데 그 후 김 박사님께서 암 수술을 받으셨다는 소식을 들었다. 한국교회와 신학을 위하여 조금 더 살아주시길 바랐건만 김 박사님은 이제 우리의 곁을 떠나셨다. 언제나 조근조근 조용히 말씀하시던 박사님의 모습과는 달리 그분의 신학의 깊이와 넓이는 우리의 생각을 뛰어넘는 것이었다. 천재적 신학자 김 박사님을 더 이상 이 세상에서는 만나 뵐 수 없게 되었다. 김 박사님을 잃어버린 것은 우리 한국교회와 신학계에 있어 매우 큰 손실이다. 누가 뭐라 해도 김용복 박사님만한 신학자를 찾기란 쉬운 일이 아니기 때문이다. 끝없는 신학적 상상력과 가늠할 수 없는 그분의 세계적 네트워크는 어느 누구도 따라할 수 없을 만큼의 역사가 되었다. 그분은 한국교회 신학의 한 시대를 열고 닫은 역사 그 자체다. 민중신학의 이론적 틀을 만들었으며, 나아가 생명평화 신학의 새로운 담론을 한국 신학계에 던져주신 분이다. 그의 신학적 지평은 아무도 모른다. 어쩌면 그 자신도 스스로에게 얼마나 더 많은 상상력과 통찰이 있는지 모를 만큼 무한한 신학적 의제를 만들어 내신 분이다. 젊은 후배들의 게으른 삶에 부끄러움을 느끼게 하실 만큼의 성실함으로 사셨던 분이다. 결코 큰소리를 내신 적이 없을 만큼 선하셨고, 언제나 단정한 모습에 낯가림이 많으셨던 분이었다. 젊은 후배들에게도 반말을 하시지 않던 그분의 인격은 지금도 존경스럽다. 필자는 지금까지 김 박사님만큼의 신학적 사상적 깊이를 가진 사람을 만나지 못했다. 아니, 앞으로도 그런 신학자를 만날 수 없을 것 같다. 필자는 김 박사님의 멈추지 않는 신학적 상상력과 미래에 대한 통찰에 언제나 큰 감동을 받아왔다. 만나 뵐 때마다 전혀 다른 세계에 대한 천재적 통찰은 놀라움 그 자체였다. 김 박사님의 신학은 통섭의 신학이다. 나는 2년 여의 연구원 생활을 통하여 그분에게서 융합적 신학, 즉 통섭의 신학적 방법론을 배울 수 있었다. 성서만으로 세상을 해석하는 것에 더하여 역사와 인문학 그리고 미래학에 이르기까지 다양한 연구방법론으로 신학적 깊이와 포용력을 갖는 삶을 배웠던 것이다. 이제 우리는 더 이상 김 박사님을 이 세상에서 만날 수 없다. 그는 이 세상을 떠나셨지만, 그의 사상과 신학은 여전히 우리 곁에서 그의 흔적으로 남아 있을 것이다. 그는 가셨지만, 우리는 살아 그분의 못다 이룬 꿈과 희망을 살아내야 한다. 다시 이 땅에 평화와 생명의 영성이 충만하도록 더 치열하게 싸우며 살아가야 한다.

# 김용복 박사를 추모함
## ― 40여 년간의 우정을 회고하며

이만열

전 국사편찬위원장, 숙명여자대학교 명예교수

요즘 주변에서 귀천(歸天)행을 알리는 소식이 심심찮게 들려온다. 조금 전에도 김용복 박사가 돌아가셨다는 비보를 들었다. 비보를 들으면서 내게 투영된 그에 대한 이미지를 떠올렸다. 그는 내가 생각하지 못한 미래를 예견하고, 우리가 염두에 두지 못한 세계의 도래를 상상하면서 준비해 나갔던 선구자였다. 그는 눈앞에 전개되는 현실을 목도하면서 현재를 점검하고, 미래를 전망하고 상상해 나갔던 분이었다고 생각된다. 때문에 그는 현실적인 생활 속에서 늘 미래를 살아갔던 분이었다. 그의 귀천 길을 주님이 인도하셨을 줄 믿고 감사하면서 이 글을 초한다.

김 박사와 처음 안면을 튼 것은 1979년, 아마도 그가 프린스턴신학대학원에서 학위를 마치고 귀국한 지 얼마 안 되었을 때다. 그때 한국교회 진보 진영에서는 NCCK를 중심으로 기독교사회문제연구원(기사연)을 만들었는데, 이는 장기간의 박정희 유신치하에서 한국교회가 에큐메니컬 정신에 입각하여 사회문제를 제대로 다뤄보자는 취지에서 설립했다.

내가 기억하기로는 교파 간의 연대를 염두에 두고 시작한 기사연은 원장에 감리회의 조승혁 목사, 부원장에 장로회의 김용복 박사를 임명했고, 김 박사는 주로 연구 분야를 맡아 진두지휘한 것으로 안다.

어느 날, 그때만 해도 말끔하게 단장한 모습으로, 김용복 박사가 청파동의 내 연구실을 찾았다. 까만 양복에 머리에 기름도 바르고 그때까지 그에게 유지되고 있던 서양식 예의를 갖추어 내방하였다. 아마도 그가 미국에서 귀국한 지 얼마 되지 않았을 때가 아닌가 한다. 처음 만났을 때 보여주었던 그 말끔한 모습은 그 뒤 늘 수수하게 보였던 모습과는 대조를 이루었으며, 좀처럼 다시 볼 수 없었던 모습이었다.

자기소개를 끝낸 후 그는 몇 년 전부터 한국기독교사와 관련된 내 논문을 읽어왔으며 자신이 부원장으로 있는 기사연이 내가 논문에서 제시한 것과 같은 문제의식을 가진 그런 연구를 하고 싶다고 했다. 그러면서 그는 기사연이 한국기독교사 혹은 한국 사회와 관련된 새로운 연구 프로젝트를 나와 함께 하고 싶다고 제안했다. 김 박사가 보았다는 내 논문은 1973년 서울대 국사학과에서 간행한 『한국사론』(韓國史論) 제1집에 수록된 "한말 기독교인의 민족의식 형성과정"이었다. 이는 한국에 기독교가 수용되어 사회의식이 어떻게 형성 전개되었으며, 그것이 어떻게 항일민족운동으로 전개되어갔는가, 말하자면 기독교사를 민족 사적 관점에서 살피려고 한 내용이었다. 그 논문은 당시 한국 진보 기독교계에 자그마한 파장을 일으켰다고 들었다.

그에 앞서 나는 1970년 가을학기부터 대학 전임으로 갔다. 그때까지 나는 한국기독교사에 관심을 두지 않았다. 이유가 나름대로 있었다. 당시 대학에서 종교사를 연구·강의하는 스승 중에는 호교론(護教論)적인 관점을 벗어나지 못한 이도 있었다. '손이 안으로 굽는' 식의 그런 연구요 강의였다. 때문에 나도 한국의 기독교사를 연구하게 된다면 그런 관점을 벗어나지 못할 것으로 지레짐작하고 아예 선을 그었던 것이다.

그러다가 1972년 7.4공동성명에 이어 그해 10월에는 소위 10월 유신이 선포되었다. 이때 사회는 기독교 지성을 향해 이 사태에 무언가 말하고 행동하지 않으면 안 된다고 요구하고 있었다. 말하자면 나의 그 논문은 10월 유신에 대한 기독 신자, 역사학도로서의 응답이었던 셈이다. 용기가 없어 해방 후의 역사를 다루면서 말하지 못하고 시간적으로 한참 떨어진 한말 격동기의 사실을 들어 유신시대를 비판하고자 했던 것이다.

이 논문이 발표되었을 때 김 박사는 프린스턴에서 학위논문을 쓰고 있었다. 그는 어떤 경로를 통해 나의 그 논문을 읽었던 것으로 보인다. 뒷날 알았지만 이때 그가 프린스턴에 제출한 박사학위 논문 테마는 한국의 동학혁명과 관련된 것이었다. 그 뒤 내가 김 박사의 도움을 받아 프린스턴신학대학원에 방문 교수로 가게 되었는데 그때 도서관에 비치되어 있다는 김 박사의 학위논문을 보려고 했지만 불가능했다. 그 논문은 저자의 허락 없이는 열람되지 않도록 조치해 놓았기 때문이다. 아마도 유신 말기의 상황에서 그 논문이 공개되었을 때의 파장을 고려하여 김 박사는 아예 그런 조치를 취해 놓았던 것이다.

김 박사의 연구실 방문 후 나는 기사연과 공동연구 프로젝트에 참여하게 되었다. 이 과정에서 아쉬웠던 것은 한국기독교사 연구를 제대로 하자면 선교사를 파송한 나라에 보관되어 있는 한국 현지 보고서와 자료들을 제대로 봐야 하는데 그렇지 못하다는 것이었다. 그때까지 한국 학자들은 선교사들이 한국 현지의 상황을 그들의 본국인 미국, 영국, 캐나다, 호주 등지에 보고했는데 바로 이러한 한국기독교사 관련 1차

자료들을 제대로 열람하지 못한 채 연구하고 있었다. 백락준 박사가 예일대학에서 학위논문("The History of Protestant Missions in Korea", 1832~1910)을 미국에서 쓰면서 선교사들의 자료를 참고한 정도였다. 그때까지 한국 교회가 선교사 수용 100년을 맞아가는데도 선교사 파송국에 있는 자료를 수집할 엄두를 내지 못하고 있었다. 내가 김 박사께 이런 고충을 말하니 김 박사는 나더러 "이 교수가 직접 미국과 캐나다에 가서 자료 수집을 하는 것이 좋겠다"면서 그것을 자신이 주선하겠다고 했다. 그는 곧 미국 프린스턴신학대학원의 Dean으로 있는 West 박사에게 연락, 초청장을 받아 주었다. 그러나 1980년 전두환 신군부가 등장하고 많은 해직교수를 양산함으로 그 계획은 좌절되고 말았다.

해직된 후 여러 곳에서 노력하여 모처로부터 내게 한국교회사 자료 수집을 위해 직접 미국에 가겠느냐는 연락이 왔다. 나는 가족이 함께 간다는 조건으로 해직교수로서는 처음으로 도미 수속을 받을 수 있게 되었다. 이때도 김용복 박사가 모교인 프린스턴에 연락해서 초청장과 기숙사를 허락받게 해 주었다. 이렇게 내게 한국기독교사 연구의 새 장을 마련해준 이가 바로 김용복 박사이다. 이를 계기로 필자는 미국과 캐나다, 영국 등지를 다니며 한국기독교사 관련 자료를 수집할 수 있게 되었다. 역사학도로서 내가 김 박사의 도움을 받은 것은 바로 한국 교회사 연구의 심화, 확장으로 나타나게 되었다. 그 뒤 가끔 김 박사가 미국을 방문했을 때 프린스턴 교정에서 만나기도 하고, 내가 귀국해서는 기사연에서 기획한 공동 프로젝트에 참여하기도 했다.

김 박사는 그 뒤 전주의 한일장신대의 총장으로 활동하기도 하고, 지리산에 들어가 아시아생명평화운동의 새로운 구상을 하기도 했다. 그의 연보에 나타난 한국기독교학회 회장, 한국민중신학회 회장, 아시아기독교협의회(CCA) 및 세계교회협의회(WCC), 세계개혁교회연맹 등에서 활동한 것과 그의 저술들은 여기에 일일이 적지 않겠다.

김 박사는 민족의 평화통일 문제에도 깊은 관심을 가지고 1988년 NCCK 신학위원 및 통일전문위원으로 그해 2월 29일 선언된 〈민족의 통일과 평화에 대한 한국기독교회 선언〉의 초안자의 한 분으로 활동하기도 했다. 그는 만년에 오로지 생명평화운동에 전념하다시피 하여 여러 세미나를 주최하면서 동학 후배들과 뜻을 같이 했다. 필자에게는 새로운 제목으로 강의를 요청했다. 그럴 때마다 그의 신학적 및 인문학적인 지향이 어떻게 변화·발전하고 있는지를 감지할 수 있었다.

그는 변화하는 세계에 그만큼 민감하게 반응하면서 그 변화를 수용하여 신학 및 인문학적인 과제로 간단명료하게 정리해 내곤 했다. 그의 육체는 노쇠해 갔으나 학문적인 열정은 식지 않았고, 생명과 평화를 위한 그의 지향은 끊임없이 재생산되었다. 그의 이 같은 인문학과 신학적 상상력은 끊임없이 후진들을 자극하고 양성하는 토대가 되었다. 그가 이렇게 생명평화 위주의 신학적 토대를 군건히 갖게 된 것은 아마도 연세대에서 철학을 전공한 것도 큰 밑받침이 되었을 것이고, 유창한 외국어 실력이 구미 여러 나라 석학들의 새로운 사상을 누구보다 먼저 수용할 수 있었기 때문이라고 생각한다. 그가 아시아기독교협의회에 관여하면서 동경대학 출신의 두 엘리트, 사와 마사히코(澤正彦) 목사와 구라다 마사히코(藏田雅彦) 교수를 일본 지성인의 한국을 향한 기독교적 사랑과 회개의 사도로 만든 것은 그의 넉넉한 인품이 남긴 열매였다고 본다.

# 아시아태평양생명학연구원과 김용복 목사

이무성

아시아태평양생명학연구원 이사, 광주대 해직교수

 김용복 목사님께서 제 곁을 떠나신지 추모일인 오늘(5.27)로서 두 달에 이르고 있습니다. 그분이 떠났다는 게 전혀 실감되지 않습니다. 병원 입원 후에도 저에게 자주 연락을 주셨습니다. 항상 꿈을 꾸는 듯한 이상을 가슴에 품고 이를 바로 현장에 실행하신 분이어서 함께 일하면서 때로는 실현 가능성에 대해 당혹감을 갖기도 하였습니다. 김 목사님은 뭐든 가능한 일이라고 매사를 낙천적으로 받아들이십니다. 김 목사님의 이상을 현장에서 구현하기 위하여 사무 처리에 능한 분이 곁에서 보조해 주었으면 하는 생각들을 그분의 곁에 있으면서 자주 하게 되었습니다. 행정 능력이 있는 사람은 사심을 갖고 접근하고, 순수한 분들은 사무 능력이 떨어지는 경우를 많이 접하여 하느님의 충직한 일꾼이 김 목사님에게 절실하였던 것입니다.

 주변 사람들에게 책임을 전가하는 등 군소리하지 않으시고 그 결과는 고스란히 당신이 안고 가십니다. 고 허병섭 목사님과 너무 닮은꼴이어서 경남 함양에 소재한 제도 밖 녹색대학 운영위원장, 공동대표 등으로 10년 넘게 경험한 것을 김용복 목사님으로부터도 동일하게 겪었습니다.

김 목사님은 항상 "다니지 않는 길을 누군가가 먼저 나서야 길이 된다"는 긍정으로 일에 임하셨습니다. 아시아태평양생명학연구원 활동을 곁에서 나름 열심히 지원하였던 것도 김 목사님의 사회변혁에 대한 열정 때문입니다.

아태생명학연구원은 생명학을 학문과 생활의 공동체로서 이론과 실천을 병행으로 연구코자 한 컨소시엄 형태의 대안적 모형이었습니다. 학자적 양심과 학문적 소양을 갖추신 분들이 기존 제도권 대학에 발을 디딜 수 없는 한국 사학의 이율배반적 모순을 연구원을 통해 극복하고, 이를 모형으로 창출, 법령 등 제도로서 정착하기 위한 유인이 당초 구상이었습니다. 아태생명학대학원대학교는 아시아경제윤리연구소(소장 강원돈)와 같이 생명학연구원의 큰 틀에서 다른 연구소들과 민주성이 보장된 동등한 구성단위로서 시너지(Synergy) 상승효과를 얻기 위한 시도였습니다. 이를 위해 지리산 자락 구례 토지면 신촌마을에 향토원이란 공동체를 주변 분들의 관심과 협조로 마련하였습니다. 그러나 생명학연구원의 출범은 순탄치 않았습니다. 해당 토지를 매도한 모 교회 장로는 등기 이전 없이 건축을 시작하고, 준공되자 사적인 담보 대출을 받아 김 목사님의 신뢰를 배신하고 기대를 저버렸습니다.

사단법인으로서 아태생명학연구원도 '학교법인 목민학원' 인가 후 설립이 되어 그 순서가 바뀌었습니다. 녹색대학 운영위원장으로서 저는 대표이신 고 허병섭 목사님으로부터 제도 밖 녹색대학과 제도 내 아태생명학대학원대학교를 연계하도록 권유받았고, 목민학원에 집중하고 계시는 김용복 목사님과 의견 공유를 시작하였습니다. 녹색대학의 소액 다수 후원회 조직으로서 녹지사(녹색대학을 지원하는 사람들)와 같은 역할을 위해 연구원의 실체를 조속히 도입하는 것을 제안하고, 향토원의 주소지인 구례교육지원청에 사단법인 등록 작업을 실무적으로 진행하였습니다.

김용복 목사님의 사심 없는 그 품성을 사적인 자신들의 이해 추구를 위해 악용한 무수한 군상들의 그릇된 행태들로 인해 김 목사님은 계속적으로 어려움에 처할 수밖에 없었고, 현장 실행은 더디어졌습니다. 결국 향토원은 모 장로의 잘못된 행위로 인해 경매로 그 장로의 친구에게 소유권이 넘어가는 상황에 이르렀습니다. 김 목사님의 뜻을 실현하기 위해 주변 여러분들의 공동체로 형성된 향토원을 원상회복하고자 이해 당사자를 직접 만나 그들을 설득하여 당초 법원 경매 가격으로 김 목사님께 되돌려 주는 것으로 협조를 어렵사리 얻어냈습니다. 원수까지도 사랑하라는 예수님의 말씀을 몸소 실천하신 김용복 목사님으로부터 감응을 받아 자신의 세속적 이익 상당 부분을 양보한 것으로 저는 이해합니다. 일부 재매입 자금을 조달하는 과정에서 김 목사님께서는 제자인 성문밖교회 고성기 목사님을 구례로 귀농, 향토원에 생활하면서 사무 실무를 맡는 것으로 결정하셨으며, 실제 당초 생명학연구원 취지에 박차를 가하는 중 고 목사님께서 불의의 교통사고로 소천하였습니다. 욥이 시험당한 온갖 시련을 김 목사님도 실제로 겪으신 것입니다.

김 목사님은 자신을 고난으로 내몰았던 사람들을 전혀 미워하거나 비난하지 않으셨습니다. 소송 등 세속적인 방법으로 그 매듭을 풀려고 했던 저를 부끄럽게 당신은 오히려 의연하게 이를 받아들였습니다. 김용복 목사님은 이례적으로 한일장신대학교 총장 재직 중 해직되었습니다. 김 목사님은 항상 학생의 입장에서 학교 방향을 설정하였습니다. 생전에 저에게 들려준 몇 가지 일화를 통하여 김 박사님의 교육철학을 엿볼 수 있습니다. 총장 초기에 모 장로가 김 목사님을 찾아왔습니다. 그는

거액 3,000만 원 정도의 금액을 김 목사님께 건넸습니다. 김 목사님은
그 금액을 학생들 장학금으로 사무처에 넘기었습니다. 이후 그 장로로부
터 지인 교수 채용에 대한 청탁이 있었습니다. 금액을 건네줄 당시엔
언급하지 않았지만 나중 조건을 거는 것이었습니다. 만일 김 목사님께서
그 금액을 공식 학교 수입으로 처리하지 않았다면 큰 어려움에 직면하였
을 것입니다.

　　김 목사님 총장 재임 시 한일장신대엔 어려운 신학생들이 많았습니
다. 대학원 수업을 받은 학생들 대부분이 학비를 걱정해야 할 정도로
경제적으로 곤궁하였습니다. 학생들 등록금을 낮추는 것이 김 목사님의
당시 현안이었습니다. 정년 보장 호봉제 교수로서 비교적 안정적 경제생
활을 유지하고 계시는 대학원 강의 수행 교수들에게 추가 강의 수당을
절약하면 학생들 수업료 부담이 줄어들 수 있어 호봉제 교수들에게
협조를 요청하였습니다. 그들의 반발과 자신들의 기득권을 박탈할 것으
로 우려한 교수들 중심으로 김 목사님의 진정성에 반한 행동을 하고
김 목사님을 음해하고 드러내 놓고 공개적으로 비난하였습니다. 이런
연유로 이를 몰이해한 학교법인 이사들에 의해 총장직 해촉은 예견될
수 있는 상황이었습니다. 평범한 학교 수준에 머물렀던 초기 한일장신대
를 해외에서까지 입학할 정도로 내실 있게 꾸려나갔습니다. 온라인으로
정식 학위를 수여 받을 수 있는 필리핀 모 대학의 한국분교로 동남아신학
대학원을 한일장신대 부설로 연계하여 대학의 긍정적 확장에 기여도
하셨습니다. 김 목사님의 유학 중에 만들어졌던 제3세계 민중신학자들
과의 굳건한 네트워크에 의해 한일 장신대학교의 위상은 높아졌습니다.
기독교아세안연구원, 기독교생활경제연구소 유병린 박사(유승희 국회
의원 부친)께서 김용복 목사님의 학업적 동기부여로 동 대학원 박사과정

을 수료, 신학박사 학위를 마무리하기도 하였습니다.

김 목사님께서는 한일장신대학교 해직 후 준비 중이었던 아시아태평양 생명학대학원대학교 개교가 지연되어 동 대학 학교법인 목민학원의 존립 위기에 직면하여 온라인 학위대학을 목민학원으로 옮겨 운영하도록 저는 수차례 적극 권유하였습니다. 자신을 부당 해직한 대학이었지만 도리가 아니라며 김 목사님은 응하지 않았습니다. 아태생명학대학원이 제도 내 대학의 대안 모형으로서 개교로 이어졌다면 기존 한국 대학이 안고 있는 여러 모순을 해결할 수 있는 실천적 방안으로 자리매김하였을 것입니다. 그 운영 방식은 연구소 중심의 대학으로 교수들의 협동적 협업 체제가 가능하여 기존 대학의 학과 교수들 간 갈등도 자동 해소될 수 있는 체제였습니다. 자본이든 종교 권력이든 사학의 독점적 지배구조를 극복하기 위하여 교수들의 자발적 동기에 의한 민주적 참여와 운영 그리고 불특정 다수 소액 후원 조직으로서 연구원 역할을 고려하여 설립자인 이사장에겐 명예는 부여하되 전횡적 인사권은 통제하고 재정 조달은 연구원의 활동을 통해 확보하는 원칙을 내세웠습니다.

목회자로서 자신을 속이고 이용하는 사람들에게 싫은 소리 못하고 사랑으로 감싸려는 김 목사님의 진정성이 현실에서 수용이 되지 않아 제도 내 대안대학으로서 아태생명학대학원대학교는 교육부에 의해 인가가 취소된 상태입니다. 구례 향토원에 당초 근원을 두고 있는 연구원은 김 목사님께서 병원에 입원하시면서도 그 지속을 위해 열정을 쏟으셨습니다. 펼치시고자 하신 많은 일들이 김 목사님의 소천으로 현재는 중지된 상태입니다.

김용복 목사님과 함께 활동하였던 저와 같은 후학들이 김 목사님께서 구상을 갖고 행하였던 일들에 대해 이젠 정리와 이어갈 사안들을 평가하여 김 목사님의 활동들에 대해서는 선택과 집중이 필요합니다. 현장 실천이 가능한 의미 있는 김 목사님의 유지는 그 불씨를 살려 목사님의 현장에서 이루고자 하는 그 뜻을 최대한 살려가는 것이 그분과 동시대를 살아갔던 우리의 몫이라는 생각을 해 봅니다.

# 반핵평화운동과 김용복 박사
## ― 김용복 박사님 서거에 든 생각

이승무

한일반핵평화연대 대표, 순환경제연구소 소장

나는 1980년대부터 김용복 박사님의 글을 읽었고, 1990년대 시민운동의 시대에는 YMCA에서 박사님의 강연을 들었지만, 본격적으로 가까이에서 뵙게 된 것은 2012년인가 협동조합기본법이 생기고 협동조합을 만드는 일을 같이하면서부터였다. 그때 나는 김용복 박사님이 대안교육운동, 특히 사회적 경제와 평화운동의 실천가들을 양성하기 위한 대안적인 고등교육과정을 만드는 데 관심을 가지고 오래전부터 노력해 오셨다는 것을 알았다. 주로 기독교인들과 교직자들을 중심으로 한 진보적인 생각을 가진 사람들이 모여서 교육, 연구 서비스를 제공하는 협동조합을 만들기로 했던 것이다. 그러나 그 일은 용두사미로 끝나고 말았다. 나도 조합원으로서 적극적으로 참여하고 있었으므로 일이 그렇게 된 데 대하여 책임이 있다. 김용복 박사님은 이 일을 위해 국제적으로 동분서주하면서 많은 노력을 쏟아부으셨지만, 박사님은 역시 큰 방향을 제시하는 길잡이였고, 박사님 주위에 모인 사람들이 박사님의 뜻과 열정에 상응한 조직적·행정적 뒷받침을 못 했던 것 같다. 어쩌면 김용복 박사님이 민주화운동의 선배로서 사회생활에서 뒤처지고, 불이익을 당하는 후배들을 따뜻하게 감싸주고, 늘 기를 북돋아 주고자 하는 마음이 컸기에 스승으로서 훈련이 필요한 후배와 제자들을 엄격하게 공부와 일을 가르치지 못했던 데 그 원인이 있지 않았나 생각이 된다.

2014년부터는 탈핵 운동에 함께 했고, 핵발전소와 핵무기 모두를 반대한다는 반핵평화운동을 하는 조직을 한국과 일본의 시민이 함께 결성하면서 김용복 박사님은 그 조직체의 사상적인 내용을 공급하고, 국제적인 차원의 교류를 제안하고 주선하는 역할을 맡으셨다. 김 박사님은 세계기독교교회협의회를 중심으로 국제적인 기독교 네트워크에서 이러한 반핵평화운동의 입장을 가지고 진보기독교계와 평화운동을 연결하는 데 주도적인 역할을 해 오셨다. 이러한 반핵평화운동도, 협동조합운동도, 대안교육 운동도 모두 당신이 주창한 '생명학'이라는 커다란 사상 체계 안에서 전개하는 것으로서 지리산 피아골에 위치한 생명학연구원에서는 많은 해외 학자와 활동가들을 초청해 '평화와 교육', '상생경제', '사회적 경제'를 주제로 한 세미나가 계속 열렸고, 나도 그곳을 몇 번 방문하여 경제 분야에서 발표와 토론에 참여한 적이 있다. 김용복 박사님은 많은 사람들을 조직하여 필요한 일이라고 생각되면 이것저것 재지 않고 주저 없이 그 일을 추진하고야 마는 운동가의 기질을 타고난 학자였다. 재정적인 뒷받침을 생각하지 않고 일을 벌여서 주위 사람들을 곤란하게 만든 경우도 적지 않다. 그런 방식의 제일 큰 피해자는 아마 당신의 가족이 아니었을까 생각된다.

평화운동이란 이름으로, '생명학'이란 학문의 이름으로 국제정치, 군사, 환경생태, 교육, 경제, 역사, 종교 내지 신학 분야의 전문가들을 끌어들여서 교류하고, 이를 묶어서 생명을 파괴하는 거대한 악의 세력에 대항하는 운동을 하시는 것 같았다. 그러다 보니 융합과 합류(conver-gence)를 늘 강조하셨고, 기조 강연에서는 늘 해당 주제를 광대한 세계적 지평에서 조망하여 존재하는 장애물들을 사소하게 보이도록 만드는 고담준론은 듣는 사람들을 아연하게 만들고, 놀라게 했다. 지리산에서 열린 세미나에서는 날카로운 분석과 논쟁보다는 이 분야, 저 분야가 뒤섞여서 평화라는 이름으로 비빔밥 같은 결론이 내려지고, 희망 어린 미래에 대한 전망과 흥겨운 친교가 이어졌다. 역시 종합적이고 융합적인 접근방식이라서 그런지 한 분야를 깊이 파고들어 냉철한 명제에 도달한다는 긴장은 없었고, 모든 것을 감싸 주는 사랑과 관용과 평화의 분위기가 지배적이었다.

나는 민중신학을 잘 모르지만, 민중신학을 한다는 사람들은 대체로 인문학적인 열정과 문제의식을 가지고 다른 여러 학문 분야 사람들에게서 상당히 깊이 있게 배우고 나름대로 연구한 결과를 발표하는 것으로 보이며, 김용복 박사님이 그런 길을 터 주신 것이 아닌가 생각이 된다. 반자본주의, 반제국주의의 입장이 강하고 민중을 역사의 주체로 세운다는 점에서 민주적인 지향이 강하지만 국가기구에 대해서는 부정적이고 불신하는 입장으로서, 이는 사회주의에 대해 호감을 보이기도 하지만 볼셰비즘과는 지향하는 바가 다르고 휴머니즘과 아나키즘의 지향을 가진 기독교 내의 사상 지향으로 보인다. 이는 원래 기독교에서 역사적으로 뿌리가 깊다. 그런 지향이 암울했던 시대에 한국 기독교 안에서 싹이 터서 이 땅 위의 민중문화와 민속신앙들을 재해석하며 현실에서 도피하는 것이 아니라 이상적인 나라로 도약하는 유토피아적인 꿈을 중요시하는 것 같다.

종교인이라면 당연히 그래야 할 것이다. 다른 인문사회과학의 학문들이 전문 분야의 아성을 지키면서 이론으로 사람을 왜소하게 만들고, 사상의 이름으로 사람 목숨을 하찮게 여겨온 것이 우리 역사의 사실이므로 이러한 휴머니스트적인 아나키즘의 입장을 중심으로 여러 분야를 함께 통찰하려고 노력한다는 것은 학문하는 사람이나 운동하는 사람에게 잘못된 길로 빠져들지 않게 하는 기본적인 소양을 쌓는 일이 될 것이다. 모든 것이 서구 과학의 방법론을 중심으로 전문화되어가는 현대 사회에서 그런 시도를 끊임없이 해 왔다는 것은 틀림없이 손해를 보는 일이었고, 그 주변에 순수하지 못한 모사꾼들, 한량들이 모여들게 하여 일을 그르치고 눈에 띄는 성과를 내지 못하게 한 이유가 된 것은 사실이다.

그러나 보이지 않는 족적을 남기셨으니 그것은 특정 학문을 전문적으로 파고들면서 엄격하고 냉혹한 명제를 이끌어 내는 것도 가치 있는 일이지만, 인간을 위해 같은 시대를 같이 숨 쉬고 살아가는 민중 그리고 제국과 국가체제로부터 파괴적인 폭력의 피해를 입고 말도 제대로 못하는 힘없는 다수의 서민들이 스스로 평화롭다고 말할 수 있을 때라야 진짜 평화라는 것이다. 이런 입장에서 역사와 세계의 생명을 살리는 데 관련된 모든 일과 여러 분야에 관심을 가지고 공부하고 실천하려는 태도야말로 김용복 박사님의 민중신학 내지 생명학이 이 나라의 후손들에게 남겨준 진짜 보물이 아닌가 생각한다.

# 목민(牧民)을 위한 생명망 짜기

이홍정

한국기독교교회협의회 총무, 목사

도둑은 다만 양을 훔쳐다가 죽여서 없애려고 오지만 나는 양들이 생명을 얻고 더 얻어 풍성하게 하려고 왔다 (요 10:10).

우리는 오늘 김용복 선생님의 죽음이 남긴 텅 빈 자리로 다시 초대를 받았습니다. 우리는 선생님의 부재가 남긴 빈자리를 공허한 상실감으로 채우지 않을 것입니다. 우리는 그 빈자리를 선생님을 추모하는 마음과 선생님과의 만남의 기억과 새로운 마음의 일치와 연대를 위한 화해의 정으로 충만하게 채울 것입니다. '텅 빈 충만'은 에큐메니컬 영성의 꽃입니다.

더욱이 우리가 선생님을 추모하며 모인 이 자리는 70, 80년대 한국사회의 '출애굽 사건'이 일어나던 곳으로, 양심에 아로새긴 복음의 진리가 이끄는 거룩한 저항의 영성이 기도와 공동의 증언과 정의로운 행동으로 이어지던 구원사건의 현장입니다. 검찰공화국의 그림자가 다시 짙게 드리우고 평화가 깨어진 오늘, 이 역사적 시공에서 구름 떼와 같은 증인들과 함께 선생님께서 들려주셨던 존재론적 증언의 메아리가 그리움이 되어 가슴을 메웁니다.

선생님께서는 유신 군사독재권력이 드리운 '하나님 없는' 시대의 어두움을 뚫고 비춰오는 하늘의 빛을 보셨습니다. 선생님께서는 '하나님 없는' 겨울 공화국의 동토 속에서 싹 틔우는 씨알을 상상하시며 봄이 오는 소리를 들으셨습니다. 선생님께서는 '하나님 없는' 세상의 주변부에서 고통당하는 한반도의 인민대중의 현실 속에서 오히려 하나님의 얼굴을 보시고 하늘이 열리는 개벽의 꿈을 꾸셨습니다.

"온유한 사람이 하늘을 보고, 하늘을 본 사람은 죽는다"는 말이 있습니다. 선생님께서는 시대의 숨통을 조이는 죽음의 권세 앞에서 두렵고 떨리지만 감히 하늘의 얼굴을 외면할 수 없었고, 하늘의 명령을 거역할 수 없었습니다. 선생님은 순명의 길을 걸으며 약함의 자리에서 민중의 생명 안에 움트는 온 생명의 풍성함을 위하여 한 알의 밀알이 되는 순교적 순례의 길을 걸으셨습니다.

선생님께서 걸으신 순명의 길은 민중의 한이 켜켜이 서린 전북 김제 성덕면 남포리의 황톳길에서 시작되었습니다. 훗날 선생님께서는 동양 지성사를 공부하시며 그 황톳길 위에 떠오르는 다층적인 민중사의 지평 융합을 보실 수 있었습니다. 선생님은 그 황톳길 위에서 동아시아 민중사의 거대한 본류에 합류되어 흐르는 자신의 민중적 존재를 자각하셨습니다. 그 길은 경세제민의 실학의 길이었고, 시천주, 인내천의 영성과 반식민지·반봉건 혁명이 통전된 동학의 길로 이어졌습니다. 그 길은 일제강점기의 어둠을 뚫고 자주와 독립, 민주와 평화의 횃불을 들어 한반도와 아시아의 길을 밝혔던 3.1운동의 길이었습니다. 그 길은 해방공간기에 하나된 민족공동체를 이루기 위해 걸었던 자주와 통일의 길이었고, 분단이 가져온 독재의 억압 속에서 4.19혁명이 결단한 민주의 길이었습니다. 그리고 그 길은 5.18광주민중항쟁의 길로, 6.10시민항쟁의 길로 그리고 촛불시민혁명의 길로 이어져 깊은 강을 이루며, 생명의 바다로 합류하고 있습니다.

선생님께서는 지난 85년 생애의 황톳길 위에서 민중의 사회문화적 전기의 지층을 새롭게 만나셨고, 그 지층을 뚫고 솟아나는 생명의 물을 마시며 시대의 시운을 분별하고 예언자적으로 응답하셨습니다.

죽음의 우상이 제국의 정치군사권력과 자본을 통해 한반도와 아시아를 침탈하는 고난의 시대를 수동적 풍자와 해학으로, 적극적 저항과 혁명으로 극복해 나가는 민중의 생명력을 현실 속에서 존재적으로 경험하시며 민중의 사회문화적 전기의 관점에서 역사를 이해하셨습니다. 선생님께 민중은 역사의 주체요 토대였고, 민중은 생명 살림의 역사를 이어가는 마르지 않는 깊은 강이었으며, 정의와 평화가 입 맞추며 치유되고 화해된 생명의 바다로 역사의 흐름을 이끄는 원동력이었습니다. 선생님께서는 궁극적으로 용서와 화해를 향해 굽어져 있는 하나님의 구원과 해방의 역사 속에서 수난 당하는 민중이 이끄는 용서와 화해의 역사를 바라보시며, 민중의 집단적 지혜와 생명의 품 안에서 펼쳐지는 온 생명의 잔치를 선험적으로 살아가셨습니다.

어린 시절 부친을 여의신 선생님께서는 어머님의 수난 당하는 모성 속에서 하나님의 생명의 구체성을 발견하셨습니다. 선생님께서는 수난 당하는 모성 속에서 고난 당하는 민중의 삶의 자리에 성육하신 진리이신 생명을 깨닫고, 그 생명을 모시고 키우며, 그 생명을 나누며 살아가셨습니다. 선생님께서는 생명의 담지자이신 예수 그리스도의 현존이 자리 잡은 민중 현실에 깊이 뿌리내리고 민중의 현실과 민중의 집단적 지혜에서 해석학적 실천적 대안을 모색하셨습니다. 선생님께서는 그 과정에서 목민(牧民)의 음성을 들으시고, 목회자의 길, 신학자의 길, 교육자의 길, 에큐메니컬운동가의 길을 걸으며 하나님의 목민 선교에 참여하셨습니다.

'목민'은 갈릴리 예수의 선교 내용이었습니다. 갈릴리 예수는 목민 선교 운동가였습니다. "내가 온 것은 양으로 생명을 얻게 하고 더욱 풍성히 얻게 하기 위함이라" 말씀하심으로, 목민 선교의 비전을 분명히 선포하셨습니다. 예수님의 목민 선교의 목표는 생명의 구원과 해방을 위하여 가난한 자에게 복음을, 포로된 자에게 자유를, 눈먼 자에게 다시 보게 함을, 눌린 자에게 해방의 기쁨을 전파하는 것이었습니다.

예수님의 목민 선교의 영성은 주린 자, 목마른 자, 나그네 된 자, 헐벗은 자, 병든 자, 옥에 갇힌 자 같이 지극히 작은 자들 가운데 현존하시며, "가난한 자는 복이 있다. 하나님의 나라가 너희 것이다. 지금 주린 자는 복이 있다. 너희가 배부름을 얻을 것이다. 지금 우는 자는 복이 있다. 너희가 웃을 것이다. 지금 핍박을 받는 자는 복이 있다. 하늘에서 너희 상이 크다"고 선언하시면서 절망 중에 애통하는 작은 이들을 부활의 산 소망으로 부둥켜안으시고, 살림의 새 희망을 불어넣으시는 상호의존성과 자기 비움의 성육신적 영성이었습니다.

예수님의 목민 선교의 전략은 생명망 짜기였습니다. 생명 죽임의 현실을 생명 살림의 잔치 자리로 전환하기 위하여 생명의 근원과 매듭을 민중 현실 속에서 견고히하고, 그 매듭 사이를 정의와 평화의 씨줄과 날줄로 이어 망을 짜면서 치유되고 화해된 세상을 만들어가셨습니다. 예수님의 생명망 짜기를 통해 민중은 자신 속에 있는 생명을 재발견하고,

그 생명을 모시고 키우며, 억압받는 또 다른 생명을 향해 구원과 해방의 연대의 손을 내밂으로 생명의 망을 지탱하는 매듭이 되었습니다.

갈릴리 예수의 목민 선교의 유일한 정의는 진리였습니다. 로마와 유대의 권력자들이 십자가의 처형으로 예수의 길과 진리와 생명을 부정 하였지만, 하나님께서는 부활의 사건을 통해 예수의 길과 진리와 생명이 참된 것임을 선언하셨습니다. 제자들은 예수의 십자가 죽음이 역사의 종말이라고 생각했지만, 하나님께서는 부활의 사건을 통해 십자가의 죽음이야말로 하나님의 구원과 해방의 역사의 정점이며 새로운 생명 역사의 시작임을 선포하셨습니다.

선생님께서는 진실은 결코 사라지거나 가릴 수 없다는 진리에 대한 믿음을 가지셨습니다. 죽임의 세력이 행하는 그 어떤 불의와 거짓과 억압에도 불구하고 정의와 진리의 해방과 부활은 반드시 역사 속에 구현된다는 희망을 굳게 붙드셨습니다. 그리고 이 믿음과 희망을 가지고 생명의 망을 짜는 일에 헌신하셨습니다. 선생님께서는 진리에 대한 이 믿음과 희망으로 군사독재의 폭압을 견디시고 이겨내셨을 뿐만 아니라, 오히려 생명 죽임의 자리에서 온 생명의 잔치 자리를 꿈꾸며 대동세계를 열어가기 위해 글로벌 차원에서 지역 상호 간 생명의 망을 짜는 일에 생의 마지막 호흡이 다하도록 헌신하셨습니다. 그리고 오늘 우리들의 기억의 유산과 역사 속에 살아계셔서 우리와 함께 생명의 망을 짜가고 계십니다.

갈릴리 예수를 본받아 사신 선생님께서는 역사적이고 실존적인 절망 의 짙은 그림자를 숙명처럼 일상에 드리운 가난한 사람들의 땅, 죽임의 세력들이 쳐놓은 소외의 덫에 걸려 애통하는 사람들의 땅, 그러나 바로 그 절망과 가난이, 그 소외와 고통이, 하늘을 향해 내려오라 부르고 진리를 향해 솟아나라고 외치는 땅, 예수의 생명 살림의 역사가 뜻을 펼치고 끝내 죽임의 권세를 굴복시킨 땅, 그 갈릴리 성문 밖을 향해 생명의 망을 확장시켜 가셨습니다.

선생님의 성문 밖은 부정과 부패, 부당과 부조리, 몰인정과 비상식이 권력의 이름으로 진실의 목을 조르며 꽃다운 생명들을 절망의 바다로 몰아넣고 있는 땅, 국가의 이름으로 저질러지는 공권력의 야만이 백성의 소리를 억누르며 하늘의 소리 듣기를 거부하는 땅, 억압받는 생명의 탄식이 하늘을 찔러 이미 하늘이 내려올 채비를 마친 땅, 바로 그 갈릴리 사람들의 삶의 자리가 선생님의 마음의 자리, 목민의 자리였습니다.

선생님께서는 시대의 성문 밖을 하나님의 구원과 해방의 역사가 새롭게 시작되는 구성적 계기로 인식하셨습니다. 그리고 그곳에서 환난과 궁핍, 고난과 갇힘과 난동, 수고로움과 자지 못함과 먹지 못함 가운데서도 깨끗함과 지식, 오래 참음과 자비함, 성령의 감화와 거짓 없는 사랑, 진리의 말씀과 하나님의 능력으로 의의 무기를 삼고, 십자가와 부활 신앙의 산 증인으로 사시기 위해 노력하셨습니다.

선생님께서는 속이는 자 같으나 참되고, 무명한 자 같으나 유명한 자로, 죽은 자 같으나 살아 있고, 징계를 받는 자 같으나 죽임을 당하지 아니하고, 근심하는 자 같으나 항상 기뻐하고, 가난한 자 같으나 많은 사람을 부유하게 하고, 아무것도 없는 자 같으나 모든 것을 가진 자로 살아가기를 원하셨습니다.

선생님께서는 돈과 권력과 명예를 위하여 신앙의 양심을 사고팔며, 그리스도의 십자가 사랑은 애써 외면하면서 교조화된 이데올로기를 진리로 둔갑시켜 이웃을 정죄하며, 정치적 이해관계와 인연을 따라 파당을 지어 분열을 조장하는 정치문화가 자리 잡은 세속화된 한국교회와 사회 안에서 십자가 아래 무릎을 꿇는 일 외에는 그 어떤 유혹 앞에도 무릎을 꿇지 않는 광야의 선지자로 사시기 위해 힘쓰셨습니다. 당대에 공동의 증언에 참여했던 많은 인사들이 기억의 유산에 기대어 지위와 명예를 탐하는 때에도 선생님께서는 치유되고 화해된 기억의 유산을 마음에 간직하신 채 자발적 가난의 삶을 사시며, 지금 여기에서 내일을 위한 목민의 생명망 짜기에 헌신하셨습니다. 선생님의 목민의 마음에는 시기와 질투, 미움과 증오, 위력에 의한 지배, 권위주의적 오만이 머리 위를 지나는 새처럼 오래 자리를 잡을 수 없었습니다.

이제 이곳에 모인 우리가 목민의 사명을 위해 선생님께서 걸어가신 생명을 위한 정의와 평화의 길 위에 함께 서서 흔들림 없는 대오를 유지하며, 글로벌한 차원에서 지역 상호 간 생명의 망을 짜는 일에 헌신합시다. 고난 당하는 역사의 현장에서 지극히 작은 이들 가운데 현존하시는 예수님을 만나고, 사랑의 복음과 성령의 능력으로 그들을 섬김으로, 절망을 희망으로 바꾸는 노래꾼, 죽임을 살림으로 바꾸는 춤꾼이 됩시다. 정의와 평화가 입 맞추는 세상, 만물의 생명이 풍성함을 누리는 세상을 위하여 생명을 살리는 치유와 화해의 생명의 망을 짜는 역사를 새롭게 만들어갑시다. 이념과 빈부, 성별과 세대와 인종 등 다름이 차별이 되어 극렬하게 갈등하는 시대에 수난 당하는 그리스도의 당파적 선택과 사랑에 힘입어 궁극적으로 용서와 화해를 향해 휘어져 있는 하나님의 구원과 해방의 역사에 목민을 위한 생명의 망을 짜며 참여합시다. 하나님의 약속이 우리를 변함없이 붙들고 계십니다. 하나님의 희망이 우리를 견고하게 인도하고 계십니다. 하나님의 평화가 우리를 온전히 감싸고 계십니다. 우리 모두 함께 앞으로 나아갑시다. 감사합니다.

# 돌봄 운동과 김용복 박사
## ― 고 김용복 박사님을 추모하며

임종한

인하대 의과대학 학장, 희년과 상생 사회적경제네트워크 이사장

고 김용복 박사님이 소천하신 지 두 달이 되어갑니다. 투병하시는 동안 회복을 간구하기 위해 시작한 새벽 기도. 이제는 몇 달이 되어 그 시간에 저절로 눈이 떠져 새벽에 기도회를 하는 것이 일상이 되어가고 있습니다. 김용복 박사님으로부터 물려받은 유지를 새벽마다 기도로 간구하고 되새기게 됩니다.

김 박사님은 저의 삶의 영원한 멘토이십니다. 고 김용복 박사님은 제가 대학교 1학년 때 성서대학을 통해 만났고, 80년 말 새문안교회에서 산돌교회를 개척하셨을 때 그 교회에 다니면서 늘 김용복 박사님 말씀을 듣고 도전을 받았습니다. 1992년 한일장신대 총장으로 가셨을 때 기독청년의료회 고문으로 모셔 기독청년의료회에서 박사님 말씀을 계속 들을 수 있었습니다.

"모든 생명체는 살아있다. '모든 생명체는 살아있는 주체적 실체이다'는 말이다. 그리고 모든 생명체는 더불어 살림살이, 삶, 즉 살고 살리면서 산다. 이

더불어 삶은 생명망을 이루어 살기에 가능하다. 이 생명망은 생명 주체들의 삶의 '상생망'임으로 생명 주체들이 서로서로 엮어서 형성한다. 우리는 이것을 '생명 공동체' 또는 '생명의 정원'이라고 흔히 부른다. 이 생명망은 생명 주체가 잉태될 때부터 자생적으로 형성된다."

김 박사님은 역사의 주체로서의 민중, 생명 공동체를 강조하셨습니다. 김 박사님의 신학과 학문을 요약하자면 '민중과 생명'입니다.

다가오는 하나님 나라, 후천 개벽의 시대는 각성된 시민들, 영적 대각성으로부터 시작됩니다. 이들이 생명의 경제, 사회적 경제를 이루고 주권재민의 새 시대를 열어갑니다. 다가오는 시대엔 한 사람 한 사람이 귀하게 존엄하게 여겨지도록 시민사회(사회적 경제)와 국가가 협력하여 더불어 살아가는 복지사회의 새 시대를 열어갈 것입니다.

고 김용복 박사님은 '민중의 사회적 전기'라는 독창적인 민중신학 개념을 낸 대표적인 민중신학자셨고, 90년대 이후에 김 박사님은 생명 공동체 운동에 매우 관심을 가지셨습니다. 김 박사님이 기독청년의료인회 고문, 영적인 스승이 되어 기독청년의료인회 의료인들이 우리 사회 현장에서 분절화되고 상업화된 의료에서 민중의 상처를 치료하는 생명 의료로 변화되도록 영향을 주셨습니다. 김 박사님의 이러한 가르침은 의료분야에 협동조합(협동경제)을 도입하여 의료협동조합을 발전시켜 나아가는 데 큰 힘이 되어주셨습니다.

의료인들이 지역주민들과 협동하여 에큐메니컬운동이라는 사회운동을 개발하게 하셨습니다. 김 박사님이 세계적인 차원에서 생명 공동체 운동의 전개를 역설해주셨는데, 한국사회 현장에서 가장 조직적으로 이를 발전시켜 나간 그룹이 바로 기독청년의료인회입니다. 국내외 강연에서 기독청년의료인회가 개척해낸 의료협동운동을 아주 자랑스럽게 여기셨으며, 생명 공동체 운동의 사례로 자랑스럽게 소개해 주셨습니다. 의료복지사회적협동조합(의료사협)은 현재 30여 개의 의료사협이 있으며, 10만 조합원이 조직되어있고, 가장 빠르게 성장하고 있는 협동조합의 리더 그룹입니다.

> "인간생명체를 중심으로 생각한다면 인간은 생명 주체들의 결합에 의하여 생성된 생명망을 지탱하기 위하여 영성적 실체(Spirituality)를 기반으로 한다. 이 생명체와 생명망은 문화적 기반, 사회적 기반, 생물학적 기반(인간 이외의 모든 생명체를 포괄하는 생태적 연관성), 물리적 기반(전지구적/전우주적 기반)을 포괄하여야 할 것이다. 여기서 우리는 이런 생명망이 상생적이라는 명제를 중요시한다. 이런 '상생망'이라야 생명망의 안전을 도모할 수 있을 것이다."

전쟁으로 고통당하는 이들이 많고 자본주의 승자독식으로 고통당하는 이들이 많을수록, 남북 간에 군사적 긴장이 고조될수록 평화와 생명운동을 주창하신 김용복 박사님의 비전과 기도가 더 절실하게 다가옵니다.

김 박사님의 생명 공동체의 사상을 우리 사회를 개혁하는 동력으로 삼고, 나아가 아시아에서 기독교가 아시아 각 나라에서 가난에서 벗어나고 민주화를 이루고 생명의 정원을 이루는 데 큰 힘을 되길 기도합니다. 하나님의 은혜로 한국기독교가 이 역할을 해내면, 아시아를 포함한 남아메리카, 아프리카 등 제3세계에 기독교가 성장·발전하는 새 역사를 쓰게 될 것입니다. 고 김용복 박사님은 생태계의 위기와 더불어 물질에 대한 탐욕이 지배하는 산업화시대에 새로운 생명 공동체를 만들도록 이끄시는 21세기 선지자셨습니다.

이제는 선지자 김용복 박사님의 유지를 받들어 한국교회 신앙 공동체가 지역공동체를 살리는 일, 약자를 돌보는 마을공동체 활동에 적극 참여해서 한국 근대화 기여-민족독립운동-민주화운동-생명평화운동(돌봄 마을공동체 운동)으로 이어지는 한국사회를 새롭게 하시는 하나님의 역사에 동참하길 원합니다. 김 박사님, 사랑합니다. 한국교회가 이 일을 감당하게 힘을 주세요.

# 김용복 선생님의 빈자리와 희망

장윤재

이화여자대학교 교수

희망은 한 마리 새

영혼 위에 걸터앉아

가사 없는 곡조를 노래하며

그칠 줄을 모른다.

_ 에밀리 디킨슨, 〈희망은 한 마리 새〉

　선생님은 정말 그칠 줄을 모르셨습니다. 그만하면 지치실 만도 한데, 어디서 다시 새 힘이 솟는지 밤새 '가사 없는 곡조'를 노래하셨습니다. 자세 하나 흐트리지 않으시고 단아한 선비처럼 조용히 앉아 나직한 목소리로 이야기하셨습니다. 가사가 없다는 말은 늘 새로운 가사를 쓰셨기 때문입니다. 그의 곡조는 언제나 같았습니다. 예수, 생명, 정의, 평화 그리고 혁명적인 사랑! 그는 "외치지 아니하며 목소리를 높이지 아니"(사 42:2)하였으나 그의 노래는 어릴 적 배운 동요가 평생 입가를 맴돌듯이 주저앉고 싶을 때마다 내 영혼 위에 걸터앉아 그칠 줄 모르고 지금도 노래하고 있습니다.

모진 바람 속에서 더욱 달콤한 소리

아무리 심한 폭풍도

많은 이의 가슴 따뜻이 보듬는

그 작은 새의 노래 멈추지 못하리.

_ 디킨슨, 〈희망은 한 마리 새〉 제2연


선생님이 떠나시고 나니 빈자리가 너무 커서 바람은 더욱 세차게 몰아칩니다. 세상은 더욱 미쳐 돌아가며 예언자의 부재를 비웃기나 합니다. 커다란 상실감에 마음이 쓸쓸할 때 이 모진 바람 속에서 선생님의 노래가 들립니다. "하나님의 영은 창조세계를 지배하던 흑암과 혼돈을 극복하고 생명 질서를 영원히 창조하며 제국의 마왕이 파괴한 생명체를 새로운 생명 공동체로 치유하여 바른 관계 위에 화해 공동체로 재구성하고 모든 민족과 생명체가 생명의 향연을 누린다. … 오늘 우리는 이 생명의 향연을 선취하는 것이다. 그리고 한반도와 동아시아와 전 세계와 우주에서 이 향연을 함께 나누는 것이다." 모진 바람 속에서 더욱 달콤한 소리, 아무도 그 작은 새의 노래를 멈추지 못합니다.


나는 그 소리를 아주 추운 땅에서도,

아주 낯선 바다에서도 들었다.

허나 아무리 절박해도 그건 내게

빵 한 조각 청하지 않았다.

_ 디킨슨, 〈희망은 한 마리 새〉 제3연


희망은 선물입니다. 희망은 우리가 삶에서 공짜로 누리는 하나님의 가장 큰 축복입니다. 김용복 선생님은 하나님께서 우리에게 주신 선물입니다. 김용복 선생님은 우리 영혼의 어깨 위에 살짝 걸터앉아 있는 한 마리 새와 같습니다. 행복하고 기쁠 때는 잊고 살지만, 절망하고 슬플 때, 갈 길을 잃었을 때 어느덧 곁에 와서 속삭이십니다. 그칠 줄 모르고 속삭이십니다. 생명이 있는 한 희망이 있다고, 생명이 곧 희망이라고 읊조리십니다. 그렇게 가사 없는 곡조를 노래하며 우리 눈앞에 생명의 향연을 활짝 펼치십니다.

김용복 선생님, 그립습니다. 오늘따라 더욱 보고 싶습니다!

# 고 김용복 박사님 장례식장에서*

홍인식

에큐메니안 대표

평생 예언자로 민중으로 꿈꾸는 영원한 청년으로 사신 선생님을 추모합니다. 별세 소식을 듣는 순간 지리산 피아골에서 자주 뵈었던 선생님의 모습이 생각나 눈물이 났습니다. 왜 이 땅과 교회는 예언자들을 이렇게 받아들이지 못하는 것일까요? 눈물이 납니다. 슬픕니다. 그러나 고 김용복 박사님, 선생님 영정 앞에서 다시 옷깃을 여밉니다. 다시 일어나 가던 길에서 발걸음을 다시 힘차게 옮기겠습니다.

조금 있다가 또 다른 선생님 고 서광선 박사님을 추모하기 위해 갑니다. 선생님들이 가셨습니다. 한 시대가 갑니다.

문득 지리산 피아골에서 살다가 불의의 사고로 세상을 떠난 고 고성기 목사가 생각납니다. 고 김용복 박사님을 선생님으로 모시고 꿈을 꾸던 젊은 목사였는데…. 고성기 목사가 그리워집니다.

천국에서 그리운 선생님 김용복 선생님과 만났겠지요. 그리고 거기서도 함께 또 꿈을 꾸겠지요….

---

* 홍인식 박사(전 NCCK 인권센터 이사장, 전 순천중앙교회 담임목사)의 페이스북에서 https://www.facebook.com/insikhong(2022. 4. 8.)

그리운 사람들이 많아집니다. 나도 언젠가는 사람들이 그리워하는 사람이 되었으면 좋겠습니다.

그렇게 살아야겠지요.

# 학자와 실천가로 멋있게 사신
# 고(故) 김용복 박사님을 기억하며

황남덕

동아시아평화센터 · 후쿠오카 센터장, 세이난학원대학신학부 교수

요즈음 우리가 잘 사용하는 생명평화, 지정학적 경계를 넘어 민(民)이 중심이 되는 평화운동 등의 단어와 문장은 고(故) 김용복 박사님께서 평소에 즐겨 사용하신 말들이다. 그 이전에는 민중 자신이 스스로 말하는 삶의 이야기를 『민중의 사회전기』라고 명명하시면서 민중신학의 한 주제를 형성하시기도 했다. 이렇듯 김 박사님은 우리에게 이론적 영향을 많이 주셨다. 그러나 무엇보다도 이론과 실천을 분리하지 않으시고 사셨던 모습이 가장 큰 영향이 아닌가 싶다.

김 박사님은 한일장신대학교의 총장 시절, 후학을 양성하시면서 세계교회의 에큐메니컬운동과 신학에 공헌하셨다. 총장 시절 이후에는 민중신학의 확고한 이론과 신념으로 생명운동을 현장에서 펼치셨다. 한일반핵평화연대의 일원으로 8월의 무더위를 무릅쓰고 합천에 가서서 원폭 피해자들을 만나 그들의 아픔을 위로하며 핵 없는 세상을 함께 꿈꾸었고, 일본의 평화 활동가들과는 아시아의 평화와 연대를 위해 끊임없이 대화하시고 미래를 향한 새로운 구상을 제시해 주셨다. 한국YMCA

전국연맹의 생명평화운동에도 함께 하셨고, 동아시아평화센터·후쿠오카가 온라인으로 주최한 월례 강좌에도 강사로 참여하셨다. 민중신학을 이론만이 아니라 현장에서 실천하신 에큐메니컬 신학자요 활동가로서 사신 것이다.

이제 김 박사님이 생전에 힘쓰셨던 민(民)이 중심이 되는 아시아의 평화, 나아가 세계평화를 위해 전 지구적 생명운동을 국경을 넘어 펼치는 일과 세계교회의 에큐메니컬운동을 생명평화운동의 차원에서 지속적으로 발전시켜야 할 일 등이 우리에게 남아 있다고 생각한다.

상대방의 이야기를 경청하시며 자신의 논리를 차분하게 전개하셨던 김 박사님, 어느 젊은이들 못지않게 활발하게 현장에서 활동하셨던 김 박사님은 학자와 실천가로 멋지게 사신 분으로 늘 기억에 남을 것이다.

5부

해외의 추도문

# 세계교회협의회(WCC) 애도의 메시지

## 수신: 김매련 여사, 대한예수교장로회, 한국기독교교회협의회

그리스도 안의 형제자매 여러분,

깊은 슬픔을 느끼며 세계교회협의회(WCC)를 대표해 고 김용복 목사님의 서거에 애도를 표하기 위해 편지를 씁니다. WCC 회원교회 공동체는 그의 유족과 대한예수교장로회(PCK), 한국기독교교회협의회(NCCK)와 함께 슬퍼하고 있습니다.

김 박사님은 헌신적인 에큐메니스트로서 에큐메니컬운동에 지칠 줄 모르고 충실히 봉사하셨습니다. 한국의 저명한 민중신학자 중 한 명인 김 박사님의 에큐메니컬 교육에 대한 기여는 젊은 학생들을 위한 신학연구소를 여는 아이디어를 발전시키는 데 결정적인 역할을 했습니다.

세계교회협의회(WCC)는 지난 수십 년간 박사님과 긴밀히 협력할 수 있는 특권을 가졌습니다. 그는 WCC의 개발위원회(CCPD)의 부의장을 역임하셨습니다. 그는 또한 1990년 서울에서 열린 "정의, 평화 그리고 창조세계의 보전"(JPIC) 세계대회를 조직하는 데 핵심적인 역할을 하셨습니다.

우리는 또한 한국기독교교회협의회(NCCK)의 88선언의 초안 작성자 중 한 사람으로서 한반도의 평화와 통일에 대한 그의 공헌에 깊은 감사를 표합니다. 우리는 목사님의 삶과 증언에 대해 하나님께 감사드립니다. 김용복 박사님은 한국기독교교회협의회(NCCK)의 평화 과정에 중요한 역할을 하셨습니다.

생명과 부활의 주님이신 우리 주 예수 그리스도께서 그의 충직하고 사랑받는 종 고 김용복 목사님에게 안식을 주시기를 바랍니다.

그의 영혼이 평안히 잠들기를 그리고 우리 모두가 영생에 이르는 부활의 희망에서 위로와 자신감을 찾기를 바랍니다.

2022년 4월 8일 제네바에서
요안 사우카
총무대행

## To: Mrs Marion Kim, Presbyterian Church of Korea, National Council of Churches in Korea

Dear Brothers and Sisters in Christ,

With deep sadness, I write to express condolences on behalf of the World Council of Churches(WCC) at the passing of Rev. Prof. Dr Yong~ Bock Kim. The fellowship of WCC member churches grieves together with his bereaved family, Presbyterian Church of Korea, and the National Council of Churches in Korea.

Dr Kim was a committed ecumenist who served the ecumen-ical movement tirelessly and faithfully. As one of the prominent minjung theologians in Korea, Dr Kim's contribution to ecumen-ical education was crucial in developing the idea of holding theological institutes for young students.

The WCC had the privilege of working very closely with him over the past several decades. He served as vice~ moderator of the WCC's Commission for the Churches' Participation in Development. He also played a key role in organizing the WCC's convocation on "Justice, Peace and the Integrity of Creation" in 1990 in Seoul.

As one of the drafters of the NCCK's 88 Declaration, we also deeply appreciate his contribution to peace and reunification on the Korean Peninsula. We thank God for the life and witness of Rev. Prof. Dr Yong~ Bock Kim as he played a crucial role in the peace process of the National Council of Churches in Korea (NCCK).

May our common Lord Jesus Christ, the Lord of life and resurrection, give rest to his faithful and beloved servant Rev. Prof. Dr Yong~ Bock Kim.

May his soul rest in peace, and may we all find comfort and confidence in the hope of the resurrection to eternal life.

Yours in Christ,
Rev. Prof. Dr Ioan Sauca
Acting General Secretary

# 세계개혁교회커뮤니온(WCRC) 애도의 메시지

## 주 안에 사랑하는 김매련 여사님과 류영모 총회장님께

김용복 목사님의 서거 소식을 접하게 되어 매우 애통합니다. 그는 가장 억압받는 이들의 염원과 희망을 분명하게 표현한 신학자이자 수많은 에큐메니컬운동의 여정을 함께 한 멘토, 그의 겸손과 정신을 통해 세상을 더 나은 곳으로 만든 친구로 감사히 기억될 것입니다.

개혁 신앙에서 배출된 신학자로서 아시아 신학, 특히 민중신학의 선구자였습니다. 그는 친교(코이노니아)와 그것이 한국 국민에게 미치는 영향에 대해 한국적인 맥락에서 개혁신학을 새롭게 그려냈습니다. 그의 사역은 아시아와 전 세계의 많은 사람에게 영감을 주는 역할을 했습니다. 아래로부터 행동하는 신학을 하고자 하는 그의 열정은 억압받는 자들의 관점을 이끌어 내었고, 아시아 신학의 또 다른 모습을 보여주었으며, 하나님의 백성들과 더 깊은 관계를 맺도록 격려했습니다.

그의 신학적 비전은 사람들의 투쟁에 대한 헌신으로 특징지어지고 나타났는데, 그 자신도 동참했던 투쟁이었습니다. 그는 헌신적인 신학자에게 "감옥은 제2의 고향이다!"라는 사실을 자주 말했습니다. 그것이 인권, 존엄성 그리고 충만한 생명에 대한 그의 깊은 헌신이었습니다.

이 신학적 비전은 또한 그 당시 세계개혁교회연맹(WARC)으로 알려졌던 세계개혁교회커뮤니온(WCRC)에도 영향을 미쳤습니다. 그는

(당시 세계개혁교회연맹) 신학부위원장으로 일했습니다. 이 기간 동안 그는 개혁교회 공동체에 많은 통찰력과 비전을 가져다 주었습니다.

그의 죽음은 세계 에큐메니컬 가족과 특히 우리 세계개혁교회커뮤니온(WCRC)에 큰 손실입니다. 우리는 기도와 애도를 표하며 앞으로도 용기 있게 일하여 그의 비전과 열정, 헌신이 이어지도록 하겠습니다.

진심으로 조의를 표합니다.

한스 레싱/ 필립 비노드 피콕/ 필 태니스
공동 총무단

## Rev. Dr. Kim Yong-Bock - A Tribute

The National Council of Churches in the Philippines (NCCP) mourns with the ecumenical movement worldwide over the passing over of the Rev. Dr. Kim Yong-Bock, an eminent Asian theologian of depth and significance. He has pioneered the Minjung Theology, which together with the Dalit theology of India and the Theology of Struggle here in the Philippines, formed a reading and appreciation of theology that seriously took its context seriously as the ground and basis upon which doing theology must be done.

His accompaniment and solidarity with us in the Philippine struggle for human rights, justice, peace, and the struggle and fight for democracy in the light of Martial Law and one~ man rule are forever etched in our heart and in our minds. We are forever grateful to his friendship and wise counsel as well as his incisive theological reflection and analysis.

I had the pleasure of inter~ acting with him when we were having a theological consultation that worked on the theme of the World Council of Churches Assembly at Busan, Korea. And prior to an online meeting for the Peace for Life Board late last year, Bishop Rex Reyes, former NCCP General Secretary and I, had conversation with him on the COVID pandemic. He cri-tiqued the injustice seen in the gaps of accessibility between rich and poor nations; as well as the huge economic profit of the big pharmaceuticals. Very much characteristic of him, during the conversation, he shifted to ask us of how our advocacies for justice and human rights in the Philippines is, especially among the indigenous peoples.

In the final decade of his life, his theological focus was directed at what he described as "conviviality of life," the "OIKONOMIA CONVIVENCIA" which ties together the ecumenical agenda of justice, peace and integrity of creation even as the world struggles against the hegemonic control of the Empire.

The NCCP has lost a great friend of the Philippine ecumenical movement in the Rev. Dr. Kim Yong-Bock but his theological thoughts and articulations will be a light that shines on our path to full human and ecological transformation reflective of the "new heaven and new earth" we long and struggle for.


For the The National Council of Churches in the Philippines(NCCP) NCCP: Bishop Reuel Norman O. Marigza General Secretary

## In Memory of Dr. Kim Yong-Bock, A Great Supporter of Palestine

It is very much relieving to be a friend of someone who can help you see the way forward and think in constructive way about life, future and about the way forward; a person who played the role of a mentor for many and made every effort to bring people together to resist the empire and its dominance.

For me, Dr. Kim Yong-Bock was a great ecumenical theologian who was deeply involved in his people's concerns and made many efforts to work for justice for Korea and who showed much dedication to work for the reunification of the Korean Peninsula.

Dr. Kim knew why people everywhere suffered or still suffering. He has his way of making the analysis of the empire which is the main reason behind global political instability and the oppression and injustices everywhere. He was clear in calling for the end of the yoke of this empire through bringing peoples together.

In 2007, I was honored and privileged to start working closely with Dr. Kim through "Peace for Life" organization during my participation in the Peoples Forums organized in Palestine and in Colombia, to advocate for justice and end of oppression in these two countries.

Dr. Kim was a great supporter of Palestine. He had the

Palestinian people and Quest in his heart, and it was always a key topic in all the global discussions he had within the ecumenical family and in Peoples' gatherings.

In 2017 he insisted to bring the South African and the Palestinian experience of resistance to Japan and Korea. I was lucky to be the Palestinian representative in that tour we had in Japan and Korea addressing the issue of the nuclear power plants. In that tour I felt that we are all in need to develop a global strategy to resist all those who profit from violating human rights. He promoted and worked for such a strategy.

Dr. Kim was an active member in the International Coordination Committee of the Global Kairos for justice Coalition representing Asia and the pacific. His input was meaningful and helped show the future direction of this Coalition. He also served in the theological group of this Coalition.

I met Dr. Kim many times in Palestine, Korea, Japan and Colombia in many conferences in person and online, and every time we met, I learned more and more from him and from his wisdom and experience. I can say that he was a real leader for me.

I would say that Dr. Kim introduced me to Korea and helped me learn about the Korean people and Korean history and to find what is in common between Palestine and Korea. On many occasions, I had the opportunity to meet many Korean delegations including the delegation from Hanshin University led by him and Mr. Yunhee Lee when they celebrated the partnership developed with Bethlehem University in 2018, that II proudly was involved in.

Dr. Kim was a committed human being and very genuine with a great sense of humor. I and my family enjoyed meeting him in Palestine. He was also a good supporter of my daughter Bana when she was doing her post-graduate studies in Korea. She always expresses her great appreciation for that.

I will miss you Dr. Kim whenever we gather to talk about justice and whenever I think of the Korean people and Korea that I love. But I will definitely see you and will feel your presence whenever I see your students, and any friends from Korea and whoever we talk about justice and peace.

I will be holding your vision in my mind and fight for it in all my engagements, so we might "live life in its fullness" as you always repeated.

May you rest in power and in eternal peace.

Nidal Abu Zuluf

Director, The Joint Advocacy Initiative, Palestine

## Dr. Kim Yong-Bock
## — The Radical Prophet, Teacher, and Mentor

My encounter with Dr Kim Yong-Bock began with readings on Minjung Theology when I had begun my work with the Asia Pacific Alliance of YMCAs. It was a moment in the life of the Asian YMCAs when YMCA horizons were shifting from youth welfare activities into new paradigms of work with a justice perspective. During our multiple training and study programmes that we began to understand how and why theology must be studied from the perspective of the oppressed and the excluded.

The emergence of Minjung theology coincided with the launch and growth of liberation theology under the dictatorships in Latin America. Minjung theology followed a similar strand in many ways. But it also challenged classical liberation theology because theological pioneers such as Dr Kim Yong-Bock wanted liberation theology to be situated not only within the framework of justice perspectives but also within the cultural traditions of Asia. For Dr Kim Yong-Bock, a religion that excluded the socio -economic -political -cultural context as one amalgamated body of life-giving that could advance justice, risked being an empty space. Clearly Dr Kim Yong-Bock sought a theology that was indigenous to Korea.

Minjung theology emerged in the 1970s from the experience of South Korean Christians in the struggle for social justice. Dr Kim Yong-Bock charted the course of Minjung theology as a people's theology, and, "a development of the political herme - neutics of the Gospel in terms of the Korean reality." Political theology, thus, took its root in Asia and progressed within Asia. In the Philippines, people wrote on 'Peasant Theology "challenged and inspired by the hypothesis of Minjung Theology. Dr. Kim Yong-Bock and a group that he emerged as the rallying base for challenged the theological imagination of a generation of theologians that followed- not just in Korea but within the Asian region. That search for a critical expansion for new expressions of theological exploration has intensely continued since the 1970s. Dr. Kim Yong-Bock in his gentle, yet, effusive manner, carried the torch for a liberative kind of theology, and lit the way for generations that followed.

The emergence of Dalit theology also coincided with the ideas that shaped and influenced Minjung Theology. I recall an important initiative in 2009 titled "Dalit Minjung theological dialogue: on being a new community and ecclesia of justice & peace; in the globalized local context of dalits & Minjung theological and Biblical perspective on the mandate, motives and movement of Christian mission." Dr. Kim Yong-Bock's theological explorations moved even beyond theological margins. His keen political insights, saw him pioneer multiple organizations one of which was the 'Peace for Life'. He played a leading role in creating the People's Forum on Peace for Life, a faith-based movement and forum for peace and justice, engaged in building interfaith solidarity and mobilizing the power of spirituality against the life-threatening forces of global hegemony. The People's Forum on Peace for Life was composed of people of faith of the global South -Asia-Pacific, Middle East, Africa, Latin America and the Caribbean -along with its partners from North America and Europe, coming together as Peace for Life, an interfaith movement resisting empire, state terrorism and militarized globalization, and promoting life-enhancing alternatives.

Clearly, Dr. Kim Yong-Bock was rooted in the struggles of the Korean people but his wisdom and breadth of the love for global justice took to the wider Asia-Pacific region and to the Global South in particular. He was one of the champions of the ongoing struggle for justice, freedom, and liberation of the Palestinians.

He was also instrumental in founding and guiding the Global Kairos Asia Pacific Palestine Solidarity (GKAPPS) and was its Chair. Under his leadership, GKAPPS explored a number of political issues in the Asia-Pacific region while reflecting on them from a theological perspective. He then called GKAAPS to work together as Asian and Pacific theologians for a four day confer-ence around the theme: "Embracing solidarities through sharing stories of struggle against Empire". He left us before the event but the event contained a remarkable tribute to his life and work. His vision pervaded the event as a whole and one knows his presence would have added dimensions to the process. The conference defined its goals as the search for the unity of a multi religious group from around 21 countries who would rally religious communities and civil society movements in the Asia-Pacific region and around the Globe to act decisively to address the brutal and horrific situations of Nakba that the Palestinians have been facing for more than seven decades. In a way, GKAPPS will always be driven by his vision for a distinct Asia-Pacific.

Two central ideas gripped Dr Kim Yong's mind and politi-cal-theological processes. The notion of Conviviality was one of these. This, to him, is the ability of individuals to interact creatively and autonomously with others and their environment to satisfy their collective aspirations. The other was the idea was that GKAPPS should be a continuous growing 'circle of prophets'. By this he was suggesting that people who care and about a just world and who challenge domination by empire must act to represent the notions of totality, wholeness, original perfection, the Self, the infinite, eternity, timelessness, all cyclic movement, God. In other words, as he once defined it to me, 'God is a circle whose centre is everywhere and whose circum- ference is nowhere'. Dr. Kim Yong-Bock has passed on to an- other world that needed him too. He is still with us in his thoughts, ideas, and challenges. He will live forever.

Ranjan Solomon
A Palestine justice activist and a human rights activist, India

## Memories with Dr. Kim Yong-Bock

Dr Kim Yong-Bock was an important resource person at the Asian Ecumenical Course(AEC) organized by the Christian Conference of Asia(CCA) in Seoul in 1985. As an AEC participant, I felt Dr Yong~ bock's presence and presentations at the AEC very enriching and inspiring. That was the first time I met him. I found him to be a very kind and composed person. He was also very unassuming inspite of being a renowned Minjung theo-logian and scholar.

After the AEC, I had the opportunity of meeting him again at different Ecumenical events. What attracted me was his sim-plicity and compassion.

He was also very concerned about others. I remember the warm welcome and hospitality he gave me when I went to see him at his office in Seoul in 2006. He showed lot of interest in knowing what I was doing and my plans. he went to the airport to catch his return flight home.

I hoped that we will cross our paths again in the not too distant future.. But, that was not to be. The news of his passing on came as a big shock. I will always remember him as a great teacher and guide who inspired hundreds of people from all over the world. The contributions he has made to Minjung Theology will remain alive for many generations to come.

Philip Mathew

WCC 세계선교와 전도위원회 위원장, India

Remembering a Teacher, Mentor, Friend
— Rev. Dr. Kim Yong-Bock

Hope Antone and Chan Beng Seng recall their memorable encounters as participants of various programs where the Rev. Dr. Kim Yong-Bock served as a resource person, then as students at the Third World Church Leadership Center(TWCLC) in the Presbyterian Theological College and Seminary in Seoul, Korea.

Hope Antone's first encounter with Dr. Kim Yong-Bock was when she was sent by the National Council of Churches in the Philippines to participate in the 1985 Asian Ecumenical Course (AEC) of the Christian Conference of Asia(CCA) in Seoul, Korea. As 1985 was the CCA Assembly year, the AEC participants from various member churches and NCCs were also invited as observers of the assembly.

Dr. Kim Yong-Bock was among the Minjung theologians who served as resource persons at the AEC. Hope's exposure to Minjung theology inspired her to pursue her MTh studies at the TWCLC. When she returned to Korea for studies in 1986, Dr. Kim Yong-Bock was the director of the TWCLC.

The TWCLC offered a unique graduate theological program that brought minjung theology into dialogue with other fields and theologies. Dr. Kim invited other minjung theologians with-

in Korea to teach some courses. He also invited renowned theo-
logians and biblical scholars from other parts of the world. Hope
remembered attending all classes and talks by the New
Testament scholar and Interpreter's Bible editor, Bruce
Metzger.

Hope learned from Dr. Kim that minjung theology was an
attempt at doing contextual theology in Korea. The division of
the Korean peninsula, the separation of families between the
north and south, the ideological fear of the people, were part
of the "han" (deep sadness, sorrow, bitterness, grief and regret)
that surfaced in minjung theology. Dr. Kim's challenge to the
TWCLC students was this: As scholars and theologians from
Asia, the Pacific, and Africa, it was (and is) our responsibility
to identify with the minjung (the oppressed) in our respective
communities, and together work with them for the transformation
of our societies.

Hope had many more opportunities to learn from and work
with Dr. Kim Yong-Bock when she served on the staff of the
CCA. Dr. Kim Yong-Bock was a resource person in many pro-
grams of the CCA and the World Council of Churches. In those
different occasions, Dr. Kim Yong-Bock shared his vision and
passion for an ever transforming world, characterized by a life
of conviviality not only for humanity but for all creation.
Throughout his life, Dr. Kim Yong-Bock demonstrated what

it is to be rooted locally, yet working globally; immersed in domestic issues but committed to cosmic concerns. Hope is grateful for having learned from a great ecumenist such as Dr. Kim Yong-Bock.

\*\*\*\*\*

Chan Beng Seng first met Dr. Kim Yong-Bock in 1984 when he attended the Asia Youth Assembly (AYA) of the Christian Conference of Asia in New Delhi, India. This was held back-to-back the one-month Human Resource Development (HRD) program of the World Student Christian Federation Asia-Pacific Region. Fresh out of theological college in Singapore, Beng Seng found the HRD and AYA, where Dr. Kim was the assembly keynote speaker, a life changing experience that help-ed set the direction of his ecumenical journey in the years that followed.

Two years later in 1986, with the support of WSCF and CCA, Beng Seng enrolled for the MTh program at the Presbyterian Theological College and Seminary in Seoul where Dr. Kim was the director of the Third World Church Leadership Center. At the TWCLC, Dr Kim curated a very unique MTh program assem-bling an impressive team of renowned biblical and theological scholars from Korea and different parts of the world. Beng Seng was very fortunate to learn from these scholars.

As the Youth Secretary of the CCA, Beng Seng developed the one-month "Reading the Bible Through Asian Eyes" workshops for seminary students in Asia, together with Dr. Kim Yong-Bock and Dr. Dhyanchand Carr. These two theologians were resource persons at several of these workshops and Dr. Kim hosted one of them when he was the President of the Hanil Theological Seminary. Dr. Kim said, "The journey of many ecumenical leaders began with workshops such as these".

One unique attribute of Dr. Kim was his ability to articulate and link theologically many seemingly secular social issues. He also had the penchant to create new words to express these connections, e.g., his latest reflections on oikozoe.

Dr. Kim was also very involved with the people's movement through the Urban Rural Mission. He was the first research director of the Documentation for Action Groups in Asia that was based in Japan at that time.

Beng Seng's encounters with Dr. Kim continued over the years through many ecumenical meetings and conferences. Their last in-person encounter was in Hong Kong when he came as a resource person for the Advanced Studies Program of the Asia Pacific Alliance of YMCAs in 2018. Beng Seng is grateful to have worked and collaborated with Dr. Kim on several projects over the years.

Hope Antone and Chan Beng Seng

Asia and Pacific Alliance of YMCAs

## In memory of Reverend Kim Yong-Bock

Dear Friends of the International Jubilee Foundation, we have learned the sad news of the passing of Reverend Kim Yong-Bok, whom we were privileged to meet and appreciate during our 2019 visit to Seoul.

His figure has left a deep mark in our hearts. His enlightening, austere and serene presence conveyed to us a message of confidence in the capacity of men to cooperate for the liberation of oppression, with a special focus on those living in states of deprivation of suffering.

With simple words he managed to transfer us the deeper meaning of the Minjung theological vision, a precious gift that we will keep forever.

We would like to express our condolences to his wife, Mrs Marion Kim, to his family, to the Korean churches, and to all those who share the mourning of his passing.

Franca Guglielmetti(President of CADIAI Cooperative)/
Rita Ghedini(President of Legacoop Bologna)/
Lara Furieri(Responsible for Educational Area of Cadiai)/
Angelo Fioritti(Former Director of the Department of Mental Health AUSL Bologna)/
Alceste Santuari(Department of Sociology and Economic Law University of Bologna)

## In memory of Reverend Kim Yong-Bock

It is with great sadness that we learn of Professor Kim's death. Having known him was a great gift for all of us, and we were able to appreciate his passion, his humanitarian vision inspired by peaceful coexistence and harmony among people and in the world.

He left his mark on all of us, and for this reason we wish to express our gratitude at this time, and to share our condolences for his passing with his entire community.

With affection, on behalf of the whole CADIAI Cooperative,

Franca Guglielmetti

President of CADIAI Cooperative

## My Steadfast Mentor and Friend

It is so sad to know that my dear friend through so many years now is left only to our prayers and God's mercy. He is in my thougts and prayers constantly.

You know, of course, that Kim Yong-Bock has been my steadfast mentor and friend since we met through the WCC's Peace for Life~ work in the 90ties and invited me annually, ever since, to come to South Korea as part of our joint engagement for peace on the Korean peninsula and world wide. Je Jeu, Gwangju, Hwacheon are zenits in my life. But I have hardly had any solidarity or anti~ imperialist engagements the last 20 years, that has not been influenced and inspired directly or indirectly by Kim Yong-Bock. He is not only a thinker and a man of God, a true disciple, he is first of all a doer. Kim Yong~ Bock makes good things happen. He moves mountains.

At the Dag Hammarskjöld Peace Park at Voksenåsen "Time for Peace"~ belfry in Oslo, we will have a physical expression of Kim Yong-Bock's life~ long and world wide care for and pursuit of World Peace.

To me, however, Kim Yong-Bock is first of all a genuine friend. Please bring these words to his dear wife and children.

With warm regards

John Y. Jones

다그 함마슐드 재단 사무총장

# 김용복 교수님께 드리는 추도의 글

김용복 목사는 독일 교회와 신학자들에게 낯설지 않습니다. 에큐메니컬 활동뿐만 아니라 독일에서의 학술 활동으로도 이름을 알렸습니다. 신학 및 종교 연구를 위한 중형사전 RGG, 과거와 현재 제4판에서 그는 2002년 민중신학에 대한 상세한 기고를 할 수 있는 영예를 안았습니다. 그의 사회전기 개념이 설명되었을 뿐만 아니라 또한 "민중의 메시아적 전통을 정치적 메시아주의와 대조하는 대규모의 역사적·이론적 초안이 펼쳐지고" 있었습니다(Volker Küster, RGG 4판, vol.5, column 1255).

김용복은 이 중요한 사전을 직접 집필하여 달라는 부탁을 받았습니다. 2000년에 그는 '정의'라는 키워드에 대한 8개의 광범위한 기고 중 하나를 선교학적으로 썼습니다. 그에게 정의는 "강자와 민중의 관계적 요소"입니다(김용복, RGG 4판, vol.3, column 715). 그는 정의의 모델이 "언제나 고유한 문화적 맥락에서" 어떻게 나타나는지를 보여주었습니다. "한편으로는 사회적 관계와 관련하여 권력자와 부자, 다른 한편으로는 권력의 희생자, 약자, 가난한 자, 소외되거나 배제된 관계가 당파적 견해 형성에 결정적이 됩니다. 일반적으로 이 관점에서 정의는 가난한 사람, 약자, 권력의 희생자를 우선시하는 관계입니다"(a.a.O.).

김용복은 확신을 갖고 그것을 설득력 있게 전달했습니다. 정의는 당사자 간의 관계, 즉 사람 사이, 집단과 공동체 사이, 인간 공동체와 자연의 질서 사이의 관계입니다. 하나님은 희생자들을 위한 정의의 중재자이십니다. 즉, 그는 의(義)의 유일한 근거입니다. 그의 약속은 희생자들에 대한 정의의 희망입니다. 성경에서 정의는 지도 원칙, 질서 또는 시스템으로서의 추상적인 개념이 아닙니다. 하나님은 사람 사이의 구체적인 관계이며 생태적 관계에 직접 개입하는 정의의 살아 있는 실재입니다. 민중신학, 해방신학, 기타 상황신학은 정의에 대한 성경적 이해를 강조하고, 그것을 지역적, 국가적, 지구적, 우주적 관계에서 실현하고자 하였습니다.

우리 뷔르템베르크 개신교회 디아코니아 복지단체에서는 고통받는 인간이 하나님의 형상대로 지음 받은 존엄성을 잃을 수 없다는 김용복의 말에 동의합니다. 하나님의 형상대로 지음을 받았다는 것은 다음과 같은 의미를 갖기 때문입니다. "사람이 그 형상대로 된 하나님은 그리스도와 함께 더 이상 강자의 하나님이 아니요 약하신 하나님이요, 권세의 하나님이 아니요 무력한 하나님이시니라"(Henning Luther, Leben als Fragment. Ways to Man 5.1991, 262-273, 270).

우리는 그의 우정과 현명한 조언에 대해 김용복에게 여전히 감사하고 있습니다. 개인적으로는 30년 동안 그분을 여러 번 만나 뵈어서 즐거웠고 많은 또한 배웠습니다. 저는 그가 한국의 역사와 문화에 대해 가르쳐 주신 여러 가지 배려에 대해 특별히 감사의 빚을 지고 있습니다. 가장 최근에는 한국사회적 가치경영연구원에서 '상생 사회적 경제'의 중요성에 대해 말씀하여 주셨습니다.

헨리 폰 보세

전 독일서남부지역 디아코니아 대표

## Abschiedsgruss für Prof. Yong-Bock KIM

Auch in den deutschen Kirchen und den theologischen Fakultäten ist Kim Yong-Bock kein Unbekannter. Er hat sich nicht nur durch sein ökumenisches Engagaement, sondern auch durch seine wissenschaftliche Arbeit in Deutschland einen Namen gemacht. In der aktuellen 4. Auflage des Handwörterbuchs für Theologie und Religionswissenschaft RGG, Religion in Geschichte und Gegenwart, wird er 2002 in einem ausführlichen Artikel zur Minjung-Theologie gewürdigt: Nicht nur wird sein Konzept der Sozialbiographie erläutert. Es heiβt auch: "Kim entfaltet einen groβ angelegten geschichtstheoretischen Entwurf, in dem er die messianischen Traditionen des Minjung dem politischen Messianismus gegenüberstellt."(Volker Küster, RGG 4.Aufl., Bd.5, Sp.1255)

Kim Yong-Bock ist für dieses bedeutende Lexikon auch selbst als Verfasser gebeten worden. Es spricht für sich, dass er im Jahr 2000 zum Stichwort 'Gerechtigkeit' unter den 8 umfangreichen Beiträgen den missionswissenschaftlichen geschrieben hat. Gerechtigkeit ist für ihn "eine Beziehungsgröβe im Hinblick auf die Mächtigen und das Volk."(Yong-Bock Kim, RGG 4.Aufl., Bd.3, Sp. 715) Er zeigt, wie das Leitbild der 2 Gerechtigkeit "von dem je eigenen kulturellen Kontext" bestimmt ist. Ich zitiere: "Es bewegt sich in einem Spannungsfeld zwischen abstrakter Rechtmä$\beta$igkeit auf der einen und Parteilichkeit im Blick auf die sozialen Beziehungen auf der anderen Seite. Bestimmend für die parteiliche Sicht von Gerechtigkeit ist die Beziehung zwischen den Mächtigen und Reichen einerseits und den Opfern von Macht andererseits, den Schwachen, Armen, Entfremdeten oder Ausgeschlossenen. Generell ist Gerechtigkeit in dieser Sicht eine Beziehung, die den Armen, Schwachen und Opfern der Macht Vorrang gibt."(a.a,O.)

Kim Yong-Bock war überzeugt und hat es überzeugend vermittelt: "Das biblische Verständnis von Gerechtigkeit neigt dieser zweiten Sicht zu. Gerechtigkeit ist eine Beziehung zwischen Parteien: zwischen Menschen, zwischen Gruppen und Gemeinschaften, zwischen menschlicher Gemeinschaft und der Ordnung der Natur. Gott ist Mittler von Gerechtigkeit zugunsten der Opfer. Das hei$\beta$t, dass er der alleinige Grund der Gerechtigkeit ist. Seine Verheissung ist Hoffnung auf Gerechtigkeit für die Opfer. Gerechtigkeit ist in der Bibel keine abstrakte Vorstellung als Leitidee, Ordnung oder System. Gott ist die lebendige Wirklichkeit der Gerechtigkeit, die unmittelbar in konkrete Beziehungen zwischen Menschen oder in ökologische Beziehungen eingreift. Die Minjung-Theologie, die Befreiungstheologie und andere kontextuelle Theologien haben nachdrücklich das biblische Gerechtigkeitsverständnis betont und sich bemüht, es in örtlichen, nationalen, globalen und kosmischen Beziehungen zu verwirklichen."(aaO)

Wir in der württembergischen Diakonie stimmten mit Kim Yong-Bock besonders darin überein, dass der leidende Mensch die Würde seiner Gottebenbildlichkeit nicht verlieren kann. Denn Gottebenbildlichkeit bedeutet: "Der Gott, als dessen Ebenbild der Mensch gedacht ist, ist mit Christus nicht mehr der Gott der Stärke, sondern der Schwäche, nicht mehr der Gott der Macht, sondern der Ohnmacht."(Henning Luther, Leben als Fragment. Wege zum Menschen 5. 1991, S.262-273, 270)

Wir bleiben Kim Yong-Bock dankbar für seine Freundschaft und manchen klugen Rat. Ich für meine Person bin ihm 30 Jahre lang immer wieder besonders gern begegnet und habe viel von ihm gelernt. Ich schulde ihm besonders Dank für alles, was er mir von der koreanischen Geschichte und Kultur vermittelt hat. Zuletzt noch hat er mir im Social Value Management Institute Korea die Bedeutung der "SangSaeng Social Economy" erklärt.

Prof. Henry von Bose DD

## A Tribute to Kim Yong-Bock, 1938-2022

I first met Kim Yong-Bock in 1970 when I was a second-year student at Princeton Theological Seminary. Yong Bock was working on his Ph.D. dissertation under Dick Shaull,[1] who was also my mentor, and who was the reason I went to Princeton in the first place. Dick thought we should get to know each other. That first meeting was transformative, and although we were together only for a half hour or so, Yong Bock was the first Asian theologian I had met, and he took my interest in China seriously. It was the beginning of a beautiful friendship.

A year later, in September 1971, we met again, this time in Tokyo. Yong Bock spent a lot of time with Janice and me. He gave us some books and other materials to pass on to David Suh in Seoul. I remember that one of the titles was Letters from T.K. This was our first time in Asia and we were en route to Taiwan, where for the next two years we would be teaching English, doing Christian student work and studying Chinese at Tainan Theological Seminary.

Over the next five decades, there would be many more en-counters, and the agenda was always about Christianity and

---

1 Kim Yong-bock, "Historical transformation: people's movement and messianic koinonia," Ph.D. dissertation., (Princeton Theological Seminary, 1976).

social change. In between, we also found time to get together over a meal, and in the process, we became very close friends. As M. M. Thomas, a senior theologian from India, once said, "the ecumenical movement is a journey among friends." Whenever Yong Bock and I met, it seemed as if we had never been apart.

Yong Bock had a kind of creative genius and he served as a catalyst for change in the world. He coined or redefined many terms: messianic koinonia, zoesophia, oikozoe, to name just a few. Above all was his use of social biography as the foundation for the historical involvement of people in movements of social change. Koreans. Asians. And all who embraced a prophetic ecumenism, not accepting existing social, political and ecclesial arrangements as a given.

I often took my cue from Yong Bock, even though we moved in different directions, and often in different circles. He used to speak of the "Princeton Mafia," which included Fely Carino, K. C. Abraham and Preman Niles and others who were at Princeton Seminary during his time. They, we, maintained con-tact with one another through CCA and the WCC, not to mention the home grown "Korean Mafia" and the ecumenism of change they created.

We had many encounters and conversations over the years, in Asia, Africa, Europe and North America. I remember we were together at a meeting in Chicago to determine global mission priorities for the Presbyterian Church (U.S.A.). I arrived the night before and I went to see Yong Bock in his room. He was busily at work on his computer, and when I asked what he was doing, he said he was working on our final committee report. "But we have not even met yet," I said. "Yes," he replied, "and so we don't have much time." As we met over the next three days, he steered the committee in the direction that we were hoping for.

Once I stayed with Yong bock in his apartment for two weeks at Hanil Seminary, when he was president. It was a relaxing time, and our conversations were more leisurely than they usually were. But they still had the same intensity of purpose as we talked late into the night.

Yong Bock's great idea for the Accra Assembly of the World Alliance of Reformed Churches was the Global Institute of Theology. A group of us first gathered in Geneva, including Volker Kuester, Odair Mateus Pederoso, Priscille Djomhoue, Yong Bock and myself. We drew up the program – Yong Bock was not very good on details, but on big ideas. I became Dean of GIT, and when we met the next year, we had close to 100 students, half from different parts of Africa, and half from other parts of the world. It was a great experience. Everyone will remember that assembly for the "Accra Declaration," which

Yong Bock had a great deal to do with. But the GIT and the Accra mission statement were also significant milestones in which he played a leading role.

Christianity in China became an area of concern for Yong Bock , and he used to tell me that I was his introduction to China. I did introduce him to Bishop Ting, and they had a great deal to share with one another in the few times they were together. Two visionary leaders from different generations, in different contexts, but both with an abiding concern for social change in Christianity.

A few years ago, Yong Bock contacted my daughter Elisabeth (a human rights lawyer) for legal advice on a project to sue the US government for its bombing of Hiroshima and Nagasaki and Nagasaki in World War II. I don't think the project went anywhere, but this was yet another example of his approach to justice and social change.

The last time I saw him was here in Hong Kong. He was here with Marion, and Janice and I invited them for dinner. It was great to see Yong Bock and Marion together. They wanted a spicy Chinese meal and so we took him to one of our favorite Hunan restaurants. As always, we talked about new projects and who we could get to help us change the world. But for a change, we also talked about how we had been together over the years, and the important role played by Margaret Flory in the lives of each one of us.

Yong Bock was always looking beyond the horizon. "The future creates the present out of the past," one of our professors used to say, and Yong Bock was always looking to create that which does not yet exist. He was my close friend for more than 50 years and I miss him each day. But he is now dancing in the Communion of Saints, alongside others who have gone before, where somehow, he continues to push us forward.

There is a Chinese saying, "The trees want calm, but the wind will not subside."(樹欲靜而風不止) Yong Bock was like the inexorable wind, the spirit who kept things moving. Now, rest in peace, dear friend, in the knowledge that your spirit still moves among us. [end]

2022.5.18., Hong Kong

Philip L. Wickeri

전 샌프란시스코신학대학 교수

〈일본에서 전한 고 김용복 박사 조사〉

## 김용복 박사님의 타계를 애도하며

"내가 진실로 진실로 너희에게 이르노니 한 알의 밀이 땅에 떨어져 죽지 아니하
면 한 알 그대로 있고 죽으면 많은 열매를 맺느니라"(요 12:24).

주님의 수난을 생각하게 되는 계절에 존경하는 김용복 박사님의
타계 소식을 듣고 진심으로 애도의 뜻을 표합니다.

2019년 동아시아평화센터 후쿠오카가 출범할 당시 선생님께서는
단체의 비전과 함께 대한예수교장로회 파견의 에큐메니컬 평화선교사
황남덕 목사라는 이곳에서 사용될 그릇을 보내주셨습니다. 이 센터의
활동이 이제 본격적으로 시작되려는 지금, 선생님이 세상을 떠나신 것은
선생님의 기도와 비전이 한 알의 밀이 되어 땅에 떨어지고, 남겨진 우리에
게 풍성한 결실을 맺기 위해서였음을 믿습니다. 하나님께 영광이 있기를
기원합니다.

사와 마사유키
목사, 동아시아평화센터 후쿠오카 이사

## 金容福博士の死を悼んで

「はっきり言っておく。一粒の麦は、地に落ちて死ななければ、一粒のままである。だが、死ねば、多くの実を結ぶ」ヨハネ福音書１２章２４節

　主の受難を覚えるこのときに、尊敬する金容福博士の死去の知らせを受けて心から哀悼の意を表します。

　２０１９年に東アジア平和センター・福岡が発足するにあたり、先生は、そのビジョンと、ファンナムドク先生という、そこで用いられる器を備えてくださいました。同センターの活動がいよいよ本格化し始めようとする今、先生が世を去られたのは、先生の祈りとビジョンが一粒の麦となって地に落ち、残された私たちにおいて豊かな実を結ぶためであったと信じます。神様に栄光がありますように。

　東アジア平和センター・福岡を代表して　理事　澤正幸

우리 일한반핵평화연대 성원들은 김용복 박사의 부고를 접하고 뛰어난 지도자를 잃었음에 실의와 슬픔에 잠겨 있습니다. 하지만 이런 우리를 보고 김용복 박사님이 기뻐하실 리 없겠지요. 우리는 선생님 돌아가신 후의 체제를 다시 가다듬고 앞으로 나아가고자 합니다.

2022년 4월 7일, 후쿠오카에서
기무라 고이치
일한반핵평화연대 대표


　私たち日韓反核平和連帯の者たちは´金容福博士の訃報に接し´優れた指導者を失った失意と悲しみに沈んでいます゚けれども´そのような私たちの状態を容福先生が喜ぶはずがありません゚私たちは先生なき後の体制を整え直して´前進したいと思います゚

2022年 4月 7日 福岡にて
木村公一
日韓反核平和連帯 代表

# 김용복 박사님을 회상하며

　　2016년 10월 25일, 김용복 박사님은 일본 후쿠오카에 있는 세이난학원대학에서 "아시아 민중신학의 오늘의 전개: 공생을 위한 평화에 관한 공통의 전망을 목표로 — 어떻게 여러 신앙/신조의 집합일치(convergence)가 아래로부터의 평화를 만들어 낼 수 있는가"라는 제목의 강연을 해 주셨습니다. 첫머리에서 다음과 같은 "생명의 이야기-narrative-Zoegraphy"를 말씀하시며 자신을 소개하셨습니다.

　　"저의 출생지는 서와 동의 문명 충돌의 역사적 컨텍스트에 있어 민중에 뿌리를 둔 메시아적 불교운동, 즉 소승불교의 문화를 뿌리로 삼고 있습니다. 그곳은 동학농민혁명과 근대 민중의 해방을 위한 저항운동의 중요한 근거지이자 민족자결과 독립의 발상지이기도 했습니다. 그 땅은 제2차 세계대전 때의 일제 치하를 견뎌냈고, 나아가 한국전쟁과 냉전의 격전지이기도 했으며, 오늘날 세계화의 상황 속에서 지금에 이르기까지 계속해서 분열국가로 고착화되어 있는 곳입니다."

　　우리는 동아시아 지식인의 거인이신 김용복 박사님을 잃었습니다. 박사님의 지식은 항상 미국과 러시아의 핵 패권에 의해 지배되고 있는 세계를 향했고, 그 시선은 합천의 피폭자들에게 쏠려 있었습니다. '민중의 신학'을 토대로 사회적 생명학(Zoegraphy, 생명의 이야기)을 확립한 박사님은 "핵 패권, 이것이 반핵평화운동의 중심 문제입니다"라고 거듭해서 우리에게 말씀하셨습니다.

"생명은 'Zoegraphy'의 이야기이며, 모든 생물은 생명의 이야기입니다. 우리는 이것을 '생명의 지혜'라고 부르기로 했습니다. 우리는 생명의 전체적인 이해를 바탕으로 현대 생명의 생물학적 이해, 환원주의를 극복하고자 합니다. 따라서 생명 이야기는 생명사의 해석학적 틀로 확립되어야 합니다."

이처럼 역사를 독특한 사회생물학적 해석학으로 파악한 것입니다. 우리가 이 사상을 얼마나 이해하고 자신의 사상으로 만드는가는 앞으로의 과제라고 생각합니다. 김용복 박사님의 신학적 생명 사상은 언제나 우리의 행보에 대한 물음이자 도전으로 이어질 것입니다.

선생님, 안녕히 가십시오.

기무라 코이치
한일반핵평화연대 공동대표, 목사

# 金容福博士を偲んで

　2016年10月25日、金容福博士は、日本の福岡にある西南学院大学で「アジアにおける民衆神学の今日的展開: 共生のための平和に関する共通の展望に向けて― いかにして諸信仰/信条の集合一致 (convergence)が下からの平和を造りだすことができるか―」と題される講演をしてくださいました。冒頭で次のような「いのちの(na)物語り(rrative)」(Zoegraphy)を語ってご自分を紹介されました。

　私の出生地は、西と東の文明的な衝突の歴史的コンテキストにおいて民衆に根ざしたメシア的仏教運動、すなわち、小乗仏教の文化をルーツになっています。それは東学農民革命と近代における民衆の解放のための抵抗運動の牙城であり、民族自決と独立の発祥の地でもありました。その地は、第二次世界大戦時の日帝支配にも耐え、さらに朝鮮戦争や冷戦の激戦地でもあり、今日のグローバリゼーションの状況の中で、今に至るまで分裂国家が固定化され続けています。

　私たちは、東アジアの「知の巨人」金容福博士を失いました。博士の知は、常に米ロの核覇権によって支配されている世界に向

けられ、その眼差しは、ハプチョンの被爆者たちに注がれていま
した。

　「民衆の神学」を土台として、社会的生命学（Zoegraphy＝いの
ちの物語り）を打ち立てた博士は「核覇権、これが反核平和運動
の中心問題です」と、繰り返し私たちに語っておられました。

　生命は「ゾーグラフィー」の物語であり、すべての生き物はい
のちの物語です。私たちはこれを「ゾーソフィア（生命の知恵）」
と呼ぶことにしました。私たちは、生命の全体的な理解に基づい
て、現代の生命の生物学的理解の還元主義を克服しようとして
います。したがって、生命の物語は、生命史の解釈学的枠組みとし
て確立されるべきである。

　として、歴史をユニークな『社会生物学的解釈学』として捉え
たのでした。私たちがこの思想をどれだけ理解し、自らの思想に
できたかは、今後の課題であると思います。金容福博士の神学的
生命思想は、つねに私たちの歩みへの問いかけであり、挑戦であ
り続けるでしょう。先生、さようなら。Ω

木村公一

牧師, 日韓反核平和連帯 共同代表

# 고 김용복 박사님에 대한 회고

박혜경

대만 장영대학교 신학과 부교수

아시아에서 신학 관련 회의나 세미나를 참석할 기회가 종종 있었다. 그때마다 한국 사람이라고 필자를 소개하면, 김용복 박사님을 알고 있냐는 질문을 받곤 했다. "성함은 익히 알지만 저는 학교에서 김 박사님의 강의를 들은 적이 없어요"가 필자의 첫 대답이었다. 현재 필자가 재직중인 대만 장영대학교에서도 이 질문은 예외가 아니다. 특별히 장영대학교에서 부총장을 역임하신 황포호 교수님은 김용복 박사님과 각별히 친하셨다. 2012년 황 교수님을 처음 만났을 때 황 교수님이 한국의 저명한 신학자들을 필자보다 더 많이 알고 있다는 점에서 한 번 놀랐고, 그중에서도 김용복 박사님을 잘 알고 계신다는 점에서 두 번 놀랐다. 김용복 박사님께서 아시아 신학 정립을 위해 수고하셨고, 저변 확대에 전념하셨기에 당연한 결과일 것이다.

　김 박사님에 대한 개인적인 회고는 1992년경으로 시계를 되돌린다. 30년이 넘게 지난 이야기를 얼마나 다시 회고할 수 있을까? 당시 대학원을 졸업하고 진로에 대해 기도하던 중 한일장신대학교의 아시아 신학자들을 위한 프로그램의 진행 요원으로 참여하게 되었다. 필리핀, 홍콩,

인도네시아 등지에서 오는 참석자들을 김포공항에서 학교까지 안내했고, 프로그램의 진행을 도왔다. 김 박사님을 그때 처음 뵈었다. 이전에는 김 박사님에 대한 명성만 듣고 있었을 뿐이었다.

당시 필자는 임시로 투입된 조교와 같았기에 김 박사님을 직접 뵐 기회는 많지 않았다. 일반인이라면 사회 초년생과 같은 나에게 아시아 신학 학술대회는 두 가지 특별한 의미가 있었는데, 신학의 장이 목회적 관점까지 포괄해야 한다는 점과 한국의 신학이 아시아와 연대하는 신학으로 발전해야 한다는 점에서 말이다. 신학이란 신앙이 기반된 학문이기에 교회라는 목회의 장도 무시할 수 없다. 그리고 신학은 그 발상이 서양에서 시작되었다는 학문적 특성상, 한국에만 머무를 수 없어 서구 전통을 따르기 마련이었다. 그래서 아시아 신학과 교회를 포괄해야만 기독교 역사와 하나님의 섭리를 조금이나마 깨닫게 됨을 인지하게 되었다.

그런 의미에서 김 박사님께서 기획하신 학술대회에서 아시아 신학자들과 목사님들을 만날 수 있어 감사했다. 그 당시만 해도 아시아 사람들이 한국을 많이 방문하던 때가 아니었기에 그들과의 조우는 나에게 새로운 도전이며 축복이었다. 현재 대만에서 신학을 가르치고 있는 필자에겐 당시 학술대회 참여는 유의미하다.

아시아를 강조하신 이유는 어디에 있을까? 김 박사님은 서양 교회의 전통적인 가르침이 지닌 한계를 강조하셨는데 제3세계의 상황을 전혀 알지 못하기 때문이라고 지적하셨다. 제3세계 교회들이 반드시 다뤄야 할 정치적 권력 상황의 중요성을 서양 교회는 발굴해 내지 못한다는 것이다. 따라서 아시아와 아프리카 교회들은 문화와 종교 면에서 소수 그룹임을 인지하고 스스로 교회의 의미를 발견해야 한다는 것이다. 김 박사님에 의하면, 아시아 교회들은 서구 기독교 권위에서 존재하는 것이 아니라 '적대적' 분위기에서 존재한다.1 적대적이라는 말씀은 아시아의 전통과 문화에 기인한 종교들을 배척하는 기독교 선교 전통의 기본적 이해에서 기인한 것으로 보인다. 김 박사님은 선교 참여와 복음에 대한 교회의 증인으로서 교회는 제3세계가 직면한 문제들을 다뤄야 한다고 주장하신다. 이런 김 박사님의 아시아 교회에 대한 선교적 사명은 아시아 신학 학술대회를 개최하게 만드는 버팀목이 되었고, 연대의 장을 만들어 서로 소통하도록 돕는 것이다. 필자 또한 여기에 참여하면서 아시아 신학의 눈을 넓히는 혜택을 입었다. 기독교 신학의 뿌리로 따지자면 서양 신학을 공부하고 접해야 하는 것이 마땅하다. 그러나 서양 신학 역시 교회와 학계의 권위자들이 자신들의 정황과 관심사에 기반해서 발전한 것이다. 스스로 지닌 사회적 상황, 삶의 자리에서 일어나는 이야기가 소중할 것이다.

그래서 당시 필자에게 일어났던 이야기를 잠깐 소개하자고 한다. 영어로 진행된 프로그램에 처음 참석하였다. 이들과 대화는 어떻게 할 것인가? 식사 시간이 되었다. 누군가 나에게 질문을 하였는데 도저히 알아들 수 없었다. 내가 할 수 있는 답은 "I'm sorry. I'm sorry" 뿐이었다. 그것도 아주 큰 소리로 미안하다고 대답했다. 그때 누군가 박장대소하면서 웃었다. 알아듣지 못하는 미안한 마음이 다소 전달된 것일까? 아무래도 내 대답은 소위 말하는 아이스브레이킹 시간이 되었고, 서로가 안면을 틀 수 있는 기회가 되었다. 김 박사님께서 주최하신 아시아 신학 학술대회

---

1 Yong-Bok Kim, "The Christian Churches' Response to the Principalities and Powers," in Religion Online, 2023년 2월 26일 접속, https://www.religion-online.org/article/the-christian-churches-response-to-the-principalities-and-powers/.

는 내용상으로 신학적인 학문적 대화가 오고 갔으며, 나에게는 글로벌한 상황을 접하는 첫 번 기회가 되었다. 한국어가 아닌 언어로 대화를 이어 간다고 하는 것이 아시아 신학의 연대를 위한 기초가 되었다.

언어적 소통 이외에 문화적인 교류도 연대를 위한 주요 주제일 것이다. 또 다른 일화를 소개하자면, 전주에서 프로그램이 마감되면서 참가자들은 서울로 올라와 귀국을 준비하는 와중에 나는 특별히 인도네시아 여성 목사님들과 시간을 보내게 되었다. 당시엔 감리교와 한국기독교장로회에서는 여성 목사님들이 있었지만, 다른 많은 교단에서는 여성 안수가 허용되지 않았다. 인도네시아에서 오신 여성 목사님들은 누구보다 당당하셨고, 한국에서의 모임에 즐겁게 적극적으로 참여하였다. 그분들과 신학 이외에 문화적 교류로 특별히 음식에 관한 교류를 잠깐이나마 할 수 있어 감사했다. 여성 목사님들은 한국 음식을 대체로 좋아했는데, 그 이유는 바로 인도네시아에서도 매운맛을 즐기고, 매콤한 양념을 사용하기 때문이었다. 현재 대만에서도 인도네시아 학생들을 가르치고 있는데, 매운맛을 좋아하는 음식 취향으로 학생들과 친밀하게 교류할 수 있다. 연대라는 것은 바로 서로 알아가고 공유하는 것에서 출발할 것이다. 음식만큼 서로 교류하기 좋은 문화는 없을 것이다.

아시아 여성들에게는 학문적 공감도와 실천적 연대가 요청될 것이다. 김 박사님께서는 1989년에 "정의와 평화 그리고 창조의 보전"이라는 주제에 대해 아시아 관점으로 글을 쓰시면서 아시아 여성 노동자들의 이야기를 언급하셨다.[2] 아시아 여성 노동자들은 끝없는 고통에 시달리

---

2 Yong "Justice, Peace and Integrity of Creation: An Asian Perspective," in Religion Online, 2023년 2월 26일 접속, https://www.religion-online.org/article/justice-peace-and-integrity-of-creation-an-asian-perspective/

고 있는데, 가난한 가정에서 태어나 섬유나 전자 산업 현장에서 몇 년간 일하다 건강이 악화된다. 그러면 이들은 아무런 보상도 받지 못하고 해고되어 빚을 떠안고, 나쁜 예로 결국엔 매춘까지 한다는 것이다. 육체적으로 병들어 인권이 무너진 채 산다. 김 박사님은 특별히 이런 아시아 여성 노동자들의 삶을 소개하시면서 정의가 사라진 테크노크라시 사회의 병폐를 지적하셨다. 노동 현장에서 여성 노동자들의 인권 박탈과 희생은 30년이 지난 오늘에도 일어난다. 2022년 10월 SPC 제빵 공장에서 일어난 소녀 가장의 사망 소식이 우리를 안타깝게 하는데, 아시아 여성들의 척박한 삶과 죽음을 언제까지 계속될 것인가? 아시아 신학의 발전을 위해 연대는 계속되어야 할 것이다.

2014년 9월 대만에서 김 박사님을 뵈었다. 프로그램을 위해 대만에 방문하셨고, 당시 장영대학교 학생들에게 특강을 하셨다. 김 박사님은 '氣'자를 칠판에 한자로 쓰시면서 강의를 시작하였다. 학생들은 한국에서 오신 교수님의 '기'의 의미가 무엇인지 어리둥절하면서 강의를 듣기 시작했다. 시간이 지날수록 '기'를 기독교인의 영성과 생명 담론으로 연결하셨던 것으로 기억한다. 김 박사님께서 이미 오랫동안 연구하시고 강의하셨던 생명학이라는 논제도 대만 학생들에게 중요한 주제가 되기에, 새로운 관점의 신학을 접하기에 충분했다. 안타깝게도 김 박사님의 전체 강의 자료는 지금 남아 있지 않다.

그래서 나는 근래에 유튜브에 올라와 있는 박사님의 생명학에 대한 대담을 다시 경청하면서 2014년에 하신 말씀을 좀 더 기억해냈다. 에큐메니컬 신학은 신학적 담론을 사회적 프레임에서 생명의 프레임으로 전환되어야 함을 강조하셨다. 성서나 세계사를 읽으면서 하나님의 창조의 질서와 생명의 의미를 연구하고, 이를 보장해야 한다. 예수님의 메시아적 정치는 생명 정치학임을 학위논문에서 다루셨다고 한다. 특별히 사람들만의 생명이 아닌 전 생태계까지 아우르는 시대의 좌표로 생명을 말씀하셨다. 동물, 식물, 미생물, 인간이 지닌 생명 중심의 생태적 담론을 다루고, 코로나 팬데믹과 지구 온난화에 대한 생태 위기를 지적하셨다. 생명의 영성, 생명의 주체성을 찾아야 함을 강조하셨다. 그리고 한반도에 살고 있는 신학자들은 이미 생명 DNA를 가지고 있다는 말씀은 참으로 귀하다.

김 박사님과의 1992년, 2014년 두 번의 만남에 대한 이야기로 얼마나 김 박사님을 이해하고 회고할 수 있을 지는 의문이다. 다만 김 박사님 스스로 발전시키신 신학 담론의 여정에 참여할 수 있었음에 감사한다. 첫 번째 만남에서는 김 박사님의 사회 정치적 담론을 아시아 관점에서 배울 수 있었고, 두 번째 만남에서는 생명학이라는 신학 담론을 접할 수 있었다. 그렇게 김 박사님은 필자에게 아시아적 신학의 지평을 넓혀주셨고, 신학이 지녀야 할 생명 담론의 중요성을 알려주셨다. 신학 공부를 하던 학교에서 김 박사님을 뵌 적은 없지만, 신학 프로그램 진행을 도우면서 그리고 대만에서 학생들을 위한 특강을 하신 김 박사님을 통해서 아시아 신학의 중요성과 방향성을 배웠다. 진정한 스승은 교실에서만 가르치지 않는다.

6부

# 김용복의 글 모음

# 호남 기독교의 역사적·사회적 성격*

## I. 서론

우리는 호남기독교 (개신교) 백년사를 회고하게 되었다. 이것은 동시에 미 남장로교선교 백주년을 의미한다. 다시 말하면 우리는 미남장로교 선교활동을 호남기독교 백년사의 출발로 간주하면서 호남 기독교의 역사적 전개를 회고하고 기념하고자 하는 것이다. 미국 남장로교 선교사들이 호남 땅에 뿌린 복음의 씨가 어떻게 자랐으며, 어떠한 열매를 맺어가는가 하는 것을 역사적으로 살피는 것이 이 글의 취지이다. 자료의 불충분으로 이 문제를 십분 다룰 수는 없으나 문제의 윤곽을 잡는 것이 이 글의 직접적인 목표이다.

호남의 기독교는 두 개의 핵을 중심으로 엮어진다. 하나는 선교사들이 전한 복음이요, 이것은 선교교회(Mission Church)를 중심으로 하여 전파되었고, 또 하나는 민족운동이었다. 이것은 진취적인 기독교 지도

---

* 김용복, "호남기독교의 역사적·사회적 성격," 대한예수교장로회총회 총무 주계명·미국남
  장로교한국선교100주년기념대회 대회장 정복량 편, 『미국남장로교 한국선교100주년
  기념대회 보고서』 (서울: 한국장로교출판사, 1993), 119-135.

자들에 의하여 유지되었다. 이 두 핵 사이에 때론 긴장도 있었고, 충돌도 있었다. 일찍이 「朝鮮예수長老敎會史記」는 호남에 기독교복음이 선포된 의의를 역사 사회적으로 다음과 같이 기록하고 있다.

"호남은 토지가 비옥하고 기후가 온화하여 수륙의 물산이 풍부하고 인민의 생활이 饒足[요족]하여 낙토라 可謂[가위]할지라. 然而[연이]나 차세 인간에는 완전한 幸福地[행복지]라 하느니라. 당시 탐관의 학정에 驅逐[구축]되는 窮部殘民[궁부잔민]이 聊生[료생]을 부득하야 인정이 극도로 嗷嗷[오오]할 제에 구속의 복음이 선전되어 陰崖[음애]에서 신음하던 殘民[잔민]을 소생하게 되었나니 …"[1]

일찍이 17세기 초 천주교가 한국에 전래하여 왔을 때부터 18세기 말까지 조선 사회 안에 천주교 신앙 공동체가 교우회(敎友會)라는 이름으로 형성되어 왔었다. 이 공동체는 조선사회의 이데올로기인 주자학에 도전하고 반상의 사회질서에도 도전하였었다. 이런 과정에서 천주교교우회는 사도(邪道)로 규정되고, 사회질서를 교란하고 심지어는 대역(大逆)의 죄를 뒤집어 씌워 탄압하였던 것이다. 이러한 사건이 최초에 전라지역에서 일어났다는 것은 결코 우연의 일치는 아니다.[2]

천주교의 탄압은 조선사회의 소외된 양반계층과 억압된 민중 사이에서 펴져 가는 새로운 종교 신앙과 가치관에 대한 탄압이었음을 감안한다

---

1 한국교회사학회 편, 『朝鮮예수敎長老會史記 下卷』 (서울: 연세대학교출판부, 1968), 163.
2 주명준, "전라도의 천주교 수용 - 1784년에서 1801년까지," 「전북사학」 제3집(1979): 179-224. 저자 주명준은 이 석사논문을 심화하고 확대 연구하여 다음 책으로 출판하였다. 주명준, 『천주교의 전라도 전래』 (서울: 탐구당, 1998).

면 더욱 중요한 의미를 가질 수도 있다. 조정의 권세를 가진 자들이 천주교회에 대한 태도를 그대로 개신교에 대하여서도 가지게 되었으며, 동학과 서학의 사회적 교설은 지극히 유사한 점이 있음을 감안할 때 호남의 기독교가 호남의 역사 특히 사회사 속에서 어떻게 뿌리내렸는가 하는 것을 묻는 것은 중요한 질문일 수 있다.

## II. 호남 사회의 시대적 상황

동학농민혁명 직전의 호남은 삼정이 극도로 문란하고 관직은 공인탈취기관으로 전락하였으며, 이에 따라 백성들의 삶은 심히 어렵게 되었다. 국제적 상황으로 보면 영국은 이미 중국을 반식민지화하였고, 일본은 조선반도에 대한 개항을 강요하였으며 소련이나 중국보다도 유리한 입지에 처하여 있었다. 이러한 차원에서 보면 사회혁명세력인 동학이나 서학의 세력은 근본적으로 일본세력에 대하여 저항적인 성격을 가질 수밖에 없었다.

종교 · 문화적 상황으로 보면, 기성의 유교는 정치이데올로기의 위기적 상황이었으며 민중 · 종교적 차원에서 동학을 비롯하여 불교 · 도교 · 무교 그리고 심지어는 천주교도 조선민중의 사회적 열망과 밀접한 관계를 가지고 재활(revitalization)의 운동들이 일어나고 있는 상황이었다. 기독교가 대외적으로는 천주교의 위치를 차지하면서 전래되었으며, 사회적으로는 동학의 사회적 지위와 같은 입지를 차지하게 되었다.

호남인의 사회의식으로 권위에 대한 특유의 저항정신을 지적할 수 있다. 무엇보다도 백제의 패망과 신라에 의한 삼국통일은 이 지방 사회의

식의 형성에 중요한 역사적 조건이 되었다. 통일신라의 백제유민에 대한 경제정책은 실로 끈질긴 것이었으며, 고려 태조의 유훈팔조(遺訓八條)에도 호남인의 등용을 견제하고 있었으며, 이것은 조선왕조에서도 계속 되었던 경향이었다. 이러한 과정에서 민중 속에 뿌리박힌 불평은 권세에 대한 저항정신으로 발전하였고, 이것은 한국근대사에 있어서 민중 운동으로 표출되기도 하였으니 이것이 곧 동학농민혁명운동이었다. 춘향전의 문화적 표현이나 줄기찬 의병운동 역시 호남의 저항정신을 보여 주는 것이었다.3 불교도 역사적 종말론의 성격을 띠고 문화예술도 서민적 색채를 짙게 풍긴다. 이러한 호남인의 사회의식은 빈번하게 중앙 과 외세의 권력에 의한 가혹한 탄압으로 이어졌다. 동학농민군의 진압을 비롯하여 1909년 의병의 진압, 일제의 독립운동에 대한 탄압 그리고 분단시대 이후에 일어난 빈번한 비극들은 위에 설명한 사회역사적 배경 과 밀접한 관계를 가지게 되었다.

## III. 호남 개신교의 전사

역사를 돌이켜 보면 미국 남장로교의 호남 선교활동은 과거 호남에 있었던 기독교 전통의 후속이기도 하다. 개신교 역사만 하더라도 일찍이 19세기 초에 중국으로부터 성경이 군산을 통하여 호남지역에 먼저 전하 여졌다.4 군산만 북편의 창선도에 구출라프가 전교(1831년 경)하고

---

3 정득규, "호남지방인의 정치의식 구조의 특질," 「지역사회개발연구」 4권 1호(1972), 1-24.
4 김수진·한인수, 『한국기독교회사: 호남편』 (서울: 범륜사, 1980), 75-76.

주기도문을 번역하였다고 한다. 이 시기는 이미 조선권력체제의 위정척
사정책으로 기독교에 대한 강한 탄압을 가하던 상황이었다.

그보다 앞서서는 경교가 삼국시대 이전부터 한반도에 전래되었던
흔적이 있고 이미 천주교인들이 기독교신앙을 깊이 실천하였였고, 순교
의 역사까지 이루기도 하였다. 그러나 본격적인 기독교복음의 선포는
미국 남장로교 선교사들이 호남지역에 진입하면서부터 이루어졌다.
기독교의 '기운'은 천주교의 영향을 받은 실학과 동학을 통하여서도 호남
의 들에 번져 있었다.

19세기 말엽, 민족사회의 근저가 근본적으로 흔들리고 백성이 심한
도탄에 빠져 허덕이고 있는 상황에 예수 그리스도의 복음은 개신교
선교사들 특히 미남장로교 선교사들에 의하여 빛이 어두움을 뚫고 비쳐
오듯 민족사의 심장부에 압도하여 왔으며, 호남의 벌판에 퍼지게 되었
다. 실로 민족의 운명이 풍전등화에 처해 있을 때 희망의 등불을 켜
준 것이 기독교복음의 메시지였다. 이 빛은 드디어 호남벌판을 새로운
역사의 장으로 만들어 놓은 것이다.

한반도에서도 호남은 한국의 갈릴리였다. 1892년에 한국에 상륙한
남장로교 선교사들은 동학혁명농민의 전야에 흑암에서 헤매는 호남민
에게 복음의 횃불을 들고 전주로, 군산으로, 광주로, 순천으로 달려왔던
것이다. 이 선교사들은 하나님의 섭리에 의하여 호남민의 영혼을 구원하
기 위하여 복음의 메시지를 선포하러 온 것이다. 그들은 거칠고 험난한
호남의 역사적 벌판에서 숱한 고생을 하면서 희생과 헌신의 신앙과
사랑으로 복음 선포의 임무를 감당하게 된 것이다. 이들은 진정으로
복음의 메신저였다.

호남은 일찍이 많은 피가 뿌려진 수난의 지역이었다. 호남민에 대한

학정은 그 어느 곳보다도 심하였고, 이에 저항하여 일어난 동학농민혁명은 무자비하게 진압되었고, 이런 진압은 호남민의 가슴속에 깊은 상처로 남았을 뿐 아니라 지속적인 탄압으로 계속되었다. 일제는 1909년 의병 진압 과정에서도 호남민에 대하여서는 철저하게 탄압하였다. 더구나 호남은 이 민족의 곡창이었기에 역설적으로 조선시대나 일제시대에 그리고 그 어느 때에도 더 많은 착취와 억압과 학대를 받아 왔던 것이다. 이것이 호남민의 역사이다.

## IV. 민족사와 복음의 수용형태

### 1. 동학농민혁명운동 - 청일전쟁과 기독교 전래

기독교의 복음과 조선 후기의 사회적 열망과의 적극적 관계를 우리는 동학혁명운동과 기독교에서도 발견할 수 있다. 동학도들은 조선지배체제와 같이 기독교를 서학으로 규정하였다. 그러나 동학도들은 천주라는 기독교적 단어와 종말론적 역사관을 가진 민족민중 종교로서 기독교의 사회적 성격에 매력을 느꼈으며 기독교는 동학과 함께 제국주의적 누명을 극복하면서 민족주의적 성격을 확보하게 되었다. 그리하여 민족운동의 대열에 함께 서게 되었다. 선교사들에게는 이러한 한국내지는 호남 기독교의 성격을 경계하면서 때로는 교리적 제재를 가하여 그들 나름대로의 순수한 교리를 지키려고 하였다. 선교사들은 그들이 심은 기독교의 모습이 한국의 민족사회라는 토양에서 토착 성숙되기를 희망하기보다는 그들이 심은 그대로의 기독교가 복사되도록 원하였다. 그러나 호남의 기독교는 서북의 기독교나 서울의 기독교 또는 영남의 기독교와는 달리 고유한 성격을 지니면서 호남의 토양에 뿌리를 내리게 되었다.

호남에 기독교가 본격적으로 전교된 것은 동학군이 진압되면서였다. 청일전쟁 당시 그리고 그 이후 조정은 동학군 진압에 있어서 강경책을 단행하였다. 동학도들은 처음에는 서교로 오인되어 조정의 탄압을 받고 동학창시자인 최제우가 처형되는 데까지 이르렀다. 동학은 스스로 서학과 구분하였다. 그러나 막상 동학도들이 강경진압의 대상이 되자, 전주·옥구·임피·함열 등지에서 예수교의 이름 밑에서 탄압을 면하려고 하였다. 그리하여 탄압을 받은 사람들이 기독교를 통하여 억압을 피하려고 하였다. 청일전쟁으로 인한 사회적 불안과 조정의 탄압은 민으로 하여금 피난처를 희구하게 하고, 기독교 복음의 신도의 계기를 마련하였다.[5]

전주의 최초의 신자들의 신앙적 사회전기를 조사하여 보면 그들은 사회적 소외와 가부장적 억압의 굴레에서 벗어나는 갈을 기독교에서 찾았다. 최초로 세례 받은 유씨 부인의 개종은 아들을 낳지 못하고 심한 학대를 받아오던 상황 속에서 기독교 복음을 받아들여 이루어졌고, 그랬기에 그녀의 신앙생활을 단절시키기 위하여 계속되는 남편과 가족의 심한 학대도 극복하면서 신앙을 유지할 수 있었다. 사실 유교적 가부장제 체제는 기독교 복음의 확산에 막강한 장벽이기도 하였다. 그러나 이러한 가부장적 억압은 여성들을 기독교 복음을 갈구하게 하는 역설적 결과를 낳게도 하였다.[6]

---

5 「독립신문」(1896.9.24.)

## 2. 노일전쟁과 을사보호조약과 기독교 복음

노일전쟁은 청일전쟁과 같이 사회적 혼란과 불안을 극도에 이르게 하였고, 동시에 을사보호조약은 민족의 멸망이라는 비운을 통감케 하여 많은 의병과 애국지사의 순사(殉死)를 자아내었다. 이러한 역사적 맥락 속에서 기초를 잡아오던 기독교공동체는 민족의 운명을 위하여 하나님께 호소하는 제단으로 화하였다. 이것이 당시 전국을 휩쓸었던 부흥의 불길이었다. 이 불길은 호남에도 큰 영향을 주었다.7 이 시기에 호남의 민중들은 소망과 안식처를 찾기 위하여 복음을 받으려고 교회에 쇄도하여 왔다. 이 시기(1903-1910)에 세례교인의 수가 21배로, 교인 총수는 20배로 늘어났다고 한다. 특히 전북지방에 교인들의 수가 신속하게 늘어난 것은 민족의 사회역사적 조건과 민족의 열망과 복음의 수용에 유기적인 관계가 있다고 설명할 수 있을 것이다. "교회는 이미 민족주의와 동일 방향을 취하는 애국적 정경을 더욱 확고히 취하고 있었고 … 러시아·일본 등 강대국 특히 일제의 노골화된 침략정책으로 인한 민중의 정신적 방향에 대하여 교회는 따스한 안식처가 되어 줄 수 있었기 때문에 교회의 문을 두드리는 자들이 날로 늘어갔던 것이다."8 라는 해석은 일리가 있다.

---

6 김수진·한인수, 『한국기독교회사: 호남편』, 111.

7 위의 책, 141.

8 위의 책, 167.

## 3. 민족교회운동의 경향

호남의 교회운동은 한국교회 어느 지역보다 진취적인 성격을 가지고 있었다. 우선 그 지도자들은 민족사회운동에 깊이 개입하였을 뿐 아니라 교회의 성격은 선교사들의 신학적·교회적 지배를 벗어나려는 운동으로 전개하였다. 이런 움직임은 여러 가지 형태를 가졌으나 첫째는, 기존의 교회형태 속에서 자립자유를 실현하려 하는 경향이었고 둘째는, 독립된 민족교회를 세우려는 경향에서였다. 이 경향은 일부 선교사들의 보수 근본주의적 신학과 교회패권주의에 대한 불만이었고, 더 나아가서는 선교사들의 정치적 중립에 대한 불만이었다. 선교사들이 지배하던 교권은 이러한 민족교회적 움직임을 이단으로 규정하여 처리하는 방식을 취하기도 하였었다.[9]

오늘 호남의 기독교를 전체적인 틀로 볼 때, 이러한 두 경향이 존재함을 알 수 있다. 불행하게도 이러한 경향은 상호배타적인 것으로 이해되고 있으며, 해방 이후 호남기독교는 그 어느 지역보다도 교회분열의 타격을 심히 받았다. 외부 분열세력이 아니었더라면 그리고 지도력의 결합이 좀 더 강했더라면 호남기독교회는 이런 양면적 경향을 조화와 균형을 보유하면서 역동적인 기독교가 되었을 것이다.

---

9 자유교회 논란이나 적극신앙운동의 호응이 파다한 사실은 호남기독교의 한 측면을 보여주기도 한다.

## V. 호남기독교의 민족 선교적 성격

### 1. 기독교와 민족교육

호남기독교의 교육사업은 다른 지역보다 늦게 시작하여 1905년 이후에 시작되었다. 이후에 선교사들이 시행한 교육은 기독교인들의 자녀교육의 성격을 띠거나 전도를 위한 수단으로서 교육사업을 시작하였다. 그러나 1905년 민족의 상황은 민족멸망의 위기를 통감하는 상황이었기에 기독교 교육사업은 민족교육적인 성격을 디지 않을 수 없었다. 이러한 민족교육적 성격은 학교교육에서만 나타난 것이 아니라 교회교육에서도 표출되게 되었다. 기독교사학이 어떻게 민족사학이 되었는가 하는 것은 단적으로 기독교학교들이 어떻게 3·1운동과 같은 민족운동에 참여하였고, 민족운동의 지도자들이 얼마나 기독교학교에서 훈련되어 나왔는가 하는 것을 보면 쉽게 알 수 있다. 이러한 역사적 환경 속에서 사는 호남민 속에 뿌려진 복음의 씨는 진취적이고 민족의식이 가득 찬 출중한 기독교 지도자들을 육성하였다.

한일합병 직후 호남에서 "대체로 교회는 제자리걸음을 하고 있던 시기였다. 교회성장이 이처럼 침체된 원인은 이미 앞에서 지적한 바와 같이 정치적 좌절과 자유교회의 소요 이외에도 경제적인 파탄이 큰 역할을 했다고 지적할 수 있다. 일제의 경제적 수탈정책에 희생되어 만주·시베리아·일본 등지로 이민을 떠났던 사람들 중에는 교인들의 수효가 적지 않았던 것이다."10

---

10 김수진 · 한인수, 『한국기독교회사: 호남편』, 207-208.

이 시기에는 사경회를 비롯하여 활발한 주일학교운동과 장막전도운동이 특이하였다. 일제의 종교정책은 기독교회의 비민족화를 꾀하여 조합교회를 이 지역에 침투시켰다. 그리고 민족교육의 아성이었던 기독교 학교들을 본격적으로 탄압하기 시작하였다. 1915년부터 기독교학교의 교과과정을 통제하기 시작하여 황국신민교육정책을 시행하였고, 민족교육적 색채를 띤 종교교육과 종교의식을 배제하기 시작하였다. 더구나 기독교사학은 경제난에 몹시 시달리기 시작하였다. 피나는 노력으로써 교회의 헌금, 학생들의 노동실습으로 경제적 난관을 극복하면서 복음에 근거한 민족교육의 맥을 이어가기에 전력하였던 것이다.

## 2. 민족 치유의 선교

한국기독교는 병든 자들을 치유하여 신체적으로 온전케 하는 활동을 통하여, 복음의 씨를 사람들의 가슴속에 심었다. 치유사업은 단순한 의료 활동이 아니라 그리스도의 희생적 사랑을 실천함으로써 환자들의 가슴속에 자애(慈愛)와 신앙의 씨를 뿌리는 일이었다. 환자들 중에는 많은 사람들이 기독교로 개종하게 된 것이었다. 선교사들은 병원을 통하여 인간의 질병을 치유하고 병든 민중을 사랑하는 자비를 베풀었다. 그러나 우리의 기독교인들은 복음은 그 자체가 치유의 복음으로 그리고 치유는 예수님의 핵심적인 복음적 요소요, 동시에 성경은 하나님의 나라의 구체적 실천이 치유활동이라는 사실을 터득하게 되었다. 선교사들에게는 육체적 치유는 전도의 수단이요, 동시에 자비를 베푸는 자선사업의 일환이었다. 그러나 우리의 신도들은 육체와 영혼의 치유를 분리하지 않는 경향이 있었다. 더 나아가서는 민족의 치유라는 정치사회적 의미를 가지게 되었다. 왜냐하면 병원에서 종사하는 조선인 신자들은 모두 민족적 신앙을 가지고 치유사업에 종사하였기 때문이다.


## VI. 민족 사회운동과 호남 기독교

### 1. 호남의 3.1운동과 기독교

전라도 지방은 과거 동학란의 실패와 1909년에 있었던 남한대토벌작전 등 겹치는 대탄압과 학살로 인하여, 민족운동의 중심 세력과 인물들이 대부분 제거당했기 때문에 이 운동에 [제거당하기 이전에] 직접, 간접으로 큰 영향을 주었음이 분명하다. 그러나 이 운동의 호남지역 주동은 기독교였고, 이 운동의 주역은 기독교학교 학생들과 한국인 교사들이었다. 그들은 모두 "우리들은 하나님의 도우심으로 조선의 독립을 기도하였으니 몸은 비록 어떻게 되든 독립운동은 결코 중지할 수 없다."[11]는 민족의식을 가지고 독립운동에 투신하였던 것이다.

군산의 영명학교, 전주의 기전과 신흥학교, 광주의 수피아여학교와 숭일학교, 목포의 영흥학교와 정명여학교 등의 교사와 학생들이 독립만세운동에 참여하였다. 목사로서는 전주의 김인전 목사, 광주의 김필수 목사, 목포의 이경필 목사 등이 주동이 되었다. 수많은 평신도들이 대거 독립운동에 참여하였다. 호남의 여타 지역에서도 교회들이 중심이 되어

---

11 기전 70년사 편찬위원회, 『기전 70년사』 (서울: 공화출판사, 1974), 242.

독립만세운동을 전개하였다. 기독교학교들의 3·1 운동 참여는 기독교 학교의 급격한 팽창을 가져왔으며, 3·1 운동 이후에 학생들이 배가하는 현상을 보여 주었다. 이것은 기독교 교육사업과 민족교육의 접목현상에서 일어나는 필연적 결과라고 하겠다.

> "그리스도에 대한 믿음밖에는 그 어떤 무기도 손에 가지고 있지 않았던 신자들이 과감히 그리고 추호의 두려움도 없이 일본 헌병들과 경찰들에 맞서서 하나님의 의의 실현을 소리 높여 외치고, 조국의 자주독립을 부르짖었을 때, 이를 지켜보며 동조했던 민중들의 가슴속에는 왠지 모를 이상한 파문이 일어났던 것이다. 민중들은 기독교인들로 하여금 저런 순수한 애국적 행위를 가능하게끔 해주는 그 힘의 원천이 무엇인가를 알고 싶었던 것이다. 많은 새 신자들이 교회로 쇄도해 들어왔고, 이전에 교회를 떠났던 신자들도 모두 돌아왔다. 교회는 다시금 민중의 존경과 신뢰를 회복하게 된 것이다."[12]

## 2. 기독교청년학생운동

1920년대에 청년운동의 활성화를 보았다. 청년면려회가 개교회에 조직되고 농촌개발 및 계몽활동을 격려하였다. 이 시기는 현대과학과 진보적 사회사상이 횡행하던 시기여서, 특히 청년들의 지도가 강조되었었다. '기독교와 사회'와 같은 제목이 중심적인 관심거리였다. 가령 전북 노회가 청년들을 지도하기 위하여 '사회부'를 설치한 것으로 보아 (1925) 당시의 상황을 가늠할 수 있다. 도시에서는 남녀 기독청년이

---

12 김수진·한인수, 『한국기독교회사: 호남편』, 248-49.

전국적으로 활동하고 있어서 물산장려운동과 일본상품불매운동, 생활개선운동과 금주금연운동 등을 전개하였다.

독신전도단사건도 이러한 맥락에서 이해해야 할 것이다. "독신으로 농촌에 파고들어가서 밤이면 부녀자들을 모아 야학교사가 되고, 낮이면 취학하지 못한 무산아동을 가르치는 교사가 되고, 일요일이면 예배당에서 설교하는 전도자가 되고, 협동조합을 조직하여 추곡, 하맥 및 농촌자금의 융통을 도모하고, 소비조합을 조직하여 농촌물자를 공동구입, 분배하는 사무원이 되고, 양돈 양계법을 선전하여 부업을 장려하고 간이한 약품을 준비하여 병자를 치료하여 주는 의사가 되는 등, 문자 그대로 희생적 봉사인 동시에 그리스도의 '소경을 눈뜨게 하고, 굶는 자에게 먹을 것을 주고, 병자를 낫게 하고, 가난한 자에게 복음을 전하시던' 자취를 따르게 되었다. 이러한 흐름은 청년들의 강열한 신앙과 사회적 관심을 표현하고 있다.

호남 기독교운동의 특징이면서 한국교회의 특징은 청년학생운동이었다. 3·1운동에 참여한 기독인은 거의가 청년학생들이었고, 1920년대 초에는 일제의 문화정책에 의하여 이념적·문화적 혼란에도 불구하고 호남의 청년들이 대거 교회에 몰려드는 호남의 오순절을 이루었었다. 민족의 염원에 호응하는 기독교에 호남의 청년들이 호감을 가지고 있었던 것이다. 기독교학교에 다니는 학생들이나 교회 안에 있는 조직된 청년들은 한 편으로는 신앙운동을 또 한 편으로는 민족사회운동을 전개하였다. 이러한 현실은 물론 호남의 기독교지도자들이 민족신앙의 형태를 가지고 젊은이들을 지도하였기에 이루어진 것이었다.

## 3. 여성해방과 기독교

호남은 한국장로교 교회여성운동의 본산지이다. 1918년부터 전주에서 [선교회]여자성경학교를 열고 여성에게 성경을 가르쳐 교회와 사회를 봉사하는 지도자로 육성하였다.[13] 이것은 마침내 1923년경 여자신학교의 효시로 발전하게 된 것이다. 한예정[여자]성경학교와 니일여자성경학교가 바로 그것이다.[14] '교회여성조력회'(후에 여전도회로 개칭)도 1920년대 초 호남지역에서 최초로 조직되어 전국적인 파급을 보게 되었다. 남장로교 선교회의 역사적 공헌이라고 할 수 있다.

---

13 [편집자주] 미국남장로교 한국선교회 (이하 한국선교회)는 전도부인(전도사), 선교사 조사, 주일학교 교사, 부인조력회(여전도회) 간사 등 여성교역자와 여성지도자를 육성하기 위하여 여러 형태의 성경학원 혹은 성경학교를 개설하였다. 한국선교회는 처음으로 1909년에 여자성경학원을 전주에 세웠다. 지역 개교회에서 실시하는 3-4일 사경회, 선교부(전주, 군산, 광주, 목포, 순천)가 실시하는 년10일 9년제 성경반, 년1달 5년제 성경반, 1918년 전주에 개설한 년2개월 후에 3개월 3년제의 선교회여자성경학교이다. 이 학교는 1918년 첫 입학생을 모집하고 1920년에 2명을 졸업시켰다. 이들은 1906년부터 각 단계의 성경을 공부하여 1918년 이 성경학교에 입학하여 1920년에 졸업하였다. 결국 이들은 14년의 공부를 통해 전도부인이 되었다. 임희모, "마요셉빈(Mrs. Josephine Hounshell McCutchen) 선교사의 사역,"「장신논단」 50권 3호 (2018.9), 235-262.

14 [편집자주] 교회와 신도 수가 늘자 이들을 지도할 여성지도자들을 단기간에 많은 지도력을 배출할 필요성을 느꼈다. 1922년 6월 2일 광주의 서서평(쉐핑) 선교사가 광주에 여자성경학교를 세우고 교육을 시작하였다. 이에 영향을 받은 한국선교회는 1년 후 1923년 6월에 열린 연례회의에서 전주와 광주에 각각 초급여자성경학교를 세우고 년6개월 2년제 교육을 실시하기로 결정하였다. 1923년 9월에 전주에 전북초급여자성경학교(1928년 한예정여자성경학교로 개명)가 세워졌고, 1924년 연례회의는 1922년부터 성경을 가르친 서서평의 광주여자성경학교를 광주초급여자성경학교로 인준하였는데, 이 학교는 1926년 교사를 신축하여 이일여자성경학교로 교명을 변경하였다. 이들 두 학교를 졸업하면 한국선교회의 최고급 성경교육과정인 전주의 선교회여자성경학교(년 3개월 3년제)에 진학하여 계속 공부할 수 있었다. 전주 한예정학교와 광주 이일학교가 1961년에 통합되어 한일여자신학원, 1981년 한일신학교, 1995년 한일신학대학교(1998년 한일장신대학교)로 발전하였다. 임희모, 위의 논문, 252.

이러한 선교전통은 아직도 그 열매를 풍요하게 맺을 때를 기다리고 있다. 여기에는 여성을 훈련하는 교육기관을 만들어 선교사업으로 삼은 일도 필히 포함되어야 한다. 우리 민족사회에서 여성은 '수난의 종' 중의 '수난의 종'이었다. 그러나 복음의 빛은 여성에게 구원과 해방을 동시에 가져다주었다. 그러나 그들의 구원과 해방은 그들을 희생과 헌신으로 교회와 사회를 섬기는 하나님의 사역자로 삼았다. 이들의 희생적 헌신과 역할을 조속히 인정되어야 할 것이다.

1920년대에는 한국기독교가 여성해방의 관문이 되었던 역사적 사실을 스스로 인지하면서 한국교회의 여성신앙인의 조직—부인조력회—과 여성사역자 육성과 교육의 새로운 장을 열게 되었다. 이것이 1923[1922]년 광주의 니일성경학교와 [1923년] 전주의 한예정성경학교였다. 이런 신학교와 또 도시마다 세워진 기독교 여자학교를 통한 여성교육은 기독교 여성 지도력을 교회와 사회를 위하여 육성하여 냈다. 여성신도들은 기독교신앙을 통하여 그리고 기독교육영사업을 통하여 조선의 사회문화적 굴레에서 해방되어 민족을 사랑하고 교회를 사랑하는 지도자들이 되었다.


## VII. 악화 되는 민족의 현실과 기독교의 시련

일본제국주의는 1930년대에 군국주의적 대륙침략을 감행하고 조선민족의 황국식민화를 감행하면서, 문화적 동화정책과 내선 일체화의 정책으로 민족의 역사를 말살하고 민족을 제 2차 세계대전으로 몰고 갔다.

이러한 민족적 상황에서 일제에 의하여 기독교계에 강요된 것이 신사참배였다. 우선은 기독교 학교에게 그리고 이어서는 교회에게 신사참배가 강요되었다. 호남지역의 노회들은 1938년 이후 신사참배를 국가의식으로 간주하는 것을 결의하고 참배를 결의하였으나, 선교사들과 손양원, 배은희 목사 등은 신도들과 신사참배에 저항하는 운동을 전개하였다. 양용근 목사는 1943년 감옥에서 순교당하였다.

특기할 만한 사항은 순천노회의 원탁회의의 사건이다. 순천중앙교회 장두연 장로는 이렇게 증언하였다.[15]

"나는 대한예수교장로회 순천노회 청년면려회 회장직을 다년간 감당해 오던 터라, 이 조직을 타고 각 교회에 신사참배 반대의식을 부각시킬 심산이었다. 그 첫 단계로 모교회인 순천중앙교회 청년 중 강창원, 장금석 군 등 10여 명을 규합하여 성경연구를 한다고 앞에 내걸고 실제로는 신사참배반대를 위한 원탁회의를 조직했던 것이다."

이와 결부된 순천중앙교회 박용희 목사가 연루되어 감옥에 갔는데 그의 죄명은 "최근 선교사들이 철수할 때 … 송별회를 베풀어 준 것은 그들과 관계를 끊지 않을 것이니 스파이 혐의가 짙고, 신사참배를 거부했으니 불경죄에 해당되며, 예수의 재림과 말세론(천년왕국설) 등으로 민중을 선동했으니 치안유지법 위반에 해당된다는 것이었다."[16]

민족신앙을 보유하게 된 호남의 교회는 일제의 극심한 탄압의 대상이

---

15 황두연, 『自己 十字架를 지고 따르라』 (서울: 소망사, 1978), 54-55. 김수진 · 한인수, 『한국기독교회사: 호남편』, 305에서 재인용.
16 김수진 · 한인수, 『한국기독교회사: 호남편』, 306-307.

되었고, 때로는 선교사들의 비판의 대상이 되기도 하였다. 한국교회의 전체적 움직임과 같이 민족운동에 참여하였다. 신민회운동에, 3·1운동에, 애국학생청년운동에 참여하기도 하였고 주도하기도 하였다. 그러나 동시에 호남의 기독교지도자들은 진취적인 신학적 자세를 가지고 민족교회의 독자적인 모습을 갖추려고 꾸준히 노력하여 왔다. 그러나 이러한 움직임은 선교사들의 신학노선과는 대립적인 것이기도 하였다. 그러나 해방 전까지는 호남의 교회는 하나 된 교회로 그 균형을 이룰 수 있었다. 우리는 이 고유하다면 고유한 호남의 신앙양태를 주목하여 그 역사적 의의를 밝혀야 할 것이다. 우리는 호남이 낸 과거 기독교지도력의 역사적 성격을 규명하는 데서 이 역사적 의의 규명의 실마리를 찾을 수 있으리라고 본다. 김필수 목사(1915년 한국인 최초의 총회장)[17], 남궁혁 목사, 박현숙 여사, 임영신 여사, 이자익 목사, 배은희 목사, 손양원 목사, 박연세 목사, 김종대 목사… 호남의 기독교는 애국하는 민족기독교였으며, 그 지도자들은 애국을 하다가 옥고도 치르고, 순교도 하였으니 그 수를 다 헤아릴 수 없다.

## VIII. 결론에 대신하여

호남의 기독교는 해방 이후에도 계속하여 민족수난의 소용돌이 속에서 지속적으로 희생양이 되지 않으면 안 되었다. 민족분단의 여파로 제주도의 4·3사건에서, 여수순천사건에서, 6·25전쟁에서, 지리산에서,

---

17 「기독공보」"한국인 최초 총회장, 김필수," 1977(1180호).

아니 호남 전역에서 그리고 광주에서 민족분단의 비극을 처절하게 경험하지 않으면 안 되었다. 이런 민족분단의 비극적 상황 중에서 교회는 이데올로기의 양극화에 다른 많은 희생자들을 안게 되었으니 이들이 바로 수를 헤아릴 수 없는 순교자들이다.

조선 말기에서부터 시작되어 일제를 통하여 오늘에 이르기까지 이 모양 저 모양으로 역사적 수난의 도가니에서 하나님의 구원을 희구하고 선포하며 살아와야 했다. 이 어찌 호남을 갈릴리라 칭하지 않을 수 있으랴!

갈릴리 땅의 사람들은 수난을 아는 사람들이다. 이와 같이 호남의 사람들은 땅의 사람들이다. 그리고 예수를 믿는 호남의 사람들은 호남인들의 수난에 동참하면서 십자가의 도를 선포하고 가르치는 신앙인들이다. 여기에 또 하나의 호남기독교 신앙의 역사적 성격이 있으리라. 우리는 아직도 이런 신앙적 체험의 역사적 성격을 명확히 규명하기 어렵게 느끼고 있다. 시간이 더 가면 하나님의 은총으로 호남기독교 1백년의 수난의 신비를 이해할 수 있게 되리라. 아마도 순교자 손양원의 신앙은 십자가의 도가 이 땅에 실현된 하나의 고귀한 결실이리라.

호남 기독교는 미 남장로교의 호남선교에서부터 교육문화적 유산과 공헌을 받았다. 그리고 이러한 교육문화적 공헌은 학교교육과 교회학교를 통하여 이루어졌는데, 이는 초창기에는 서구문화 유입의 관문을 형성하였고 추후에는 민족교육의 도장으로 민족지도자의 육성소로 변환되어 민족신앙 실현을 위한 훈련장으로 이루어지게 되었다. 그 중에서도 성경을 중심으로 하여 이루어진 토착적 신학교육은 호남기독교의 미래지도력을 밑에서부터 육성하여 내었다. 현 호남지역에 위치한 신학교육의 체제가 그 결실이라고 할 수 있다.

호남의 기독교는 처음부터 도탄에서 헤매는 이 민족의 질병을 치유하고 고아를 돌보며 사회적으로 소외된 자들을 보호하고 감싸는 사회복지 사업을 중시하였다. 이는 한편 전도의 수단이기도 하였지만, 사회봉사는 신앙의 본질인 이웃사랑의 실천에 있었다. 호남민 가운데 기독교의 실천적 사랑을 통하여 그리스도의 복음을 증거하였다. 병원들과 애양원과 각양각색의 사회복지시설과 신앙에 토대를 둔 사회복지 지도인력 훈련이 모두 이런 일들이다.

복음을 전하여 준 선교사들의 신학적 자세가 일관성 있게 보수적이었으나 호남민에게 뿌려진 복음의 씨는 신앙적 투철성을 보유하면서도 사회적으로 진취적이고 개방적이며, 정치적으로 강력한 민족의식을 가진 기독교인들을 양산하였다. 호남처럼 신앙적 보수성과 사회적 진취성을 겸비케 한 지역이 드물다. 이것은 한국개신교 전체가 그런 면이 있지만 특히 호남민의 역사적 경험이라는 토양에 뿌린 복음의 씨가 고유하게 자란 결실이라고 판단된다. 만약 예장과 기장의 분열을 막을 수 있었다면 호남의 장로교 전통은 가장 역동적인 민족신앙의 형태가 되었을 것이다.

남장로교 선교사들이 호남지역에 선포한 복음은 순수하게 복음주의적이고 성경중심적인 복음을 선포하였다. 이것은 호남기독교의 근간이 되었다. 그러나 이 복음은 호남민의 삶 속에서 성숙하여 역사적 활력으로 표출되기 시작하였던 것이다. 이것이 민족신앙의 형태였다.

호남지역에 복음의 씨가 뿌리를 깊이 내릴 수 있었던 것은 초기에는 호남민의 사회경제적 파탄과 종교문화적 피폐 그리고 정치군사적 억압과 탄압이라는 역사적 조건 아래에서 기독교의 복음이 그들에게 희망을 줄 수 있었기 때문이었다. 동시에 민족의 역사적 상황이 일제의 지배에 들어가면서부터 한국 기독교 신앙은 민족을 사랑하고, 이 민족을 하나님의 백성이라고 고백하고, 삼천리 금수강산을 하나님의 동산이라고 고백하는 민족 신앙의 형태를 결실로 얻게 된 것이다.

우리는 향후 한국교회의 미래를 위하여 호남 기독교의 100년 유산을 고이 가꾸면서 민족을 위한 교회의 전통을 심화하고 발전시켜 한국교회 갱신과 발전에 기여할 뿐 아니라 세계교회에 이바지하여야 할 것이다. 우리는 모두 복음의 빚진 자들이다. 우리는 또 다시 만천하에 하나님 나라의 복음을 선포하여야 할 것이다.

우리는 이 글에서 호남기독교의 민족사회적 성격을 규명하였는데 이는 김인전 목사가 작사한 '전라선교 25주년가'에서도 잘 표출되고 있다.


1절:

동아반도 우리조선 4천여년 이민족이

흑암중에 생활하고 죄악에서 신고하여

두눈있다 하면서도 보지 못한 소경이요

두손있다 할지라도 속박당함 뿐이로다.


(후렴)

기념합시다. 기념합시다.

하나님의 크신 사랑 영원 기념 합시다.


2절:

신성민족 이천만이 마귀노예 되었었네

화려강산 삼천리에 지옥고통 뿐이로다
망망죄악 바다속에 나올길이 전혀 없네
불쌍하고 가련하다 구원할 자 그 누구시뇨

3절:
자비하신 상제계서 무한하신 사랑으로
이백성을 돌아보고 그리스도 복음으로
전파하기 경륜하사 저 태평양 너른바다
일엽편주 싣고오니 복음사신 이 아닌가
(4절, 5절, 6절, 7절 생략)

# 21세기 도전에 응답하는 세계교회 협력 선교*

김용복/임수지 역

## I. 서문

인류는 계속적으로 대전환과 변화를 경험하고 있다. 21세기를 맞이
해야하는 오늘날 세계의 기독교 교회는 전례 없는 도전을 받고 있다.
이러한 상황에서 세계의 여러 교회들은 그들이 이해해온 선교를 지구적

---

* 본 글은 한일장신대학교와 전라선교협의회가 "세계선교와 한국교회의 역할"이라는
  주제로 1995년 11월 8~10일에 서울 한국교회100주년기념빌딩에서 개최한 국제선
  교대회에서 김용복 총장이 피력한 입장문이다. WCC, CCA, EMS(독일서남복음선교
  회), 중국교회협의회, 북인도교회, 남인도교회, 인도네시아교회협의회의 대표들과
  한국교회 대표들이 이 대회에 참석하여 협력(동역) 선교에 대한 워크숍에 참여하고
  논의하였다. 참고로 이 글의 끝에 워크숍의 결과문 2개를 덧붙여 놓았다. 이 글이
  발표된 지 4반세기가 지났지만, 의미가 적지 않은 것은 이 글을 통해 한일장신대학교는
  1996년 아시아태평양국제신학대학원(APGS)을 개설하여 아시아와 태평양 지역 교
  회의 지도자들을 초청하여 교육하기 시작하였다. (편집자 주)
  Kim Yong-Bock, "Position Paper: Toward World Mission in the 21st Century,"
  Cholla Mission Council & Hanil University and Theological Seminary, *World
  Mission and the Role of Korean Churches* (Materials on International Consultation,
  Nov. 8-10, 1995, the Korean Church Centennial Memorial Building), 36-41;
  81-87.

맥락에서 새롭게 이해해야 하고, 이를 통해 세계 선교에 대한 실천적 기초를 놓아야 할 것이다. 한국의 여러 교회들도 이들과 더불어 세계 선교 정책을 논의하는 공의회적 과정에 참여해야만 하고 결정사항에 대한 실행 방안을 모색해야 할 것이다.


## II. 시대의 징표들: 지구시장화로 인한 급속한 변화와 인간 사회의 미래

인류는 백 년에 한 번 겪을까 말까 하는 급격한 지구적 변화를 경험하고 있다. 이는 시장 지구화(market globalization)라는 것인데, 세계가 하나의 거대한 지구적 시장으로 재편되고 있다. 이 변화가 어떤 결과로 귀결될지 명확하지 않지만, 인류는 더 큰 불확실성에 직면할 것이다. 이에 따라 '시대의 표징들'을 식별하고 새로운 세상을 만들기 위해 현명하게 지혜와 희망을 동원할 필요가 있다. 우리는 역사적 맥락을 명확히 규명하면서 동시에 생명과 인류의 미래를 위해 수행해야 할 과제들을 공식화하는 지역적, 국가적, 아시아적, 세계적 지평을 연구할 필요가 있다.

거대한 지구적 단일 시장의 형성은 온 인류의 경제생활에 큰 변화들을 수반한다. 이전의 동유럽 사회주의 경제는 해체되었다. 현존하는 사회주의 국가들은 시장 경제를 채택하면서 경제적 진통과 위기를 크게 경험하고 있다. 이 과정에서 수많은 사람들이 고통을 받고 있다.

아시아의 사회주의 국가들은 정치 개혁을 착수하기에 앞서 경제 시장을 개방하려고 노력한바, 우리는 이러한 과정을 관심과 우려를 가지고 지켜보고 있다. 이러한 경제적 변화는 빈부격차를 가져오고 가난한 자들의 희생을 부른다. 또한 사회적 경쟁으로 인해 사회적 평화와 안전에 도전을 가하고 있고, 갈등과 모순은 시장 지구화 과정에서 심화되어 나타나고 있다.

유럽 또한 최근에 급격한 변화를 경험하고 있다. 이 변화로 인하여 유럽은 세계에서 가장 큰 시장을 형성할지 모른다. 이는 유럽 내부의 삶뿐만 아니라 지구적 시장에 큰 변화의 물결을 만들 것이다. 이러한 종류의 변화는 아메리카 대륙과 아·태 지역에서도 일어나고 있다.

이 모든 것은 세계가 하나의 거대한 지구적 단일 시장으로 재편되고 있음을 의미한다. 더나가 우루과이에서 열린 '관세 및 무역에 관한 일반 협정(GATT)'과 1995년 세계무역기구(WTO)의 출범은 시장지구화의 실질적인 과정을 신호로 알리고 있다. 즉 모든 민족과 국가를 지구적 시장으로 개방하고 또한 이러한 국세조약들은 지구 위의 모든 민족들의 삶에 심대한 영향을 미치고 있다.


## III. 인간의 큰 딜레마

1. 이 과정에서 몇 가지 문제가 일어나고 있다. 우선 북유럽과 사회주의 국가들의 경제가 급속히 성장할 것이다. 그러나 동시에 국내적 수준과 국제적 수준에서 양적으로 또 질적으로 실업 문제와 빈부격차의 심화가 일어날 것이다. 이 과정은 국가들과 기업들 사이에 일어나는 맹렬한 경쟁으로 인해 심화될 것이다. 이것은 또한 사회 안전 체계들의 해체나 이들의 급속한 약화로 드러날 것이다.

개별 지역과 국가와 지역공동체에 시장지구화가 열림에 따라 이러한 맹렬한 경쟁은 모든 지역과 인간의 삶의 모든 차원에서 일어날 것이다. 아시아와 아프리카 사람들은 더욱 심하게 굶주림과 가난으로부터 고통의 삶을 살게 되겠지만, 개발도상국뿐 아니라 선진국에서 사는 가난한 사람들도 이러한 가난의 중압으로부터 시달리며 살게 될 것이다. 가난하고 약한 자들의 이러한 희생은 지구적 시장에서 심각한 문제가 될 것이다.

2. 동시에 다국적 기업집단은 거대한 경제 권력으로 부상하여 국경을 뛰어넘어 자유롭게 작전을 전개할 것이다. 이들은 이미 시장지구화 과정을 통제하고, 그들의 국적에 상관없이 모든 국경을 넘나들며 지구적 시장화 전략을 실행할 것이다. 이러한 거대 기업권력이 지구시장을 지배하면서 이 시장 내부의 모든 사람들의 사회경제적 삶에 영향을 미칠 것은 명확하다. 그들은 사실상 과학과 기술의 힘을 독점하고 통신망과 수송망을 통제하고 있다.

3. 시장지구화는 또한 큰 정치적 변화 즉 냉전 세계를 형성한 이념 갈등을 현저하게 잠재우고 있다. 자유화의 정치(the politics of liber-alization)는 지금 권위주의 독재와 군사 독재에 도전하고, 시민들의 여러 권리를 위한 민주적 운동을 크게 고조시키고 있다. 그러나 이와 같은 정치적 변화는 시장지구화를 촉진하는 조건을 조성할 수 있다. 진보적 이념과 사회 운동이 약화됨에 따라 사회적 책임을 다해야 할 경제적 권력들에 대한 사회적 압박이 또한 약화되고 있다. 또한 대기업 권력들을 통제할 국가적, 정치적 조치들이 약화되고 있다. 다른 한편으로, 새롭게 열린 정치 상황에서 시민들의 여러 운동들이 세계 각처에서

일어나고 있다. 이것은 환영할 만한 변화다.

여기에 중요한 점이 있다. 자유 민주주의 국가들은 시민들을 위한 자유, 평화, 정의를 수호할 국가적 능력을 사용함에 있어서 점점 더 많은 제약을 받고 있다. 과거 국가 정부는 그들의 국경 안에서는 강한 힘을 가졌다. 그러나 개방된 세계 상황에서는 국가의 권력과 영향이 국내적으로 그리고 국제적으로 제한될 수 있다. 시장지구화가 개방되면서 변화하는 과정에서는 자유로운 분위기가 고조된다. 그러나 역설적으로 국민들의 자유로운 참여(people's free participation)가 제한될 위험이 있는 것이다.

4. 시장지구화는 다양한 종류의 사회 갈등을 조장할 것이다. 집단이기주의가 일어날 것이다. 인종적, 사회적, 종교적 집단 간의 분쟁이 증가할 수 있다. 이러한 갈등은 전통적인 계급 갈등과 민족 갈등과는 다를 수 있고, 시장지구화의 혼란스러운 복잡성에 더해지면서 일어날 것이다. 이러한 상황은 사람들을 불안정하게 만들고 이들은 사회적 관계에서 근본주의적, 보수적인 태도에 호소하고 대응할 것이다.

우리는 종교적 자기중심주의(religious self-centeredness) 형태에서 야기된 종교적 근본주의 현상을 알고 있다. 이는 종종 국제적, 국가적, 사회적 갈등과 뒤섞여 자기 입장을 공고히 하거나 폭력을 휘두르고, 사회적 인간적 안전과 평화의 근거(base)에 위협을 가하고 있다.

5. 시장지구화는 지구적 통신 분야와 수송 분야에서 가장 집중적으로 경험되고 있다. 지구시장은 정보, 통신, 수송망의 네트워크를 통해 이 세계를 하나의 대도시로 변화시켰다. 이것은 일종의 문화시장이다. 매

인간 인간은 지구적 네트워크를 통해 다른 인간 모두와 접촉할 수 있다. 그러나 지구 시장과 이 시장체제 아래 살고 있는 모든 사람들의 네트워크들을 통제하는 것은 이러한 경제 권력들이다. 정보의 흐름과 통신의 연결은 광고와 경제적 선전의 세계에서와 마찬가지로 시장 논리에 의해 명령을 받고 있다.

지구적 시장의 지정학적, 문화적 소용돌이는 인간의 주체성, 창조성 및 의식에 도전을 가한다. 이것은 인간의 가치, 생활 방식, 창조적 자유를 위협한다. 또한 이것은 의식 세계를 지배하려 하고 심지어 문화적 정체성을 위협한다. 개개 인간 존재와 그 공동체의 의식은 "시장 이데올로기"와 문화적 갈등을 빚을 것이다. 특히 인간 의식에 대한 시장의 지배로 인하여 특히 어린이들이 문화적 희생자로 떨어질 위험이 있다.

이러한 종류의 문화적 상황은 종교 공동체와 민족들의 정체성을 흔들 것이다. 더나가 "종교 상품화"의 현상이 일어날 수 있다. 사상이나 이념이 빠져버린 종교적 상징과 언어는 (종교)시장의 상품(프로그램)을 포장하는데 활용될지 모를 일이다.

인간의 의식은 통신과 멀티미디어의 시장 네트워크에 의해 지배당할 수 있다. 이 의식은, "인간 욕망의 생태학"을 상호보완하며, 과도한 필요와 소비 욕구를 창조함으로써, 소비지상주의자의 이념을 창출할 것이다. 결과적으로 인간은 소비지상주의자의 시장이데올로기에 예속될 수 있다. 이는 문화적 정체성, 인간의 가치, 생활방식 측면에서 사람들을 희생시킬 것이다.

6. 이러한 지구적 시장 체제에서 발생하는 집약적이고 맹렬한 경쟁과 갈등은 인간의 생명뿐 아니라 지구의 자연적 생명에도 극적인 영향을

미칠 것이다. 지구는 이미 심각한 위협을 받고 있다. 이것은 경제적, 정치적, 사회적, 문화 종교적 영역의 생명에 대한 모든 위협들과 연결해서 이해되어야 한다. 인간의 생명뿐 아니라 지구의 모든 생명을 보전하고 실현하기 위해 시장지구화 과정의 개혁이 필요하다.

## IV. 세계 선교의 새로운 방향을 향한 모색

1. 세계의 교회들은 성경에 바탕을 둔 선교학을 발전시켜야 한다. 곧 복음을 민족들(나라들) 가운데 나누고, 그들에게 세례를 베풀고, 그들을 예수 그리스도의 제자로 삼아야 한다. 한국 교회들은 21세기 지구적 시장에 의하여 희생된 민족들, 국가들, 모든 생명체들 사이에서 복음을 나누는 과업에 동참할 수 있다.

2. 우리는 세상에 있는 교회들 사이에서 행하는 세계 선교에 우리의 헌신을 촉진하고 강화해야 한다. 그리고 이 목적을 위한 우리의 헌신은 성숙되어야 한다. 이것은 복음을 나누는 우리의 선교의 중심에 희생적 실천을 둔다는 뜻이다. 우리는 이를 "케노시스 선교학"으로 부른다. 즉 교회들과 선교 단체들과 이들에 속한 선교사들은 케노시스(자기 비움) 정신을 실천하여 고난 받는 사람들과 연대하여 참여하고, 그들을 섬기고 (디아코니아), 그들과 모든 것을 나눌 수 있다(코이노니아). 특히 21세기에는 디아코니아 선교가 절대적으로 필요하다.

3. 지구적 시장 네트워크에서는 소통, 공동 훈련, 공동 행동을 위한

지구적 선교 네트워크를 구축하기 위한 선교협력자(동역자)들이 필요하다. 이러한 선교협력자들의 네트워크들은 세계 선교에 있어서 분열과 경쟁을 막고 선교의 효율성을 높일 수 있다. 이러한 네트워크에서 모든 동역자들이 하나님을 위하여 세계선교 활동체(agency)를 조직할 수 있다. 선교사역은 어디에서나 행해진다. 특정한 지역에서는 교회가 선교사역에 대하여 1차적 책임을 맡지만 세계선교의 지구적 네트워크 상황에서는 어떠한 단일 선교활동체도 선교를 독점할 수는 없다.

4. 세계 선교는 모든 교회와 모든 기독교인이 해야 할 사업이다. 모든 기독교인은 선교 교육을 받아야 하는데, 이는 지구적 네트워크를 통해 수행되어야 한다. 세계 모든 지역의 모든 교회들이 행하는 선교 교육의 경험을 나누고 전 세계의 선교적 소통과 교류가 필요하다.

5. 이 과제를 수행하기 위해 우리는 선교인력, 선교행정가, 선교사, 평신도, 교역자 등을 위한 연구와 훈련 센터가 필요하다. 이는 특히 아프리카, 아시아, 남·북 아메리카 대륙, 사회주의 지역과 기타 지역의 세계 선교를 위하여, 언어 학습, 최신 선교학 연구, 선교 교육과 훈련 프로그램의 개발을 진행해야 한다. 선교사들은 신학뿐 아니라 사역의 모든 분야의 전문적 훈련을 받아야 하고, 특히 고급 훈련을 받아야 하는데, 이러한 과정은 에큐메니컬 차원의 훈련으로 가능하다.

## V. 맺는 말

세계 선교 정책은 급격히 변화하는 지구적 상황에 반응하도록 유연하고 창조적이어야 한다. 이는 선교 소통과 정보를 위한 지구적 네트워크를 요구한다. 또한 이는 항구적인 바탕 위에서 모든 선교 인력들이 끊임없이 계속 교육을 받아야 함을 뜻한다. 더 나아가 이를 위해 정규적 협의 과정과 선교 동역자간의 원탁 토론이 필요하다.

# 부록 1: 세계 선교 정책*

## I. "세계 선교"란 무엇인가?

1. 선교는 이 역사에 들려질 하나님의 음성이고 또한 역사에 선포될 하나님의 행위다. 선교는 예수 그리스도의 존재를 드러내는 하나님의 축복이다. 한국 교회는 예수 그리스도의 십자가, 곧 복음을 전파하고 예수께서 다시 오실 때까지 하나님의 교회를 세워야 한다.

2. 선교는 사람들이 사랑의 하나님을 만나도록 돕는 것이다.

3. 선교는 인류 구원, 인간의 부흥, 자연의 회복 등을 목적으로 한다.

4. 선교는 예수 그리스도의 복음을 널리 전하는 것으로, 사람이 복음에 따라 사는 삶이 가능하도록 변화시킨다.

5. 선교는 구원의 메시지를 전하는 것이다.

6. 선교는 창조를 향한 하나님의 움직임이다.

7. 결론적으로 선교는 하나님의 사역이다. 따라서 선교의 주체는 하나님이시다. 더 나아가 선교는 개인 구원과 사회 구원 모두를 아우르는 통전성을 지녀야 하고 온 우주적 구원을 향해 나아가야 한다.

---

\* 본 글은 앞에서 말한 국제선교대회에서 발표된 4명의 기조 발제자들의 강연, 4명의 세계선교정책 패널들의 발제 및 3명의 협력선교 패널들의 발제를 경청한 한국교회 대표들이 모여 논의한 워크숍1의 결과물이다.

## II. 선교 정책의 강화

1. 한국 교회는 하나님의 사역을 수행하기 위해 최선을 다해야 한다. 그 이후에 한국 교회는 성령의 임재 가운데 그 사역이 성취되기를 기다려야 한다. 한국 교회가 하나님의 뜻을 행한다면, 하나님께서 그의 계획과 섭리 가운데 하나님의 선교를 완성하실 것이다.
2. 하나님의 선교는 인간 영혼, 사회, 문화와 삶의 전 영역을 구원하는 하나님의 사역이다.
3. 한국 교회는 나라(a nation)가 그 자신의 민족(people)을 구원하게 해야 한다.
4. 기독교인들 가운데 평화롭게 사는 법을 아는 것이 더 많은 사람을 그리스도에게로 인도하는 것보다 우리에게는 더 중요하다. 이 문제와 관련해서 선교사들이 솔선해야 한다.
5. 예수의 형상 안에 사는 건전한 기독교인의 삶을 통해 선교사인 한국교회는 다른 타종교인에게 증인이 되어야 한다.

## III. 한국 교회의 해외 선교 정책

지금은[21세기를 맞이하는 1995년] 제3세계[개발도상국] 국가의 기독교 교회들이 선교적 과제를 이끌고 참여해야 할 때이다. 아시아의 인구가 32억 명이 넘지만, 기독교인의 수는 1억 명이 안 된다는 점은 유감스럽다. 이에 더해 아프리카에서 행해지는 기독교 선교는 매우 까다로워지고 있다.

그동안 한국 교회는 열렬한 기도, 열정적인 전도, 열심히 드리는 헌금으로 선교사역을 감당하려는 노력을 기울여왔다. 한국 교회는 사실 1907년부터 선교사들을 파송했다. 1970년 이후 경제 성장이 진전되면서 한국 교회는 더 많은 선교사들을 파송했다. 그러나 해외 선교의 짧은 역사와 해외 선교 사역을 수행하는 데 준비가 완전하지 못하여 우리는 시련을 겪고 오류를 범했다. 한국 교회는 그들의 선교 현장에서 수많은 종류의 문제들이 발생했다는 사실을 수용하고 숙고해야 한다.

선교 현장의 토착 교회는 다음의 세 가지 점에서 한국 교회 선교를 비판했다. 선교 현장에서 1) 그들은 겸손하지 않다. 2) 그들은 토착 교회와 상의하지 않고 사역한다. 3) 그들은 한국의 방식으로 선교한다.

한국 교회는 위의 문제들을 충분히 듣고 숙고함으로 선교를 잘 수행하려고 노력해야 한다. 확실히 이 시대는 한 국가의 교회들이 지배하고 다른 나라의 교회들을 무시하는 종류의 선교를 허용하지 않는다. 한국 교회는 성령 안에서 서로 사랑하고 도우며 세계에 복음을 전해야 한다.

세계의 다양한 교회들, 예를 들어 중국, 인도네시아, 필리핀, 인도, 러시아, 독일과 한국 교회는 소통하고 서로 협력해야 한다. 우리는 다양한 선교 – 한국의 선교, 중국의 선교, 서구의 선교 등 – 을 인정하고 서로 협력하여 선교가 성령으로 가득 찬 성경적 선교, 예수 그리스도적 선교, 예루살렘 첫 교회의 선교가 되도록 만들어 가야 한다. 궁극적으로 선교는 예수 그리스도 안에서 형제가 연합하는 하나의 교회를 만드는 방향을 향해 나아가야 한다.

선교의 형태는 선교 현장의 요구에 따라 달라질 수 있다. 다음과 같은 점들이 강조되어야 한다. 1) 아프리카의 경우에는 교회를 세우고, 지도자들을 양육하고 물질을 공급한다. 2) 남아메리카의 경우에는 지도자 양육, 원조와 협력이 필요하다. 3) 인도, 인도네시아, 필리핀, 러시아의 경우에는 상호 간에 동역이 중요한다. 4) 중국의 경우에는 동역 관계의 사역이 필요하다.

한 지역의 성공적 선교는 다른 지역에서의 선교의 성공을 보장하지 않는다. 한국 교회는 각 국가와 민족의 정치, 경제, 사회, 문화, 역사에 대한 연구를 필수적으로 해야 한다. 이러한 연구 바탕에서 한국교회의 선교는 적응력이 매우 높아질 것이다.

한국 교회는 뜨거운 열정, 열심적인 사랑, 진심 어린 헌신적 선교를 행하였다. 그러나 한국교회는 우선적으로 선교 과정에서 경험한 시련과 오류를 되돌아볼 필요가 있다. 또한 염두에 둔 선교 현장에 특별한 관심을 계속 기울이며 서로의 국가에 복음을 전해야 한다. 더 나아가 한국 교회는 성령 안에서 세계 인류의 복음화를 위해 토착 교회와 협력해야 한다.

# 부록 2: 협력 선교(동역 선교, Partnership in Mission)*

## I. 서론

본 보고서는 워크숍에서 진행된 논평과 권고 사항들을 포함한다. 사회자는 나일스(Preman Niles) 박사였고, 기록은 카(Dhyanchand Carr) 박사가 맡았다. 처음부터 진솔하게 한국 교회가 파송한 선교사들의 활동을 분석하고 논의하였다. 이들의 활동에 칭찬 받을 만한 면과 칭찬받지 못할 면이 드러났다. 이러한 분석을 바탕으로 권고 사항이 작성되었다.

## II. 한국 교회의 선교사들의 활동과 선교 현장에 대한 분석

1. 한국 교회의 선교 사업은 110년[오늘날 138년] 전에 한국에 복음을 알려준 하나님에 대한 진정한 감사의 결과로 행해졌다. 감사의 마음이 한국 기독교인들 사이에서 거대한 선교 열정의 불꽃을 일으켰다. 민중 계층과 부유하지 않은 계층에 속한 많은 한국인들이 정기적으로 십일조를 헌금하여 선교 사역에 기여했다. 이것은 칭찬받을 만한 측면인데 세계 여타 지역의 교회들이 한국교회로부터 많이 배워야 할 사항이다. 그러나 큰 열정만으

---

* 본 글은 외국인 대표들이 참석한 워크숍 2에서 나눈 의견과 주장이다. 여기에서 논의되고 분석된 사항들은 2022년인 오늘날도 변함없이 선교 현장에서 일어나고 있다. 여기에서 논의되고 제안된 권고사항은 오늘날도 유효하다.

로는 충분하지 않다. 열정은 선교의 상호성과 상호 헌신으로 다듬어질 필요가 있는 것이다. 이러한 깨달음으로부터, 동역 교회, 에큐메니컬 기관들, 및 관련된 선교 지도자들이 '세계 선교와 한국 교회의 역할'을 논의하는 이번 국제선교대회에 참가하여 [협력 선교, 동역 선교]를 논의하고 있는 것이다.

2. 우리는 한국교회 선교사들이 많은 잘못과 실수를 저질렀음을 알고 있다. 대한예수교장로회(통합, PCK)는 이를 깨닫고 있고, 이에 필요한 조처를 취하고 있으며 또한 한국의 다른 교회들에게도 필요한 조처를 취하도록 권하고 있다. 특히 해외에서 활동하는 한국교회의 대부분의 선교사들이 하나님의 동역자로서 택함을 받아 파송된 그 나라들에는 마치 신앙과 선교의 역사가 없는 것처럼 행동하는 것을 우리는 염려한다. 이들은 선교사들이 가는 곳마다 하나님은 항상 이미 그 나라에 존재해왔다는 사실을 인식하지 못하였다. '그리스도가 없는 러시아[공산주의권의 러시아 정교회 지역]에 그리스도를'[1] 과 같은 현수막과 표어를 걸어놓은 사례는 이러한 태도의 징후를 드러낸다.

3. 선교사들은 타종교인들을 미개인과 이교도로 여겼다. 이러한 태도는 대개 부정적인 결과를 낳았다. 첫째, 타종교인들의 한 가운

---

1 당시 이 대회에 참석한 본 편집자는 세계 정교회 대표로 이 대회에 참가한 러시아 정교회 총대주교의 비서관의 분개의 목소리를 지금도 잊을 수 없다. 오늘날도 세계 정교회의 수장으로 자처하는 러시아정교회의 대표로서 뒤늦게 참석하여 이 대회에서 글을 발표하지는 않았지만 공개적인 종합토론 현장에서 발언한 그의 논조는 대단히 강하였다. 1991년 공산권 몰락 이후 모스크바 붉은 광장에서 대형 전도 집회를 주최한 국내의 유명 초대형교회 목사는 이 정교회를 이단으로 공격한바, 이는 러시아와 한국 간 외교 문제로까지 비화되었다. 이후 즉각 목사일행은 추방당했고 후에 러시아 의회는 법을 제정하여 이러한 교회들과 선교사들의 입국과 선교를 금하였다.

데 살면서 [복음의] 증인으로서 삶을 유지해온 현지 기독교 공동체는 그들의 이웃들로부터 그들을 멀어지게 했다. 이웃들이 기독교인들에 대하여 의심을 품기 시작했기 때문이다. 둘째, 외국 선교사들과 대리인들은 미움을 받고 기피되기 시작했다. 제국주의자들과 함께 숨은 의도를 가지고 들어온 침입자로 여겨졌기 때문이다.

4. 선교사들과 지역 신앙 공동체 사이의 관계는 종종 지배와 통제의 관계가 되는 경향이 있다. 이러한 지배와 통제는 금전 권력의 비윤리적 사용을 통해 획득되었고, 정부 당국에 대한 접근은 의심스러운 사업 행태와 은밀한 수단을 통해 이루어졌다.

5. 이러한 부족함과 결점에도 불구하고 한국 교회가 파송한 헌신적이고 진실한 수많은 선교사들이 칭찬을 들어 마땅한 봉사적 섬김을 실천함으로써 현지인들에게 사랑받고 있다는 사실을 우리는 알고 있다. 이러한 선한 이야기들이 불행하게도 널리 알려지지도 않았고 공유되고 있지도 않았다.

## III. 권고 사항들

1. 우선 한국 국내에서 [에큐메니컬 입장의] 파송 교회들 사이의 조정구조(coordination structure)를 만들고, 또한 [복음주의적 입장을 견지하는] 교회들과 독립적 선교단체들과 파송 회중들 사이의 조정구조를 만들어야 한다. 이러한 조정구조가 만들어지지 않으면 진정한 동역관계를 형성하지 못하고 책임구조를 실행할 수 없다. 현재 난립된 선교사 파송단체들(교회, 선교회,

회중)들을 조정할 수 없고 개선할 수 없다.

2. 선교 정보 수집과 공유는 진지하게 받아들여야 한다. 우선, 선교사가 파송 받은 국가의 상황에 대한 거의 완전한 그림과, 그곳에 있는 신앙 공동체와 그들의 삶의 역사와 증인들에 대한 거의 완벽한 그림을 모아서 가능한 완전한 그림을 만들어야 한다. 선교사들은 이를 통해 현지 교회를 이해하고 그들의 원칙과 신념을 수용하려는 진심 어린 노력을 해야 한다. 이를 위하여 지역의 교회들, 국가적 혹은 지역적 에큐메니컬 기관들, 세계선교협의회(CWM)와 같은 단체들의 도움을 받을 수 있다. 국내에서 이러한 자료와 정보를 입수하고 선교사를 파송하기 전에, 현장 조사를 위한 팀을 보내고 동역관계 계약을 수립할 필요가 있다.

3. 선교사 훈련에 특별한 주의를 기울일 필요가 있다. 현재의 훈련 방식은 충분하지 않다. 훈련을 위한 공동교육기관을 세우는 것을 진지하게 고려해야 한다. 이 기관은 시설을 잘 갖춰야 하고 선교사 수용국에 대한 정통한 지식을 가진 인사도 참여해야 한다. 그러나 제대로 훈련받지 못했으나 이미 선교 현장에 투입된 선교사들을 위해서는 세미나와 훈련 프로그램을 구체화하고 또한 현지 동역교회의 자문과 훈련을 체계화해야 한다.

4. 무엇보다도 파송 주체와 현지 신앙 공동체 사이에 군건한 상호 위임과 공유가 촉진되어야 한다. 이러한 위임의 밑바탕에는 사랑, 이해, 및 현지 교회의 신념과 원칙에 대한 존중이 있어야 한다. 예를 들어 중국기독교협의회의 삼자원칙을 파송단체 측에서는 진심으로 인정해야 한다. 유사하지만 선교를 다르게 이해하는 동방정교회의 자기이해 또한 무조건적으로 받아들여야 한

다. 다음으로 이러한 위임 관계 속에서 동역 선교가 행해져야 한다. 해외 선교사들은 협력자와 조력자 역할을 맡을 수 있다. 그들은 또한 현지 교회가 느끼고 피력하는 인적 자원의 필요를 보충하고 보완할 수 있다. 현지 동역자들이 자체 프로그램을 위해 재정적 도움을 요구하면, 이들을 지배하고 통제하려는 계획을 세우지 말고 즉시 제공해야 한다. 이러한 선교의 상호성을 이루기 위해 이 워크숍은 두 가지 구체적 안을 제안한다. (1) 중개 다리를 세우고, 규범, 계약, 행동강령을 만들기 위해, CWM과 같이 경험이 많은 공의회적 조직(conciliar bodies)과 WCC, CCA, 각 국가의 NCC 등 에큐메니컬 기관의 도움을 구하라. (2) 에큐메니컬 기관, 수용국의 대표자, 선교단체의 대표자, 총회세계선교부(PCK) 및 선택된 중재기관이 참여하는 원탁회의를 개최할 필요가 있다. 회의 시작 전에, 결정된 사항들을 실행할 확고한 서약을 미리 마련해 두어야 한다.

5. 모든 관계자들이 참석하는 정기적(2년에 1회 등) 토론의 장을 체계화할 필요가 있다.

6. '선교와 전도'의 본질에 대한 진지하고 지속적인 신학적 성찰, 복음과 문화, 선교 방법 및 대화 속에 들어 있는 윤리적, 사회정치적 함의 등에 관한 연구와 공유가 중요하다. 이의 결과를 모든 관계자들에게 전하고 나누어야 한다.

7. 지역의 회중 수준에 맞는 기독교교육 프로그램에, 앞에서 논의한 사항들을 포함해야 한다.

# 21세기 민중 사이에서 복음 나눔의 생명 선교학*

김용복/임수지 역

## I. 서론

우리는 논의의 틀로서 다음과 같은 3개의 지정학적 역동성의 세계에 사람들(민중)을 위치시키려 한다. 이들은 1) 유목민의 농경 시대를 포함하는 자연적 지정학적 세계(시간과 공간), 2) 현대의 산업적 지정학적 세계, 3) 정보화 과정을 특징으로 하는 사이버네틱스 지정학적 세계이다. 민중은 자연적 세계와 현대 산업 세계를 동시에 살고 있으며, 또한 이들은 오늘날 사이버네틱 세계와 동시에 진행되는 정보화 세계에서 살고 있다. 이러한 세 가지 지정학적 세계는 서로 간에 매우 다르게

---

* Yong Bock Kim, "Sharing the Gospel among the Minjung in the 21st Century," Philip L. Wickeri (ed.), *The People of God Among All God's Peoples: Frontiers in Christian Mission - Report from Theological Roundtable Sponsored by the Christian Conference of Asia and the Council for World Mission, November 11-17, 1999* (Hong Kong: CCA/CWM, 2000), 113-124.

존재한다. 그러나 이들 3개의 역동성은, 서로 함께 작동하기도 하고 또한 서로 저항하기도 하면서, 민중들 사이에서 밀고 당기기를 서로 다르게 일으킨다.

성경 시대에 복음은 제국의 통치가 진행되는 자연적, 상업적 지정학적 세계에서 나누어졌다. 현대 시대의 복음은 현대를 사는 사람들(민중) 사이에서 나누어졌다. 이러한 복음은 사이버 공간이라는 새로운 지평에서도 나누어지고 있다. 그러나 이러한 복음 나눔은 지정학적 역학관계로 인하여 복잡한 양상을 띠게 되었다. 21세기에 전 세계를 관통하여 전개될 지정학적 역학 관계들은 매우 복잡한 특징을 갖는다. 본 글은 이러한 특징을 논의할 지면이 충분하지 않기 때문에 이 중 몇 가지 양상만을 서술하려 한다.

오늘날 그리고 앞으로 수년 내에 다가올 세계에서 지정학을 좌지우지할 주된 요인은 지구화의 중심적 표현인 지구시장이다. 이는 사이버와 정보화 과정이 지구적 지정학의 구조들을 지배한다는 뜻이다. 이 힘의 역학은 과학과 고도 기술의 복잡한 과정들을 발생시켰고, 지구시장을 구축하고 있다. 이 시장은 미국의 독점적인 정치력과 군사력의 보호를 받는 지구적 (초국적) 기업들이 주도하고 있다. 이 지구적 힘의 역학이 만들어낸 최근의 모습은 지구적 금융 시장에서 일어난 여러 사건들이다.

지구적 지정학의 본질은 언제나 우주론적 세계와 관련되어 있다. 현대에 들어서서 이러한 지정학은 인간의 지정학으로 한정하여 논의되었다. 즉 인간의 삶을 생명권으로부터 분리하여 개별적 삶으로 축소했고, 자연 세계를 정복하여 경제적 삶으로 제한했고, 생명을 생태적 지정학으로부터 분리하여 사회정치적 삶으로 축소하였다. 뿐만 아니라 종교 문화적 삶에 대해서는 이원론적으로 즉 물질적 차원과 영적 차원으로 나누어버렸다.

오늘날 생명의 지정학은 통전적으로 생명의 집 (bio-oikos) 영역으로 보다 명확하게 이해되고 있다. 인간의 생명은 통전적 '유기체적' 실체 즉 영적, 문화적, 사회적, 경제적, 정치적, 생물학적 차원들 사이에서 상호 연결로 이루어진 실체이다. 우주 전체가 생명의 자궁이다.

복음의 본질은 무엇인가? 또한 그리스도 안에서 21세기의 새로운 삶을 살려는 사람들(민중)에게 복음이 어떻게 나누어질 수 있을까? 지구화 과정이 엄습한 우주적 세계에서 복음을 나누는 일은 무엇을 의미하는가? 이 질문들은 선교 역사에서 논의된 모든 지혜에 대한 거부를 의미하지 않는다. 오히려 이 질문들은 21세기 우리 시대에 맞게 또는 하나님의 현존적 구원 (kairotic)에 대한 선교학적 실천을 명확하게 밝힐 역사적 지혜를 구하고 있다.

선교의 근원적 지혜는 성경에서 비롯되고 있다. 이러한 성경적 확언을 경건 신학적 혹은 교리적 혹은 역사적 진술로 여겨서는 안 된다. 이를 당시에 행해진 구원에 대한 증언적 사건으로 받아들여야 한다. 우리는 성경을 이 시대를 구원할 고백적 행위로 읽을 필요가 있다. 우리가 성경을 새로운 상황에서 읽을 때 새로운 이해에 이르기 때문이다.

첫째, 성경이 형성되던 세계에서 복음을 나누는 일은 로마, 그리스, 바빌론, 페르시아, 이집트 제국의 세력들이 지배하는 지구적 지정학의 맥락에서 이루어졌다. 복음은, 하나님이 창조한 우주의 정원과 메시아적 우주의 자궁으로부터 탄생하는 그리스도 안의 영원한 새 생명에 관한 것이다. 이는 어둠의 우주를 통치했던 제국들에 의해 행해진 죽음의 세력에 대항한 메시아적 생명 통치의 투쟁이었다. 복음은 제국세력 하에서 억압받던 민중들에게 전해졌고, 메시지의 내용은 억압받는 자들 사이에서 명확하게 드러났다. 이는 복음을 나누는 일이 지구화의 희생자들 사이에서 시작되어야 함을 뜻한다.

둘째, 복음은 하나님이 그리스도 안에서 연대하는, 인간과 자연 질서 안에서 희생된 자들의 새로운 생명에 관한 것이다. 이는 최근 해방신학의 논의 진전에서 반영되었는데, 민중신학과 달릿 신학 그리고 민중 기반의 많은 신학들을 포함한다. 이는 복음이 생명의 해방 즉 생명의 새로움과 영원한 존속을 위하여 지구화의 희생자인 민중들과 나누어져야 함을 의미한다.

셋째, 성경적 지혜는 복음이 그리스도 안의 영원한 새 생명을 위한 것임을 보여준다. 이는 우주적으로 그리고 통전적으로 서로 연결되어 있다. 생명의 통전성과 상호연결성을 파괴할 수 있는 생활 영역이나 차원들 즉 생명에 대한 이원론, 분리주의, 환원주의, 도식화 등 그 어떤 것이든 거부되어야 한다. 통전적 생명 중심적 선교학은 21세기 그리스도 안의 영원한 새 생명을 지지해야 한다.

넷째, 성경의 지혜는 영원한 새 생명을 위한 지혜이다. 이는 복음이 그 모든 충만함과 그 모든 차원에서 생명을 확언함을 의미한다. 전통적 복음주의 선교학은 좁은 의미에서 개인의 영적 생명을 확언했다. 에큐메니컬 선교학은 생명의 사회적 측면을 크게 강조하는 '사회적 선교학'에 기여해 왔다. 서구의 이방인들로 불리며 세속적, 과학적 세계에 사는 사람들에게 복음을 나누는 새로운 지평이 열렸다. 이는 미래의 첨단 멀티미디어 세계에서 사는 사람들도 포함된다. 동시에 아시아, 아프리카, 아메리칸 원주민 기독교인들과 이들 교회들과 신학자들에게도 영원한 새 생명을 위한 종교적 문화적 지혜에 대한 확언이 급진적으로 개방되었다. 이러한 전체적 관점은 매우 성경적인 것이다.

현대 하이테크 문화의 맥락에서 투쟁하지 않고서는, 생명을 담지한 모든 종교와 문화를 위한 모든 지혜를 포용하지 않고서는, 자연 생태사의 모든 지혜를 진지하게 받아들이지 않고서는, 우리는 결코 통전적 생명 중심적 선교학(a whole life-centered missiology)을 발전시킬 수 없다.

지구화의 희생자들의 생명 즉 민중 (가난한 자, 억눌린 자, 버림받은 자, 소외된 자, 고아와 과부 등)의 생명이 복음을 나누는 일에 있어서 우선순위를 차지한다는 성경적 지혜를 중심적으로 이해해야 한다. 민중의 생명은 전체 우주적 생명에 대한 이야기가 되어 왔다. 그리스도 안의 영원한 새 생명은 여기에 초점을 맞추고 있다. 즉 우주적 차원을 포함하는 거시적이고 또한 미시적인 생명이다.

지구화의 시대에 우리는 민중의 생명에 초점을 맞추고 이를 포괄적으로 이해하는 선교학을 발전시킬 필요가 있다. 그리스도 안에 있는 민중의 영원한 새 생명은 우주의 영원한 새 생명을 포함해야 한다. 이는 성경적 지혜에서 가져온 것이다.

우리는 현재와 과거의 선교학들을 재평가할 필요가 있다. 이렇게 함으로써 우리는 과거와 현재로부터 훨씬 많은 지혜를 되찾고 미래를 향한 새로운 선교학적 성찰을 논의할 수 있다. 그러나 중요하지만 과거적 재평가에 시간과 지면을 할애하기보다 나는 새로운 선교학적 모험에 동료 신학자들과 교회들을 참여시키는 창조적인 선교학 연습을 시작하고 싶다.[3]

---

3 여기 '새로운 선교학적 모험'에 관한 보다 상세한 진술은 다음 자료를 참고 하세요. 김용복, 『생명지혜, 평화 향연의 길』 (고 김용복 목사 1938. 11-2022.04 추모 자료집, 2022년 5월 27일), 120-161.

## II. 선교학적 확언들

### 선교학적 확언 1: 그리스도 안의 영원한 새 생명은 평화를 뜻한다

핵전쟁뿐만 아니라 사이버네틱스, 전자 기술적 정보화, 하이테크 전쟁들은 이 땅에서 살아가는 인간과 자연의 생명을 지속적으로 위협하고 있다. 지정학적 균형은 양극적 공포의 균형으로부터 세계의 민족들과 국가들에 대하여 맞선 단극적 세력으로 이동했다. 이러한 단극적 군사적 정치적 세력은 자기의 지구적 패권과 동맹자들의 이익을 도모하는 자들에게 저항하는 세력들에 대하여 전쟁을 벌이고 있다.

세계 여론은 조작되고 전쟁 선전은 '문화 전쟁들'을 통해 '적'을 향해 조준되고 있다. 이는 다국적 이해관계자들에 의해 정보 및 통신 기술이 전 세계적으로 통제되기 때문에 일어난다.

적성 민족이 특정 민족에 대하여 행한 가장 진보된 하이테크 군사적 행동들은 거의 전능한 능력을 드러낸 것으로 보인다. 어떤 이들은 보스니아 전쟁을 멸절(*Omnicide*) 전쟁으로 표현했는데, 이는 생명을 파괴하는 전자 정보적 전쟁에 대한 설명인 것이다. 베트남 전쟁에 참가한 사람들에게 사용된 생화학무기로 인해 아직도 피해자들은 생물학적 장애로 고통을 받고 있다. 오늘날 타민족과 타종교인들에 대한 전쟁들이 일어나고 있다.

복음을 나눈다는 것은 이러한 멸절의 전쟁에 대한 거부를 뜻한다. 복음을 나누는 것은 이 세상에 사는 다양한 사람들의 영원한 새 생명을 위해 그리스도의 평화(the Peace of Christ)를 세우는 일이다. 우리는 성경에 나타난 평화의 메시지를 신앙적 행동으로 드러내야 하는 시간

(카이로스)을 맞이하여, 메시아의 통치뿐만 아니라 지구의 평화를 만들기 위해 진지하게 선교학적 실천을 행해야 한다.

### 선교학적 확언 2: 영원한 새 생명은 생명을 위한 경제 (살림살이)를 뜻한다

하나님의 정치경제는 생명 곧 영원한 새 생명을 위하여 인간과 자연에게 청지기 직무를 위임한다. 오늘날 지구시장은 하나님의 경제(살림살이)를 거슬러 맞서고 있다. 글로벌(다국적) 기업과 경제기구들(IMF, WTO 등)은 지구시장을 지배하고, 개인과 국가, 국민들의 경제적 생활의 주권을 대체하였다. 이들은 통제할 수 없는 시장의 과정에 대하여 절대적 주권을 행사한다.

이러한 종류의 통제가 지구시장에 스며들었다. 식품 산업 특히 유전자 변형 식품 산업에서, 국제 금융 거래 시장에서 그리고 세계 무역에서 관철되고 있다.

지구시장화 진행에 대한 완전한 통제에 따른 이윤 극대화의 이데올로기는 시장의 신조(doctrine)가 되었다. 이 시장 이데올로기가 대중적 통제 혹은 지속가능성 위에 세워진 건전한 생명 철학을 대체해버렸다.

정보와 통신 네트워크는 이러한 이데올로기를 위해 복무하는 시장의 필수적 부품이 되었다. 이러한 네트워크는 경제적 삶의 주권을 정복함으로써 사람들을 걷잡을 수 없는 소비주의로 이끌어간다. 또한 이러한 상업적 프로파간다는 사람들의 경제적 생활 방식을 극적으로 중재하고 있다.

성경에서 예견된 대로 복음은 하나님의 경제(oikonimia)의 회복을 제시한다. 성경에 설명된 하나님의 경제의 기초와 원칙들은 현재 진행되는 지구화의 맥락에서 하나님의 구원의 행위를 통해(kairotically) 회복되어야 한다. 굶주린 사람들 사이에서 그리고 가난한 사람들 사이에서 복음이 나누어짐으로써 이들이 하나님의 경제를 통해 영원한 새 생명을 누려야 한다.

### 선교학적 확언 3: 그리스도 안의 영원한 새 생명은 공동생활을 위한 직접 참여와 네트워킹을 뜻한다

지구 시장의 주요 행위자는 더 이상 민족 국가들이 아니고 어떠한 정치적 책무를 지지 않는 다국적 기업 조직들이다. 이들이 주권적 행위자들이고 이들의 이데올로기는 신자유주의다. 이들은 마땅한 정치적 제약을 받지 않고 최대의 이익을 내기 위해 무제한의 자유를 누린다. 일부 민족 국가들은 정책 시행을 통해 책무를 행하려고 시도하지만, 지구적 기구들과 세력들은 종종 국가 주권을 무력화시키고 자국 시민들을 보호하려는 국가의 통치력을 억제한다.

이러한 상황은 대표제 형식의 자유 민주주의에 대한 비판적 검토를 요구한다. 선출직 대표자들은 종종 유권자들보다 경제적 세력과 지배 당국에 더 큰 책임을 지고 있다. 왜냐하면 경제적 세력들은 시민들의 마음을 변화시키는데 더 큰 영향력을 가지고 있기 때문이다. 선출직 대표자들은 종종 경제적 세력의 영향에 굴복하고 있는 것이다.

과거 한때 근대시기만큼 지정학은 더 이상 민족 국가의 중심을 차지하고 있지 않다. 그러나 초국가적 세력들의 경제적 정치적 영향력을 통제하고 제한하며 합당한 과정을 통해 국민들에게 책임을 지게 하는 민주 정치적 과정이 유의미하게 존재하지 않는다. 이로 인하여 이 세계는 국가연합(유엔)이 채울 수 없는 심각하고 위험한 정치적 공백 속에 놓여 있다.

동시에 지역 공동체와 민초들은 지역 혹은 국가 당국에 의해 통제되지 않는 경제적, 정치적 폭력에 노출되고 있다. 시민들은 지구화된 시장 세력들의 초국적 영향으로부터 정치적 보호와 안전을 받을 수 없다.

지구적 경제 및 정치 과정에 직접적으로 개입할 수 있고, 자치 국가적이고 지역적인 정치 제도들을 급진적으로 민주화할 수 있는 새로운 정치적 주체들을 구축할 필요가 있다. 이러한 새로운 정치학은 자신들의 통치구조에 국민들의 직접적 참여를 포함시켜야 한다.

최종적 분석으로, 현대 민족 국가들은 국가법을 시행하고 정치적, 사회적, 경제적 갈등을 중재하기 위해 정치력뿐만 아니라 물리적 힘에도 의지해야 한다. 지금 우리는 새로운 정치학이 필요하고 또한 직접적 참여를 위한 새로운 정치적 주권을 창출할 필요가 있다. 본 필자는 이래로부터 시작하는 시민적 가치와 지혜, 정보와 통신 네트워크가 정치 권력의 새로운 근원이라고 생각한다. 이러한 권력의 근원을 창조하고 새로운 정치 주권을 구축하는 것은 참여적 민주주의 교육의 과제라고 할 수 있다.

시민들의 운동, 풀뿌리 민중 운동, 농부와 노동자 운동 등 시민사회 운동, 여기에 더하여 참여적 운동 즉 여성 운동과 여타 중산층 운동도 직접 민주적 참여를 위한 새로운 정치적 지평을 열고 있다. 이러한 참여적 과정은 모든 방면에서 강화되어야 한다. 이것은 새로운 정치학의 모든 것이다.

아래로부터 일어나는 직접적 참여의 성격은 세계적 지평뿐 아니라 지역적이고 국가적 지역까지를 연결하는 강력한 정치적 연대 네트워크를 요구한다. 이러한 종류의 지구적 연대 네트워크가 없는 직접적 참여는 파편화 되고 또한 지구 시장의 정치적 세력에 의해 쉽게 무너질 수 있다. 모든 지역적 그룹과 시민 그룹 등에서 성행하는 이들 연대 네트워크들을 위하여, 매우 다양한 그룹과 공동체들을 생산적인 연대 네트워크들에 상호 연결할 수 있는 일종의 정치적 소통 네트워크를 개발할 필요가 있다. 참여적 지구화는 현재의 지구화의 역행인 것이다.

복음을 나누는 일이란 권리를 박탈당한 모든 사람들을, 하나님과 함께 하는 공동 주체자로서, 하나님의 통치 속으로 그리고 정의, 평화와 생명의 경제학으로 초대하고 참여시키는 노력이다. 좋은 소식을 나누는 일이란 모든 민족과 사람들을 영원한 새 생명을 위한 메시아의 잔치에 참여하도록 초대하는 일이다.

선교학적 확언 4: 그리스도 안의 영원한 새 생명은 샬롬과 공동체 생활의 복지를 뜻한다

지구화는 적자생존의 이데올로기와 약육강식의 교리를 우상화하는 새로운 사회적 다윈주의(Darwinism)를 만든다. 이는 이른바 무제한적으로 자유로운 경쟁의 '덕목' 즉 생명을 파괴하는 21세기 판 지구적 정글을 촉진하고 또한 하나님의 창조질서와 하나님의 생명의 정원을 혼란에 빠뜨린다. 성경 시대에는 리워야단(Leviathans)과 베헤못(Behemoths)이 세계를 통치한다고 기록된 것처럼, 오늘날은 다국적 기업체들과 그들의 동맹자들이 세계를 지배하고 있다.

통치자들과 권력자들 사이의 폭력적 갈등, 구조적 모순과 대립은 사람들을 희생자로 만들고 있다. 그들은 생명의 안전망과 영적, 물질적

공동체 삶을 파괴하고 있다. 사회적 모순과 갈등은 복잡하고 통제할 수 없다. 여기에는 정의란 있을 수 없다. 약자와 가난한 자들을 위한 돌봄이 없다. 공동체를 위한 코이노니아가 없고, 공익적 삶을 위한 디아코니아나 청지기 정신도 없다.

복음은 약한 자와 가난한 자를 위한 정의를 세움으로써 나누어진다. 이는 하나님의 영이 세상을 가득 채울 때 일어나고, 그리스도의 영이 세상으로 흘러넘칠 때 실제적 코이노니아가 공동체에서 실현된다. 이것은 영원한 새 생명을 위한 안전망이자 사회 보장과 복지의 네트워크이다. 이를 통하여 억압과 가난과 폭력의 그물망은 대체되어야 한다.

복음을 나누는 일은 메시아적 샬롬을 실현하는 것을 의미한다. 이러한 실현은 이사야 11장의 비전과 요한계시록 21-22장의 비전이 생명의 충만함으로 이루어진 것과 같다. 영원한 새 생명은 평화의 어린양이신 그리스도의 중보자적 희생을 통해 실현되었다. 이는 하나님과 하나님의 백성 사이, 사람들 사이, 사람과 우주 사이에 있는 모든 적대관계를 소멸한다. 이는 제국적 패권주의자들의 평화가 아니다. 이는 오로지 그리스도의 평화이다.

### 선교학적 확언 5: 그리스도 안의 영원한 새 생명은 잔치의 삶을 뜻한다

지구적 시장은 1) 사람들의 마음을 맘몬주의와 소비주의로 더럽히는 강렬한 상업적 선전, 2) 하이테크 멀티미디어와 첨단 커뮤니케이션과 대량의 정보 전송, 3) 문화적 생산물의 상품화, 4) 정체성과 가치 및 미적 감성 측면에서의 문화적 위기 등의 특징들을 갖는다. 어떤 이들은 21세기의 지구적 시장이 문화적 상품들의 교환에 의해 지배될 것으로 생각한다. 참되고 선하고 아름다운 삶에 대한 찬양은 무의미하고 쾌락에 몰리고, 고귀한 가치가 결여된 문화 생활로 완전히 왜곡되어 대체될 것이다.

사람들 사이에서 복음을 나누는 일은 그들 자신의 정체성과 창조성을 지닌 모든 민족들의 참되고 선하고 아름다운 생명에 대한 축제가 되어야 한다. 이것은 요한계시록 21-22장에서 묘사된 메시아의 생명 축제 비전으로 드러난다. 이는 새 하늘 아래 새 땅에서 이루어질 샬롬의 새로운 '도시'(polis)에서 일어날 영원한 새 생명을 위한 축제이다. 이러한 맥락에서 예배는 시장 문화를 반대하여 행하는 일종의 문화적 사건이 되는 것이다.

현대 세속적 문명의 문화적 혼돈은 극복될 필요가 있다. 기독교는 서구 문화적 식민주의와 매우 깊은 관련 속에서 형성되어 왔다. 이것은 비판적으로 검토되어야 한다. 기독교와 서구 문화의 밀접한 연관성은 비서구권 문화에 대한 폄하와 서구 문화에 대한 찬양이라는 결과를 낳았다. 이 문제는 현대 문화와 전근대 문화라는 이분법적 구분과도 깊이 연관되어 있다.

세계의 문화적 미래는 매우 위태로운 상황이다. 우리는 이 지구적 시장이 영원한 새 생명의 문화를 다루게 내버려둘 수 없다. 문화적 정체성과 창조성은 이 세상의 문화적 삶의 미래를 위하여 회복되어야 한다. 이는 찬란하게 피어난 모든 세계의 찬란한 문화적 유산들을 우리가 포용하고 이것들을 평가하여, 영원한 새 생명을 위한 문화적 지혜를 추구할 필요가 있다는 것이다. 문화들은 모든 민족들의 생명과 민족들의 갱신을 위하여 수여된 하나님의 선물들이다. 이들은 문화적 갱신과 창조성을 위한 열쇠이다. 우리는 21세기 문화적 정보와 소통 디아코니아를 위한 선교학을 발전시킬 필요가 있다.

### 선교학적 확언 6: 그리스도 안의 영원한 새 생명은 건전하고 궁극적인 삶의 근거가 된다

지구화 과정에서 가장 당황스럽고 만만찮은 질문은 민족들의 종교들과 관련된 것들이다. 사람들은 지구적 변화에 반응하여 보수적, 혹은 심지어 일부는 근본주의자 입장을 취할 수 있다. 그러나 종교들은 인간 공동체들에게 이 지상에서의 삶에 대하여 궁극적인 근거와 의미를 주는 자궁들이다. 또한 종교들은 문화적 창조성의 근원이고, 실제로 세계 문명들의 토대를 제공해 왔다.

종교적 산물의 상품화가 어느 정도 일어났는데, 이 상품화는 몇 가지 심각한 문제들을 일으켰다. 이 중의 하나는 종교를 시장의 종교로 이끌었다. 이 점에서 일부 기독교 종교 분파들은 시장 이데올로기를 위한 정당성을 제공한 것으로 여겨진다.

종교 간 관계 영역에서 중요하게 수정해야 할 점이 있다. 기독교 종교는 종교적이고 문화적인 면에서 배타적 입장을 취하였다. 이 점이 기독교에 대한 혐오감을 일으켰을 것이다. 이러한 배타적 태도는 복음 나눔에 있어서 주된 걸림돌이 되어왔다. 복음을 나누는 일은 그리스도 안의 영원한 새 생명을 위하여 모든 종교들의 모든 지혜를 포용해야 한다. 모든 종교들은 참되고 선하고 아름다운 삶을 살도록 민족들과 그들의 백성들에게 주신 하나님의 선물들이다.

## 선교학적 확언 7: 그리스도 안의 영원한 새 생명은 생명의 자궁과 정원으로서 생물 생태학적 영역 안에 있는 생명의 통전성을 뜻한다

지구화는 (유전학적 공학과 같은 과학 기술적 수단을 통해) 생태적 파괴와 생물학적 조작을 가속화할 것이다. 이 과정은, 민주적 수단에 의해서 또한 단순히 과학적이고 기술공학적 가능성에 의해서도 통제될 수 없는 시장 메커니즘에 의해서 진행된다. 이 상황은 인간을 창조주 하나님의 자리에 매우 가깝게 위치시킨다. 또한 이것은, 시장 메커니즘이라는 거인들이 이윤을 극대화하는 목표를 추구하는 것과 같이, 인간의 손에 생명을 파괴하는 힘을 부여한다.

생명 – 인간과 자연 – 의 통전성으로부터 생명을 분리하는, 극도로 위험한 형태의 자연주의가 있다. 또한 유전자 공학의 생화학적 프로세스에 매우 위험한 축소주의가 도사리고 있는데, 생명의 전체적이고 통전적인 맥락에 이러한 생화학적 축소주의를 위치시킨다. 그러나 그리스도 안의 영원한 새 생명은 특히 이러한 축소주의 프로세스에 결코 위치시킬 수 없는 것이다.

복음을 나누는 일은 생명을 창조하는 하나님의 주권과, 영원한 새 생명을 홀로 봉사하는 청지기인 메시아의 디아코니아의 회복을 추구한다. 복음을 나누는 일은 지구화에서 명백하게 드러나는 권력과 죽음의 속박으로부터 생명의 해방을 촉진한다. 이것은 메시아 통치 안에서 일어나는 영원한 새 생명의 창조를 위한 중심적인 확언이다.

## III. 그리스도 안의 영원한 새 생명을 위한 카이로스 행위로서 선교

카이로스는 이 우주에 살고 있는 사람들[민중]과 그리스도를 통해 드러난 하나님의 행동의 역동적 표명이다. 이것은 영원한 새 생명을 위한 일종의 메시아적 지정학이다. 이것은 자연적, 현대적, 사이버네틱 지정학에서 또한 이들의 다양한 복합체 안에서 스스로 드러낸다. 그러나 이것은 이러한 지정학을 그리스도 안의 영원한 새 생명의 카이로스적 지정학으로 변형시킨다.

그리스도 안의 영원한 새 생명은 성경적 언어뿐만 아니라 카이로스적이고 창조적인 언어로 이해되어야 한다. 통전적 의미의 영원한 새 생명은 우리 모두의 새로운 선교학적 모험의 초점이 되어야 한다.

# 생명운동,
# 시민운동의 새로운 지평 모색*

　흔히 "생명운동"은 환경운동, 생태운동, 생명윤리 등을 중심으로 일어나는 시민사회 운동으로 일컬어져 왔다. 그러나 생명운동은 보다 포괄적으로 統全的, 통합적으로 이해하여야 한다고 생각한다. 생명운동은 생명에 대한 다양한 위협을 동시에 그리고 다 함께 극복하여야 하기 때문이다. 20세기에 우주의 생명은 총체적 위협에 직면하게 되었고 21세기에 와서 이 위기는 더 심각하여지고 있기 때문이다.

　인간은 자체의 생명보전을 위하여 문명을 일으켰다. 문명사는 인간의 生命歷史였다고 할 수 있다. 그러나 인간 생명역사, 생명문명사는 인간의 생명이 우주의 생명체에 긴밀히 연관되고 의존되어 있음에도 불구하고 인간의 자체중심적인 문명의 전개에 따라 우주의 생명체에 대하여 배타적으로 전개되어가고 있다. 이 과정에서 인간은 생명을 위협하고 파괴하는 문명을 주도하는 주범이 되어버렸다. 역설적인 것은 인간이 자체의 생명을 보전하고 풍요롭게 하는 노력이 오히려 인간 자체의

* 김용복, 한국생명학대학원장, 2004년 11월 12~14일, 세계생명평화포럼.

생명까지도 총체적으로 위협하게 되었다는 것이다.

새 하늘과 새 땅(新天新地)에 생명의 정원 살림을 새롭게 일구는 일을 위하여 새 생명운동을 전개하여야 하면 "새 문명의 기틀"을 구상하고 이를 마련하여야 할 것이다. 우리는 생명의 총체적 위기를 맞이하여 생명을 살리는 새 우주의 비전을 꿈꾸고 이를 실현하려는 것이다.


## I. 최근 역사적 운동사를 돌아본다

인류는 문명사를 오래도록 존속시켜 왔다. 이 문명사는 흥망성쇠를 이어 왔고 문명 사이 충돌과 융합을 내포하였다. 그러나 근세에 와서 인류문명사는 서양문명과 동양문명 그리고 다른 문명과의 침투, 충돌 그리고 대결, 나아가서는 서로 융합하는 것을 경험하였다.[1] 서양문명은 충돌과 대결의 과정에서 동서양의 문명사적 지평은 수평적으로 융합되고 역사적으로 통합되어 가고 있다. 동시에 이 과정에서 우주 모든 생명체가 생명의 위협을 함께 직면하고 있다.

1. 조선 말기 우리 민족은 동학운동을 전개하였다.[2] 종교사상적 융합을 토대로 새 종교창조운동이었다. 동시에 조선의 사회경제와 정치체제의 모순을 극복하고 서구문명의 침입에 대응하기 위한 "후천개벽"의

---

1 Arnold Toynbee, *The World and the West*.

2 19세기 중국에서는 태평천국농민운동이 일어났다. 이 운동은 우리 조선의 동학운동과 비슷한 점이 많다. 일본에서는 명치유신이라는 위에서부터 아래로의 혁명적 사건이 벌어졌다. 동학운동은 적어도 아시아적 축을 가지고 있음을 방증하는 것이라고 하겠다.

농민운동, 민중운동이었다. 이 운동은 민족의 종교적, 사상적, 문화적 지혜를 전수받으면서 조선 말기의 농민운동과 개혁적 지식인 운동을 한데 아울렀다. 이것은 통전적 운동이었다.

2. 우리 민족은 19세기 말 20세기 초 동북아시아의 지정학적 소용돌이 속에서 민족의 생존과 새로운 미래를 위하여 민족운동을 태동시켰다. 우리 민족운동은 주변 강대국 (중. 일, 러, 서양(영미) 제국의 식민지 확보와 지배의 야욕을 직시하면서 민족의 독립을 수호하기 위한 척사, 개화, 의병운동 등의 민족 운동을 일으키고, 제국의 식민 세력을 극복하기 위한 다양한 민족독립운동을 전개하였다.

이 민족독립운동은 3.1 기미독립운동에서 민족사의 축을 전환하는 변혁운동의 비전을 확보하였다. 동학, 불교, 유교, 민중종교, 기독교 신앙인들이 공히 민족사회의 새 비전을 추구하면서 "조선조의 회복"이라는 차원을 넘어서 "아~ 안전에 신천지가 전개하는도다"라고 천명하였다. 이것은 세계 제1차대전 직후 역사변혁을 추구하는 세계사적인 기운에 순응하는 것이었다. 이 운동은 정치사적으로는 "실패"라고 규정하고 있지만 정신사 내지는 정치문화사적으로는 "새로운 민족정치공동체"를 꿈꾸었던 운동이었다.[3]

3. 1917년 소련에서 볼쉐빅 사회주의 계급사회혁명이 일어났다. 이것은 서방 자본주의 산업혁명에 대한 대 반격이었다. 이 계급혁명운동

---

3 3.1운동은 세계 제1차대전 이후 유럽(아이랜드, 체코스로바키아 등), 인도 등 세계적인 차원에서 민족자결과 세계평화라는 비전이 표출된 세계사적인 궤도를 가지고 있다.

은 우리 민족운동에 지대한 영향을 미쳤다. 우리 독립운동은 민족 운동의 중추에 사회혁명을 도입하였다. 3.1 운동 이후 우리 민족독립운동은 음으로 양으로 새로운 사회적 비전을 내포하게 되었다. 이것은 1930년 천후에 강력하게 표출되었다. 이런 움직임은 제2차 세계대전 이후 월남, 중국, 동부유럽에서 그리고 아프리카 아시아에서 강력하게 작용하였다.

4. 3.1 운동 이후 일제는 문화적 동화정책으로 민족의 의식을 식민지화하고 민족의 혼을 앗아가려고 하였다. 민족의 문화, 예술은 외형적으로는 일제에 의하여 장악되었던 것처럼 보이나 우리 민족은 이러한 맥락에서 민족교육, 민족문화예술운동의 투쟁을 전개하였다. 이런 문화적 동화정책은 세계의 모든 식민지에서 전개되었다. 민족문화적 저항운동은 우리 민족문화사에 있어서 새로운 지평을 열게 된다.

5. 우리 민족은 사회경제적 정의를 축으로 하는 공산주의사회는 북쪽에 형성되었고, 남쪽에는 자본주의사회가 구성되는 민족분단의 비극적 역사 경험을 하게 된다. 우리 민족은 민족의 통일운동을 전개한다. 우리 민족은 1930년 전후에 싹트는 이념적 통합운동에 이어 세계이차대전 직후 민족이 하나 되기 위한 통일운동을 가슴에 품는다. 그러나 전후 세계지정학적, 이념적 양극화는 민족의 "하나 되려는 꿈과 의지"를 압살한다. 그러나 이 꿈과 의지는 아직도 우리민족 역사와 민족사회 안에서 강력하게 움직이고 있다. 이러한 문화운동은 모든 식민화된 국가들에서 전개되는 문화적 저항운동이었으며 새로운 민족적 정체성과 창조성을 확보하는 운동이었다.

6. 우리 민족은 경제의 산업화(자본주의, 사회주의)를 도모한다. 서구 근대의 과학 기술혁명을 전제한다. 이것이 아시아 아프리카에서 전개되는 근대화(Modernization)운동이었다. 이 근대화는 식민지에서 독립된 국가들이 자주독립을 위한 근대국가건설, 근대산업경제건설을 위한 혁명적 과제이었다. 그러나 우리 남한에서는 한국전쟁이라는 비극적 전쟁을 경험하였고, 이 연속으로 미국의 후견 아래 군사주의 독재에 의한 산업화를 경험하게 된다. 그동안 우리 민족은 우리 민족의 평화를 위한 꿈을 가슴에 파묻고 살아야 했다.

이에 대응하여 인민/시민의 주권을 위한 인권, 민주화운동을 하였다. 이것은 정치적 민주화(인권)와 사회정의(민중의 사회적 권리)를 동시에 추구하는 운동이었다. 우리는 아직도 이 운동을 전개하고 있는 것이다.

7. 인권/사회운동의 한계는 70년대 여성운동이 노출시켰다. 60년대에 일어났던 인종차별 철폐운동과 더불어 여성운동은 인권과 사회운동은 성의 정의(Gender Justice)를 내포하지 않는 한 진정한 해방을 이룰 수 없다는 자각이 보편화되기 시작하였다. 여성의 인권, 여성민중의 사회적 권리, 가부장체제와 문화의 철폐는 우리운동의 핵심적인 자리를 차지하기 시작하게 되었다. 이 운동은 아마도 사회계급 철폐운동과 더불어 가장 보편적인 운동의 지평일 것이다.

8. 1970년대 초 아시아의 국가들이 산업화의 꿈을 부풀리고 있을 때 세계경제는 근본적인 구조변화를 경험하게 된다. 이것은 자연자원(석유 등)의 고갈과 생태계의 파괴라는 문제를 인식하면서부터이다.

여기서 산업화의 한계를 인식하게 되고 이 상황에 대응하여 생태계의 파괴와 산업경제의 지속불가능성을 우려하는 운동이 일어나게 된다. 한때 개발도상국가들과 그 시민들은 이 상황을 서방 선진국가들의 엄살이고 개발도상국을 압박하는 핑계라고 생각하였다. 그러나 오늘 생태계의 문제는 인류와 생명체들의 존속 문제와 직결되어 있음이 보편적으로 인식되어 있다.

9. 그러나 우리는 절박한 문제를 민족통일과 평화에서 보았다. 우리 민족은 민족통일과 전쟁체제를 극복하기 위한 통일과 평화를 실현하지 않고는 인권도 사회정의도 실현할 수 없다는 자각 아래에서 민족통일과 한반도 평화운동에 몰입하게 되었다. 이것이 1980년대 90년대 운동의 맥이었다. 이 운동은 냉전체제를 극복하려는 세계적 평화운동과 맥을 같이 하였다. 분단된 독일에서 강력한 평화운동이 일어났고, 유럽과 동아시아에서 냉전체제의 극단적 대립을 완화하려는 공존체제(Co~Existence)에로의 움직임이 서서히 일어나는 지정학적 상황에 대한 대응이었다. 오늘 우리의 통일과 평화운동은 새로운 차원에서 조명되고 새롭게 전개되어야 할 것이다.

10. 오늘 우리는 냉전체제의 해체 이후 총체적 지구화(Globalization)의 과정을 경험하고 있다. 70년대 세계경제는 석유자원의 폭등으로 인한 금융자본의 형성으로 말미암아 투기 자본화(Speculation of Capital)한다. 또 냉전체제 해체 이후 세계는 하나의 지구시장체제를 통합구축하게 된다. 그리고 나아가서 이 지구화의 과정은 과학 기술화된 세계계자본의 추동뿐만 아니라 일극체제 속에서 지정학적 헤게모니를

비롯하여 세계를 제패하는 제국(The Empire)의 출현을 경험하고 있다. 이 제국은 지구시장의 안보라는 명분으로 절대적인 군사제패체제를 구축하고 있다. 이러한 지구적 상황에서 지금까지 운동사에서 경험되었던 것들이 총체적으로 합류되어 경험되고 있다. 인류는 이 지구체제 아래에서 그 생명을 총체적으로 위협받을 뿐 아니라 우주의 생명체 전체가 파괴와 전멸의 위협 속에 놓이게 되었다. 이 상황은 인간 생명뿐 아니라 우주의 생명을 총체적으로 보전하고 살릴 수 있는 "새 생명문명에로의 전환"을 요청하게 된다. 우리는 이 상황에서 오늘의 시민운동을 재조명할 필요를 절실히 느낀다.

11. 오늘의 시민운동은 지구화의 과정에 대응하는 동시다발적인 직접참여와 지구적 연대운동이다. 지구화에 대응하기 위한 다양한 시민운동이 일어나고 있다. 지금까지의 고전적 운동의 연장선상에서 그리고 새로운 차원에서 시민운동을 이해해야 할 것이다. 시민운동은 지금까지의 민족운동, 사회운동, 민중운동, 문화운동과는 달리 지구화의 과정에서 발생하는 다양한 문제들에 대하여 정치과정과 시장과정을 넘나들면서 전개되는 참여운동이다. 우리나라와 같은 경우 시민운동이 혁신성과 변혁성을 내포하면서 고전적 운동의 성격을 가지기도 하나 시민운동의 주체는 어디까지나 시민이다. 또 시민운동은 시민사회 운동적 성격을 가지고 정부와 시장의 테두리를 넘나들면서 비판적 기능, 대안적 개혁운동을 전개하기도 하고, 지구적 차원에서는 국가의 경계도 넘나들면서 연대하기도 하면서 시민운동을 전개한다.

시민사회 운동은 각 나라의 시민들이 전개하지만 국가의 테두리를 넘나든다. 왜냐하면 지구화과정에서 국가의 경계선이 느슨하여지거나 개방되었다. 지구시장체제는 지구적 자유무역체제(초국적 기업의 활동 등), 지구적 교통, 지구적 미디어와 통신, 지구적 사이버 공간(Cyber Space)의 형성 등으로 국가 간의 경계를 "철폐"하기 시작하고 국가주권의 약화 내지는 와해를 야기시키고 있다. 따라서 국민의 주권은 기존 국가체제 안에서는 제대로 매개되지 못하고 약화되고 있다.

그러나 기본적으로 오늘의 시민운동은 국가적, 국제적 정치과정(Governance)을 개혁하고 지구시장의 과정을 개혁하면서 문제를 풀어간다. 그래서 시민운동을 시민사회 운동, 또는 비정부조직(Non~governmental Organization=NGO)이라고도 한다. 여기에는 비영리성도 포함되어 시장에서 독립됨을 내포하기도 한다.

따라서 시민운동은 사회구조적 기반보다는 각종의 문제 중심으로 전개하는 운동적 성격이 강하다. 그러나 시민운동이 전통적 운동의 문제들을 도외시할 수 없다. 다만 시민운동은 구조적 문제에 대하여서 유연하고 포괄적이며 개혁적인 접근에서 출발한다는 것이다.

1) 오늘의 시민운동은 지극히 구체적인 "살림살이" 문제와 결부되어 있고 지역에 밀접하게 연계되어 있다. 이 운동은 지역공동체적 성격을 띠고 있으며 또 그래야 한다. 여기서 시민의 생활주권—살림살이의 주권—을 확보하여야 할 것이다. 오늘의 시민운동은 다양한 문제들을 다룬다. 시민운동은 구조적인 문제보다는 구체적인 문제와 정책적 대안문제에서 운동을 출발한다.

2) 오늘의 시민운동은 혁명과 변혁을 목표로 하기보다는 개혁을 출발점으로 하여 운동을 전개한다. 시민운동은 정치나 시장을 비판하기

도 하고, 대안을 제시하여 개혁정책을 변호하기도 하고 정치적 주체와 시장적 주체와 조정하기도 한다. 이것이 시민운동이 정치의 장과 시장마당에 직접참여(Direct Participation)하는 것이다.

3) 따라서 시민운동은 원론적인 입장과 주장보다는 조정과 조율을 통한 합의를 도출하여 문제를 실질적으로 해결하는 것을 시도한다.

4) 시민운동은 다양한 연대망을 지역적 차원, 사회적 차원, 지구적 차원에서 자유자재로 형성한다. 전통적인 민족적, 민중적, 인종적, 성적 연대를 뛰어넘어 다중적 연대를 형성한다. 시민운동은 국내적으로나 국제적으로 연대운동을 통하여 그 영향력을 증대시키고 공동의 직접행동을 하며 대안적 정책을 제청하고 후원하기도 한다.

5) 시민운동은 정보의 공유, 원활한 커뮤니케이션 등을 통하여 시민의 여론을 힘의 바탕으로 하여 개혁을 이룬다. 시민운동은 모든 문제를 공론화하여 일반 시민의 참여와 지지를 유도하고 심도 있는 토론을 보다 좋은 정책을 추구하도록 한다.

오늘 시민운동은 지구화의 과정에서 민주주의를 심화하고 확대하여 기존 정치과정이나 시장과정에서 확보되지 못하는 민주적인 과정을 장외에서 창출하여 기존 권력 과정과 시장과정을 더 광범위한 참여를 통하여 민주화하고 시민의 전문적 지혜를 동원하여 생활민주주의를 심화한다. 동시에 국가를 초월하여 다가오는 지정학적 문제, 지구시장의 압력, 문화적 문제 등을 초국가적인 차원에서 다룰 수 있는 통로를 열어 주고 있다.

그럼에도 불구하고 시민운동은 아직 그 사회문화적 기반이 취약하고 파편적 성격과 지속적 성격이 약함을 지적하지 않을 수 없다. 시민운동은 밑에서부터 참여하고 광범위하게 연대하지만 생명운동의 통전성을 필요로 하고 있다.

12. 시민운동의 새 지평을 열자. 이것은 통전적 운동이다. 생명운동을 모든 새 운동의 軸으로 설정하자는 제안이다. 전통적 전형적 운동도 생명을 살리자는 운동이고 시민운동도 생명을 살리자는 운동이다. 역사적 운동과 시민운동의 합류를 통하여 운동의 새 지평을 열자는 것이다. 생명운동은 "생명의 심층"에서 합류하는 통전운동, 생명의 총체적 위기를 극복하기 위한 통합적 운동이다.

생명운동은 지금까지의 다양한 고전적 운동의 합류이다. 다양한 모순과 갈등을 극복하기 위한 운동이다. 여기서 새로운 생명의 지평에 다양한 지평을 합류하면서 새 생명 織造의 거미줄(Web)을 형성한다. 고전적 운동의 구조적 차원과 시민운동의 구체적 차원을 생명운동의 차원에서 합류하자는 제안이다. 고전적 운동은 운동과 운동사에의 위계질서는 있어도 포괄적 연대는 어려웠다. 시민운동은 구체성과 포괄적 연대성은 있어도 구조적 기반이 취약하였다. 우리는 이 양자를 생명운동의 기틀에서 융합하자는 것이다.

1) 생명운동의 바탕을 찾는다: 우리는 먼저 아시아의 종교운동, 사상운동, 문화운동사에서 아시아 생명운동사의 줄기를 찾아야 한다고 생각한다. 이것은 생명의 "태극" 또는 근원을 이해하기 위함이다. 이것은

生命學의 일차적인 과제이다. 이 生命學은 생명운동의 바탕을 제공하여 줄 것이다.


2) 생명운동의 統全的 主體: 생명(체)는 주체라는 기본적인 명제에서 생명운동의 주체가 논의될 수 있다. 민족운동은 민족이 운동의 주체요, 민중운동은 민중이 역사의 주체로 인식되었다. 여성운동은 여성이 운동의 주체요, 인종차별운동은 피압박 인종이 운동의 주체로 인식 되었다. 생명체는 운동의 포괄적인 주체이다.

우주의 생명체들은 스스로 사는 주체이다. 여기에서 인간은 공동주체로 참여하고 있다. 여기서 인간과 생명체의 주체의 균열을 극복하고 공동동역의 주체로 통전된다. 생명체는 통전적 주체, 서로 연결되고 연계된 지역적, 사회적, 지구적 주체, 우주적 주체; 생명은 시공을 창조적으로 아 우르는 주체이다. 생명운동은 모든 생명체가 함께 참여하는 다양하고 다차원적인 지평을 융합하면서 새 지평을 여는 운동이다. 고전적 운동도, 시민운동도 생명운동에 합류하여 통전성(統全性)을 확보하자는 제안이다.


3) 생명의 統全的 道(지혜)를 탐구한다: 생명학은 새 생명을 위한 지혜를 문명의 축적과 교류를 통한 다양한 합류와 상호작용을 통하여 탐구한다. 문명사(역사적)적 蓄積은 문명의 連續과 斷切의 흐름을 融合하면서 이루어진다. 이것은 문명교류(地理的 相互作用)적 경험의 축적을 포함한다.

이런 것을 토대로 하여 생명운동은 새 문명을 지향한다. 고금 동서양의 문명의 새로운 운동적 합류는 생명운동의 새로운 문명적 차원을 창출하기 위한 정신적 융합을 요청한다. 새 문명을 일구는 사상, 종교, 예술적 지평을 합류하는 지평을 연다. 새 문명을 일구는 생명의 정치경제를 구상한다. 새 문명을 일구는 과학 기술체제를 개축한다. 이것이 생명학의 과제이다.

생명학은 동양/서양 농경사회의 이론(文化와 思想)的/實踐的 智慧의 기반을 포괄하면서 그 제약을 초월하면서 통합한다. 근대과학 기술 사회적 기반을 포용하고 그 제약을 극복하면서 융합한다. 생명학은 電子/情報 社會的 基盤과 生命/생태적 基盤을 통합한다.


4) 생명학 구도 형성에 있어서 〈생명의 場〉을 새롭게 조망한다: 생명학은 우주(OIKOS)적 지평에서 생명의 자리를 마련한다. 시간/역사적으로는 과거, 현재, 미래의 지평을 융합한다. 공간/지리적으로는 동과 서, 남과 북의 지정학적 공간을 융합한다. 시공을 다차원적으로 융합하면서 생명의 새장(통합적 시공)을 마련한다. 생명학의 天地理學적 장은 易學的 時空間觀과 軌를 같이 할 것이다.


5) 生命의 生涯(歷史的 展開)=Zoegraphy: 생명은 삶의 주체이다. 이 주체는 생명과 죽음의 순환을 수용하면서 삶의 궤도를 이행한다. 생명체의 생애는 우주 공동체적 기반을 통합하여야 한다. 생명의 생애를 추구하는 생명학은 인간계와 생물계를 생물학적 차원, 생태적인 차원에서만 통합하지 않고 宇宙(집우 집주)라는 생명의 집에서 인문학적으로 통합하고 융합한다. 생명학의 파라다임은 "우주적 인문학"이다.

동시에 생명학은 생명의 정신적 주체성과 문화 예술적 창조성을 추구한다. 우주의 생명성과 문화 예술적 창조성의 융화를 분별한다.

이것은 우주적 신비성(종교적 주체성 즉 신앙)의 지평을 연다. 생명은 삶의 예술을 창조하는 주체이다. 생명은 아름답다는 생명의 존재와 삶을 포괄하는 최후의 술어이다. 생명이 아름답다는 것은 아름다움은 생명의 본질로서 自現(스스로 나타내는) 하는 것이다. "꽃이 향기롭고 아름답다"는 표현과 같은 것이다. 생명은 아름답고 향기롭다. 이것이 생명의 생애를 말하여 준다.

6) 생명학은 생명통전의 내용과 방법을 추구한다: 생명운동은 생명이 스스로의 살림살이를 저해하는 것을 극복하고 그 살림살이가 건강하고 풍요롭고 아름답게 이루어지게 하는 것이다. 이를 위하여 생명학은 우주라는 場에서 생명(天地人)을 중심축(極)으로 인문학, 사회과학, 자연과학 등을 統全 한다. 우주적 생명의 다양성을 통전한다. 우주생명의 다중적 부문과 차원을 융합/통일한다.

생명학의 과제는 일차적으로 죽임의 세력을 극복하는 것이다. 인간 문명에서 포괄적이고 총체적인 폭력성의 극복을 의미한다. 오늘 계급적 폭력, 산업화, 근대화(과학 기술혁명), 전쟁(지정학적 폭력, 인종적 폭력(차별), 성폭력(가부장적 차별), 생태계의 파괴, 지구화, 정치적 폭력(전제체제, 전체주의, 개인주의), 문화적 폭력, 우주적/소우주적 대자연 대 생물 폭력이 지구화과정에서 그리고 제국의 헤게모니 형성 과정에서 합류되고 있다. 이러한 합류되고 있는 폭력의 소용돌이를 극복하고 생명을 통합하는 일은 생명의 통전적 주체(몸으로서의 주체, 감성적 주체, 의식적 정신적 주체, 문화 예술적 주체, 윤리적 영성적 주체의 통전)를 일으켜 세워 생명력을 발동하고 삶을 꾸리며 아름다움을 창조하는 운동을 전개하여야 할 것이다.

### (1) 생명정치(Life Democracy=Zoecracy)

생명운동은 운동의 주체를 확보하는 과제를 최우선적으로 수행하여야 할 것이다. 이것이 생명의 주권을 확립하는 것이다. 이것이 생명정치의 과제이다. 생명이 통전적 주체라면 생명의 주권은 통전적으로 확립되어야 할 것이다. 기존의 인권, 사회적 권리에 환경권을 보태는 형식의 주권확립이 아니고 포괄적이고 주체적이며 생명의 살림살이를 통전적으로 꾸릴 수 있는 주권이어야 할 것이다.[4]

생명정치가 수립하여 할 최고의 주체성은 예술적이고 신비적인 차원이다. 생명의 통전적 주체의 정점은 예술적 신비적 주체이기 때문이다. 생명의 아름다움과 신비로움을 표현하는 주체이기 때문이다. 그래서 정치는 예술이라고 하였나 보다.

생명의 주권은 개별적으로 파편화되어서 이해하여 왔지만 이것은 공생적으로 또는 상생적으로 이해되어야 할 것이다. 생명주권의 통전성은 개별주의적 경향과 집단주의적 경향을 극복하고 '참여적인 공생

---

4 The Living beings are subjects of their life. All living beings are subjects; and they have rights of life. In human society, they have convivial rights together with humans. What is relationship between life rights and human rights? In human society, the humans determined their rights. But in the cosmos, the household of life all living beings have equal and convivial rights.
Vandana Shiva's concept of Earth Democracy should be discussed. In the Vicarious Democracy of the Earth Democracy, humans represent living beings. Rights of living beings are benefitial to humans as well as to living beings. Jeremy Rfitkin's concept of biosphere politics is to extend the political rights to the biosphere and the environment of life. Dussell's concept of the rights of living beings is understood as an extension of human rights as well as social rights of the people. Kim: All these concepts expand the rights to the cosmos as the household of life for all living beings. What is the relationship between the human rights, social rights and rights of living beings?

성'(Common Participation)을 확보하여야 할 것이다. 생명의 주권 확립은 기존의 경계선 즉 인격적, 사회적, 문화적, 지리적 차별을 극복하여야 할 것이다. 인간생명의 주체는 공생/상생적으로 이해되며 모든 다른 생명체와 공히 참여하는 데서 진정한 생명 공동체가 이루어질 것이다. 이것이 구체적으로 어떻게 실현될 것이냐를 밝히는 것이 생명학의 과제이다. 우리는 생명정치를 위한 헌장을 어떻게 형성할 것인가?

### (2) 생명의 정치경제(Political Economy of Life)

생명의 경세제민(생명)은 인간과 모든 생명체가 공생/상생하는 경제일 뿐 아니라 살림살이의 주체가 생명체임을 인정하는 '생명 주체적 경제'여야 할 것이다. 이것은 자연의 생명체를 탈취하고 파괴하는 경제는 공생/상생체제를 파괴하여 인간생명 자체가 파괴되는 행위임이 극명하여지는 것이다.

오늘의 지구시장은 과학 기술체제로 생명체를 상업화하고, 생명체를 조작하고, 탈취하고, 파괴하는 산업체제를 기반으로 하고 있다. 산업경제의 무한한 성장과 무제약적인 자본축적과 이윤극대화는 生命圈 전체를 위협하는 결과를 가져오고 있다. 경제정의는 생명 공동체의 기본 조건이다. 생명체의 주권이 인정되는 생명의 정치경제체제(Zoeconomy)를 대안으로 구성하여야 할 것이다.

### (3) 생명의 지정학(Geopolitics of Life)

인간은 왕국, 제국, 국가, 지구적 제국체제를 만들고 군사력으로 자기 집단의 생존을 위하여 안보체제를 구축하고 군사적으로 질서를 지키고 있다. 인간의 문명은 생존을 위한 안보체제의 발전과 밀접한 관계를 가지고 있다.5 인간이 스스로 자체의 생명을 보전하기 위하여 공생/상생의 길을 선택하지 않았기 때문이다.

오늘 지구 제국은 지구상의 모든 생명체와 생명권전체를 공멸시킬 수 있는 무기 체제를 가지고 군사적으로 정치적으로 패권을 행사하고 확장하고 구축하여 가고 있다. 평화는 생명의 기본 조건이다. 생명과 평화의 질서를 위한 새로운 지정학적 질서가 구축되어 모든 생명체의 공동 안보가 보장되어야 할 것이다.

### (4) 생명 공동체의 정의

생명의 질서는 공생/상생의 정의로운 질서이다. 이 질서는 생명체의 약자를 우선적으로 보살피는 질서이다. 생명질서에서 인간사회는 정의의 질서의 한 부분에 불과하다. 우주의 생명질서가 포괄적인 사회질서가 된다. 동양에서는 유교는 "修身齊家治國平天下"라 하여 인간사회질서는 우주질서에 편입되어 있다. 그러나 서양의 근대철학은 자연생명체의 질서와 인간사회질서를 구분하였다. 인간과 자연생명체는 적대적 생존경쟁이었으며 동시에 모든 생명에는 개체적 생존을 위하여 생존경쟁을 하여야 했다. 그럼에도 불구하고 찰스 다윈의 생명진화질서는 인간 사회에 적용되었다. 이 질서는 상생/공생의 질서가 아니라 생명개체와 인간개체의 적자생존적 약육강식의 질서였다. 이 질서는 오늘 지구시장에서 신자유주의적인 무한경쟁의 질서로 전개되고 있다.

근대 사회철학은 계급투쟁, 인종갈등, 성적 차별과 억압 등 모순과 갈등으로 설명한다. 이러한 사회철학은 근본적으로 생명은 생명과의

---

5 McNeil, The Rise of the West, University of Chicago, 1963.

갈등을 통해서 진화하고 진보한다는 생명질서관을 내포한다. 이런 사회
철학은 무한경쟁의 시장질서에서 폭력의 강도가 심화되고 복합화되어
인간과 다른 생명체의 파괴를 전제하고 있다. 동양에서 생명질서는 공생
/상생질서요, 화합과 화해의 질서이다. 이것은 우주의 생명질서에 토대
한 정의의 질서요 평화의 질서이며 생명의 질서이다. 유교에서 말하는
大同의 生命秩序는 弱者의 생명을 보호하는 정의의 질서이다. 생명학
은 社會安全의 기반이 정의와 화평에 있음을 증명하여야 할 것이다.
아마도 생명여성학은 생명의 우주적 질서, 사회적 질서, 문화적 짜임,
종교적 근원을 가장 훌륭하게 통전적으로 제시하고 있다. 생명학은 생명
여성학에서 몸, 사회, 우주의 생명적 통전을 발견하게 된다.

### (5) 생명문화 창조

생명은 창조적이다. 생명 주체의 정점은 예술적이라고 말하였다.
생명은 아름답고 이를 자현하는 예술적 주체이다. 문화는 생명이 우주
속에서 공명하면서 창조적으로 활동한 표현이다. 창조하지 않는 생명은
죽는다. 따라서 생명은 문화의 샘이요 문화의 원천이다. 문화는 생명의
예술이다. 생명의 고동과 생기와 아름다움과 향기가 문화적 공간에 펴지
는 것이다.

오늘 지구화의 과정에서 인간의 문화는 상품화되고 시장화되고 자본
화되었다. 생명의 문화활동, 예술 활동은 시장에 의하여 장악되었다.
지구화과정에서 민족/종족문화들은 상품화되고 고유문화의 정체성은
와해되고, 문화적 가치는 해체되고, 삶의 예술은 억압되고 심미적인
표현력이 상실되어 가고 있다. 문화는 사막화, 황폐화 된다. 그 생명력이
고갈되고 있다. 이처럼 생명의 예술적인 주체가 억압되고 상실됨으로

생명의 창조성이 파괴된다.

문화예술은 생명의 축제이다. 생명의 축제(Feast of Life)는 문화예술이다. 여기서 생명의 감성과 영성이 표출된다. 생명의 생기, 생명의 아름다움, 생명의 신비는 문화로 표현되어 생명의 깊이를 형성한다. 생명의 주체는 삶의 美를 창조하며 우주에 아름다움을 채운다.

또 생명문화는 생명의 정신적 유산, 생명의 지혜를 보유하고 있다. 생명에 대한 사상과 철학은 이 문화적 유산과 지혜에 속한다. 이것은 생명체의 깊고 높은 살림살이의 체험에서 축적된 것이다. 생명 공동체는 이 유산과 지혜를 나눈다.

### (6) 생명과 종교

생명의 근원은 신비스럽다. 생명의 주체도 신비스럽다. 생명의 종말도 신비스럽다. 생명의 신비스러운 차원은 종교적 언어로 표현하고 종교예술(예식)로 표현한다. 모든 종교는 생명의 신비에 관한 언어와 예식을 가지고 있다. 우리나라의 巫敎, 仙道, 道敎, 佛敎, 基督敎는 고전적인 생명의 종교이며, 東學, 증산교, 원불교 등 새로운 민족, 민중종교들도 생명의 종교들이다. 이 신앙들은 생명과 죽음에 대한 심오한 진리와 새 생명에의 도를 가르치고 있다.

그런데 이 종교들은 오늘 지구화의 과정에서 정치 권력과 유착되고 시장의 세력과 유착되며 과거 지배질서의 시녀로 전락하는 경우가 허다하다. 새로운 생명운동을 위하여 이 종교들은 그 원천적인 생명력, 즉 생명의 원천을 회복하여야 할 것이다. 그리고 이 종교 신앙들은 생명의 "태극"적 축에서 합류하고 융합하여 신비적인 생명력을 발휘하여야 할 것이다.

### (7) 우주적 생명질서

생명운동은 인간생명의 자연환경, 생태계를 보전하는 운동으로 협소하게 이해되었다. 따라서 이런 차원의 생명운동은 생물학, 생화학, 지질학, 환경학, 생태학 등의 과학적 이론에 의하여 이해되고 규명되었다. 이런 생명운동은 자연의 파괴, 환경오염, 기후변화, 생물학적 유전자 조작 등의 중요한 문제들을 다루었다.

이런 문제는 오늘 지구화 즉 근대 산업문명의 발전이 가져다주는 문제로 인식되고 있다. 특히 자연자원의 고갈, 환경의 오염, 자연의 파괴, 유전자 조작에 따른 생물학적 오염은 인간이 우주질서를 공생, 상생하는 생명체로 인식하지 않고 산업화의 자원으로, 시장의 소비재로, 과학 기술체제가 객관화하고 정복하는 대상으로 인식하고 취급하는 결과라는 인식이 설득력을 가지고 있다. 생명학은 우주질서를 공생하는 생명체의 통전적 질서로 회복하는 과제를 안고 있다.


## II. 맺는말

우리는 생명은 통전적 주체라는 명제를 생명학과 생명운동의 기본으로 삼았다. 그리고 생명의 살림살이는 여러 측면에서 논의될 수 있나 생명의 통전적 생애와 운동으로 융합되고 통합되어야 함을 말하려 하였다. 이것은 생명의 새 하늘과 새 땅의 비전을 형성하고 생명의 새 場(집=우주)을 마련하며, 새 생명의 문명에로의 문을 두드리는 몸짓을 하려 하였다.

우리는 생명을 논의하는 데 있어서 인간생명체라는 주체로서 논하게 되었고 우주의 생명체들과 공생, 상생을 전제하면서 논의하는 방법을 아직 터득하지 못하였다. 그리고 우리의 논의는 현실적으로 근대적 학문의 영향에서 벗어나기 어려운 배경을 가지고 논의하고 있다. 아마도 예술과 종교에로의 길이 생명질서에 대한 논의를 하는 데 관문을 열어줄지 모르겠다는 실감과 희망을 가지게 된다. 따라서 생명문화(예술과 신앙)운동은 여러 차원의 생명운동을 아우를 수 있고 동시에 새로운 생명의 場에로 안내할 수 있으리라는 기대를 하여 본다.

# 생명학 방법론 서설
## : 생명학을 추구하며*
### (The Integral Study of Life: Zoesophia)

생명학의 새로운 시도는 현대과학적 생명 연구의 한계를 규명하고 총합적으로 학문과 연구의 틀(Study and Learning Paradigm)을 형성하려는 것이다. 이 학문과 연구의 틀은 생명의 지혜를 얻기 위함이다. 생명의 지혜는 죽음을 극복하는 지혜이다. 이는 통전적인 지혜의 탐구이다.

현대 과학의 두 가지 결정적인 한계가 있다. 그 첫째는 축소환원주의요, 그 또 하나는 자본의 시녀라는 것이다. 생명학은 현대 과학의 분석적이고 축소주의적 한계를 극복하려는 것이다. 생명학은 생명의 상호연관성과 총합성을 강조할 것이다. 현대 과학은 생명과 삶을 전문 분야별로 분리하여 연구하였고 자연과학적 연구에 집중하였다. 생명학은 현대

---

* 김용복 박사님의 미발표 "生命學方法論 序說"의 1장. 생명학방법론 서설은 총 10장으로 구성되어 있으며, 2장 생명전기, 3장 생명 경제학, 4장 상생평화의 지정학, 5장 생명과 과학 기술체제, 6장 생명정치학, 7장 생명사회학, 8장 생명학과 민중, 9장 생명종교학, 10장 생명의 수렴통합론으로 구성되어 있다.

학문의 파편성을 극복하고 통전적 연구(Integral Study)의 전거를 마련하려 한다. 파편화된 연구와 학습을 통전적으로 수렴통합하는, 다양한 지혜를 통합하는 학문적 시도인 것이다.


## I. 생명학 이해

1. 생명학(生命學)은 우주에 살아 있는 것에 대한 총합적인 성찰을 비롯하여 인간의 삶과 살림살이에 대한 성찰을 내포한다. 시적으로 표현하면 우주는 생명의 둥지이고 생명은 우주의 동력이다. 따라서 생명학(生命學)은 모든 살아 있는 것에 대한 인문학적인 차원과 자연학적인 차원을 총합한다. 생명학(生命學)은 한자(漢字)로 생(生)자와 명(命)자를 내포하고 있다. 이 개념은 자연과 역사를 총망라하여 살아있는 것의 역동적 움직임을 포괄한다. 따라서 생명학(生命學)은 인문학적인 접근을 출발로 하여 자연학적인 차원을 내포하는 學問이다. 생명학(生命學)은 방법론적으로 인문학(人文學)과 사회과학적 출발점을 가지고 자연과학을 포괄하는 포괄적인 개념이다.

생명학(生命學)이 총합적 접근을 시도한다 함은 단순한 전문 분야 간의 단순한 연관관계의 형성을 말하지 않는다. 생명학(生命學)의 역동적이고 열린 틀(Paradigm) 안에서 각 전문 분야는 변화를 경험하고 새로운 위치와 관계를 항상 새롭게 발견하고 또 형성하여 나간다. 각 전문 분야는 생명학(生命學)의 출발점과 초점이 될 수 있다. 그러나 그 전문분야 안에서는 완결구조를 가질 수 없고 항상 다른 분야들과 새롭고 열린 연관성을 형성하여 나간다. 따라서 어느 전문 분야도 중심적인 위치를 차지하면서 학문적 "헤게모니"를 가질 수 없다.

2. 생명학은 인간중심주의적인 문명을 지양하고 우주적 생명의 문명을 창출하기 위한 새로운 시좌를 제공하려 한다. 우주에 살아있는 생명에 대하여 연구하고 배우는 학문이다. 현대 학문의 체계는 우주적 차원과 분리하여 인간을 중심으로 생명을 취급하였다. 그러나 생명은 인간의 생명과 우주의 생명이 구분될 수 없다. 생명은 통합적 실체이다.

3. 생명학은 자연과학적 한계를 극복하고 인문사회학적 생명관을 부각시킬 것이다. 생명학은 종교, 철학, 예술, 문화적 차원에서 생명을 연구할 것이며 사회, 정치, 경제학적 차원에서 생명을 연구하고 이를 생명과학적 차원과 상호연관성을 추구하고 총합적 생명관을 형성하여 갈 것이다.

4. 생명학(生命學)은 생물과 무생물을 구분하지 않고 생명학(生命學) 안에서 이 양자를 총합한다. 생명학(生命學)은 열려있는 성찰의 과정이고 지속적으로 총합적이고 따라서 모든 파편적임과 축소주의적인 성찰과 배타적인 전문화 과정을 지양한다. 생명학(生命學)은 모든 분야별 성찰과 연구를 단순하게 조합하는 것이 아니라 상호연관성을 추구하고 그 과정에서 각 분야별 성찰과 연구를 새롭게 변화한다.

생명학(生命學)은 생물학과 혼동되기 쉽다. 그러나 생물학은 생명학(生命學)의 한 부분에 불과하고 그리고 그 축소주의적인 성격이 생명학(生命學)의 테두리 안에서 극복되지 않으면 안 된다. 생물학뿐만 아니라 현대적 학문의 각 전문 분야는 고립주의적이고 축소주의적이며 분석주의적인 성격 때문에 심각한 문제를 안고 있다. 생명학(生命學)은 이 문제를 극복하기 위하여 총합적인 학문적 접근을 시도한다.

생명학은 우주적 생태계(Ecology), 생물계(biosphere: Macro/micro Spheres), 의료계(Health system), 식품체제(Food system), 지정학적 체계(Geo-politics), 정치경제(Political economy), 종교 문화체계 Religio-cultural system) 등을 상호연관성을 통하여 총합하려 한다.

5. 생명학은 생명을 파괴하는 세력에 대한 대응을 기본적 전제로 한다. 생명학은 생生과 사死의 의미 있는 연관성을 추구한다. 생명학은 죽음의 요인을 규명한다. 자연적 죽음뿐 아니라 인위적 생명 파괴에 대한 연구에 집중한다. 생명은 항상 생명을 파괴하는 세력에 의하여 위협을 당하여 왔다. 인간의 역사와 사회는 인간의 생명을 존속하려는 노력이었다. 인간은 전통적으로 자연적 재해로부터의 생명보전, 사회경제적 모순과 갈등으로부터의 해방, 지정학적 폭력의 극복을 통하여 그 생명을 보전하려 하여왔다. 현대 인간은 생명을 위협하는 세력을 제압하고 통제하기 위하여 과학과 기술을 발전시켰다. 그러나 현대문명이 발전하면서 생명은 인간문명에 내재하는 요인으로부터 근원적인 위협을 받게 되었다.

6. 생명학은 생명을 풍만(fullness and eternity)하게 하는 실천을 목표로 한다. 생명학은 생명과 삶의 의미와 목적을 연구하고 그 실현을 위한 길을 연구한다. 생명학은 종교, 철학 사상적 토대를 구축하고 생명의 정신적, 영적 주체성을 기본 시각으로 하여 접근하려 한다. 생명학(生

命學)의 지평은 항상 새롭게 전개되는 역동적이고 열려 있는 지평이다. 이것은 모든 생명을 파괴하는 세력에 대한 성찰을 포함하고 이를 극복하고 생명을 풍성하게 하는 데 그 궁극적인 목표가 있다.

생명에 대한 총합적 접근을 위해서는 문제 중심적 발상과 대응이 필요하다.

— 홍수, 지진 등 자연재해 (Natural disaster)
— 기아와 빈곤(Hunger and Poverty)
— 질병(Disease)
— 사회적 폭력(Social violence)
— 정치적 억압(Political oppression)
— 종교문화적 피폐와 부조리(Religious cultural anomaly)
— 전쟁(핵전쟁, 생화학전 등을 포함) (Wars)
— 생태계의 오염과 파괴(Ecological destruction and pollution)
— 분자생물학적 조작(Micro~ biological Manipulation)

생명을 파괴하는 세력과 생명 파괴의 연구는 다양한 방법과 여러 측면을 총합하는 '생명의 정치경제의 틀'(Paradigm of Political Economy of Life)에서 연구되어야 할 것이다. 생명학에서 생명의 희생은 총합적 전기(The Story of Life)에서 이해될 수 있으며 생명을 풍요롭게 하는 지혜는 인식론적 축소주의, 분석주의를 극복하고 축적적이고 통합적인 접근을 통하여 이루어질 것이다.

## II. 학문적 문제의식

1. 종교학과 철학은 생명학(生命學)의 기본 학문이다: 모든 종교나 철학은 생명학적인 기반이 되고 있다. 모든 종교와 철학은 각기 다양한 접근으로 죽음을 극복하고 최상의 생명의 경지를 추구하고 있다. 그러나 현대적 문명은 생명의 종교적 철학적 차원을 무시하고 부정적으로 취급하여 왔다. 이것은 근본적으로 시정되지 않으면 안 된다. 우리는 기독교 학을 기본 출발점과 초점으로 하여 생명학(生命學)을 전개 발전시킬 것이다. 그러나 모든 종교와 철학을 수용하고 모든 전문 분야와의 관계를 총합적으로 형성할 것이다.

2. 생명학(生命學)은 모든 인문학의 풍요로움에 열린 총합성을 추구한다: 모든 예술 분야에서는 생명학(生命學)의 꽃을 총합적으로 이루어야 할 것이다. 생명은 단순히 물리적이거나 생물학적이거나 심지어는 사회과학적인 차원에서만 성찰될 수 없다. 생명은 심미적, 정신적, 종교적 차원에서 그 꽃이 피어야 하고 풍성한 열매를 맺어야 할 것이다.

3. 생명학(生命學)은 생명 과정과 생명운동의 역사적 전개에 대한 추구를 중요시한다: 생명학(生命學)은 생명 역사를 우주사, 문명사, 민족사의 연관 속에서 이해할 것이다. 그리고 현대적 시간의 개념을 극복하고 생명 고유의 시간을 회복할 것이다. 이것은 생명의 과거와 현재와 미래를 총합적으로 연관하는 개념이다. 성경의 카이로스의 개념이 하나의 열쇠가 될 것이다.

4. 생명학(生命學)은 지정학적 접근을 중요시한다: 생명은 지정학적인 자리를 가지게 된다. 생명학(生命學)은 우주의 변화, 사회의 변동에 따른 지정학적인 생명의 조건을 규명할 것이다. 봉건시대, 근대국가 시대(전쟁과 평화), 우주 지구 시대(위성 시대)의 지정학이 총합적으로 연관되어야 할 것이다. 생명학(生命學)에서 생명의 지역적 천착성과 우주적 맥락을 연계하는 학문적 연구가 요청되기 때문이다.

5. 생명학(生命學)은 각 분야의 총합적 직조망(Matrix)을 중요시한다: 생명학(生命學)은 인간사회 중심적인 사회구조론을 극복하고 열리고 역동적인 직조망(matrix, network or webwork)의 새로운 틀 안에서 각 분야별, 문제별, 부문별 관계를 설정하여야 할 것이다. 생명학(生命學)은 총합적 직조망을 형성하기 위하여 전문 분야를 출발점과 초점으로 삼아야 한다. 각 분야별 학문의 관계를 열린 총합적 직조망의 맥락에서 새롭게 구성하는 것은 중요하다. 지금까지의 학문의 분야별 배타주의, 고립주의, 축소주의를 극복하고 생명이라는 역동적이고 열린 실체에 교향악적인 접근이 요청된다.

6. 생명학은 거시적/미시적 우주학을 총합하는 것을 중요시한다: 생명의 자리는 우주다. 미시적·거시적 맥락이 총합적 연관성 속에서 이해되어야 할 것이다. 우주는 생명의 총체적인 자리이기 때문이다. 태양과 분자는 생명에 있어서 양극적인 지정학적 위치를 점유하고 있다. 동시에 태양은 종교적 뿌리를 생명 공동체에 주고 심오한 종교적 가치인 사랑은 인간의 생명을 지탱하는 혼과 같은 것이다. 우주는 생명의 자궁(子宮)이며 동시에 사랑의 거처라는 표현은 생명의 우주론적인 차원을

명시하여 준다.


## III. 학문적 패러다임(Academic Paradigm)

생명학(生命學)은 다음 분야를 일차 출발점과 초점으로 형성하고 그 직조망(Webwork of Convivial Life)을 구상할 수 있다. 총합적 연구방법은 전문 분야별 접근을 지양하고 문제 중심적인 출발점을 설정하고 연관 분야를 연계하면서 통합적으로 전개한다. 생명학(Zoesophia)은 다음 5가지 명제를 그 학문적 패러다임(Academic Paradigm)으로 하고 생명에 대한 지혜를 추구한다.


1. 생명의 주체성: 모든 생명체는 주체다. 생명체의 주체적 실체를 부인하고 억압하고 파괴하는 체제에 저항하고 이를 변혁한다. 생명체는 인식론적으로 객체화되어 조작되고 객관화되는 것을 거부한다.


2. 생명의 상생성: 모든 생명체는 상호의존하고 공존하며 정의로운 관계를 토대로 모든 억압과 착취의 갈등과 모순을 극복하고 모든 분리와 차별 소외를 극복하여 평화로운 상생관계를 이룩한다.


3. 생명의 통전성: 모든 생명체는 파편화되고 축소환원되며 분할되는 것을 거부하고 역동적인 전일성(Wholeness)을 유지하고 이를 성숙시키고 심화한다.

4. 생명의 역동적 통합성: 모든 생명체는 모든 생명체의 고유성과 다양성을 포용하며 모든 닫힌 장벽을 헐고 경계를 철폐하여 상호 수렴통합(Convergence)의 길은 열어 새로운 통전적 지평을 열어간다.

5. 생명의 창조성: 모든 생명체는 새로운 존재로의 창조적 초월성을 내포하고 있다. 그것이 생물학적인 진화이건, 사회과학적 혁명과 변혁이건 그리고 우주적 "개벽"이건 창조력을 보유한 생명력이다.

이 생명학의 틀(Paradigm of Zeosophia)을 토대로 생명체에 대한 지혜를 탐구할 것이다. 이 패러다임은 생명학 연구로 하여금 전 방위적인 수렴통합의 행보를 가능하게 할 것이다. 과거와 현재, 미래, 동서남북의 모든 다양한 생명지혜를 역동적으로 수렴통합하여 생명 공동체의 미래적 지평을 열 수 있을 것이다.

# 생명 살림살이의 지혜
## : 생명 경제학*

    생명학은 생명을 살리는 학문이다. 생명을 인위적으로 파괴하는 모든 세력을 분석하고 그 구조를 파악하여 이를 극복하고 생명살생 현실을 극복하려는 학문을 추구한다. 따라서 생명의 경제학을 생명체의 살림살이의 지혜를 탐구하고 이에 따른 상생의 경영을 논하려 하는 것이다.

    생명체의 살림살이는 개체적으로나 공동체적으로 '경제'라는 틀 속에서 이루어졌다. 이를 연구하는 것을 경제학이라고 할 것이다. 경제는 인간을 중심으로 이루어졌기에 經世濟民이라고 불렀다. 이를 넓은 의미에서는 정치경제학(Political Economy)이라고 할 수 있겠다. 경제는 우주적으로 보면 우주 안의 모든 생명체의 살림살이라고 할 수 있을 것이다. 우주를 생명체의 집이라고 한다면 우주의 살림살이일 것이다. 영어의 Economy라는 말은 그리스어의 OIKOS(집)와 NOMOS(법칙)

---

\* 김용복 박사님의 미발표 "生命學方法論 序說"의 3장 도입부. 아시아태평양생명학연구원이 개최한 생명 경제/상생경제세미나(2011년 10월 22일 14:00~20:00) 제안문으로도 사용되었다.

의 조합어로서 집의 법칙이다. 곧 살림살이의 법칙이다. 이렇게 보면 서양과 동양의 경제에 대한 인식은 비슷하였다. 결국 경제란 생명체들의 살림살이를 돌보고 보살피는 것이다.

그럼으로 경제의 핵심은 생명체가 우주 속에서 살고 살리는 것을 말하고 이를 연구하고 탐구하는 것이 경제학일 것이다. 이렇게 정의한다면 경제는 생명의 경제이고 경제학은 생명 경제학이다. 이 생명의 경제학은 생명을 중심으로 이루어졌기 때문에 생명의 가치를 가장 소중히 여기는 경제일 것이다. 그럼으로 생명 경제는 근본적인 경제요, 핵심적인 경제요, 본질적인 경제이다. 이것은 대안경제가 아니다.

경제는 깊은 윤리적 기반을 가진다. 생명 경제는 단순히 부를 생산하고 분배하는 것을 말하지 않는다. 생명을 소중히 여기고 생명을 살리며 생명을 서로 사랑하는 것이 윤리적 요체이고, 이것이 경제 그 차체이다. 경제학은 생명체의 살림살이를 위한 지혜탐구이다. 그럼으로 생명의 경제학은 상생의 경제학이며 생명의 집인 우주와 지구를 생명의 둥지로 보전하고 보살피며 보호하는 것이다. 생명 경제는 생명 살림살이의 지혜이다.

우리는 오늘의 경제가 생명을 살리는 경제인가 아닌가를 따져야 할 것이다. 생명이 경제활동의 중심이며, 경제활동의 기준이 되어야 한다. 오늘의 경제체제가 기아의 현실을 확대하고 가난을 심화한다면 그것은 상생과 경세제민의 경제가 아닐 것이다.

― 생명은 주체이다. 생명체는 살림살이의 주체이다.

― 생명체는 영과 몸을 가진 주체로서 삶을 경영한다. 삶은 체제도 기관도 아니다.

— 살아있는 주체적 실체이다.

— 생명은 스스로 낳는다.

— 생명은 스스로 양육하고 성장한다. 생명은 스스로 교육, 훈련한다.

— 생명은 스스로 느끼고 결단하고 판단하는 감성과 의식의 주체이다. 생명은 스스로 치유한다.

— 생명체는 살림살이를 위하여 자연적, 인간적, 문화적 환경에 적응하고 이를 변화시킨다.

— 이것이 생명의 살림살이이다. 이것이 생명의 경제에서 긍정되어야 할 것이다.

— 이러한 살림살이를 위하여 몇 가지 기초 조건이 있어야 한다.


— 모든 생명체는 먹거리가 충분하여야 한다.

— 모든 생명체는 스스로를 양육하고 스스로를 교육함으로 교육환경을 갖추어야 할 것이다.

— 모든 생명체는 안전한 주거환경을 갖추어야 한다.

— 모든 생명체는 개체의 몸의 안위를 위하여 의류 같은 것이 필요하다.

— 모든 생명체는 건강을 보전하여야 하고 질병으로부터 자유로워야 하며 스스로 치유하여야 할 것이다.

— 문화/종교적 생활을 통하여 미와 의미와 영적 갈망을 충족한다.

— 생명체는 반드시 다른 모든 생명체와의 항구적으로 상생한다.

— 생명체는 반드시 상생적임으로 사회적으로 생태적으로 생명적 관계를 지탱하여야 한다.

위의 몇 가지 조건을 충족시켜야 생명이 삶을 영위한다. 이것이 살림 살이요 경제이며 생명 경제일 것이다. 이런 조건들은 생명체가 생명의 충만함을 누릴 수 있도록 하는 것이다. 이것이 생명 경제요 이를 탐구하는 것이 생명 경제학이다.

그러나 오늘의 지배적 지구경제체제와 경제학은 생명체의 살림살이 가 궁극적인 목적이 아니고 경제체제의 목표가 아니다. 더구나 상생경제 하고 볼 수 없다. 지구적 시장경제체제에 대한 대안은?

죽임의 제국문명은 성경에 지속적으로 재현되었다. 고대 에집트 제 국문명, 알렉산더대제가 지배하던 그리스제국 문명, 시저가 지배하던 로마제국 문명 등이 바빌론 문명과 종을 같이 하는 생명 파괴의 체제요 문명이다. 이러한 제국 문명은 정치사회학적으로 전 우주를 통치하는 전능한 권력체제를 형성한다. 대개 이러한 문명들은 치수문명으로 등장 하기 시작하였다. 이런 제국들이 홍수를 극복한다는 명분으로 무한한 토목 과학 기술을 개발하였고, 절대적으로 복종하는 무한한 노동력을 일으켰고 치수를 위한 대형 토목공사를 프로젝트화 하였으며 이를 통제 하고 경영하기 위하여 제왕의 권력을 절대화하였던 것이다. 이 과정에서 제국은 인간의 생명을 지배하고 자연을 지배하는 절대권력 체제를 형성 하였다. 이런 절대 권력 체제를 잉태한 것이 곧 제국문명이다.

인류 역사 이래 이런 역사는 지속되었다. 오늘 우리가 직면하고 있는 것이 바로 자본주의 산업문명(Industrial Civilization)이다. 산업사회 가 되기 전에는 농경사회였다. 농경사회는 기본적으로 자연을 존중하고 모든 생명이 자연과 공생하였다. 時空을 비롯하여 생명과 삶이 자연과의 밀접한 관계 속에서 엮어졌다. 인생관, 세계관, 우주관이 자연과의 공생 관계에서 결정되었던 것이다. 그러나 산업사회가 되면서 인간의 현대적

이성 즉 현대 과학과 기술이 인위적으로 자연과 생명을 인위적으로 지배하고 통제하게 되었다. 나아가서 어떠한 자연과 생명의 현상이라도 인간의 합리적 이성에 의하여 타당성이 인정되지 않으면 보편타당한 진리가 될 수 없게 되었다. 이러한 현대적 합리성은 과학과 기술로 전개되었고 과학과 기술은 자연과 생명을 분석하고 통제하며 제어하고 지배할 수 있는 상황에 도달하게 되었다.

요약하여 말하면 인간과 자연의 생명은 현대화학과 기술의 지배아래 놓이게 되었다. 그리고 현대 과학과 기술의 범주를 벗어나면 그것은 진리나 실용의 영역 밖으로 축출되었다. 이런 현대적 논리의 근원적인 한계는 축소주의에 있다. 자연과 생명의 총체적인 측면이 무시되고 이들은 분리, 분석되어 과학 기술적 범주에 종속되게 된다. 이러한 명제 아래에서 자연이나 사회나 인간이 이해되고 통제되었다. 이런 논리의 중추적인 역할을 한 것이 현대 과학이며 현대 과학적 사고이다. 이런 과학적 사고는 근원적으로 생명 및 생명학적 사고와 배치된다.

이러한 조직논리에 의하여 형성된 서구 산업사회는 근대 자본주의 사회를 형성하고 그 핵심적인 요소가 근대적 시장이었다. 물론 산업사회 이전에도 시장은 인간의 살림살이에 지대한 영향을 미쳤고 이것은 간접적으로 자연에도 커다란 영향을 미쳤다. 그러나 산업사회에 와서는 과학과 기술이 생산과 분배에 결정적 영향을 미치게 되었고 이것은 자연을 〈착취〉하고 인간을 착취하는 생산양식과 시장경제적 유통양식을 창출하게 되었다. 여기에 결부된 자유주의와 자본주의 사회철학은 인간의 무한한 탐욕(Greed)을 정당화하게 되었다.

이런 서구 산업사회의 세계적인 전개 과정이 세계적 산업문명을 형성하게 되었다. 서구 산업사회는 비 산업사회를 시장의 확대 그리고 식민통치를 통하여, 현대화 개발전략을 통하여 그리고 군사적인 지배를 통하여 전 세계적으로 전개되었고 오늘의 지구화라는 산업문명의 세계화라는 역사적 시점에 도달하게 되었다. 결과론적으로 오늘 서구 산업문명의 세계화와 지구시장 경제체제가 가져다 준 결과를 지구화의 틀 안에서 이해하여 보려고 한다.

첫 번째로 생명계를 총체적으로 위협하는 것은 지구시장체제(Regime of global Market)이다. 20세기 후반에 와서 산업경제는 자본주의와 사회주의체제를 막론하고 무한한 성장의 궤도를 질주하였다. 특별히 현대 과학 기술을 토대로 한 자본주의적 현대화 산업 전략은 이윤을 극대화하기 위한 무한 성장이었다. 그 결과 자연자원의 고갈, 생태계의 오염과 파괴라는 인류사상 초유의 위기가 도래하였다. 생명환경의 오염을 비롯하여 지구의 온난화 등 생태계의 파괴는 통제할 수 없이 진행되고 있다. 이것은 지구상의 생명을 총체적으로 전멸할 수 있는 가능성을 가져왔다. 현금의 산업경제 체제는 지속이 불가능하다. 동시에 세계 산업경제를 장악하고 있는 권력은 다국적 기업으로서 그 통제가 불가능하고 이를 지원하는 서방국가들이나 국제기구들도 그들을 통제하기란 불가능한 형편이다. 소위 개발 도상에 있는 국가들도 이런 지구적 산업경제체제로 통합되고 있는 것이다. 인류와 지구상의 생태계는 지속적으로 그 생명이 전면적인 파괴의 위협을 경험하고 있다.

두 번째로 인류와 지구는 인간의 욕심(Greed)과 인위적 수단과 방법(과학 기술주의 체제=Technocracy)에 의하여 그 생명의 총체적 전멸(Total Destruction)의 위기에 직면하였다. 더구나 1차, 2차 세계대전을 가져왔다. 20세기에 와서 두 차례 세계전쟁을 경험하면서 인류는 가공할 만한 무기, 즉 핵무기를 개발하고 실전 배치하였다. 이것이 최초로 인간이 생명을 전멸할 수 있는 인위적 위기를 만들어 낸 사건이었다. 2차 세계대전은 산업문명의 최첨단이라고 할 수 있는 핵에너지를 개발하였고 이 핵무기는 전면전(Total War)이라는 전략과 함께 인류와 지구의 전멸을 위협하는 존재이다.

이러한 상황은 지속적으로 악화되었다. 어떤 이들은 냉전체제의 해체로 이런 위협이 사라지거나 줄었다고 생각하지만, 실제는 그 반대가 현실이다. 세계의 지정학적 구도가 양극체제로 분할되었을 때는 소위 공포의 균형(Balance of Terror)에 의하여 상호 제어할 수 있는 가능성이 있었으나 현재와 같이 하나의 세력이 세계를 지배하는 단일적 지정학적 구도에서는 어떠한 통제도 가능하지 않은 상황이 형성된 것이다. 나아가서 장거리 MD 체제의 무한한 발전, 전자기술에 의한 전술적 전략적 우주공간의 통제는 지구상에 생명의 가능성을 증가시키고 있다. 여기에다가 오늘 지구적 헤게모니를 장악하고 있는 지구적 정치 권력(Pax Imperium)은 민주주의라는 이름은 있지만 실제는 독재패권적 성격을 가지고 있고 세계적인 차원에서는 군사적 지정학적 군사체제를 토대로 하여 헤게모니적인 패권을 행사하고 있다. 그래서 어떤 이들은 오늘의 전쟁은 전멸전(Omnicidal War)이라고 칭하였다.

세 번째로 생명계를 위협하는 것은 생명에 대한 생명공학적 통제와 조작(Biotech Control and Manipulation)이다. 오늘 초국적 생명산업체들은 생명공학적 기술을 고도로 발전시켜 식량을 공급하고 의료기술과 물자(약품)를 공급하여 인류를 행복하게 할 수 있다고 장담한다. 그리고 그들은 인류를 기아와 빈곤으로부터 해방시키고 모든 질병과 결함으로부터 자유롭게 할 수 있다는 환상적 미래를 제시하고 있다.

그러나 사실은 생명공학과 생명산업이 인류의 생명뿐 아니라 생명계

전체를 오염시키고 파괴하며 기형화할 가능성을 내포하고 있다. 우선 생명산업과 그 아래에서 연구되고 개발되고 있는 생명공학은 철저히 세계자본주의 시장경제의 전체주의적 통제 아래에서 일어난다는 것이다. 일찍이 미국에서 시작된 유전자 조작에 의한 우생학(Eugenics)은 나치독일에 의하여 실험되었고 이것은 정치 이데올로기로 변화되어 수백만의 유태인들을 학살하는 비극을 낳았다. 생명, 특히 인간의 생명을 조작하려면 인간 위에 있는 절대권력을 상정하게 마련이다.

생명의 유전자공학 조작은 갖가지 생물체에 적용되어 왔다. 이런 조작의 결과는 예측불허의 상황이라고 한다. 이러한 이유로 양심적인 과학자들은 심각한 우려를 표명하고 있으며 모라토리움도 선언하고 있다. 그러나 유전자공학의 연구는 생명산업체와 국가기관에 의하여 그 시작과 과정과 결과가 통제됨으로 책임 있게 제어될 수 없는 상황이다. 자본주의 시장과 지정학적 고려가 최우선으로 작용하기 때문이다.

한 걸음 더 나아가서 유전자공학은 생화학적 무기와 전략개발과 직결되어 있다. 핵무기만 하더라도 생명의 공멸을 가져올 수 있는 종말론적인 위력을 가진 것이다. 그런데 생화학적 무기는 유전자공학과 같은 기술로 생명을 훨씬 더 처참하게 그리고 포괄적으로 파괴할 수 있는 위력을 가지고 있다고 한다. 가령 인간을 멸종시킬 수 있는 균 전쟁(Germ Warfare)이 가능하게 된 것이다. 오늘의 무기체계는 장거리 유도탄에 생화학무기를 장착하여 적진에 투하할 수 있다고 한다. 이것이 생명계에 주는 타격은 핵무기보다 더 치명적일 수 있다는 것이다.

이러한 생명의 위기는 세계적인 것임과 동시에 우리민족이 살고 있는 한반도에 사실적으로 전개되고 있는 상황이기에 더욱 실존적인 문제가 되지 않을 수 없다. 한반도 주변에는 미국을 축으로 하면서 강대국

간의 군사적 경쟁이 치열하게 전개되고 있다. 또 한반도의 경제 성장전략은 위험 수위를 훨씬 넘는 공해와 환경파괴가 일어나고 있다. 한국의 토양은 갖가지 오염물질을 비롯하여 화학 비료, 화학약품에 의하여 그 독소가 포화상태에 이르렀다고 한다. 우리 땅에서 생산되는 식량, 외국에서 수입되는 식량이 어떤 것인가를 과학적으로 철저히 조사한다면 놀랄만한 결과가 나올 것이라는 것은 감히 짐작할 수 있다. 화학 물질에 의하여 오염된 것은 얼마며 유전자공학적 조작이 된 것은 얼마일까? 또 우리의 질병을 치료하고 건강을 보살핀다는 의료체계는 어떤 것일까? 초국적 식량회사, 초국적 제약회사는 과연 우리의 생명을 보전하기 위하여 존재하는가? 이들은 분명히 자본주의 시장의 논리를 빙자하여 이윤을 극대화하는 데 급급하고 있다.

우리가 직면한 상황이 이처럼 심각하다는 판단에 이르면 우리는 죽임의 문명 속에서 살고 있음이 분명해진다. 이러한 문명적 상황은 오늘 전개되고 있는 지구화의 과정에서 더욱 역동적으로 전개되고 있다. 이것은 지구 시장으로 나타나고 지구 시장은 경제적 전체주의(Economic Totalitarianism)를 전개시키고 있다. 이것은 지구적으로 전개되고 있는 정치경제는 인류사회에 기아 그리고 빈곤과 질병, 즉 죽임을 강요하는 체제이고 지구의 생명계를 파괴하는 체제라는 것을 말한다.

지구시장의 전체주의는 금융투기를 통하여 절대금권을 휘두르고 있으며, 지구를 무한 경쟁사회로 몰아붙이면서 통제할 수 없는 폭력의 소용돌이를 사회마다 야기시키며, 문화를 상품화하여 문화의 사막화 과정을 전개하면서 인간의 정신적 생명을 파괴하고 있다. 오늘의 전체주의적 지구 시장은 죽이는 문화를 재생산하고 있다. 오늘의 지구적 시장은 문화를 피폐하게 할뿐만 아니라 소위 문화전쟁(Cultural War)을 유발시켜 생명을 파괴하고 생명력을 고갈시킨다.

우리는 이러한 역사적 지구적 상황에서 너무 비관적으로 죽음과 죽임의 문제를 논하는 것이 아닌가라고 반문하여 본다. 오늘 인류의 문명은 고도로 발달된 것이 사실이다. 그리고 이직도 생명계는 완전히 파괴된 것이 아니고 健在하는 부분이 많다. 그러나 우리가 논한 생명에 대한 전멸적이고 총체적이며 전체주의적인 위협은 확실히 존재하고 그것은 더욱 심각하여지고 있다는 것이다.

우리는 생명체를 살리는 새로운 생명 경제를 모색하여야 한다. 이것은 현재 경제체제의 지속가능성이 아니라 생명체의 지속적인 번영을 구상하는 것이다.

1) 모든 생명체는 주체적 실체이다. 모든 생명은 주체이다. 생명의 자생적 주체는 과학적으로 규명하기 어려운 실체이다. 생명에 대한 이러한 성격규정은 생명을 객관적으로 축소, 환원(Reduction)하여 객체화(Objectification)하는 생명체 이해를 극복하려고 한다. '생명 주체론'은 생명체를 객체화하고 파편화(Fragmentation)하여 조작(Manipulation)하는 근대과학 기술체제(Technocracy)에 대한 대응의 기반이 될 것이다. 현대 산업문명의 우주관, 생명관은 근본적인 문제이다. 생명과 사물을 객관화하기 때문이다. 생명은 개체생명의 차원, 지역공동체적 차원, 지구적, 우주적 차원에서 주체이다. 이것이 생명 주체론이다. 생명체는 살림살이, 즉 생명 경제의 주체이다.

2) 생명체는 自生하고, 自養하며 自育하고 스스로 成長한다. 생명 주체론은 생명 공동체의 자생적이고 자립적인 대안경제의 기점이 될

것이다. 이것을 생명 경제라고 이름할 수 있을 것이다. 생명의 자생적 자립적 살림살이를 칭하는 것이다. 생명을 말함에 있어서 삶, 살림과 같은 개념과 연결하여야 할 것이다.

생명 경제체제는 단순히 유기농만을 의미하지 않는다. 유기농이나 자연농은 생명농의 한 패러다임이고 탁월한 출발점이다. 나아가서 지역공동체의 자생, 자립경제를 산업경제에 대한 보편적 대안으로 구성하여야 할 것이다. 그리고 과학과 기술을 생명적으로 전환하여야 할 것이다. 산업경제의 대안으로서의 보편적이고 통합적인 생명 경제론이 구성되어야 할 것이다. 이것을 생명의 경제, 상생의 경제라고 이름할 수 있을 것이다.

3) 생명체는 스스로 치유(治癒)한다. 생명 주체론은 생명체가 질병에 의하여, 상처받아서 그 생명에 위협을 받을 때 스스로 그 몸을 치유하고 환경에 적응하는 자생력을 보유하고 있다. 이것은 생명 건강론과 의료의 대안적 길을 모색하는 중요한 기반이 될 것이다. 전통의료, 대체의료, 동양의학 전통과 현대의학을 생명 주체론에 근거하여 통합하는 대안 건강의료체제를 사회적으로 생태적으로 고려할 수 있을 것이다.

4) 모든 생명체는 주체적 행동체(Sovereign Agency)이다. 여기서 우리는 생명권의 근거를 발견한다. 이것이 또 생명정치의 기반이다. 생명정치는 모든 생명체의 참여와 연대의 상생과 공생의 정치이다. 이것은 제레미 리프킨의 생명권 정치보다 적극적이며 통전적인 개념이다. 생명정치는 개체의 생명권, 지역공동체의 생명권, 지구공동체, 우주 공동체의 주체성을 확보하는 정치이다.

5) 모든 생명체는 독립적인 고유한 몸(個體)을 형성한다. 몸은 주체의 존재양식이다. 생명은 몸은 우주적 차원(천지의 생명 공동체), 지역적 차원(지역 생명 공동체), 개체적 차원(개체의 몸)으로 형성된다. 스스로 행동할 수 없는 생명체의 부분을 '생명'이라고 할 수 없다. 모든 생명체는 우주와 '일체'를 형성하여 우주환경과 교호작용을 하며 적응하고 역동적으로 변화하는 실체이다. 모든 생명체는 생명의 직조망(Network or Web)을 형성하며 다른 생명체와 상생/공생한다. 모든 생명체는 우주, 생태, 사회, 문화적으로 함께 사는 집합생명체(Corporate Body)를 형성한다. 생명체와 비 생명체를 분리할 수 없고 유기적으로 인식하여야 할 것이다.

생명의 상생공생질서는 생명체 간의 적자생존적, 약육강식적 폭력질서를 극복하고 생명안보(Life Security)를 보장하는 협동, 연대질서를 의미한다. 생명 주체론은 '생명체는 자생적으로 상생적이고 공생적이다'고 인식한다.

6) 모든 생명체는 스스로 交信하고 自盛하고 自應, 自省하며, 自由하다. 그러므로 모든 생명체는 새 생명을 지향하는 창조적 존재이다. 통전적 집합생명체는 자연과학적으로 이해되기도 하지만 문화적, 종교적으로도 이해되어야 할 것이다. 이것이 생명문화운동의 기반이 될 것이다. 이것이 생명의 정원의 잔치(Conviviality of Life)라고 불릴 수 있다. 여기에서 생명의 아름다움, 생명의 신비, 생명의 성스러움을 이룬다. 생명은 신비하고 아름다운 것이다. 그러므로 성스러운 것이다.

7) 생명은 모든 생명체의 바른 관계, 즉 상생과 공생의 관계인 정의와

평화를 기본 질서로 한다. 지정학적으로 적자생존, 약육강식이 생명의 질서라는 이데올로기를 극복하여야 한다. 이것이 전쟁을 평화의 수단으로 보는 원인이다. 생명의 정원, 우주적, 지구적, 지역적 정원을 위하여 모든 생명체는 공동생명안보, 공동 '생명충만'을 위한 참여하고 연대하여야 할 것이다. 이것이 생명평화운동이다. 여기서 모든 생명체가 동참하는 太平의 비전을 보게 된다. 이것을 우리의 조상들은 太平聖代라고 불렀다.

8) 이것은 우주사를 생명사로 보는 시각을 유발한다. 인간 역사(Human History)도 자연 역사(Natural History)도 생명사이다. 인간 역사와 자연 역사는 분리할 수 없다. 생명사는 모든 생명체의 삶과 살림의 총체적 역사일 것이다. 이것을 나는 생명전기(Zeography=Story of Living of All Living Beings)라고 말하고 싶다.

생명 경제, 상생 경영은 총제적 생명 질서 안에서 논하고 분리하여 따로 논할 수 없다. 그러나 생명체의 살림살이를 경제/경영적 측면에서 논하여 총체적인 살림살이의 관문으로 삼으려고 하는 것이다.

생명 경제는 지구화의 과정에서 일어나는 반생명적 과정을 극복하고 대안적 비전을 제시하는 것이다.

생명은 모든 생명체의 삶과 실림을 포괄하는 총체적이고 통합적인 개념이다. 생명 경제란 모든 생명체가 함께 살리고 살아가는 '살림살이'로 규정할 수 있다. 성경에서는 생명의 집을 경영(Oikonomia=Oikos+Nomos)하는 것을 의미한다. 우리나라 전통에서는 經世濟民이라고 하여 經으로 세상을 다스리고 백성을 구제한다는 뜻을 가진다. 현대적인 표현을 쓴다면 政治經濟를 의미한다. 생명체의 삶과 상생질서가 경제질서의 근간이라면 근대경제학은 이를 반하는 것이었다. 따라서 생명 경제의 탐구는 근대적 경제 교과서가 아니라 생명의 지혜탐구에서 출발한다.

# 새 문명이 지향하는 생명평화운동*

　　2020년 한반도의 생명체들은 전 세계와 함께 이 생명망의 안전위협을 심각하게 받았다. 코로나 바이러스 19라는 것이 유포되면서 이 위협이 극적으로 확산되었다. 그러면서 많은 사람들이 '질병'에 시달리고 또 건강이 약한 이들은 사망하게 되었다.

　　이 현실에 대하여 정부와 보건의료체제는 그리고 개인 시민들과 가족들은 보건의료적 시각에서 대응하려 하고 있다. 그러나 이 사태는 한반도의 생명체의 생명망에 심각한 위협을 주고 있다. 우리는 이 상황을 총체적으로 이해하고 대응할 필요가 있다고 확신한다.

　　우선 코로나 바이러스 19의 확산은 인간공동체 '사회적 안전망'을 붕괴시키고 있다. 이 바이러스의 확산은 인간의 신체적 약자에게 생명의 위협을 줄 뿐 아니라 사회경제적 약자에게도 치명적인 타격을 주고 있다. 다시 말하면 인간생명체의 '사회경제적 생명망'인 가정의 건강체계가 사회경제적인 타격을 받게 되었다. 가정이라는 생명 공동체를 유지할 수 있는 '의, 식, 주, 보건, 교육, 생태환경'의 기본적 삶의 틀이 위협을

* "생명학서지生命智慧書誌" 신년사(2021. 1. 1.) 중에서

받게 되었다. 이는 사회경제적 안전망의 와해라는 차원에서 이해할 수 있을 것이다. 우리 사회는 '사회적 안전망' 구축이 미흡하여 코로나 바이러스 19의 문제에 대응하는데 어려움을 겪고 있다. 이러한 현실은 생물학적인 보건의료적 생명망의 안전과 사회경제적 안전망은 불가분리의 관계가 있음을 말하여 준다.

기본적인 생명망을 파괴하고 전 세계적으로 인간 생명 공동체를 위협하는 현실은 우리에게 오늘 지구의 총체적인 생명 안전, 생명망의 안전을 생각하게 한다. 이런 시좌에서 지구적으로 근대 역사, 아니 최근의 역사적 추이에 대한 성찰이 필수적으로 요청된다.

한반도의 생명 史를 보더라도 일본제국주의 침략에 의하여 군사적 한반도 침공(청일전쟁/러일전쟁), 식민지화에 의한 정치적 억압과 학살, 사회경제적 폭력, 문화적 폭력에 의한 기본 생명안전망의 파괴가 자행되었다. 이 과정은 일제가 2차 중일전쟁(1937년)을 시작으로 하여 일제의 태평양전쟁 수행에 의하여 정치적 안전, 사회경제적 안전, 문화적 폭력, 일제의 전쟁을 위한 총동원 체제에 의한 생명안전망의 와해 그리고 1945년 8월에 히로시마와 나가사키에 투하된 핵폭탄에(인간생명만 70만 명 희생) 의한 핵무기시대의 출발된 역사는 지구생명망 안전에 심각한 역적 과정이 전개되었다.

1945년 일본이 패배한 이후 한반도는 강대국의 패권경제에 의한 군사적 점령과 분단의 구조에 매인다. 이는 거대한 살생으로 이어지는 3년 한국전쟁이 지속되고 이은 70여 년동안 살생적 군사체제대립의 냉전체제가 지속되고 이는 핵전쟁체제로 구성되었으며 이것은 한반도에서의 핵전쟁의 불씨를 지속시키고 있다. 한반도 중심의 핵무기체제의 대립은 강도 높게 전개될 전망이다. 이것이 신냉선석 패권경쟁의 흐름은 제 3차 세계대전에로의 추이도 배제할 수 없다.

더구나 지구는 심각한 생태위기를 경험하고 있다. 생태계는 산업경제의 무한한 확대에 의하여 생명안전망, 생태적 안전망이 심각하게 훼손되고 있다. 특히 생명체계는 자본이 지배하는 '과학 기술체제'에 의하여 조작되어 생태계의 생명망이 근원적으로 왜곡되고 있다. 이 생명체의 조작은 군사적 생화학무기로도 개발되어 생명망의 왜곡뿐 아니라 생명망이 생명 파괴망으로 전환되고 있다. 이 과정은 생명망이 생명 파괴의 생명 살생망으로 변이한다. 코로나 바이러스는 생명망의 안전을 해치는 생물 네트워크로 변이된 것이라고 할 수 있을지도 모른다.

"생명체는 주체이다"라는 명제는 물리학적으로 설명되지 않는다. 생명체가 생존하기 위해서는 그 주체적 실체가 긍정되어야 한다. 생명체는 개체로서 존재하지 않고 공동체로서 존재하고 공동체로서 존재하기 위하여 생명망을 구축하고 이 생명망은 상생적인 것이어야 할 것이다.

생명체의 상생망은 어떻게 구성되었는가? 이것은 물리적으로 설명되지 않는다. 생명체가 주체라는 명제는 생명체가 영적 기반을 가지고 있으며 모든 생명체는 주체임으로 상생적 생명망은 주체와 주체의 결합, 신비로운 결합에 의하여 형성된다고 이해된다.

인간생명체를 중심으로 생각한다면 인간은 생명 주체들의 결합에 의하여 생성된 생명망을 지탱하기 위하여 영성적 실체(Spirituality)를 기반으로 한다. 이 생명체와 생명망은 문화적 기반, 사회적 기반, 생물학적 기반(인간 이외의 모든 생명체를 포괄하는 생태적 연관성), 물리적 기반(전지구적/전우주적 기반)을 포괄하여야 할 것이다. 여기서 우리는 이런 생명망이 상생적이라는 명제를 중요시한다. 이런 '상생망'이라야 생명망의 안전을 도모할 수 있을 것이다.

지구상의 생명 중심의 문명은 상생적 생명망의 미래를 위하여 생명망의 안전을 확보하여야 할 것이다. 이 과제를 다루기 위하여 우리는 다음의 명제를 논해야 할 것이다.

① 우선 상생적 생명망의 형성과 그 발전의 기반과 역사를 논하여야 할 것이다.

② 지구상의 생명 파괴 즉 생명망의 안전을 저해하는 세력을 극복하여야 할 것이다. 모든 질병과 자연재해, 권력(왕권, 국가권력, 제국에 의한 살생(전쟁과 폭력), 탐욕적 경제체제, 사회적 폭력, 문화적 폭력을 극복하여야 할 것이다.

③ 생명을 파괴하는 세력에 대한 저항의 생명력 즉, 상생적 생명망을 구축하여야 할 것이다. 이 저항의 생명력은 생명체가 생명망을 안전하게 보전하기 위한 총체적이고 다차원적인 운동에 의하여 형성될 것이다. 이 경험의 역사가 상생적 생명망 보전의 지혜를 제공할 것이다.

④ 생명체의 생명망의 미래 비전 즉, 생명 주체의 확고한 기반형성, 생명망의 통전적 비전과 형성을 넘어 생명 공동체의 오메가인 생명의 풍류와 향연을 선취하여야 할 것이다.

⑤ 인류 역사만 보더라도 결정적 시기(Axial Age)에 이러한 역사적 사건이 형성되었다. 우리는 이 역사와 유산에 관심을 가지고 이를 토대로 하여 생명역사의 미래적 진로를 전개하여야 할 것이다.

이것이 새 문명이 지향하는 생명운동, 평화운동, 상생운동, 생명문화운동일 것이다. 이제 한반도에서 평화상생운동의 여명을 받는 우리 민족이 전 세계의 살생 위협을 겪고 있는 민족들과 결합하고 융합하여 우주의 상생평화의 깃발을 들어야 할 것이다.

평화상생의 잔치에 모든 민족을 초대하고 온 우주 생명체들과 생명마을을 재창출하면서 모든 생명 생명체를 살리고 상생의 삶을 누리는 풍류를 선취하자는 것이다.

# 새로운 지구 제국의 출현과 상생 페다고지, 평화 행동*

## I. 한국 역사적 시각

한반도의 민중/인민은 동아시아 지역을 터전으로 살아온 민족 근대 사에서 열강의 패권 전쟁과 식민통치와 민족분단 그리고 한국전쟁, 나아 가 세계적 냉전체제의 희생양이 되어 왔다. 그러나 우리 민족은 19세기 중반부터 새로운 영적 각성을 심화하면서 세기말 동학 농민 혁명운동을 촉발하였고 의병항쟁, 일본 제국주의 지배에서의 해방을 위한 동아시아 와 전 세계를 누비며 독립운동 전개해왔다. 그리고 이 민족 독립 해방 운동의 핵을 이루었던 1919년 3.1운동을 일으켜 생명과 평화를 누리기 위한 줄기찬 역사적 행보를 전개해왔다. 우리는 이 한반도에 살아온 민족의 수난과 고통을 영적으로 분별하여야 한다는 주장을 하는 것이다.

---

* 「신학사상」(2019)에 실린 "21세기 한반도 평화 상생의 배움터는 어떤 미래를 선취할 것인가?" 제하의 김용복 박사님 글을 일부 내용을 줄여 "새로운 지구 제국의 출현과 상생 페다고지 평화 행동"으로 다시 실렸다.

또 우리 민족은 1937년의 중일전쟁에서부터 1945년 태평양전쟁 당시 일본천황제국의 전쟁 수행체제에 총동원되는 희생을 경험하였다. 2차 세계대전의 종전은 한반도의 비극적 민족 분단으로 이어졌고 결국은 한국전쟁, 세계적 냉전 체제 속에서 극심한 지정학적 패권의 희생을 경험해왔다. 우리는 이 역사를 민족의 생명 전기(Zoegraphy)의 틀 속에서 새로운 역사 해석을 구상한다. 그 요체는 민족 수난사 (Thanatography: 피살생사)를 영적으로 분별하고 민족의 생명과 평화를 위한 줄기찬 삶의 행진의 심오한 생명 동력을 발굴하는 것이고 이에 동참하는 것이다. 우리는 이러한 역사 해석을 영적 해석학으로 전개하는 과제를 제시하는 것이다. 이 과제를 위해서는 근대 민족사학을 토대로 하여야 하겠지만, 이를 초월하여 민족사의 심층에 흐르는 생명의 영적 동력을 분별하려는 것이다.

여기서 제안하는 영적 역사 해석학은 조선 말기 동학 농민 혁명의 동력으로 표출되었던 생명과 평화의 동력은 어떤 것이었으며 민족 독립을 위한 의병운동을 비롯한 다양한 독립운동 그리고 기미 3.1독립운동의 총합적 영적 동력은 어떤 것이었는가를 분별하고, 민족의 분단을 극복하여 민족 대동 통일을 이루고 평화를 이루려고 한반도 내부에서 벌어지는 전쟁과 분단의 수난을 겪으면서 전개했던 반도 내에서 그리고 세계적으로 분단 세력에 저항했던 민족 통일 운동, 평화운동의 동력과 그 좌표를 분별하려는 것이다.[1]

---

1 1988년에 천명한 한국교회의 "한반도 평화와 민족통일 선언"은 특별한 의미를 가진다.

## II. 한반도를 지배하려는 새 지구 제국(Global Empire)의 출현

한반도와 동아시아에서 현시대의 징조를 총체적으로 말한다면 새 제국의 출현이다. 구체적으로 이 새 제국은 미 제국(American Empire)이다. 이 제국이 새로운 제국임은 지금까지의 제국과 다를 뿐만 아니라 지금도 형성, 전개 과정에 있다는 것이다. 이 제국은 한반도에서 19세기 말부터 지정학적 패권정치에 개입하여 왔고, 2차 세계대전에 직접 가담하였으며, 2차 세계 대전 후 민족 분단과 한반도 전쟁에 개입하고 그리고 세계적인 냉전체제를 구축하여 한반도를 이에 편입시킨 것이다. 이 제국의 실체는 어떻게 이해하여야 할 것인가?

인류는 동서고금을 통하여 제국을 다양하게 경험해왔다. 서아시아에서 이집트 제국, 바벨론 제국, 그리스제국, 로마제국, 비잔틴 제국, 오토만 제국 등을 경험하였고, 중앙아시아에서 몽고제국, 중국에서는 진(晉) 제국을 그리고 일본에서는 일본 천황제국을 경험했다. 근대에 와서는 대영 제국을 비롯한 서양 제국들의 잠입을 경험하였다. 그러나 이 제국들은 지구의 끝까지 지배하려고 하였지만 이를 성사시키지 못하였다. 그러나 현금 미 제국은 총체적인 지구적 제국(Global Empire)이다.

미 제국의 전 지구적 성격은 20세기 말 냉전체제가 해체되면서 더 분명해졌다. 냉전체제에서는 양극 대립적 권력 관계를 이루었으나 양국극체제(Bipolar Regime)의 해체는 일극 체제(Monopolar Regime)의 출현을 허용하였다. 이것이 미 제국의 전 지구적 성격이다. 미국의 지정학적인 세계 지배는 미국을 전 지구적 제국으로 구축하고 있다.

911 사태 이후 이 경향은 노골화되었다. 미국은 소위 테러와의 전쟁(War on Terror)을 선포하였다. 이 전쟁은 항시적 전쟁(Permanent War)이며, 전 지구적 전쟁(Global War)이며, 동시에 전멸 전쟁(Omnicidal War)이며, 총력 전쟁(Total War)이다. 이 전쟁은 미국으로부터 전 지구적인 군사적 패권을 장악할 목표를 설정하게 한다.[2] 미국은 원자탄과 같은 가공할 첨단 무기, 대량 학살 무기를 생산하였으며 고도의 과학 기술을 이용하여 최첨단 무기와 전략/전술체제를 구축하기 위하여 천문학적인 자본을 투자하고 있다.

지구 시장과 유착된 미국의 지정학적인 제패는 지구적으로 전개되고 있는 과학 기술체제(Technocracy)와 융합되어 있다. 지구 시장은 초국적 기업, 초국적 자본과 같은 에이전트(Agent)가 과학 기술체제를 토대로 지구의 끝까지 지배하고 있다.[3]

지구 시장과 지구 지배 과정(Global Governance)에 정치적 감시(Political Surveillance)와 과학 기술 체제적 군사 질서(Techno-cratic Military Order)는 지구적 언론(Global Media)에 의하여 누벼지고 있는데, 이 또한 지구적 과학 기술 체제에 의하여 이루어지고 있다. 오늘 지구 제국의 특색은 최첨단 과학 기술 체위 융합(Convergence: MIMAC=Military, Industrial, Media and Academic Complex)을 그 내면 구성으로 이루고 있다는 것이다. 이런 지구 제국의 현실은 새로운

---

2 The nature of war has been radically transformed into limitless war in time and space under the geo-politics of global empire. But the omnipotent power of empire can never obtain "total security." Its absolute power through modern military technocracy—omnicidal weapons systems and the claim of omnipotent power—constitutes a tyranny over all living beings. (Manila Declaration, 2005)

3 Barnet & Muhler, *Global Reach* (1972(?)).

것이고 인류가 지금까지 경험하여 보지 못한 것이다. 미 제국의 형성은 세계화된 지구 자본 체제(Global Capital Regime), 즉 지구 시장 체제와 결부되어 있다. 미 제국은 이러한 지구 시장 체제를 지속시키고 있다. 더구나 이 제국의 핵심적 조직 원리는 현금 진행되고 있는 초인간적 첨단 과학 기술적 융합 체제의 성격을 가지고 있다. 이 제국은 지구뿐 아니라 전 우주를 장악하는 방향으로 확장되어 가고 있다.

## 1. 지구 제국의 내면 역사

미국이라는 지구 제국은 그 기원과 내면 동력이 독특하다. 근대 서구에서 이루어진 신 국민국가(Nation State) 형태를 가지고 태어났다. 유럽의 근대국가권력이 시장을 확대하려고 신대륙을 점령하고 세계를 식민지화하였다. 이 과정에서 근대국가로서의 미국이 탄생하였다. 미국은 토착민에 의하여 세워지지 않았다. 미국은 토착 원주민을 정복(Conquest)하는 체제로서 시작되었다. 이 과정에서 미주 토착민은 학살과 지배의 대상이었다. 이 과정은 인종 말살적(Racial Genocide) 차원을 내포하고 있다. 이런 학살적 정복(Genocidal Conquest)은 구약성경의 "여호수아의 가나안 정복"의 설화로 정당화되었고 이것은 기독교적 선민의식으로 무장하였기에 학살이라도 제약 없이 결행될 수 있었다. 이러한 종교 이데올로기는 오늘도 미국의 몸체(Body Politics)에 깊이 내재하고 있다. 이것은 미국적 기독교 정치시온주의(American Christian Zionism)의 형태를 조성하였다.[4] 미주원주민

---

4 Richard Niebuhr, *Kingdom of God in America* (Harper & Row, 1937).

공동체(Native American Communities)는 미제국의 이런 성격을 강하게 주장하고 있다.

이런 내면적 정치 종교 콤플렉스는 미국이 미주의 땅(Land)을 탈취하고 정복하는 일을 정당화하였고 이것은 원주민의 문화를 말살하였고 그들의 공동체를 완전히 파괴하는 데 이르렀다. 이 콤플렉스는 미국이 아프리카인들을 노예로 수입하여 동물 취급하였던 일이나, 아시아 인종들을 차별하는 일에서도 노출되었다. 이것은 아시아에 있어서 제 2차 세계 전쟁 즉 태평양전쟁, 한국전쟁과 월남 전쟁을 하면서도 내면적으로 작동하였다. 이 이야기는 미주 원주민을 정복하는 카우보이(Cowboy against Indians)의 형태로 나타났다.

이런 미국은 새로 조립된 근대국가(Modern Nation State)로 태어났다. 프랑스와 영국의 자유주의적 결합을 배경으로 하여 미국의 헌법이 형성되었다. 특히 미국은 형식적으로 종교적 기반을 정체에서 제거하고 탈 종교적 근대국가를 건립이었다. 형식적으로는 탈종교적 근대국가는 군대(Modernity)를 지상의 가치로 설정하게 되었다. 이것이 미국 헌법의 정교분리이다. 미국 헌법은 토머스 홉스의 근대 정치 사상의 영향을 받아 생명을 보전하기 위하여 개인과 개인의 자유를 지상의 가치로 정하고, 사유재산제도를 신주처럼 모시며 여기서 발생하는 갈등을 조정하기 위하여 레비아단(Leviathan)이라는 마왕과 같은 권력 체제를 형성하는 기본법이었다. 이것은 미합중국의 사회 계약의 내용이며, 미국의 정치사의 기원이다. 나아가 미국은 근대자연 과학과 기술로 자연을 정복하는 과학 발전의 지상 천국을 이루었다. 이것이 오늘 미국을 구성하는 3대 요소이다. 무한한 자유를 숭상하는 개인주의, 무한한 소유를 보장하는 사유 재산 제도, 과학 연구를 무한히 할 수 있는 연구와 학문의 자유 등이다.

이제 미국은 지구적 '마왕'(Global Leviathan)으로 군림하는 새 차원을 전개하고 있다. 이것이 미국을 새로운 지구 제국으로 규명하는 내역이다. 이 지구 제국은 전 지구를 사유 재산 체제로 개편하고 자본의 사유 재산 체제를 지구화하며, 이를 위하여 소위 자유주의 질서(Liberal Order)를 지구 통치 질서로 수립하고 경제적 자유 시장 체제를 무한히 확대하며 이 목적을 위하여 지구적 구사 질서를 형성하고 지정학적 헤게모니를 구축한다. 이런 마왕의 체제는 첨단과학 기술체제(Technocracy)로 그 직조(Texture)를 구성하고 통합하며 융합한다. 특히 신자유주의는 자연인 개인이 아니라 기업 법인의 자유를 무한히 확대하는 것이다. 이러한 신자유주의는 전통적인 사회 정의와 사회 복지를 존중하지 않을 뿐만 아니라, 시장이 모든 문제를 해결한다는 애덤 스미스적인 교리이다.

이 지구 제국의 실체를 규명하는 것은 새롭게 시도되어야 한다. 이는 전통적 전제체제(Traditional Despotism) 이론이나 레닌의 계급주의적인 제국 이론(Imperialism)으로는 지구 제국의 새로운 차원을 포착하기 어려울 것이다. 미국의 제국주의자들도 미 제국(American Empire)은 과거의 제국과 다르다. 이것은 미국이 세계를 이롭게 하는 제국이라는 정치적 메시아 콤플렉스(Political Messianic Complex)를 표현한 것이지만 우리가 지적한 대로 '지구적 마왕'으로서의 미국은 아직도 성장하고 있고 아직도 생성되고 있으며 완전히 지구를 지배하려 하고 있다.

반복하여 요약하면 오늘 형성되고 있는 지구 제국은 ① 지구 자본주의 체제를 완성하여 지구 살림살이를 풍요롭게 한다는 명분으로 자본의 무한한 탐욕을 충족하려 하고 있다. ② 또 이것은 최첨단 군사력으로 지구적 군사 질서를 장악하고 지구적 지정학적 패권을 구축하고 있다. ③ 세계 정치 질서를 자유주의라는 미명의 지배하는 질서를 이루어 가고 있다. ④ 이 지구 제국은 군사적 차원뿐만 아니라 극도의 적자생존론적인 갈등, 즉 계급 간, 인종 간, 젠더 간, 민족 간, 강자와 약자 간의 갈등을 격화하고 폭력화하는 사회적 '폭력의 늪'을 형성하고 있다. ⑤ 이 지구 제국은 과학 기술 문명으로 세계 민족들의 문화를 와해하고 파괴하여 문화적 정체성, 문화적 가치, 문화적 심미성, 문화 정신을 근원적으로 장악하여 시장화하고 그 근간을 붕괴시키고 있다. ⑥ 이 지구 자본은 세계 종교 특히 기독교와 밀착되어 있고 맘몬의 신으로 신을 대치한다. ⑦ 이 지구 제국은 그 과학 기술 체제로 모든 생명체의 전 우주적인 지배(Macrocosmic Control)를 도모하고 있으며, 대 우주적 생태계(Macro-cosmic Ecology)를 점령하고 파괴하여 가고 있다. 이처럼 지구 제국은 총체적 지배를 도모하고 있다. ⑧ 지구 제국은 첨단 과학 기술 체제를 통하여 초 인간적 세계(World of Transhumanism)에 진입하고 있다. 인간보다 우수한 존재를 인위적으로 '창조'하여 인간의 결합을 극복하며 '새로운 초인간적 질서'를 구축한다는 것이다.[5] 그리하여 우리는 이를 3두 마왕(3 Headed Leviathan)이라는 은유를 가지고 명명한다.

---

5 National Science Foundation, *Convergence of Technologies: Human Improvement* (2002).

## III. 아시아와 한반도에서의 생명평화운동과 지구 제국에 대한 대응

오늘의 제국체제에 대한 대응도 생명 동산(Pax Romana)에 대응한 예수의 생명평화운동을 근간으로 하고 전개되어야 할 것이다.6 기독교

---

6 예수의 생명전기와 생명담론

1) 생명 담론으로서의 신학은 현대 서구 신학의 궤도에서 벗어나서 모든 학문과 접속하고 통섭하는 통전적 담론이어야 할 것이다. 신학이 모든 학문에 군림하기보다는 모든 학문 분야에 봉사하는 생명의 지혜이어야 한다. 특히 과학적 서술과 윤리적 담론의 분열을 극복하여야 할 것이다. 동양의 생명우주관은 윤리적/철학적 통일을 가지고 있다.

2) 생명 담론으로서의 신학은 모든 종교적 감옥에서 벗어나야 할 것이다. 종교가 신앙의 산실이기는 하지만 생명담론의 실천은 생명 현장에서 이루어진다. 생명 해방 운동 실천의 현장에서 생명에 관한 모든 담론과 교호작용하고 통전 수렴통합한다.

3) 신학은 생명 담론의 통전을 위하여 (1) 민중신학, (2) 여성신학, (3) 종교 신학 (4) 생태신학을 통전하여야 하며 이를 상호 수렴통합의 길을 통하여 통전적 생명 담론을 이루어야 할 것이다. 이 과정은 이미 여성신학에서 상당 수준 이루어지고 있는 것 같다. 민중신학은 동학과 3.1운동에서 종교사상의 합일적 수렴통합을 기초로 하고 있으며 서남동에게서 민중신학과 생태 신학의 수렴통합을 예시 받고 있다.

4) 통전적 생명 담론의 수렴통합의 과정은 다양하고 역동적이다. 주역의 논리가 좋은 은유이다. 주어진 시운에 따라 음양, 오행, 개효가 수렴통합되는 것처럼, 생명의 카이로스 (시운)에 따라 다양하고 역동적인 수렴 통합이 이루어져 모든 생명체의 상생 질서를 형성한다. 이것이 생명 해방 운동의 오메가 포인트 즉 모든 생명체가 동거하는 상생 질서의 거점이요 종점이다.

5) 생명 담론은 주체적이고 자주적이다. 생명이 주체이기 때문이다. 동시에 생명은 고유한 시공의 방위를 가지고 있고 이 방위는 역동적으로 변한다. 따라서 한국의 생명 담론(신학)은 그 자체의 맥락과 시공의 방위를 구체적으로 보유하고 있다. 이 좌표에서 서구의 신학적 유산을 변혁하고 조정하고 걸러서 수렴통합한다. 서구 신학과의 대화가 이 과정의 한 방편이 되는 것이다.

6) 신학적 지향의 전환을 위하여 생명 중심의 새 담론으로서의 신학을 제청하였다. 예수의 생명 전기와 생명 담론으로서의 신학은 기독교라는 종교의 감옥에서 해방된 생명의 예수를 재발견하고 이 이야기를 오늘의 시공적 방위에서 전개하는 것이다. 이는 온 세상에 생명의 충만함을 위한 것이다(Convergence of all living beings for fullness of life). 이것이 한국 신학의 제3의 물결, 즉 생명 중심의 신학, 즉 생명 생태 신학, 생명 평화 신학, 생명 경제 신학, 생명 정치 신학, 생명 여성 신학, 생명 해방신학, 생명 문화 신학, 생명 종교 신학의 통전적 수렴 통합의 길이 될 것이다.

에큐메니컬운동은 '지구 제국'이라는 화두를 이 시대의 시운을 결정할 수 있는 중대한 의제로 삼기 시작하였다. 아시아에서는 2002년 마닐라에서 지구화와 테러에 대한 전쟁(Globalization and War on Terror)을 주제로 국제회의를 개최하고 '지구 제국'을 에큐메니컬운동의 이론과 실천의 틀(Primary Point of Reference)로 정하였다. 그리고 생명 평화를 위한 논단(People's Forum on Peace for Life)이라는 운동체를 제안하였고, 이 운동은 지구적 차원에서 활동하고 있다. 이 제안은 2004년 세계개혁교회연맹(World Alliance of Reformed Churches) Accra 총회에서 수용하여 에큐메니컬 선교의 기본 틀로 '지구 제국론'을 정하였다. 이 과정은 세계교회협의회(World Council of Churches)에서 토론되다가 세계의 의식이 있는 신학자들에 의하여 제안되고 WARC가 후원하여 지구 제국에 대한 마닐라 선언(Manila Declaration, 2006)을 선포한다.[7] Ninan Koshy는 "War on Terror"(CCA, 2002)라는 주제 강사로 '제국론'을 제안하였고 이 운동의 주역을 담당한다.

지구 제국에 대응하는 새로운 담론의 출발점이 되었다. 이 운동은 동남아시아, 중동, 남미, 아프리카, 한국을 이으면서 새로운 담론을 시도하고 있다. 2007년 대한민국 강원도 화천군에서 3년 동안 진행되어 완성된 생명 평화 헌장(People's Charter on Peace for Life)이 선포된다. 남미에서도 아르헨티나의 Nestor Miguez 교수[8]를 중심으로 지정학적인 담론이 새롭게 전개되면서 지구 제국론이 분분히 논의되고 있다.

미국에서도 신학자들과 지식인들이 2002년부터 '제국론'에 대한 새

---

7 An Ecumenical Faith Stance Against Global Empire: For a Liberated Earth Community.

8 그의 요한계시록 주석은 중요하다.

로운 토론을 시작하였다. 유니언 신학교(Union Theological Seminary)에서 신약성서와 제국(New Testament and Empire), 드류대학교(Drew University)에서 제국(Empire)에 대한 토론이 시작되었다. WARC의 제안을 받아 캐나다의 United Church of Canada는 '제국론'을 2006년 총회 주제로 삼고 중요한 선교적 결정을 하였다. 이런 운동은 소위 제국의 뱃속에서 이루어지고 있으며 제국의 억압을 직접 경험하면서 논하는 '지구 제국론'이 제3세계에서 일어나고 있으며 이것은 상호 수렴통합되어 보다 보편적인 담론으로 발전될 것이다. 지구 제국에 대한 대응은 지구 제국의 희생자인 가난한 사람들, 전쟁으로 희생당하는 사람들(여성과 어린이들), 정치적으로 억압당하고 지구 시장의 노예가 되어 그 굴레에 사로잡힌 사람들(노동자, 농민, 소비자)의 체험과 생태계에서 희생의 제물이 되어가는 모든 생명체에 의해 이루어지고 있다. 이러한 생명체들은 새로운 생명 질서를 꿈꾸고 있으며, 지구 제국의 횡포에 저항하고 있다.

이런 맥락에서 '지구 제국'에 대응하는 담론은 세계 종교들이 함유한 생명의 지혜를 수렴통합하고, 지구 제국에서 희생당해온 민족들의 문화적 지혜를 새롭게 재흥하며 온 지구의 모든 생명체들의 삶의 지혜를 배워서 포괄적으로 이루어야 할 것이다. 필자는 이 담론을 '생명 담론'에서 구하려고 하였고, 기독교 신학자로서는 갈릴리 예수를 생명의 지혜로 전위하여 모든 생명지혜를 수렴통합하면서 예수의 생명 이야기(Zoegraphy)를 전개하는 것이 중요하다고 생각한다. 예수는 생명 동산에 저항하였고, 이전의 제국에 대한 저항 전통을 수렴통합하면서 새 지평으로서 생명 담론을 전개하였다. 예수의 생명 담론은 지혜의 담론이며 부활의 담론으로서 생명 동산의 지배이념을 극복하며, 나아가서 유대교의 종교 이데올로기에서 해방된 탈 유대교적인 담론이었다.

그러나 이제 영적 역사 해석의 담론은 일반적 담론으로 전개되어야한다. 따라서 이 담론은 '생명 담론'으로 전개되어 지구 제국에 전면적인 대응을 도모하여야 할 것이다. 지구 제국에 대응하려는 생명/평화 담론은 1) 상생적 생명 질서를 위한 비전의 창출, 2) 지구 위의 태평의 비전, 3) 모든 생명체가 주체적으로 삶을 영위할 수 있는 참여의 살림살이, 4) 모든 생명체가 상부상조하고는 공동체 질서, 5) 모든 공동체가 문화적으로 즐길 수 있는 향연의 비전, 6) 몸과 맘이 개체적으로나 공동체적으로나 우주적으로 온전하고 건강한 생명력 보전의 비전, 7) 생명의 지혜를 보전, 발전시키는 지혜로운 삶을 보장하는 담론을 추구하는 운동이다.

이를 위하여 우리는 한반도에서의 생명 담론을 동학운동, 3.1운동, 70년대의 운동의 담론을 계승 발전시켜야 할 것이며 우리의 주변 강대국의 제국적 실체를 꿰뚫어 보고 그들에게 내재하여 있는 생명 담론을 추출하며 나아가서 전 세계적으로 전개되고 있는 생명운동과 대화하며 특히 지구 제국의 타깃이 되어 있는 이슬람권 내부에서 창조되는 새 생명 담론에 귀를 기울여야 할 것이다. 이러한 움직임은 최근 세계선교협의회(Council for World Mission)에서 이어받아 DARE(Discerning and Radical Engagement) 프로그램으로 전개되고 있다.

## IV. 생명 평화 연구/교육의 새 패러다임

### 1. 민족의 생명학적 전기는 평화학의 얼개이다

민족의 생명 전기: 민족의 일생은 전쟁과 전쟁구조에서 이루어졌다.

(1) 우리 민족은 해오름을 맞이하는 생명 공동체로서 지는 해의 황홀함을 만끽하는 지구마을의 동쪽 삼천리 금수강산에서 살림살이를 일구는 동네의 겨레이다는 자각이 정초를 이룬다.

(2) 한반도 민족사에 대한 영적 성찰(해석학): 전쟁과 평화를 축으로 하면서

(3) 겨레가 체험한 전쟁사의 3차원, 즉 ① 전통적 대륙 세력 침공의 영향, ② 19세기 후반부터 경험한 지구 강대국가의 패권 경쟁과 이어지는 일본주의 제국의 신민 통치 폭력, ③ 세계 2차대전의 종결과 외국정의 점령과 민족분단 그리고 이어진 한국전쟁과 냉전적 한반도 분단체제의 수난의 맥락에서 새로운 겨레의 미래를 어떻게 창출 할 것인가라는 질문을 가고 고민한다.

(4) 분명한 우리 겨레의 평화와 상생의 비전은 분명히 민중적이다. 민중의 민중을 위한 민중에 의한 평화라고 할 수 있을 것이다. 여기서 한반도발 평화 비전의 고유함과 보편성이 교차할 것이다. 이것은 제국들의 평화와 다르기 때문이다.

기미년 3.1독립운동 100주년 기념이다. 민족이 하나 되기 위하여 민족운동이 하나 되자 — 김규식, 김구의 독립 운동체 상해 임시정부와 국내외 독립운동들을 한반도를 기점으로 이루어지는 한반도, 우리 민족,

세계의 분단 체제를 근원적으로 거부하고 저항하는 이루어지는 평화 상생 운동이 아닌가?

## 2. 왜 상생 평화 Pedagogy인가?

민족사의 생명 전기(살생 희생의 역사)는 상생 평화를 생태적으로 열망하고 희구하게 되어 있다. 민족사의 삶(살림살이의 지혜)는 이 생명 전기의 필연적, 유기적 소산이다. 단군 설화의 선도(仙道), 풍류 전통은 이런 지혜의 자연스러운 발현이며 유교. 불교, 도교 등은 민족의 생명 전기 속에서 변혁/융합되어 재구성되었다. 유교의 대동 태평성대의 사상이나 불교의 미륵 정토사상도 우리 민족의 고유한 것이 되었다.

이런 사상들은 고려 시대와 조선 시대에 융합 재구성되어 민족 얼의 창조적 영성을 형성하였는데 그 일환이 19세기 중반 동학/천도교라고 할 수 있다. 이러한 융합과정은 실학 유교 운동 등 개화사상의 근간을 이루었고, 서구 계몽주의 사상과 합류하면서 기독교와 접하고 20세기 중반에는 민족 독립 평화 생명운동의 주류를 형성한 3.1 운동과 그 정신적, 사상적, 실천적 대 계기를 국내외적으로 이루었다.

2019년은 이 민족의 민본적 거사의 100주년을 기념하는 시운이 도래하였다. 때마침 남북이 세기적 분단과 갈등과 전쟁과 폭력의 상처를 치유 극복하고 화해와 평화를 이룰 시운을 맞게 되었다. 민족적 소임, 동아시아뿐 아니라 세계 평화 상생을 위한 소임을 자각하게 된다. 이 사건을 통해서 민족사를 해석하면 왜 우리 민족이 평화와 상생의 세계적, 우주적 개벽을 위해 그 시대적 소임을 감당하여야 하는가를 명백하게 깨달을 수 있을 것이다. 이 역사는 서 고대 아시아에서 주변 강대 제국들에게 숱한 시련을 당하던 팔레스타인 민족들의 공동체에서 예수운동, 정의를 위한 예언자적 운동, 화해를 위한 회복과 치유의 운동 변혁 운동이 메시아적 평화 생명운동으로 일어났는가 하는 것을 밝혀 줄 뿐만 아니라, 우리 역사와의 닮은꼴을 제시해 준다.

한국 기독교는 서양 선교사들과 그 선교단체들에 의하여 한반도에 전파되었음에도, 여전히 서구 제국적 틀거리를 완전히 벗지 못했음에도 불구하고, 한국 민족 역사의 소용돌이 속에서 그 신앙적 본질이 구체적으로 구현되어 기독교 신앙과 영성의 한국 역사화라는 종교 혁명적 면모를 보여주기 시작하였다.

### 3. 평화 상생 페다고지의 영성적 기반

한국 기독교 공동체의 역사적 영성은 일본주의 제국 식민지 정권과 그 정책에 근원적으로 저항하는 예언자적 정의의 영성, 전쟁과 폭력의 소용돌이 속에서 민족과 그 생명의 상처를 치유하는 치유의 영성 그리고 모든 적대관계를 극복하고 용서하고 화해하는 평화의 영성, 그리하여 평화의 동산에서 살고 살리는 삶의 희열을 체험하면서 생명의 잔치로 진입하려는 희망과 열정을 충만히 주는 메시아 운동의 영성, 곧 다시 태어나는 기독교 신앙 공동체의 영성이 민족의 수난사, 분단사의 한복판에 그루터기를 형성하기에 이르렀다.

### 4. 평화 상생 페다고지의 지평

1) 통진적 생명 교육이어야 한다: 기독교 영성은 생명의 총체적인

살림살이에 학문적으로, 실천적으로, 생명영성이 화육하여 구현되어야 한다. 근대 학문의 탈 신앙화는 학문을 금권 탐욕과 권력구조의 시녀로 변질시켰다. 기독교 신앙은 동시에 기독교 종단의 아성을 넘어 삶의 전 영역을 그 사역의 현장으로 삼아야 한다. 이 명제는 하나님이 모든 생명체를 생명 동산의 살림살이에서 생명 동반의 주체로 창조하시는 역사는 명제이다. 그리고 이 생명 주체를 살리기 위해 예수는 십자가를 수난을 겪었으며, 죽임의 세력에 대한 저항을 통해 승리하고 부활하셨다. 모든 생명체는 살림살이, 즉 평화 일구기와 상생의 주체인 것이다.

2) 상생 평화 페다고지는 근원적으로 모든 경제적 폭력 저항하고 상생 살림살이를 일군다. 오늘 신자유주의 세계시장 체제에 종속된 생명 희생을 극복하는 상생 경제를 창출한다. 이것이 상생 평화경제이다. 분단된 민족공동체 사회의 상생 경제의 길을 창조적인 융합의 길로 진입하는 생생한 경제의 지혜를 구축하고 상생 경영 일꾼을 육성하여야 할 것이다.

3) 분단, 정치체제는 상생 평화 정체(政體)로 변혁하여 민주, 민본의 사역(使役)을 위한 참여 질서로 개조하여야 할 것이다. 모든 생명체의 주권이 담보되어야 한다. 이는 전지구적 제국권력체제의 극복은 물론 生命政體(생명권의 실체를 구현하는)를 창출하여야 한다.

4) 생명 공동체에 내재하고 있는 사회 갈등은 물론 외부 권력과의 종속 관계에서 유발되는 다양한 길동과 폭력을 종합적으로 극복하고, 그 상처를 온전히 치유하고, 정의를 회복하고, 화해를 통해 복지와 웰빙

과 행복을 담보할 수 있으며, 자주적 평화 상생 복지를 실현한다.

5) 문화적 갈등과 폭력을 극복하고, 미와 선과 진을 실현해야 한다. 문화 행동인 교육은 자주적이며, 창조적이어야 하고, 문화의 자율적 정체성을 담보하여야 한다. 문화 창조는 다양한 문화의 융합에서 창조된다.

6) 생명 공동체의 상생 평화는 모든 생명권의 담보를 초석으로 하여 생태권의 공동적 보전에서 이루어진다.

7) 종교의 정치적, 종파적, 사회적, 가치적 갈등은 극복되어야 한다. 종교의 근본인 영적 활력이 증진되어야 한다.

8) 과학 기술주의 체제에 의하여 이루어지고 정치, 경제적 판권, 탐욕 체제와 유착된 최첨단 살생 무기 체제를 근원적으로 부정하여야 한다. 이런 무기 체제는 안전도 평화도 줄 수 없으며, 이는 동북아 비핵화를 비롯하여 중립화 비무장화를 지향한다.

## 5. 평화 페다고지의 성격

평화 상생 페다고지는 정치 권력 주도적 평화 만들기, 지정학적 평화 담론과 정책은 한국 평화론에 적합하지 않다. 이것은 민주, 직접, 참여형으로 국가 정치 권력의 역할을 변형하여야 할 것이다. 평화 페다고지는 가정을 비롯한 공동체에서 시작하여 평 생직, 통합적, 총체적 교육이어야 할 것이나. 평화 페다고지는 국가의 경계를 넘어서 초국적이어야 할 것이다. 제국이 평화만 즐기기에 주도적이면 팍스 아메리카나 혹은 팍스 로마나(Pax Americana or Pax Romana)와 같은 결과가 생길 것이다. 한반도의 평화 페다고지는 전 민족적 문화 행동(Cultural Action)이어야 할 것이다. 그리고 주변 국가의 시민과 함께하는 시민 교육이어야 할 것이다. 세계 분쟁 지역의 민중과 연대하는 평화 페다고지는 초국적이며 생애 전체를 품는 전 생애 기반 교육이어야 할 것이다.

## 6. 평화 교육의 초국적 판도

한반도와 유라시아를 판도로 하는 비전이 있어야 한다. 이를 오늘의 표현으로 말하자면 북조선의 2천5백만 동포, 남한의 4천5백만 동포, 중국, 러시아, 일본, 미주와 유럽에 살고 있는 우리 디아스포라 동포를 포함해서 8천만의 민족공동체에서 민족의 소임으로 받은 평화와 상생의 비전, 한반도와 동북아시아와 유라시아 그리고 전 세계적인 차원에서 실현되어야 하는 이 비전을 다지고 이를 위해서 평화와 상생의 주체를 부양하고 육성하는 시대적 소명을 부여받은 것이다. 따라서 일차적으로 세계 8천만의 민족적 열망인 평화와 상생의 지혜를 탐구하여 나누어야 할 것이다. 이것이 일차적인 파라미터라고 생각한다.

그러나 한국 역사 속에서 우리 민족과 정쟁과 갈등의 과정을 겪으면서 우리 민족에게 수난을 줬던 국가들, 주변 제국들의 시민 지도자들에게 우리가 가진 한반도, 동아시아, 세계적 평화의 비전을 공유하는 문화 행동, 즉 교육을 실시해야 할 것이다. 한 걸음 더 나아가서 세계적 전쟁과 분쟁 지역에서 수난당하면서 평화와 상생을 희구하는 민중들과 연대하는 평화 연구/교육이 요청된다. 이것은 그들과의 연대를 통하여 우리

겨레의 평화와 상생의 비전이 보다 창조적이고 보다 보편적으로 융합 진화되기 위함이기도 하다. 예를 들면 팔레스타인 민중의 민족 자결, 평화 상생의 열망은 우리 민족 역사가 경험하는 차원과 연계되어 있기 때문이다.

그러므로 평화와 상생 교육은 한반도에 굳건히 그 배움터를 이루고 여기에 초국적으로 우리 민족 세계 디아스포라, 4대 강국과 유라시아 그리고 전 세계 분쟁 지역에서 젊은 학생과 평화 연구가, 운동가들을 초대해야 할 것이다.

## 7. 평화학을 새 부대에

생명 공동체의 상생을 위하여 민주, 민중, 민본적 평화학의 재구성이 요청된다. 한반도 평화학은 한반도의 평화뿐만 아니라 동아시아의 평화의 융합적 비전, 나아가서 세계평화의 비전에 공헌할 수 있다.

이것은 마치 한국 민중학이 세계적인 차원에서 유의한 것과 마찬가지이다. 한국/조선 민중 평화학의 인큐베이션이 될 수 있다.

이것은 오늘 유엔헌장이 평화 헌장임에도 불구하고 평화 만들기(Peace Making)가 아니고 '평화 유지'(Peace Keeping), 즉 강대국 중심의 평화 유지의 기능을 하고 있으며 20세기 이후 군대 국민국가나 그 연합이 평화로운 세상을 만드는 데 실패하고, 이제는 전 인류는 물론 전 우주 생명 공동체가 전멸할 수 있는 상황이 도래하였다.

우리는 핵 없는 세상뿐 아니라 전쟁과 폭력 없는 세상을 꿈꾸며 우주적 상생의 생명 동산을 일구는 사명을 가지고 있다. 예수가 설파한 "내가 주는 평화는 세상이 주는 평화와 다르다. 내가 바로 평화의 주체다.

내가 바로 평화다"라는 말씀의 요체는 이 시대의 카이로스적 상황을 표현하고 우리를 이 순례에 초대하는 것이다. 예수의 가르침에 3차원이 있다.

① 전쟁과 폭력에 희생되고 수난당한 이들의 치유, 즉 분단과 정쟁과 갈등의 소용돌이 속에서 상처 받은 생명체의 치유 사역에로의 초대, ② 올바른 관계를 회복하는 정의로운 바탕에 이루어지는 화해 사역에의 초대, ③ 상생 질서의 동산을 이루고 함께 만끽하는 생명의 향연 −평화의 향연 초대된 것이다.

## V. 평화 행동 — 동북아시아 평화와 상생 디아코니아 한반도를 중심으로

한국 기독교 운동은 1970년대 말에 획기적인 전환을 결정하였다. 당시까지 전개하던 군사독재에 대한 저항을 민주, 인권운동의 차원에서 냉전 분단체제에 대한 저항/극복을 통해 민족 통일과 한반도 평화와 동북아의 평화를 위한 운동으로 전환하였다. 에큐메니컬운동은 한반도 평화와 민족 통일을 선교적 과제로 선포하고 에큐메니컬운동의 연구기관으로 세워진 한국기독교사회문제연구원(이사장 김관석 목사)은 민족통일 방안연구를 시작하였고, 1988년에는 '한국교회 한반도 평화와 민족 통일을 위한 신앙 선언'을 하였으며 이는 WCC와 에큐메니컬운동 (동북아시아 평화를 위한 도산조(東山莊) 프로세스와 남북 그리스도인의 글리온 만남)이 동반해주었다. 이 운동은 노태우 정권 말기에 국제적인 지평을 가지고 전개되다가, 김대중-노무현 정부를 만나 정부의 화해

통일 평화 정책에 합류하게 되었다. 그러나 이제 한국 기독교 연합 운동은 다시 한반도 평화와 민족 통일 나아가 동북아 평화와 세계 평화를 위한 새 기점으로서 참여의 원칙과 인도주의적인 치유, 바른 관계의 회복, 화해, 통일, 평화의 비전을 한반도와 동북아시아에 다시 발효시켜야 할 사역이 요청되고 있다. 다시 역사적 맥락을 생각한다면 다음을 확인할 수 있다.

19세기 이후 한반도 역사적 과정을 보면 우리 민족은 4대 국가 정치 권력(일본 제국, 중국, 러시아 그리고 영, 미를 중심으로 한 서구 정치 권력)의 패권 경쟁의 소용돌이 속에서 수난을 겪어왔다. 중일전쟁과 러일전쟁과 영미의 정치적 개입으로 한반도는 일제의 식민지화에 종속되어 민족의 자주적인 경세제민권(經世濟民權)을 박탈당했다.

1930년대에는 일제의 중일전쟁과 제2차 세계대전의 감행으로 민족은 일제 전쟁경제의 총체적 희생의 제물이 되었다. 1945년 제2차 세계대전의 종전 결과, 한반도는 민족 분단의 총체적 구조에 휩쓸려 들어갔고, 민족전쟁의 처참한 불운과 희생을 경험하게 되었고, 더구나 세계적 냉전 체제의 횡포는 분단된 조국과 민족의 자주, 평화 통일을 가로막아 왔다. 그러나 우리 민족은 자주, 평화, 통일의 염원을 한시도 놓지 않고 실현하려 하였으며, 20년 전부터 남과 북, 북과 남의 민족 정치 지도자들은 의미 있는 평화 통일 정책에 합의하여 일정한 진전을 보게 되었다.

이 과정에서 한국기독교와 세계 에큐메니컬운동은 한반도 평화와 민족의 통일을 위한 기도와 실천을 지속하여 왔다. 1988년에는 한국기독교는 한반도 평화와 민족 통일 선언을 발표하였고 1995년을 민족이 희년으로 선포하였으며, 매년 8.15 광복절을 계기로 공동기도를 실천해 왔다. 이 선언은 민족의 상처를 치유하기 위한 인도주의 원칙과 민의 참여의 원칙을 설정하고 이를 실천해 온 것이다. 금년 4.27 남북 양 정상의 회담과 한반도 평화와 민족번영의 선언은 새로운 역사적 계기를 마련하여 주었다.

이러한 역사적 시운을 맞이하여 우리는 민족 상생 경제를 통한 평화와 통일의 구체적인 실천의 길을 연구하고 행동으로 옮기기 위한 협의와 연구와 실천의 장을 마련하여야 한다. 특별히 기독교 운동의 사회 봉사적 사역(Ministry of Social Diakonia)과 사회경제적 접근(Social Economic Approach)에 초점을 맞추어야 할 것이다.


## VI. 맺는말

공생동활을 위한 영성의 거대 에큐메니컬 융합(Grand Ecumenical Convergence of Spiritualities): 평화상생적 우주는 메시아 政體를 태극으로( Messianic Polity as the Omega Point) 제국의 평화(Pax Imperium)에 대한 대응은 전 우주적 상생과 태평을 위한 "메시아적 정체"에서 실체화된다는 영적 분별이었고 이것은 예수가 선포한 그의 나라였으며 거기에서는 모든 생명체가 함께 상생하면서 태평성대를 이루고 모든 생명체의 생명향연(Fiesta of Life)을 누린다.

하나님의 영은 창조세계를 지배하던 흑암과 혼돈을 극복하고 생명질서를 영원히 창조하며 제국의 마왕이 파괴한 생명체를 새로운 생명공동체로 치유하여, 바른 관계 위에 화해공동체로 재구성하고 모든 민족들과 생명체가 생명의 향연을 누린다. 여기에서는 생명체의 파괴 세력은 존재할 수 없으며 영원한 태평성대가 온 우주에 충만한 생명의 삶을 지속적으로 창조한다.

오늘 우리는 이 생명의 향연을 선취하는 것이다. 그리고 한반도와 동아시아와 전 세계와 우주에서 이 향연을 함께 나누는 것이다. 우리 민족이 역사적 수난의 의미를 찾는다면 이 생명향연 창출을 위한 평화사역일 것이다. 이 평화상생사역은 전 우주의 죽어가는 모든 생명체들의 신음을 공명하며 생명의 향연을 연출하는 것일 것이다.

# 21세기 민족의 새 역사 변혁 동력을 3.1운동에서 탐구한다
### ― 호남 향토 운동의 시각에서

## I. 시작하며: 새로운 시운을 분별하자!

### 1. 민족사를 생명사로 해독한다. 역사를 〈생명해석학〉으로 조명한다는 것이다

생명학적 해석학은 모든 생명체는 주체라는 존재론적 통찰을 전제로 한다. 이것은 모든 생명체는 영적 주체이어서 객체화될 수 없다는 인식이다. 이 생명체는 생명 개체를 몸으로 지니지만 또 생명의 영적 주체는 생명 공동체를 몸으로 가지고 있으며 이는 동시에 민족 생명 공동체, 지구 생명 공동체, 우주 공동체를 형성하면서 살림살이를 엮어가며 통전적 생명사를 엮어간다.

## 2. 생명사로서 민족사는 과거의 역사를 미래에 대입하여 새로운 미래를 창조한다

이러한 역사인식은 행동적 삶이요 곧 역사창조의 행위이다. 근대 사관처럼 역사를 객관화하여 '과거-현재-미래'라는 일직선적인 기하학적 역사 왜곡 내지는 역사의 축소 환원 내지 생명사로서의 역사를 파괴하는 역사 인식을 지양한다. 민족사를 생명사로 인식하는 것은 민족 생명의 미래를 현재에 실존적으로 선취하고 실천하며 과거의 경험을 생명지혜로 오늘에 대입하고 비전으로 변혁하여 미래를 창출한다.

## 3. 우리는 호남 생명 공동체의 살림살이 이야기를 생명학적 해석학으로 전개하기 위하여

우리는 호남의 3.1운동 이야기를 생명 창조의 이야기로 전개하려는 것이다. 생명사는 구체적으로 지역의 생명 공동체 이야기로부터 전개하고 국가적으로 대륙적으로 그리고 전 지구적으로 나아가서 우주적으로 융합하는 과정으로 전개된다. 생명의 이야기는 우주 위에서 생명의 기원을 찾는 형식의 축소 환원적인 근대 과학적으로 설명하는 것이 아니다. 따라서 호남에서 생명의 향토공동체의 살아감을 논의하기 시작하는 것은 의의 있는 일이라고 생각한다.

이런 시각에서 3.1운동을 민족의 살림살이로 인식하려는 것이다.

2019년은 기미 3.1운동의 세기적 돌을 맞이한다. 이를 계기로 민족의 미래를 위한 좌표를 설정하고 그 변혁의 비전과 동력을 탐구하자는 제안이다. 과거로 고립된 3.1운동의 사실적 규명만을 하자는 것이 아니다.

이 시대의 시운을 분별하면서 우리 민족사의 태극(太極, Omega Point)을 추구하고 민족사의 미래 축, 즉 민족과 우주 태평성대의 비전을 찾아 실현하여 보자는 것이다. 이것은 단순히 우리 민족의 미래에 관한 문제만이 아니고 동아시아 그리고 전 세계의 평화와 생존에 관한 것이기도 하다. 민족의 생명 공동체는 대륙과 지구와 우주와 연계되어 있기 때문이다.

## II. 3.1운동 당시의 세계 지정학적 구도

지금부터 100년 즉 1세기 전의 세계도 전 지구적으로 격변기에 있었다. 1차 세계대전이 종식된 동시에 소련에서는 볼셰비키혁명이 일어나 인류사상 처음으로 반 자본주의의 정치 경제적 흐름이 일어나고 있었다. 동시에 1차 세계대전이 종식되면서 전 세계는 대변혁의 시운이 있었다. 파리의 국제연맹(League of Nations)을 구성하였고, 여기서 세계의 변혁을 통한 평화, 즉 전쟁과 폭력이 없는 평화 지구 공동체를 추구하는 정치적 협상이 일고 있었다.

1919년 한반도는 일본제국의 대조선 식민 정책이 완성되는 시기였다. 대내적으로는 한반도에 일본 식민 통치의 지배 질서를 완성한 단계였다. 호남 지역 생명 공동체도 이러한 역사적 맥락에 처하여 민족 생명 공동체의 근본으로서 죽임과 죽음의 현실을 타개하는 투쟁을 하였던 것이다.

일본제국은 본토에 소위 민본주의라는 일본 내부에 비교적 안정된 정치 체제를 구축하는 시기이기도 하였지만 동시에 한반도 내부에는 식민 경제를 철저하게 구축하여 갔다. 일본제국은 한반도를 무단정치로 식민지화하여 국토 조사까지 완성한 상황이었다.

1910년부터 1918년까지 토지조사사업을 시행하여 농민들의 경작권 등 제 권리를 박탈하여 소수 지주의 소작인으로 전락하게 하였으며, 일인들의 이주와 토지 수탈을 쉽게 하고, 일본인들의 식민(植民)을 통하여 농업 침탈과 함께 지역사회의 향촌 공동체의 결속력을 해체해 갔다. 한국의 시장과 무역은 일본에 의해 독점되고, 한국은 쌀을 비롯한 일본의 원자재 공급지, 직물을 비롯한 일본 공업 제품의 소비지로 전락하였다. 식민지 노예 교육이 시행되고 결사와 집회, 언론과 출판의 자유는 철저하게 억압되었으며 일본의 통치에 저항할 경우 가혹한 탄압을 받았다.

대외적으로 "1918년 11월 프랑스 파리의 베르사이유궁에서 독일이 항복 문서에 조인함으로써 1차 세계대전이 끝을 맺었다. 1914년부터 4년간에 독일이 오스트리아-터키와 함께 자본주의 선발 국가들인 영국-프랑스 등과 해외 시장 분할을 놓고 싸운 이 전쟁은 군인과 민간인을 합쳐 약 2천만 명의 사상자를 낸 "서구 자본주의 열강들의 식민지 쟁탈전"이었다.

이 대전은 일본에게 전례 없는 번영과 함께 자본주의 열강이라는 국제적 지위를 안겨 주었다. 중국의 산둥반도 남단 교주만의 독일 조차지와 태평양의 독일령 군도들을 차지하였다.

또 1차 세계대전의 와중이었던 1917년 10월, 러시아에서 볼셰비키 혁명이 일어나자, 동아시아 지역에 혁명의 파급을 막고자 한 자본주의 열강들의 노력과 요구는 일본의 국제적 지위를 강화시켰다. 1918년 6월 연합국 최고 군사회의의 요청으로 일본은 시베리아에 11개 사단을 파견하여 1922년까지 4년간 실질적으로 이 지역을 점거하였다.

독일과 오스트리아는 자신들이 일으킨 전쟁을 '민족적 존립'의 방어라는 명분으로 선전하였으며, 미국의 우드로우 윌슨 대통령은 1916년 항구적인 평화를 위한 국제 기구의 필요성과 함께 "모든 국민은 그들이 속해 있는 나라에서 스스로 살아갈 주권을 선택할 권리가 있다"는 민족자결주의를 제시하였다. 이 윌슨 독트린은 약소 민족의 독립운동에 촉매 역할을 하였지만 이를 실제적인 식민국, 한국이나 인도 등 여타 식민지에 적용하고 식민주의를 척결하는 주장은 아니었다. 따라서 이런 식민지 종주국 열강은 한국의 식민제국주의에서부터의 해방을 지지하는 것은 아니었다.

1917년 2월 러시아에서 일어난 사회주의 혁명으로 제정러시아가 붕괴하자 연합국들은 이 대전을 민주주의와 군국주의적 전체주의의 대결로 규정하게 되었다. 러시아 볼셰비키 정권은 1917년 말 무병합-무배상에 기초한 공정하고 민주적인 강화와 러시아 내 소수 민족의 자결 선언, 비밀 외교 폐지를 주장하여 참전국 국민들과 피압박 민족에게 큰 충격을 주기도 하였다.

이처럼 일본제국은 영, 미의 서구 세력과 지정학적인 제휴(상호수호 조약 등)라는 세계적인 맥락을 이용하고 있었다. 또한 1917년 소련의 볼셰비키혁명이 일어나고 그 여파가 동아시아에 강력한 영향을 미치기 시작하였다. 동시에 1918년에는 1차 세계대전이 종결되면서 국제연맹이 민족자결을 통한 세계 평화를 제창하기도 하였다. 그러나 중국 대륙은 1911년 신해혁명을 통하여 왕권 체제를 극복하였지만 서방 국가들의 식민 정치 세력을 완전히 퇴치하지 못했고, 안정된 범 중국 정치 질서를 확보하지 못했으며, 새로운 정치 질서를 추구하는 상황이었다.

이러한 세계사적인 대변혁의 소용돌이 속에서 우리 민족은 민족독립을 위한 대 운동을 전개하였던 것이다. 이러한 1차 세계대전 후 시대상은 한국인의 눈에 '세계 개조의 신시대'로 인식되었고, 서울의 독립선언서에서 우주적 생명 공동체의 비전을 "아~ 신천지가 안전(眼前)에 전개되도다. 위력의 시대가 거하고 도의의 시대가 도래하도다"로 표명되었다. 기미독립선언은 한반도 안에만 국한된 민족의 함성이 아니라, 일본에서의 2.8선언을 비롯하여 만주와 중국, 미주와 연해주 등 전 세계에 걸쳐 민족의 독립에의 열망으로서 분출되었다. 특별히 주목하여야 할 것은 지금까지 근대 국민 국가적 사관을 가지고 이 민족 독립운동을 인식하려는 경향을 지양하고 민족 공동체의 새 생명 창조를 열망하는 우리 민족의 이러한 민족적 열망과 그 독립의 비전이 어떤 것이었는가를 호남 지역 생명 공동체를 기점으로 하여 심층적으로 포괄적으로 그리고 전 세계사적인 맥락에서 깊이 이해할 필요가 있다.

## III. 21세기의 우리 민족의 지정학적 구도와 민족의 미래
### : 3.1운동은 민족 생명 공동체 운동이었다

2차 세계대전 후 한반도 주변은 4대 강국 간의 지정학적인 패권 구도에 급격한 변화가 일어났다. 승전국 중에서 미국은 세계적인 패권 종주국으로 부각되고, 이에 대하여 소련은 지정학적으로 미국과 경쟁국으로 등장하였다. 1949년 사회주의 혁명을 이룬 중국도 미국과 대립적인 구도에 진입하고, 이것은 한국전쟁을 통하여 세계적인 차원의 냉전 체제를 형성하였다. 이러한 소용돌이 속에서 한반도는 분단되고 결국 한국전쟁이라는 역사 최대의 비극을 경험하게 되었다. 이것이 지난 70년 민족의 역사적 상황이다. 이 민족적 운명은 70년사의 민족 분단사를 지속시켜 인류 최대의 비극의 험한 준령을 이루어왔다.

1990년 동구 사회주의 체제의 붕괴와 신자유주의 초국적 세계 시장 질서의 소용돌이, 사회주의권의 경제 질서의 급격한 변혁이 진행되는 과정에서 동북아시아의 경제 질서는 동북 아시아권 전체에 심각하고 치열한 경제 체제(사회주의, 자본주의) 간, 국가체제 간, 민족 공동체 간, 개별 국가 사회의 계층 간에 갈등과 폭력적 갈등으로 불안정의 상황과 급격한 변화의 상황에 처하여 있다. 이것은 사회적 불안은 물론, 폭력과 전쟁의 소지를 항상 안고 있다. 작금 한반도와 동북 아시아권은 치열한 지정학적, 군사적 패권 싸움의 징조가 일고 있다.

작금 전 세계는 대전환기를 이루고 있다

1) 전 지구는 세계 자본주의 시장이 국경을 초월하여 하나의 절대 신자유주의 시장을 구축하여 단일 경제적 세계 시장 체제를 이루어 패권적 경제적 폭력 체제를 구축하였고, 이것은 WTO, IMF를 비롯하여 새로운 경제 패권 체제로 전락 되어 가고 있다.

2) 동구 사회주의 체제의 붕괴와 아울러 근대 국민국가(Nation State)들은 미국의 단일 패권 체제 형성과 패권 정치에 의하여 대전환기를 형성하였다. 민족들과 국민 그리고 시민들은 국가 체제에 대한 신뢰를 상실하여 가고 있는데, 이는 세계 시장 체제의 횡포나 단극 제국 체제(Mono-polar Imperial Regime)의 횡포나 환경 파괴나 사회경제적 폭력으로 안전과 복지를 보전하여 주지 못하고 있기 때문이다.

3) 나아가 이러한 지구 경제적 맥락에서 MIMAC(Military Indusrial Media and Academic Complex)가 지정학적인 패권을 장악하고 지구적 경제 질서를 장악하려 하고 있다. 이는 Cyber Nuclear Military Industrial Media Academic Regime: Geopolitical Technocracy 패권 체제를 형성한다. 한반도는 이러한 지구적 소용돌이의 한복판에 위치하고 있는 것이다. 이것은 일반적 현상이 아니라 작금 우리 민족이 경험하고 있는 것처럼 강도 높은 지정학적 패권 각축과 군사적 충돌을 야기하며 한반도는 물론 동아시아 아니 전 세계를 전멸적 지구 전쟁의 소용돌이로 돌진시키고 있다.

4) 이러한 역사적 시운을 안고 우리 민족은 분단을 극복하며 민족 통일 공동체를 복원하며 한반도와 동아시아와 세계 평화의 "역사적 잉태"를 위하여 진통하고 있다. 이제는 심층적 역사적 반추와 거시적 비전을 가지고 새로운 후천개벽을 도모하며, 경제 제민 이화 상생 태평성대의 새 인류사의 지평을 열어야 할 때가 왔다고 믿는다.

## IV. 새 시대 민족사의 진로와 3.1운동의 기조

이러한 시운을 안고 우리는 한반도의 평화와 통일된 민족 역사를 창출하려 하고 있다. 민족 공동체의 평화와 상생 질서는 물론 동북아시아의 상호적 입체적 경제 관계를 위하여 그 새로운 기반을 찾아야 한다고 하겠다. 우리 민족 공동체의 동북아시아 '상생 경제 질서'는 동북아시아 평화의 근본적 기반이 될 것이다. 이것을 우리는 동아시아 민족들의 태평성대를 위한 '상생 태평'이라고 명명할 수 있을 것이다.

동북아시아 공동 안보와 평화를 위한 경제적 기반의 연구는 동아시아의 문명사적 배경을 가지고 있다. 우선 중앙아시아와 한반도와 중국 등 동아시아는 고대부터 태평성대, 상생 경제, 홍익인간의 비전을 향유하여 왔다. 특별히 이런 태평의 비전은 18, 19세기에 서구 식민 세력이 동아시아에 침투하면서 봉건주의 사회경제 질서가 붕괴되던 시기에 재활(Revitalization)되기 시작하였다.

또 다시 21세기의 시운은 태평성대의 비전과 이와 결부된 상생 경제의 비전을 요청하고 반 봉건주의 경제, 반 식민주의 경제의 비전은 사회주의 경제와 융합되면서 자본주의 경제 체제와 사회주의 경제 체제의 대립의 상황에서 새로운 미래적 태평 상생 사회 경제 질서의 새 비전과 그 구현을 요청하고 있다. 20세기 말 자본주의 경제 질서와 사회주의 경제 질서는 새로운 '대립과 융합'의 계기를 전 지구적으로 맞이하고 있다. 이 상황은 서구 유럽의 European Union이라는 새 현실로 전개되며 신자유주의 초국적 경제 질서로 나타나고 있으며, 구 사회주의 체제의 경제 질서도 후사회주의 경제 체제(Post-socialist Economy)도 새로운 경제의 추구라는 변혁의 계기를 맞이하고 있다. 더구나 동아시아에서는 중국과 북한에서 사회주의 경제 체제의 개방적 변혁을 시도하고 있다.

이러한 동아시아의 상황에서 러시아와 중앙아시아의 Post-socialist Economy와 사회주의 경제의 내부적 변혁(중국/북한)을 포괄하는 동아시아의 경제권의 '융합'은 미래 문명의 새 경제적 기반을 구축하는 과제를 안고 있다.

한반도의 평화 상생 경제 구축과 민족 통일은 동아시아 평화 경제권 구축에 창조적인 융합을 통하여 이루어야 할 것이다. 이것은 우선 군사주의적인 동북아 질서를 평화 질서로 전환하는 것이 전제되어야 할 것이다.


## V. 3.1 운동의 역사 기반 형상을 위한 대 역사적 융합 과정

1) 3.1운동은 태평성대를 위한 민족의 비전이고, 세계사적인 태극의 잉태 과정이다. 3.1운동은 평화운동의 태극적 비전을 품고 있다. 이는 동북아뿐 아니라 전 지구적, 전 우주적 평화의 비전을 내포한다. 이것은 대융합의 과정으로 이루어질 수 있을 것이다.

2) 민족 공동체의 기조로서의 단군설화 형성 과정은 이 대융합 과정의 원형적 전거를 제시한다. 민족 고대사(고조선, 仙界[弘益人間, 理化相生, 太平盛代])의 비전, 불교(미륵 열반-서방정토-풍류와 융합된 삼국사, 고려사)에 표출된 태평성대의 비전과 그 전개 과정, 대몽고제국 침략에 대한 대응 등이 일연의 『삼국유사』에서 이 융합과정이 기록 역사로 형성되었다. 이것은 중앙아시아의 대제국 몽고 침략에 대한 민족의 창조적 비상 창출의 시발이었다.

3) 민심 천심의 태평성대(성균관과 규장각 유생 공동체[실학]의 대동사회)의 구현을 시도하였다. 이 운동은 조선 사회의 침체를 극복하고 새로운 후천개벽의 역사적 시운을 이루는 사상적 변혁 운동이었다. 이것의 단산으로 대표되는 선 실학 운동의 핵심이었다.

4) 조선 말기 동학의 후천 개벽의 비전(선, 불, 유, 기, 무의 융합)의 통전적 융합 과정으로 진전되어 왔다. 2세기 전 동학운동은 중국의 태평천국운동에 못지 않은 민족의 대 민족변혁 운동이었다.

## VI. 3.1운동의 태극적 대 융합

3.1운동의 태극적(太極的) 대 융합(仙, 佛, 儒, 基, 巫, 자유 사상, 사회정의 사상의 융합)은 민족사가 낳은 대 태평성대의 태극으로 부상된다.

1) 동학의 유산을 이어받은 후천개벽(최제우-손병희): 동경대전의 경전으로 기조를 형성하였다.
2) 민중불교의 유산을 이어받은 미륵 열반(원효-한용운): 한용운 스님의 불교 유신론이 그 시발이었다.
3) 민심 천심 경세제민의 대동 사회(정약용-최익현): 정다산(목민심서)의 실학으로 대표되는 유학의 비전과 의병운동이 합류한다.
4) 仙, 巫의 민족종교 유산이 독립운동 전반에 깊은 융합의 원천이 되었다.
5) 기독교 메시아 공동체(길선주): 개신교 신앙공동체의 부흥 운동적 영적 공동체 재활의 역사는 3. 1운동의 동력으로 강력하였다.
6) 왕권 체제를 극복한 자유공화정제(독립협회-서재필-신민회 안창호)
7) 사회주의 사회철학 운동은 3.1운동 전후 국내 외에 민족 독립운동과 합류하였다.

우리가 주목하는 생명 공동체의 상생 평화운동은 호남에서 분별하려는 시도를 하는 것이다. 생명 공동체의 혁명적 동력은 생명체들이 영적인 주체로서 재활되면서 영적인 융합(Spiritual Convergence)으로 창출된다. 우리는 이러한 대 생명 영성 융합의 축이 조선 말기에 구축되면서 이 과정이 3.1독립운동에서 자결적인 민족 해방 독립 생명 공동체 운동이 분출되었다는 것이다. 3.1운동은 평화(태평 상생)의 비전을 창출하는 거대 축적인 영적 융합으로 대 역사 변혁의 원동력을 창출하는 과정의 창조적 출발이었다.

호남의 땅 생명의 둥지에서는 19세기 후반 동학농민혁명 운동이 분출되었다. 우리는 이 생명 운동, 즉 3.1독립운동이라는 상생 평화 운동의 생명 주체의 영적 융합적 촉매, 재활이 이곳에서 어떻게 전개되었는가를 분별하고, 그 지혜를 한반도와 동북아시아에 상생 평화의 정원을 가꾸는 지혜를 터득하고 이를 실현하여야 할 것이다.

19세기 중반에 재활하기 시작한 동학의 영적 융합(Spiritual Convergence)은 이미 호남의 땅에 광맥으로 출현하고 이 민족 생명 공동체에 깊이 흐르던 통전적이고 창조적인 융합의 새로운 폭발력을 가진 후천개벽이라는 역사 변혁적 생명력을 창출하였고 이 동력은 동학농민혁명으로 실천되었다.

이 역사 변혁적 과정에 매개된 민족의 영적 심층수는 우선 단군설화에서 실현된 선계(仙界: 홍익인간, 이화 상생, 태평성대)는 민족 공동체의 심연에 흐르고 있었다. 이것이 민족사의 태극이기도 하다. 이는 삼국 시대에는 풍류로 생명 문화를 창출하였고, 고려 시대에는 몽골 제국주의에 대한 저항의 정신적 기반이 되었으며, 이것이 일제 지배를 극복하는 생명의 비전을 다시 촉발시킨 것이다.

또한 삼국 시대에는 미륵 정토의 생명 공동체의 비전, 특히 후백제

시대에 부각된 호남의 구국적 미륵 정토의 유토피아 불씨 비전은 호남의 향토 생명 전원의 밑거름이 되어 민중의 생명 상상력을 풍요롭게 하였다.

그리고 조선 시대에 와서 민족 생명 정원에 깊이 뿌리를 내린 민심 천심의 유가 실학 사상과 태평성대의 비전을 품고 인성을 고매하게 훈련하고 생명의 살림살이를 고매한 도덕 윤리적 율려(律呂)를 깊이 갖춘 유생들의 의로운 저항적 열정은 3.1독립운동의 활력소를 이루었다. 이는 호남 태인골 지역에서 분출하였다.

여기에 19세기 말에 호남에 진입한 기독교 영성은 이미 줄기차게 전개되는 선계의 비전, 동학 비전, 의병 비전, 미륵 정토의 비전에 접촉하면서 요한 계시록에 서술된 "평화의 정원에서 이루어지는 생명의 향연"(계 21, 22장)의 비전으로 촉매 발효 작용을 하였던 것이다.

우리는 이러한 영적 영합 운동이 3.1운동의 동력이 되었을 뿐 아니라 앞으로 한반도에서와 동북아시아에서 상생과 평화의 향연의 호스로 부상할 것이다. 서구 식민 시대도 가고, 냉전 패권의 시대도 가고, 이제는 아시아의 생명과 평화의 향연을 위한 영적 융합이 창출되어야 할 것이다. 호남 땅이 생명 정원의 새로운 평화의 지평을 열게 될 것이다.


## VII. 맺는 말

한반도에서 일어난 3.1운동에서 생긴 역사적 사건은 평화와 상생을 위한 생명 공동체의 비전을 창출하였다. 이것은 태평성대, 즉 평화의 태극(太極)을 형성하는 사건이다. 이 과정은 민족 수난사의 과정에서 일어난 역사적, 축적적, 영적 융합의 과정과 전 지구의 민족들이 창출한

다양한 영적 지혜의 수평적 융합을 통한 창조적 역사 변혁의 태극 사건이 기도 하다. 21세기의 세기적 시운을 맞아 오늘 우리는 이러한 역사 과정의 오메가의 축을 구축하려는 것이다.

부록

# 고 김용복 박사 추모 언론 보도기사

## 〈해외〉

| 보도일자 | 언론 | 제목 | 비고 |
|---|---|---|---|
| 2022.4.7 | CWM | Obituary of Rev. Dr Kim Yong-Bock | 영국 |
| 2022.4.7 | CCA | A doyen Asian ecumenist Prof. Dr. Kim Yong-Bock passes away | 홍콩 |
| 2022.4.8 | WCC | Rev. Prof. Dr. Yong-Bock Kim, Visionary leader, dies at 83 | 스위스 |
| 2022.4.8 | OIKOTREE | Rev Dr Kim Yong-Bock, Minjung Theologian Departed to God's Abode on 7th April 2022 | 스위스 |
| 2022.4.9 | WCRC | Communion Mourns Passing of Kim Yong-Bok | 영국 |

## 〈국내〉

| 보도일자 | 언론 | 제목 | 비고 |
|---|---|---|---|
| 2022.4.7 | 한겨레 | 대표적 민중 생명 신학자 김용복 교수 별세 | 조 현 |
| 2022.4.7 | 경향신문 | '민중이 스스로 해방하는 '민중의 사회전기' 낸 김용복 박사 소천 | 김종목 |
| 2022.4.7 | 한국일보 | 김용복 목사 별세-민중신학 형성에 기여한 에큐메니컬 원로 | 김민호 |
| 2022.4.7 | 서울신문 | '1세대 민중신학자' 에큐메니컬 원로 김용복 목사 별세 | 허백윤 |
| 2022.4.7 | 에큐메니안 | 민중신학자 김용복 교수, 향년 83세로 소천 | 이정훈 |

| | | | |
|---|---|---|---|
| 2022.4.7 | 베리타스 | 민중신학자 김용복 총장 소천 | 이지수 |
| 2022.4.7 | 기독공보 | 세계적인 에큐메니컬 신학자 김용복 박사 별세 | 표현모 |
| 2022.4.7 | 연합뉴스 | 1세대 민중신학자 김용복 목사 소천 | 양정우 |
| 2022.4.7 | CRS News 매일종교신문 | 에큐메니컬 원로 '1세대 민중신학자' 김용복 목사 소천 | 김희성 |
| 2022.4.7 | 네이트뉴스 | 대표적 민중 생명 신학자 김용복 교수 별세 | 한겨레 |
| 2022.4.7 | 이데일리 | '1세대 민중신학자' 김용복 목사 별세 | 이윤정 |
| 2022.4.7 | 파이낸셜뉴스 | 1세대 민중신학자 김용복 목사 별세... 향년 84세 | 뉴시스 |
| 2022.4.7 | 예장뉴스 | 민중신학자 김용복 박사 소천 | |
| 2022.4.9 | News M Media | 1세대 민중신학자 고 김용복교수 소천, 민중신학 큰 별 지다 | |
| 2022.4.10 | Gospel Today | 기울어진 역사의 마당에서 중심을 잡아준 선지자 | 류명 |
| 2022.4.10 | 국민일보 | 김용복목사 별세, 예장통합 화해의 손길 건넸다 | 장창일 |
| 2022.4.12 | NCCK | WCC의 고 김용복 목사 애도 서신 Condolence letter Rev.Dr.Yong-Bock Kim | |
| 2022.4.12 | WCRC | 김용복 목사의 죽음을 애도하는 커뮤니언 | |
| 2022.4.12 | Daily Good News | 세계교회협의회 "민중신학자 고 김용복 목사 안식 기원" | 박건도 |
| 2022.4.13 | 크리스천투데이 | WCC-WCRC 고 김용복 목사 애도 서신 | 이대용 |
| 2022.4.14 | 김천일보 | 김용복 박사를 추모함 - 40여년간의 우정을 회고하며 | 이만열 |
| 2022.4.18 | 미션타임즈 | 민중신학자 김용복 교수, 향년 83세 소천 | |
| 2022.4.21 | 고양YMCA | 고 김용복목사 고별예식 추도사/조사 | 배현주 박성원 |
| 2022.4.22 | 투데이한 | 한일장신대학교, 김용복초대총장 추모예식 엄수 | 김혜연 |

| 2022.4.24 | 전라매일 | 한일장신대 김용복 초대총장 추모예식 | 송효철 |
|---|---|---|---|
| 2022.5.25 | 예장통합 | 고 김용복박사 추모예식과 생명 축제 | |
| 2022.11.10 | WCRC | 김용복의 신학을 기념하는 심포지엄 | |

# 고 김용복 박사 1추기 추모문집 저자 및 번역자 소개

## 글쓴이 — 국내

**권진관**

미국 드류대학교 철학박사, 성공회대학교 은퇴교수, Madang Journal 편집장, 죽재서남동목사기념사업회 이사장

**금주섭**

영국 버밍엄 대학교 대학원 박사, 연세대 연합신학대학원 특임교수, 세계선교협의회(CWM) 사무총장,

**김덕환**

독일 브레멘대학교 밥학박사, 한일장신대학교 사회복지학과 은퇴교수, 한독디아코니아네트워크 추진위원

**김매련**

오하이오 주립대학교 졸업, 한국기독교회협의회 'NCCK Activity News'편집자, 기독교방송 영문담당, 경실련의 'Civil Society' 편집자, 한국YWCA의 대학Y위원회 위원, 아태교육원 SangSaeng(상생)편집자

**김승환**

한신대 신대원 졸업, 원주의료생활협동조합 전 이사장, 원주생명교회 목사

**김완식**

한일장신대학교 학부 95년 졸업, 한일장신대학교 95년 총학생회장, 기장 부천월드비전

**김은규**

연세대학교 대학원 신학박사, 한국기독자교수협의회장, 전 성공회대학교 신학과 교수

김철한

　　한일장신대학교 학부 98년 졸업, 신대원 졸업, 통합 완주 명덕교회 목사

김철호

　　장로회신학대학교 신대원 졸업, 희년빛탕감상담소장, 희년교회 목사

김흡영

　　미국 프린스턴 신학교 석사, 미국 GTU(Graduate Theological Union)철학박사, 강남대학교 은퇴교수, 한국과학생명포럼 대표

김희헌

　　미국클레어몬트 대학원 종교철학 박사, 한국민중신학회 회장, 서울 향린교회 목사

남부원

　　연세대학교 졸업, 한국YMCA전국연맹 사무총장, 아시아태평양YMCA연맹 사무총장

박광선

　　샌프란시스코 목회학 박사, 부산NCC 전 회장, 부산 산정현 교회 원로목사

박민수

　　한일장신대학교 신대원 5기 졸업, 통합 대전 나무교회 목사

박성원

　　미국 샌프란시스코신학대학원 목회학 박사, 세계개혁교회연맹(WARC)협력과 증언부 총무, WCC 전 중앙위원, OIKOTREE Movement 대표, 경안대학원대학교 총장

박종화

　　튀빙겐대학교 대학원 신학박사, 대화문화아카데미 이사장, WCC중앙위원, 경동교회 원로목사

박춘노

　　세종대학교 경제학과 졸업, 한국기독교장로회 선교교육원 졸업, 산돌교회 목사

박충배

　　한일장신대학교 신대원 1기 졸업, 한일장신대학교 93년 총학생회장, 전주 예닮교

회 목사

**박혜경**

미국 Claremont Graduate대학교 히브리 성서와 종교 철학박사, 대만 장영기독
교대학교 부교수

**배현주**

미국 드류대학교 대학원 철학박사, 부산장신대학교 전 교수, 세계교회협의회
(WCC) 중앙위원

**백남운**

샌프란시스코 목회학 박사, 한일장신대학교 총동문회장, 전주 NCC 전 회장,
전주 효자동교회 은퇴목사

**서덕석**

장로회신학대학교 신대원 졸업, 한국작가회의 시인, '성남416'연대 공동대표,
열린교회 목사

**소복섭**

한일장신대학교 92년 졸업, 한일장신대학교 학보사 편집장, 전주 한빛교회 목사

**손은정**

장로회신학대학교 신대원 졸업, 영등포산업선교회 총무

**손은하**

장로회신학대학교 신대원 졸업, 영등포산업선교회 전 총무

**신대균**

서울대학교 졸업, 산돌노동문화원 전 총무, 시민운동위원회 위원장, 한국기독교
민주화운동 사무총장

**오영미**

한일장신대학교 학부 96학번, 구례 향토원 연구원 실무자, 화순 마산교회 전도사

**유해근**

장로회신학대학교 신대원 졸업, 재한몽골학교 이사장 및 서울 몽골울란바타르문
화진흥인강, 나섬교회 목사

이근석

연세대학교 졸업, 전 전주 YMCA 사무총장, 사회적협동조합 완주사회적경제네트워크 이사장

이남섭

멕시코국립자치대학교 라틴아메리카 사회과학 박사, 21세기기독교사회문화아카데미 전 회장, 한일장신대 은퇴교수

이만열

서울대학교 대학원 국사학 박사, 한국사학회 회장, 국사편찬위원회 전 위원장, 숙명여자대학교 명예교수

이무성

한양대학교 졸업, 대안대학 사무총장, 광주대학교 해직교수, 아시아태평양생명학연구원 이사

이승무

한일반핵평화연대 대표, 순환경제연구소장

이윤희

성균관대학교 영문학과 졸업, 올리브나무평화한국네트워크 코디네이터, 고양 YMCA 사무총장

이홍정

영국 버밍엄 대학교 대학원 박사, 필리핀아태장신대학교 총장, 대한예수교장로회 총회 사무총장, 한국기독교교회협의회(NCCK) 총무

이희운

장로회신학대학교 졸업, 전 전주외국인노동자선교센터장, 전 인도 선교사, 예수맘행복교회 목사

임종한

연세대학교 의과대 졸업, 한국의료복지사회적협동조합연합회 회장, 사회적가치경영연구원 이사장. 인하대학교 의과대 교수,

임희모

독일 에어란겐(Erlangen)대학교 신학박사, 서서평연구회장, 한일장신대 명예교수

장윤재

미국 유니온 신학대학교 신학박사, WCC 전 중앙위원, 이화여자대학교 기독교학
과 교수

조정현

순천대학교 졸업, 전 의정부 YMCA사무총장, 전주YMCA 사무총장

조현애

전북대 박사, 21세기기독교사회문화아카데미 전 부회장, 한일장신대 명예교수

조혜숙

한일장신대학교 사회복지학과 졸업, 한신대학교 신대원 졸업, 한일장신대학교
92년 총여학생회장, 기장 성남아시아교회 목사

차정식

시카고대학교 신학박사, 2세기기독교사회문화아카데미 전 회장, 한일장신대
신학과 교수

최덕기

동남아시아신학대학원 석사, 전주노회 사회선교 목사, 판소리 성경 목사

홍인식

아르헨티나 연합신학대학원 신학박사, 한국기독교교회협의회 인권센터 이사장,
서울 현대교회 목사, 〈에큐메니안〉 대표, 새길기독사회문화원 원장

홍주형

성공회대학교 NGO대학원 석사, 한일장신대 92년 총학생회장, 부안 장신교회
목사

황남덕

미국 하트포드신학교와 영국 엑서터대학교의 공동학위 철학 박사, 동아시아평화
센터 후쿠오카 센터장, 세이난학원대학 신학부 교수

## 글쓴이 ─ 국외

**기무라 코이치(Koichi Kimura, 일본)**

일본 동경연합신학교 신학석사, 필리핀 아시아침례교신학대학원 신학박사, 한
일반핵평화연대 공동대표, 일본 후쿠오카 국제 침례교 목사

**니달 아부 줄루프(Nidal Abu Zuluf, 팔레스타인)**

Joint Advocacy Initiative 원장

**라잔 솔로몬(Rajan Solomon, 인도)**

A Palestine justice activist and a human rights activist

**사와 마사유키(일본)**

동경대학교 법학부 졸업, 일본 그리스도교신학교 졸업, 후쿠오카 동아시아평화
센터 고문, 목사

**아그네스 아붐(Agnes Abuom, 스위스)**

WCC/CC moderator

**장병생(Chan Beng Seng, 인도)**

인도의 CCA 청년부(AYA) 출신, 김용복 박사가 부원장으로 활동한 장로회신학
대학교의 '제3세계지도자훈련센터'의 신학석사 졸업생, 현재는 CCA의 청년부
총무와 YMCA아시아태평양연맹 공동대표로 활동

**필립 마태(Philip Mathew, 인도)**

세계교회협의회 세계선교와 전도위원회 위원장

**필립 위클리(Philip L, Wickeri, 미국/홍콩)**

프린스턴 신학대학교 종교와 사회 철학박사, 미국 GTU학제간 연구팀 교수 역임,
홍콩 Ming Hua신학교 교회사 교수

**헨리 폰 보세(Henry von Bose, 독일)**

전 독일서남부지역 디아코니아 대표

**호프 안톤(Hope Antone, 필리핀)**

필리핀 NCC출신, CCA의 AEC프로그램 이수, 김용복 박사가 부원장으로 활동한
장로회신학대학교의 '제3세계지도자훈련센터' 졸업생, CCA의 간사로 활동했고
현재는 YMCA아시아태평양연맹 공동대표로 활동

# 번역자

김덕환(폰 보세 목사님의 독일어 추모사 번역)

  독일 함부르크대학교 철학박사(사회복지학), 브레멘대학교 법학박사(사회보
  장 및 공법), 한독디아코니아네트워크 추진위원, 한일장신대학교 은퇴교수

김제민(김매련 선생님의 영어 원고 번역)

  서울대학교 미술학과 박사, 개인 작품전 12회, 단체전 60여 회, 전남대학교 예술
  대학 미술학과 교수

임수지(김용복 총장님의 영어 원고 번역)

  연세대학교 신학과 졸, 연세대 연합신학대학원 구약전공 석사, 장로회신학대학
  교 박사과정 수료, 대한성서공회 번역실 근무, 금호중앙교회 교육목사

황남덕(사와 마사유키, 기무라 코이치 목사님의 일본어 추모사 번역)

  미국 하트포드신학교와 영국 엑서터대학교의 공동학위 철학박사, 동아시아평화
  센터 후쿠오카 센터장, 세이난(서남)학원대학 신학부 교수

〈일러두기〉

## 추모집 화보 사진과 4부와 5부의 추모글 출처


### 1. 사진 출처

1) 가족사진과 1970~80년대 사진은 김매련 선생님 가족이 제공.
2) 한일장신대 사진은 이남섭 교수님과 홍주형 목사님이 제공.
3) 2000년대 이후 생명 평화 활동사진은 이윤희 선생님이 제공.


### 2. 4부와 5부의 추모글 출처

4부와 5부의 추모글 대부분은 고 김용복 목사 추모위원회에서 제작한 2022년 5월 추모자료집에서 제공. 4부의 박광선, 유해근, 장윤재의 추모 글과 5부의 박혜경의 글은 이번 추모문집을 위해 새로 작성된 글임.


### 3. 김용복 박사님 글의 출처는 각 논문의 각주에서 언급함.